ZBIGNIEW LANDAU / JERZY TOMASZEWSKI

Wirtschaftsgeschichte Polens im 19. und 20. Jahrhundert

FORSCHUNGEN ZUR WIRTSCHAFTSGESCHICHTE

herausgegeben von
Jürgen Kuczynski, Hans Mottek
und Helga Nussbaum
Band 19

ZBIGNIEW LANDAU/JERZY TOMASZEWSKI

Wirtschaftsgeschichte Polens im 19. und 20. Jahrhundert

ZBIGNIEW LANDAU/JERZY TOMASZEWSKI

Wirtschaftsgeschichte Polens im 19. und 20. Jahrhundert

ins Deutsche übertragen und herausgegeben
von BERTHOLD PUCHERT

AKADEMIE-VERLAG · BERLIN
1986

Erschienen im Akademie-Verlag, 1086 Berlin, Leipziger Str. 3–4

Lizenznummer: 202 · 100/60/86
Printed in the German Democratic Republic
Gesamtherstellung: IV/2/14 VEB Druckerei »Gottfried Wilhelm Leibniz«,
4450 Gräfenhainichen · 6497
Lektor: Günter Hertel
Einbandgestaltung: Karl Salzbrunn
LSV 0253
Bestellnummer: 7537630 (2140/19)

03500

Inhalt

Vorwort des Herausgebers

Das vorliegende Buch ist eine Frucht langjähriger Forschungs- und Lehrtätigkeit der beiden polnischen Wirtschaftshistoriker Prof. Dr. Zbigniew Landau von der Hochschule für Planung und Statistik (Szkoła Główna Planowania i Statystyki) in Warschau und Prof. Dr. Jerzy Tomaszewski von der Sektion Journalistik und Politische Wissenschaften (Wydział Dziennikarstwa i Nauk Politycznych) der Warschauer Universität.

Die einzelnen Kapitel wurden von mir jeweils nach ihrer Niederschrift sukzessive ins Deutsche übertragen, mit den Autoren diskutiert und daraufhin in diesem und jenem Punkte geändert oder auch so ergänzt, daß dem nichtpolnischen Leser, dem die polnische Geschichte weniger geläufig ist, bestimmte Vorgänge und Prozesse hoffentlich besser verständlich werden. Diese kontinuierliche Zusammenarbeit beim Zustandekommen des vorliegenden Buches wurde so zur Krönung mehr als zwanzigjähriger persönlicher Freundschaft und kameradschaftlich-kritischer Meinungsaustausche zwischen den Autoren und mir, einer Freundschaft, die wir stets als Teil der sich entfaltenden Freundschaft und Kooperation zwischen unseren Völkern und Staaten empfunden haben.

Die Niederschrift und Bearbeitung des Manuskripts erfolgten hauptsächlich während der bewegten Monate vom Herbst 1980 bis zum Frühjahr 1982. Selbstverständlich blieben Autoren und Bearbeiter nicht unbeeindruckt von den damaligen Ereignissen in der Volksrepublik Polen. Diese veranlaßten uns, über manche These noch gründlicher nachzudenken, als wir es zu einem anderen Zeitpunkt wohl getan hätten. Wir haben uns nicht angemaßt, für die schwerwiegenden Probleme, die vor der Volksrepublik Polen stehen, Lösungen zu finden. Dazu bedarf es des ganzen gesellschaftlichen Aktivs der fortschrittlichen Kräfte der polnischen Nation. Doch glauben wir, durch die nüchterne Darlegung der Wirtschaftsgeschichte Polens im 19. und 20. Jahrhundert es dem Leser zu erleichtern, die im ganzen doch gewaltigen Leistungen und Errungenschaften der polnischen Werktätigen beim Aufbau des Sozialismus zu würdigen und zum Teil in weiter zurückliegender Geschichte wurzelnde Gründe für Fehlentwicklungen und Rückschläge bei diesem Aufbauwerk zu erkennen.

Indem sich unsere Leser mit der Geschichte unseres Nachbarvolkes näher vertraut machen, werden sie in den kommenden Jahren auch besser zu würdigen vermögen, welche Leistungen – unter starken Anstrengungen und auch unter manchen Opfern – östlich von Oder und Neiße vollbracht werden, um die sozialistische Gesellschaft zu festigen und die Vorzüge des Sozialismus weiter zu entfalten. In der Überzeugung, daß dies die reale Perspektive des polnischen Volkes ist, übergebe ich das vorliegende Buch der Öffentlichkeit.

September 1984 Berthold Puchert

I. Polen vor den Teilungen

Die ältesten schriftlichen Nachrichten über politische Gebilde auf polnischem Boden stammen aus der Mitte des 9. Jahrhunderts. Sie sind jedoch sehr fragmentarisch und ungenau, daher vom Historiker schwer zu interpretieren. Wir finden sie beim sogenannten Bayrischen Geographen, der die nördlich der Donau existierenden Stämme und Burgen verzeichnete. Die schriftliche Überlieferung nimmt seit der Mitte des 10. Jahrhunderts zu, u.a. durch deutsche Chronisten. Das war die Zeit, als Mieszko I. herrschte, der mit ostdeutschen Feudalherren im Kampfe lag, aber lange Zeit hindurch gute Beziehungen zum Kaiser unterhielt.

„In den schriftlichen Quellen tritt der polnische Staat plötzlich auf und gleich als politisch reifes Gebilde, als Partner und Verbündeter der größten Macht der christlichen Welt, des von den deutschen Königen aus sächsischem Hause erneuerten Römischen Reiches", stellte der polnische Historiker Wyrozumski fest.[1] Die Forscher neigen zu der Annahme, daß der Entstehungsprozeß des polnischen Staates viel früher einsetzte und Mieszko I. sich schließlich als der Herrscher erwies, dem es gelang, die frühgeschichtlichen politischen Gebilde endgültig zu vereinigen und die territorialen und organisatorischen Grundlagen Polens zu schaffen.

Das polnische Staatsgebiet bildete sich in Kriegen besonders mit den deutschen Markgrafen im Westen, aber auch mit anderen Nachbarn heraus. In ihrem Bestreben, die Unabhängigkeit zu festigen, bemühten sich die aufeinander folgenden polnischen Herrscher zugleich, Möglichkeiten für ein Zusammenwirken mit dem Kaisertum zu finden, indem sie dessen Oberhoheit gegen die eigenmächtigen, Polen bedrohenden Feudalherren unterstützten. Im Süden unternahmen sie Versuche, mit den böhmischen Herrschern zur Verständigung zu gelangen, wenn auch immer wieder territoriale Streitigkeiten entbrannten. Im Südosten war die Grenze zwischen Polen und Rus umstritten.

Das polnische Staatsgebiet war im 10. Jahrhundert im Süden von den Karpaten und den Sudeten, im Westen von der Oder und der Lausitzer Neiße mit den sich an ihren Ufern entlangziehenden ausgedehnten Urwäldern und Mooren und im Norden von der Ostsee zwischen den Mündungen der Odra (Oder) und der Wisla (Weichsel) begrenzt. Weiter nördlich waren die Küstengebiete von Pruzzenstämmen bewohnt. Die Grenze zwischen ihnen und den polnischen Territorien läßt sich sehr schwer bestimmen, denn sie verlief durch Urwälder und Sümpfe. Auch in den Gebieten an Bug und San gab es keine klare Grenzlinie zwischen dem polnischen Staat und den Fürstentümern der Rus.

[1] *Wyrozumski, Jerzy*, Historia Polski do roku 1505 (Polens Geschichte bis zum Jahre 1505), Warschau 1978, S. 110.

Die von den slawischen Lusizern und Milzenern bewohnten Gebiete westlich der Oder und Teile von Pommern standen zeitweilig unter polnischer Lehnshoheit.

Am Ende des 10. Jahrhunderts wird der polnische Staat schätzungsweise an die 250000 km² Fläche und ungefähr eine Million Einwohner gehabt haben.[2]

Als Bolesław I. Chrobry („der Tapfere"), der Sohn Mieszkos I., im Jahre 1025, kurz vor seinem Tode, in Gniezno zum König gekrönt wurde, hatte sich die polnische Staatsmacht voll herausgebildet.

Nachdem Bolesław III. Krzywousty („Schiefmund") 1138 verstorben war, durchlebte Polen eine Periode der territorialen Zerstückelung in eine Reihe von Herzogtümern, deren Zusammenhalt sich immer mehr lockerte. Vereinigungsversuche, die besonders die Herzöge von Schlesien und von Großpolen unternahmen, brachten keinen Erfolg. Allerdings blieben mannigfaltige Bande zwischen den Teilgebieten erhalten. „Die Quellen der Geschichtsschreibung für die Zeit der Spaltung ... bezeichnen recht konsequent das gesamte polnische Territorium weiterhin als Königreich."[3] Erhalten blieben die Einheit der Kirchenprovinz, die dynastischen Bande und die Verbindungen zwischen den Feudalgeschlechtern.

Die Wiederherstellung der staatlichen Einheit leitete Władysław I. Łokietek („Ellenlang") ein, der sich 1320 in Kraków zum König krönen ließ. Sein Werk setzten die Nachfolger fort. Das Königreich Polen erstand jedoch in anderer geographischer Gestalt wieder. Die schlesischen Herzogtümer blieben außerhalb seiner Grenzen ebenso wie der größere Teil der Küstengebiete (Łokietek vermochte lediglich Pommerellen wiederzugewinnen). Im Norden erweiterte der Deutsche Orden seinen Besitz, indem er Pruzzengebiete unterwarf und bald auch polnische Nordgebiete an sich zu reißen versuchte.

Gegen die Gefahr von seiten der Ordensritter richtete sich das polnisch-litauische Bündnis. Es fand seine Krönung darin, daß 1385 Großfürst Jagiełło von Litauen als Władysław II. auf den polnischen Thron berufen wurde und Litauen mit Polen eine Union einging.

In das 15. und 16. Jahrhundert fiel die Blütezeit der Macht und Kultur Polens. Die wirtschaftliche Grundlage bildete die Landwirtschaft. Auf dem Lande dominierte im 16. Jahrhundert bereits die Gutswirtschaft: Der feudale Grundbesitzer – der Szlachcic – bestellte den Boden mit leibeigenen Bauern, die verpflichtet waren, eine bestimmte Anzahl von Arbeitstagen auf dem Herrenland abzuleisten (Arbeitsrente). Im 13./14. Jahrhundert war diese Form der bäuerlichen Pflichten noch eine Randerscheinung gewesen, denn damals hatte die Naturalrente vorgeherrscht, die sich mit der wirtschaftlichen Entwicklung in die Geldrente umwandelte. Mit dem Adelsgut nahm nach und nach auch die Arbeitsrente an Bedeutung zu. Im 17. Jahrhundert wurde die Fron zur wichtigsten und die Bauern am meisten drückenden Last, während die anderen Pflichten in den Hintergrund traten, wenn auch nicht verschwanden.

Die Gutswirtschaft konnte sich entwickeln, weil es damals in Westeuropa Absatz-

[2] Ebenda, S. 119; *Lalik, Tadeusz*, Społeczeństwo i państwo w drugiej połowie XI i pierwszej połowie XII w. (Gesellschaft und Staat in der zweiten Hälfte des 11. Jh. und in der ersten Hälfte des 12. Jh.), in: Polska pierwszych Piastów. Państwo – społeczeństwo – kultura (Das Polen der ersten Piasten. Staat – Gesellschaft – Kultur), Warschau 1968, S. 213.

[3] *Bieniak, Janusz*, Zjednoczenie państwa polskiego (Die Vereinigung des polnischen Staates), in: Polska dzielnicowa i zjednoczona. Państwo – społeczeństwo – kultura (Polen gespalten und vereinigt. Staat – Gesellschaft – Kultur), u. d. Redaktion v. Aleksander Gieysztor, Warschau 1972, S. 210.

möglichkeiten für Ackerprodukte gab. Die Gebiete östlich der Elbe bildeten die Kornkammer Europas. Damit boten sich günstige ökonomische Bedingungen für die Entwicklung einer für damalige Verhältnisse großen exportorientierten Getreideproduktion. Die politische Stellung der Szlachta ermöglichte es ihr, nach und nach die Getreideerzeugung selbst in die Hand zu nehmen und daraus hohe Einnahmen zu erzielen. Das brachte der Szlachta wirtschaftliche Stärke und nährte zugleich das Bewußtsein ihrer Unabhängigkeit vom Herrscher. Als unmittelbares Ergebnis der Entwicklung des Getreidehandels wuchs der Reichtum des Landes, denn auch die Städte und anfänglich in gewissem Maße sogar die Bauern hatten davon Vorteile.

Keime für städtische Siedlungen gab es schon seit den Anfängen des polnischen Staates. Ihre Existenz hing mit den Bedürfnissen des Herrscherhofes, des militärischen Gefolges und der entstehenden Oberschicht zusammen. Neben einheimischen handwerklichen Produzenten sind auch von alters her fahrende Händler bekannt, die zuweilen aus weit entfernten Ländern kamen.

Schon im 12. Jahrhundert zog es Handwerker und Kaufleute aus dem Westen, vor allem aus Deutschland, in diese städtischen Siedlungen. Die Herrscher (am frühesten die schlesischen Herzöge) ermunterten sie dazu, indem sie günstige Ansiedlungsbedingungen schufen und später auch neue Städte gründeten. Den Ansiedlern wurden für sie vorteilhafte Rechte gewährt. Sie durften nach den Rechtsprinzipien westeuropäischer Städte wirtschaften. Durch den Zustrom der Siedler wurde der wirtschaftliche Fortschritt des Landes beschleunigt, denn Handel und Gewerbe entfalteten sich dadurch. Auch die Ausbreitung der Ware-Geld-Wirtschaft erfuhr eine Förderung.

Die nationalistische deutsche Historiographie verkündete, die „deutsche Kolonisation" habe erst die Entstehung von Städten ermöglicht und eine Wende in der Entwicklung der bis dahin primitiven polnischen Gesellschaft bewirkt. Dies sollte als Argument für die politische Expansion dienen und die These von der zivilisatorischen Überlegenheit Deutschlands, ohne die im Osten Europas angeblich nichts entstehen konnte, begründen. Gegen solche Ansichten polemisierten polnische Forscher. Heutzutage unterliegt es keinem Zweifel, daß der Siedlungsprozeß (sowohl in den Städten wie auch – in viel geringerem Umfang – auf dem Lande) die wirtschaftliche Entwicklung beschleunigte, daß diese aber schon früher, unabhängig von der Zuwanderung aus dem Ausland, begonnen hatte. Die Immigration war gerade deshalb möglich, weil Polen sich entwickelte und somit einen Anreiz zur Ansiedlung bot. In den Städten spielten „die Ansiedler, in der Mehrheit aus Deutschland, in den ersten Jahrzehnten des 13. Jahrhunderts eine bedeutende, in mancher Beziehung sogar entscheidende Rolle. Es kamen nämlich Fachleute mit gewissen Kapitalien und mit verschiedenartigen Kontakten nicht nur zu ihrem Heimatlande"[4]. Viele von ihnen wuchsen bald in die neue Umgebung hinein und assimilierten sich. Nicht selten haben von Einwanderern abstammende polnische Familien später eine große Rolle bei der Entwicklung des Landes gespielt.

Im 14. Jahrhundert befanden sich unter den Siedlern auch viele Juden, die vor religiösen Verfolgungen, denen sie in Westeuropa ausgesetzt waren, in Polen Schutz fanden. Ihnen wurde Selbstverwaltung gewährt, sie konnten ihre Traditionen und ihren Glauben bewahren, und sie trugen zum weiteren wirtschaftlichen Fortschritt des Landes bei.

Die Entfaltung der Gutswirtschaft führte zum Ausbau des polnischen Außenhandels

[4] *Trawkowski, Stanisław*, Przemiany społeczne i gospodarcze w XII i XIII w. (Gesellschaftliche und wirtschaftliche Wandlungen im 12. und 13. Jh.), in: ebenda, S. 98.

und damit zu wachsendem Reichtum der Bürgerschaft zumindest in einigen Städten, die dafür günstige Bedingungen aufwiesen. Eine besondere Rolle spielte Gdańsk, das den Export von Getreide und anderen Ackerfrüchten und den Import einiger wichtiger Produkte vermittelte. Im Süden entwickelten sich besonders Breslau (das nicht zum polnischen Staat gehörte, aber mit ihm zahlreiche Verbindungen unterhielt), Kraków und Lwów, die am Orienthandel beteiligt waren. Für Kraków waren auch die Handelsbeziehungen zu Ungarn von großer Bedeutung.

Doch die Entwicklung der Gutswirtschaft hatte auch nachteilige Folgen. Die Szlachcicen bemühten sich, nach und nach die von ihnen bewirtschaftete Bodenfläche auszudehnen, durch Anheben der Fron mehr Arbeitskraft für sich zu mobilisieren und gleichzeitig den eigenen Kontakt der Bauern zum lokalen Markt einzuschränken. Ein – praktisch nicht realisierbares – Idealmodell war die „Rzeczpospolita folwarków“, ein autonomes Adelsgut, dessen Untertanen durch eine Mauer von der Außenwelt abgeschnitten wären, während der Herr das Ein- und Verkaufsmonopol innehätte, seine Untertanen feudal ausbeutete und zugleich ihnen gegenüber die Stelle des Handelsvermittlers einnähme.

Solche Bestrebungen beschworen die Gefahr herauf, daß der innere Markt schrumpfte, von dem besonders der Wohlstand der kleinen Städte abhing. Solange die Wirtschaft florierte, der Export und die Einkünfte des Adels wuchsen, also reichlich Geld im Lande vorhanden war, blieben die negativen Folgen der Gutswirtschaft im Schatten. Als dann aber der Agrarexport zurückzugehen begann, die Getreidepreise in Europa im 17. Jahrhundert sanken, die Einkünfte des Adels abnahmen, also die Kaufkraft nachließ, und um 1620 eine (mit dem Einströmen von Edelmetall aus den unterworfenen überseeischen Ländern zusammenhängende) Münzkrise Europa und auch Polen erfaßte, traten die negativen Folgen des Fronsystems ins volle Tageslicht. Versuche, die Gutswirtschaft den neuen Bedingungen anzupassen, führten zur Senkung der Einkünfte der nichtadligen Bevölkerung, erschütterten die ökonomische Position der Städte. Die Wirtschaftskrise traf im 17. Jahrhundert nicht nur Polen. Erscheinungen des Zusammenbruchs waren in allen Ländern festzustellen. In Polen aber verflocht sich die Krise noch mit politischen Vorgängen.[5]

In der zweiten Hälfte des 17. Jahrhunderts und am Anfang des 18. Jahrhunderts war der polnische Staat unablässig in Kriege verwickelt. Fremde Armeen plünderten das Land aus, doch der Durchmarsch der eigenen Truppen erwies sich oftmals als ebenso verheerend. Hunger und Seuchen dezimierten die Einwohnerschaft. Städte und Dörfer wurden entvölkert, die Wirtschaft verfiel. „Derartige Schläge hätten jede Wirtschaft erschüttert – umso mehr mußte sie die Rzeczpospolita, die schon vorher wirtschaftliche Schwierigkeiten durchlebt hatte, zu spüren bekommen. Die Kriegszerstörungen machten es erst möglich, daß die Fronwirtschaft in ihrer groteskesten Form volle Realität wurde, indem ihre Grundmerkmale – die Konzentration der Marktproduktion auf das Gut, die völlige wirtschaftliche Abhängigkeit der Bauern, die Eliminierung der städtischen Konkurrenz – sich bis ins Extrem auswuchsen.“[6]

Wirtschaftskrise und Kriege schwächten Polen. Zugleich durchlebte es ernstliche

5 Die Gründe für die Krise der Gutswirtschaft sind seit langem Gegenstand von Forschungen und Diskussionen. Schlußfolgerungen daraus wurden vor kurzem dargelegt von *Gierowski, Józef Andrzej*, Historia Polski 1505–1864 (Geschichte Polens 1505–1864), Teil 1, Warschau 1978, S. 38–41 und 265–269.

6 Ebenda, S. 269.

innerstaatliche Schwierigkeiten. Versuche, der freien Kosakenbevölkerung im Südostteil des Staates ihre Gewohnheitsrechte zu nehmen, sowie die zunehmenden bäuerlichen Lasten riefen eine Welle von Aufständen in der Ukraine hervor. Es wurde besonders verbissen gekämpft, weil die gesellschaftlichen Konflikte mit religiösen Streitigkeiten (man versuchte, den orthodoxen Bauern und Kosaken den katholischen Glauben aufzuzwingen) und mit den sprachlichen Unterschieden verknüpft waren. Zwar errangen die Aufständischen nicht den Sieg, sondern unterlagen den polnischen Truppen, doch vermochte auch Polen nicht, die ganze Ukraine in seine Gewalt zu bringen. Ihr Ostteil gelangte 1654 unter russische Herrschaft (Abkommen von Perejaslaw zwischen Kosaken und Rußland).

Beunruhigung rief auch die Staatsordnung, die Art und Weise, wie das Land regiert wurde, hervor. Während seiner politischen und wirtschaftlichen Blütezeit bildete sich Polen endgültig als Adelsrepublik (Rzeczpospolita szlachecka) heraus. Die Macht des Königs war durch den Landtag (Sejm), der den Adelsstand repräsentierte, beschränkt. Der Adel (die Szlachta) vermochte sich zahlreiche Rechte zu erkämpfen, u. a. nahm er durch seine Repräsentation und durch die Landgerichte an der Festlegung und Ausführung der Gesetze teil. Es bildete sich „. . . die kollektive Meinung von der Eliteposition des Adels im Staate. Diese von den Adligen, die ein Zehntel der Gesellschaft ausmachten, geteilte Meinung beruhte auf der Überzeugung, daß gerade sie die größten öffentlichen Lasten trügen, indem sie Steuern zahlten, das Land schützten und auf verschiedenen Ebenen über seine Geschicke entschieden.“[7] Die politische Ordnung machte eine Selbstherrlichkeit des Monarchen, wie sie in anderen europäischen Staaten so oft auftrat, unmöglich. An deren Stelle ließ sie aber in vielen Fällen adligen Übermut treten, der sich zum Beispiel in der Sprengung von Landtagsberatungen äußerte. Es bürgerte sich die Überzeugung von der Gleichheit der Adligen ein, was in dem Sprichwort „Der Szlachcic auf kleinstem Hof ist dem Wojewoden gleich“ zum Ausdruck kam. Die Wirklichkeit widersprach jedoch immer mehr solchen Vorstellungen.

Allmählich konzentrierten sich die Güter in den Händen weniger Magnaten, die auch eine wesentliche politische Position im Lande einnahmen. Die größten Besitzungen im Ostteil des Staates (z. B. die der Radziwiłłs) umfaßten mehr Bodenfläche als einige kleine Staaten Westeuropas. Kriegsschäden bekamen die Magnaten weniger zu spüren, denn sie besaßen Bauern in verschiedenen Teilen des Staates und übernahmen gleichzeitig in immer stärkerem Maße Besitzungen von niederen Adligen. Die Magnaten, die bisweilen demonstrativ mit der Masse der armen Adligen fraternisierten, hatten einen Kreis von Klienten in ihren Diensten und gewannen immer mehr politischen und wirtschaftlichen Einfluß auf den Staat. Die als Grundlage der Adelsfreiheit angesehenen Rechtsinstitutionen wurden mißbraucht. Eine fatale Rolle spielte besonders im 17. und 18. Jahrhundert das Prinzip der Einmütigkeit der Landtage, da das „Liberum veto“, d. h. der Einspruch eines einzigen Abgeordneten (nicht selten von einem Magnaten oder von Vertretern fremder Herrscher bestochen) jegliche Beschlußfassung unmöglich machte. Das lähmte die Politik des Staates und erschwerte Reformversuche. Die Historiker diskutieren darüber – und sind noch weit von einer eindeutigen Antwort entfernt –, in welchem Grade die politische Ordnung Polens, die die Herausbildung einer absoluten Macht, wie

7 *Russocki, Stanisław*, Uwagi o kulturze politycznej Polski XVI–XVII wieku (Bemerkungen zur politischen Kultur Polens im 16.–17. Jh.), in: Dzieje kultury politycznej w Polsce (Geschichte der politischen Kultur in Polen), u. d. Redaktion v. Józef Andrzej Gierowski, Warschau 1977, S. 18.

sie für die mächtigsten europäischen Staaten im 18. Jahrhundert charakteristisch war, ausschloß, die Ursachen für die polnischen Teilungen in sich barg.

Unter König Jan III. Sobieski (1674–1696) konnte dem polnischen Staate wieder internationale Geltung verschafft werden. Ausdruck dessen war u. a. die wirkungsvolle Hilfe für Kaiser Leopold I. im Krieg mit der Türkei und die Befreiung des belagerten Wien. Nach Sobieskis Tode wurde der sächsische Kurfürst Friedrich August I. (August der Starke) unter dem Namen August II. auf den polnischen Thron gewählt (wofür er u. a. mit Geld Stimmen von Adligen gewann). „Die Wahl des Wettiners leitet die über ein halbes Jahrhundert währende Personalunion zwischen Polen und Sachsen ein. Das war weder für die eine noch für die andere Seite ein glückliches Gebilde. Unter einem Zepter wurden nämlich zwei verschiedene wirtschaftliche, soziale und nationale Organismen verkoppelt."[8] Der neue Herrscher und auch sein Sohn (Friedrich August II. von Sachsen, als polnischer König August III.) waren bestrebt, ihre Zentralgewalt in Polen zu stärken, und gerieten mit vielen Adelshäusern und Magnatengruppen in Konflikt. Polen wurde von inneren Kämpfen geschüttelt, in die sich die Nachbarn einmischten. So unterstützte Schweden Stanisław Leszczyński als Gegenkönig zu August II. Auf diese Weise büßte Polen viel von seiner militärischen Kraft ein.

Zugleich machten sich jedoch schon zu dieser Zeit manche Fakten bemerkbar, die die Überwindung der wirtschaftlichen Krise ankündigten. Diese Probleme sind nach wie vor Gegenstand des Meinungsstreits der Forscher, und wir kennen sie noch nicht zur Genüge. In gewissem Maße wirkten sich die polnisch-sächsischen Verbindungen auch positiv aus, denn der Handel zwischen beiden Ländern nahm zu, und die – zwar nicht sehr zahlreich – nach Polen kommenden sächsischen Handwerker, Bergleute und Unternehmer trugen zur gewerblichen Entwicklung bei. Diese Traditionen setzten sich noch im 19. Jahrhundert fort, als Arbeiter und Unternehmer aus Sachsen in polnische Gebiete kamen.

In der zweiten Hälfte des 18. Jahrhunderts, besonders zur Regierungszeit Stanisław II. August Poniatowskis (1764–1795), wuchs in Polen die Bewegung für politische Reformen. Es erhoben sich, wenn auch isoliert voneinander, Stimmen zugunsten einer grundsätzlichen Veränderung der Lage der Bauern. Praktisch wurde nur in einigen Gegenden die Fron durch den Zins ersetzt, doch nicht in allen Fällen bedeutete das einen wirklichen Fortschritt. Wenn die bäuerlichen Lasten in eine Zinspflicht umgewandelt wurden, so ergab sich das nicht aus Rechtsvorschriften, sondern entsprang dem guten Willen oder den Interessen der einzelnen Magnaten. Dagegen riefen Projekte zur Verbesserung der Lage des Bürgerstandes sowie der Juden, deren Rechtslage sie faktisch als besonderen Stand neben die Bürger stellte, eine große Diskussion hervor.

Das Reformprogramm fand seine Krönung in der Verabschiedung der Verfassung vom 3. Mai 1791, die die Stärkung der königlichen Macht, den Wiederaufbau des Heeres, die Verbesserung der Lage der Städte und „Rechtsschutz" für die Bauern vorsah. Die Reformen kamen jedoch zu spät, und die Rzeczpospolita erlag ihren mächtigeren Nachbarn Österreich, Preußen und Rußland. In den drei Verträgen von 1772, 1793 und 1795 teilten diese das Territorium des polnischen Staates unter sich auf. Bewaffnete Widerstandsversuche blieben erfolglos.

Polens politischer Verfall fand zu einer Zeit statt, als sich im Wirtschaftsleben Anzeichen einer Wiedergeburt bemerkbar machten. „Daß die klassische Fronordnung zer-

[8] *Gierowski, J. A.*, Historia, a.a.O., S. 365.

brach, zeigte sich hauptsächlich in der Veränderung der Proportionen zwischen den einzelnen Formen der Feudalrente, indem der Geldzins an Bedeutung zunahm, was große Folgen für die Entwicklung des inneren Marktes hatte."[9] Am weitesten gedieh dieser Prozeß in Großpolen, erheblich weniger im Osten des Staates. Die Agrarproduktion nahm zu. Es entstanden Manufakturen, wenn auch recht unterschiedlichen Charakters. Vor allem wurden Manufakturen auf Magnatengütern gegründet, wo sie die Gutswirtschaft ergänzten, indem sie sich in verschiedenem (bisweilen hohem) Grade der Zwangsarbeit von Leibeigenen bedienten. Viele von ihnen waren nur Ephemeriden. Daneben gab es auf Lohnarbeit beruhende bürgerliche Manufakturen, über die allerdings nicht viel bekannt ist. Sie stießen auf ein wesentliches Hindernis, denn „ein Arbeitskräftemarkt existierte – in einem Fronland – kaum im Keime, und in welchem Maße er sich entwickelte, hing eng mit den Wandlungen in der Landwirtschaft zusammen."[10]

Mit den Manufakturen bildete sich auch das Handelskapital heraus. Es leistete den Magnatenmanufakturen wesentliche Dienste. Auf Grund von Detailuntersuchungen stellte Kula fest: „Der Feudalherr ist imstande, sogar eine große Manufaktur zu errichten, was das Handelskapital mit eigenen Mitteln in der Regel nicht vermag. Andererseits ist aber nur das Handelskapital imstande zu gewährleisten, daß eine bestehende Manufaktur auch funktioniert."[11] Große Vermögen entstanden in Verbindung mit dem Außenhandel und auch mit Lieferungen an die Armee. Keimzellen für die künftige Bourgeoisie waren vor allem Warschau und in geringerem Grade Poznań und Kraków.

Beim Vergleich des wirtschaftlichen Entwicklungsstandes Polens mit dem seiner Nachbarländer gelangen die Forscher heute zu der Schlußfolgerung, daß es zwischen ihnen in der zweiten Hälfte des 18. Jahrhunderts in der Wirtschaftssphäre viele Ähnlichkeiten gab. Polen wurde von Rußland hinsichtlich des Bevölkerungspotentials, der Flächenausdehnung und der daraus resultierenden Möglichkeiten übertroffen, aber die russische Landwirtschaft befand sich überwiegend auf niedrigerem Niveau, und für die Industrialisierung gab es dort erst Ansätze. Auch das durchschnittliche Wirtschaftsniveau der Habsburger Länder übertraf nicht das in Polen, wenn sich auch manche Reichsteile (z. B. das eigentliche Österreich) wirtschaftlich schon höher entwickelt hatten. In ökonomischer Hinsicht war Preußen nicht weiter vorangekommen als Großpolen, möglicherweise sogar hinter ihm zurückgeblieben. Zweifellos übertrieben heißt es in einem 1781 entstandenen Liede schwäbischer „Preußenfahrer", die, ebenso wie Menschen aus anderen deutschen Landen, dem Aufruf Friedrichs II. von Preußen zur Ansiedlung in den Preußen einverleibten polnischen Gebieten Folge leisteten:

„. . . weil in uns'rem Vaterland
viele Leut und Güther wenig;
und wo man könnt erndten ein,
kommen Hirsch und wilde Schwein.
. . . Honig ist recht Zucker süß,
so kan nichts gefunden werden,

[9] *Topolski, Jerzy*, Gospodarka (Die Wirtschaft), in: Polska w epoce Oświecenia. Państwo – społeczeństwo – kultura (Polen in der Epoche der Aufklärung. Staat – Gesellschaft – Kultur), u. d. Redaktion v. Bogusław Leśnodorski, Warschau 1971, S. 185.

[10] Ebenda, S. 189.

[11] *Kula, Witold*, Szkice o manufakturach w Polsce XVIII wieku (Skizzen über die Manufakturen im Polen des 18. Jh.), Teil 1, Warschau 1956, S. 23.

drum so hebe auf die Füß,
springe über Stein und Erden,
in das Polnisch Canaan,
wo man Honig gnug trifft an!"[12]

Topolski gelangt zu der Schlußfolgerung, „daß nicht so sehr Polens ökonomische Schwäche als vielmehr die erhofften Einnahmen aus den sich wirtschaftlich entwickelnden Gebieten die Nachbarn zu den Teilungen Polens ermunterten."[13] Die Realisierung dieser Pläne wurde aber ermöglicht durch solche Umstände wie die innere Schwäche des Staates, die unzureichenden Streitkräfte und die Dezentralisierungsbestrebungen der Magnatengruppierungen. Das hing eng zusammen mit den bescheidenen Einnahmen der Staatskasse.

Die zu spät in Angriff genommenen Reformen in Polen beschleunigten vielleicht sogar die Katastrophe. Der schwache polnische Staat bedrohte seine Nachbarn nicht, im Gegenteil, er bot die Möglichkeit, gemäß fremden Interessen Einfluß auf ihn auszuüben. Mit gefestigter Zentralgewalt, geordneten Finanzen und rekonstruierter Armee hätte derselbe Staat seine alte internationale Bedeutung wiedergewinnen können, jedenfalls aber aufgehört, eine Marionette in den Händen der Botschafter der drei benachbarten Monarchien zu sein.

Rostworowski weist mit Recht darauf hin, daß die Teilungen Polens ein besonderes Ereignis in der Geschichte Europas darstellen. In der Vergangenheit waren in Europa zwischen den Staaten Kämpfe ausgefochten worden, in deren Verlauf einzelne Gebiete ihren Herrn wechselten. „Das militärische und dynastische Spiel der Mächte ging ... um bestimmte Komplexe, um ... Fürstentümer und Provinzen, die den Souverän wechselten. Indem sie aber unter eine neue Herrschaft kamen, bewahrten sie doch ihre territoriale Gestalt und ihre inneren Strukturen."[14] So war es z. B., als die staatliche Zugehörigkeit der schlesischen Herzogtümer verändert wurde. In den Teilungsverträgen dagegen wurden historisch entstandene Komplexe angetastet, bisher zusammenhängende Gebiete durch Grenzen zerschnitten, nach Belieben der Sieger willkürlich Grenzen gezogen. Zugleich wurde von der Landkarte Europas ein Staat gestrichen, der gar nicht lange zuvor noch eine wichtige Rolle auf dem Kontinent gespielt hatte.

[12] *Arnold, Robert F.*, Geschichte der Deutschen Polenlitteratur, Bd. 1: Von den Anfängen bis 1800, Halle a. S. 1900, S. 273f.

[13] *Topolski, J.*, a.a.O., S. 209.

[14] *Rostworowski, Emanuel*, Historia powszechna, Wiek XVIII (Allgemeine Geschichte, 18. Jh.), Warschau 1977, S. 704.

II. Die Gebiete mit polnischer Bevölkerung zur Zeit der Herausbildung des Kapitalismus

1. Die polnischen Teilungen und ihre Folgen

Nach den Teilungen nahm Rußland den größeren Teil (über 60 %) des Territoriums der Adelsrepublik ein. Das waren jedoch die wirtschaftlich am wenigsten entwickelten Gebiete, wo in erheblichem Maße (besonders im Osten) Belorussen, Litauer und Ukrainer wohnten. Die Polen bildeten dort nur die Minderheit der Bevölkerung. Das preußische Teilgebiet machte ungefähr 20 % des Territoriums aus, das Polen vor den Teilungen innegehabt hatte. Dort lebten vor allem Polen, die Landwirtschaft besaß ein relativ hohes Niveau, und das Handelskapital und erste kapitalistische Manufakturen waren schon entstanden. Hier befand sich auch die Hauptstadt Warschau. Am kleinsten war das österreichische Teilgebiet. Es war durch eine große Bevölkerungsdichte gekennzeichnet, und es gab ebenfalls erste Anfänge von kapitalistischer Wirtschaft.

Diese Gebietsteilung erwies sich jedoch nicht als dauerhaft. Während der napoleonischen Kriege schuf der siegreiche Franzosenkaiser im Jahre 1807 auf einem dem preußischen und 1809 auch dem österreichischen Teilgebiet entnommenen Terrain im Zentrum der ehemaligen Rzeczpospolita ein neues Staatsgebilde, das Herzogtum Warschau, das bis zum Wiener Kongreß 1815 bestehenblieb. Dann nahmen die Mächte eine neue Teilung der polnischen Gebiete vor. Rußland gewann große territoriale Vorteile im Westen, denn aus einem Teil des Herzogtums Warschau wurde das Königreich Polen (das sogenannte Kongreßpolen) gebildet, das durch Personalunion mit Rußland verbunden war. Das Königreich hatte einen eigenen Sejm, eine Regierung (deren Kompetenzen auf innere Angelegenheiten beschränkt waren), ein Heer, und es erhielt eine Verfassung. Die wichtigsten autonomen Institutionen wurden nach dem Novemberaufstand 1831 liquidiert. Die Ostgrenzen des Königreiches wurden durch die Flüsse Bug, Biebrza und Neman markiert, die Südgrenze verlief eine lange Strecke entlang der Wisła. Die westlichen Gebiete des Herzogtums Warschau nahm erneut Preußen ein. Dort entstand das Großherzogtum Posen. Kraków wurde zusammen mit einem kleinen Terrain an der Wisła zur Republik Krakau, die nach dem Krakauer Aufstand von 1846, dem Prolog der europäischen Revolutionen von 1848, ihre Unabhängigkeit verlor und dem österreichischen Teilgebiet einverleibt wurde. Die 1815 festgelegte territoriale Teilung erwies sich als relativ dauerhaft. Erst als die Teilungsmächte im ersten Weltkrieg zusammenbrachen und Revolutionen Ost- und Mitteleuropa erfaßten, fand dieser Zustand ein Ende.

Mit den polnischen Teilungen begann eine mehr als hundertjährige Periode von Befreiungskämpfen gegen die Fremdherrschaft. Nach der zweiten Teilung wurde in Polen selbst und in der Emigration (viele Anhänger und Mitschöpfer der Verfassung vom 3. Mai 1791 hatten sich im ihnen freundlich gesonnenen Dresden verborgen) der Aufstand vorbereitet, der im Frühjahr 1794 unter Führung von Tadeusz Kościuszko ausbrach, aber

Wirtschaftsgeschichte Polens. Die polnischen Gebiete nach dem Wiener Kongreß 1815

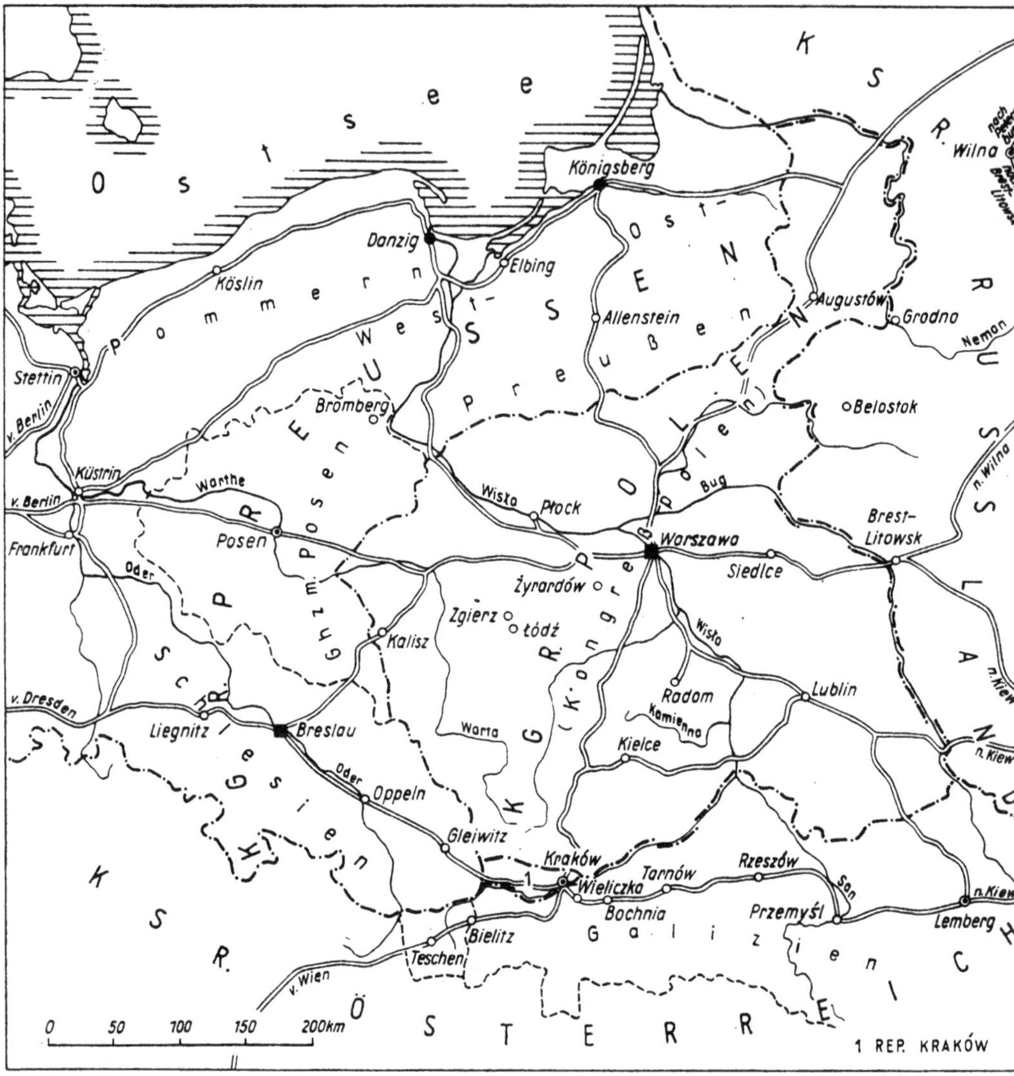

— · — Grenzen des Kgr. Polen, der Rep. Kraków, des Ksr. Rußland, des Ksr. Österreich sowie des Kgr. Preußen

- - - - Grenzen des Ghzm. Posen sowie der Gebiete Galizien und Teschen

═══ wichtige Poststraße

Ort (1843)

■ über 100000 Einw.

● 50000–100000 Einw.

⊙ 30000–50000 Einw.

○ unter 30000 Einw.

nach einigen Monaten von der Übermacht der russischen Truppen niedergeschlagen wurde; auch Preußen trat den Aufständischen entgegen. In den folgenden Jahrzehnten kam es zu zahlreichen patriotischen Verschwörungen. Den Okkupanten standen die meisten Adligen und auch die anderen Gesellschaftsschichten ablehnend gegenüber. Als General Wichard Joachim v. Moellendorff Anfang 1793 nach Großpolen kam, schrieb er: „... so traue ich hierin doch nicht der Stadt Posen, weil hier der vornehme und reiche Bürger sehr von dem französischen Freiheitsschwindel eingenommen ist."[1] Diese Stimmungen äußerten sich in allgemeiner Unterstützung für Napoleon, von dem man sich die Wiederherstellung eines unabhängigen Polen erhoffte. Auch nach dem Wiener Kongreß gab es unaufhörlich Versuche, konspirative Verbindungen zu schaffen, die auf die Wiedererrichtung eines polnischen Staates abzielten. Ein wichtiges Element bildeten dabei Forderungen nach Veränderung der Lage der Bauern. Insbesondere die demokratischen politischen Strömungen verlangten, die Untertänigkeit der Bauern aufzuheben (mit der Zeit wurde auch gefordert, ihnen das Land in Eigentum zu geben), dem Bürgertum politische Rechte zu gewähren und auch die Judenfrage zu lösen. Geschürt wurde der nationale Befreiungskampf auch dadurch, daß im preußischen Teilgebiet die Germanisierungspolitik und im russischen Teilgebiet die Russifizierungspolitik immer mehr an Schärfe zunahm. Je mehr die Okkupanten versuchten, die Bevölkerung zu entpolonisieren, desto mehr stießen sie auf Widerstand.

Die polnischen Teilungen brachten auch wesentliche ökonomische Konsequenzen mit sich. Vor allem wurden die gerade im Entstehen begriffenen wirtschaftlichen Verbindungen zwischen den verschiedenen Regionen unterbrochen. Die Grenzänderungen wirkten sich besonders nachteilig auf Warschau aus, das nach der dritten Teilung aus der Hauptstadt eines großen Staates zu einer preußischen Provinz- und Grenzstadt degradiert war. Nach dem Wiener Kongreß erlangte Warschau zwar wieder eine zentrale Position in dem vom Kongreß konstituierten Königreich Polen, doch später befand es sich innerhalb der Grenzen des russischen Kaiserreiches erneut an der Peripherie. Ähnlich verlor Kraków an Bedeutung, wenn auch eine Reihe von Jahren hindurch die Republik Krakau an dem relativ frei mit allen polnischen Teilgebieten betriebenen Handel profitierte. Dagegen wuchs die Bedeutung von Brody, einer galizischen Kleinstadt an der Grenze zu Russisch-Polen, der die österreichischen Behörden eine Zeitlang Zollprivilegien gewährten, die den Außenhandel erleichterten.

Von großer Bedeutung war es, daß die Wisła durch politische und wirtschaftliche Grenzen zerschnitten wurde und aufhörte, die Verkehrsader zu sein, die die polnischen Gebiete mit dem Meer verband. Daher wurden sowohl im russischen wie auch im österreichischen Landesteil in Gutsbesitzer- und Kaufmannskreisen Projekte geschmiedet, den Agrarhandel zum Schwarzen Meer zu leiten.

Die politische Katastrophe des polnischen Staates beeinflußte auch das Schicksal bürgerlicher Vermögen. In Warschau brachen die sechs bekanntesten Bankhäuser zusammen, deren Besitzer sich politisch engagiert hatten. In Großpolen, das von den übrigen polnischen Gebieten abgeschnitten und Preußen einverleibt war, wo sich die Textilindustrie mit staatlicher Unterstützung entwickelt hatte, machte dieser Gewerbezweig eine Krise durch, denn er konnte der preußischen Konkurrenz nicht standhalten. Das war aber ein Ausnahmefall. „Ganz allgemein genommen bildete die gewerbliche Produk-

[1] Nach: *Wąsicki, Jan,* Ziemie polskie pod zaborem pruskim. Prusy Południowe 1793–1806. Studium historycznoprawne (Von Preußen annektierte polnische Gebiete. Südpreußen 1793–1806. Eine rechtshistorische Studie), Wrocław 1957, S. 42.

tion der Staaten, die Polen unter sich aufgeteilt hatten, keine Gefahr für die in den ihnen einverleibten polnischen Gebieten tätigen Unternehmen. Trotzdem weist ein Vergleich zwischen dem Zustand des Gewerbes am Anfang des 19. Jahrhunderts und seinem Zustand vor den Teilungen eine deutliche Verschlechterung aus."[2]

Zur Verschlechterung der Wirtschaftslage trugen auch die militärischen Kampfhandlungen der napoleonischen Zeit, die mehrmalige Veränderung der politischen Zugehörigkeit der polnischen Landesteile in den Jahren 1793–1815, die Festlegung neuer Grenzen, also die Aufrechterhaltung eines provisorischen Zustandes, verbunden mit mannigfaltigen Wandlungen der Wirtschaftspolitik, der Verbindungen, des fiskalischen Systems und dergleichen, bei.

Es würde schwerfallen, wollte man die Ursachen für den wirtschaftlichen Verfall der polnischen Gebiete ausschließlich in den politischen Ereignissen, insbesondere den militärischen Kampfhandlungen suchen. Von ihnen wurde um die Wende vom 18. zum 19. Jahrhundert ja nicht nur Polen betroffen, sondern auch alle Nachbarländer. Natürlich hinterließen die Kriege deutliche Spuren im Wirtschaftsleben. Gleichzeitig begünstigten sie aber verschiedene Formen der Akkumulation des Handelskapitals. Besonders zur Zeit des Herzogtums Warschau wuchs das Vermögen einiger Kaufleute.

Die Teilungen wirkten sich auf den Charakter der ökonomischen Beziehungen und auf die Handelsrichtungen aus. Erschwert wurden der internationale Handel und der Warentransport zwischen weit voneinander entfernten Regionen Polens. Dafür nahm der Lokalhandel an Bedeutung zu. Das wurde noch dadurch befördert, daß innerhalb Preußens (und noch mehr zwischen Preußen und den übrigen deutschen Staaten) zahlreiche Zollschranken bestanden, in Rußland die Umsätze des Binnenhandels niedrig waren und das österreichische Teilgebiet die fiskalische, Zoll- und Transportpolitik des österreichischen Staates, der seine alten Landesteile privilegierte, deutlich zu spüren bekam.

Die Eingliederung der polnischen Gebiete in das politische und ökonomische System der Teilungsmächte war ein recht langer Prozeß, in dem zugleich die Wirtschaft des unterworfenen Landes allmählich umgestaltet wurde.

In gewissem Maße veränderte sich auch die Lage aller Gruppen der Gesellschaft. Zwar unterschieden sich Österreich, Preußen und Rußland von der polnischen Adelsrepublik nicht durch ihren Klassencharakter – in ihnen dominierten feudale Verhältnisse, die Staatsmacht war Interessenvertreter des Grundbesitzes –, doch hatte der polnische Adel vor den Teilungen eine erheblich günstigere politische Position innegehabt, als sie die Großgrundbesitzer in den Staaten, unter die Polen nun aufgeteilt war, besaßen. Die zentralisierten Monarchien beschränkten den polnischen Adel sehr in seiner Handlungsfreiheit, belasteten ihn mit Steuern zugunsten des Staates und nahmen ihm wesentliche Privilegien. „Der Verlust politischer Rechte und auch solcher Prärogativen wie die Unverletzlichkeit der Person oder die Freiheit der Drucklegung beseitigte mit einem Schlage einen der Tragpfeiler der Präponderanz des Adels, wodurch der einstmals gesetzgebende Stand in eine Reihe mit den Untertanen des Königs von Preußen oder des österreichischen Kaisers gestellt wurde."[3] Der Dorfbevölkerung brachten die Teilungen insbesondere die

[2] *Ihnatowicz, Ireneusz*, Przemysł, handel, finanse (Industrie, Handel, Finanzen), in: Polska XIX wieku. Państwo – społeczeństwo – kultura (Polen im 19. Jh. Staat – Gesellschaft – Kultur), u. d. Redaktion v. Stefan Kieniewicz, Warschau 1977, S. 66.

[3] *Jedlicki, Jerzy*, Szlachta (Der Adel), in: Przemiany społeczne w Królestwie Polskim 1815–1864 (Gesellschaftliche Wandlungen im Königreich Polen 1815–1864), Kollektivarbeit u. d. Leitung v. Witold Kula und Janina Leskiewiczowa, Wrocław 1979, S. 29.

schwere Last, in den Armeen der Okkupanten Militärdienst leisten zu müssen. Es verschlechterte sich die rechtliche Stellung des Bürgertums in den königlichen Städten. Neue – mehrmaligen Änderungen unterworfene – Beschränkungen und Belastungen wurden den Juden auferlegt.

2. Die Bevölkerung

Aufgrund der Teilungen und der späteren Grenzveränderungen erhielten Rußland ungefähr 5 Millionen Einwohner der Adelsrepublik (45 %), Österreich etwa 4 Millionen (32 %) und Preußen rund 3 Millionen (23 %). Außerdem lebten in anderen Gebieten, die sich zur Zeit der Teilungen nicht innerhalb der Grenzen Polens befunden hatten (besonders Schlesien und Masuren), ungefähr 1 Million Polen.[4] Natürlich sind diese Angaben nur Annäherungswerte, ebenso wie alle anderen Zahlen über den Bestand, die natürliche Bewegung und die Struktur der Bevölkerung vor der Durchführung allgemeiner Volkszählungen. In verschiedenen Arbeiten lassen sich daher unterschiedliche Zahlenangaben finden.

Die für die Gebiete mit polnischer Bevölkerung in der behandelten Zeit charakteristischen demographischen Prozesse sind Agrarländern gemeinsam. Mit hoher Sterberate (über 30 ‰) ging eine hohe Geburtenrate (über 43 ‰) einher. Diese Quoten schwankten sehr im Zusammenhang mit Ereignissen politischer (Kriege und Aufstände) und wirtschaftlicher Natur (Mißernten). Ausnahmsweise überstiegen die Sterbefälle die Geburtenzahlen (zum Beispiel in den Jahren 1830 und 1831). Insgesamt nahm die Bevölkerung dieser Gebiete schnell zu, in den Jahren 1815–1857 um schätzungsweise 45,5 %.[5]

Von 1816 bis 1855 wuchs die Bevölkerungszahl in Schlesien von 1,9 auf 3,2 Millionen, in Pommern zusammen mit Ost- und Westpreußen von 2,1 auf 3,9 Millionen, im Großherzogtum Posen von 0,8 auf 1,4 Millionen. In Kongreßpolen betrug von 1819 bis 1855 der Bevölkerungszuwachs 1,3 Millionen (von 3,4 auf 4,7 Millionen). In Galizien vergrößerte sich im Zeitraum 1807–1869 der Einwohnerbestand von 3,6 auf 5,4 Millionen.[6]

Während der ersten Hälfte des 19. Jahrhunderts wuchs die deutsche Bevölkerung, besonders im österreichischen und im preußischen Teilgebiet. Schon 1774, unter der Regierung Maria Theresias, setzte in geringem Maße die deutsche Besiedlung in den Städten ein. Unter Joseph II. begann die ländliche Siedlung. Die Kolonisten erhielten Wirtschaften, und ihnen wurde geholfen sich einzurichten. Sie hatten Zinslasten zu tragen, brauchten aber in der Regel keine Fronarbeit zu leisten (in einigen Fällen war diese geringfügig). Die Zuwanderer stammten überwiegend aus Westdeutschland. Insgesamt ließen sich im österreichischen Teilgebiet nicht mehr als 15000 Personen nieder, und in der zweiten Hälfte der achtziger Jahre des 18. Jahrhunderts hörte die Ansiedlung auf.

4 *Zientara, Benedykt/Mączak, Antoni/Ihnatowicz, Ireneusz/Landau, Zbigniew*, Dzieje gospodarcze Polski do 1939 r. (Wirtschaftsgeschichte Polens bis 1939), Warschau 1965, S. 296.

5 *Rutkowski, Jan*, Historia gospodarcza Polski/do 1864 r./(Wirtschaftsgeschichte Polens/bis 1864/), Warschau 1953, S. 278f.; *Borowski, Stanisław*, Modernizacja demograficzna w Polsce na tle porównawczym (Die demographische Modernisierung in Polen im Vergleich), in: Badania nad historią gospodarczo-społeczną w Polsce/problemy i metody/(Forschungen zur Wirtschafts- und Sozialgeschichte in Polen/Probleme und Methoden/), Warschau-Poznań 1978, S. 89.

6 *Gierowski, J. A.*, Historia, a.a.O., Teil 2, Warschau 1978, S. 381.

Im preußischen Teilgebiet begann die Kolonisation schon 1772. Ihr Ziel war sowohl die Germanisierung des Landes wie auch die Hebung der Produktion (um die Staatseinnahmen zu vergrößern). Das war die Fortsetzung der einige Jahrzehnte zuvor in Schlesien, in Vorpommern (der Gegend um Stettin) und in Ostpreußen begonnenen Siedlung. Insgesamt wurden von 1740 bis 1786 ungefähr 300000 Deutsche angesiedelt.[7] Engels schrieb darüber: „In Posen aber wurden diese Kolonisten systematisch, mit unerbittlicher Regelmäßigkeit auf die Domänen, in die Wälder, auf die parzellierten polnischen Rittergüter geschickt, um die eingeborenen Polen und ihre Sprache von ihrem eigenen Lande zu verdrängen und eine echt preußische Provinz zu bilden, die in schwarz-weißem Fanatismus selbst Pommern übertreffen sollte.“[8]

Die von der preußischen und der österreichischen Verwaltung organisierte Zuwanderung deutscher Siedler in diese beiden Teilgebiete hatte zum Ziel, das ethnische Antlitz der geraubten Gebiete in starkem Maße zu verändern. Dagegen gab es für die Einwanderung in das Königreich Polen wirtschaftliche Gründe, denn seine bis 1831 existierende Regierung bot Unternehmern und Handwerkern günstige Bedingungen zur Ansiedlung, um die wirtschaftliche Entwicklung zu beschleunigen. Verschiedentlich waren die Zuwanderer im Auftrag der Behörden des Königreichs in vielen Ländern Europas – in England, Belgien, Frankreich, der Schweiz usw. – geworben worden. Man gewann auf diesem Wege insbesondere Fachleute mit den am meisten gesuchten Spezialkenntnissen. Der größte Zustrom von Textilhandwerkern und -unternehmern kam 1824–1830 und 1835–1837 aus Sachsen, Preußen, Großpolen und Schlesien. Ein Teil der Einwanderer siedelte sich auf dem Lande an.

Im Unterschied zu den übrigen Teilgebieten bestanden im Königreich Bedingungen, die ein Zusammenwachsen der Zuwanderer mit der einheimischen Bevölkerung begünstigten, da sie keine besonderen politischen Privilegien genossen. „Die Fremden, die individuell kamen und sich in verschiedenen Städten und Regionen des Königreichs niederließen, wurden verhältnismäßig schnell assimiliert ... Nach Jahren wiesen lediglich die Namen völlig polonisierter Kaufleute, Unternehmer, Handwerker oder Intellektueller auf die fremde Herkunft hin.“[9] Dagegen blieb die nationale Eigenart größerer Konglomerationen bestehen (zum Beispiel in der damals entstandenen Industrieregion Łódź), zumal wenn außer der Sprache auch das religiöse Bekenntnis ein Bindeglied darstellte, weil es anders als bei den Eingesessenen war. Die Einwanderung trug zur Beschleunigung der Wirtschaftsentwicklung des Königreichs Polen bei. Viele Zugewanderte engagierten sich aktiv im gesellschaftlichen Leben ihrer neuen Heimat und nahmen auch am nationalen Befreiungskampf teil.

Die unzulänglichen statistischen Angaben erschweren es, die Wandlungen der Sozialstruktur der polnischen Gebiete und die Veränderungen der Berufsstruktur aufzuzeigen. Die meisten Menschen in allen Teilgebieten lebten von der Landwirtschaft, wenn auch die Stadtbevölkerung und die nichtlandwirtschaftlich Tätigen allmählich an Zahl zunahmen. Am weitesten gediehen sind die Forschungen über Bevölkerungsveränderungen im Königreich Polen, wo diese Prozesse im behandelten Zeitabschnitt anscheinend am schnellsten abliefen.

7 *Rutkowski, J.*, a.a.O., S. 281–288.

8 *Engels, Friedrich,* Die Polendebatte in Frankfurt („Neue Rheinische Zeitung“ Nr. 70 vom 9. August 1848), in: Marx, Karl/Engels, Friedrich, Werke, Bd. 5, Berlin 1959, S. 325.

9 *Rzepniewska, Danuta,* Migracje (Migrationen), in: Przemiany społeczne w Królestwie, a.a.O., S. 163f.

In diesem Territorium sank der Anteil der Landbevölkerung im Zeitraum 1810–1863 von 83 % auf 75 %, während sich die Stadtbevölkerung von 600000 im Jahre 1816 auf 1,4 Millionen im Jahre 1865 vergrößerte. Von den Dorfbewohnern waren 1859 ungefähr 22 % Zinsbauern, 23 % Fronbauern, fast 6 % Fron- und Zinspflichtige und Kolonisten sowie 37 % Landlose.[10] Den Rest bildeten Adlige, Handwerker u. a. Das sind bloße Orientierungsziffern, um deren Interpretation heftig diskutiert wird. Es ist anzunehmen, daß die Stadtbevölkerung tatsächlich größer war und daß auch nicht alle als Landlose bezeichneten ganz ohne Land waren. Es erhebt sich auch die Frage, in welchem Maße die Zinsbauern ihrem Herrn tatsächlich in Geld Rente entrichteten. Ungeachtet dieser Zweifel zeugen die zitierten Angaben von sozialen und beruflichen Wandlungen, die zur allmählichen Auflösung der traditionellen Ordnung der gesellschaftlichen Verhältnisse führten. Damit gingen Umwandlungen in der Rechtsstellung der einzelnen Bevölkerungsgruppen und im Wirtschaftsleben einher. Insbesondere ist das bei der nichtlandwirtschaftlichen Bevölkerung erkennbar. Mit der Entwicklung der Industrie begannen sich die Bourgeoisie und die Arbeiterklasse zu formieren. Die Orientierungsziffern besagen, daß von 1845 bis 1870 die Zahl der Arbeiter von 46000 auf 80000 anstieg.[11]

In Großpolen, in Pommerellen und vor allem in Schlesien wuchs ebenfalls die Arbeiterschaft, vorwiegend durch landlos gewordene Bauern. Sie fanden Beschäftigung in der Landwirtschaft und in den sich entwickelnden schlesischen Berg- und Hüttenwerken.[12]

3. Die Auflösung der feudalen Verhältnisse in der Landwirtschaft

Die Auflösung des Frongutes und das erneute Eindringen der Geldwirtschaft in das polnische Dorf hatten schon im 18. Jahrhundert eingesetzt, und die Lage der Bauern war Gegenstand des Interesses der Politiker geworden, doch die Teilungen unterbrachen den kontinuierlichen Ablauf dieses Prozesses. Die Agrarverhältnisse in den Staaten, die Polen unter sich aufteilten, waren zwar nicht grundsätzlich andere, wiesen jedoch manche Spezifika auf, die sich in den folgenden Jahrzehnten verstärkten und zahlreiche Besonderheiten in der Entwicklung der Landwirtschaft jedes der drei Teilgebiete schufen. In mehrfacher Hinsicht unterschied sich auch die Agrarpolitik der Teilungsmächte, obschon sowohl in Preußen wie in Österreich und in Rußland Umwandlungen gleichen Typs vor sich gingen, der preußische Weg der Entwicklung des Kapitalismus in der Landwirtschaft, wie Lenin das nannte, beschritten wurde.

Die günstigsten Bedingungen für den Übergang von der feudalen zur kapitalistischen Wirtschaftsweise hatte die Landwirtschaft in den Preußen einverleibten Gebieten.[13]

10 *Leśkiewiczowa, Janina*, Włościanie (Die Bauern), in: ebenda, S. 61 u. 71; *Kaczyńska, Elżbieta*, Mieszczaństwo (Das Bürgertum), in: ebenda, S. 87.

11 *Kowalska-Glikman, Stefania*, Robotnicy (Die Arbeiter), in: ebenda, S. 364.

12 Vgl. *Obermann, Karl*, Zur Klassenstruktur und zur sozialen Lage der Bevölkerung in Preußen 1846 bis 1849, in: Jahrbuch für Wirtschaftsgeschichte 1973, Teil 2, S. 79–120, und Teil 3, S. 143–174; *Bleiber, Helmut*, Zum Anteil der Landarbeiter an den Bewegungen der Dorfbevölkerung in der deutschen Revolution 1848/49, in: Jahrbuch für Wirtschaftsgeschichte 1975, Teil 4, S. 65–81.

13 Siehe besonders: *Kniat, Marian*, Dzieje uwłaszczenia włościan w Wielkim Księstwie Poznańskim. Przebieg prac ustawodawczych do roku 1823 (Geschichte der Bauernbefreiung im Großherzogtum Posen. Der Verlauf der Gesetzgebungsarbeiten bis zum Jahre 1823), Bd. 1, Poznań

Dort wurden die Patrimonialgerichtsbarkeit eingeschränkt, eine Höchstgrenze für die Fronbelastung festgelegt und – wenn auch geringe – Möglichkeiten geschaffen, das Dorf zu verlassen. Von großer Bedeutung waren auch die Veränderungen in der ökonomischen Sphäre.

Schon 1769 entstand die „Schlesische Landschaft", eine Institution, bei der Landbesitzer verhältnismäßig billigen Kredit aufnehmen konnten. Damit wurde es möglich, das System der Ackerbewirtschaftung umzugestalten, denn die Gutsbesitzer konnten sich nun Investitionsmittel beschaffen. Die „Landschaft" emittierte Pfandbriefe (ein Wertpapier), die ihren Besitzern Zinsen eintrugen. Für die Einlösung der Pfandbriefe hafteten alle Mitglieder dieser Institution gemeinsam mit ihrem Vermögen. Dadurch verringerte sich das Risiko, das jedem Financier, der einem individuellen Landwirt Geld leiht, droht. Gleiche „Landschaften" entstanden in Pommern (1771), in Westpreußen (1787) und in Ostpreußen (1788). Nach den Teilungen wurden auch die dem preußischen Staate eingegliederten polnischen Territorien in die Tätigkeit der Landschaften einbezogen. Operationen auf polnischem Boden betrieben ferner die 1772 u. a. für den Handel mit Polen gegründete Seehandlung und andere staatliche und private Einrichtungen. Sie bedienten sich eines neuen Rechtsinstituts, der Hypothek, die die Garantien für den Gläubiger vergrößerte und eine Verminderung der Kreditkosten gestattete. In die polnischen Gebiete kamen Bankiers und Agenten preußischer (insbesondere Berliner) Bankhäuser.

Die Möglichkeit, billig Kredit zu bekommen – vor den Teilungen unbekannt –, trug dazu bei, daß der polnische Landadel verschuldete, oft über die Rückzahlungsfähigkeit hinaus. Ein Teil der Gutsbesitzer verwendete die geliehenen Beträge zur Entwicklung seiner Wirtschaften, doch viele – vielleicht sogar die meisten – verbrauchten das aufgenommene Geld für ihren Konsum. Als während der napoleonischen Kriege die Absatzmöglichkeiten für Agrarprodukte geringer wurden und einige Güter auch unter Kämpfen und Truppendurchmarsch litten, befanden sich die Schuldner in einer äußerst schwierigen Lage. Dennoch förderte die Entwicklung des landwirtschaftlichen Kredits zweifellos die Umgestaltung des Bewirtschaftungssystems der Adelsgüter, die im Rahmen Preußens gute Absatzchancen für ihre Erzeugnisse hatten.

Für die Agrarreform in Preußen – und im preußischen Teilgebiet Polens – erwiesen sich die napoleonischen Kriege als beschleunigender Faktor. Es trafen nicht nur unterschiedliche strategische Konzeptionen aufeinander, sondern auch grundsätzlich verschiedene Gesellschaftssysteme. Zwar war Napoleon in der Praxis schon von den freiheitlichen Idealen der Großen Französischen Revolution abgegangen, doch setzte sich seine Armee aus freien Menschen zusammen, und in ihren Reihen erhielt sich der revolutionäre Geist. In Preußen stammten die Offiziere aus dem Adel, die Soldaten aus Bauernschaft und Bürgertum. „In der Praxis . . . wurden nur die Ärmsten zur Armee geholt, denen das Schicksal des Staates vollkommen gleichgültig war." Vor Jena und Auerstedt waren 40 % der Soldaten Polen. „Die Bauern-Soldaten deutscher Abstammung hatten noch kein Klassen- und gewöhnlich kein Nationalbewußtsein, sie hatten auch keine Zuneigung für den Staat, der sie mit Kontributionen, unentgeltlichen Arbeiten und schwerem, zwanzigjährigem Militärdienst bedrückte."[14] Die Niederlage der preußischen Armee, die

1939, Bd. 2, Poznań 1949; *Śreniowski, Stanisław*, Uwłaszczenie chłopów w Polsce (Die Bauernbefreiung in Polen), Warschau 1956; *Kieniewicz, Stefan*, The Emancipation of the Polish Peasantry, Chicago 1969.

[14] *Żywczyński, Mieczysław*, Historia powszechna 1789–1870 (Allgemeine Geschichte 1789–1870), Warschau 1970, S. 135.

Errichtung der napoleonischen Hegemonie in Europa und die französische Politik in den besetzten Gebieten riefen in Preußen starke Reaktionen hervor, dergestalt, daß Programme für gesellschaftliche Reformen mit Leben erfüllt wurden. Einerseits begann man sich in Kreisen des Bürgertums und der Intellektuellen den deutschen Traditionen zuzuwenden, doch unter dem Einfluß der revolutionären Losungen wurden Forderungen nach Freiheit und Gleichheit erhoben. Andererseits reifte in den herrschenden Klassen Verständnis dafür, daß Veränderungen notwendig waren. Auf Initiative des erneut mit der Leitung der Staatsverwaltung beauftragten Freiherrn Karl vom und zum Stein wurde im Herbst 1807 die Befreiung der Bauern von feudaler Abhängigkeit eingeleitet. Dieser Prozeß wurde später durch den Übergang von Boden in ihr Eigentum gekrönt. Auch andere Gebiete des gesellschaftlichen Lebens wurden von Reformen erfaßt.

Das Edikt vom 9. Oktober 1807, mit dem die Untertänigkeit aufgehoben wurde (das aber nicht die Pflichten der Bauern gegenüber ihrem Herrn antastete), hatte auch in den damals zu Preußen gehörenden polnischen Gebieten Geltung. Etwas früher waren im Herzogtum Warschau durch die Verfassung vom 23. Juli 1807 ähnliche Grundsätze festgelegt worden, die der 1808 eingeführte Code Civil Napoleons bekräftigte. In den folgenden Jahren eilten die im preußischen Staatsgebiet durchgeführten Reformen den Umwandlungen, die die Lage der Bauern in den Hoheitsgebieten Österreichs und Rußlands erfuhr, voraus.

Die zu Preußen gehörenden Gebiete mit polnischer Bevölkerung unterlagen der preußischen Gesetzgebung, allerdings mit einigen Modifikationen aufgrund der etwas abweichenden rechtlichen Situation der schlesischen Gebiete (wo die Großgrundbesitzer noch einige Rechte genossen, die in der Vergangenheit souveränen Herrschern zugekommen waren) und Großpolens (das 1807–1814 zum Herzogtum Warschau gehört hatte). Im Jahre 1808 wurde die Leibeigenschaft der Bauern auf den staatlichen Domänen aufgehoben, und ihre bisherigen Pflichten wurden in Geldrente umgewandelt, 1811 begann im preußischen Teilgebiet die sogenannte Regulierung, ein Prozeß, in dem die Bauern für ein Lösegeld Grundeigentum erwarben. Der Bauer konnte das Eigentumsrecht gegen eine Entschädigung erhalten, die im Prinzip den dritten Teil der Bodenfläche betragen sollte, die er zuvor als Entgelt für die Erfüllung feudaler Pflichten genutzt hatte. Für einige Kategorien der Dorfbevölkerung war die Entschädigung höher. Interessenten konnten auch andere Formen des Abkaufs vertraglich vorsehen. Die Übertragung von Boden zu Eigentum erfolgte nicht automatisch, sondern durch Vertrag zwischen dem Bauern und dem Gutsherrn, nach zwei Jahren dann von Amts wegen auf Verlangen einer der beiden Seiten. Diese Vorschriften betrafen nur wohlhabendere Wirtschaften, und 1816 wurde der Geltungsbereich noch weiter eingeschränkt.

Als viel bescheidener erwiesen sich die Bestimmungen des Edikts von 1811 für Schlesien. Dort mußten die meisten Bauern im Zusammenhang mit der Regulierung den größten Teil ihres Bodens abgeben. Das Resultat war, daß ein Prozeß einsetzte, in dem die Bauern ihre Felder verloren. Erst eine Regierungsdeklaration von 1816 gebot dem Einhalt, indem sie die Möglichkeit schuf, daß ganze Wirtschaften ins Eigentum von Bauern übergingen. Neue Vorschriften beschränkten dann 1827 diese Berechtigung auf nur wenige Wirtschaften.

Die Gesetzgebung des Herzogtums Warschau, die in Großpolen (Großherzogtum Posen) in Geltung war, ermöglichte es, die Bauern einfach von der Scholle zu vertreiben. Damit machte die preußische Regierung 1819 Schluß, und das Regulierungsgesetz von 1823 folgte dem Muster der Rechtsetzung der übrigen Landesteile Preußens. Allerdings wurde in geringerem Maße Bauernland zur Ablösung durch die Güter übernommen. Den Kreis der Regulierungsberechtigten verkleinerte die Deklaration von 1836.

Der Prozeß der Bodenübereignung hatte in ganz Preußen als gemeinsames Merkmal, daß er auf die wohlhabenderen Wirtschaften beschränkt war, daß die nichtregulierten Bauern von ihrem Boden entfernt wurden und daß der Adel einen Teil der Bodenfläche der Wirtschaften übernahm, die in bäuerliches Eigentum übergingen. Letzteres erfolgte besonders in Schlesien. Schätzungsweise schwankte 1838 die durchschnittliche Bodenfläche regulierter Bauernwirtschaften zwischen 14,2 ha in Großpolen und 28,7 ha in Pommern (ohne den Regierungsbezirk Stralsund), wohingegen sie in Schlesien nur 9,5 ha betrug. Durch die Regulierung hatten die Bauern in Schlesien ungefähr 37 %, in Großpolen 10 % und in Pommern 31 % ihres Bodens verloren.[15]

Dieser Prozeß förderte die Erweiterung des Großgrundbesitzes der schlesischen Magnaten und die Zerstückelung der Bauernwirtschaften. Die ihres Bodens beraubten Bauern gingen allmählich in die Reihen der Arbeiterklasse über. Dagegen verloren in Großpolen die zu bäuerlichem Eigentum gewordenen Wirtschaften im Verhältnis weniger Land, was dazu führte, daß sich neben den zahlreichen Gütern, die den Weg der kapitalistischen Entwicklung beschritten, eine Schicht wohlhabender Bauern bildete. Die Art und Weise der Durchführung der Agrarreform im preußischen Teilgebiet verstärkte also die schon in der Vergangenheit bestehenden spezifischen Merkmale der großpolnischen Landwirtschaft, wo die Bauern Wirtschaften mit mehr Bodenfläche hatten als in anderen Landesteilen Polens.

Die Art und Weise, wie die Regulierung durchgeführt wurde, rief viel Unzufriedenheit in der Gesellschaft hervor. Das machte sich besonders während der Revolution von 1848 bemerkbar, die sich in den deutschen Staaten, darunter auch Preußen, kraftvoll ausbreitete. Mit dem Ziel der nationalen Befreiung ergriff die revolutionäre Bewegung auch die polnischen Gebiete, was die Sympathie der deutschen Linken erweckte. Unter diesen Umständen sah sich die preußische Regierung gezwungen, die Agrarfrage entsprechend ihren Konzeptionen endgültig zu lösen. Die Reform von 1850 umfaßte alle bis dahin noch nicht übereigneten Bauernwirtschaften und hob entschädigungslos zahlreiche Rechte der Gutsherrschaft auf. Man schätzt, daß die Bauern letzten Endes durch die Regulierung in Großpolen ungefähr 16 %, in ganz Preußen aber rund 33 % ihres früheren Landbesitzes verloren haben. Das führte dazu, daß auf dem Lande Arbeitskräfte frei wurden.

Die preußische Agrarreform schuf günstige Bedingungen für die Umgestaltung der traditionellen Wirtschaftsweise der Güter. Die Regulierung vergrößerte nämlich nicht nur ihre Bodenfläche, sondern stärkte sie auch kapitalmäßig, da die Bauern nicht selten ihr Land gegen Bargeld kauften oder Zins zahlten. Als vorteilhaft in dieser Hinsicht erwies sich die Zusammenlegung von Guts- und Bauernländereien und die Liquidierung der Servituten. Kapitalistischen Umwandlungen förderlich waren auch die ökonomischen Bedingungen im Staate. Die einsetzende Entwicklung der Industrieproduktion und der Wachstumsprozeß der Städte, besonders im westlichen Deutschland, riefen Nachfrage nach Agrarprodukten hervor. Den Warenaustausch erleichterten die Aufhebung der

[15] Vgl *Harnisch, Hartmut*, Die Bedeutung der kapitalistischen Agrarreform für die Herausbildung des inneren Marktes und die industrielle Revolution in den östlichen Provinzen Preußens in der ersten Hälfte des 19. Jahrhunderts, in: Jahrbuch für Wirtschaftsgeschichte 1977, Teil 4, S. 66.

inneren Zollschranken und seit Anfang 1834 der Zollverein. Die östlichen Provinzen Preußens gewannen auf diese Weise günstige Möglichkeiten für die Entfaltung der Warenproduktion, was den Umbau des Bewirtschaftungssystems der Güter förderte. Die Kapitalgrundlagen für diese Wandlungen schuf das Hypothekenkreditsystem.

Im Verlauf der ersten Hälfte des 19. Jahrhunderts war in den dem preußischen Staate einverleibten polnischen Gebieten der Übergang von feudalen zu kapitalistischen Verhältnissen in der Landwirtschaft erfolgt, und die Reform von 1850 krönte diesen Prozeß. Die „Revolution von oben" hatte jedoch die Agrarordnung Preußens nur teilweise umgestaltet. In der Wirtschaft und im politischen System blieben zahlreiche Relikte des Feudalismus erhalten, wovon die Fortexistenz der Güter am wichtigsten war. Die Beziehungen zwischen Gutsbesitzern und Landarbeitern gestalteten sich großenteils unter dem Einfluß der traditionellen Formen der Abhängigkeit.

Unter viel weniger günstigen Bedingungen ging die Umgestaltung der Landwirtschaft in den beiden anderen Teilgebieten Polens vonstatten. Die Staatsgrenzen durchschnitten die Weichsel, den wichtigsten Transportweg für die Ausfuhr von Ackerfrüchten in der Vergangenheit. Den inneren Bedarf Rußlands und Österreichs deckte die Agrarproduktion anderer Regionen dieser Monarchien. Die polnische Landwirtschaft im russischen und im österreichischen Teilgebiet war also vor allem auf den Absatzmarkt innerhalb ihrer Landesteile selbst angewiesen, der aber wegen der schwachen Entwicklung der Städte und der Industrie äußerst beschränkt war. Unter diesen Umständen stießen die Gutsbesitzer auf Schwierigkeiten beim Übergang zu kapitalistischen Wirtschaftsmethoden, besonders dann, wenn sie nicht über größere finanzielle Reserven verfügten.

Im Königreich Polen befanden sich die Gutsbesitzer in einer überaus schwierigen Lage.[16] Auf den europäischen Märkten bekam polnisches Getreide immer mehr die Konkurrenz des russischen Exports zu spüren, und was noch schwerer wog, die Zollschranken begannen zuzunehmen. Großbritannien führte mit seiner Cornbill von 1815 Getreidezölle ein. 1818 kamen auch in Frankreich und einige Monate später in Preußen Getreidezölle zur Anwendung. Zugleich belegte der preußische Staat den landwirtschaftlichen Transit aus dem Königreich Polen über den Danziger Hafen mit hohen Gebühren. Infolgedessen ging die Ausfuhr sehr zurück, zeitweise kam sie sogar völlig zum Stillstand. Die Einkünfte der Güter verringerten sich, was deutlichen Niederschlag in ihrer finanziellen Situation fand: Aus den Jahren der preußischen Okkupation vor den napoleonischen Kriegen waren die Güter verschuldet, in den Kriegsjahren nahm die Verschuldung noch zu, und nach 1815 war der Zeitpunkt für die Begleichung der Rechnungen herangerückt. Schon zu Zeiten des Herzogtums Warschau waren Güter versteigert worden, doch in den Jahren 1822–1825 kam das besonders häufig vor. Wenn auch ein Teil der Güter wegen Schulden und niedrigen Niveaus der Bewirtschaftung zugrunde gehen mußte, so hatten die meisten doch Überlebenschancen, unter der Bedingung, daß sie billige Darlehen erlangten und die Wirtschaft modernisierten.

Unter diesen Umständen war es eine Hilfe für den Großgrundbesitz, als die Regierung des Königreichs Polen 1825 das Towarzystwo Kredytowe Ziemskie (die Bodenkreditgesellschaft), eine Institution für den langfristigen Kredit nach dem Muster der preußi-

[16] Vgl. *Kieniewicz, Stefan,* Sprawa włościańska w powstaniu styczniowym (Die Bauernfrage im Januaraufstand), Wrocław 1953; *Śreniowski, Stanisław,* Studia nad prawem i stosunkami agrarnymi Królestwa Polskiego 1831–1864 (Studien über das Recht und die Agrarverhältnisse des Königreichs Polen 1831–1864), Warschau 1963.

schen Landschaften, ins Leben rief. Sie schuf günstige Bedingungen dafür, die Finanzen der Landgüter allmählich in Ordnung zu bringen und zu neuen Bewirtschaftungsmethoden überzugehen. Zugleich trug die von den Behörden eingeleitete Politik zur Unterstützung der Industrie auch Früchte für die Landwirtschaft, da mit der Zeit die innere Nachfrage nach Agrarprodukten sowohl für die Ernährung der Stadtbevölkerung als auch für den industriellen Verarbeitungsbedarf zunahm. Das von den Produzenten erreichbare Preisniveau und die Verkaufsbedingungen waren für sie weniger günstig als im preußischen Teilgebiet, das durch Zollschranken vor Konkurrenz von außen geschützt war. Dagegen übte auf dem Markt des Königreichs Polen auch die landwirtschaftliche Erzeugung des Russischen Reiches Einfluß aus. Trotzdem hatten sich um die Mitte des 19. Jahrhunderts in Kongreßpolen Bedingungen herausgebildet, unter denen Güter, die für den Markt produzierten, sich dabei der (nicht selten noch nur halbfreien) Lohnarbeit bedienten und nach und nach neue Erkenntnisse der Agrarwissenschaften anwendeten, existieren konnten. Dabei befand sich die Landwirtschaft in den westlichen Regionen des Königreichs Polen, wo die äußeren Märkte und auch die inländischen Industriezentren näher lagen, in einer viel besseren Situation als die Güter im Osten.

Die Tendenzen zu Veränderungen im Bewirtschaftungssystem erfaßten nur den kleineren Teil der Güter. Die breite Masse der Adligen besaß nicht ausreichende finanzielle Reserven, verfügte nicht über entsprechende Kenntnisse und stieß auf zahlreiche Hindernisse. Noch 1859 findet sich in einer landwirtschaftlichen Zeitschrift der Satz: „Selten und ganz ausnahmsweise gibt es bei uns eine größere Wirtschaft, die sich ohne Zwangsarbeit behaupten könnte.“[17] Fruchtwechsel kam nicht allzu häufig vor, und in vielen Gegenden des Landes war es ein Fortschritt, wenn man von der Sichel zur Sense überging.

Nach 1815 wurden im Königreich Polen nach und nach gesetzliche Reformen verwirklicht, die zur Liquidierung der feudalen Verhältnisse führten. Verfassung und Gesetzgebung übernahmen die zu Zeiten des Herzogtums Warschau aufgestellten Grundprinzipien, die es möglich machten, den Bauern von der Scholle zu vertreiben, wenn sie ihn auch gleichzeitig von der persönlichen Untertänigkeit befreiten. Ohne Grundeigentumsrecht mußte der Bauer jedoch weiterhin Fronarbeit leisten, die mit der Zeit nur auf einigen Gütern auf Zinsleistung umgestellt wurde. Immer noch dauert unter den polnischen Historikern die Diskussion an, in welchem Umfang im Königreich Polen ein Übergang zum Zins erfolgte und welche tatsächliche Bedeutung er hatte. Zwar besitzen wir viele Dokumente, die bezeugen, daß besonders in den dreißiger und vierziger Jahren des 19. Jahrhunderts neue Rentenformen eingeführt wurden, doch bleibt die Frage offen, ob wirklich in allen Fällen der Bauer Rente in Geld entrichtete oder ob er den Zins auf dem Herrenland abarbeitete. Mehr noch, der vom Gut festgesetzte Zins erwies sich in der Regel als sehr hoch, so daß sich die Bauern den Veränderungen widersetzten.

Die polnische Geschichtsschreibung steht bei der Beurteilung des Umwandlungsprozesses der Landwirtschaft im Königreich Polen nach wie vor unter dem Einfluß des klassischen Werkes von Wladysław Grabski[18], der am Anfang des 20. Jahrhunderts Fürsprecher

[17] Nach: *Chmura, Julian*, Problem siły roboczej w rolnictwie Królestwa Polskiego przed uwłaszczeniem (Das Arbeitskräfteproblem in der Landwirtschaft des Königreichs Polen vor der Bauernbefreiung), Warschau 1959, S. 178.

[18] *Grabski, Władysław*, Historia Towarzystwa Rolniczego (Die Geschichte der Landwirtschaftlichen Gesellschaft), Bd. 1 u. 2, Warschau 1904.

der kapitalistischen Entwicklung der polnischen Landwirtschaft war und den Übergangsprozeß zu modernen Wirtschaftsformen auf den Gütern dokumentierte. Immer noch ungenügend untersucht sind aber das Ausmaß und das Tempo der Umwandlungen. Aus der Literatur sind auch Fakten bekannt, daß vom Zins erneut zur Fron übergegangen wurde und Reformer der Gutswirtschaft verschiedenartige Mißerfolge erlitten.[19]

Die Behörden des Königreichs Polen und die Gutsbesitzer standen auch unter dem Druck des Klassenkampfes der Bauern, die die Aufhebung der Feudallasten und die Übergabe von Boden forderten. Bei der Weckung politischen Bewußtseins auf dem Lande spielte die Zeit der napoleonischen Kriege eine große Rolle. Der in der französischen Armee kämpfenden polnischen Legionen bemächtigte sich der Geist der Revolutionslosungen Freiheit, Gleichheit, Brüderlichkeit. „Die Legionen waren durch die Emigration nicht von der Heimat isoliert. In die Legionen flüchteten aus der Heimat Offiziere, Adels- und Bauernsöhne.“[20] Die in das Königreich Polen zurückkehrenden ehemaligen napoleonischen Soldaten fanden jedoch in der Heimat die traditionellen Verhältnisse der ökonomischen und in gewissem Maße auch der politischen Abhängigkeit des Bauern vom Herrn vor. Sie wurden zu Verbreitern von Unzufriedenheit. Unmittelbar nach dem Wiener Kongreß äußerte sich diese im allgemeinen in friedlichen Formen, in Klagen und Beschwerden an die Behörden über das Vorgehen von Gutsbesitzern und -pächtern. Der Novemberaufstand (1830/31), der als adlige Bewegung gegen die russische Herrschaft ausbrach, weckte bei den Bauern Hoffnungen auf Besserung ihrer Lage. Doch der aufständische Sejm erfüllte diese Hoffnungen nicht, ungeachtet der Tatsache, daß in vielen Gegenden des Landes die Bauern darangingen, die Ableistung der Fron zu verweigern.

1844 organisierte Pater Piotr Sciegienny im Raum von Kielce eine Verschwörung, die die Aufhebung der Fron und die Befreiung des Landes von der Fremdherrschaft zur Losung hatte. Zwar brach der angestrebte Aufstand nicht aus, weil die führenden Verschwörer, ehe der Kampf aufgenommen werden konnte, verhaftet wurden. Doch war die bereits ausgelöste Beunruhigung beträchtlich. Eine erneute Welle von Bauernunruhen löste 1846 die Kunde vom Aufstand im österreichischen Teilgebiet aus.

Das veranlaßte den nach dem Novemberaufstand im Königreich Polen regierenden Statthalter Fürst Paskjevitsch zu dem Verbot, Bauern mit mehr als drei Morgen Landbesitz von ihrer Scholle zu vertreiben, und zu der Ankündigung, die Fronfrage werde geregelt werden. In vielen Dörfern hielten die Bauern diese Ankündigung bereits für die Befreiung vom Abarbeiten, und sie wurden erst durch das Eingreifen von Militär gezwungen, zur Arbeit zurückzukehren.

Die sich wandelnden ökonomischen Verhältnisse und die wachsende Bedrohung durch die Bauernbewegung machte einige Kreise des polnischen Adels geneigt, das Agrarreformprogramm selbst in die Hand zu nehmen. Eine große Rolle spielten dabei die politischen Emigranten, deren Zahl nach der Niederlage des Novemberaufstandes sehr zugenommen hatte. In den Ländern Westeuropas propagierten die Flüchtlinge, die sich in mehreren Gruppierungen zusammengetan hatten, unterschiedliche Programme, von der radikalen Liquidierung des adligen Grundbesitzes über Projekte einer Bauernbefreiung ohne Entschädigung für die Gutsbesitzer bis zu gemäßigten Plänen, die eine Umstellung auf Zinsleistungen und die Aufhebung der Fron vorsahen. Dieses letztere Programm machte sich auch das 1858 im Königreich Polen gegründete Towarzystwo Rolnicze (die Landwirt-

19 Vgl. z. B. *Śreniowski, S.*, Uwłaszczenie, a.a.O., S. 215ff.
20 Ebenda, S. 75.

schaftliche Gesellschaft) zu eigen, in welchem sich vorwiegend Großgrundbesitzer, die zu Änderungen der Ackerbewirtschaftungsmethoden bereit waren, vereinigten. Diese Gesellschaft begann, neue Methoden der Feldbestellung zu propagieren sowie auf einzelnen Gütern zum Zins überzugehen.

Indessen verkündete aber der Zar 1861 in Rußland eine Agrarreform, die die Fron aufhob und den Bauern die Möglichkeit zum Landkauf eröffnete. Die Grundsätze der Reform galten auch für die Gebiete des ehemaligen polnischen Staates, die nicht Bestandteil des nunmehrigen Königreichs Polen waren. Der Ukas machte auf die Einwohner Kongreßpolens großen Eindruck. Die Bauern gingen daran, Fronleistungen abzulehnen, besonders in den an das Russische Kaiserreich grenzenden östlichen Regionen des Königreichs Polen. Die Landwirtschaftliche Gesellschaft rief den Adel auf, unverzüglich zum Zins überzugehen, denn man befürchtete, die russischen Behörden würden die Bauernfrage lösen. Die Initiative ergriffen die nach dem Novemberaufstand erhalten gebliebenen – wenn auch in ihren Kompetenzen sehr beschränkten – polnischen Verwaltungsorgane unter Leitung von Aleksander Graf Wielopolski. Er entwarf einen Ukas, den Kaiser Alexander II. im Mai 1861 unterzeichnete, wonach ab Oktober im ganzen Königreich Polen die Fron abgeschafft und durch eine Ablösung in Geld ersetzt werden sollte. Ein Jahr später kam ein Ukas über die Bezinsung der Bauern heraus. Die sehr hohe Ablösungssumme in Geld, die die Zinsbeträge um ein Mehrfaches überstieg, rief eine neue Welle der Bauernbewegung mit der Forderung nach Eigentum am Boden hervor.

Als 1863 der Januaraufstand ausbrach, formulierten die Führer des Aufstandes ein Reformprogramm. Die Nationalregierung (Rząd Narodowy) verkündete ein Dekret über die Zuerkennung des Grundeigentums. Doch angesichts des Widerstandes des Adels gelang es nicht, die Reformen zu verwirklichen. Um die bewaffnete Bewegung zu schwächen und ihrer Einflüsse auf das Dorf zu berauben, verkündete Kaiser Alexander II. im März 1864 die Bauernbefreiung im Königreich Polen ohne Entschädigung der Gutsbesitzer. Die Reform bezog sich aber nicht auf alle die Bauern, die schon früher ihres Bodens beraubt worden waren, und nur ein Teil von ihnen erhielt Zuteilungen aus Regierungs- und anderem Besitz. Durch politische Erfordernisse diktiert, ließ der Ukas viele andere Probleme der Landwirtschaft ungelöst. Unter anderem blieben die Servituten bestehen, die zugunsten der Bauern auf dem Gutsland lasteten. Doch die Reform im Königreich Polen brachte den Bauern mehr Vorteile als frühere das Russische Kaiserreich betreffende Bestimmungen.

Im österreichischen Teilgebiet waren die ökonomischen Bedingungen am ungünstigsten für Umwandlungen in der Landwirtschaft.[21] Die niedrigen Preise für Agrarprodukte standen Veränderungen der Bearbeitungstechnik im Wege. Der einzige Schritt vorwärts bestand darin, daß die Kartoffel Verbreitung fand. Doch das resultierte großenteils aus der Armut der Landbevölkerung, für die die billige und leicht anzubauende Kartoffel mit der Zeit zum wichtigsten Lebensmittel wurde. Die Lage der Bauern war besonders schwierig, weil in Südpolen schon vor den Teilungen die Bauernwirtschaften kleiner als in anderen Teilen des polnischen Staates gewesen waren.

Wirtschaftlich verhältnismäßig gut ging es den Eigentümern einiger der größten Landbesitzungen, die es zuwege brachten, ihr Getreide über Schwarzmeerhäfen zu exportieren, und für die Belieferung des österreichischen Marktes die Viehzucht entwickelten.

21 Vgl. *Rozdolski, Roman*, Stosunki poddańcze w dawnej Galicji (Die Untertänigkeitsverhältnisse im alten Galizien), Bd. 1 u. 2, Warschau 1962.

Das durchschnittliche galizische Gut blieb in der ersten Hälfte des 19. Jahrhunderts den von den Vätern und Großvätern erprobten Methoden der Landarbeit treu. Es bediente sich der Fron und verzichtete auf jegliche Veränderungen. Zusätzlichen Gewinn machte es, indem es erbärmlichen Branntwein herstellte, diesen in der an einen Pächter vergebenen Dorfschenke verkaufen ließ und auf diese Weise die Bauern an das Trinken gewöhnte.

Nach dem Tode Josephs II. (1790) wurde in der Habsburger Monarchie die Agrargesetzgebung stabilisiert. Die Reformen dieses Monarchen hatten die Lasten der Bauern eingeschränkt und, was noch schwerer wog, ihnen das erbliche Bodennutzungsrecht (welches die meisten Bauern in den übrigen Teilgebieten Polens nicht besaßen) zuerkannt, wodurch es unmöglich geworden war, sie von ihrem Boden zu vertreiben. Der wichtigste Schritt in Richtung der bäuerlichen Selbständigkeit – die sogenannte Urbarialreform von 1789, die den allgemeinen Übergang zum Zins vorgesehen hatte – wurde jedoch nach dem Tode des Kaisers annulliert. Viele Jahrzehnte lang blieb sodann die Rechtslage der Bauern unverändert. Formell unterstanden sie der Verwaltungs- und Gerichtsgewalt staatlicher Beamter – des Mandatars und des Justitiars. Die Unterhaltskosten für diese Vertreter der Staatsmacht trug der Gutshof, und das war einer der wichtigsten Gründe für ihre Bindung an die Gutsbesitzer, entgegen den Interessen der Bauern, deren Lage sich in der Praxis langsam verschlechterte.

Unter diesen Umständen wuchs der Haß der Bauern auf den Adel, was für das Schicksal des im Februar 1846 in Kraków proklamierten Nationalaufstands fatale Folgen hatte. Dieser Aufstand sollte in allen Teilgebieten Polens losbrechen, doch im Königreich Polen durchkreuzte die Aufdeckung der Sciegienny-Verschwörung die Erfolgschancen, in Großpolen kamen die preußischen Behörden den Ereignissen zuvor und verhafteten die Führer, und in Pommerellen kam es lediglich zu einem mißlungenen Marsch von Bauern unter Führung von Florian Ceynowa auf die preußische Garnison in Stargard.

Durch den von gemäßigten Kreisen der polnischen Auslandsdemokraten vorbereiteten Aufstand sollte unter anderem erreicht werden, daß die Bauern das Eigentumsrecht am Boden erhielten. Eine revolutionäre Bauernbewegung sollte dabei aber nicht entstehen. Indessen brachen schon ganz am Beginn des Aufstandes die seit langem angesammelten Klassenantagonismen auf, die die österreichische Verwaltung auszunutzen verstand. Vielerorts – übrigens nicht nur in polnischen Gebieten – hielt sich im bäuerlichen Milieu der Mythos vom guten Herrscher, dem es die Adligen nicht gestatten, die Lage der Bauern zu verbessern. Die Bauern hielten den Aufstand für eine Adelsbewegung, die die völlige Abhängigkeit des Dorfes vom Gutshof wiederherstellen sollte, und schritten daher zur blutigen Auseinandersetzung mit dem Adel und den Aufständischen. Lediglich im Vorland der Tatra, wo die Bauern zu Zeiten der Adelsrepublik Freiheiten besessen hatten, die ihnen dann von den österreichischen Behörden entzogen worden waren, schlossen sich Bauerntrupps den Aufständischen an. Der Aufstand brach zusammen. Doch die Bauern hatten nicht die Absicht, zur Erfüllung ihrer Pflichten zurückzukehren. Daher begann die österreichische Obrigkeit ihre Dörfer rücksichtslos zu befrieden.

Das Frühjahr 1848, das fast ganz Europa die Revolution brachte, löste in Österreichisch-Polen Furcht vor einer Wiederholung der Bauernrebellion aus. In Wien bereitete man Agrarreformen vor. In Krakau hielt es der Gouverneur Franz Graf Stadion für besser, den Ereignissen zuvorzukommen und in der Rolle eines Verteidigers der Bauern aufzutreten. Zu Ostern verkündete er daher die entschädigungslose Übertragung des Eigentumsrechts an die Bauern, wobei die Regierung dem Adel eine Abfindung zahlen sollte. Ein paar Wochen später akzeptierte der Kaiser die Reform. Die Bauernbefreiung in der ganzen Monarchie erfolgte im Sommer 1848, jedoch unter weniger günstigen Bedingungen für die Bauern, die einen Teil der Entschädigung an den Adel bezahlen sollten.

1848–1864 ging der Prozeß der Agrarreformen in den polnischen Gebieten zu Ende. Die Bauern erhielten Wirtschaften als Eigentum, doch das Gut blieb bestehen. Unter veränderten Bedingungen mußte es zu neuen Bewirtschaftungsmethoden übergehen. „Die Bauernbefreiung in den polnischen Gebieten hatte viele gemeinsame Merkmale ... In allen Teilgebieten galt der Grundsatz der Entschädigung des Adels für die erlittenen Verluste. Unterschiede lagen vor allem im zeitlichen Ablauf und auch in den Methoden der Durchführung der Reform. Am konsequentesten und als Gesamtkomplex wurde sie im preußischen Teilgebiet durchgeführt, einschließlich der Kommassation der Felder. In den übrigen Teilgebieten waren die Eigentumsübertragung und die Abschaffung der Servituten voneinander gesonderte Operationen. Dort hauptsächlich rief die Reform Enttäuschung hervor, und es wurde notwendig, das Problem neu aufzugreifen.“[22]

Die Unterschiede zwischen den Teilgebieten wirkten sich auf die Agrarstruktur und auf die Lage der bäuerlichen Bevölkerung aus. Mehr noch, die gesetzgeberischen Veränderungen gingen unter verschiedenen ökonomischen Bedingungen vor sich. Am günstigsten für die Entwicklung der kapitalistischen Wirtschaft waren sie im preußischen Teilgebiet. Dort förderten die Agrarreformen die Entstehung einer Schicht wohlhabender Bauern, die nicht selten Lohnarbeit anwendeten. Aus den ärmeren Bauern, die im Zusammenhang mit den Reformen ihre Wirtschaften verlassen mußten, konnte sich eine Schicht von Landarbeitern bilden. Unter Ausnutzung der Marktkonjunktur gingen gleichzeitig die Güter zum intensiven, kapitalistischen Wirtschaften über. Die Reformen von 1850 krönten diese Umwandlungen.

Anders war es in den übrigen Teilgebieten Polens. Die unter dem Druck der Bauern sowie aus politischen Beweggründen durchgeführten Reformen eilten dem Prozeß der Herausbildung einer kapitalistischen Wirtschaft auf dem Lande voraus. Die Bauernbefreiung fand in einem Moment statt, als erst ein Teil der Güter imstande war, die Wirtschaft schnell umzustellen, die übrigen aber vor mannigfaltigen Schwierigkeiten standen, die erst in den folgenden Jahrzehnten allmählich überwunden wurden. Neben wohlhabenderen, schon früher auf Zinsleistungen umgestellten und bisweilen mit dem lokalen Markt verbundenen Bauernhöfen gab es im Dorf immer noch Höfe mit stark ausgeprägter Naturalwirtschaft, und diese veränderten erst nach den Reformen allmählich ihren ökonomischen Charakter. Kennzeichnend für die Agrarreform im österreichischen und im russischen Teilgebiet war es, daß sie eine breite Schicht von kleinen Landwirten hinterließen, für die die Landwirtschaft keine ausreichende Unterhaltsquelle sein konnte. Aus diesen Kreisen kamen unter den veränderten Bedingungen billige Saisonarbeitskräfte für die Güter und später auch Auswanderungswillige. Der Verlauf der Bauernbefreiung vertiefte auf diese Weise die Unterschiede in der Agrarstruktur und in der Lage der Bauern, die in Polen schon vor den Teilungen vorhanden gewesen waren.

22 *Nawrocki, Stanisław*, Uwłaszczenie chłopów i jego wpływ na przemiany gospodarczo-społeczne na wsi polskiej (Die Bauernbefreiung und ihr Einfluß auf die wirtschaftlichen und sozialen Umwandlungen im polnischen Dorf), in: Badania nad historią gospodarczo-społeczną, a.a.O., S. 191.

4. Die Entwicklung der kapitalistischen Industrie

In den preußischen Staatsorganismus einbezogen, dafür aber von den übrigen polnischen Gebieten durch eine Zollgrenze abgeschnitten, befanden sich Großpolen und Pommerellen in einer für die Entwicklung der Industrie ungünstigen Situation. Die Beseitigung der inneren Zollgrenzen zwischen den deutschen Staaten bewirkte, daß die Konkurrenz der industriell weiterentwickelten Regionen bald die Grundlagen der Industrie der genannten polnischen Landesteile, für deren Erzeugnisse es nun keine Ausfuhrmöglichkeit nach Osten gab, erschütterte. Die Ende des 18. Jahrhunderts entstandenen Manufakturen waren den wirtschaftlichen Bedürfnissen und der Struktur der ganzen Rzeczpospolita, des ganzen ehemaligen Polen angemessen. Nach den Teilungen und besonders nach 1815 verfielen sie. Die vordem sich erfolgreich entwickelnde Textilerzeugung in Großpolen verschwand bald fast vollständig. In Schlesien[23] verschlechterte sich die Lage der von Verlegern abhängigen Weber systematisch. Infolgedessen nahm dieser Produktionszweig an Bedeutung ab, und die unerhört schwere Lage der Heimproduzenten hatte das Aufbrechen sozialer Antagonismen in Gestalt des schlesischen Weberaufstandes von 1844 zur Folge.

Der Verfall des Textilgewerbes in den polnischen Gebieten unter preußischer Herrschaft führte dazu, daß viele Produzenten und Unternehmen emigrierten. „Unmittelbar nach 1815, als der Bevölkerung der drei Teilgebiete durch Vertrag zwischen den Teilungsmächten die Umsiedlungsfreiheit gewährt war (für einen Zeitraum von 6 Jahren, das heißt bis 1821), war die Siedlungsbewegung von Handwerkern, von Webern aus Großpolen, Schlesien und den übrigen Gegenden des preußischen Teilgebiets am stärksten ausgeprägt; sie kamen in die Region Łódź, und nach 1833, als die Zollgrenze zwischen dem Königreich Polen und dem Russischen Kaiserreich errichtet wurde, zog ein Teil von ihnen in die Gegend von Bjelostok um.“[24]

Die Konkurrenz der entwickelteren Industrie anderer Teile Preußens machte sich auch in der Nahrungsmittelindustrie bemerkbar. Es verminderte sich die Zahl der Brauereien und anfangs auch der Brennereien. Doch der agrarische Charakter Großpolens und Pommerellens schuf günstige Bedingungen für mit diesem Wirtschaftssektor verbundene Unternehmen. In den vierziger Jahren begann die Zahl der Brennereien erneut zu wachsen, 1820 entstand die erste Zuckerfabrik, und das Handelskapital fing an, Mühlen zu bauen. Unter dem Einfluß der Agrarreformen und der technischen Umwandlungen der Landwirtschaft entstanden Betriebe, die Baumaterialien und landwirtschaftliche Geräte, später Landmaschinen lieferten, wie auch Reparaturwerkstätten. Bis Mitte des 19. Jahrhunderts gab es noch verhältnismäßig wenige solcher Betriebe, und sie hatten auch mit mannigfaltigen Schwierigkeiten zu kämpfen. Neben der Konkurrenz von Unternehmen aus anderen Teilen des Staates herrschte Kapitalmangel, und oftmals fehlten qualifizierte Arbeitskräfte.

23 Schlesien gehörte schon vor den polnischen Teilungen zum preußischen Staate. Da dort aber viele Polen lebten, beziehen polnische Historiker oft Schlesien in ihre Untersuchungen über die unter preußischer Herrschaft befindlichen polnischen Gebiete ein. – D. Hrsg.

24 *Pietrzak-Pawłowska, Irena*, Przewrót przemysłowy i warunki kapitalistycznej industrializacji na ziemiach polskich do 1918 r. (Die industrielle Revolution und die Bedingungen für die kapitalistische Industrialisierung in den polnischen Gebieten bis 1918), in: Uprzemysłowienie ziem polskich w XIX i XX wieku. Studia i materiały (Die Industrialisierung der polnischen Gebiete im 19. und 20. Jh. Studien und Materialien), u. d. Redaktion v. Irena Pietrzak-Pawłowska, Wrocław 1970, S. 60. – Die Gegend von Bjelostok gehörte nicht zum Königreich Polen, sondern war dem Kaiserreich Rußland eingegliedert.

In anderer Richtung entwickelte sich die schlesische Industrie. Schon im 18. Jahrhundert hatten dort Bergwerke und Betriebe für die Verarbeitung der einheimischen Eisen- und Bleierze existiert. Nach 1808 verlor das Blei an Bedeutung. Dafür entwickelte sich schnell die Förderung und Verarbeitung der Zinkerze. Im Verlauf der ersten Hälfte des 19. Jahrhunderts erfolgten grundlegende Veränderungen in der Hüttentechnologie. Anfangs verwendete man zum Metallschmelzen Holzkohle, und die Antriebskraft für die Mechanismen lieferten die Bäche. 1796 wurde in Gleiwitz der erste Hochofen mit Koksfeuerung in Betrieb genommen. Seit dieser Zeit datiert das systematische Wachstum der Kohleförderung und die Koksproduktion sowie die Verdrängung der Holzkohle. Auch von Dampfmaschinen wird berichtet. Ein wichtiger Moment in der Entwicklung von Bergbau und Industrie in Schlesien war die Inbetriebnahme der Eisenbahnlinie Myslowitz – Berlin, die günstige Bedingungen für den Massengütertransport schuf.[25]

Für die Ingangsetzung der industriellen Entwicklung Schlesiens war die Politik der preußischen Herrscher von großer Bedeutung. „Im Bestreben, eine eigene Kriegsindustrie zu schaffen und sich vom Eisenimport aus dem Ausland unabhängig zu machen, ging Friedrich II. bald nach der Einnahme Oberschlesiens daran, die Eisenindustrie zu erweitern.“[26] Die Schwerindustrie genoß die Fürsorge des Staates, der Schutzzölle einführte und Kanäle für Transportzwecke ausbaute.

Aufgrund des seit 1796 geltenden Bergrechts gehörten zwar die wichtigsten Mineralien, unabhängig davon, wer Grundeigentümer war, dem König, doch gebührte dem Grundeigentümer Vorrang bei der Verleihung des Gewinnungsrechts. Machte er davon nicht Gebrauch, so war der Unternehmer, der die Förderung aufnahm, verpflichtet, den Grundeigentümer fast zur Hälfte am Bergwerk zu beteiligen. Das Fürstentum Pleß und die Herrschaft Myslowitz (auf deren Territorien später die größte schlesische Industriestadt Kattowitz entstand) behielten jedoch das Eigentumsrecht am Bodeninneren, und nur sie konnten vom Privileg der Mineraliengewinnung Gebrauch machen (oder es Unternehmern verleihen). Eine Reihe wichtiger Privilegien besaß auch die Herrschaft Beuthen. Diese Umstände erleichterten es den Großgrundbesitzern in Oberschlesien, Investitionen in Bergbau und Hüttenwesen selbst in die Hand zu nehmen. Der preußische Staat sah es als seine Aufgabe an, für Fachkräfte zu sorgen, und die Bergämter übten die technische Aufsicht über die Bergwerke und Hütten aus. Die unqualifizierten Arbeitskräfte waren halbe Zwangsarbeiter, denn bis zur Bauernbefreiung wurden dazu fronpflichtige Bauern herangezogen. Infolgedessen traten unter den oberschlesischen Unternehmern aristokratische Familien in den Vordergrund: die Fürsten Hohenlohe-Oehringen, die Grafen Henckel von Donnersmarck, die Grafen Ballestrem, die Grafen Hochberg (Fürsten von Pleß), die Grafen Schaffgotsch. Allmählich kamen zu diesen Familien einige Unternehmer aus dem Bürgertum hinzu.

Der für die Bauern eminent ungünstige spezifische Verlauf der Agrarreformen in

25 Ausführlicher darüber siehe *Jezierski, Andrzej/Zawadzki, Stanisław Maciej*, Dwa wieki przemysłu w Polsce. Zarys dziejów (Zwei Jahrhunderte Industrie in Polen. Ein Abriß der Geschichte), Warschau 1966, S. 99ff.; *Długoborski, Wacław*, The pre-capitalistic and early-capitalistic iron industry in Poland in the light of the latest researches, in: Studia Historiae Oeconomicae, Bd. 9, 1970, S. 198–205.

26 *Grodek, Andrzej*, Rozwój kapitalizmu na Górnym Śląsku (Die Entwicklung des Kapitalismus in Oberschlesien), in: Grodek, Andrzej, Wybór pism w dwóch tomach (Ausgewählte Schriften in zwei Bänden), Bd. 2: Studia nad rozwojem kapitalizmu w Polsce oraz inne prace (Studien über die Entwicklung des Kapitalismus in Polen und andere Arbeiten), Warschau 1963, S. 287.

Schlesien hing mit der hier dargestellten Dominanz der Großgrundbesitzer zusammen. Sie vermochten den Reformprozeß zu hemmen und die Grundsätze der Reformen entsprechend den Bedürfnissen der Industrie und des Bergbaus zu modifizieren. Infolgedessen erhielten die Bauern in diesem Gebiet besonders wenig Land zu Eigentum, während ein großer Teil von ihnen sich im Laufe der ersten Hälfte des 19. Jahrhunderts in Industrieproletariat verwandelte.

Im österreichischen Teilgebiet war die Situation der Industrie erheblich ungünstiger. Das ergab sich sowohl aus objektiven Gründen — der Trennung von den übrigen polnischen Gebieten, mit denen bis zu den Teilungen enge Verbindung bestanden hatte — wie auch aus der Politik der Wiener Behörden. Zwar hatten sie in der zweiten Hälfte des 18. Jahrhunderts schrittweise die für die Entwicklung der kapitalistischen Produktion hinderlichen feudalen Beschränkungen liquidiert und die Gründung von Manufakturen unterstützt, doch nach dem Tode Josephs II. wurde dieser Prozeß gebremst. In Wien hatte man sogar die Möglichkeit der Wiederherstellung des Zunftzwanges erwogen.

Da Galizien vom Standpunkt Wiens eine entlegene Provinz war, die im österreichischen Staate keine größere wirtschaftliche Rolle spielte, wirkte sich dies auf die polnische Industrie besonders nachteilig aus. Ihrer Produktion wurde auch keine Fürsorge zuteil. Doch ohne eine solche, bei begrenztem inneren Markt (was aus den agrarischen Verhältnissen resultierte) und ohne Möglichkeiten für den Export (dessen Chancen die Konkurrenz des höher entwickelten Böhmen und des eigentlichen Österreich zunichte machte), war die lokale Industrie zum Dahinvegetieren verurteilt. Ihre Produktion war vor allem mit der Landwirtschaft verbunden. Nur die Gutsherren verfügten über Mittel, wenn auch nicht sehr beträchtliche, die es gestatteten, Industriebetriebe in Gang zu setzen. Um die Einkünfte der Güter zu erhöhen, erzeugten sie Spiritus und Bier und verarbeiteten Holz aus den eigenen Wäldern. Für den Bedarf der Güter waren verschiedenartige andere Erzeugnisse wie zum Beispiel landwirtschaftliche Geräte, Glas und Steingut nötig. Die kleinen Betriebe waren vorwiegend an Bürger verpachtet. 1826 entstand auch die erste Zuckerfabrik, der weitere folgten. Die Industriebetriebe standen jedoch im allgemeinen auf niedrigem technischem Niveau, weshalb Mitte des 19. Jahrhunderts viele von ihnen zugrunde gingen.

Nachteilig für die galizische Produktion wirkten sich verschiedene in Österreich geltende Vorschriften aus. Die Brennereien spürten sehr die Einführung der Spiritussteuer im Jahre 1836. Unter Steuern litten auch andere Zweige. Lange Zeit hindurch waren die Entwicklungsmöglichkeiten dadurch beschnitten, daß eine Abstempelung der Industriewaren in Wien vorgeschrieben war, was die galizischen Erzeugnisse unerhört verteuerte.

Neben der Nahrungsmittelindustrie hatte Galizien Salzbergwerke (besonders die sehr alten Betriebe in Wieliczka) und Kohlengruben. Ihre Förderung nahm systematisch zu. Von anderen Zweigen sind die verstreuten kleinen Textilbetriebe erwähnenswert, doch hatten sie vor allem den Charakter eines volkstümlichen Gewerbes, teilweise der Hausindustrie.

Paradoxerweise war es gerade die wirtschaftliche Rückständigkeit Galiziens, der es die lokale Industrie zu verdanken hatte, daß sie trotz ihrer oft primitiven Technik und der nicht sehr hohen Qualität ihrer Erzeugnisse viele Jahre überdauerte. Der Antransport von Produkten aus anderen Teilen der Monarchie erwies sich nämlich als zu kostspielig, als daß die Konkurrenz in größerem Maße die einheimische, für den lokalen Markt bestimmte Produktion hätte gefährden können. Das sollte sich erst nach dem Bau von Eisenbahnverbindungen ändern.

In vielerlei Hinsicht günstiger stand es um die Industrie im Teschener Gebiet, das seit langem schon Bestandteil des Habsburgerstaates gewesen war. Der größere Teil des Territoriums gehörte zu Latifundien: In den dreißiger Jahren des 19. Jahrhunderts umfaßten die Teschener Kammergüter 64 % der Bodenfläche, 6,9 % gehörten der Grafenfamilie Larisch-Mönnich, 6,5 % der germanisierten Fürstenfamilie Sulkowski.[27] Auf diesen Gütern wurde schon gegen Ende des 18. Jahrhunderts angefangen, Eisen zu schmelzen, und später wurde auch seine Weiterverarbeitung aufgenommen. Die bekanntesten Werke entstanden in Ustron (poln. Ustroń), wo schon 1772 eine Eisenhütte in Betrieb gesetzt wurde, sowie in Trzynietz (tschech. Třinec), wo 1839 ein Hochofen die Arbeit aufnahm. In der Umgebung von Karwin und Ostrau entfaltete sich die Kohlenförderung, woraus das später für die Wirtschaft der Tschechoslowakei so wichtige Revier Ostrava-Karvina erwuchs.

Einen anderen sozialen Charakter hatte die Entwicklung des im Raum Bielitz (Bielsko) seit langem bekannten Textilgewerbes. Nach den Teilungen Polens und nach Aufhebung der Grenze eröffnete sich für die vormalige Grenzstadt ein Absatzmarkt für ihre Erzeugnisse in Galizien. In den zwanziger Jahren des 19. Jahrhunderts brach das Zunfthandwerk zusammen. An seinen Platz trat die kapitalistische Textilindustrie, deren Unternehmer aus bürgerlichen Kreisen stammten und deren Maschinen mit Dampf angetrieben wurden.

Das Teschener Gebiet verdankte seine industrielle Entwicklung nicht nur den dort entdeckten Lagern mineralischer Rohstoffe. Ihr kam auch die günstige geographische Lage und die Nähe des Absatzmarktes in den zentralen und westlichen Regionen der Monarchie zugute. Zugleich erblickte der Großgrundbesitz im Ausbau von Gruben und Hütten eine Chance, seine Einkünfte zu vergrößern. Zusammen mit der Industrie entstanden die Arbeiterklasse und auch eine Intelligenz, die zu den demokratischen Kreisen Wiens und anderer Zentren Österreichs Kontakte unterhielt. In den vierziger Jahren, zum Teil unter dem Einfluß des schlesischen Weberaufstandes und von Naturkatastrophen, nahmen regierungsfeindliche Stimmungen zu. Der „Völkerfrühling“ fand unter diesen Bedingungen Widerhall in der örtlichen Bevölkerung. Trotz ihrer Niederlage rief die Revolution einen Umschwung in den sozialen und nationalen Verhältnissen hervor. Von dieser Zeit an datiert die Entwicklung des polnischen Nationalbewußtseins unter der Bevölkerung dieser Region.

In den polnischen Gebieten unter preußischer Herrschaft ebenso wie in denen unter österreichischer Herrschaft war kein Platz für eine von den polnischen besitzenden Klassen im Interesse der wirtschaftlichen Entwicklung dieser Gebiete betriebene Wirtschaftspolitik. Die Macht befand sich in den Händen der Okkupanten. Zwar schützten diese die soziale und ökonomische Position der besitzenden Klassen, doch zielten alle Maßnahmen unmittelbar darauf ab, Preußen beziehungsweise Österreich zu stärken. Die geraubten Gebiete wurden als integraler Teil der Metropolen und deren Interessen untergeordnet behandelt. Die Bedingungen waren der Entwicklung von Industrie und Bergbau vor allem in beiden Teilen Schlesiens förderlich. Im Laufe der ersten Hälfte des 19. Jahrhunderts entfalteten sich dort einige Produktionszweige entweder auf Initiative des Staates (Preußens oder Österreichs) oder auf Initiative schlesischer Magnaten, die von deutschen oder auch längst germanisierten Familien abstammten. Infolgedessen befanden

[27] *Chlebowczyk, Józef*, Nad Olzą. Śląsk Cieszyński w wiekach XVIII, XIX i XX (An der Olza. Das Teschener Schlesien im 18., 19. und 20. Jh.), Katowice 1971, S. 15.

sich die großen Industrieunternehmen im Besitz des Staates oder von Vertretern der besitzenden Klassen der politisch herrschenden Nation. Die Arbeiter und Bauern dagegen sprachen überwiegend polnisch. Das bewirkte, daß der sich abzeichnende, kapitalistischen Gesellschaften eigene Klassenkonflikt sich von Anfang an mit dem nationalen Problem verband: Der polnische Arbeiter war Objekt der ökonomischen Ausbeutung und zugleich der nationalen Unterdrückung von seiten der Verwaltungsbehörden und des Kapitals. In beiden Teilen Schlesiens vermochte polnisches Kapital nicht zu entstehen. In Großpolen und Pommerellen hatte es vor der Bauernbefreiung gerade erst in Erscheinung zu treten begonnen und keine größere Rolle gespielt. Repräsentanten der polnischen besitzenden Klassen waren lediglich die Gutsherren, die den Weg des kapitalistischen Wirtschaftens beschritten. Analog waren die Verhältnisse in Galizien, mit dem Vorbehalt, daß im österreichischen Teilgebiet Landbesitzer nichtpolnischer Nationalität eine viel geringere Rolle spielten und daß sich in seinen östlichen Teilen die bäuerliche Bevölkerung in großem Maße einer anderen Sprache (ukrainisch) bediente und einer anderen Religion anhing.

Das einzige Bruchstück der polnischen Gebiete, wo sich polnisches Kapital zu bilden begann und wo Bedingungen bestanden, die es möglich machten, eine polnische – nicht russische – Wirtschaftspolitik zu betreiben, war das Königreich Polen.[28]

Die autonomen Behörden des Königreiches hatten auf dem Gebiet der Wirtschaftspolitik ihre Selbständigkeit behalten. Sie waren bestrebt, diese zu nutzen, um die Landwirtschaft zu heben und Bedingungen zu schaffen, die der Entwicklung der ganzen Wirtschaft förderlich wären. In diesen Konzeptionen standen der Ausbau der Industrie und die Lage der Landwirtschaft in engem Zusammenhang, weil sich durch die Entfaltung der Industrie ein innerer Markt für Lebensmittel und Rohstoffe landwirtschaftlicher Herkunft bilden könnte.

Als 1822 Rußland sich die Grundsätze des Zollprotektionismus zu eigen machte und hohe Zölle festlegte, die das Imperium von den westlichen Nachbarn abschlossen, bedeutete das, daß Industriewaren aus Österreich und Preußen der Zugang zu den Märkten des Kaiserreichs versperrt wurde. Dem Finanzminister des Königreichs Polen, Ksawery Fürst Drucki-Lubecki, gelang es damals, mit dem Kaiserreich Rußland einen Vertrag zustande zu bringen, wonach an der russisch-polnischen Grenze niedrige Zölle erhoben wurden (Freiheit des Transits und des Handels mit Rohstoffen, Belastung in das Kaiserreich exportierter polnischer Erzeugnisse mit 1 % Zoll, wenn aus einheimischen, oder mit 3 %, wenn aus importierten Rohstoffen hergestellt). Das Königreich schirmte sich dafür durch eine Zollschranke von Österreich und Preußen ab (aber für die einheimische Industrie erforderliche Produktionsmittel durften gegen nur geringe Gebühren importiert werden). Unmittelbare Folge dessen war ein Zollkrieg mit Preußen, welches die aus dem Königreich Polen stammenden, auf dem Wasserweg in die Ostseehäfen beförderten landwirtschaftlichen Artikel mit einem hohen Zoll belegte. Der Konflikt endete zwar 1825 mit einem Kompromiß, doch behielt das Königreich Polen sein (nur etwas gemildertes) Protektionszollsystem zum Schutz des inneren Marktes bei.

Die Zollpolitik war eine der wichtigen Bedingungen, dank denen die Industrie sich entwickeln konnte. Außer dem Markt erforderte die kapitalistische Wirtschaft aber auch

28 Außer den bereits genannten Arbeiten siehe auch *Radziszewski, Henryk*, Bank Polski (Die Bank Polski), Poznań 1919; *Pietrzak-Pawłowska, Irena*, Die polnischen Gebiete in der Periode der europäischen industriellen Revolution, in: Studia Historiae Oeconomicae, Bd. 5, 1970; *Kołodziejczyk, Ryszard*, Burżuazja polska w XIX i XX wieku. Szkice historyczne (Die polnische Bourgeoisie im 19. und 20. Jh. Historische Skizzen), Warschau 1979, S. 105ff.

Arbeitskräfte und Kapital. Das Königreich Polen verfügte über Arbeitskräftereserven im Dorfe, doch das Weiterbestehen von Fronverhältnissen verhinderte ihre volle Freisetzung.[29] Zwar eröffnete die Aufhebung der Leibeigenschaft den Landbewohnern formal die Möglichkeit, vom Dorf wegzugehen. Aber damit verloren sie auch ihren landwirtschaftlichen Betrieb. Außerdem blieben mannigfaltige Formen der Unterordnung des Bauern unter den Gutsbesitzer bestehen, die es ihm erschwerten, vom Freizügigkeitsrecht Gebrauch zu machen. Die von feudaler Abhängigkeit freie Arbeitskraft entstand allmählich, indem Bauern von der Scholle vertrieben wurden. Davon war hier schon die Rede. Das bedeutet aber nicht, daß die ständiger Unterhaltsmittel beraubten ehemaligen Bauern unverzüglich eine Arbeit in der Industrie aufnahmen. Ein Teil von ihnen verdiente sich sein Brot mit landwirtschaftlichen Gelegenheitsarbeiten. Andere wurden Vagabunden, daher diverse Aktionen gegen die Landstreicherei. Diejenigen schließlich, die sich zu einem Erwerb außerhalb der Landwirtschaft entschlossen, besaßen keine berufliche Qualifikation. Man beschäftigte sie bei verschiedenartigen Bau- und Erdarbeiten, eventuell mit den unkompliziertesten Tätigkeiten im Fabrikationsprozeß. Allmählich erst verwandelten sich die vom Lande vertriebenen Bauern in Industriearbeiter.

Die qualifizierten Arbeiter stammten aus dem Handwerkermilieu, teilweise kamen sie auch aus dem Ausland. Von dort wanderten ebenfalls viele unternehmungslustige Menschen zu, die nicht immer über Kapital verfügten, aber diverse Spekulationen zu wagen bereit waren und nicht selten große technische Erfahrung besaßen.

Das Königreich Polen machte sich die schon erwähnten Schwierigkeiten der kleinen Textilindustrie im preußischen Teilgebiet und anderen Regionen Preußens und auch Sachsens zunutze, indem es anfangs Handwerker und später auch Unternehmer von dort aufnahm. Die Einwanderung erreichte Massencharakter und führte zur Entstehung von Industriesiedlungen. Schätzungsweise kamen insgesamt Zehntausende von Menschen in das Königreich Polen.[30] Der überwiegende Teil ging in das im Entstehen begriffene Proletariat ein, etlichen gelang es auch, eigene Unternehmen zu gründen und aufrechtzuerhalten. Damals entstanden u. a. Firmen, die bis in unsere Tage überdauerten. Aus einer kleinen landwirtschaftlichen Siedlung am Fluß Łódka erwuchs die große Industriemetropole Łódź mit einem ganzen auf Textilproduktion spezialisierten Bezirk. Die Regierung des Königreichs Polen gewährte den Unternehmern vorteilhafte Niederlassungsbedingungen sowie Hilfe bei der Ingangsetzung der Produktion.

Die größten Ausmaße nahm die Einwanderung aus den naheliegenden deutschen Staaten an. Doch Erfinder und Unternehmer kamen auch aus Böhmen, aus Frankreich (erwähnt sei besonders Philippe Girard, von dessen Namen der der Fabrikstadt Żyrardów mit der größten polnischen Leinenwarenfabrik herrührt) und aus England.

Wenn auch die Einwanderung die Industrialisierung des Königreichs Polen wesentlich beschleunigte, so bildete sich doch, unabhängig davon, im Lande selbst Kapital und auch eine junge Bourgeoisie heraus.

Manche Vermögen reichen mit ihren Anfängen bis ins 18. Jahrhundert zurück, doch die meisten entstanden erst nach den Teilungen Polens. Die Zeit des Herzogtums Warschau mit Militärlieferungen für die polnischen und die französischen Truppen war der

[29] Siehe besonders *Polska klasa robotnicza. Zarys dziejów* (Die polnische Arbeiterklasse. Abriß der Geschichte), Bd. 1, Teil 1: Od przełomu XVIII i XIX w. do 1870 r. (Von der Wende des 18./19. Jh. bis 1870), u. d. Redaktion v. Stanisław Kalabiński, Warschau 1974.

[30] *Ihnatowicz, Ireneusz*, a.a.O., S. 77.

Vergrößerung vorhandener und dem Zustandekommen neuer Vermögen günstig. Als das Kongreß-Königreich Polen ins Leben trat, waren also die Grundlagen für die Entwicklung einheimischen Kapitals im Handel und teilweise auch in der Kreditsphäre vorhanden. In den Kleinstädten hatte sich Wucherkapital gebildet, und Darlehen wurden nicht nur dem Adel, sondern auch kleinen Kaufleuten gewährt.

Anfänglich engagierte sich dieses Kapital nicht gern in Produktionsunternehmungen. Für das Geldkapital existierten nämlich erheblich vorteilhaftere, wenn auch riskante Anlagemöglichkeiten. In vielerlei Hinsicht ähnelten die Arten der Gewinnschöpfung denen, die wir aus der Zeit der ursprünglichen Akkumulation in den Ländern Westeuropas kennen. „Agiotage, Wucher, Verlag und Großhandel, monopolisierte Steuer- und Akzisepachtung, Handel mit Staatsanleihen bildeten im Kongreßkönigreich, ähnlich wie in jedem anderen Lande, den grundlegenden außerlandwirtschaftlichen Komplex von Methoden der ursprünglichen Akkumulation."[31] Erst mit dem endgültigen Sieg der kapitalistischen Verhältnisse im Königreich Polen in der zweiten Hälfte des 19. Jahrhunderts begannen die in Spekulationen, Handel und Anleihen akkumulierten Kapitalien in größerem Maße in die Industrie zu fließen.

Unter diesen Bedingungen hatte die Investitionspolitik der Staatsbehörden eine besonders große Bedeutung für die Industrialisierung. Finanzminister Lubecki unternahm vor allem Schritte, um die Staatseinnahmen zu vergrößern. Er trieb Steuerrückstände ein, hob indirekte und direkte Steuern an, reorganisierte die Staatsmonopole (für Salz, Tabak, den Alkoholverkauf in Warschau) und verkaufte auch einen Teil der der Regierung gehörenden Ländereien. Die aus diesen Quellen gewonnenen Gelder dienten zur Finanzhilfe für Einwanderer, zur Gründung eines staatlichen Kreditinstituts im Jahre 1828, der Bank Polski, die u. a. die Entwicklung von Industrie und Handel finanzieren sollte, und zu staatlichen Investitionen. Diesen Maßnahmen kam der Umstand zugute, daß nach den Teilungen Polens die in der Gegend von Kielce gelegenen Besitzungen der Krakauer Bischöfe wie auch einige Klostergüter in Staatsbesitz übergegangen waren. Von alters her gab es dort Eisengruben und entsprechende Verarbeitungsbetriebe.

Erste Investitionen in dieser Region – Altpolnisches Becken genannt – nahm Pater Stanisław Staszic, ein Gelehrter und Politiker, der 1816–1824 das Gewerbedepartement leitete, vor. Als der staatliche Bergbau später der Einnahmen- und Schatzkommission unterstellt war, setzte Lubecki die Investitionspolitik fort. Nach dem Novemberaufstand (1830/31) übernahm dann die Bank Polski das Zepter über Bergbau und Industrie. Mit großen Aufwendungen wurde eine Reihe von Betrieben gebaut, die eine Eisenverarbeitungskette entlang dem Fluß Kamienna bildeten. Die Regierung und dann die Bank Polski investierten auch auf anderen Gebieten. Einige Unternehmen entstanden mit Hilfe von Krediten dieser Bank und gelangten später, als sich die Eigentümer als zahlungsunfähig erwiesen, unter die Verwaltung der Bank (z. B. die Werke in Żyrardów). Infolgedessen entstand und entwickelte sich ein ganzer Komplex staatlicher Unternehmen, der eine bedeutende Rolle bei der wirtschaftlichen Entwicklung des Königreichs spielte.

Es muß aber festgestellt werden, daß die unmittelbaren Effekte dieser Investitionen für die Regierung und dann für die Bank Polski im allgemeinen nicht allzu gut waren. Riesige

[31] *Jedlicki, Jerzy,* Nieudana próba kapitalistycznej industrializacji. Analiza państwowego gospodarstwa przemysłowego w Królestwie Polskim XIX w. (Ein mißlungener Versuch der kapitalistischen Industrialisierung. Eine Analyse der staatlichen Industriewirtschaft im Königreich Polen des 19. Jh.). Warschau 1964, S. 30.

Beträge, die man aufgewendet hatte, froren ein, sie brachten nur geringe Einnahmen, oft sogar Verluste. Es kam zu Unterschlagungen und anderen Mißbräuchen. Schließlich ging man in den vierziger Jahren dazu über, staatliche Betriebe an Privatleute zu verkaufen.

Die staatliche Investitionstätigkeit trug auch mittelbar zum Anwachsen privaten Kapitals bei. Unternehmer, die Arbeiten beim Bau von Betrieben und bei anderen Vorhaben (z. B. beim Bau von Chausseen) ausführten, erzielten beträchtliche Gewinne. Der Verkauf von Unternehmen an Privatleute erfolgte zu vorteilhaften Bedingungen für die Erwerber (z. B. konnten die Unternehmer Hille und Dietrich aus Mähren, denen die Werke in Żyrardów verkauft wurden, den Kaufpreis aus den in dieser Fabrik erzielten Gewinnen abzahlen). In gewissem Maße kann man diese Investitionen also als eine spezifische Form der Kapitalakkumulation mittels des Staatsapparats ansehen.

Nach dem Novemberaufstand änderten sich die Entwicklungsbedingungen der Industrie bis zu einem gewissen Grade. Im November 1831 setzten die russischen Behörden einen neuen – hohen – Zolltarif zwischen dem Königreich Polen und dem Kaiserreich Rußland fest. Dadurch wurde die Ausfuhr nach Rußland erschwert. Besonders die Textilindustrie erlebte eine Krise. Es verminderte sich die Ausfuhr von Wollstoffen, und zugleich wurde dadurch, daß das Königreich seine Autonomie verlor, der Absatz auf dem Binnenmarkt eingeschränkt, denn es fehlte jetzt das eigene Heer, das ein wichtiger Abnehmer von Uniformtuchen gewesen war. Unter diesen Umständen siedelten einige Unternehmer nach Bjelostok, jenseits der Ostgrenze des Königreichs, über, wo sich ein neuer Textilindustriebezirk bildete.

Die Baumwollindustrie bekam jedoch keine Exporterschwerungen zu spüren. Ihre wichtigsten Abnehmer befanden sich im eigenen Lande, und die mit der Entstehung der Industrie verbundene Entwicklung der Städte sicherte zunehmenden Absatz. Baumwollerzeugnisse fanden auch Käufer im Dorfe, das allmählich in die Sphäre der Warenwirtschaft einbezogen wurde.

Die Schwierigkeiten erwiesen sich nicht nur als glimpflich, sondern auch als vorübergehend. Am Jahresbeginn 1851 hoben die russischen Behörden die Zollgrenze, die das Königreich vom Kaiserreich trennte, auf. Das geschah in der Absicht, die Überreste autonomer polnischer Institutionen zu beseitigen. Bald ließ der Krimkrieg (1853–1856) den Heeresbedarf an verschiedenartigen Erzeugnissen steigen, so daß sich der polnischen Industrie neue Absatzmöglichkeiten eröffneten. Große Bedeutung hatten der Bau und dann die Inbetriebnahme der Eisenbahnlinie Warschau–Wien (ihre Abschnitte wurden sukzessive in den Jahren 1845–1848 dem Verkehr übergeben), die die im Dąbrowa–Becken (an der Grenze zu Oberschlesien) entstandenen Kohlengruben und Industriebetriebe mit Warschau verband. Entlang dieser Linie entwickelten sich Betriebe, deren Produkte nunmehr leichter in andere Regionen Kongreßpolens gelangen konnten.

Unter diesen Bedingungen gingen tiefgreifende technische Umwandlungen in der Industrie vor sich. Die Textilindustrie führte Dampfmaschinen ein. 1850 gab es sie in Łódź erst in vier, ein Jahr später schon in zehn Fabriken. Die 1852 in Betrieb genommene neue Spinnerei von Ludwik Grohman verfügte über neun solcher Maschinen. 1854 begannen die ersten mechanischen Webereien zu arbeiten. Das waren Symptome dafür, daß in der Industrie des Königreichs Polen eine technische Revolution vor sich ging. Neben den modernen Anlagen existierten jedoch Betriebe mit überalterter Technik noch lange weiter; im Altpolnischen Becken wurden mit Wasserkraft angetriebene Anlagen endgültig erst durch Hochwasser am Beginn des 20. Jahrhunderts zerstört.

Industriebetriebe entstanden auch im Dorfe, in Verbindung mit der Landwirtschaft. Ähnlich wie in den übrigen Teilgebieten kam den Brennereien große Bedeutung zu. In der Regel standen sie auf Gütern als Verarbeitungsbetriebe für deren eigene Produkte. Zuckerfabriken wurden errichtet, anfangs ebenfalls als Betriebe von Großgrundbesitzern.

Mitte des 19. Jahrhunderts, vor dem Januaraufstand, besaß das Königreich Polen bereits eine Industrie, die eine wichtige Rolle in der Wirtschaft des Landes spielte. Im Rahmen des russischen Imperiums zählten die polnischen Gebiete zu den wichtigsten Industriebezirken. Gleichzeitig war die Arbeiterklasse entstanden, die aber noch keine selbständige politische Rolle spielte.

III. Die Gebiete mit polnischer Bevölkerung während des Kapitalismus der freien Konkurrenz

1. Die Bevölkerung

Mit der Entwicklung kapitalistischer Verhältnisse gingen in der zweiten Hälfte des 19. Jahrhunderts in stärkerem Maße Umwandlungen in der Bevölkerung vor sich. Dazu trugen der beträchtliche Zuwachs, die zunehmenden inneren und äußeren Migrationen und schließlich Veränderungen in der Sozialstruktur der Einwohnerschaft dieser Gebiete bei.

Die Bevölkerungszunahme beruhte vor allem auf der mit der Entwicklung der Medizin und der Verbesserung des sanitären Zustandes der Siedlungen und der Wohnungen verbundenen sinkenden Sterblichkeitsrate, weniger auf der steigenden Geburtenzahl. Die Haupttendenzen der Bevölkerungsveränderungen werden in Tabelle 1 dargestellt. Wir berücksichtigen darin Angaben aufgrund der im 19. Jahrhundert bestehenden politischen Gebietsstruktur wie auch Schätzungen für Territorien, die in den Jahren zwischen beiden Weltkriegen polnisches Staatsgebiet waren. Zu beachten ist jedoch, daß in beiden Fällen die Territorien nicht mit dem nach 1944 festgelegten Staatsgebiet vergleichbar sind.

In dem Territorium, das sich 1921 innerhalb der polnischen Staatsgrenzen befand, betrug der natürliche Zuwachs in den Jahren 1851–1870 durchschnittlich 9,1 ‰, danach

Tabelle 1

Die Bevölkerung in den Jahren 1870 bis 1900 (in 1000)

Territorium	1870	1880	1890	1900
Königreich Polen	6079	7105	8258	10000
Großpolen	1582[a]	1700	1753	1886
Pommerellen	1312[a]	1406	1434	1561
Ermland und Masuren	1821[a]	1927	1963	2002
Regierungsbezirk Oppeln	1310[a]	1441	1578	1868
Galizien	5492	5959	6608	7316
Teschen	233[b]	269	300	369
Polen in den Grenzen von 1937	17000	.	24019[c]	.

[a] = 1871 [b] = 1869 [c] = 1895

Quelle: Krzyżanowski, Adam/Kumaniecki, Kazimierz, Statystyka Polski. Handbuch der polnischen Statistik. Tableau statistique de la Pologne, Kraków 1915; Holzer, Jerzy/Józefowicz, Adam, Dynamika zaludnienia ziem polskich 1870–1958 (Die Bevölkerungsdynamik der polnischen Gebiete 1870–1958, in: „Biuletyn Instytutu Gospodarstwa Społecznego“ Nr. 4/1960, S. 10.

vergrößerte er sich, und in den Jahren 1896 und 1900 erreichte er mit 18,5 ‰ das Maximum.[1]

Zum Bevölkerungswachstum trug auch die Einwanderung bei. Verhältnismäßig gering war sie im österreichischen und im russischen Teilgebiet. Im österreichischen Teilgebiet handelte es sich nur um eine zahlenmäßig nicht große Gruppe von Verwaltungskräften. Im russischen Teilgebiet wurden nach dem Aufstand von 1863 die staatlichen Ämter und Einrichtungen sowie die Schulen russifiziert, was den Zuzug von Russen mit sich brachte. Zugleich setzte die Saisoneinwanderung von Landarbeitern aus Galizien zur zeitweiligen Arbeit auf großen Gütern ein. Von größerer Bedeutung war der Bevölkerungszustrom im preußischen Teilgebiet und in Oberschlesien. Um die Nationalitätenstruktur der polnischen Gebiete zu verändern, siedelten die preußischen Behörden kontinuierlich deutsche Bauern auf parzelliertem Boden großer Güter an. Am stärksten wurde dieser Prozeß gegen Ende des 19. Jahrhunderts. Ansiedler kamen auch in die Städte. Ins Teschener Gebiet zogen vor allem arme Landbewohner aus Galizien, die in Industrie und Bergbau Erwerb suchten.

Doch blieb der Bevölkerungszuzug in die polnischen Gebiete hinter der Emigration zurück, die teils für immer, teils nur jeweils für eine Saison stattfand. Den größten Umfang nahm sie im österreichischen Teilgebiet an. In den Jahren 1881–1890 verließen schätzungsweise 67000 Menschen Galizien, davon wanderten ungefähr 50000 noch über die Grenzen der Habsburger Monarchie hinaus. Im folgenden Jahrzehnt näherte sich die Zahl der Emigranten einer halben Million.[2] Die Auswanderung, in der Hoffnung, die wirtschaftliche Lage verbessern zu können, erfolgte besonders nach dem amerikanischen Kontinent – in die Vereinigten Staaten von Amerika, nach Kanada, Brasilien und Argentinien, weniger in andere Länder. Es emigrierten Polen, Ukrainer und Juden.

Großen Umfang hatte in Galizien auch die Saisonauswanderung zur Arbeit in der Landwirtschaft der östlichen Teile Deutschlands besonders nach 1890, in geringerem Grad ins Königreich Polen und in andere Länder.

Die Emigration aus dem Königreich Polen nahm nicht solche Ausmaße an, war aber ebenfalls beträchtlich. Bauern und ärmere Bevölkerungsschichten aus der Stadt suchten Erwerb jenseits des Ozeans. Aus den westlichen Gegenden des Landes fuhren Saisonarbeiter nach Deutschland. Einen anderen Charakter hatte die Auswanderung nach Rußland. Da die Beschäftigung von Polen in staatlichen Institutionen Kongreßpolens Beschränkungen unterlag, suchten sich viele Angehörige der polnischen Intelligenz eine Arbeit in Betrieben und Institutionen tief im Innern Rußlands. Oftmals verband sich das mit der Expansion polnischer Kapitalgruppen, die in Rußland Investitionen vornahmen. In Rußland befanden sich auch viele Polen, denen wegen revolutionärer Tätigkeit oder wegen ihres Eintretens für die Unabhängigkeit Polens durch Gerichtsurteil oder Verwaltungsbeschluß auferlegt war, außerhalb der polnischen Gebiete zu wohnen. Das waren insbesondere Angehörige der Intelligenz, Adlige und Arbeiter.

Auch im preußischen Teilgebiet ist eine Auswanderung zu verzeichnen. Hervorgerufen wurde sie durch den Arbeitskräftebebarf, den die industrielle Entwicklung in Mittel- und Westdeutschland auslöste. Es wanderten vor allem Landbewohner, in gewissem Grade

1 *Borowski, S.*, a.a.O.

2 *Pilch, Andrzej*, Trendy migracji zarobkowej ludności Galicji w XIX i XX w./do 1918 r./ (Trends der Erwerbsmigration der Bevölkerung Galiziens im 19. und 20. Jh./bis 1918/), in: Mechanizmy polskich migracji zarobkowych (Mechanismen der polnischen Migrationen zu Erwerbszwecken), u. d. Redaktion v. Celina Bobińska, Warschau 1976, S. 74 f., 78.

auch ärmere Stadtbewohner polnischer wie auch deutscher Nationalität ab. „Für die Zuwanderer aus den Ostprovinzen, wo der Arbeitskräfteüberschuß im Dorfe auf das Lohnniveau nicht nur in der Landwirtschaft, sondern auch in der Industrie und anderen nichtlandwirtschaftlichen Tätigkeiten drückte, bedeutete die Arbeitsaufnahme in Regionen, wo sie höhere Löhne erhielten, zweifellos eine Hebung des Lebensstandards. Für die Landbewohner aus Preußisch-Polen bedeutete die Arbeitsaufnahme in der Industrie oder in anderen nichtlandwirtschaftlichen Berufen in Deutschland einen unbezweifelbaren sozialen Aufstieg. Dieser Aufstieg war für Deutsche spürbarer als für Polen, die wegen der Sprachdiskriminierung begrenztere Möglichkeiten zur beruflichen Karriere hatten."[3]

Bei alledem darf aber die starke Auswanderung aus den deutschen Staaten in ferne Länder nicht unbeachtet bleiben. Trotz der Zuwanderung aus dem Osten wiesen die meisten Staaten und Provinzen West- und Mitteldeutschlands in ihren Wanderungsbilanzen negative Salden auf, und in den Jahren 1852–1871 entfiel mit 890600 Personen mehr als die Hälfte des negativen Migrationssaldos des ganzen späteren deutschen Reichsgebiets auf Preußen. In diesem größten Staat Deutschlands überstieg lediglich in Berlin der Zuzug die Abwanderung.[4]

Der Auswanderungsprozeß aus Preußisch-Polen nach West- und Mitteldeutschland hatte zur Folge, daß sich dort in einigen Industriegebieten polnische Emigranten konzentrierten. Am stärksten war das im Ruhrgebiet und in Berlin der Fall. Insgesamt überwogen in den Migrationsbewegungen aber Deutsche, und das rief bei den Staatsbehörden große Beunruhigung hervor. In der politischen Literatur begann man den Begriff „Ostflucht" zu verwenden, worin die Befürchtung zum Ausdruck kam, in kurzer Zeit werde sich in den zum Deutschen Reich gehörenden polnischen Gebieten die Zahl der Deutschen zugunsten der Polen vermindern, was die Ergebnisse der seit vielen Jahren betriebenen Germanisierungspolitik zunichte machen würde. Daher wurde für gewisse Zeit die Einreise polnischer Saisonarbeiter zur Arbeit in der Landwirtschaft verboten und vor allem eine großangelegte Aktion unternommen, um von polnischen Gutsbesitzern Land aufzukaufen und es mit Ansiedlern aus Deutschland zu besetzen, was durch mannigfaltige Finanzhilfe für in den polnischen Gebieten ansässige Deutsche ergänzt wurde. Gleichzeitig waren die Polen verschiedenen Schikanen ausgesetzt.

Nach den Agrarreformen schritt in ganz Polen der Urbanisierungsprozeß voran. Zwischen 1872 und 1897 wuchs die Bevölkerung in Warschau von 276000 auf 684000, in Łódź von 50000 auf 314000, in Częstochowa von 9000 auf 45000. Von den zu Deutschland gehörigen Städten wuchsen von 1871 bis 1900 Posen (Poznań) von 56000 auf 117000, Königshütte (Królewska Huta) von 20000 auf 58000, Beuthen (Bytom) von 16000 auf 51000 und Kattowitz (Katowice) von 8000 auf 32000 Einwohner. Im österreichischen Teilgebiet vergrößerte sich zwischen 1869 und 1900 die Bevölkerungszahl von Lemberg (Lwów) von 87000 auf 160000, von Krakau (Kraków) von 50000 auf 91000 und von Przemyśl von 15000 auf 46000.[5]

3 *Wajda, Kazimierz*, Wymiana siły roboczej między ziemiami polskimi a Niemcami w drugiej połowie XIX i na początku XX wieku (Der Arbeitskräfteaustausch zwischen den polnischen Gebieten und Deutschland in der zweiten Hälfte des 19. Jh. und am Beginn des 20. Jh.), in: ebenda, S. 67.

4 Siehe *Thümmler, Heinzpeter*, Zur regionalen Bevölkerungsentwicklung in Deutschland 1816 bis 1871, in: Jahrbuch für Wirtschaftsgeschichte 1977, Teil 1, besonders S. 58.

5 *Krzyżanowski, Adam/Kumaniecki, Kazimierz*, Statystyka Polski. Handbuch der polnischen Statistik. Tableau statistique de la Pologne, Kraków 1915, S. 24 u. 27.

Innerhalb der Stadtbevölkerung nahm am schnellsten die Arbeiterklasse zu. Über die quantitative Entwicklung der Arbeiter außerhalb der Landwirtschaft gibt die Tabelle 2 Aufschluß. Es sei jedoch betont, daß wir nicht über voll vergleichbares statistisches Material verfügen. Die zitierten Zahlen vermögen also nur eine allgemeine Orientierung zu geben und die Haupttendenzen der zahlenmäßigen Entwicklung des Proletariats in der zweiten Hälfte des 19. Jahrhunderts aufzuzeigen.

Tabelle 2

Zahl der Arbeiter außerhalb der Landwirtschaft von 1871 bis 1901 (in 1000)

Territorium	1871	1884	1901
Königreich Polen	75,6	150,1	260,0
Region Bjelostok	5,4	6,6	13,8
Regierungsbezirk Oppeln	167,8[a]	182,4[b]	294,7[c]
Posen und Westpreußen (Großpolen und Pommerellen)	68,4[a]	105,5[b]	159,8[c]
Teschen	40,0[d]	58,2[e]	80,2[f]
Galizien	104,5[g]	127,6[e]	121,7[f]

a = 1875 b = 1882 c = 1895 d = 1880 e = 1890 f = 1900 g = 1869

Quelle: Polska klasa robotnicza. Zarys dziejów (Die polnische Arbeiterklasse. Abriß ihrer Geschichte), Bd. I, Teil 2, Warschau 1978, S. 110, 774, 775; Bd. I Teil 3, Warschau 1978, S. 32, 187, 188, 305, 530.

So ungenau diese Zahlen auch sind, erlauben sie doch die Schlußfolgerung, daß der Modernisierungsprozeß der Sozialstruktur in den von Polen bewohnten Gebieten während der zweiten Hälfte des 19. Jahrhunderts am schnellsten im Königreich sowie in Großpolen und Pommerellen, am langsamsten aber in Galizien verlief. Dagegen bot Galizien, wo autonome Selbstverwaltungsinstitutionen, eine polnische Administration und ein polnisches Schulwesen existierten, der polnischen Intelligenz relativ große Chancen, Arbeit zu finden. Im russischen und im preußischen Teilgebiet konnten Polen damals in staatlichen Ämtern und Einrichtungen nur arbeiten, wenn sie auf ihr Nationalbewußtsein verzichteten und bei der Russifizierung oder Germanisierung mitwirkten.

2. Die Herausbildung der kapitalistischen Landwirtschaft

Der Abschluß des Agrarreformprozesses, in dem die Leibeigenschaft aufgehoben und vorher feudalabhängige Bauern zu Grundeigentümern geworden waren, bedeutete noch nicht, daß etwa überall in den polnischen Gebieten die kapitalistischen Produktionsverhältnisse in der Landwirtschaft gesiegt hätten. Den Agrarverhältnissen in allen Teilgebieten war als Grundmerkmal gemeinsam, daß der Großgrundbesitz erhalten blieb. Unter den neuen Bedingungen mußte sich seine Bewirtschaftung auf die Anwendung von Lohnarbeit stützen. Doch das Tempo der Umgestaltungen auf Gütern und Bauernwirtschaften war in jedem Teilgebiet verschieden.

Am günstigsten waren die Bedingungen für die Entwicklung der kapitalistischen Landwirtschaft nach wie vor im preußischen Teilgebiet. Die Entwicklung von Bergbau und Industrie in den mittleren und westlichen Teilen des preußischen Staates förderte nicht nur den Abzug des auf dem Lande lebenden Bevölkerungsüberschusses, sondern schuf auch günstige Bedingungen für den Absatz landwirtschaftlicher Erzeugnisse. Die Wirtschaftspolitik Preußens und dann des Deutschen Reiches erleichterte die Entwicklung der inländischen Landwirtschaft, woraus die in den polnischen Gebieten ansässigen Produzenten Nutzen zogen. Den Einfluß der ausländischen Konkurrenz beschränkte der Übergang des Reiches zum Agrarprotektionismus seit 1879. Zwar waren die Lebensbedingungen der kleinen Landwirte weiterhin schwer und der Bodenmangel fühlbar, doch waren die Bedingungen für die Bauern besser als in den übrigen Teilgebieten Polens.

Charakteristisch wurden nachlassendes Wachstum der Bodenfläche des Großgrundbesitzes und dann eine Tendenzwende, ein Rückgang der Zahl und der Fläche der Güter. So verminderte sich zum Beispiel in Großpolen in den Jahren 1882–1907 die Zahl der Gutswirtschaften von 2724 auf 2305 und ihre Fläche von 1439000 ha auf 1175000 ha. In Pommerellen ging die Zahl der Güter noch mehr, nämlich von 2440 auf 2012, und ihre Fläche von 996000 ha auf 791000 ha zurück.[6] Gleichzeitig nahmen die Bodenfläche und die Anzahl der Bauernwirtschaften zu. Vor allem erfuhr die Gruppe der Wirtschaften mit 5 bis 20 Hektar, also der mittleren Wirtschaften, eine Stärkung.

Diese Veränderungen hingen sowohl mit ökonomischen wie auch mit politischen Vorgängen zusammen. In der zweiten Hälfte des 19. Jahrhunderts nahm die Nachfrage nach Boden erheblich zu, und dabei stiegen auch die Bodenpreise. Für einen Teil der Großgrundbesitzer erwies es sich als günstiger, ihr Gut (insbesondere mittels Parzellierung) zu verkaufen, statt es weiter zu bewirtschaften. Die Verkaufserlöse des Bodens konnte man in anderen Zweigen der Volkswirtschaft vorteilhaft anlegen. In gewissem Grade hörte auch der Verfall der Güter, die sich den veränderten Bedingungen nach Aufhebung der Leibeigenschaft nicht hatten anpassen können, auf.

Gleichzeitig hatte die staatliche Politik steigende Bodenpreise zur Folge. Der die preußische Regierung beunruhigenden Abwanderung von Deutschen aus den polnischen Gebieten versuchte man durch die Ansiedlungsaktion entgegenzuwirken. Auf Initiative Otto von Bismarcks entstand 1886 die Ansiedlungskommission, die aus polnischen Händen, besonders von Gutsbesitzern, Land aufkaufte, um darauf deutsche Bauern anzusiedeln, wobei man bemüht war, eine starke Schicht wohlhabender Bauern zu schaffen, die den Germanisierungsprozeß beschleunigen könnte. Durch die Ansiedlungsaktion erhielt die Nachfrage nach Boden einen zusätzlichen Anstoß, was manch einen Grundbesitzer bewog, sein Land vorteilhaft zu verkaufen, wenn auch nicht unbedingt an die Kommission.

Diese für die Landwirtschaft günstige Situation ermutigte auch kleine Bauern trotz hoher Preise Boden zu erwerben, da die Absatzlage die Abzahlung der zu diesem Zweck aufgenommenen Kredite zu ermöglichen schien. Der Wunsch gerade der polnischen Bauern, Land zu kaufen, war eine Reaktion auf den Verelendungsprozeß, der einen Teil von ihnen bewogen hatte, ihr Dorf zu verlassen und in der Industrie Arbeit zu suchen, welche sich aber vor allem in anderen Gegenden entwickelte. In sehr vielen Fällen hieß das doch, daß man in deutsche Gebiete auswandern mußte, die einem hinsichtlich der Sprache, der Traditionen und oft auch der Religion fremd waren.

6 *Zarys historii gospodarstwa wiejskiego w Polsce* (Abriß der Geschichte der Landwirtschaft in Polen), Bd. 3, Warschau 1970, S. 106f.

Unter diesen Umständen begann sich in den von Preußen beherrschten polnischen Gebieten eine starke Schicht von marktorientierten Bauern herauszubilden, von denen ein Teil Lohnarbeit anwendete und auf kapitalistische Weise wirtschaftete. Die staatliche Politik verstärkte aber den Antagonismus zwischen den polnischen Bauern und den von ihnen als Gefahrenquelle für die eigene soziale und ökonomische Position angesehenen deutschen Ansiedlern, die von den Behörden privilegiert wurden.

Schon in den sechziger Jahren waren unter den polnischen Bauern Tendenzen zur Gründung eigener Organisationen mit wirtschaftlichen, kulturellen und Bildungsaufgaben aufgetreten. Sie sollten unter anderem die rechtlich frei gewordenen Bauern vom Gutshof unabhängig machen. Von diesen Organisationen sind die Kółka rolnicze (Landwirtschaftliche Gemeinschaften, von denen es 1872 zehn gab), die Kulturvereine und die verschiedenartigen Genossenschaften erwähnenswert.

Da die Germanisierung mit immer mehr Nachdruck betrieben wurde und da kapitalistische Güter und marktorientierte Bauern auch einige gemeinsame Interessen verbanden, kam es zu einer immer enger werdenden Zusammenarbeit der verschiedenen ländlichen Milieugruppen. Der sozialökonomischen Bauernbewegung schloß sich ein Teil der polnischen Gutsbesitzer und Geistlichen an, die bei Aktionen für die Verteidigung des polnischen Besitzstandes und für die Anhebung des Bildungs- und Kulturniveaus die Führung übernahmen. Auf dieser Grundlage entwickelte sich der für das politische Leben in den von Preußen beherrschten polnischen Gebieten so charakteristische soziale Solidarismus. Als Antwort auf die Gründung der Ansiedlungskommission setzte eine polnische Parzellierungsaktion ein, die dafür sorgen sollte, daß der Boden parzellierter Güter an polnische Bauern überging. Sehr bedeutsam war das Wirken der öffentlichen Meinung, die den Verkauf eines Gutes an die Ansiedlungskommission geradezu als nationalen Verrat behandelte.

Mit wesentlich anderen Charakterzügen gab es in der zweiten Hälfte des 19. Jahrhunderts auch in den übrigen Teilgebieten Polens einen Prozeß der Güterparzellierung. Die Agrarreformen hatten nicht automatisch die kapitalistischen Verhältnisse zum Siege geführt. Über das Königreich Polen schrieb Grodek: „Der Ukas hob zwar die Fron auf, doch da Landarbeiter fehlten, machten die Güter stattdessen in großem Maße weiterhin von der Abarbeit Gebrauch. Erst mit dem Entstehen des inneren Marktes für Arbeitskräfte (und dem damit zusammenhängenden Fallen der Landarbeiterlöhne) verschwand die Abarbeit allmählich, und es entwickelte sich das Tagelöhnersystem.“[7]

Ein ernstes Hemmnis für die Entwicklung des kapitalistischen Gutsbetriebes bildete der Mangel an Mitteln für die Umgestaltung des Bewirtschaftungssystems. Das kapitalistische Gut mußte eigene landwirtschaftliche Maschinen und Geräte, Zugkräfte und auch Mittel für die Bezahlung der gedungenen Arbeiter haben. Im Unterschied zum preußischen Teilgebiet hatten die Güter im Königreich Polen wegen der niedrigen Preise für landwirtschaftliche Erzeugnisse mit großen Schwierigkeiten zu kämpfen, deren Überwindung noch erschwert wurde, weil es an Kapital mangelte, das geneigt war, Anlage in der Landwirtschaft zu suchen. Als zusätzlicher, für die Güter negativer Faktor kam in den achtziger Jahren noch die europäische Agrarkrise hinzu. Sie hing mit dem Zustrom billigeren amerikanischen Getreides und australischer Wolle zusammen. Der Preisfall

[7] *Grodek, Andrzej*, O rozwoju kapitalizmu w rolnictwie Królestwa Polskiego. Uwagi krytyczne (Über die Entwicklung des Kapitalismus in der Landwirtschaft des Königreichs Polen. Kritische Bemerkungen), in: Grodek, A., Wybór pism, a.a.O., Bd. 2, S. 366f.

verringerte die Rentabilität von Kapitalanlagen in der Landwirtschaft, und Versuche, die Landwirtschaft technisch zu rekonstruieren, wurden zu spät unternommen, als daß man mit der ausländischen Konkurrenz hätte gleichziehen können.

In dieser Situation verschafften sich einige Gutsbesitzer die für die Umgestaltung ihrer Wirtschaften nötigen Mittel, indem sie Böden, die für sie selbst zu wenig Ertrag abwarfen, parzellierten. Um den Preis einer Verringerung der Gesamtbodenfläche vervollkommneten sie also ihre Gutswirtschaft. Doch nicht allen gelang es, sich den veränderten Bedingungen anzupassen. Nicht überall bestanden Absatzmöglichkeiten, die der warenproduzierenden Großwirtschaft förderlich waren. Im allgemeinen paßten sich die Güter in den Westteilen des Königreichs durch Verkleinerung ihrer Bodenfläche den kapitalistischen Wirtschaftsmethoden an. In den östlichen Regionen brachen viele Güter zusammen, wurden parzelliert oder gingen an neue Eigentümer aus dem Bürgertum oder sogar an reich gewordene Bauern über, die es verstanden hatten, mit den traditionellen, schon anachronistischen Wirtschaftsmethoden zu brechen. Es überdauerten auch die größten Latifundien, wo insbesondere Kleinbauern, die aus Not bereit waren, gegen Naturalvergütung oder für einen Zipfel Pachtland zu arbeiten, in diversen Formen beschäftigt wurden. Nach den Untersuchungen von Groniowski gab es 105 solcher Latifundien mit einigen tausend bis weit über 100000 ha.[8]

In den ersten Jahrzehnten nach der Aufhebung der Leibeigenschaft erfolgte die Parzellierung ausschließlich mit Mitteln, die die Bauern selbst aufbrachten. Erleichtert wurde sie dann, als 1890 die Bank Włościański (Bauernbank) im Königreich Polen ihre Schalter öffnete, nachdem dieses 1883 gegründete Institut in den ersten Jahren nur im Kaiserreich Rußland tätig gewesen war.

Der Zerfallsprozeß erfaßte auch größere Bauernwirtschaften. Aus Erbteilungen gingen neue, kleinere Betriebe hervor. In dem Zeitabschnitt nach der Aufhebung der Leibeigenschaft vollzog sich also eine allmähliche Dekonzentration des Bodens.

Gleichzeitig ging aber ein nur für einige Gruppen von Wirtschaften charakteristischer Konzentrationsprozeß vonstatten. Zugrunde gingen oder aufgeteilt wurden. Güter und Bauernwirtschaften, die trotz der Agrarreform unter vielen Aspekten ihren traditionellen Charakter beibehalten hatten. An ihrer Stelle entstanden jedoch neue Guts- und Bauernwirtschaften, deren Besitzer für den Markt produzierten und kapitalistische Wirtschaftsprinzipien einführten. Für sie konnten nur die Gesetzmäßigkeiten der Warenwirtschaft gelten. Insbesondere in den westlichen Regionen Kongreßpolens, doch auch in Gegenden mit relativ leichtem Zugang zu Absatzmärkten (zum Beispiel dort, wo günstige Verkehrsverbindungen zu großen Industriezentren bestanden) entwickelten sich auf die Warenproduktion orientierte wohlhabende Bauernwirtschaften und kapitalistische Güter.

Doch einige Überbleibsel vorkapitalistischer Wirtschaftsformen waren nicht beseitigt. Um die Ausmaße und die Abgrenzung der Servituten (bestimmter bäuerlicher Nutzungsrechte am Gutsland, zum Beispiel Weideplätze für ihr Vieh) gab es fortwährend Streitigkeiten zwischen Dorf und Gut, die erst ab Ende der siebziger Jahre und bezüglich der Wälder sogar erst am Beginn des 20. Jahrhunderts von den Behörden entschieden wurden. Bestehen blieben ferner das gemeinsame Eigentum an einigen Ländereien und die Schachbrettstruktur (die meisten Bauernwirtschaften waren auf viele, zuweilen weit

[8] *Groniowski, Krzysztof*, Kwestia agrarna w Królestwie Polskim 1871–1914 (Die Agrarfrage im Königreich Polen 1871–1914), Warschau 1966, S. 105.

voneinander entfernte Grundstücke verstreut). Das alles erschwerte eine rationelle Bewirtschaftung, und lediglich in einigen Dörfern wurden die Servituten vom Gut aufgekauft, das Gemeindeland geteilt und eine Kommassation der Bauernwirtschaften durchgeführt.

In der zweiten Hälfte des 19. Jahrhunderts setzte sich also im Königreich Polen der Zerfall der nur wenig mit dem Markt verbundenen, mit traditionellen Methoden arbeitenden landwirtschaftlichen Betriebe fort. An ihre Stelle traten für den Kapitalismus charakteristische Wirtschaften. Neben dem großen Gut und der wohlhabenden Bauernwirtschaft gab es zahlreiche Kleinbauern und arme Leute, die die Arbeitskräftereserve für Landwirtschaft und Industrie bildeten.

Ähnliche Merkmale wies die Entwicklung der galizischen Landwirtschaft auf, die allerdings von den objektiven Bedingungen noch weniger begünstigt war. Niedrige Preise für landwirtschaftliche Erzeugnisse (infolge der Konkurrenz ungarischer Produkte), beschränkte Ausfuhrmöglichkeiten und die gewaltige Zersplitterung der Bauernwirtschaften erschwerten die Umgestaltung der Güter zu kapitalistischen Betrieben und erleichterten das Weiterbestehen mannigfaltiger halbfeudaler Methoden der Ausbeutung der Bauern durch das Gut. Für viele Gegenden Galiziens blieb es typisch, daß die Bauern für Darlehen oder Pachtland Abarbeit leisten mußten. Zugleich sorgte der Landhunger für relativ hohe Bodenpreise und schuf damit günstige Voraussetzungen für die Parzellierung. Der Gutsbesitzer konnte für das parzellierte Land eine Geldsumme erhalten, die ihm, anderweitig angelegt, höhere Einnahmen brachte.

Der Parzellierungsprozeß verstärkte sich gegen Ende des 19. Jahrhunderts, als sich infolge der zunehmenden Emigration gewisse Geldvorräte bei den Bauern hatten ansammeln können. Nicht selten emigrierte ein Bauer nur zu dem Zweck, Geld für den Landkauf zu verdienen, dann zurückzukehren und mit seinen Ersparnissen eine Wirtschaft zu gründen oder die vorhandene zu vergrößern. Unter solchen Umständen wurde die Güterparzellierung zum Objekt der Spekulation, aus der große Vermögen hervorgingen.

Die Überlieferung von der Bauernrebellion 1846 und die ganzen ökonomischen Verhältnisse auf dem Lande förderten im österreichischen Teilgebiet die Verschärfung der gesellschaftlichen Antagonismen. Im galizischen Dorf entfaltete sich am Ende des 19. Jahrhunderts eine politische und soziale Bauernbewegung, an der einige Kreise der Intelligenz, überwiegend bäuerlicher Abstammung, teilnahmen. 1895 wurde die Bauernpartei (Stronnictwo Ludowe) gegründet, die zu einer der wichtigsten polnischen Gruppierungen werden sollte. Es entstanden Kółka rolnicze, deren Zahl bis 1890 auf 607 anwuchs. Von den Genossenschaften, die sich damals bildeten, wurden auch die Raiffeisenkassen populär, die im österreichischen Teilgebiet nach ihrem dortigen Initiator Stefczykkassen hießen. Die wohlhabenderen Bauern vereinigten sich im allgemeinen in den weniger häufigen Schulze-Delitzsch-Genossenschaften.

Die unterschiedlichen ökonomischen Bedingungen bewirkten, daß die Entwicklung der Agrartechnik in den einzelnen Teilgebieten wesentliche Unterschiede aufwies. Die günstigsten Bedingungen für die Vervollkommnung der Technik hatten die Gutsbetriebe, da sie einerseits über die größten Kapitalmittel verfügten und andererseits viele Maschinen nur auf größeren Bodenflächen voll ausgenutzt werden konnten. Am besten erforscht ist der Mechanisierungsprozeß in Großpolen. Nimmt man das von Borowski ausgearbeitete Kennziffernsystem zur Grundlage, so kann man sagen, daß der Mechanisierungsgrad der Wirtschaften mit mehr als 100 ha in Großpolen 1881/82 9,41 %, 1894/95 36,71 % und 1906/07 40,82 % betrug. Bei den Wirtschaften mit einer Fläche von 10 bis 100 ha waren in denselben Jahren die entsprechenden Sätze 1,09 %, 12,07 % und 22,02 %, und bei den Wirtschaften mit weniger als 10 ha 0,03 %, 0,28 % und 1,53 %.[9] Langsamer ging es in Pommerellen voran, wenn auch die Unterschiede nicht prinzipieller Art waren. Demgegenüber blieb das Königreich Polen zurück, noch mehr aber Galizien, wo im Jahre 1902 kaum 3 % der Wirtschaften über irgendeine Maschine verfügten, also die Arbeiten fast ausschließlich mit den traditionellen Geräten erledigt wurden.

Wandlungen unterlag auch die Bewirtschaftungsweise. Quellen über Großpolen aus der Mitte der siebziger Jahre zeugen davon, daß der Fruchtwechsel in den meisten Fällen erfolgreich die Dreifelderwirtschaft verdrängte. Im Königreich Polen wuchs in den Jahren 1863–1887 die von neuen Anbausystemen erfaßte Feldfläche (ohne Brache) von 18 % auf 42 % aller bestellten Böden. Es blieben jedoch große regionale Unterschiede bestehen: Im nordöstlichen Gouvernement Suwalki herrschte 1887 auf 91 %, dagegen im westlichen Gouvernement Kalisz auf 38 % der bestellten Flächen Dreifelderwirtschaft.[10] Zugleich änderte sich auch die Struktur der Kulturen, wie die Tabelle 3 zeigt.

Tabelle 3

Nutzung der Ackerflächen in den Jahren 1878 und 1900

Gebiet	Brachland in Prozent zur Gesamtackerfläche		Hackfrucht- und Futterkulturen in Prozent zur Gesamtackerfläche	
	1878	1900	1878	1900
Oberschlesien	3,5	1,0	33,9	37,0
Großpolen	12,7	3,5	36,6	40,4
Pommerellen	12,4	6,0	40,4	42,2
Ermland und Masuren	20,4	11,8	35,1	41,2
Königreich Polen	23,2	11,6	19,4	25,2
Galizien	19,1	11,5	23,1	28,8

Quelle: Łukasiewicz, Juliusz, Drogi rozwoju rolnictwa na ziemiach polskich (Entwicklungswege der Landwirtschaft in den polnischen Gebieten), in: Polska XIX wieku. Państwo, społeczeństwo, kultura (Polen im 19. Jh. Staat, Gesellschaft, Kultur), u. d. Red. v. Stefan Kieniewicz, Warschau 1977, S. 35.

Im preußischen Teilgebiet begann man in einigen Wirtschaften mit der Anwendung von Kunstdünger, was durch den Anbau neuer Pflanzen (insbesondere von Zuckerrüben) gefördert wurde. In vielen Gegenden schritten die Meliorationsarbeiten voran, die mit der Trockenlegung des Netzebruchs am Ende des 18. Jahrhunderts eingesetzt hatten. Die größten Unternehmungen gab es in dieser Beziehung in Großpolen und Pommerellen. Sie wurden durch die preußische Gesetzgebung gefördert.

Die Entwicklung der Anbautechnik und der Verwendung von Maschinen und künst-

9 *Borowski, Stanisław*, Rozwój mechanizacji pracy w rolnictwie Wielkopolski (Die Entwicklung der Mechanisierung der Arbeit in der Landwirtschaft Großpolens), in: Roczniki Dziejów Społecznych i Gospodarczych (Jahrbücher für Sozial- und Wirtschaftsgeschichte), Jg. 1956/57, Bd. XVIII, und Jg. 1957/58, Bd. XIX.

10 *Zarys historii gospodarstwa wiejskiego*, a.a.O., Bd. 3, S. 319.

lichen Düngemitteln hing vor allem davon ab, wie sich Kapitalanlagen in der Landwirtschaft rentierten. Die Preisrelationen von landwirtschaftlichen Erzeugnissen und Produktionsmitteln gestalteten sich am günstigsten in Preußen, folglich fand vor allem dort der Fortschritt statt. Ernteertragsunterschiede zwischen den Teilgebieten waren die Konsequenz daraus (Tabelle 4).

Tabelle 4

Hektarerträge einiger Feldfrüchte in der zweiten Hälfte des 19. Jahrhunderts (in Dezitonnen)

Territorium	Jahre	Winterweizen	Winterroggen	Kartoffeln	Zuckerrüben
Großpolen	1878–1882	10,7	7,8	70	225
	1894–1898	11,9	10,6	.	.
Pommerellen	1878–1882	13,7	8,6	76	253
	1894–1898	16,5	9,5	.	.
Westgalizien	1884–1888	7,2	5,5	77	113
	1896–1900	8,9	8,2	.	.
Ostgalizien	1884–1888	10,1	8,5	92	.
	1896–1900	9,8	8,1	.	.
Königreich Polen	1867–1870	8,0	5,5	39	89[a]
	1896–1900	10,6	9,6	.	.

[a] = 1866

Quelle: Zarys historii gospodarstwa wiejskiego w Polsce (Abriß der Geschichte der Landwirtschaft in Polen), Bd. 3, Warschau 1970, S. 375f.

Der Ertragszuwachs war größer, wenn dazu auch Veränderungen der bestellten Fläche und die Beseitigung von Brachland beitrugen. So stiegen zum Beispiel in Großpolen die Roggenerträge von 1878–88 bis 1894–98 (Jahresdurchschnitte) von 3983000 dt auf 6154000 dt.[11]

Eine starke Wachstumstendenz wies ebenfalls die Viehzucht auf, wenn auch nicht bei allen Tierarten. Charakteristisch war insbesondere die Schweinezucht, die in bäuerlichen Betrieben konzentriert war. Die wichtigsten Veränderungen zeigt die Tabelle 5.

Sehr große Bedeutung hatte die Erhöhung der Qualität des Viehs. Auch hierbei stand das preußische Teilgebiet an der Spitze. Zum Beispiel war um 1900 die Milchleistung der Kühe im Königreich Polen nur halb so hoch wie in Großpolen und Pommerellen.[12]

Die Entwicklung der Landwirtschaft in den polnischen Gebieten nach den Agrarreformen zog in fast jeder Hinsicht eine Vertiefung der regionalen Unterschiede nach sich. Besonders charakteristisch waren sie bezüglich der Bodenbesitzstruktur, der Bewirtschaftungsmethoden und der Ertragshöhe. Daraus folgten Unterschiede im Lebensniveau der Bauern. In den westlichen Teilen kam es im behandelten Zeitraum zum nahezu vollständigen Sieg der kapitalistischen Verhältnisse, und die Landwirtschaft wurde Warenwirtschaft. In den übrigen Landesteilen blieben in großem Umfang feudale Überreste er-

[11] Ebenda, S. 367.

[12] *Łukasiewicz, Juliusz,* Drogi rozwoju rolnictwa na ziemiach polskich (Entwicklungswege der Landwirtschaft in den polnischen Gebieten), in: Polska XIX wieku, a.a.O., S. 47.

Tabelle 5
Entwicklung der Viehzucht in der zweiten Hälfte des 19. Jahrhunderts (in 1000 Stück)

Gebiet	Jahr	Pferde	Hornvieh	Schafe und Ziegen	Schweine
Großpolen	1873	197	571	677	311
	1900	264	869	729	772
Pommerellen	1873	191	470	1848	241
	1900	244	638	708	627
Oberschlesien	1873	101	444	554	149
	1900	119	493	156	349
Königreich Polen	1869	592	1997	3744	928
	1900	1392	2823	2834	1499
Galizien	1869	696	2071	1003	735
	1900	869	2718	456	1254

Quelle: Kostrowicka, Irena/Landau, Zbigniew/Tomaszewski, Jerzy, Historia gospodarcza Polski XIX i XX wieku (Wirtschaftsgeschichte Polens im 19. und 20. Jh.), Warschau 1978, S. 168.

halten. Ein großer Teil der Bauernwirtschaften sicherte den Eigentümern nur mit Mühe den Unterhalt, andere waren teilweise autark. Im österreichischen Teilgebiet rief die Überbevölkerung des Dorfes eine wachsende Emigration für immer und Saisonwanderung hervor.

3. Die Fabrikindustrie

In der zweiten Hälfte des 19. Jahrhunderts nahm in allen Teilgebieten Polens die Industrieproduktion zu. Insgesamt gesehen kam die industrielle Revolution zum Abschluß, wobei allerdings nicht unbeträchtliche Unterschiede zwischen den Regionen und Produktionszweigen bestehenblieben. Damit wurde der Übergang von der Manufaktur- zur Fabrikproduktion im Prinzip vollzogen. Zugleich vertieften sich die Unterschiede zwischen den drei Teilgebieten sowohl hinsichtlich des Industrialisierungsniveaus wie auch der Struktur der Industrie.

Am stärksten waren die Fortschritte in Oberschlesien. Hier waren Bergbau und Hüttenwesen konzentriert. Die Schwerindustrie entwickelte sich auch in dem Oberschlesien benachbarten, jenseits der deutsch-russischen Grenze gelegenen Dąbrowa-Becken und in der nahen Region Częstochowa, ebenfalls im russischen Teilgebiet. Dagegen verlor das fernab von Kohlevorkommen befindliche Altpolnische Becken seine Bedeutung. Wichtige Industriezentren blieben Warschau und Łódź mit Umgebung. Gewisse Fortschritte in der Industrieproduktion hatten auch Großpolen und Pommerellen zu verzeichnen, wo im allgemeinen kleinere, den Bedürfnissen der Landwirtschaft dienende Betriebe entstanden. Am schwächsten industrialisiert blieb das österreichische Teilgebiet, obwohl auch dort die Produktion zunahm. Besonders die Erdölförderung in Ostgalizien erlangte nach den Entdeckungen von Ignacy Łukasiewicz große Bedeutung. In den dem Russischen Reich einverleibten Gebieten war die Industrie recht bescheiden. Ihr wichtigstes Zentrum blieb Bjelostok mit Umgebung, während in der Gegend von Wilna, von Nowogrudok, in Polesien und in Wolhynien nur kleine, vorwiegend für die Bedürfnisse Rußlands produzierende Betriebe existierten.

In allen Teilgebieten stieg die Zahl der Handwerksbetriebe an. Sie leisteten ihre Dienste besonders auf dem Lande, dominierten in einigen Produktionszweigen aber auch in den Städten (vor allem als Schneider und Schuhmacher). In Großstädten (z. B. Warschau) gerieten manche Handwerker in Abhängigkeit von Geschäftshäusern, die modische Konfektion verkauften, und wurden faktisch zu Heimarbeitern.

Es ist außerordentlich schwer, solche Umwandlungen einigermaßen genau statistisch darzustellen. Die damalige Statistik bediente sich sehr oft des Begriffs „Gewerbebetrieb", (polnisch: zakład przemysłowy), worunter sie in den verschiedenen Jahren und in den verschiedenen Territorien jeweils andere Produktionseinheiten verstand. Gewöhnlich beinhalteten die Angaben auch Handwerksbetriebe – sofern es gelang, deren Produktionsumfang und Beschäftigtenzahl festzustellen. Meistens blieb eine gewisse – veränderliche – Anzahl der kleineren Betriebe außerhalb der statistischen Untersuchungen. Daher sind jegliche veröffentlichte Zahlen kaum miteinander vergleichbar. Noch größer sind die Unterschiede zwischen den in verschiedenen Staaten zusammengestellten Daten, und da die polnischen Gebiete unter drei Monarchien aufgeteilt waren, können wir heutzutage ihre Gesamtentwicklung nur andeutungsweise analysieren.

Vor allem errang während der zweiten Hälfte des 19. Jahrhunderts die Dampfmaschine endgültig den Sieg über die anderen Antriebsraten. Zur allgemein verwendeten Energiequelle wurde die in allen drei Teilgebieten geförderte Kohle. In dem von Preußen beherrschten Territorium stieg von 1860 bis 1900 die Kohleproduktion auf das Zehnfache, im Dąbrowa-Revier auf das Achtzehnfache und im Krakauer Revier auf das Zwölffache.[13] Die aus Kohle als Primärenergiequelle gewonnene Elektroenergie trat gegen Ende des Jahrhunderts in Erscheinung, diente aber nur zur Ergänzung.

Daß die Dampfmaschine die anderen Antriebsquellen in der Industrie überflügelt hatte und daß die mechanisierten oder neue Technologie anwendenden Betriebe dominierten, bedeutet, daß der technische Umwälzungsprozeß, einer der Grundfaktoren der industriellen Revolution, abgeschlossen war. Auf ihre sozialen Aspekte – die Herausbildung des Industrieproletariats – sind wir bereits im Abschnitt 1 dieses Kapitels eingegangen (vgl. Tabelle 2). In den polnischen Gebieten ist es besonders kompliziert, die Schlußzäsur dieses Prozesses zu bestimmen, da er nicht nur in den einzelnen Produktionszweigen, sondern auch in jedem der drei Teilgebiete anders verlief. Wir neigen zu der Auffassung, daß der Prozeß der industriellen Umwälzung, wie in Preußen insgesamt (wofür Mottek Argumente geliefert hat[14]), auch in Preußisch-Polen am Anfang der siebziger Jahre seinen Abschluß fand. Im Königreich Polen begann er Mitte des 19. Jahrhunderts und endete um 1900 (am spätesten im Hüttenwesen). Im österreichischen Teilgebiet dagegen fing er erst im letzten Jahrzehnt des 19. Jahrhunderts an und dauerte bis unmittelbar vor Ausbruch des ersten Weltkrieges.[15]

Die industrielle Umwälzung war eng mit der Entwicklung der Eisenverhüttung und Stahlproduktion (in gewissem Grade auch mit der anderer Metalle) sowie mit der Herstellung von Maschinen und Geräten verbunden. Zu einem großen Hüttenzentrum wurde vor allem Oberschlesien, wo die Eisenerzförderung zwar wegen Erschöpfung der Lagerstätten

[13] Sofern nicht anders vermerkt, stammen die statistischen Angaben in diesem Kapitel aus Tabellen in: *Uprzemysłowienie ziem polskich w XIX i XX wieku*, a.a.O.

[14] Vgl. *Mottek, Hans*, Wirtschaftsgeschichte Deutschlands. Ein Grundriß, Bd. 2: Von der Zeit der Französischen Revolution bis zur Zeit der Bismarckschen Reichsgründung, Berlin 1964, S. 65–77.

[15] *Pietrzak-Pawłowska, I.*, Przewrót przemysłowy, a.a.O., S. 68–74.

allmählich zurückging, die Zink- und Bleierzförderung aber weiter anwuchs. In dieser Region stieg von 1860 bis 1900 unter Verwendung importierten Eisenerzes die Roheisenerzeugung auf mehr als das Achtfache und die Zinkerzeugung auf das Zweieinhalbfache. Auch die Produktion von Stahl und Walzwerkserzeugnissen entwickelte sich. Im gleichen Zeitraum erhöhte sich im Königreich Polen die Roheisenerzeugung auf das Dreizehnfache.

Die Maschinenindustrie war stärker verstreut. Hier gewann die Region Warschau, wo auch die Metallverarbeitung für andere Zwecke konzentriert war, an Bedeutung. In Łódź wurden Maschinen und Geräte für die Textilindustrie hergestellt. In Großpolen und in Pommerellen entstanden ein Netz von kleinen und mittleren Werken, die landwirtschaftliche Maschinen und Geräte herstellten, und auch zahlreiche kleine Reparaturbetriebe. Unter anderem gründete der ehemalige Lehrer Hipolit Cegielski (der aus politischen Gründen seine Arbeit in der Schule verloren hatte) 1855 in Posen eine verhältnismäßig kleine Werkstatt, die er später in das größte Industrieunternehmen auf dem Boden Großpolens und Pommerellens verwandeln sollte. Kleinere Betriebe entstanden auch im österreichischen Teilgebiet, doch hatten sie noch keinen Fabrikcharakter.

In allen drei Teilgebieten blieb die mit der Landwirtschaft verbundene Nahrungsmittelindustrie sehr bedeutend. Ferner entwickelte sich die Produktion alkoholischer Getränke, wozu der in Gutsbrennereien erzeugte Spiritus verwendet wurde. Sie unterlag aber der technischen Rekonstruktion. Schnell wuchs die Rübenzuckerproduktion. Die Zuckerindustrie entwickelte sich vor allem in Verbindung mit dem Zuckerrübenanbau auf großen Gütern. Kleine Zuckerfabriken entstanden als Ergänzung der Gutswirtschaft. Besonders im preußischen und im russischen Teilgebiet gingen Grundbesitzer jetzt aber auch dazu über, Zuckerfabriken in Form von Aktiengesellschaften zu gründen. Das hatte erhebliche Bedeutung, weil sich auf diese Weise ein Teil der ehemaligen Feudalherren allmählich mit der Bourgeoisie verband. Zum größten Unternehmen dieser Art wurde im Königreich Polen die 1870 von einer um die Bank Handlowy w Warszawie S.A. (Handelsbank in Warschau A.G.) gescharten Finanzgruppe gegründete Firma Warszawskie Towarzystwo Fabryk Cukru (Warschauer Gesellschaft der Zuckerfabriken), zu der einige Zuckerfabriken in verschiedenen Regionen Kongreßpolens gehörten.

Ein weiterer für die polnischen Gebiete außerordentlich wichtiger Industriezweig war die Textilindustrie. Sie entwickelte sich vor allem in den von Rußland beherrschten polnischen Gebieten, da ihr, wie schon vor dem Januaraufstand, die ausgedehnten östlichen Märkte offenstanden. Wichtigstes Zentrum der Textilindustrie blieb Łódź mit Umgebung, weniger Bedeutung hatte der Bezirk Bjelostok, erfolgreich entwickelten sich große Textilwerke in Żyrardów, in Warschau konzentrierte sich vor allem die Bekleidungsindustrie (in Form von Handwerk oder Heimarbeit), und es entstanden Fabriken in Częstochowa und Umgebung.

In den übrigen Teilgebieten spielte die Textilindustrie in der zweiten Hälfte des 19. Jahrhunderts im allgemeinen keine größere Rolle. Bestehen blieb das Bekleidungshandwerk, doch die handwerkliche und manufakturelle Herstellung von Stoffen ging unter dem Einfluß der Konkurrenz der Industrie zugrunde. Eine Ausnahme bildete die Region Bielitz (Bielsko) im Teschener Gebiet, die zu einem starken Produktionszentrum für Wollstoffe wurde.

Das statistische Material über die Textilindustrie ist besonders ungenau, da viele kleine Betriebe nicht einbezogen sind und obendrein die Mannigfaltigkeit des Sortiments an Produkten exakte Vergleiche unmöglich macht. Jegliche Wertangaben vermitteln aber nur annähernd richtige Auskünfte. Unter diesen Vorbehalten läßt sich feststellen, daß sich die Textilerzeugung im Königreich Polen von 1879 bis 1894 wertmäßig verdoppelte. Leider verfügen wir über kein analoges Material für die übrigen Landesteile.

Die Periode nach der Bauernbefreiung brachte also in allen Teilgebieten Polens ein schnelles Wachstum der Industrieproduktion und die technische Rekonstruktion der Betriebe. Am wenigsten ergriff dieser Prozeß das österreichische Teilgebiet. Doch blieben die polnischen Gebiete hinter dem Entwicklungstempo der Metropolen, unter die Polen aufgeteilt worden war, zurück. Schneller wuchs die industrielle und bergbauliche Produktion der westlichen Regionen Deutschlands, die bei einigen Warenarten (z. B. Kohle) oberschlesische Produkte auf dem Berliner Markt zurückdrängten. In Rußland wuchs die Textilindustrie im Bezirk Moskau schneller, und die Produzenten im Königreich Polen mußten sich mit der Tatsache abfinden, daß manche Waren aus Moskau auch in die polnischen Gebiete vordrangen.

Der Prozeß der technischen Umwälzungen in der Industrie war mit fortschreitender Zentralisation des Kapitals und Konzentration der Produktion in einer recht kleinen Gruppe der größten Unternehmen verbunden. Das geschah in allen Teilgebieten, wenn auch am wenigsten im österreichischen. Konzentration und Zentralisation von Produktion und Kapital resultierten aus den die kapitalistische Produktion regierenden ökonomischen Gesetzmäßigkeiten. Wichtige Voraussetzung dafür war die Tatsache, daß der technische Fortschritt und die Einführung neuer technologischer Prozesse, Maschinen und Ausrüstungen wachsende Kapitalaufwendungen in vielen Wirtschaftszweigen erforderten. Das kann man besonders im Hüttenwesen sehen, wo infolge des technischen Fortschritts in der zweiten Hälfte des 19. Jahrhunderts der Wert des konstanten Kapitals, das in Gestalt von Hochöfen, von Anlagen für die Stahlschmelze, von mächtigen Maschinen zum Walzen von Eisen und Stahl und desgleichen installiert werden mußte, sich vervielfachte. Erscheinungen der Konzentration und Zentralisation gab es jedoch auch in anderen Zweigen. Im Königreich Polen betraf das insbesondere die Textilindustrie.

Die Anzahl der Betriebe wuchs langsamer als der Umfang der Produktion und der technischen Ausstattung. 1879 entfielen im Durchschnitt auf einen Betrieb im Königreich Polen und im Bezirk Bjelostok (zusammengenommen) 181700 Rubel Produktionswert, 196 Arbeiter und 10,7 PS Motorenleistung. 1909 waren es entsprechend 529300 Rubel, 248 Arbeiter und 188,4 PS. Diese Durchschnittsangaben reichen nicht aus, um ein vollständiges Bild von den Konzentrations- und Zentralisationsprozessen in der Textilindustrie zu zeichnen. Es dominierte eine nicht sehr große Zahl von Unternehmen, die von ihrer Größe her im Maßstab ganz Rußlands herausragten. Beispielsweise nennen wir die Scheiblerwerke, die im Jahre 1912 7500 Arbeiter beschäftigten und Erzeugnisse für 21 Millionen Rubel lieferten, die Firma Allart und Rousseau mit 2000 Arbeitern und 80 Millionen Rubel Warenproduktion und noch die Leinenwerke in Żyrardów mit 900 Arbeitern und 10 Millionen Rubel Produktion. Nach Berechnungen von Ihnatowicz erbrachten im Jahre 1893 die acht größten Textilwerke in Łódź wertmäßig 44 % der gesamten Textilproduktion dieser Stadt, und im Jahre 1899 waren es 61 %.[16]

Die größten Textilunternehmen errichteten in ganz Rußland ein Netz von Vertretern und Magazinen. In Łódź aber entstand auf Initiative und mit dem Kapital einiger der reichsten Unternehmer 1872 die Bank Handlowy w Łodzi S.A. (Handelsbank in Łódź A.G.), die die Produktion von Textilwaren und den Handel damit zu finanzieren hatte.

[16] *Ihnatowicz, Ireneusz*, Przemysl łódzki w latach 1860–1960 (Die Industrie von Łódź in den Jahren 1860–1960), Wroclaw 1965, S. 105.

Nach außen kamen die Konzentrations- und Zentralisationsprozesse des Kapitals darin zum Ausdruck, daß Aktiengesellschaften entstanden, sehr oft auf dem Fundament schon vorher bestehender Familienfirmen oder solcher Firmen, die einem einzelnen Unternehmer gehört hatten. Gleichzeitig schob sich in allen besonders wichtigen Industriesektoren eine kleine Gruppe der größten Firmen, die über die beste technische Ausstattung verfügten und auf dem Markt dominierten, an die Spitze.

Diese Prozesse hingen sowohl von den ökonomischen Bedingungen wie auch von dem geltenden Rechtssystem in den einzelnen Teilgebieten ab. Die größten Hemmnisse bereitete die im Königreich Polen geltende russische Gesetzgebung, nach der für die Gründung einer Aktiengesellschaft die vorherige kaiserliche Genehmigung erforderlich war. Sie wurde von den Behörden ungern erteilt, da diese nach dem Januaraufstand in jeder Form einer Vereinigung die Gefahr einer Verschwörung erblickten, und eine Aktiengesellschaft war doch eine spezifische Form, in der sich Kapitalisten vereinigten.

Obwohl die Konzentration und Zentralisation des Kapitals in Kongreßpolen besonders intensiv verlief, entstand die erste Aktiengesellschaft, die Bank Handlowy w Warszawie S.A. (Handelsbank in Warschau A.G.), nach mehrjährigen Bemühungen der Gründer erst im Jahre 1870. In den folgenden Jahren wurden allmählich weitere Aktiengesellschaften, vor allem in der Industrie, ins Leben gerufen. 1885 gab es einige Dutzend und 1901 bereits 157 Aktiengesellschaften. Ende des 19. Jahrhunderts machten die industriellen Aktiengesellschaften 5,5 % der Gesamtzahl der Betriebe aus, stellten aber die Hälfte der ganzen Produktion des Landes her und beschäftigten 44 % der Arbeiter. Die größte Rolle spielten sie in der Textilindustrie, im Bergbau und in der Hüttenindustrie. Charakteristisch war es, daß an diesen Gesellschaften viele hervorragende Vertreter des Großgrundbesitzes beteiligt waren, die mit aus anderen sozialen Schichten stammenden Unternehmern eng zusammenwirkten.

Auch in Oberschlesien entstanden Aktiengesellschaften, vor allem gestützt auf Betriebe der dortigen Aristokratie. In diese Gesellschaften traten auch Repräsentanten des Bankkapitals (besonders von Berliner und Breslauer Banken) und des Handelskapitals ein. Es muß jedoch betont werden, daß in Oberschlesien auch Unternehmen bestehen blieben, die sich nach wie vor im Besitz einzelner Aristokratenfamilien befanden (z. B. Hohenlohe, Donnersmarck, Pleß). Diese verfügten über entsprechend große eigene Mittel und nahmen zusätzlich Kredite auf, wodurch die Weiterentwicklung der Werke ermöglicht wurde.

In geringerem Maße entstanden Aktiengesellschaften in Pommerellen und in Großpolen. Dort herrschten lange Zeit hindurch kleine und mittlere Unternehmen vor, die die traditionellen Rechtsformen beibehielten. Die bereits erwähnten Cegielski-Werke in Posen wurden 1899 in eine Aktiengesellschaft umgewandelt. Schon 1885 war von zahlreichen polnischen Genossenschaften, besonders auf dem Lande, die Verbandsbank der Erwerbsgenossenschaften (Bank Związku Spółek Zarobkowych) in Form einer Aktiengesellschaft ins Leben gerufen worden. Diese Bank war anfangs die Finanzzentrale für das polnische Genossenschaftswesen des preußischen Teilgebiets, mit deren Hilfe die den polnischen Organisationen und kleinen Unternehmern durch die preußischen Behörden bereiteten Schwierigkeiten leichter überwunden werden konnten.[17]

[17] Näheres über die Tätigkeit dieser Bank siehe *Sitarek, Henryk*, Rola kredytu w rozwoju gospodarki Wielkopolski na przełomie XIX i XX wieku. Bank Związku Spółek Zarobkowych w Poznaniu 1885–1918 (Die Rolle des Kredits bei der Entwicklung der Wirtschaft Großpolens

Im österreichischen Teilgebiet existierten gegen Ende des 19. Jahrhunderts nicht viele Aktiengesellschaften. Größere Bedeutung erlangten sie im Teschener Gebiet, wo einige der wichtigsten Unternehmen diese Rechtsform annahmen.

Ende des 19. Jahrhunderts führte die Konzentration und Zentralisation der Produktion im Königreich Polen und in Oberschlesien zur Herausbildung der ersten Formen des Monopolkapitals, die sich dann am Beginn des 20. Jahrhunderts voll entwickelten.

In dem von uns behandelten Zeitabschnitt könnte man schwerlich von einer besonderen Industriepolitik in den polnischen Gebieten reden. Die Preußen einverleibten Gebiete wurden wie jeder andere Bestandteil dieses Staates behandelt. Eine Besonderheit bestand in den gegen die Polen gerichteten Maßnahmen, deren Ziel es gerade war, die spezifischen Merkmale dieses Gebietes zu verwischen, das polnische Nationalbewußtsein zu beseitigen oder gar nicht erst zuzulassen, daß es sich besonders in den einfachen Volksschichten entwickelte und festigte, und die polnischen Gebiete fest mit dem übrigen preußischen Staat zu verkoppeln. Diese Politik trat besonders kraß zutage, als die polnische Sprache aus den Schulen verbannt wurde.

Ähnlich geartet war die Wirtschaftspolitik der russischen Behörden im Königreich Polen. Nach dem Januaraufstand wurden die Reste der Autonomie Kongreßpolens, die unabhängigen Wirtschafts- und Verwaltungseinrichtungen, liquidiert. Die wichtigste dieser Institutionen, die Bank Polski, wurde in das Warschauer Kontor der russischen Staatsbank umgewandelt und der Möglichkeit einer eigenen Emissions- und Kreditpolitik beraubt. Die Verwaltung wurde mit den gesamtrussischen Organen vereinigt. Kongreßpolen setzte sich nun aus Gouvernements zusammen, die von russischen Gouverneuren regiert wurden, und in Warschau residierte ein Generalgouverneur, der den Behörden in der Hauptstadt Petersburg unterstand. Sogar den Namen des Territoriums änderte man: Aus dem Królewstwo Polskie (Königreich Polen) wurde das Priwislinskij Kraj (Weichselland). Als allgemeinverbindliche Sprache in Schulen und in der Verwaltung wurde das Russische eingeführt.

Wenn auch ein Zentrum fehlte, das die Interessen der Bourgeoisie und der Gutsbesitzer des Königreichs Polen offiziell repräsentiert hätte, und wenn auch die ganze Wirtschaftspolitik den russischen Behörden oblag, so bildeten sich doch Formen einer inoffiziellen Repräsentation dieser Klassen heraus. Ein derartiger Ersatz waren während einer langen Zeitspanne die Zeitschriften, um die sich mit den besitzenden Klassen verbundene Leute gruppierten. 1884 entstand dann das Towarzystwo Popierania Przemysłu i Handlu (die Gesellschaft zur Förderung von Industrie und Handel), das die Ambition hatte, die Leitung des Wirtschaftslebens im Königreich Polen zu übernehmen und dessen Interessen gegenüber den Zentralbehörden zu vertreten. Natürlich verfügte diese Organisation über keine Möglichkeiten, politische Entscheidungen zu fällen. Ihre Autorität konnte sich ausschließlich auf das Einverständnis der Spitzen der Bourgeoisie stützen. Ein analoges Zentrum für die Landwirtschaft zu gründen gelang erst 1906 in Gestalt des Centralne Towarzystwo Rolnicze (der Zentralen Landwirtschaftlichen Gesellschaft).

Lediglich im österreichischen Teilgebiet kamen in der zweiten Hälfte des 19. Jahrhunderts politisch-strukturelle Bedingungen zustande, die der Gestaltung einer eigenen Wirtschaftspolitik förderlich waren. 1861 erklärte sich die Wiener Regierung mit Wahlen zu einem galizischen Landtag (Sejm Krajowy) einverstanden. Seit 1867 genoß Galizien

an der Wende vom 19. zum 20. Jh. Die Verbandsbank der Erwerbsgenossenschaften in Posen 1885-1918), Warschau 1977, S. 201.

recht weitreichende politische Autonomie. An die Spitze der lokalen Verwaltung wurde als Statthalter ein Vertreter der polnischen besitzenden Klassen berufen. Auch bedienten sich die Verwaltung, die Gerichte und die Schulen der polnischen Sprache. Das Kurialwahlsystem in Galizien räumte dem Großgrundbesitz und der Bourgeoisie Vorrechte ein, wodurch es wenigstens in gewissem Maße möglich wurde, eine eigene Wirtschaftspolitik durchzuführen. Ihr Instrument wurde die 1883 von den Landesbehörden gegründete Landesbank des Königreichs Galizien und Lodomerien (Bank Krajowy Królestwa Galicji i Lodomerii), in der ein spezieller Fonds zur Förderung der Industrieproduktion errichtet wurde. Die Aktionsmöglichkeiten waren jedoch begrenzt, vor allem dadurch, daß Wien im ganzen Wirtschaftsleben dominierte und es an einheimischen Kapitalien mangelte. Galizien blieb die Peripherie des Kaiserreichs. Erst gegen Ende des 19. Jahrhunderts, als sich die Perspektive eines Krieges abzeichnete, nahmen die Zentralbehörden hier Investitionen von militärischer Bedeutung vor (Befestigungen, Eisenbahnlinien, Versorgungsbasen). Dadurch wurde zwar der Zufluß von Kapital für diese Investitionen gefördert, gleichzeitig wurden aber andere Unternehmer abgeschreckt, die in einem von Kriegshandlungen bedrohten Gebiet lieber keine Investitionen riskieren wollten.

Die galizische Politik litt auch unter dem Übergewicht der Gutsbesitzerkreise, die vor allem für ihre eigenen unmittelbaren Interessen sorgten. Versuche von Politikern aus dem in Galizien schwachen Bürgertum, in der Wirtschaftspolitik der Landesbehörden eine prinzipielle Wende zur Förderung der industriellen Entwicklung herbeizuführen, brachten nur bescheidene Resultate. Zu den bekanntesten Vertretern dieser Strömung gehörte Stanisław Szczepanowski, der Autor des berühmten Buches „Nędza Galicji w cyfrach“ („Galiziens Not in Zahlen“). Er fand jedoch in den einflußreichsten, konservativen Kreisen keine Unterstützung, und die Konkurrenz Wiener Firmen führte zum Bankrott seiner Erdölunternehmen.

4. Die Herausbildung des kapitalistischen Kreditsystems

Unmittelbar nach den Agrarreformen wies das Kreditsystem in den polnischen Gebieten noch zahlreiche Merkmale auf, die für die frühere Phase der Herausbildung kapitalistischer Verhältnisse charakteristisch gewesen waren. Neben staatlichen Kreditinstituten und den zur Beschaffung von Mitteln für den Großgrundbesitz eingerichteten Kreditgesellschaften (wie der „Landschaft“) waren recht viele Bankhäuser tätig, die sich auch mit vielen anderen Geschäften befaßten. Erst die Bauernbefreiung und die beschleunigte Entwicklung der kapitalistischen Industrie zogen die Umwandlung des Bankwesens nach sich.

Der Hypothekenkredit war weiterhin bei den Ende des 18./Anfang des 19. Jahrhunderts entstandenen Kreditgesellschaften konzentriert. Im Königreich Polen wurde 1870 noch eine Institution dieses Typs gegründet, das Towarzystowe Kredytowe miasta Warszawy (die Kreditgesellschaft der Stadt Warschau), das an Eigentümer städtischer Immobilien Darlehen vergab. Dagegen erlosch in Großpolen allmählich die Tätigkeit der Bodenkreditgesellschaft im Großherzogtum Posen, die für weitere Pfandbriefemissionen keine Genehmigung erhielt. An ihrer Stelle wurde 1857 die Kreditgesellschaft für die Provinz Posen ins Leben gerufen, aus der die Regierung Einflüsse polnischer Gutsbesitzer zu eliminieren vermochte.

Im preußischen Teilgebiet bildeten sich gewissermaßen zwei parallele Kreditsysteme.

Die neue Kreditgesellschaft, die bei der Posener Filiale der Preußischen Staatsbank Unterstützung fand, finanzierte hauptsächlich die deutschen Gutsbesitzer und Unternehmer. Neben diesen Instituten und den Filialen anderer deutschen Banken entstanden kleine polnische Bankhäuser und seit 1861 auch Genossenschaftsbanken. 1862 wurde in Posen die erste Aktienbank unter dem Namen „Tellus" gegründet, die aber schon 1873 zusammenbrach. Eine dauerhafte Position konnte sich erst die schon erwähnte Verbandsbank der Erwerbsgenossenschaften A.G. (Bank Związku Spółek Zarobkowych S.A.) erkämpfen. Im gesamtdeutschen Maßstab hatten die provinziellen polnischen Kreditinstitute verschwindend geringe Bedeutung. Sie erleichterten jedoch den polnischen Gutsbesitzern und Bourgeois gehörenden Unternehmen den Kampf ums Überleben.

Man soll aber nicht denken, daß diese zwei Kreditsysteme, das polnische und das deutsche, im preußischen Teilgebiet absolut getrennt voneinander wirkten. Zwar tobte in Großpolen und Pommerellen ein verbissener Konkurrenzkampf auf politischer Grundlage, doch nahm gleichzeitig die polnische Verbandsbank der Erwerbsgenossenschaften bei den größten gesamtdeutschen Banken mit Sitz in Berlin Kredite auf.

Im Königreich Polen entwickelte sich das Netz der Handelsbanken nach 1870. Die größte von ihnen war die schon erwähnte Bank Handlowy w Warszawie (Handelsbank in Warschau), an zweiter Stelle stand die 1871 gegründete Bank Dyskontowy w Warszawie (Diskontbank in Warschau) und an dritter Stelle die 1872 entstandene Bank Handlowy w Łodzi (Handelsbank in Łódź). Sie besaßen in vielen Städten Filialen und kreditierten in breitem Maße Industrie und Handel. Neben ihnen existierten weiterhin Bankhäuser, die nicht selten faktisch den großen Warschauer Banken als inoffizielle Filialen dienten.

Schon Ende des 19. Jahrhunderts begnügten sich die genannten drei Banken Kongreßpolens nicht mit ihrer traditionellen Rolle, gegen Handelswechsel Kredite zu gewähren und andere mit dem Warenumsatz verbundene Operationen auszuführen. Besonders um die Handelsbank in Warschau scharte sich eine Gruppe von Financiers, Unternehmern und Gutsbesitzern, die auch in vielen Unternehmungen miteinander zusammenarbeiteten. Ihre herausragendste Gestalt war Leopold Kronenberg, der Gründer der Bank. Diese Gruppe konzentrierte ihre Tätigkeit bewußt auf das Territorium des Königreiches Polen (Kronenberg intervenierte ganz entschieden, als einmal die Finanzgeschäfte der Filialen in Rußland die Tätigkeit der Warschauer Bankzentrale übertrafen), sie strebte danach, Industrie und Handel weiter auszubauen, und gründete neue Aktiengesellschaften. Daraus erwuchs schon gegen Ende des 19. Jahrhunderts eine Art Konzern der Handelsbank in Warschau, der zunehmenden Einfluß auf die gesamte Wirtschaft des Landes ausübte.

Am schwächsten entwickelte sich das Netz von Kreditinstituten im österreichischen Teilgebiet. Dort waren vor allem Filialen von Wiener Banken tätig (insbesondere von der Länderbank), wohingegen die einheimischen Firmen lediglich lokale Bedeutung hatten. Unter diesen Bedingungen spielte die 1883 von den Selbstverwaltungsbehörden gegründete Landesbank des Königreichs Galizien und Lodomerien (Bank Krajowy Królestwa Galicji i Lodomerii) eine große Rolle. Sie gewährte anfangs den Bauern Kredite und finanzierte seit 1891 auch Industrie und Handel.

5. Die wirtschaftlichen Verbindungen der polnischen Gebiete

Das kapitalistische System formierte sich in den polnischen Gebieten zu einer Zeit, als das Land geteilt war. Die Wirtschaft der einzelnen Teilgebiete entwickelte sich also in enger Verbindung mit den übrigen Territorien der drei Teilungsmächte, woran die Tatsache, daß es recht lange, bis 1864, eine autonome Wirtschaftspolitik im Königreich Polen gab, nichts änderte. Infolgedessen waren die wichtigsten Wirtschaftsverbindungen der polnischen Gebiete nach Deutschland, Rußland und eventuell Österreich gerichtet.

Äußerlich wurde das am meisten an der Entwicklung des Eisenbahnnetzes sichtbar. In allen kapitalistischen Staaten Europas spielte das Eisenbahnsystem im 19. Jahrhundert eine besonders große Rolle, indem es die einzelnen, nicht selten weit voneinander entfernten Territorien wirklich zusammenschloß. Es bewirkte also, daß sich diese Staaten als ökonomische Gesamtheiten entwickeln konnten. In derselben Richtung waren auch die Zollsysteme wirksam, die den inneren Markt vor ausländischer Konkurrenz schützten.

In den polnischen bzw. in erheblichem Maße von Polen bewohnten Gebieten erhielt am frühesten Schlesien Eisenbahnverbindungen. 1842 wurde die Strecke Breslau – Ohlau in Betrieb genommen, die dann bis Kattowitz verlängert wurde. Die 1847 eröffnete Strecke Breslau – Berlin verband Schlesien mit dem politischen Zentrum Preußens, und wenig später ermöglichte die Linie Myslowitz-Krakau den Verkehr nach Galizien und Österreich. In den Jahren 1846–1856 erhielt Posen Verbindung mit Stettin, Danzig, Königsberg und Breslau.

Die erste, 1845–1848 in Betrieb genommene Eisenbahnstrecke im Königreich Polen führte nach Westen, über Piotrków und Częstochowa zur Grenze mit Österreich, und trug den Namen Warschau-Wiener Bahn. 1862 wurde eine Abzweigung eingeweiht, die über Łowicz, Thorn und Bromberg den Anschluß an die nach Berlin führende Strecke herstellte. Gleichzeitig wurden für die Textilindustrie besonders wichtige Eisenbahnverbindungen mit dem Russischen Kaiserreich geschaffen: 1862 die Warschau-Petersburger Bahn, bis 1870 die Verbindung mit Moskau über Brest, und 1877 die Verbindung mit der Ukraine über die Weichselbahn. Im österreichischen Teilgebiet verband die erste Linie 1847 Krakau mit Myslowitz in Oberschlesien. 1856 wurde Krakau mit Wien und in den folgenden Jahren mit Ostgalizien und Ungarn verbunden.

Nach den Hauptstrecken wurden innere Verbindungen geschaffen, vor allem im preußischen Teilgebiet. Am wenigsten ausgebaut war das Eisenbahnsystem in den unter russischer Herrschaft befindlichen Landesteilen, besonders in den unmittelbar zum Kaiserreich gehörenden Gegenden. Zwischen den Teilgebieten gab es nicht viele Verbindungen, dagegen entstanden vor allem Linien, die das preußische Teilgebiet mit dem übrigen Deutschland, Kongreßpolen mit Rußland, Galizien mit Österreich und Ungarn verbanden. Ein Teil der Bahnstrecken wurde aus strategischen Gründen gebaut.

Die Eisenbahnverbindungen machten die Hauptrichtungen der wirtschaftlichen Beziehungen deutlich erkennbar. Im russischen Teilgebiet wurden die Beziehungen zu Rußland auch durch die Zollpolitik begünstigt. Seit Ende der siebziger Jahre machte sie eine Wendung zum Protektionismus. Mehrmals wurden die Zölle erhöht, und Bewilligungen für die zollfreie Einfuhr einiger Rohstoffe wurden aufgehoben. Eine solche Politik schnitt das Königreich Polen von anderen Staaten und auch von den anderen Teilgebieten Polens ab, sie verbesserte den Schutz einiger Industriezweige vor der Konkurrenz, bereitete anderen aber Komplikationen, da diese nun ihre Rohstoffe aus fernen

Gegenden Rußlands beziehen mußten. In der Folge bildete sich eine gesamtrussische Arbeitsteilung zwischen den Industriegebieten heraus, woran die polnischen Gebiete beteiligt waren.

Der Konkurrenzkampf zwischen der polnischen und der russischen Industrie (augenfällig besonders in der Textilindustrie) und die gleichzeitigen unzweifelhaften Vorteile, die einige Produktionszweige aus der protektionistischen Politik der Regierung und aus der Öffnung der östlichen Märkte zogen, schufen den Boden für Diskussionen um die Wirtschaftspolitik der polnischen besitzenden Klassen. Zwei Standpunkte stießen aufeinander. Der eine betonte die Interessengegensätze zwischen dem Kaiserreich Rußland und dem Königreich Polen und die Notwendigkeit, ein unabhängiges Wirtschaftsprogramm aufzustellen. Der andere hob die Vorteile hervor, die der Export nach Osten einbrachte, und zog die Schlußfolgerung, es sei die organische Einheit mit Rußland nötig.

Diese Streitigkeiten beeinflußten auch die Diskussionen der polnischen Arbeiterbewegung. Eine ihrer hervorragendsten Gestalten, Rosa Luxemburg, unterstrich in ihren Studien die Tendenz zur Einheit des russischen Teilgebietes Polens mit Rußland, indem sie etwas übertrieben erklärte: „Der Austausch und die Arbeitsteilung knüpften zwischen Rußland und Polen tausend Fäden, und die mannigfaltigen ökonomischen Interessen griffen so ineinander, daß die polnische und die russische Ökonomik heute nur mehr *einen* komplizierten Mechanismus bilden.“[18] Daraus zog sie unter anderem den Schluß, daß die polnische Bourgeoisie eine dauerhafte Verbindung mit Rußland anstrebe.

Wenn auch in diesen Schlußfolgerungen Rosa Luxemburgs die Kraft der politischen und ökonomischen Bindungen Russisch-Polens an das Kaiserreich Rußland übertrieben bewertet sind, so hat sie doch treffend darauf hingewiesen, daß sich diese Bindungen verstärkten. Dies geschah insbesondere in den Jahren 1880–1900. Einen Einblick in diese Beziehungen vermitteln die Untersuchungsergebnisse von Tennenbaum bezüglich des beginnenden 20. Jahrhunderts (Tabelle 6).

Tabelle 6

Handelsbilanz des Königreichs Polen vor dem ersten Weltkrieg (in Millionen Rubel)

Erzeugnisse	Ausfuhr insgesamt	davon ins Kaiserreich Rußland	Einfuhr insgesamt	davon aus dem Kaiserreich Rußland
zusammen	469,1	425,8	483,4	283,3
Landwirtschaftliche Erzeugnisse u. Nahrungsmittel	24,4	2,1	50,0	40,6
Rohstoffe	13,6	1,8	175,2	72,1
Industriewaren	431,1	421,9	258,2	170,6
davon Textilwaren	302,6	302,6	101,6	83,9

Quelle: Tennenbaum, Henryk, Bilans handlowy Królestwa Polskiego (Die Handelsbilanz des Königreichs Polen), Warschau 1916, S. 392–395.

[18] *Luxemburg, Rosa,* Die industrielle Entwickelung Polens. Inaugural-Dissertation, in: Luxemburg, Rosa, Gesammelte Werke, Bd. 1, erster Halbbd., Berlin 1970, S. 210.

Nach den Forschungsergebnissen von Jezierski kam diese geographische Struktur des Handelsaustauschs des Königreichs Polen erst in der Zeit nach dem Januaraufstand zustande. Noch 1820 wurden 82,8 % der Umsätze mit Ländern im Westen getätigt, während im Jahre 1900 die Umsätze mit Rußland 77 % ausmachten. „Das ist nicht das Resultat einer mehr oder weniger wohlwollenden Wirtschaftspolitik, sondern eine völlige Veränderung der ökonomischen Struktur, die sich den Bedingungen der neuen Arbeitsteilung anpaßt.“ [19]

Analog gestalteten sich die Beziehungen zwischen den zu Deutschland gehörenden Gebieten mit polnischer Bevölkerung und dem übrigen Reichsgebiet (Tabelle 7).

Tabelle 7

Handelsbilanz Großpolens, Pommerellens und Oberschlesiens vor dem ersten Weltkrieg (in Millionen Mark)

Herkunfts- und Bestimmungsgebiet der Waren	Ausfuhr	Einfuhr
Insgesamt	1830,0	1186,2
Deutschland ohne Posen, Westpreußen und Oberschlesien	1238,2	781,9
Galizien und Königreich Polen	192,8	103,7
Westpreußische Häfen	182,3	174,8
Sonstiges Ausland	216,7	125,8

Quelle: Rose, Adam, Bilans handlowy ziem b. dzielnicy pruskiej (Die Handelsbilanz des ehemaligen preußischen Teilgebiets), Warschau 1920, S. 664 f.

Das preußische Teilgebiet verfügte über Überschüsse an landwirtschaftlichen Erzeugnissen, die auf dem gesamtdeutschen Markt und im Ausland verkauft wurden. Die in Großpolen und Pommerellen benötigten Industriewaren kamen aus Oberschlesien und anderen Regionen des deutschen Reiches, doch nur in unbedeutenden Mengen aus dem Königreich Polen. Die oberschlesische Industrie verkaufte ihre Produkte vor allem in Deutschland. Einige Werke hatten auch Abnehmer in Russisch- und in Österreichisch-Polen.

Galizien war mit den übrigen Ländern der Habsburger Monarchie verbunden. Verhältnismäßig große Bedeutung hatte auch der Handel mit Deutschland. Landwirtschaftliche Erzeugnisse kamen fast ausschließlich aus anderen Teilen Österreich-Ungarns, vor allem aus Ungarn und Böhmen, lediglich Kartoffeln und unbedeutende Mengen an Hülsenfrüchten und Gerste aus Deutschland und Rußland nach Galizien. Erdöl und Erzeugnisse daraus wurden hauptsächlich nach Böhmen und Österreich (im engeren Sinne) ausgeführt, Holz nach Deutschland. Oberschlesien war Abnehmer von Blei und lieferte Kohle.

Alle diese Zahlen bezeugen, daß vom Gesichtspunkt des Außenhandels die drei Teilgebiete Polens völlig in die Wirtschaftsstrukturen der drei Teilungsmächte einbezogen und voneinander getrennt waren. Die Handelsverbindungen zwischen ihnen glichen denen zwischen irgendwelchen anderen benachbarten, durch Zoll- und politische Grenzen getrennten Ländern.

[19] *Jezierski, Andrzej,* Handel zagraniczny Królestwa Polskiego 1815–1914 (Der Außenhandel des Königreichs Polen 1815–1914), Warschau 1967, S. 192.

In der polnischen historischen Literatur findet man nicht selten das Argument, trotz der Teilungen hätten dauerhafte ökonomische Bindungen zwischen polnischen Gebieten weiterbestanden. Dabei wird auf Fakten verwiesen, die keinen Zweifeln unterliegen, zum Beispiel darauf, daß Kapitalisten aus Oberschlesien sich im Königreich Polen wirtschaftlich betätigten und daß gegen Ende des 19. und am Beginn des 20. Jahrhunderts viele Menschen auf Arbeitssuche zwischen den polnischen Teilgebieten wanderten. Wir halten aber diese Argumente nicht für ausreichend. In Unternehmen jenseits der Grenze zu investieren war am Ende des 19. Jahrhunderts nichts Außergewöhnliches in Europa, unabhängig davon, ob zwischen dem Gebiet, aus dem das Kapital stammte, und dem Gebiet, wo es angelegt wurde, Traditionen eines gemeinsamen Staatsverbandes existierten oder nicht.

Auch zwischenstaatliche, internationale Migrationen bildeten keine Ausnahme, sondern erfolgten in der zweiten Hälfte des 19. Jahrhunderts in vielen Ländern Europas. Zu recht stellt Wajda bei der Analyse der Migrationen zwischen Galizien und dem Königreich Polen und andererseits dem preußischen Teilgebiet fest: „Wenn man berücksichtigt, daß diese Migration überwiegend Saisoncharakter hatte, daß die Zuwanderer und die einheimische polnische Bevölkerung von unterschiedlichem Zivilisationsniveau waren, und schließlich, daß sich die Kontraktarbeiter bewußt von der ortsansässigen Bevölkerung absonderten, dann muß man hinter die gängige These von der Rolle, die die Migration für die Integration der polnischen Nation über die Teilungsgrenzen hinweg im 19. und beginnenden 20. Jahrhundert gespielt habe, ein Fragezeichen setzen.“[20]

Das alles ermächtigt uns zu der Feststellung, daß die Entwicklung des Kapitalismus in Polen bei Nichtexistenz eines unabhängigen Staates dazu führte, daß die Teilgebiete in ökonomischer Hinsicht voneinander separiert waren, was viele Schwierigkeiten nach der Wiedervereinigung verursachte. Dagegen blieben im politischen und kulturellen Leben die gegenseitigen Bindungen der polnischen Gebiete erhalten und festigten sich sogar. Polnische Bücher und Zeitschriften durchdrangen trotz Hindernissen die Grenzen der Teilgebiete, und die politischen Organisationen behielten ihre Beziehungen bei.

20 *Wajda, K.*, a.a.O., S. 67.

IV. Die Gebiete mit polnischer Bevölkerung am Beginn des Stadiums des Monopolkapitalismus

1. Die Bevölkerung

In der zweiten Hälfte des 19. Jahrhunderts verbesserten sich allmählich die Methoden, mit denen man statistische Angaben sammelte und bearbeitete. Daher verfügen wir für den jetzt zu behandelnden Zeitraum über verhältnismäßig genaues Material zur Bevölkerungszahl der Gebiete mit polnischer Bevölkerung. Ausgehend von den Zählungsergebnissen und von verschiedenartigen Unterlagen zur Registrierung der Bevölkerungsbewegung ließen sich durch Schätzungen und Umrechnungen demographische Angaben für das gesamte Territorium, das dann zwischen dem ersten und dem zweiten Weltkrieg innerhalb der polnischen Staatsgrenzen lag, ermitteln. In der Tabelle 8 zitieren wir davon das Wesentliche.

In den Jahren vor dem ersten Weltkrieg wuchs die Bevölkerung weiterhin schnell an, wenn auch nicht gleichmäßig in den verschiedenen Regionen. Im Laufe von 19 Jahren

Tabelle 8

Die Bevölkerung der Gebiete, die zwischen beiden Weltkriegen zur Republik Polen gehörten, in den Jahren 1895 bis 1918 (in 1000 Personen)

Zeitpunkt bzw. Zeitraum	Polen insgesamt	zentrale	östliche	westliche	südliche
		Wojewodschaften			
	Bevölkerung				
1. 1. 1895	24019	9589	4338	3258[a]	6836
1. 1. 1914	30310	12563	5377	4152	8218
1. 1. 1919	26282	10948	3852	3987	7495
	Tatsächliches Wachstum				
1895–1913	6291	2974	1039	896	1382
1914–1918	– 4028	– 1615	– 1525	– 165	– 723
	Natürlicher Zuwachs				
1895–1913	8826	3717	1485	1413	2211
1914–1918	– 365	75	– 150	10	– 300
	Zuwachs (+) oder Verlust (–) infolge von Migration				
1895–1913	– 2535	– 743	– 446	– 517	– 829
1914–1918	– 3663	– 1690	– 1375	– 175	– 423

[a] = muß heißen 3256

Quelle: Mały Rocznik Statystyczny 1939 (Kleines Statistisches Jahrbuch 1939), S. 41.

hatten die unter deutscher Herrschaft stehenden westlichen Gebiete den größten natürlichen Zuwachs. Das tatsächliche Wachstum lag aber wesentlich niedriger, denn es gab viel Auswanderung. Letztere trat übrigens in dem gesamten von den genannten Schätzungen erfaßten Territorium auf. In absoluten Zahlen war sie im österreichischen Teilgebiet am höchsten.

Das große Ausmaß der Emigration aus dem österreichischen Teilgebiet hing damit zusammen, daß es dort nur beschränkte Möglichkeiten gab, aus dem Dorf zu einer Arbeit außerhalb der Landwirtschaft überzugehen. Von 1890 bis 1910 stieg so der Prozentsatz der von industrieller Arbeit lebenden Personen gerade von 9,3 auf 9,5[1]. Unter solchen Bedingungen rief der natürliche Zuwachs eine steigende Übervölkerung des Dorfes hervor, und die wichtigste Möglichkeit, sich vor der Not zu schützen, bestand darin, daß man seine Heimat verließ. Anfangs des 20. Jahrhunderts erreichte die endgültige Emigration den größten Umfang. Sie richtete sich in andere Länder der Habsburger Monarchie (besonders ins Teschener Gebiet), nach Amerika und in geringerem Grade in andere europäische Staaten.

Außerdem entwickelte sich in breitem Maße die Saisonwanderung, vor allem nach Deutschland. In den letzten Jahren vor Kriegsausbruch blieb die jährliche Zahl von Saisonwanderern wahrscheinlich niemals unter 300000.[2]

Im Königreich Polen nahm der Übergang vom Dorf zur Stadt viel größeren Umfang an. Von 1893 bis 1913 stieg der Prozentsatz derjenigen, die ihren Lebensunterhalt außerhalb der Landwirtschaft verdienten, von 27,0 auf 31,5, besonders infolge der industriellen Entwicklung im Bezirk Łódź und im Dąbrowa-Revier.[3] Damit ging ein zahlenmäßiges Wachstum der Arbeiterklasse einher, die im Jahre 1893 250000 und im Jahre 1913 400000 Menschen umfaßte.[4]

Trotz allem machte sich im russischen Teilgebiet ein relativer Bevölkerungsüberschuß bemerkbar, der zu Emigration führte. Bauern begaben sich unter anderem nach Brasilien: in den Jahren 1890–1892, 1899–1903 und 1908–1912 erlebten die Dörfer in Kongreßpolen mehrere Wellen des „brasilianischen Fiebers" – von Massenausreisen über den Ozean, auf der Suche nach einem besseren Los. Eine geringere Rolle spielte die Auswanderung in Länder des europäischen Kontinents. Schnell nahm lediglich die Saisonwanderung nach Deutschland zu. Laut Statistik der Grenzpassierscheine wuchs von 1890 bis 1912 die Zahl der Ausreisenden von 17000 auf 322000 Personen (illegale Ausreisen sind natürlich nicht erfaßt).[5]

Etwas anderen Charakter hatten die Migrationen aus dem preußischen Teilgebiet. Die Auswanderer wandten sich vor allem in andere Regionen des deutschen Staates, wo sich die Industrie entfaltete. Polnische Auswanderer konzentrierten sich im westlichen Deutschland und in Berlin und Umgebung. Bei einer Beurteilung dieser Migrationsbewegungen muß man viele Elemente berücksichtigen. Einerseits bedeutete die Abwanderung aus

1 *Pilch, A.*, a.a.O., S. 69.

2 Ebenda, S. 82.

3 *Stankiewicz, Zbigniew*, Procesy migracyjno-twórcze na ziemiach polskich w okresie zaborów. Migracje ekonomiczne (Migrationsfördernde Prozesse in den polnischen Gebieten während des Zeitabschnitts, als Polen unter fremde Mächte aufgeteilt war. Ökonomische Migrationen), in: Mechanizmy, a.a.O., S. 35.

4 *Kaczyńska, Elżbieta*, Dzieje robotników przemysłowych w Polsce pod zaborami (Geschichte der Industriearbeiter im aufgeteilten Polen), Warschau 1970, S. 104.

5 *Stankiewicz, Z.*, a.a.O., S. 54.

den polnischen Gebieten für viele einen sozialen Aufstieg in die industrielle Arbeiterklasse und materielle Verbesserung. Das traf besonders für deutsche Abwanderer zu, denn die polnischen hatten die Sprachbarriere zu überwinden. Für das preußische Teilgebiet Polens hatte die Abwanderung aber manche negativen Folgen. „Der Abfluß von Arbeitskräften ... beraubte diese Gegenden der dynamischsten und fähigsten Individuen, und der Abfluß von qualifizierten Kräften aus der Industrie verringerte die sowieso schon nicht große Möglichkeit, mit der technisch höherstehenden und stärker konzentrierten Industrie Mittel- und Westdeutschlands zu konkurrieren. Dieser Abfluß hatte auch in nationaler Hinsicht manche negativen Anzeichen, da er das Tempo des zahlenmäßigen Wachstums der polnischen Bevölkerung in diesen Gebieten abschwächte."[6]

Generell kann man sagen, daß sich gegen Ende des 19. und am Beginn des 20. Jahrhunderts aus den polnischen Gebieten ein großer Strom von Auswanderern – saisonweise und für immer – zum amerikanischen Kontinent, nach Deutschland und in geringerem Maße in andere Länder ergoß. Für die deutsche Wirtschaft hatte der Zufluß von Arbeitern wesentliche Bedeutung, zumal er Defizite an billiger Arbeitskraft auch in der Landwirtschaft auffüllte.

Der Ausbruch des ersten Weltkrieges im Sommer 1914 beeinflußte fühlbar die demographische Entwicklung der polnischen Gebiete. Vor allem durch Kampfhandlungen, Epidemien und die Verschlechterung der materiellen Bedingungen stieg die Sterblichkeit an und sank der natürliche Zuwachs. Es vergrößerte sich die Zahl der Invaliden.

In Verbindung mit den Kampfhandlungen organisierten die russischen und die österreichischen Behörden 1914–1915 die Evakuierung der Bevölkerung vieler Regionen. In den von den Deutschen eroberten Gebieten betrieben die Besatzungsbehörden auf freiwilliger Basis und dann zwangsweise Werbung zur Arbeit in Deutschland. Außerdem wurden die Saisonwanderer, die der Kriegsausbruch in Deutschland überrascht hatte, als Zwangsarbeiter festgehalten. In viel geringerem Maße organisierten die österreichischen Behörden die Werbung von Arbeitern.

Sehr viele Polen befanden sich außerhalb ihres Heimatlandes, weil sie in den Armeen der Staaten, unter die Polen aufgeteilt war, Militärdienst leisteten. Bei Kriegsende im Herbst 1918 hielten sie sich in verschiedenen Teilen Europas in der Armee oder in Gefangenenlagern auf.

Nach relativ zuverlässigen Schätzungen lebten gegen Kriegsende in Deutschland mindestens 700000 polnische Zwangsarbeiter und 140000 Polen, die als Soldaten der russischen Armee in Gefangenschaft geraten waren, ungerechnet alle diejenigen, die früher aus Erwerbsgründen für immer ihre polnische Heimat verlassen hatten. In Österreich gab es 80000 Gefangene und ungefähr 50000 Flüchtlinge und Zwangsarbeiter. In Frankreich befanden sich ungefähr 20000 Gefangene und Flüchtlinge. In Rußland registrierten polnische soziale Organisationen mehr als 1 Million Polen, wobei jedoch die aus Galizien evakuierten und die nach Sibirien gebrachten nicht berücksichtigt wurden. Faktisch werden es sicherlich 1,2 Millionen Personen gewesen sein. Die Ausmaße der Zwangsmigrationsbewegungen näher zu bestimmen, ist dadurch erschwert, daß viele Flüchtlings-, Gefangenen- und Zwangsarbeiterhilfsorganisationen auf nationaler oder konfessioneller Basis entstanden waren und daher nur einen Teil der Personen, die sich fern ihrem Herkunftsort aufhielten, registrierten. Indessen waren an den kriegsbedingten

[6] *Wajda, K.*, a.a.O.

Migrationen nicht nur Polen beteiligt, sondern auch Belorussen, Deutsche, Ukrainer und Juden aus den Gebieten, die dann Bestandteile des polnischen Staates wurden.[7]

Alle genannten Ursachen zusammen führten zu einem beträchtlichen Rückgang der Bevölkerung der polnischen Gebiete während des Krieges. Dazu trug auch das Absinken der Geburtenzahl bei.

Lediglich ein Teil der Zwangsauswanderer vermochte in den folgenden Jahren in die Heimat zurückzukehren.

2. Spezifika des monopolistischen Kapitalismus in den polnischen Gebieten

In den unter drei fremde Staaten aufgeteilten polnischen Gebieten nahmen die dem monopolistischen Kapitalismus eigentümlichen Erscheinungen häufig spezifische Gestalt an, denn diese Gebiete traten als wirtschaftlich relativ schwach entwickelte, keine selbständige politische Rolle spielende, fremden ökonomischen Einflüssen unterliegende Territorien in die neue Epoche der Geschichte des Kapitalismus ein. Während Hilferding, Lenin und andere die Phase des monopolistischen Kapitalismus vom Gesichtspunkt der internationalen Position der wirtschaftlich höchstentwickelten Länder der kapitalistischen Welt betrachteten und das Funktionieren ihres ökonomischen Systems analysierten, müssen wir im Falle der polnischen Gebiete also überlegen, wie das Wirtschaftssystem eines mittelmäßig entwickelten, der Einwirkung äußerer Kräfte unterworfenen Territoriums funktionierte, das seinerseits nur ganz geringe Möglichkeiten besaß, auf Organismen, die auf noch niedrigerem Niveau standen, einzuwirken.

Als die kapitalistische Welt in das monopolistische Stadium des Kapitalismus eintrat, waren in den polnischen Gebieten die kapitalistischen Verhältnisse erst relativ schwach entwickelt, und es existierten immer noch nicht völlig liquidierte Überbleibsel vorkapitalistischer Wirtschaftsweisen. Die neuen ökonomischen Formen mußten also mit veralteten, aber häufig immer noch stabilen Formen koexistieren.

Vor allem ist zu bedenken, daß die Monopolisierungsprozesse unter starkem Einfluß von außen in die polnischen Gebiete einströmenden Kapitals abliefen. In den zum deutschen Staat gehörenden Landesteilen war dies vor allem deutsches Kapital, das vom Aspekt der damaligen Staatsgrenzen zwar nicht den Charakter ausländischen Kapitals hatte[8], aber gegenüber den polnischen Arbeitern nicht nur die dem kapitalistischen System eigene Ausbeutung, sondern auch die nationale Unterdrückung repräsentierte. Industrie und Bergbau Oberschlesiens wurden mit Hilfe der Ressourcen der Berliner Großbanken ausgebaut. Die größeren Banken Großpolens und Pommerellens waren entweder Filialen der D-Banken, oder sie wurden von diesen abhängig gemacht. Das einzige größere polnische Kreditinstitut war die Firma Bank Związku Spółek Zarobkowych w Poznaniu (Verbandsbank der Erwerbsgenossenschaften in Posen). Ihre Entwicklung hing vor allem vom polnischen Genossenschaftswesen ab, doch bediente sie sich auch in Berliner Banken aufgenommener Kredite.

7 *Landau, Zbigniew*/*Tomaszewski, Jerzy*, Gospodarka Polski międzywojennej 1918–1939 (Polens Wirtschaft zwischen den beiden Weltkriegen 1918–1939), Bd. 1: W dobie inflacji 1918–1923 (Zur Zeit der Inflation 1918–1923), Warschau 1967, S. 35.

8 Ausführlicher zu dieser Problematik siehe *Tomaszewski, Jerzy*, „Fremdes Kapital". Ein Versuch zur näheren Bestimmung, in: Jahrbuch für Wirtschaftsgeschichte 1978, Teil 2, S. 29–39.

In der schwachentwickelten großpolnischen Industrie spielte ebenfalls deutsches Kapital eine wesentliche Rolle. Das betraf besonders die dort am meisten ausgebaute Lebensmittelindustrie, die großenteils deutschen Gesellschaften oder deutschen Gutsbesitzern gehörte. Diese Firmen nahmen in deutschen Banken Kredite auf. In den Händen polnischer Unternehmer befand sich dagegen eine Reihe kleiner oder mittlerer Firmen. Das einzige Großunternehmen in polnischem Kapitalbesitz waren die Werke von H. Cegielski (Ende 1899 in eine Aktiengesellschaft umgewandelt). Es kann also festgestellt werden: In den Prozessen, in denen sich Monopole und Finanzkapital herausbildeten, lagen die polnischen Gebiete unter preußischer Herrschaft im Wirkungsbereich deutscher Monopole, und das polnische Kapital spielte keine größere selbständige Rolle. Das hatte wesentliche politische Konsequenzen, da die polnischen Unternehmer, nicht nur durch die Konkurrenz der deutschen Firmen, sondern auch durch den Germanisierungsdruck der Behörden bedroht, zu ihrer Verteidigung zu nationalen Parolen Zuflucht nahmen. Viele Erzeugnisse trugen Namen, die an polnische patriotische Traditionen erinnerten. In der Reklame knüpfte man nicht selten an das Programm zur Verteidigung gegen die Germanisierung an. Es wurde die Losung ausgegeben: „Swój do swego po swoje", ein wahrer Pole solle bei einer polnischen Firma Produkte polnischer Unternehmen kaufen. Da auch die Arbeiter und die Bauern den Germanisierungsdruck und vielfältige, von den preußischen Behörden auferlegte Beschränkungen zu spüren bekamen, fanden solche Losungen Widerhall, was dazu beitrug, daß sich ein Gefühl der nationalen Solidarität über die Klassenschranken hinaus festigte.

In der Wirtschaft des österreichischen Teilgebiets hatte das Kapital der Metropole übermächtigen Einfluß. Die dortigen Privatbanken waren von Banken in Wien (wie Allgemeine Österreichische Boden-Creditanstalt, Österreichische Länderbank, Niederösterreichische Escompte-Gesellschaft) und in Prag (wie Živnostenská Banka) abhängig. Außer ihnen waren auch Filialen österreichischer Banken tätig. Infolgedessen waren die Unternehmen in diesem Teilgebiet also gezwungen, direkt oder indirekt mit österreichischen Banken in Verbindung zu treten. Als sich Anfang des 20. Jahrhunderts immer mehr Industriefirmen in Aktiengesellschaften umwandelten, kam das dazu nötige Kapital aus Österreich. So verloren alle größeren Betriebe, die von polnischen Unternehmern gegründet worden waren, ihre Selbständigkeit. Das ukrainische Kapital – in Ostgalizien – hatte niemals eine wesentliche Rolle gespielt.

Das österreichische Kapital beherrschte die Wirtschaft des Teilgebiets nicht nur durch Kredite und Bankanteile, sondern auch mit Hilfe unmittelbarer Investitionen. Neben ihm trat deutsches Kapital (in der Erdölindustrie, in der Eisenverarbeitung, im Bergbau) und englisches Kapital (in der Erdölindustrie) auf.

In beiden Teilgebieten – dem preußischen und dem österreichischen – nahm die entscheidenden wirtschaftlichen Positionen am Beginn des 20. Jahrhunderts fremdländisches Kapital ein – fremdländisch vom Gesichtspunkt der eingesessenen Bevölkerung, doch inländisch vom Gesichtspunkt der damaligen Staatsgrenzen. Die politische Unterdrückung verband sich auf diese Weise mit der ökonomischen Ausbeutung des Proletariats. In beiden Teilgebieten kann man nicht davon sprechen, daß sich polnische Kapitalverbände monopolistischen Typs oder ein von deutschen oder österreichischen Monopolen separates polnisches Finanzkapital gebildet hätten.

Anders lagen die Verhältnisse im Königreich Polen. Es gehörte zu den am meisten industrialisierten Gebieten des russischen Staates. Im Laufe des 19. Jahrhunderts hatte sich hier eine polnische Bourgeoisie entwickeln können, die nicht selten erfolgreich mit den Unternehmern der anderen Industrieregionen Rußlands konkurrierte. Zwar entwickelten sich die Industrie und die Banken im Königreich Polen später als in den Ländern Westeuropas, jedoch ohne Verspätung gegenüber den entsprechenden Prozessen in ganz Rußland. Daher können wir im Königreich Polen an der Wende vom 19. zum 20. Jahrhundert die Entstehung eines polnischen Finanzkapitals beobachten. Als gleichrangiger Partner ging es Abmachungen mit dem russischen Finanzkapital ein, so daß sich ein Finanzkapital des Russischen Reiches bildete.

Beachtung verdient noch ein mit der Kapitalakkumulation im Königreich Polen verbundenes Charakteristikum. Trotz ihrer ökonomischen Stärke blieben die polnischen Gebiete an der Peripherie des Russischen Reiches, was in gewissem Maße die Perspektiven für das Anwachsen der Macht der einheimischen Finanzgruppen beschränkte. Man konnte nun beobachten, daß einige herausragende Finanzleute zwar die Grundlagen ihres Vermögens im Königreich Polen erworben hatten, dann aber das Schwergewicht ihrer Aktivitäten in das russische Kaiserreich, vor allem in die Hauptstadt Petersburg, verlagerten. So tat es zum Beispiel der bekannte Finanzmann und Industrieorganisator Jan Gottlieb Bloch, der sich auch als Organisator von Forschungen über die Wirtschaft und die Weltpolitik sowie als Projektemacher für originelle Friedensinitiativen einen Namen machte. Im Königreich Polen zusammengebrachte Kapitale wurden so in andere Teile des russischen Staates überführt, und das wirkte hemmend auf die wirtschaftliche Entwicklung der polnischen Gebiete. Andererseits gab es aber Zentren der Bourgeoisie, die ihre Perspektive vor allem mit dem Wachstum der Industrie in den polnischen Gebieten selbst verbanden. Genannt seien die Textilindustriellen in Łódź, einige aus dem Landadel stammende Unternehmer und vor allem die sich um Leopold Kronenberg gruppierenden Warschauer Finanzleute. Kronenberg verwarf Möglichkeiten zur Erweiterung seines vorteilhaften Engagements in der Tiefe des Kaiserreichs, er schränkte seine russischen Geschäftsinteressen ein und konzentrierte seine ganze Aufmerksamkeit auf Unternehmungen im Königreich Polen. Im Ergebnis dessen schuf er gegen Ende des 19. Jahrhunderts den Kern der künftigen polnischen Finanzoligarchie. Die Rolle, die Kronenberg spielte, war um so größer, als er 1863/64 die Finanzinteressen der aufständischen Nationalregierung vertreten und in den folgenden Jahrzehnten an verschiedenartigen gesellschaftlichen und politischen Unternehmungen, die die Konsolidierung der Bürger- und Gutsbesitzerkreise Kongreßpolens förderten, aktiv teilgenommen hatte.

Das heißt nicht, daß im Königreich Polen fremdländisches Kapital unbekannt gewesen wäre. Der ganze russische Staat war ja ein Terrain, wohin aus höherentwickelten Ländern Kapital exportiert wurde. Im Königreich Polen betätigte sich, wie in ganz Rußland, französisches Kapital (Kredite für Banken und für die Industrie). Im Bergbau und im Hüttenwesen trat deutsches Kapital als Teilhaber und sogar als Gründer einiger Unternehmen auf und vergab Kredite an Banken und Industriefirmen. In einigen Banken überwogen Wiener Kapitaleinflüsse. Schließlich spielten auch italienische und belgische Kapitalien eine, wenn auch geringere Rolle. Nicht vergessen wollen wir die Filialen russischer Banken, die in polnischen Gebieten eingerichtet wurden. Doch im Unterschied zu den übrigen Teilgebieten verblieben Anfang des 20. Jahrhunderts die entscheidenden Positionen beim polnischen Kapital.

Der Zustrom fremdländischen Kapitals in die Wirtschaft der polnischen Gebiete hatte große Bedeutung für die Formen, in denen sich der Prozeß der Kapitalzentralisation abspielte. In den Ländern, die am frühesten die kapitalistische Industrie entwickelten und den Weg vom Kapitalismus der freien Konkurrenz zum Monopolkapitalismus beschritten, kamen Unternehmensgiganten durch den Konkurrenzkampf, die Verdrängung (oder Aufsaugung) schwächerer durch stärkere Unternehmen, schließlich die Kapitalkonzentration und die Ausbeutung abhängiger Länder (besonders Kolonien) zustande. Dieser Prozeß bedeutete die Liquidierung eines großen Teils der kleinen und mittleren Unternehmen zugunsten der größten Konkurrenten. In den polnischen Gebieten waren ähnliche Vorgänge, aber zu späterer Zeit, zu beobachten. Während in den Ländern des alten Kapitalismus schon in der zweiten Hälfte des 19. Jahrhunderts der Kapitalismus der freien Konkurrenz in seine Dämmerung eintrat und erste Monopolformen auftauchten, erfolgte in den polnischen Gebieten erst der Abschluß der Agrarreformen und der Eintritt in die Epoche des Kapitalismus. Am Ende des 19. Jahrhunderts entwickelten sich Formen der freien Konkurrenz, und gleichzeitig gab es Anzeichen für den Übergang in das monopolistische Stadium.

Das ausländische Kapital, das in der zweiten Hälfte des 19. Jahrhunderts in die polnischen Gebiete zu fließen begann, und auch die aus höherentwickelten Territorien Österreichs und Deutschlands stammenden Kapitalien wurden vor allem in den größten Unternehmen angelegt. Der Mangel an inneren Kapitalressourcen zwang die Unternehmer, die ihre Werke erweitern wollten, ausländisches Kapital heranzuziehen. Das geschah besonders, wenn eine Firma in eine Aktiengesellschaft umgewandelt wurde. Dadurch war es möglich, einzelne Werke groß auszubauen. Es entstand eine Spitzengruppe kapitalistischer Unternehmen, die mit ähnlichen Giganten in anderen Ländern verglichen werden kann. Doch ging damit nicht in demselben Grade wie in den höherentwickelten Ländern die Eliminierung oder Aufsaugung kleiner oder mittlerer Unternehmen einher. Beim Eintritt in das Stadium des Monopolkapitalismus besaßen die polnischen Gebiete also eine Reihe von Unternehmensgiganten, Monopolvereinigungen ähnlich denen in anderen Ländern, gleichzeitig aber nicht völlig liquidierte Überreste der feudalen Formation und sehr viele kleine Produktions- (besonders Handwerks-) und Handelsbetriebe. Auf dem einen Pol weit vorangeschrittene Zentralisation des Kapitals und Konzentration der Produktion, auf dem anderen Pol Zersplitterung der Produktion und des Handels.

Solche Erscheinungen gab es nicht nur in den polnischen Gebieten. Derartigen Verhältnissen begegnet man auch in anderen Ländern, deren Entwicklungsweg ähnlich war. Dazu ist noch ein spezifisches, aus dem preußischen Weg der Entwicklung des Kapitalismus in der Landwirtschaft resultierendes Merkmal zu zählen. Wie schon gesagt, brachte es dieser Entwicklungsweg mit sich, daß die Schicht der Großgrundbesitzer erhalten blieb und diese lediglich die Bewirtschaftungsmethoden auf ihren Gütern veränderten. Ein Teil der Gutsherren, die das Problem des Übergangs zu kapitalistischen Wirtschaftsmethoden auf den Gütern erfolgreich gelöst hatten, verfügte über – für polnische Verhältnisse – beträchtliche Kapitalien. Allmählich stiegen sie in die Industrie ein. Das Gutsbesitzerkapital war hauptsächlich an der Entwicklung der Industrie zur Verarbeitung von Ackerfrüchten interessiert und wurde daher zur Grundlage für die Entwicklung solcher Unternehmen wie Brennereien und Zuckerfabriken. Als sich um die Jahrhundertwende in den polnischen Gebieten das Finanzkapital bildete, gehörte das Gutsbesitzerkapital als vollberechtigter Bestandteil dazu. Ähnlich verlief die Entwicklung in Rußland, Österreich-Ungarn und den östlichen und zentralen Teilen Deutschlands. In den leitenden Gremien der Banken und Industrieunternehmen finden wir nebeneinander die Namen von Großgrundbesitzern, Vertretern der Bankiersgeschlechter und Industriellen. Und umgekehrt erwarben Bankiers und Industrielle Landgüter.

Im Königreich Polen wirkten Vertreter des Gutsbesitzerkapitals (z. B. die Zamoyskis) mit Bankiers (z. B. den Kronenbergs) und Industriellen (z. B. den Natansons) zusammen.

Im österreichischen Teilgebiet suchte die Aristokratie (z. B. die Sapiehas) Unterstützung beim Wiener Kapital. Im preußischen Teilgebiet verbanden sich die deutschen Gutsherren mit deutschen Finanzinstituten, die polnischen vorwiegend mit der Verbandsbank der Erwerbsgenossenschaften. Spezielle Verhältnisse bildeten sich in Oberschlesien heraus. Aus den in den vorangegangenen Kapiteln dargelegten Gründen wurden dort die deutschen Großgrundbesitzer zu den größten Bergwerks- und Hüttenpotentaten. Viele in Familienbesitz befindliche Unternehmen wurden gegen Ende des 19. Jahrhunderts in Aktiengesellschaften umgewandelt. Deren finanzielle Stütze waren die deutschen Großbanken, und ein Teil der Aktien ging auch in die Hände deutscher Industrieller über. Auf diese Weise wurde das schlesische Kapital ein Bestandteil des deutschen Finanzkapitals.

Aus den bisherigen Darlegungen ergibt sich, daß es schwerfallen würde, von einer Expansion des polnischen Kapitals in größerem Maßstab zu sprechen. Die polnischen Gebiete waren ein Terrain, in das andere Kapital exportierten. Lediglich im Königreich Polen, wo polnisches Kapital größere Bedeutung besaß, trat (übrigens in nicht zu großem Umfang) ein spezifischer polnischer Kapitalexport auf. Der hervorragende Ökonom und Funktionär der Kommunistischen Partei Polens Jerzy Heryng (Ryng) schrieb: „Ein besonderes Merkmal der Expansion des polnischen Kapitalismus bildete die Tatsache, daß diese Expansion innerhalb des Unterjocherstaates erfolgte.“[9]

Den Spuren der exportierten Industrieerzeugnisse folgend, gingen Ende des 19. und Anfang des 20. Jahrhunderts Industrieunternehmen und Banken (besonders die Bank Handlowy w Warszawie S.A. = Handelsbank in Warschau A.G.) daran, tief im Inneren Rußlands und sogar im Fernen Osten Industriewerke und andere Objekte zu bauen. Die größten Einflüsse besaß polnisches Kapital in der Ukraine, wo sich viele Landgüter und mit ihnen verbundene Unternehmen in den Händen von Polen befanden. Diese Expansion innerhalb des Unterjocherstaates brachte indessen dem polnischen Kapital nicht mehr Selbständigkeit, sondern festigte im Gegenteil die Bande mit dem Russischen Kaiserreich.

Die polnische Bourgeoisie, eines eigenen Staates beraubt, konnte keine selbständigen politischen und wirtschaftlichen Ziele auf internationaler Ebene realisieren. An internationalen Monopolvereinbarungen nahm das polnische Kapital durch Vermittlung der das ganze Territorium der jeweiligen Teilungsmacht umfassenden monopolistischen Vereinigungen teil. Nur wenn diese Macht ihrerseits etwas dazugewann, eröffnete sich eventuell auch für das polnische Kapital die Möglichkeit, die Expansionssphäre auszuweiten. Insofern waren auch im russischen Teilgebiet die Interessen der polnischen Kapitalisten den Interessen des Herrscherlandes untergeordnet. Die Situation konnte sich für sie nur ändern, wenn ein unabhängiger polnischer Staat entstand, in dem die kapitalistische Gesellschaftsordnung erhalten blieb.

3. Entwicklungstendenzen der Industrie

Die Industrie der polnischen Gebiete durchlief im Zeitabschnitt 1900–1914 einen vollen Krisenzyklus von der Krise 1901–1903 bis zu der vom Herannahen des ersten Weltkrieges hervorgerufenen Rüstungs-Hochkonjunktur. Selbstverständlich war die Situation

[9] *Ryng, Jerzy*, Wybór pism (Ausgewählte Schriften), Warschau 1957, S. 221.

der Industrie während der Wirtschaftskrise und in der Phase der Belebung ganz verschieden. Daher stellen wir die Jahre 1900–1903 und die darauffolgenden Jahre getrennt voneinander dar.

Am frühesten brach die Wirtschaftskrise in Rußland aus, in Gestalt einer Geldkrise im Sommer 1899. Unmittelbarer Anlaß dafür war der Bankrott der Großfinanciers Derwis und Mamontow. Die Wertpapierkurse begannen zu fallen. Um ihre Schwierigkeiten zu überwinden, beschränkten die Banken den Kredit, was ein Ansteigen der Produktionskosten hervorrief und die Aufnahme neuer Investitionen erschwerte. Der Finanzkrise folgte die Industriekrise, die zu einem Rückgang der Produktion führte. Sie verlief in den verschiedenen Produktionszweigen unterschiedlich.

Die Wirtschaftskrise war nicht auf Rußland und die mit ihm verbundenen Gebiete des Königreichs Polen begrenzt. Im Laufe des Jahres 1900 brach nacheinander auch in anderen Ländern, darunter in Deutschland und in Österreich-Ungarn, die Konjunktur zusammen. So waren die polnischen Gebiete gemeinsam mit ihrem jeweiligen Unterjocherstaat von der Krise befallen.

Im russischen Teilgebiet begann die Geldkrise in demselben Moment wie im Russischen Kaiserreich. Sie wurde noch vertieft, weil ausländisches Kapital wegen der Kreditschwierigkeiten auf den eigenen Märkten zurückgezogen wurde. Lediglich deutsches Kapital nutzte die wirtschaftlichen Schwierigkeiten der Industrie des Königreichs Polen aus und drang auf breiterer Front in die Hüttenunternehmen dieser Region ein.

Geldkrise und Produktionsrückgang bewirkten ein Sinken der an der Warschauer Börse notierten Aktienkurse vieler Unternehmen.[10] Das war ein deutliches Symptom für die wachsenden Schwierigkeiten einer Reihe von Firmen, denen der Bankrott drohte. Rettung kam von Banken, die die Aktien aufkauften und den Unternehmen die nötigen Kredite gewährten. Infolgedessen verstärkte sich der für das imperialistische Stadium typische Prozeß der Verflechtung zwischen Bank- und Industriekapital und der Bildung des Finanzkapitals. Die Bedingungen, unter denen im Königreich Polen das Finanzkapital zustandekam, waren der Stärkung des Einflusses der Finanzleute, die die Bankinteressen vertraten, förderlich. In einzelnen Fällen kam es sogar zur Übernahme der unmittelbaren Leitung des geretteten Industrieunternehmens durch die Bank. Zum Beispiel übernahmen Vertreter der Bank Handlowy w Warszawie S.A. die Geschäftsleitung der Aktiengesellschaft Fitzner & Gamper. Die bisher von dieser Gesellschaft finanzierten Hüttenwerke in Kramatorsk in der Ukraine gelangten 1908 völlig unter die Geschäftsführung dieser Bank und der deutschen Firma A. Borsig.[11]

Wie schon erwähnt, folgte der Bank- und Kreditkrise ein Rückgang der Industrieproduktion. 1903 fiel die Eisenerzförderung im Königreich Polen auf 35 % des Standes von 1899, an Steinkohle wurden 1905 nur 85 % der im Jahre 1900 erreichten Menge gefördert. Mehr oder weniger stark hatten auch die anderen Industriezweige Produktionsrückgänge zu verzeichnen.[12] In den Jahren 1900–1904 wurde die Krise in den einen

10 Siehe *Pietrzak-Pawlowska, Irena*, Królestwo Polskie w początkach imperializmu 1900–1905 (Das Königreich Polen am Beginn des Imperialismus 1900–1905), Warschau 1955, S. 111.

11 *Landau, Zbigniew/Tomaszewski, Jerzy*, Bank Handlowy w Warszawie. Historia i rozwój 1870–1970 (Die Handelsbank in Warschau. Ihre Geschichte und Entwicklung 1870–1970), Warschau 1970, S. 46f.

12 *Kostrowicka, Irena/Landau, Zbigniew/Tomaszewski, Jerzy*, Historia gospodarcza Polski XIX i XX wieku (Polens Wirtschaftsgeschichte des 19. und 20. Jh.), Warschau 1975, S. 222.

Zweigen durch Produktionsanstieg in anderen Zweigen in gewissem Maße rekompensiert. Dagegen wies im Jahre 1905, unter dem Einfluß der Revolution, die auch die Gebiete Russisch-Polens ergriff, die Gesamtindustrieproduktion einen starken Rückgang auf. Sie lag im Königreich Polen um nicht weniger als 14 % unter dem Niveau des Vorjahres.[13]

Die finanziellen und Absatzschwierigkeiten beschleunigten den Monopolisierungsprozeß in der Industrie des Königreichs. Am meisten bekamen das die kleinen Unternehmen zu spüren, unter anderem dadurch, daß Bankkredite vor allem den großen Firmen gewährt wurden, die durch ein Netz gegenseitiger Geschäftsinteressen mit den Banken verbunden waren. Die Monopolisierung schritt vor allem im Bergbau und in der Schwerindustrie voran, wo die Zahl der Unternehmen rasch sank. Zum Beispiel waren im Hüttenwesen von 22 im Jahre 1899 tätigen im Jahre 1903 nur noch 12 verblieben. In der Textilbranche brachte die Krise einem beträchtlichen Teil der selbständigen Handwerker den Ruin.

Den Umwandlungsprozeß können wir am Beispiel der Textilbranche verfolgen. Während 1893 in Łódź und Umgebung 451 Unternehmen existierten, waren es 1913 nur noch 371. Zugleich erhöhte sich – nach Beendigung der Krise – schnell die Arbeiterzahl pro Betrieb. Im Jahre 1893 betrug sie 94, im Jahre 1913 schon 274. Entsprechend vergrößerte sich die mechanische Kraft pro Betrieb von 49 auf 425 PS. Analog verringerte sich in Warschau und Umgebung die Zahl der Unternehmen von 51 auf 38, während die durchschnittliche Beschäftigtenzahl von 209 auf 400 anwuchs.[14] Wir haben also ein klassisches Bild der mit Monopolisierung verbundenen kapitalistischen Konzentration der Produktion vor uns.

Die Monopolvereinigungen nahmen sehr unterschiedliche Formen an. Während der Wirtschaftskrise mußte es ihr Hauptziel sein, die Verluste zu minimalisieren, indem sie die Preise möglichst hoch hielten, die Arbeiterlöhne und die Gehälter eines Teils der Firmenbeamten herabdrückten und den kostspieligen Konkurrenzkampf einschränkten. Für die meisten Vereinigungen war eine starke Beeinflussung durch ähnliche in Rußland bestehende Abmachungen kennzeichnend. Das ergab sich unter anderem daraus, daß das Königreich Polen ein Teil der russischen Monarchie war, also in vielerlei Hinsicht die Interessen der polnischen und der russischen Industriellen einander nahekamen, wenn auch natürlich nicht identisch waren. Doch während der Krise nutzten die russischen Industriellen die Hilfe des Staates, während die Möglichkeiten der kongreßpolnischen Industrie, Staatshilfe zu bekommen, eingeschränkt wurden. So vergaben Armee, Eisenbahn und Ämter weniger Staatsaufträge an Gesellschaften im Königreich Polen. In der Textilindustrie unterstützte die Zarenregierung seit 1904 vor allem die ihr nahestehenden Werke des Moskauer Bezirks mit Ausfuhrprämien. Das staatliche Zuckermonopol, das auf der Festlegung des Zuckerpreises beruhte, war ein Instrument in der Hand der russi-

13 *Łukasiewicz, Julian,* Dynamika rozwoju przemysłu na ziemiach polskich. Indeks produkcji przemysłowej w latach 1870–1913 (Die Dynamik der Industrieentwicklung in den polnischen Gebieten. Index der Industrieproduktion in den Jahren 1870–1913), in: Gospodarka przemysłowa i początki cywilizacji technicznej w rolniczych krajach Europy. Studia i materiały (Industriewirtschaft und Anfänge der technischen Zivilisation in den Agrarländern Europas. Studien und Materialien), u. d. Redaktion v. Irena Pietrzak-Pawłowska, Wrocław 1977, S. 111.

14 *Fijałek, Jan/Puś, Wiesław/Pytlas, Stefan,* Przemysł włókienniczy na ziemiach polskich. Struktury i funkcje (Die Textilindustrie in den polnischen Gebieten. Strukturen und Funktionen), in: ebenda, S. 178f.

schen Zuckerfabriken. Von Kartellabmachungen waren erfaßt: die Kohlenförderung (das Kohlenkartell des Dąbrowa-Reviers vermochte die Preise viel höher als in Oberschlesien zu halten), die Eisenindustrie (in der deutsches Kapital einflußreich war), das Hüttenwesen (die Werke des Königreichs Polen gehörten ab 1902 zum gesamtrussischen Syndikat Prodamet), die Garnherstellung (1902 entstand das erste Syndikat im Königreich, aber schon 1904 schlossen sich die polnischen Spinnereien dem gesamtrussischen Kartell an), die Zuckererzeugung (auch die Zuckerfabriken gehörten zum gesamtrussischen Syndikat) und viele andere Sektoren der Industrie.

Die Kartellabsprachen in der Eisenindustrie und im Hüttenwesen kamen unter dem Einfluß deutschen Kapitals zustande. Die Oberschlesische Eisenindustrie A.G. für Bergbau und Eisenhüttenbetrieb (Obereisen) erlangte über die Warschauer Aktiengesellschaft Metallwerke B. Hantke den beherrschenden Einfluß auf deren Hütte in Częstochowa, die dann zu außergewöhnlich niedrigen Preisen Roheisen verkaufte und damit die Lage der anderen Werke dieser Branche, deren Kapital polnisch war, verschlechterte. Seit 1904 befanden sich die Hütte „Zawiercie" und das Towarzystwo Akcyjne Sosnowieckich Fabryk Rur i Żelaza (die A.G. der Röhren- und Eisenfabriken in Sosnowiec) unter dem Einfluß einer anderen deutschen Firma, der Oberschlesischen Eisenbahnbedarfs-A.G. (Oberbedarf).

In Deutschland verlief die Krise etwas milder als in Rußland. Sie ergriff aber vor allem die Schwerindustrie, was sich nachteilig auf die Situation Oberschlesiens niederschlug. Am niedrigsten war die Produktion der Hüttenindustrie 1901, die Kohlenförderung im Jahr danach. Doch schon 1903 besserte sich die Konjunktur. In den unter preußischer Herrschaft stehenden Gebieten mit polnischer Bevölkerung sank die industrielle Gesamtproduktion nur im Jahre 1902, und auch dies nur relativ wenig (um 3 bis 4 Punkte).[15]

Wie im Königreich Polen beschleunigte die Krise auch hier die Zentralisation des Kapitals. 1903 gründete F. Friedlaender-Fould die Rybniker Kohlengewerkschaft, deren Gruben die begehrte Kokskohle lieferten. 1905 wurden die Besitzungen des Fürsten Hohenlohe-Oehringen in eine Aktiengesellschaft und die der Grafen Schaffgotsch in eine G.m.b.H. umgewandelt. Es verringerte sich die Zahl der Unternehmen, doch gleichzeitig stieg die auf jedes von ihnen entfallende Produktion. Die größten Unternehmen Oberschlesiens waren mit den führenden deutschen Banken verbunden. Auch hier bildete sich also immer deutlicher Finanzkapital.[16]

Die oberschlesischen Unternehmen gehörten gesamtdeutschen Kartellen an, besaßen aber gleichzeitig eigene, separate Organisationen monopolistischen Typs. Ihre Existenz ergab sich aus den Interessenunterschieden zwischen den Industriellen Oberschlesiens und denen in anderen Teilen Deutschlands. Besonders bedeutsam war dabei die allmähliche Verdrängung oberschlesischer Produkte von den Märkten im Zentrum des deutschen Reichs. Anfangs geschah das im offenen Kampf auf den Märkten, sodann durch die Marktaufteilung im Rahmen von Kartellabmachungen. Die schwächere oberschlesische Industrie mußte sich vor allem mit dem weniger aufnahmefähigen Markt in den östlichen Gebieten des Deutschen Reiches (u. a. im wenig industrialisierten Großpolen und Pommerellen) zufriedengeben und ihre Expansion nach Osten richten. Absatzmärkte waren Russisch- und Österreichisch-Polen sowie die übrigen Länder der österreichisch-ungarischen Monarchie.

15 *Łukasiewicz, J.*, Dynamika, a.a.O.

16 *Długoborski, Wacław*, Górnictwo i hutnictwo do 1918 r. (Bergbau und Hüttenwesen bis 1918), in: Uprzemysłowienie, a.a.O., S. 153ff.

Der freien Expansion nach Osten standen jedoch Zollgrenzen im Wege. Sie zwangen die oberschlesische Industrie, über die östliche Reichsgrenze Kapital auszuführen. In dem behandelten Zeitabschnitt verstärkte sich also die Expansion nicht nur als Folge der finanziellen Schwierigkeiten, die die polnische Industrie im russischen Teilgebiet durchmachte, sondern auch, weil während der Krise der Kampf um den inneren deutschen Markt an Schärfe zunahm und die schwächeren Unternehmen neues Terrain für ihre Expansion suchen mußten.

Härter als die oberschlesische bekam die nicht große Industrie Posens und Westpreußens, d. h. der Deutschland einverleibten polnischen Landesteile Großpolen und Pommerellen, die Krise zu verspüren. Charakteristisch war damals, daß die Preise für Maschinen und Geräte fielen, daneben aber die Preise für Kohle und Eisen stiegen, ein Ergebnis der Monopolisierung dieser beiden Produktionszweige. Und da damit eine Absatzdrosselung einherging, schlossen sogar die Cegielski-Werke, die größten in Großpolen, in den Jahren 1901–1903 mit Verlust ab.

Wie üblich, schlug sich die Wirtschaftskrise sehr fühlbar auf die Lage der Arbeiter nieder. Aus Mangel an statistischen Angaben können wir zwar nicht die Veränderungen der Löhne und der Beschäftigungshöhe insgesamt nachweisen, doch gestatten zahlreiche Einzelinformationen, einige allgemeine Schlußfolgerungen zu ziehen. Der Produktionsrückgang war mit sinkender Beschäftigung verbunden. Im allgemeinen ging dabei die Beschäftigung schneller zurück als die Produktion, weil die Unternehmer die Angst vor der Arbeitslosigkeit ausnutzen konnten, um die Arbeitsproduktivität zu erhöhen. Die Arbeiterklasse bekam auch das Absinken der Löhne, das in allen drei Teilgebieten Polens erfolgte, sehr stark zu spüren. Die Lohneinkünfte sanken nicht nur infolge Herabsetzung der Tarifsätze, sondern auch wegen anderer Begleiterscheinungen von Krisen, wie zum Beispiel Produktionsunterbrechung für mehrere Tage, Kurzarbeit usw.

Die Jahre zwischen dem Ende der Krise und dem Ausbruch des ersten Weltkrieges waren eine Periode relativ schneller Entwicklung der Industrieproduktion. Davon zeugen die von Łukasiewicz angestellten Berechnungen, die wir in Tabelle 9 vorlegen.

Die Entwicklung verlief aber nicht auf stetig ansteigender Linie. Es gab auch Phasen des Stillstands und sogar des Abfalls der Produktion. Insgesamt jedoch stieg in den Jahren 1903–1913 die Industrieproduktion um fast 45 %, also ganz beträchtlich. Am stärksten entwickelte sich die Metallindustrie, am schwächsten die Textilindustrie, aber auch diese wies ein Wachstum von ungefähr 28 % auf. Vergleicht man das industrielle Wachstumstempo des russischen und des preußischen Teilgebiets (unter Einschluß Oberschlesiens), so nahm die Industrieproduktion in den Deutschland einverleibten Gebieten schneller zu.

Wenn man aber einen etwas längeren Zeitraum, nämlich die Jahre 1893–1911 für das Königreich Polen und 1895–1907 für Oberschlesien und die Provinzen Posen und Westpreußen, einer Analyse unterzieht, so zeigt sich, daß das Königreich sich bedeutend dynamischer entwickelte. Das beweist das Anwachsen der Arbeiterzahl in Betrieben mit mehr als 10 körperlich Arbeitenden. Es betrug für das Königreich Polen 143 % (die absolute Zahl stieg von 138900 auf 337700), für Oberschlesien 25 % (absolut von 393000 auf 492600) und für die Provinzen Posen und Westpreußen 7 % (absolut von 193200 auf 206800 Arbeiter). Für Galizien läßt sich die Zunahme der Arbeiterzahl nur für den kurzen Zeitraum von 1902–1910 untersuchen. Sie betrug 25 % (absoluter Anstieg von 73200 auf 91500). Da wir für das österreichische Teilgebiet nur über Material für eine andere Zeitspanne verfügen, kann man dessen Entwicklung nicht mit der in den anderen Teilgebieten

Tabelle 9
Indices der Industrieproduktion von 1900 bis 1913

Jahr	Gesamtproduktionsindex	Index der Hüttenproduktion	Produktionsindex der Metallindustrie	Produktionsindex der Textilindustrie	Produktionsindex der Lebensmittelindustrie	Produktionsindex des Bergbaus
1900	59,8	66,5	55,4	58,5	60,4	61,5
1901	67,3	64,4	51,5	76,5	76,7	62,6
1902	64,9	68,7	53,6	74,5	62,8	62,7
1903	69,0	74,9	59,5	78,1	64,9	66,7
1904	69,6	81,8	64,2	79,3	53,8	69,8
1905	72,1	80,3	62,6	69,2	81,5	73,4
1906	76,0	83,7	68,7	77,9	78,1	75,7
1907	83,5	83,2	76,1	92,5	78,5	83,4
1908	84,2	82,2	72,3	91,8	78,2	91,1
1909	82,5	79,0	68,9	87,1	76,3	95,3
1910	89,7	83,0	75,9	98,0	94,9	91,8
1911	88,8	93,1	86,3	94,0	75,3	92,5
1912	98,5	100,5	97,7	98,4	101,0	96,7
1913	100,0	100,0	100,0	100,0	100,0	100,0

Quelle: Łukasiewicz, Juliusz, Dynamika rozwoju przemysłu na ziemiach polskich. Indeks produkcji przemysłowej w latach 1870–1913 (Die Dynamik der Industrieentwicklung in den polnischen Gebieten. Index der Industrieproduktion in den Jahren 1870–1913), in: Gospodarka przemysłowa i początki cywilizacji technicznej w rolniczych krajach Europy. Studia i materiały (Industriewirtschaft und Anfänge der technischen Zivilisation in den Agrarländern Europas. Studien und Materialien) unter der Redaktion von Irena Pietrzak-Pawłowska, Wrocław 1977, S. 109–111.

vergleichen. Insgesamt wuchs die Zahl der Arbeiter in den genannten Gebieten zwischen 1893–1902 und 1907–1911 um 43%.[17] Die tendenzielle Beschäftigungszunahme ging also langsamer vonstatten als das Produktionswachstum. Das weist darauf hin, daß in dieser Zeit wesentliche Veränderungen in der Produktionstechnik und in der Arbeitsintensität erfolgten.

Nach diesen allgemeinen Bemerkungen gehen wir zur Charakterisierung der Produktionsentwicklung in den einzelnen Teilgebieten über. Obwohl die Produktion zunahm, waren im Königreich Polen die Bedingungen für die Industrie nicht allzu günstig. Der durch Rußland verlorene Krieg gegen Japan bewirkte, daß die Textilindustrie vorübergehend vom fernöstlichen Markt abgeschnitten war, und das hatte Produktions- und Beschäftigungsrückgang zur Folge. Auch auf die Metall- und die Hüttenindustrie traf das zu. Die Revolutionszeit erschütterte das Vertrauen in die Stabilität der Ordnung im Zarenstaat, was Einfluß auf das Absinken der Wertpapierkurse hatte und zu vielen Bankrotten beitrug. Die Zeit der Gegenrevolution war ebenfalls nicht einer erheblichen wirtschaftlichen Belebung förderlich. Erst 1910 setzte eine Besserung ein.

Im Laufe der hier untersuchten zehn Jahre blieb das Wachstum der Industrieproduktion im Königreich Polen hinter dem im Russischen Kaiserreich zurück. Das betraf vor

[17] *Pietrzak-Pawłowska, I.*, Przewrót przemysłowy, a.a.O., S. 95.

allem die Produktionssektoren, die der Konkurrenz des Donezgebiets und des Moskauer Bezirks nicht gewachsen waren. Die Arbeitsteilung zwischen den Industriegebieten des Gesamtstaates wurde fester. Aus Rußland in das Königreich Polen eingeführt wurden Rohstoffe (am wichtigsten waren Baumwolle, Wolle, Eisenerz), Halbfabrikate (Roheisen, Stahl, Blech) und einige Fertigerzeugnisse (Textilerzeugnisse, Erdölprodukte, Farben). Nach Rußland ausgeführt wurden Halbprodukte (Woll- und Baumwollgarn, Eisen, Stahl, Blech), Eisenwaren, Lederwaren, Gewebe, Konfektion und Galanteriewaren.

Unter den aus- und eingeführten Artikeln finden wir dieselben Warengruppen, denn in der Schwerindustrie und noch mehr in der Textilindustrie hatte sich eine Arbeitsteilung bezüglich einzelner Erzeugnisarten herausgebildet. Sie wurden zum Teil im Königreich Polen, zum Teil in anderen Bezirken Rußlands hergestellt. Eine besondere Position in diesen Umsätzen nahmen Textilartikel ein. Ihre Ausfuhr aus dem Königreich in das Kaiserreich machte mehr als die Hälfte des gesamten Fertigwarenexports aus. Von der Textilerzeugung des Königreichs entfielen um 1910 kaum 36 % auf den inneren Markt, der Rest wurde nach Rußland und auf die Märkte des Fernen Ostens exportiert.[18] Im behandelten Zeitraum verminderte sich zwar die Textilwarenausfuhr vom Königreich in das Kaiserreich im Vergleich zu ihrer Einfuhr, doch blieb die Ausfuhr aus den polnischen Gebieten weiterhin viel größer als der Import.

Die wirtschaftliche Entwicklung des Königreichs Polen hing in hohem Grade vom Außenhandel ab. Zwar schwankten die Ziffern in den einzelnen Zeitabschnitten, aber generell bildete der Export eine wesentliche Voraussetzung für ein dynamisches Wirtschaftswachstum. Während 1882 der Außenhandel 48 % des Gesamtwertes der industriellen und landwirtschaftlichen Produktion umfaßte, erreichte er 1913 schon 76 %. Und dabei hatte in der Zwischenzeit die industrielle und landwirtschaftliche Produktion sehr zugenommen, nämlich (nach Jezierski) insgesamt um 311 %, oder wenn man die Industrieproduktion für sich nimmt, um nicht weniger als 543 %.[19] Hauptrichtung der Ausfuhr war Rußland. Im Jahre 1900 gingen dorthin 77 % des Gesamtexports. 1910 sank dieser Anteil auf 67 %.[20]

In den Jahren nach der Krise verstärkten sich in der Industrie des Königreichs Polen die Tendenzen zur Konzentration der Produktion und zur Zentralisation des Kapitals. Das rührte vor allem daher, daß sich das Königreich – so wie andere industrialisierte Gebiete in der Welt – nunmehr in einem Stadium befand, in dem das zur ökonomischen Notwendigkeit geworden war. Ohne Kartellisierung war es nicht möglich, sich auf den Weltmärkten zu halten, wo sich der Konkurrenzkampf so verschärft hatte, daß nur große Firmen, die über viel Kapital und einen leistungsfähigen Produktionsapparat verfügten, aus ihm siegreich hervorgehen konnten. In einem Lande, dessen wirtschaftliche Entwicklung sich verzögert hatte, war die Kartellisierung auch insofern von wesentlicher Bedeutung, als sie die Kapitalakkumulation für den weiteren schnellen Ausbau der Industrie und der industriellen Infrastruktur beschleunigte. Unter Ausnutzung der hohen Einfuhrzölle auf Waren aus hochentwickelten Ländern konnten die Monopolorganisationen des Königreichs Polen ohne Furcht vor Konkurrenz von außen die Warenpreise heraufschrauben und sich große Gewinne sichern.

18 *Dzieje gospodarcze Polski porozbiorowej w zarysie* (Wirtschaftsgeschichte Polens nach den Teilungen im Abriß), u. d. Redaktion v. Stanisław A. Kempner, Bd. 1, Warschau 1920, S. 317.
19 *Jezierski, A.*, Handel zagraniczny, a.a.O., S. 153.
20 Ebenda, S. 192.

Der Konzentrations- und Zentralisationsprozeß des Kapitals war auch mit einer Modernisierung der Produktionseinrichtungen verbunden. Neben Dampfmaschinen fanden Verbrennungs- und Elektromotoren immer breitere Anwendung. Von 1903 bis 1911 stieg allein in Warschau die Zahl der Elektromotoren von 23 mit zusammen 120 PS auf 3000 mit zusammen 8000 PS. Obwohl sich die Wirtschaftslage nach 1903 besserte, wurden im Altpolnischen Revier (in der Umgebung von Kielce) die meisten Betriebe, denen Wasserkraft und Holzkohle vor der Krise die benötigte Energie geliefert hatten, nicht wieder in Gang gesetzt. Wirtschaftliche Bedeutung erlangten immer mehr die Betriebe, die sich auf vollkommenere Antriebsquellen und Produktionstechnik stützten. Moderne Produktionsmethoden probierte man auch in traditionell handwerkliche Bereiche wie z. B. die Schuhmacherei einzuführen. Doch konnten die ersten in Betrieb genommenen Schuhfabriken die Handwerker nicht verdrängen; bei den sehr niedrigen Verdiensten arbeiteten letztere billiger.

Um 1910 wurden in der Bauwollindustrie 90 % der gesamten Produktion von 25 großen Aktiengesellschaften erzeugt. Die Herstellung von Leinenwaren war in den Żyrardower Werken konzentriert (abgesehen natürlich von der ländlichen Kleinproduktion für den Eigenbedarf). In der Wollindustrie lag der Konzentrationsgrad von Produktion und Kapital niedriger. Konfektion und Galanteriewaren wurden dagegen weiterhin in Heimarbeit und handwerklich hergestellt. Neben fortschreitender Zentralisierung von Produktion und Kapital blieben also weiterhin in großer Zahl kleine Produktionsbetriebe bestehen, die sich der Befriedigung solcher Bedürfnisse widmeten, deren Bedienung sich damals für die Industrie als unrentabel erwies.

Im preußischen Teilgebiet (einschl. Oberschlesiens) gestalteten sich die Entwicklungsbedingungen für die Industrie günstiger als im Königreich Polen.[21] Ein hemmender Faktor war hier allerdings die wirtschaftliche Rückständigkeit der Ostprovinzen gegenüber anderen Teilen des Deutschen Reiches. Zwar stiegen die Industrieproduktion und die Zahl der Betriebe, doch langsamer als im übrigen Reichsgebiet. Verhältnismäßig wenig trifft diese Feststellung auf die Kohleförderung zu, die von 30 Millionen t (Durchschnitt der Jahre 1895–1902) auf 39 Millionen t (in den Jahren 1910–1913) anstieg, wobei der Anteil an der Förderung ganz Deutschlands nur unbedeutend, von 22,9 auf 22,8 %, absank. Doch gleichzeitig ging der Absatz oberschlesischer Kohle in Deutschland zurück, wo sie mit den Produkten der westdeutschen Gruben konkurrieren mußte, während der Export zunahm (großenteils in das Königreich Polen, nach Galizien und in andere Teile Österreich-Ungarns). Viel deutlicher kam die Rückständigkeit im Hüttenwesen zum Ausdruck. Wenn auch die durchschnittliche Jahreserzeugung von Roheisen in Oberschlesien 1910 bis 1913 gegenüber 1895–1902 von 664000 auf 932000 t anstieg, so sank doch ihr Anteil an der gesamten deutschen Roheisenproduktion von 9 auf nicht ganz 6 %.

Ähnliche Tendenzen traten in Großpolen und Pommerellen auf. Von 1895 bis 1907 wuchs in Preußen die Zahl der nichtlandwirtschaftlichen Betriebe (einschl. des Handels) um 9 %, davon die Zahl der Betriebe mit mehr als 50 Beschäftigten um 71 %. In den Provinzen Westpreußen (Pommerellen) und Posen (Großpolen) war das Tempo langsamer. Die Gesamtzahl der Betriebe nahm dort um 1,7 bzw. 7,5 % zu, die Zahl der Betriebe mit mehr als 50 Beschäftigten um ungefähr 60 % in Pommerellen und um 68 % in Großpolen. Dabei ist zu betonen, daß sich die größeren Unternehmen überwiegend in deutschen

[21] Näheres über die Industrie Großpolens siehe *Łuczak*, *Czesław*, Przemysł Wielkopolski w latach 1851–1914 (Großpolens Industrie in den Jahren 1851–1914), Poznań 1960.

Händen befanden.[22] Nichtsdestoweniger nahm das polnische Kleinkapital systematisch an Bedeutung zu, u. a. dank den Genossenschaften.

Die Entwicklung der polnischen Unternehmen hing eng mit der politischen Situation des preußischen Teilgebiets zusammen. Die deutsche Verwaltung strebte die Germanisierung der Bevölkerung an, u. a. indem sie die deutschen Unternehmer unterstützte. Das rief bei den bodenständigen Einwohnern Widerstand hervor, der die Form nationaler Solidarität gegenüber der fremden Gewalt annahm. Im Bewußtsein eines großen Teils der polnischen Gesellschaft galt ein Geschäft oder eine Werkstatt im Besitz eines Polen als eine nationale Postenstellung, die man unterstützen mußte. Analog verhielt sich der in diesem Territorium wohnende deutsche Bevölkerungsteil. Der Großpole Jackowski notierte in seinen Erinnerungen: „Es ging darum, daß der Pole beim Polen alles kaufte, was er als Bauer, als industrieller Produzent oder Handwerker, als Konsument brauchte. ... Spezielle Wachen patrouillierten vor deutschen Läden und Lokalen. Beobachtete Fälle von Durchbrechung der allgemeinen Disziplin wurden in der Presse streng getadelt.“[23]

Das patriotische Argument diente vielen Erzeugnissen als Reklame. Das alles gestattete es den kleinen und mittleren polnischen Unternehmen sich zu entwickeln und errichtete zugleich eine Barriere zwischen Deutschen und Polen. Wenn eine Firma ihr Polentum unterstrich, so beeinträchtigte das andererseits die Möglichkeit, über die Kundschaft der eigenen Nationalität hinaus Kontakte zu entfalten. Die größten Gesellschaften, wie die Cegielski-Werke und die Verbandsbank der Erwerbsgenossenschaften, arbeiteten mit Firmen in Deutschland zusammen. Die meisten Unternehmen beschränkten sich jedoch auf die Tätigkeit in den Grenzen Preußisch-Polens.

Das Bestreben, den wachsenden Einflüssen des Deutschtums im Wirtschaftsleben Großpolens und Pommerellens entgegenzuwirken, resultierte aus der Befürchtung, daß diese beinahe letzte Enklave des Polentums liquidiert würde. Der Behördenapparat, die Schulen, die Gerichte und das Heer waren völlig germanisiert. Das Polentum wurde bewußt und in organisierter Art und Weise in jedem Bereich bekämpft. Trotzdem brachte die Aktion der Behörden keine eindeutigen Resultate, weil die Zwangsentnationalisierung und die verschiedenartigen Schikanen von seiten der Regierung die Anhänglichkeit der bodenständigen Bevölkerung an das Polentum nur noch vertieften.

In der Industrie Großpolens blieb die Lebensmittelindustrie vorherrschend (34 % der beschäftigten Arbeiter), an zweiter Stelle standen Metallindustrie und Maschinenbau (22 % aller beschäftigten Arbeiter). Das hing mit der agrarischen Struktur dieses Landesteils zusammen. Die Lebensmittelindustrie verarbeitete die Ackerfrüchte, und die Maschinen- und Metallindustrie war hauptsächlich auf die Produktion von Maschinen und Geräten für die Bauern ausgerichtet.

Die zitierten Angaben über die Zahl der Betriebe in ganz Preußen sowie in Großpolen und Pommerellen beweisen, daß der Konzentrationsprozeß der Produktion in diesen beiden Provinzen ziemlich wenig vorangekommen war. Im Maschinenbau können wir sogar eine gewisse Dekonzentration beobachten, denn von 1895 bis 1907 wuchs in der Provinz Posen die Zahl der Betriebe um 90 %, die der Beschäftigten nur um 78 %.[24]

22 *Kostrowicka, I./Landau, Z./Tomaszewski, J.*, Historia, a.a.O., S. 228f.

23 *Jackowski, Tadeusz Gustaw*, W walce o polskość (Im Kampf um das Polentum), Kraków 1972, S. 215.

24 *Radkiewicz, Wacław*, Dzieje Zakładów H. Cegielskiego/1846–1960/. Studium ekonomiczno-historyczne (Geschichte der H. Cegielski-Werke/1846–1960/. Eine ökonomisch-historische Studie), Poznań 1962, S. 89.

Das ergab sich aus der Spezifik dieser Industrie und ihrer Ausrichtung auf die Bedürfnisse der Landwirtschaft. Das einzige Großunternehmen blieben die Cegielski-Werke, die damals ungefähr 300 Leute beschäftigten. Die finanziellen Ergebnisse der Fabrik zeugten von den Schwierigkeiten, mit denen sich die polnische Industrie in Großpolen herumschlug. Im Zeitraum von 1900 bis 1913 zahlte die Gesellschaft ihren Aktionären nur in fünf Jahren Dividende aus, und zwar eine recht niedrige, denn sie überstieg nicht 3,5 %.[25]

In der Industrie fand im behandelten Zeitraum auch eine technische Rekonstruktion statt. Der letzte auf Holzkohle basierende Hochofen für die Eisenerzeugung wurde 1911 gelöscht. Allgemein siegte das Bessemer-Verfahren in der Stahlerzeugung. Die Anwendung von Elektroenergie und Verbrennungsmotoren breitete sich aus. Waren 1899 im oberschlesischen Bergbau 96 % der Kraftleistung durch Dampfmaschinen und etwas mehr als 3 % durch elektrische Maschinen erbracht worden, so entfielen 1914 auf erstere nur noch 61 % und auf elektrische 39 %. Noch stärker entwickelte sich aber die Anwendung elektrischer Maschinen im Bergbau Niederschlesiens, wo sie 1909 bereits 44 % der Energie lieferten.[26] Es veränderte sich die Technik in vielen Produktionszweigen.

In Galizien begünstigten zwei Faktoren das Wachstum der Industrieproduktion: der vermehrte Zustrom österreichischen Kapitals und die Politik der Staatsbehörden. In diesem wirtschaftlich schwach entwickelten Teilgebiet mit großem Bevölkerungsüberschuß bestanden günstige Bedingungen für Kapitalanlagen, die vor allem in schon vorhandene größere Unternehmen gelenkt wurden, wobei man sich der Vermittlung galizischer Banken bediente. Von österreichischem Kapital abhängig waren in der Regel die Aktiengesellschaften, die allein mit polnischem Kapital wegen dessen Schwäche nur langsam entstanden. Von 1905 bis 1910 wuchs ihre Zahl im österreichischen Teilgebiet von 24 auf 56.[27] Kaum 10 von ihnen hatten ihren Sitz in Galizien selbst. Das fremdländische Kapital floß insbesondere in die Erdölindustrie, den entwickeltsten Produktionssektor. Nur 0,5 % des Kapitals dieser Industrie befand sich in polnischen Händen. Der Rest gehörte verschiedenen fremden Gruppen; neben österreichischem war deutsches, englisches und französisches Kapital vertreten. Im Kohlenbergbau lagen 26 % des Kapitals in polnischen Händen. Dabei ist zu bedenken, daß die angeführten Ziffern die Rolle der fremden Gesellschaften nicht vollständig widerspiegeln. Insbesondere österreichisches Kapital floß auf diversen für die Statistik nicht erfaßbaren Umwegen in die Wirtschaft Galiziens ein. Ukrainisches Kapital repräsentierten lediglich einige kleine Verarbeitungsbetriebe (z. B. Mühlen) im hauptsächlich von ukrainischer Bevölkerung bewohnten Ostgalizien.

Im behandelten Zeitabschnitt war für die Industrieentwicklung die Aktion, mit der der Wydział Krajowy (Landesausschuß) und andere Organe der autonomen Verwaltung Galiziens die einheimische Produktion unterstützten, von ganz wesentlicher Bedeutung. Zu diesem Zweck wurden Steuererleichterungen (Befreiung von Landes- bis hin zu gesamtstaatlichen Steuern) für neugegründete, für im Ausbau befindliche und in besonders wichtigen Zweigen auch für schon bestehende Unternehmen gewährt, die Eisenbahntarife so verändert, daß sie den Import oberschlesischer Kohle erschwerten, und das Berufsschulwesen ausgebaut. Außerdem entfaltete die Bank Krajowy Królestwa Galicji i Lodomerii z

25 Ebenda, S. 112.

26 *Jaros, Jerzy*, Postęp techniczny i wydajność pracy w górnictwie węglowym na ziemiach polskich (Technischer Fortschritt und Arbeitsproduktivität im Kohlenbergbau in den polnischen Gebieten), in: Gospodarka, a.a.O., S. 153.

27 *Rutkowski, Jan*, Historia gospodarcza Polski (Wirtschaftsgeschichte Polens), Bd. 2: Czasy porozbiorowe (Die Zeit nach den Teilungen), Poznań 1950, S. 269.

Wielkim Księstwem Krakowskim (Landesbank des Königreichs Galizien und Lodomerien samt Großherzogtum Krakau), die Eigentum der autonomen Behörden war, eine Kreditaktion.

Dank all diesen Umständen nahm in den Jahren 1900–1913 die Industrieproduktion zu. Allein in den ersten elf Jahren vergrößerte sich die Zahl der außerhalb der Landwirtschaft beschäftigten (unfallversicherten) Arbeiter von 76000 auf 140000. Am dynamischsten entwickelte sich die Erdölförderung. 1875 hatte man 20 t gefördert, 1908 schon 1,76 Millionen t. Doch kaum 25 % wurden an Ort und Stelle verarbeitet. 75 % des in Galizien geförderten Rohöls wurden in Raffinerien in anderen Ländern der österreichisch-ungarischen Monarchie ausgeführt. Die Raffination war nämlich viel einträglicher als die bloße Rohölförderung. Sehr wichtig war der Abbau von Speisesalz in Wieliczka und Bochnia sowie von Kalisalz in Kałusz. Außerdem entwickelten sich in stärkerem Maße die Holz-, die Bau-, die Bekleidungs-, die Papier- und die Metallindustrie. Dadurch änderte sich jedoch nicht allzu viel an der Rückständigkeit Galiziens, denn die Akkumulation des polnischen Kapitals im Lande blieb recht gering, und für die großen gesamtstaatlichen Finanzgruppen war Galizien eine Region an der Peripherie. Daher bemühten sich die galizischen Landesbehörden, nicht nur die große und mittlere Industrie zu unterstützen, sondern auch dem Handwerk und dem Heimgewerbe Fürsorge angedeihen zu lassen. Sie unterstützten Genossenschaften verschiedener Art und richteten Berufsschulen und Handwerkslehrgänge ein. Doch Kleinproduzenten fällt es immer schwer, mit der Industrie zu konkurrieren. Daß sich das Heimgewerbe und das Kleinhandwerk in Galizien halten konnten, ist nicht so sehr auf die Politik der Landesbehörden zurückzuführen, als vielmehr darauf, daß dort die moderne Industrie unterentwickelt war und die galizischen Kleinproduzenten mit ihrem außergewöhnlich niedrigen Lebensstandard ihre Erzeugnisse zu relativ niedrigen Preisen verkauften. 1910 waren in Galizien 68 % aller Industrie- und gewerblichen Arbeiter in Kleinbetrieben beschäftigt.

Es entstanden auch genossenschaftliche Produktionsbetriebe. Trotz Hilfe von seiten der Landesbehörden erlangten sie aber keine größere Bedeutung. Lediglich genossenschaftliche Molkereien entwickelten sich, 1905 gab es davon 4 polnische und 6 ukrainische. 1912 war die Zahl der polnischen Genossenschaften auf 73, ein Jahr zuvor die der ukrainischen auf 81 angewachsen.

Im Vergleich mit den beiden anderen Teilgebieten Polens war in Galizien die Industrie am wenigsten vorangekommen. Hauptursachen dafür waren die Politik des österreichischen Staates im 19. Jahrhundert, die sich dem Entstehen von Handwerks- und Industriebetrieben auf dem Polen geraubten Boden widersetzt hatte, wie auch das außergewöhnliche Elend im galizischen Dorf. Diese Not resultierte u. a. gerade daraus, daß es keine einheimische Industrie gab, die, wie im russischen und im preußischen Teilgebiet, den natürlichen Zuwachs auf dem Lande zum Teil absorbiert hätte. Da in Galizien diese Möglichkeit nicht bestand, verringerte sich schnell die Bodenfläche der einzelnen Bauernfamilien, denn die Kinder blieben im Dorf und teilten die Wirtschaft der Eltern untereinander auf.

Mit der Entwicklung von Großunternehmen und Monopolvereinigungen bildeten sich in allen Teilgebieten auch Unternehmerverbände, die die Industriellen gegenüber dem Staat und gegenüber den Organisationen der Arbeiter vertraten. 1903 wurde der Centralny Związek Galicyjskiego Przemysłu Fabrycznego (Zentralverband der Galizischen Fabrikindustrie) gegründet. 1906 entstand das Towarzystwo Przemysłowców Królestwa Polskiego (die Gesellschaft der Industriellen des Königreichs Polen), das dann nach dem ersten

Weltkrieg den Grundstock für den Centralny Związek Polskiego Przemysłu, Górnictwa, Handlu i Finansów (Zentralverband der Polnischen Industrie, des Bergbaus, des Handels und der Finanzen), kurz „Lewiatan" genannt, den wichtigsten Interessenvertreter der Kapitalisten in der Republik Polen, bildete. Diese Organisationen versuchten, auf die Politik der Staatsbehörden einzuwirken, indem sie sich bemühten, für die Industrie vorteilhafte Rechtsvorschriften zu erkämpfen und die Wirtschaftspolitik in die von ihnen gewünschte Richtung zu lenken. In Oberschlesien war schon früher eine derartige Organisation entstanden. Der Oberschlesische Berg- und Hüttenmännische Verein, dessen Geschichte bis 1854 zurückreicht, hatte gegen Ende des 19. Jahrhunderts den Charakter einer Vertretung der politischen und ökonomischen Interessen der Industriellen angenommen. Dabei repräsentierte er ausschließlich deutsche Interessen.

Mit der Entfaltung der Industrie in allen Teilgebieten nahm im 20. Jahrhundert die Arbeiterklasse zahlenmäßig weiter zu. Wegen der Unvollkommenheit der statistischen Quellen ist es nicht möglich, die Veränderungstendenzen genau darzustellen. Die verschiedenen Quellen und Schätzungen weichen sehr stark voneinander ab. Nach Schätzungen der bekannten Ökonomin Daszyńska-Golińska gab es vor Ausbruch des ersten Weltkriegs im Königreich Polen 362000, in Galizien 102000, in Großpolen und Pommerellen 310000, in Oberschlesien 854000 und im Teschener Gebiet 63000, also zusammen fast 1,7 Millionen Industriearbeiter.[28] Wir meinen, daß einige dieser Ziffern zu niedrig angesetzt sind.

Die Evolution der Arbeiterklasse beschränkte sich nicht auf ihr quantitatives Wachstum. Es veränderte sich auch die Beschäftigungsstruktur, da der Anteil der in der Großindustrie Arbeitenden zunahm. Damit war verbunden, daß das Bewußtsein des polnischen Proletariats schnell wuchs.

Ein herausragendes Ereignis für die Entwicklung des Klassen- und des Nationalbewußtseins war die Revolution 1905–1907 in Rußland. Sie erfaßte auch das russische Teilgebiet Polens. Zwar wurde die revolutionäre Bewegung durch das Zarenregime niedergeschlagen, doch einige ihrer Errungenschaften blieben von Dauer. Besonders wichtig war die Legalisierung der Gewerkschaften im Jahre 1905; das war die erste legale Form von Arbeiterorganisationen im Königreich Polen. Wenn auch die meisten Gewerkschaftsorganisationen in den Jahren 1908–1910 wieder verboten wurden, so war doch sogar ihre kurze Tätigkeitsdauer für die Arbeiter zu einer Schule des politischen Lebens geworden. Die Gewerkschaften, die weiterbestehen durften, waren in ihren Betätigungsmöglichkeiten beschränkt, erleichterten aber weiterhin die Verteidigung der Arbeiterinteressen. Während der Revolution vergrößerte sich auch die Einflußnahme der illegalen Arbeiterparteien.

In den Revolutionsjahren erkämpften sich die Arbeiter auch andere Zugeständnisse. Es wurde der zehnstündige Arbeitstag eingeführt, wobei in einigen Zweigen sogar nur 8 bis 9 Stunden gearbeitet wurde. Die Löhne stiegen. Zwar erfolgte nach Niederschlagung der Revolution ein Rückschritt, man konnte aber nicht mehr zu dem Zustand von vor 1905 zurückkehren. Die realen Errungenschaften hinsichtlich der Verbesserung der Lebensbedingungen waren ein Faktor, der zusätzlich zur Entwicklung des politischen Bewußtseins des Proletariats beitrug.[29] Ein weiterer Effekt der Revolution bestand in

[28] *Daszyńska-Golińska, Zofia*, Przyczynki do kwestii robotniczej w Polsce (Beiträge zur Arbeiterfrage in Polen), Warschau 1920.

[29] Näheres siehe *Polska klasa robotnicza. Zarys dziejów* (Die polnische Arbeiterklasse. Abriß der Geschichte), Bd. 1, Teil 2: Lata 1870–1918. Królestwo Polskie, Białostoczczyzna, robotnicy

einer gewissen Abschwächung der Russifizierungstendenzen in Russisch-Polen. Zum Beispiel entstanden Privatschulen mit Polnisch als Unterrichtssprache.

Die Ereignisse der Jahre 1905/06 in Rußland und im Königreich Polen fanden auch in den beiden übrigen Teilgebieten Polens ein Echo. Die Zahl der ökonomischen wie auch der politischen Streiks nahm zu. Versammlungen und Manifestationen in Galizien zogen Zusammenstöße mit der Polizei nach sich. Dank der wachsenden Kraft der Arbeiterbewegung erlangte das Industrieproletariat gelegentliche ökonomische Vorteile. Ähnlich war es auch im preußischen Teilgebiet.

Die materiellen Bedingungen der Arbeiter im österreichischen und im preußischen Teilgebiet verbesserten sich in den Jahren 1900–1913 hauptsächlich infolge des Klassenkampfes des Proletariats. Sie blieben aber weiterhin schlechter als in anderen Regionen der beiden Staaten, was ein Antrieb war, auf der Suche nach besseren Arbeitsbedingungen abzuwandern.

4. Die Entwicklung der Landwirtschaft

Während der Eintritt der polnischen Gebiete in das Stadium des Monopolkapitalismus wesentliche Umgestaltungen in den Funktionsprinzipien der Industrie hervorrief, gab es in der Landwirtschaft keine qualitativen, sondern nur quantitative Veränderungen. In den Jahren 1900–1913 entwickelte sich die Landwirtschaft auf denselben Wegen wie in der Zeit des Kapitalismus der freien Konkurrenz. Typisch für das polnische Dorf blieb also weiterhin das Nebeneinander von Gut und Bauernwirtschaft.

In den westlichen Landesteilen (das heißt im preußischen Teilgebiet und im Westen des Königreiches Polen) wurden die Güter immer mehr zu kapitalistischen Betrieben, die Lohnarbeiter beschäftigten, die Produktion rentabel zu gestalten suchten und darauf eingestellt waren, solche Waren zu liefern, die den wachsenden Marktbedürfnissen entsprachen. Dagegen wirtschafteten im Osten des Königreichs sowie in den Gebieten, die vor den Teilungen zu Polen gehört hatten, aber ethnisch nichtpolnisch waren, die Güter ähnlich wie ein beträchtlicher Teil der Großwirtschaften in Galizien weiterhin halbfeudal. Neben der regulären Lohnarbeit hatte wie zuvor das Abarbeiten der Bauern große Bedeutung, das sich jetzt nicht, wie vor der Agrarreform, aus dem Rechtstitel des Gutsherrn, sondern aus dem in diesen Gebieten entstandenen System ökonomischer Beziehungen ergab. Das übervölkerte Dorf war nicht imstande, sich ganz ohne Hilfe des Gutes wenigstens minimale materielle Existenzbedingungen zu sichern. Der ärmere Bauer borgte vor der Ernte Korn vom Gut. Dieses Darlehen mußte er nicht nur zurückzahlen, sondern er war zusätzlich gezwungen, dafür einige Tage oder auch zwei Wochen lang Abarbeit auf dem Herrenland zu leisten. In ähnlicher Weise mußte der Bauer, wenn er kein Pferd besaß und sich eines auslieh, dafür eine bestimmte Anzahl von Tagewerken auf dem Gutsland abarbeiten. Der Großgrundbesitz stützte sich also weiterhin in beträchtlichem Maße, besonders während des Hauptarbeitsanfalls, auf unbezahlte oder sehr gering bezahlte Arbeitskräfte.

Während die kapitalistischen Güter immer mehr zu intensiven Formen der Bewirtschaftung übergingen, beschränkte sich der nichtkapitalistische Großgrundbesitz weiter-

polscy w Cesarstwie Rosyjskim (Die Jahre 1870–1918. Königreich Polen, Region Bjelostok, polnische Arbeiter im Kaiserreich Rußland), u. d. Redaktion v. Stanisław Kalabiński, Warschau 1978.

hin auf extensive Wirtschaftsmethoden. Das hing mit dem Mangel an Kapital zusammen, ohne welches die für eine Umstellung von extensiver auf intensive Wirtschaft, also für Meliorationsarbeiten, für den Kauf moderner Produktionsinstrumente, für die Verwendung von künstlichen Düngemitteln und für die Verarbeitung der landwirtschaftlichen Erzeugnisse auf dem eigenen Gut, notwendigen Investitionen und auch die Bezahlung von Lohnarbeitern nicht möglich waren. Während die kapitalistischen Güter sich recht dynamisch entwickelten, stießen also die mit traditionellen Methoden betriebenen Wirtschaften auf zahlreiche Schwierigkeiten, die sie oft in so hohe Verschuldung geraten ließen, daß ihren Eigentümern kein anderer Ausweg blieb als ihren Boden ganz oder teilweise zu verkaufen.

Die Ausbreitung kapitalistischer Wirtschaftsformen erfaßte nicht nur den Guts-, sondern auch den bäuerlichen Besitz, obwohl letzterer unvergleichlich weniger mit dem Markt verbunden war. Ein großer, wenn auch schwer zu bestimmender Teil der Bauernhöfe, die sich im Besitz kleiner Warenproduzenten befanden, betrieb größtenteils Naturalwirtschaft, das heißt, sie waren vor allem auf die Befriedigung des Eigenbedarfs der Bauernfamilie eingestellt. Ein Teil der Produktion wurde nur deswegen verkauft, weil Steuern bezahlt und elementare industrielle Erzeugnisse (z. B. Salz, Petroleum, Nägel, Metallteile für landwirtschaftliche Geräte, Geschirr) gekauft werden mußten. Verkaufen war jedoch nicht das Ziel der Produktion, sondern nur gewissermaßen eine Begleiterscheinung des Lebens in der kapitalistischen Gesellschaft. Daher gab es in den Bauernwirtschaften (außer in den westlichen Gebieten und in der Umgebung der großen Städte) keine Spezialisierung, kein bewußtes Bestreben, sich den Bedürfnissen des sich mit der Industrialisierung und Urbanisierung immer mehr entfaltenden städtischen Marktes anzupassen.

Charakteristisch für die polnische Landwirtschaft war in den Jahren 1900–1913 nach wie vor ihre ungleichmäßige Entwicklung und die von West nach Ost, in Richtung der historischen Grenzen des polnischen Staates aus der Zeit vor den Teilungen, zunehmende Rückständigkeit. Der jeweilige Grad der Entwicklung ergab sich vor allem daraus, ob ein aufnahmefähiger Markt für landwirtschaftliche Erzeugnisse vorhanden war oder nicht. Die Möglichkeit eines einträglichen Absatzes von Agrarprodukten war Hauptgrund und Bedingung für die Umgestaltung der Landwirtschaft. Angesichts der starken Entwicklung der Industrie in Deutschland, mit der die Erzeugung von Lebensmitteln und landwirtschaftlichen Rohstoffen nicht Schritt hielt, eröffnete sich für Preußisch-Polen die reale Chance einer raschen Entwicklung der landwirtschaftlichen Produktion. Auch in einigen Gegenden des Königreichs Polen (besonders in seinem westlichen Teil und in der Umgebung der großen Industriezentren) regte die Entstehung eines Marktes für landwirtschaftliche Erzeugnisse die Landwirtschaft an, diesen Bedarf zu befriedigen. Dort aber, wo Urbanisierung und Industrialisierung erst ihre ersten Schritte taten oder überhaupt noch nicht zu spüren waren (Galizien, Ostgebiete), besaß auch die Landwirtschaft keine Entwicklungsbedingungen. Daher war die Rückständigkeit in jenen Landesteilen am größten und konnte ohne Veränderung der objektiven, nicht von den Landwirten abhängigen Bedingungen nicht überwunden werden. Obendrein war Rußland – mit seiner riesigen Bodenfläche – ein großer Lebensmittelexporteur, ähnlich wie es in Österreich-Ungarn die der ungarischen Krone unterstehenden Länder waren. Der Landwirtschaft der diesen beiden Mächten unterworfenen Teilgebiete Polens war dadurch die Perspektive einer nicht auf den einheimischen Markt, sondern auf die Ausfuhr nach Rußland oder Österreich gestützten Entwicklung versperrt. Eine derartige Perspektive hatte nur das preußische Teilgebiet.

Der Eintritt der polnischen Gebiete als Ganzes in das Stadium des Monopolkapitalismus brachte es mit sich, daß sich die Landwirtschaft – sowohl die kapitalistische wie auch die traditionelle – im Wirkungsbereich der Marktgesetze befand. Sie machten sich hauptsächlich durch Preisschwankungen bemerkbar, die größtenteils – wenn auch nicht nur – von den Phasen der Industriekonjunktur abhingen. Im allgemeinen führte eine günstige Konjunktur, indem sie wachsende Produktion und Beschäftigung in der Industrie hervorrief, zu steigendem Bedarf an Artikeln aus der ländlichen Produktion, seien es Rohstoffe für die Fabriken, seien es Lebensmittel für die ihren Lebensunterhalt in der städtischen Produktion verdienende Bevölkerung. Ein Rückgang der Konjunktur löste umgekehrte Tendenzen aus, also nachlassenden Bedarf an Ackerfrüchten, was sich im sofortigen Preisfall äußerte. Selbstverständlich wurde die Fluktuation der Preise für vom Dorf erzeugte Waren nicht nur durch Phasenwechsel der Wirtschaftskonjunktur beeinflußt, sondern auch durch natürliche Faktoren, also durch gute und schlechte Ernteerträge. Von wesentlicher Bedeutung für die Agrarpreisgestaltung und damit für die Lage eines beträchtlichen Teils der mit der landwirtschaftlichen Produktion verbundenen Bevölkerung war der Export und Import landwirtschaftlicher Erzeugnisse. Der Zustrom billigen amerikanischen Getreides nach Europa – im Zusammenhang mit der Verbilligung der Seetransportkosten – oder billigen russischen Getreides nach Westeuropa – ein Resultat des Ausbaus des Eisenbahnnetzes – rief weitere Veränderungen der Preise für landwirtschaftliche Erzeugnisse hervor.

Vom Einfluß der Krise 1900–1903 auf die Industrie war schon die Rede. Sie traf auch die Landwirtschaft. Im russischen Teilgebiet kam es zu einem Preissturz für landwirtschaftliche Erzeugnisse, und zu allem Unglück brachte die Mißernte 1901 einen Rückgang der Getreideproduktion um fast ein Viertel. Wegen des Futtermangels verkauften die Bauern Pferde und Rinder spottbillig. 1903 kam es dann im Sommer zu riesigen Überschwemmungen, und 1904 ließ eine Dürre die Erträge um 42 % gegenüber dem Jahre 1900 absinken. Der Preisfall bei bestimmten Produkten und die Naturkatastrophen verursachten eine Verschlechterung der Lage der Landbevölkerung. Den von der Katastrophe betroffenen ärmsten Schichten bereitete die Kartoffelmißernte die größte Schwierigkeit. Gleichzeitig wuchs die finanzielle Belastung des Dorfes. Die Steuern blieben auf dem bisherigen Niveau (dabei lagen sie im Königreich Polen höher als in anderen Teilen des russischen Staates). Im Jahre 1900 wurde die allgemeine Zwangsversicherung gegen Feuer eingeführt. Das war zweifellos sehr nützlich und notwendig, doch für das Dorf stellten die recht hohen Versicherungssätze eine zusätzliche Belastung dar. Dabei hatte der bäuerliche Besitz größere Lasten zu tragen als der Gutsbesitz. Das ergab sich aus dem Versicherungsgrundsatz, daß für Holzgebäude (die mehr feuergefährdet sind) höhere und für gemauerte Gebäude niedrigere Sätze zu zahlen sind. Die bäuerlichen Bauten waren hauptsächlich aus Holz, ihre Häuser mit Stroh gedeckt, dagegen hatten die Güter mehr Steinbauten mit unbrennbaren Ziegeldächern.

Zwar hatten die wiederholten Naturkatastrophen steigende Preise für landwirtschaftliche Produkte zur Folge, doch bedeutete das nicht, daß sich für alle sozialen Gruppen auf dem Lande die Lage besserte. Die Preise stiegen hauptsächlich vor der Ernte, wenn die ärmeren Bevölkerungsschichten bereits gezwungen waren, Lebensmittel hinzuzukaufen. Das diente den Großgrundbesitzern und wohlhabenden Bauern, die einen Teil der Erträge bis zum Frühjahr aufbewahren und erst dann verkaufen konnten, zur Bereicherung.

Auch innerhalb des größten Grundbesitzes kam es zu Veränderungen. Während der Krise entstanden sogenannte landwirtschaftliche Syndikate, eine Art Gutsbesitzergesellschaften, die den Zweck verfolgten, beim Absatz der auf den großen Gütern produzierten Waren und beim Kauf notwendiger Geräte, Maschinen, Düngemittel u. dergl. zu vermitteln und bei der Intensivierung der Produktion zu helfen. Handelstätigkeit nahmen auch spezielle Abteilungen der landwirtschaftlichen Gesellschaften in den Gouvernements auf. In Verbindung mit ihnen entstanden auch – zunächst nicht viele – Handelsgesellschaften, die reiche Bauern zusammenführten. Diese und andere Unternehmungen erleichterten eine gewisse Intensivierung der Produktion in der Landwirtschaft. Sie war charakteristisch für die Landwirtschaft kapitalistischen Typs, die auf diese Weise bemüht war, die negativen Folgen der Krise zu mildern. Erschwert wurde das aber durch die Politik der großen Aktiengesellschaften und der Monopolorganisationen der Industrie. Sie versuchten, sich vor dem wirtschaftlichen Zusammenbruch zu retten, indem sie die Preise für die der Landwirtschaft gelieferten Waren, also für Kunstdünger, Eisenwaren, Landmaschinen und andere in der modernen ländlichen Wirtschaft benötigte Artikel anhoben oder wenigstens trotz des allgemeinen Preisfalls nicht herabsetzten. Das führte zu Konflikten zwischen den landwirtschaftlichen Organisationen und den industriellen Verbänden. Als Sieger gingen aus diesem Kampf im allgemeinen die Monopole und nicht die zersplitterte Landwirtschaft hervor.

In geringerem Maße bekam die Landwirtschaft der beiden übrigen Teilgebiete die Krisenschwierigkeiten zu spüren. Im preußischen Teilgebiet erleichterten das hohe Niveau der Agrarwirtschaft und zugleich die weiten Möglichkeiten, in den industrialisierten Teilen des deutschen Reichs landwirtschaftliche Erzeugnisse und deren Verarbeitungsprodukte zu verkaufen, die Überwindung der wirtschaftlichen Schwierigkeiten. Im österreichischen Teilgebiet dagegen bewirkten gerade der niedrige Entwicklungsstand der Warenwirtschaft auf dem Lande und das Dominieren von Naturalformen der Bedürfnisbefriedigung, daß die Bauern von Marktkonjunkturen weniger abhängig waren.

Im letzten Jahrzehnt vor Ausbruch des ersten Weltkrieges verbesserten sich die Bedingungen der Agrarproduktion etwas. Im Vergleich zu den Jahren 1901–1905 (Jahresdurchschnittspreise) lagen im Königreich Polen zum Beispiel im Jahre 1912 die Preise für Roggen im Herbst um 30 %, für Weizen um 39 %, für Hafer um 23 %, für Kühe um 88 %, für Schweine um 42 % höher.[30] Einen Preisanstieg gab es auch im preußischen Teilgebiet, wo z. B. die Weizenpreise von 1904 bis 1914 um 15 % stiegen.

Gleichzeitig nahmen die Hektarerträge zu, wie Tabelle 10 zeigt.

Die Tabelle 10 enthält interessantes Material sowohl zur Dynamik der Zunahme der

Tabelle 10

Mittlere Hektarerträge in Jahrfünften (in Dezitonnen)

	Königreich Polen		Großpolen		Pommerellen		Westgalizien	
	1896–1900	1909–1913	1894–1898	1909–1913	1894–1898	1909–1913	1896–1900	1909–1913
Weizen	10,6	12,4	11,9	21,4	16,5	21,4	7,2	8,9
Winterroggen	8,4	10,9	7,8	10,6	8,6	9,5	8,2	10,7
Hafer	7,1	9,5	9,3	9,8	9,6	10,3	8,0	10,8
Wintergerste	9,0	11,5	11,8	21,6	12,4	13.2	8,3	10,5

Quelle: Zarys historii gospodarstwa wiejskiego w Polsce (Abriß der Geschichte der Landwirtschaft in Polen), Bd. III, Warschau 1970, S. 375.

[30] *Rocznik statystyczny Królestwa Polskiego. Rok 1914* (Statistisches Jahrbuch des Königreichs Polen. 1914), Warschau 1915, S. 106.

Hektarerträge wie auch hinsichtlich der Unterschiede zwischen den Teilgebieten. Am schnellsten stiegen die Erträge in den Gebieten mit kapitalistischer Landwirtschaft, das heißt in Großpolen und Pommerellen. In Großpolen wuchsen zum Beispiel die Weizenerträge um 80 %, in Pommerellen um 30 %, dagegen im Königreich Polen nur noch um 17 % und in Galizien um 24 %. Diese Angaben zeigen auch das wirtschaftliche Niveau der einzelnen Teilgebiete. Wenn wir die in Großpolen in den Jahren 1894–1898 erreichten Weizen-Hektarerträge gleich 100 setzen, so ergibt sich, daß sie im Königreich Polen 89 %, in Pommerellen 139 % und in Galizien nur 61 % erreichten. Ein entsprechender Vergleich für das Jahrfünft vor Ausbruch des ersten Weltkrieges zeigt, daß sich die relative Rückständigkeit der Landwirtschaft Galiziens und des Königreichs Polen gegenüber der Landwirtschaft des preußischen Teilgebiets noch vertieft hat. 1909–1913 betrugen die Weizen-Hektarerträge im Königreich Polen gerade noch 58 % und in Galizien sogar nur 42 % von denen in der Provinz Posen. Das zeugt davon, daß das Niveau des Ackerbaus in den verschiedenen Gegenden der polnischen Gebiete noch unterschiedlicher als früher geworden war.

Mit der Zunahme der Erträge vergrößerte sich auch das Gesamtaufkommen an Ackerfrüchten. Zum Beispiel stieg der gesamte Ernteertrag der vier Hauptgetreidearten (Weizen, Roggen, Hafer, Gerste) im Zeitraum vom Ende des 19. Jahrhunderts bis zu dem Jahrfünft 1909–1913 in Großpolen und Pommerellen um 104 %, in Galizien um 63 % und im Königreich Polen um 40 %.[31] Man muß dabei hervorheben, daß die Zunahme der Ernteerträge hauptsächlich durch die Erhöhung der Hektarerträge und nicht durch Erweiterung der bestellten Fläche erreicht wurde. Deren Zunahme war nämlich nur unbedeutend. Im Königreich Polen vergrößerte sich die Ackerfläche von 1894 bis 1909 lediglich um 2 %, in Galizien blieb sie unverändert, und im preußischen Teilgebiet nahm sie am meisten zu, aber auch nur um einige Prozent. Gleichzeitig waren weiterhin wesentliche Unterschiede in der Art und Weise, wie die landwirtschaftliche Nutzfläche in jedem der drei Teilgebiete verwendet wurde, sichtbar. So nahmen Äcker 1913 in Großpolen 85,0 %, 1909 im Königreich Polen 75,1 % und 1913 in Galizien 68,4 % der landwirtschaftlichen Nutzfläche ein. Indirekt zeugt das vom Intensitätsgrad der Nutzung des für landwirtschaftliche Bewirtschaftung geeigneten Bodens.

Auch in der Anbaustruktur gingen im Zeitabschnitt 1900–1913 recht wesentliche Wandlungen vor sich. So vergrößerte sich im Königreich Polen die Fläche, auf der die vier Hauptgetreidearten ausgesät wurden, um 3 %, in Westgalizien verringerte sie sich um 1 %, dagegen wuchs sie in Ostgalizien um nicht weniger als 9 %, in Pommerellen um 7 % und in der Provinz Posen um 11 % (für das preußische Teilgebiet bezieht sich der Vergleich auf den Zeitraum von 1893 bis 1913). Größer wurde auch die Kartoffelanbaufläche, im Königreich Polen um 2,5 %, in Galizien um 3 %, in Pommerellen um 3 % und in Großpolen ebenfalls um 3 %. Auch die mit Zuckerrüben bestellte Fläche nahm zu. Dagegen verringerte sich der Anbau einer Reihe anderer Kulturen, wie z. B. Raps und Rübsen, Flachs, Hanf, Tabak.

Veränderungen gab es auch in der Viehzucht. Besonders wichtig war sie in den kleinbäuerlichen Wirtschaften, wo die Schweinemast die Hauptquelle für die Erlangung der zur Bezahlung der Steuern und zum Kauf notwendiger Industriewaren erforderlichen Finanzmittel war, da die Ernteerträge in den Hauptkulturen des Ackerbaus nicht ausreichten, um Überschüsse auf den Markt bringen zu können.

[31] *Zarys historii gospodarstwa wiejskiego*, a. a. O., S. 367.

Tabelle 11

Entwicklung der Viehzucht in den polnischen Gebieten (ohne Galizien) von 1900 bis 1912 (in 1000 Stück)

Gebiet	Jahr	Pferde	Rinder	Schweine
Großpolen	1900	264	869	772
	1912	298	911	1115
Pommerellen	1900	244	638	627
	1912	271	714	933
Königreich Polen	1900	1392	2823	1499
	1907	1222	2375	734

Quelle: Unsere Tabelle 5; Zarys historii gospodarstwa wiejskiego . . ., a.a.O., S. 494, 496, 516f., 531.

Im Königreich Polen z. B. hielten im Jahre 1907 die Großgrundbesitzer nur 18 %, die Bauern 70 % der Rinder; bei Schweinen waren die entsprechenden Anteile 13 % und 74 %. Auch im preußischen Teilgebiet wurden Rinder und Schweine hauptsächlich in Bauernwirtschaften gehalten; die Güter hatten 1912 nur 27 % der Rinder und 23 % der Schweine, die Bauern 69 % der Rinder und 67 % der Schweine. Anders lagen die Proportionen nur in der Schafzucht, wo die Güter eindeutig mehr Tiere hielten.

Über die Veränderung der Kopfzahl vom Ende des 19. Jahrhunderts bis zur Zeit vor dem ersten Weltkrieg sind in Tabelle 11 verfügbare Angaben zusammengestellt, die aber mit Vorsicht zu betrachten und aus denen nur unter Vorbehalt Schlüsse zu ziehen sind. Es existierte nämlich praktisch keine exakte Statistik über die Viehhaltung, und die in verschiedenen Quellen enthaltenen Informationen weichen stark voneinander ab. Ob z. B. im Königreich Polen die Kopfzahl der genannten Tierarten tatsächlich von 1900 bis 1907 zurückging oder ob die angeführten Zahlen auf Fehlern der Statistik beruhen oder ob in den verschiedenen Jahren unterschiedliche Territorien zugrundegelegt wurden, läßt sich nicht mit Sicherheit beurteilen. Vor die Frage gestellt, mangels zuverlässiger Angaben ganz auf Zahlen zu verzichten oder dem Leser doch wenigstens eine ungefähre quantitative Vorstellung zu vermitteln, entschieden wir uns für letzteres.

Bei der Analyse der Lage in der Landwirtschaft nach Beendigung der Krise 1900–1903 haben wir festgestellt, daß eine Besserung eintrat. Das resultierte vor allem aus der Erweiterung der Absatzmärkte. Die Entwicklung der Industrie im Königreich Polen und der damit verbundene Zuwachs der Stadtbevölkerung zwangen dazu, immer größere Getreidemengen heranzuschaffen. Noch 1894 waren für 2,8 Millionen Rubel mehr Getreide aus dem Königreich aus- als eingeführt worden. Seit 1895 aber überstieg die Einfuhr die Ausfuhr. 1897 erreichte dieser Überschuß 3,6 Millionen Rubel. Um 1910 importierte das Königreich Polen Getreide und Getreideerzeugnisse, Futterpflanzen, Heu und Kartoffeln für 12,8 Millionen Rubel mehr als es exportierte. Die größten Importpositionen bildeten Weizenmehl, Roggen, Hafer, Grütze, die größten Exportpositionen Kleie, Saatgut für Futterpflanzen, Ölkuchen. Ähnlich unzureichend war die Getreideproduktion Galiziens, was an der Übervölkerung des Landes und am niedrigen Stand der Ackerkultur lag. Daher führte Galizien um 1910 für 25 Millionen Kronen mehr Getreide und Getreideerzeugnisse, Kartoffeln und Heu ein, als es ausführte.

Anders gestalteten sich die Verhältnisse im preußischen Teilgebiet. Außer Oberschlesien war dies ein Territorium mit hohen Überschüssen an landwirtschaftlichen Erzeugnissen.

Es führte davon für 104 Millionen Mark mehr aus als ein. Die Ausfuhr ging vor allem in die Industriegebiete des deutschen Reiches.

Unter dem Einfluß der Konjunkturbesserung erfolgte in allen drei Teilgebieten Polens allmählich eine Intensivierung der landwirtschaftlichen Produktion. Doch verlief dieser Prozeß in jedem Teilgebiet unter anderen Bedingungen und in anderen Formen.

Im Königreich Polen wurde die Parzellierung des Großgrundbesitzes aufgehalten, er begann sogar wieder langsam zuzunehmen. Hatten 1901 die Güter 4,3 Millionen ha umfaßt, so verringerte sich 1906 ihre Fläche auf 3,6 Millionen ha, um 1909 erneut auf 3,9 Millionen ha anzuwachsen. Diese Zahlen zeigen, daß Anfang des 20. Jahrhunderts der Verfall der Güter, die sich den Bedingungen nach den Agrarreformen nicht hatten anpassen können, aufhörte. Wir verfügen nicht über analoge Angaben bezüglich der Struktur des kleinen Grundbesitzes. Doch können wir die Ansicht vertreten, daß auch der Prozeß, in dem die großen autarken Bauernwirtschaften – ein Relikt der vor den Agrarreformen herrschenden Verhältnisse – verfielen und liquidiert wurden, seinem Ende nahe war. Von 1870 bis 1904 sank die Zahl der Bauernwirtschaften mit mehr als 15 Morgen um 35 %, dafür nahm die Zahl der Wirtschaften mit 3 bis 15 Morgen im gleichen Zeitraum um 110 % zu.[32]

Gleichzeitig verstärkte sich der Schichtungsprozeß. Es gab die Tendenz, daß die kleine Gruppe vermögender Landwirte, die zugleich überdurchschnittlich viel lebendes Inventar besaß, Land ankaufte. Andererseits waren die armen Wirtschaften mit Schulden belastet, und die Zahlung der Zinsen verschlang einen beträchtlichen Teil der Einkünfte. Die sozialen Unterschiede vergrößerten sich insbesondere in den Regionen, wo es leicht war, Produkte zu verkaufen (nahe einer großen Stadt oder einer Eisenbahnstation). Auf diese Weise kam der Übergangsprozeß von der feudalen zur kapitalistischen Wirtschaft im Königreich Polen zum Abschluß. Es muß jedoch betont werden, daß zu jener Zeit sich dieser Prozeß nicht in allen Gegenden des Landes vollendete. Die Ware-Geld-Beziehungen waren in den östlichen Kreisen, besonders in der Gegend von Suwalki und in Podlasien, am schwächsten ausgebildet. Naturalwirtschaft gab es auch noch im kurpischen Dorf, in den Gebieten nördlich von Warschau.

Mit der Entwicklung kapitalistischer Verhältnisse bildete sich neben der Schicht der großen Eigentümer und der Schicht der vermögenden Landwirte ein zahlreiches ländliches Halbproletariat und Proletariat. Für 1901 wird die Zahl der Landproletarier (die gar kein Land besaßen) auf mindestens 1,2 Millionen und die Zahl der Halbproletarier (die Zwergwirtschaften besaßen) auf mindestens 1,3 Millionen geschätzt.

Parallel zu den Wandlungen der gesellschaftlichen Verhältnisse änderte sich die landwirtschaftliche Produktionstechnik. Vergleicht man die jeweiligen Durchschnitte der Jahre 1906–1914 mit denen der Jahre 1898–1901, so vervierfachte sich der Umfang der Meliorationen, der Verbrauch von künstlichen Düngemitteln nahm um ein Vielfaches zu, blieb aber weiterhin verhältnismäßig gering, und es wurden immer mehr Landmaschinen eingesetzt. Dadurch war es möglich geworden, die oben dargestellte Ertragssteigerung zu erreichen. Alle diese „Neuerungen" waren in unterschiedlichem Grade für Großgrundbesitz und Bauernwirtschaften zugänglich. Vor allem nutzte sie der Großgrundbesitz, der über die notwendigen Finanzmittel verfügte. Die Ertragssteigerung in den Bauernwirtschaften beruhte vor allem auf der besseren Durchführung der traditionellen agrotechnischen Maßnahmen, der Anwendung etwas vervollkommneter landwirtschaftlicher

32 *Rocznik statystyczny*, a. a. O., S. 76.

Geräte und immer größeren Anwendungen lebendiger Arbeit. Wichtig war auch, daß nach der Revolution von 1905, als polnische Bildungsorganisationen gegründet werden konnten, das landwirtschaftliche Bildungswesen sich schnell entfaltete. Diese Organisationen legten großen Nachdruck auf die Hebung des Lebensniveaus der Bauern und schenkten der Verbreitung landwirtschaftlicher Bildung, der Schaffung ländlicher Genossenschaften u. dergl. besondere Aufmerksamkeit.

Trotz der vor sich gehenden Wandlungen spielten in der Landwirtschaft des Königreichs Polen weiterhin Überreste der Feudalordnung eine große Rolle.[33] Das resultierte vor allem daraus, daß die Güter die dominierende Position auf dem Lande innehatten. Sie verfügten über 42 % des Bodens.[34] Das Gut beschäftigte Arbeiter, die großenteils mit Naturalien entlohnt wurden. Es deutete die in den benachbarten Dörfern lebenden Landarmen und Landlosen aus, indem es ihre Arbeit viel niedriger als die seiner ständigen Arbeiter vergütete. Letzteres war besonders für den östlichen Teil des Königreichs Polen charakteristisch. Der landarme Bauer mit Familie konnte sich nicht von der eigenen Wirtschaft erhalten, zugleich aber zusätzlichen Verdienst auch nicht allzu fern seinem Zuhause suchen. Diese Situation nutzte das Gut aus, das unter diesen Umständen die einzige Verdienstquelle war. Ein anderes Überbleibsel aus der Epoche vor den Agrarreformen war das Fortbestehen von Servituten. Obwohl bis Anfang des Jahres 1912 im Königreich Polen gegen Aufhebung von Servituten mehr als 1 Million Morgen Land (ungefähr 0,5 Millionen ha) in die Hände von Bauern übergegangen waren, besaßen zu diesem Zeitpunkt 4652 Dörfer, Kleinstädte und Städte immer noch Servitutenrechte.[35] Die bestehenden Servituten machten es dem Großgrundbesitz unmöglich, auf den damit belasteten Böden die Produktion zu intensivieren.

In Galizien dauerte im letzten Jahrzehnt vor Ausbruch des ersten Weltkrieges der Prozeß der Parzellierung des Gutsbesitzes an. Von 1902 bis 1912 verminderte sich die Fläche des Tabulareigentums (so wurde der Gutsbesitz in Österreich bezeichnet) um 243000 ha, das sind 14 %. Die Parzellierung schritt in Westgalizien schneller und im Bezirk Lemberg langsamer voran. Gleichzeitig fand in einigen Gegenden mit entwickelterer Warenwirtschaft eine Bodenkonzentration statt. Sie beeinflußte aber nicht grundsätzlich das Gesamtbild der galizischen Landwirtschaft. Wegen der Unterentwicklung der Industrie gab es bei der großen Übervölkerung des Dorfes fast keine Möglichkeit, von landwirtschaftlichen Tätigkeiten zu anderen Erwerbsarten überzuwechseln. Die aufeinanderfolgenden Bauerngenerationen teilten den Boden in immer kleinere Grundstücke. Nur wenig konnte die Emigration diesen Prozeß abschwächen. In gewissem Maße wirkte ihm die Reemigration aus den Vereinigten Staaten von Amerika entgegen. Die Rückkehrer legten oft die mitgebrachten Ersparnisse in Grund und Boden an und schufen so etwas größere Wirtschaften, nicht selten auf parzelliertem Gutsland.

Die Intensivierung der landwirtschaftlichen Produktion machte in Galizien langsame Fortschritte. Man bemühte sich, sie vor allem durch Unterstützung des landwirtschaftlichen Bildungswesens zu beschleunigen. Es wurden auch Versuche unternommen, die schachbrettartige Fluraufteilung zu beseitigen. Dazu sollte die Zusammenlegung von Grundstücken dienen. Doch wegen der allzu komplizierten Rechtsvorschriften brachte

[33] Näheres siehe *Groniowski, K.*, Kwestia agrarna, a.a.O., S. 128–167.

[34] *Rocznik Polski. Tablice statystyczne* (Jahrbuch Polens. Statistische Tabellen), hrsg. v. Eugeniusz Romer und Ignacy Weinfeld, Kraków 1917, S. 41.

[35] *Rocznik statystyczny*, a. a. O., S. 77.

diese Aktion nur sehr geringe Resultate. Bis 1912 waren lediglich 4000 ha kommassiert. Man bemühte sich auch, für die Bauern vervollkommnete Geräte einzuführen. Hierbei bestand aber praktisch die größte Errungenschaft darin, daß mit Eisenteilen ausgestattete Geräte, wie z. B. eine Egge mit Eisenzinken oder ein Pflug mit eisernem Streichbrett, Verbreitung fanden.

Ganz anders gestalteten sich die Verhältnisse im preußischen Teilgebiet. Hier setzte sich die Parzellierung des Großgrundbesitzes fort, vor allem zugunsten der größeren Bauernwirtschaften. Die Parzellierung erfolgte jedoch hauptsächlich unter dem Einfluß der deutschen Staatspolitik. Von 1882 bis 1907 vergrößerte sich die Gesamtfläche der Wirtschaften mit weniger als 20 ha in Großpolen und Pommerellen um 399000 ha. Bis Ende 1915 erwarb und verkaufte die staatliche Ansiedlungskommission in demselben Territorium 438000 ha. Die private Parzellierung spielte im preußischen Teilgebiet keine große Rolle. Der Tätigkeit der Ansiedlungskommission widersetzten sich die polnischen landwirtschaftlichen Organisationen. Zwar erklärten sich nur wenige der größten Gutsbesitzer im Jahre 1900 bereit, in einem Aufruf Grundbesitzer, die ihre Güter an die Ansiedlungskommission verkauften, zu verurteilen, doch gründeten die aktivsten eine Gesellschaft, die für in finanziellen Schwierigkeiten befindliche und dadurch möglicherweise zum Verkauf von Land genötigte polnische Güter Hilfe organisierte. Es entstanden auch Gesellschaften, die Parzellierungen so durchführten, daß das Land an polnische Käufer gelangte. Infolgedessen erwarb die Ansiedlungskommission größtenteils Land von Eigentümern deutscher Nationalität. Von 1900 bis 1912 kaufte sie z. B. 462 deutsche und nur 75 polnische Güter. Ähnlich war es mit dem Landkauf aus bäuerlicher Hand. So ging trotz der Aktivitäten der Kommission der Besitzstand der Deutschen sogar etwas zurück.

Im Jahre 1908 beschloß der preußische Landtag gegen die Opposition sogar eines großen Teils der deutschen Rechten, der eine Verletzung des heiligen Rechts auf Privateigentum befürchtete, ein Gesetz, das erlaubte, Polen gehörendes Land gegen Entschädigung zu enteignen. In Anbetracht des Unwillens der öffentlichen Meinung wurden die neuen Vorschriften erst im Oktober 1912 in Anwendung gebracht, als die preußische Regierung sich entschloß, vier polnische Güter zugunsten der Ansiedlungskommission zu enteignen. Weitere ähnliche Aktionen verhinderte der Kriegsausbruch.

Die gute landwirtschaftliche Konjunktur und beinahe unbeschränkte Absatzmöglichkeiten bewirkten, daß die Landwirte im preußischen Teilgebiet bestrebt waren, ihre Produktion maximal zu intensivieren. Die im Vergleich zu den anderen Teilgebieten hohen Arbeitslöhne machten sie geneigt, lebendige Arbeit einzusparen. Sehr schnell schritt die Mechanisierung der Feldbestellung voran. 1907 setzten 542 Güter in Großpolen und 249 in Westpreußen Dampfpflüge ein. Nicht nur die großen Güter, sondern auch viele Bauern verwendeten landwirtschaftliche Maschinen. 1907 war das in der Provinz Posen in 80 % der Wirtschaften mit mehr als 5 ha der Fall.[36] 1902 begann der Einsatz von Elektromotoren. Es erhöhte sich auch der Verbrauch von Kunstdünger. 1906 wurden pro 100 ha im Durchschnitt 1185 kg gestreut, während der Durchschnitt für ganz Preußen im selben Jahre nur 786 kg betrug. Schnell wurden Meliorationen vorgenommen. Vor dem ersten Weltkrieg waren mehr als 400 Meliorationsgesellschaften tätig, wovon 156 ausschließlich Bauern zu Mitgliedern hatten.[37] Das beweist, daß sich die Intensivierung der Produktion

36 *Kieniewicz, Stefan*, Historia Polski (Geschichte Polens), Bd. 2: 1795–1918, Warschau 1975, S. 371.

37 *Rutkowski, J.*, Historia, a. a. O., S. 281–284.

nicht auf den Großgrundbesitz beschränkte, sondern auch bäuerliche, selbstverständlich vorwiegend große Wirtschaften erfaßte.

Die Intensivierung der landwirtschaftlichen Produktion auf den Gütern machte es notwendig, ständige und – für Saisonarbeiten – nichtständige Landarbeiter zu beschäftigen. Saisonarbeiter kamen im allgemeinen aus dem Königreich Polen und Galizien sowie aus der Slowakei. Die Saisonwanderung zur Arbeit auf den Gütern Preußisch-Polens resultierte einerseits daraus, daß in Galizien und im Königreich Polen die Dörfer stark übervölkert waren, andererseits daraus, daß die Saisonarbeiterlöhne in Großpolen und Pommerellen um 19 bis 32 % höher lagen als in den übrigen Teilgebieten Polens.

Die entwickelte, für den Markt produzierende Landwirtschaft des preußischen Teilgebiets bedurfte einer angemessenen Handelsorganisation. Seit Beginn des 20. Jahrhunderts entwickelten sich Ein- und Verkaufsgenossenschaften, die sich „Rolnik" (Landwirt) nannten und deren Aufgabe es war, landwirtschaftlichen Handel zu treiben. 1912 gab es 56 solcher Genossenschaften mit 8126 Mitgliedern. Daneben waren Parzellierungs-, Meliorations- und Kreditgenossenschaften tätig. Die schnelle Entwicklung verschiedener Formen von Genossenschaften, die überwiegend wohlhabendere Bauern vereinigten, war für das preußische Teilgebiet charakteristisch.

Die Agrarstruktur aus der Zeit vor dem ersten Weltkrieg blieb auf Jahrzehnte hinaus für das polnische Dorf bestimmend. Noch heute beobachten wir Unterschiede zwischen den ehemaligen Teilgebieten nicht nur in der Agrarstruktur, sondern auch im Wirtschaftsniveau. Die Gründe dafür liegen unter anderem in der Tatsache – wir werden später darauf zurückkommen –, daß in der Zeit zwischen den beiden Weltkriegen in Polen keine größeren Veränderungen der Agrarverhältnisse stattfanden. Die Unterschiede zwischen den einzelnen Teilgebieten hinsichtlich der Struktur des Grundbesitzes zeigt Tabelle 12.

Tabelle 12

Struktur des Grundbesitzes in polnischen Gebieten am Beginn des 20. Jahrhunderts

Wirtschaftsfläche in ha	Zahl der Wirtschaften in %			Eingenommene Fläche in %		
	Kgr. Polen	Galizien	Großpolen	Kgr. Polen	Galizien	Großpolen
bis 2	22,8	46,2	55,1	2,5	8,1	2,7
2– 5	34,8	35,3	12,6	12,7	20,3	4,1
5–10	27,4	13,6	12,4	19,4	16,1	8,3
10–20	11,8	3,5	12,5	15,6	8,2	17,4
20–50	3,0	0,7	5,5	8,7	4,0	15,8
über 50	0,9	0,7	1,9	41,1	43,3	51,7

Quelle: Kieniewicz, Stefan, Historia Polski (Geschichte Polens), Bd. 2: 1795–1918, Warschau 1975, S. 376.

Aus dieser Tabelle ergibt sich, daß in Galizien die Wirtschaften am meisten aufgesplittert waren. Bäuerliche Betriebe mit mehr als 20 ha machten nicht ganz 1 % aller Wirtschaften aus und nahmen nur 4 % des Bodens ein. Im Gegensatz dazu stand das preußische Teilgebiet. Zum Beispiel hatten in Großpolen nahezu 6 % aller Wirtschaften eine Fläche von 20 bis 50 ha, und sie verfügten über 16 % des Bodens.

Die Agrarstruktur entsprach dem Entwicklungsgrad kapitalistischer Verhältnisse in jedem Teilgebiet. Sie spiegelte auch die materielle Lage des Dorfes wider.[38] In Galizien war diese am schwersten; es gab Landarme in Massen, der Boden war nur wenig ergiebig, und es bestand keine Aussicht, an Ort und Stelle zusätzlichen Verdienst zu finden. Deshalb brachte gerade Galizien die größte Zahl von Auswanderern für immer und Saisonwanderern hervor, die ihr Brot in der Fremde suchten. Die Situation im Königreich Polen war für viele Gruppen der Bauernschaft nicht weniger schwer, aber die sich hier entwickelnde Industrie schuf wenigstens gewisse Möglichkeiten, aus dem übervölkerten Dorf in die Stadt zu ziehen und eine unqualifizierte Arbeit in der Fabrik zu finden. Am besten war die materielle Lage der Bauern und Landarbeiter im preußischen Teilgebiet.

5. Das Kreditsystem

Mit der wirtschaftlichen Entwicklung der polnischen Gebiete machten auch das Bankwesen und das Kreditsystem in allen Teilgebieten in den Jahren 1900–1913 schnelle Fortschritte. Ein wichtiges Charakteristikum war das Nebeneinanderbestehen von Banken der Unterjocherstaaten und vom polnischen Kapital, oft allerdings unter Mitwirkung fremdländischen Kapitals gegründeter Banken. Sie dienten unterschiedlichen Zwecken. Den Banken der Unterjocherstaaten ging es vor allem um die Verwirklichung der von den Bedürfnissen ihres Landes diktierten Wirtschaftspolitik. Nicht immer stimmte sie mit den Entwicklungsinteressen der polnischen Gebiete überein. Zum Beispiel waren die deutschen Banken auf dem Boden Großpolens nicht um dessen Industrialisierung bemüht, denn dadurch wäre eine Konkurrenz für die Industrie im eigentlichen Deutschland geschaffen worden. Dagegen waren sie bestrebt, die Position der Deutschen in den Polen geraubten Gebieten zu stärken.

Eine grundlegende Rolle spielten in jedem Teilgebiet die Filialen der Emissionsbanken der Unterjocherstaaten. Sie regulierten den Geldumlauf und entschieden über den Kreditzinsfuß auf dem offiziellen Markt. Es sei daran erinnert, daß in jedem der Teilgebiete Polens die Währung des jeweiligen Unterjocherstaates im Umlauf war.

Neben den Filialen der Emissionsbanken existierten private Banken, die Kapitalisten aus den Unterjocherstaaten gehörten. Zum Beispiel erhielt im preußischen Teilgebiet die große und mittlere Industrie ihre Kredite von deutschen Banken, unter denen die D-Banken (Darmstädter Bank, Deutsche Bank, Disconto-Gesellschaft, Dresdner Bank) den Ton angaben. Daneben befanden sich in Händen deutscher Kapitalisten auch Banken mit Sitz im preußischen Teilgebiet selbst, zum Beispiel die Danziger Privat-Actienbank, die Ostbank für Handel und Gewerbe in Posen, die Bank für Handel und Gewerbe in Bromberg. Was das Kapital und die ausgeführten Bankgeschäfte anbetrifft, so übertraf die Ostbank für Handel und Gewerbe im Jahre 1913 die fünf größten in Großpolen tätigen polnischen Aktienbanken beträchtlich. Die Eigenkapitale aller polnischen Banken im preußischen Teilgebiet beliefen sich 1914 auf 21 Millionen Mark, das ist soviel wie eine deutsche Provinzbank im Durchschnitt besaß.

Ähnlich ausgebaut war das Netz der österreichischen Banken in Galizien. 1913 besaßen sechs Wiener Großbanken 20 Filialen und Expposituren; außerdem hatten vier böhmische Banken noch 4 Filialen.[39] Ferner waren von den in diesem Gebiet bestehenden acht

38 Näheres siehe *Historia chłopów polskich* (Geschichte der polnischen Bauern), Bd. 2: Okres zaborów (Die Zeit der Teilungen), u. d. Redaktion v. Stefan Inglot, Warschau 1972.

39 *Nowak, Henryk*, Bankowość w Polsce (Das Bankwesen in Polen), Bd. 1, Warschau 1932, S. 114–121.

polnischen Banken vier von deutschem oder österreichischem Kapital abhängig. Im Königreich Polen existierten Filialen russischer Privatbanken. Drei Petersburger Großbanken unterhielten fünf Filialen und die Rigaer Handelsbank drei Filialen.

Die polnischen Banken spielten in jedem der drei Teilgebiete grundverschiedene Rollen. Einige Angaben dazu enthält Tabelle 13. Sie zeigt den Anteil polnischer und anderer Banken, die in den einzelnen Teilgebieten das kurz- und langfristige Kredit- sowie das Einlagengeschäft betrieben.

Tabelle 13

Das Gewicht der einheimischen und auswärtigen Banken bei der Kreditgewährung und der Sammlung von Einlagen in den einzelnen Teilgebieten um 1913 (umgerechnet in Millionen Zloty der Parität von 1927)

	Gewährte Kredite		
	kurzfristige Kredite	langfristige Ablösungsanleihen	Einlagen
Einheimische Banken insges.	2205,9	1353,6	1256,9
Russisches Teilgebiet	1538,7	291,3	668,5
Österreichisches Teilgebiet	415,2	1062,3	357,5
Preußisches Teilgebiet	252,0	–	230,9
Auswärtige Banken insg.	980,0	1623,8	535,0
Russisches Teilgebiet	262,0	619,7	156,0
Österreichisches Teilgebiet	304,0	45,4	91,0
Preußisches Teilgebiet	414,0	958,7	288,0
Zusammen	3185,9	2977,4	1791,9

Quelle: Nowak, Henryk, Bankowość w Polsce (Das Bankwesen in Polen), Bd. I, Warschau 1932, S. 122.

Aus diesen Angaben geht hervor, daß im russischen Teilgebiet die einheimischen Banken die übrigen an Bedeutung übertrafen. Umgekehrt sah es im preußischen Teilgebiet aus, wo die auswärtigen Banken viel wichtiger als die einheimischen waren. Dabei sei darauf hingewiesen, daß hier unter einheimischen Banken nicht solche verstanden werden, in denen polnisches Kapital dominierte, sondern einfach solche, deren Sitz sich in den polnischen Gebieten befand. Die Einteilung in einheimische und auswärtige Banken entspricht also nicht der Einteilung in polnisches und ausländisches Kapital.

In allen Teilgebieten nahmen im Zeitabschnitt 1900–1913 und hauptsächlich in den letzten vier Jahren vor dem Kriege die Aktivitäten zur Gründung von Aktienbanken oder zur Umwandlung von Bankhäusern in Aktiengesellschaften zu (letzteres im Königreich Polen). So entstanden im Königreich 1910 die Bank Towarzystw Spółdzielczych (Bank der Genossenschaftsverbände) und die Bank dla Handlu i Przemysłu (Bank für Handel und Gewerbe), 1911 die Bank Przemysłowy Warszawski (Warschauer Industriebank), 1913 die Bank Zachodni w Warszawie (Westbank in Warschau) und 1914 die Bank Handlowy Wilhelm Landau S.A. (Handelsbank Wilhelm Landau A.G.), alle in Warschau. In Galizien entstanden 1910 die Galicyjski Ziemski Bank Kredytowy (Galizische Boden-Kredit-Bank), die Bank Przemysłowy dla Królestwa Galicji i Lodomerii wraz z Wielkim Księstwem Krakowskim (Industriebank für das Königreich Galizien und Lodomerien samt dem Großherzogtume Krakau), 1911 die Galicyjski Bank Ludowy dla Rolnictwa i Handlu (Galizische Volksbank für Landwirtschaft und Handel) und 1913 die Galicyjski Akcyjny Bank Kupiecki (Galizische Kaufmännische Aktienbank), sämtlich in Lemberg. Im preußischen Teilgebiet wurden nur zwei Banken neugegründet: 1902 die Poznański Bank Ziemski (Posener Landbank) und 1914 die Bank Dyskontowy w Bydgoszczy (Diskontbank in Bromberg). Die neuen Banken konnten aber die schon länger bestehenden Banken nicht aus ihrer maßgeblichen Position verdrängen. Im Königreich Polen behielt die Bank Handlowy w Warszawie S.A. (Handelsbank in Warschau A.G.) ihre Spitzenstellung, wie in Galizien die Bank Krajowy Królestwa Galicji i Lodomerii ... S.A. (Landesbank für das Königreich Galizien und Lodomerien ... A.G.) und im preußischen Teilgebiet die Bank Związku Spółek Zarobkowych S.A. (Verbandsbank der Erwerbsgenossenschaften A.G.) die führenden polnischen Banken blieben.

Ein Kennzeichen jener Zeit war auch die Erhöhung der Aktienkapitale der früher gegründeten Banken.

Mächtig weitete sich die Tätigkeit der Banken aus. Das kam im Anstieg sowohl des Grundkapitals wie des Reservekapitals wie auch der Summe der ausgereichten Kredite zum Ausdruck. Betrachtet man nur einmal diejenigen Banken, die in dem Ruf standen, daß in ihnen einheimisches Kapital dominiere (1913 wurden dazu 11 im Königreich Polen, 8 im österreichischen und 7 im preußischen Teilgebiet gezählt), so stieg in den Jahren 1900–1913 das Eigenkapital (in Millionen Złoty der Parität von 1927 umgerechnet) von 236 auf 699 Millionen und das Fremdkapital von 503 auf 1976 Millionen. Das war ein Riesensprung. Auch die Einlagen stiegen von 202 auf 1048 Millionen Złoty. Die gewachsenen Einlagen und Eigenkapitale gestatteten, den Umfang der gewährten Kredite schnell auszudehnen. Während die untersuchte Gruppe von Banken im Jahre 1900 kurzfristige Kredite für 421 Millionen Złoty vergab, waren es 1913 schon 1328 Millionen Złoty. Insgesamt gewährten alle in den polnischen Gebieten tätigen Banken im Jahre 1913 Kredite in Höhe von 6,5 Milliarden Złoty.[40]

Hervorgehoben zu werden verdient, daß die Banken eine vorsichtige und gesunde Kreditpolitik betrieben, denn die Einlagen erhöhten sich viel schneller als die vergebenen kurzfristigen Kredite. Infolgedessen ging in dem ganzen Untersuchungszeitraum in den polnischen Gebieten auch nicht eine einzige Bank bankrott.

Die gute Finanzwirtschaft kam auch darin zum Ausdruck, daß hohe Gewinne erzielt wurden. Das Verhältnis des Nettogewinns zum Grundkapital stellte sich in den Banken Galiziens auf durchschnittlich ungefähr 12 % pro Jahr, im Königreich Polen auf 11 % und in Großpolen auf nur 8 %. Dabei ergab sich die niedrigere Rentabilität der großpolnischen Banken nicht aus schlechterem Wirtschaften. Einerseits war sie Resultat der von der Reichsbank betriebenen Niedrigzinspolitik, andererseits hing sie damit zusammen, daß, wie Nowak es darstellt, „die polnischen Kreditinstitute ihre gesellschaftliche Rolle als Faktor der Selbstverteidigung und der wirtschaftlichen Unabhängigkeit der Nation hoch einschätzten und es deshalb für ihre Pflicht hielten, ihren Kunden zu einem niedrigeren Zinsfuß als die Reichsbank Kredit zu geben, obwohl sie angesichts der starken Konkurrenz der fremden Banken für die Einlagen höhere Zinsen zahlen mußten.“[41]

Ihrer veränderten Rolle gemäß beschränkten sich die Banken nicht darauf, Handels-

[40] Ebenda, S. 46 u. 107.
[41] Ebenda, S. 87.

operationen zu finanzieren und langfristige Kredite gegen Verpfändung von Hypotheken und Wertpapieren zu vergeben, sondern nahmen immer häufiger an der Leitung von Industrieunternehmen teil. Wir erwähnten schon, daß die Bank Handlowy w Warszawie die Leitung der Aktiengesellschaft Fitzner & Gamper und der Werke in Kramatorsk übernahm. Sie beteiligte sich auch an der Leitung vieler anderer Unternehmen, was darin zum Ausdruck kam, daß Vertreter der Bank in Vorständen und Aufsichtsräten einer Reihe von Aktiengesellschaften saßen. Ferner wirkte sie bei der Emission von Wertpapieren verschiedener Firmen mit, wie z. B. der Aktiengesellschaft „Prowodnik" in Riga, der A.G. der Erz- und Eisenwerke Sosnowiec und der A.G. Ł.J. Borkowski.[42] Die Industriebank für das Königreich Galizien etc. gründete eine Reihe neuer Unternehmen und beteiligte sich an schon bestehenden. Sie trat z. B. in die Zuckerfabriks- und Raffinerie-A.G. in Chodorów, die „Górka" Zementfabrik A.G. in Siersza, die Galizische Schuhwarenfabriks-A.G., eine Gesellschaft für die Erzeugung von Zündhölzern, die Elektrische Überlandzentrale Siersza, eine Spielkartenfabrik, die Maschinenfabrik Zieleniewski & Co., eine Konservenfabrik, eine Papierfabrik und eine Gesellschaft zur Ausbeutung von Kalisalzen ein.[43] Aus dieser unvollständigen Zusammenstellung ist zu ersehen, daß die genannten Banken sich nicht mit einem bestimmten Sektor der Industrie verbanden, sondern in verschiedenartige Unternehmen, die ihnen Chancen für die Vermehrung der Profite eröffneten, eintraten.

Charakteristisch für das damalige Bankwesen war seine verhältnismäßig hohe Konzentration. Zum Beispiel waren im Jahre 1913 mehr als 75 % vom Eigenkapital, 88 % der Einlagebeträge und 90 % der gesamten Umsätze der Aktienbanken im Königreich Polen bei drei dieser Banken (der Handelsbank in Warschau, der Warschauer Diskontbank und der Handelsbank in Lódź) konzentriert. Allein die Handelsbank in Warschau besaß 35 % der Gesamtsumme des Eigenkapitals und ungefähr 60 % des Fremdkapitals. Der Zentralisationsgrad des Bankkapitals war also im Königreich Polen sehr hoch, höher als in den anderen Teilgebieten. Vom Standpunkt der Interessen Polens nachteilig war jedoch die Abhängigkeit vieler Banken von ausländischen Krediten.

Neben den großen und mittleren Banken entwickelte sich im preußischen und im österreichischen Teilgebiet das genossenschaftliche Kreditwesen. Ein schnelles Wachstum ihrer Zahl und ihrer Umsätze konnten die Genossenschaften im preußischen Teilgebiet (Großpolen und Pommerellen) insbesondere am Beginn des 20. Jahrhunderts verzeichnen. Um es zu bremsen, verbot die preußische Regierung Staatsbeamten sogar die Mitgliedschaft in polnischen Genossenschaften. Diese Genossenschaften nannten sich „Bank Ludowy" (Volksbank); einige von ihnen errangen recht große Bedeutung. Von ihren Mitgliedern waren 68 % Bauern und 21 % Gewerbetreibende und Handwerker. Die Entwicklung der Volksbanken hing damit zusammen, daß die Warenwirtschaft auf dem Lande weit verbreitet war. Überwiegend hatten sie einen kleinkapitalistischen Charakter, sie erleichterten auch die Entwicklung polnischer Kleinkapitalisten in Großpolen und Pommerellen. Die Kreditgenossenschaften spielten im preußischen Teilgebiet eine sehr große Rolle.

[42] Archiwum Historyczne Banku Handlowego w Warszawie (Historisches Archiv der Handelsbank in Warschau), Bd. 104, Sitzungsprotokoll des Rates der Bank Handlowy vom 22. und 23. August 1913; Bd. 105, Sitzungsprotokoll des Rates der Bank Handlowy vom 23. Februar 1914.

[43] *Dzieje gospodarcze*, a. a. O., Bd. 1, S. 261.

Einen anderen Charakter hatten die Kreditgenossenschaften in Galizien. Dort nahmen sie andere Organisationsformen an und waren vor allem für die bäuerliche kleine Warenwirtschaft wichtig. Von ihnen konnte man billig Kredit bekommen, womit der Wucher eingedämmt wurde.

Weniger verbreitet waren die Kreditgenossenschaften im Königreich Polen, wo sie sich erst nach 1907 entwickelten. Ihnen gehörten überwiegend Handwerker und kleine Gewerbetreibende, dagegen nur verhältnismäßig wenig Bauern an.

Über den Entwicklungsstand des Kreditgenossenschaftswesens in den einzelnen Landesteilen gibt Tabelle 14 Auskunft.

Tabelle 14

Das Kreditgenossenschaftswesen in den polnischen Gebieten vor dem ersten Weltkrieg

Landesteil	Zahl der Genossenschaften	Mitglieder	Einlagen insgesamt in Mill. Kronen	Einlagen pro Mitglied in Kronen
Kgr. Polen	669	452801	302,5	668
Preußisches Teilgebiet	3431	613571	1100,7	1790
Österreichisches Teilgebiet	7931	1360689	347,1	255

Quelle: Rocznik Polski. Tablice statystyczne (Polnisches Jahrbuch. Statistische Tabellen), hrsg. v. Eugeniusz Romer und Ignacy Weinfeld, Krakau 1917, S. 66f.

Aus den Angaben der Tabelle 14 geht hervor, daß das Kreditgenossenschaftswesen im österreichischen Teilgebiet am meisten verbreitet, aber wegen des niedrigen Lebensstandards der Bevölkerung finanziell recht schwach war. Ökonomisch am stärksten war es im preußischen Teilgebiet.

6. Versuch einer wirtschaftlichen Bilanz des geteilten Polen

Die Adelsrepublik erlag gegen Ende des 18. Jahrhunderts der Übermacht der Nachbarn, in einer Situation, als sich innerhalb des Feudalismus Formen herauszubilden begonnen hatten, die in Zukunft zu einer Evolution in Richtung Kapitalismus führen sollten. Die Städte hatten an Stärke gewonnen. Aus Handel und Finanzgeschäften waren bürgerliche Vermögen hervorgegangen, die zur Finanzierung der ersten auf Lohnarbeit beruhenden Manufakturen gedient hatten. Innerhalb der herrschenden Adelsschicht waren Tendenzen zur Reform der politischen Struktur des Staates aufgetreten, womit – anfangs zaghafte und inkonsequente – Projekte, die Lage der Bauern zu verändern und die Fron durch die Geldrente zu ersetzen, einhergegangen waren. Auch Ansätze zur Herausbildung eines modernen Nationalbewußtseins lassen sich in dieser Zeit erkennen.

Die Aufteilung Polens unter seine Nachbarn versperrte den sich abzeichnenden Tendenzen zu Veränderungen den Weg. Mit der Katastrophe des Staates brachen auch viele bürgerliche Vermögen zusammen. Dadurch wurde der Prozeß der ursprünglichen Akkumulation unterbrochen und sogar rückgängig gemacht. Die neuen politischen Grenzen zerschnitten die ökonomischen Bindungen, die sich zwischen den einzelnen Landesteilen geknüpft hatten. Es wandelte sich die politische Rolle der polnischen besitzenden Klassen. Die Einbeziehung der polnischen Gebiete in andere, unterschiedliche politische und wirtschaftliche Organismen löste einen Schock aus und zwang zur Anpassung an die neuen Bedingungen. Es folgten weitere Erschütterungen: die kurze Geschichte des Herzogtums Warschau (1807–1815) und die neue Grenzziehung auf dem Wiener Kongreß 1815, wodurch die polnischen Gebiete wieder anders, als es durch die drei Teilungen von 1772, 1793 und 1795 geschehen war, unter Österreich, Preußen und Rußland aufgeteilt wurden.

Inhalt der Wirtschaftsgeschichte Polens von den Teilungen bis zum Ausbruch des ersten Weltkrieges war die Entwicklung kapitalistischer Verhältnisse, der Sieg des Kapitalismus der freien Konkurrenz und seine rasche Umwandlung in Monopolkapitalismus. Im gesamten Territorium der polnischen Gebiete verlief dieser Prozeß gewissermaßen auf einem „preußischen Wege" – evolutionär und unter Beibehaltung zahlreicher Überreste des voraufgegangenen sozialökonomischen Systems –, wobei sich in dieser Hinsicht allerdings die Verhältnisse in den einzelnen Teilgebieten etwas unterschiedlich gestalteten. Anfang des 20. Jahrhunderts waren diese Überreste, so nachteilig sie die Wirtschaft, die Lage der Bevölkerung und das politische Leben auch beeinflussen mochten, doch nicht mehr entscheidend für das Antlitz der polnischen Gesellschaft. In den Vordergrund waren die der kapitalistischen Epoche eigenen Probleme, Widersprüche und Konflikte getreten.

Spezifisch für die Entwicklung der polnischen Gebiete war, daß sie, in drei Teile zerschlagen, mit drei Staaten unterschiedlicher Wirtschaftsstruktur sowie verschiedener Rechts-, Verwaltungs- und politischer Systeme verbunden waren. Zwar hatten sich manche Bande zwischen den Teilgebieten erhalten, was in Migrationen der Arbeitskräfte, im Hin- und Herüberfließen von Kapitalien und im Warenaustausch in Erscheinung trat, doch blieben diese Beziehungen in ihren Ausmaßen entschieden hinter den Verbindungen jedes Teilgebiets mit seiner neuen Metropole zurück. An der Schwelle des 20. Jahrhunderts war jedes Teilgebiet in die innere Arbeitsteilung seiner Okkupationsmacht integriert. Industrie, Landwirtschaft, Verkehrswesen, Finanzen und Handel der polnischen Gebiete bildeten jeweils Komponenten des ökonomischen Systems Rußlands, Preußens und Österreichs. Keines der Teilgebiete war ein selbständiger Wirtschaftsorganismus. Das führte zur Vertiefung und zugleich zur Modifizierung der schon vor den Teilungen vorhanden gewesenen ökonomischen Eigenheiten der einzelnen Teile des polnischen Staatsgebietes, vor allem innerhalb, in gewissem Maße aber auch außerhalb der Landwirtschaft.

Im Laufe des 19. Jahrhunderts hatte sich in den polnischen Gebieten die Industrie entwickelt, wenn auch in einem für die Lösung der immer stärker anschwellenden gesellschaftlichen Probleme (besonders der Schaffung von Erwerbsmöglichkeiten für die „überflüssige" Landbevölkerung) ungenügendem Maße. Die Entwicklung der Industrie war ungleichmäßig verlaufen, abhängig von den in den einzelnen Unterjocherstaaten bestehenden Bedingungen. Von besonderer Bedeutung waren die Absatzmöglichkeiten, die mit der Entwicklung des inneren Marktes, dem Export und der äußeren Konkurrenz zusammenhingen. Die Auflösung der feudalen Verhältnisse in der Landwirtschaft und ihre Durchdringung mit kapitalistischen Bewirtschaftungsformen waren in allen drei Teilgebieten der Herausbildung der freien Arbeitskraft sowie des inneren Marktes förderlich. Auf den inneren Markt des preußischen und des österreichischen Teilgebietes strömten von der Industrie anderer Regionen Preußens bzw. Österreichs erzeugte Waren, wodurch die Entwicklung der einheimischen Produktion gehemmt und mitunter unmöglich gemacht wurde. Lediglich das russische Teilgebiet vermochte aus der relativen Schwäche der Industrie seiner Metropole sowie aus dem Umstand, daß diese sich in beträchtlicher Entfernung befand, Nutzen zu ziehen. Sowohl dank wachsenden Möglichkeiten zur Ausfuhr als auch zum Verkauf auf dem Binnenmarkt gewann hier die Industrieproduktion einen großen Umfang. In Oberschlesien und auch – allerdings in sehr geringem Maße – im österreichischen Teilgebiet waren die Anfänge der industriellen Entwicklung mit der Nutzung der dortigen Vorkommen mineralischer Rohstoffe verbunden.

Die voneinander verschiedenen Bedingungen, unter denen sich die Industrie entwickelte, bewirkten auch einen unterschiedlichen Verlauf der Prozesse der industriellen Revolution. Für das russische und vor allem für das österreichische Teilgebiet war es charakteristisch, daß die primitiven Produktionsmethoden, die in den Ländern Westeuropas den Wandlungen in Technik und Sozialstruktur zum Opfer fielen, lange Zeit hindurch weiter in Anwendung blieben. Daß die industrielle Revolution sich verzögerte und ihr Ablauf in eigenartiger Weise deformiert wurde, ergab sich nicht aus für die polnischen Gebiete spezifischen Erscheinungen, sondern war ein den in der Entwicklung verspäteten Ländern Ost- und Südosteuropas eigenes Merkmal.

Die Entfaltung der Industrie besaß wesentliche Bedeutung für die Wandlungen in der Landwirtschaft, die ja nicht mehr so fast ausschließlich das Wirtschaftsleben der polnischen Gebiete bestimmte wie Anfang des 19. Jahrhunderts. Die Industrie aber begann einen großen – in einigen Regionen sogar den überwiegenden – Teil des Nationaleinkommens zu erzeugen. Sie wurde zum Abnehmer zahlreicher landwirtschaftlicher Rohstoffe (vor allem von Zuckerrüben), nahm den Arbeitskräfteüberschuß auf und lieferte von den Landwirten benötigte Produkte. Die quantitativ zunehmende nichtagrarische Bevölkerung schuf einen wachsenden Markt für Lebensmittel. Auch in diesem Falle hing die Entwicklung der Landwirtschaft nicht nur von den in den drei Teilgebieten Polens herrschenden Verhältnissen, sondern auch – vielleicht sogar vor allem – von der Wirtschaftsstruktur der Teilungsmächte ab. Die deutsche Industrie, die zur Behinderung der industriellen Erzeugung in Großpolen und Pommerellen beitrug, erwies sich als ein guter Abnehmer von Waren landwirtschaftlicher Herkunft, und sie bot einem Teil des Arbeitskräfteüberschusses Beschäftigung. Das war dem Wachstum der landwirtschaftlichen Produktion und der schnellen Festigung kapitalistischer Bewirtschaftungsmethoden förderlich. Großpolen und Pommerellen verfügten an der Schwelle des 20. Jahrhunderts über mehr landwirtschaftliche Erzeugnisse, als sie für den eigenen Bedarf benötigten, und sie erreichten höchste Produktionsergebnisse. In engem Zusammenhang mit den Bedürfnissen und Möglichkeiten der Landwirtschaft stand die Entwicklung kleiner und mittlerer Betriebe, die landwirtschaftliche Erzeugnisse verarbeiteten sowie verschiedenartigen Bedarf der Bauernhöfe und Güter befriedigten.

Demgegenüber verfügten die anderen beiden Teilgebiete nicht über Überschüsse an landwirtschaftlichen Erzeugnissen. Als ein Hemmnis für intensives Wachstum erwies sich die Konkurrenz von Produkten anderer Regionen Rußlands bzw. Österreichs auf den lokalen polnischen Märkten. Das wirkte sich auch nachteilig auf die Lage der Bauern aus und schränkte folglich den inneren Markt ein.

Den ökonomischen Bedürfnissen der drei Teilungsmächte untergeordnet und in Abhängigkeit von deren politischen und strategischen Konzeptionen war auch das Verkehrsnetz ungleichmäßig entwickelt. Das verhältnismäßig hohe Tempo, in dem die kapitalistischen Umwandlungen im preußischen Teilgebiet vor sich gegangen waren, hatte zum Ausbau des Transportsystems, sowohl der Eisenbahnen als auch der Chausseen, angespornt. In den anderen beiden Teilgebieten waren die Bedürfnisse geringer. Dabei wurden im russischen Teilgebiet strategische Rücksichten, die dahin tendierten, das Eisenbahnnetz nicht weiter auszubauen, zu einem Faktor, der die wirtschaftliche Entwicklung einiger Gegenden behinderte. Das Fehlen billiger Transportmöglichkeiten hatte dort Unrentabilität der Warenproduktion zur Folge.

Mit den wirtschaftlichen Wandlungen gingen Veränderungen in der Sozialstruktur einher. An der Schwelle zum 20. Jahrhundert existierte in allen Teilgebieten eine polnische Bourgeoisie, wenn ihre Bedeutung und ökonomische Kraft auch unterschiedlich ausgeprägt waren. So nahm die Bourgeoisie des Königreichs Polen mit ihrem Kapitalbesitz und ihrer relativen Selbständigkeit gegenüber den russischen besitzenden Klassen eine herausragende Stellung ein. In jedem Teilgebiet hatte sich die Arbeiterklasse herausgebildet, die sich eigene legale und illegale politische und gewerkschaftliche Organisationen geschaffen, Klassenbewußtsein erworben und in den Revolutionsjahren 1905–1907 die eigene Kraft erfahren hatte. Ideologische und politische Eigenständigkeit hatte sie vor allem im Königreich Polen erlangt. Tiefgehende Veränderungen waren auch in der Bauernschaft vor sich gegangen. Auch sie hatte sich eigene politische Organisationen geschaffen, die im österreichischen Teilgebiet besondere Stärke aufwiesen.

Besonders für die Zeit nach den Agrarreformen war es charakteristisch, daß sich in den Klassen, die bis dahin nicht die Möglichkeit besessen hatten, am politischen und kulturellen Leben teilzunehmen, Nationalbewußtsein entwickelte. Dieser Prozeß war mit Klassenkonflikten verflochten. Mit der Befreiung der Bauern von der Leibeigenschaft und mit ihrer formalen Gleichberechtigung (in Rußland hielten sich Relikte der Standesdiskriminierung am längsten, bis zur sozialistischen Revolution) wurden wesentliche Hindernisse für Wandlungen im politischen Bewußtsein der Landbevölkerung abgetragen. Die Germanisierungs- oder Russifizierungspolitik der in Polen gebietenden fremden Machtorgane, die oftmals die ökonomischen Interessen der Arbeiterklasse wie auch der Bauern verletzte, war ebenfalls ein wesentlicher Faktor, der auf das Bewußtsein einwirkte. Im preußischen und im österreichischen Teilgebiet sowie im Königreich Polen bedeutete dies Zunahme des *polnischen* Bewußtseins. Besonders hervorstechend war die Entwicklung dieses Bewußtseins innerhalb der Bevölkerung Oberschlesiens. Dort gab es keine polnischen Landadligen, Intellektuellen oder Industriellen. Gerade darin unterschied sich die Struktur der polnischen Gesellschaft in Oberschlesien von den übrigen von Polen bewohnten Gebieten. Fast überall in diesen Gebieten war die Intelligenz zum Teil aus dem Milieu des verarmten Adels hervorgegangen und hatte manche Traditionen dieses Standes übernommen. In Oberschlesien – und auch im Teschener Gebiet – stammte demgegenüber die polnische Intelligenz ausschließlich aus Bauern- und Arbeiterkreisen.

Im Osten des österreichischen Teilgebiets und auch in der Gegend von Wilna, in Polesien und Wolhynien (d. h. in den Gebieten, die zwischen dem ersten und dem zweiten Weltkrieg Bestandteile des polnischen Staates waren) brachten die eben angesprochenen sozialökonomischen Prozesse das Aufkommen von belorussischem, litauischem bzw. ukrainischem Nationalbewußtsein unter den Bauern mit sich. Soziale Konflikte verflochten sich letzten Endes mit nationalen Konflikten, weil sich der Großgrundbesitz dort vor allem in polnischen und teilweise auch in russischen Händen befand.

Trotz der recht beschränkten ökonomischen Bande zwischen den Teilgebieten hatten sich politische und kulturelle Verbindungen erhalten und sogar entfaltet. Große Bedeutung hatte die Zusammenarbeit verwandter politischer Parteien, die in den einzelnen Teilgebieten wirkten. Davon machten besonders die Funktionäre der Arbeiterbewegung Gebrauch, die im russischen Teilgebiet illegal war, aber manche Betätigungsmöglichkeiten auf dem Boden der anderen beiden Teilungsmächte besaß, am meisten in Galizien. Politische, ideologische und wissenschaftliche Diskussionen wurden über die Grenzen hinaus, mit Beteiligung vieler in der Fremde lebender Polen, geführt. Legale oder konspirative polnische Bücher gelangten – zahlreichen Schwierigkeiten zum Trotz – in alle Teile Polens und in alle Schichten der Gesellschaft. Die politischen, weltanschaulichen und kulturellen Verbindungen bildeten später den Grundstein für die Errichtung eines unabhängigen Staates. Von großer Bedeutung für die Aufrechterhaltung der Einheit der Polen – trotz der Grenzen zwischen den Teilgebieten – waren die mehrmals wiederholten bewaffneten Aufgebote, die die Wiedergewinnung der Unabhängigkeit Polens zum Ziele hatten. Beispiele dafür sind der Kościuszko-Aufstand 1794, der Novemberaufstand 1830/31, der Krakauer Aufstand 1846, der „Völkerfrühling" des europäischen Revolutionsjahres 1848, der Januaraufstand 1863 und die Revolution von 1905 bis 1907.

Unter den Bedingungen des in drei Teilgebiete gespaltenen und drei Nachbarstaaten einverleibten Heimatlandes nahmen viele Polen am politischen Leben im Rahmen der bestehenden Strukturen der Teilungsmächte teil. Polnische Abgeordnete saßen in den Parlamenten Deutschlands und Österreichs sowie in der russischen Duma. Einige polnische Politiker bekleideten Regierungsämter der Habsburger Monarchie. Polnische Offiziere avancierten in hohe Ränge der österreichischen und der russischen Armee. Zur Umgebung der drei Kaiser gehörten polnische Aristokraten. Zugleich spielten polnische Arbeiterfunktionäre eine wesentliche Rolle in der sozialistischen Bewegung Deutschlands, Österreichs und Rußlands: von ihnen seien insbesondere Julian Marchlewski und Rosa Luxemburg genannt. Die in dieser Tätigkeit erworbenen Erfahrungen waren nach 1918, im unabhängigen polnischen Staat, sehr wichtig.

Hatte die Epoche, in der Polen unter die Nachbarmächte aufgeteilt war, auch einen Ausbau der Industrie, eine Entwicklung der Landwirtschaft und gesellschaftliche Wandlungen in den polnischen Gebieten gebracht, so schloß sie für Polen doch mit negativer Bilanz ab. Die Wirtschaftspolitik der Teilungsmächte engte die wirtschaftliche Entwicklung der polnischen Gebiete ein und bremste sie zuweilen ganz bewußt ab. Sie unterlagen dem dominierenden Einfluß fremder politischer Interessen und wurden weitgehend dem ausländischen Kapital untergeordnet. Der Machtapparat war nicht gesonnen, bei einem beschleunigten wirtschaftlichen Aufblühen der polnischen Gebiete behilflich zu sein, sondern räumte immer den Interessen der jeweiligen Metropole und ihrer Bürger Vorrang ein.

Als ein vom Gesichtspunkt des später unabhängigen polnischen Staates ungemein schwieriges Problem, das bis zur Gegenwart auf der Wirtschaft Polens lastet, hat sich die Aufspaltung in separate Teile, verbunden mit der Aufgliederung in voneinander abweichende ökonomische Systeme, erwiesen. Dies betraf alle Sektoren des Wirtschaftslebens, im höchsten Grade aber die Landwirtschaft. Łukasiewicz hat recht, wenn er schreibt: „Eben die polnisches Land voneinander trennende Grenze zwischen dem preußischen Teilgebiet einerseits und dem russischen und österreichischen andererseits begann seit den neunziger Jahren ganz Europa in zwei voneinander verschiedene Entwicklungszonen bezüglich der Landwirtschaft zu teilen. Westlich dieser Grenze dominierte die kapitalintensive und intensiv betriebene, östlich davon überwog die extensive, traditionelle Landwirtschaft."[44] Diese Differenzierung sollte sich nach 1918 auf die ökonomische Entwicklung des polnischen Staates nachteilig auswirken.

[44] *Łukasiewicz, J.*, Drogi, a. a. O., S. 54.

V. Die Wirtschaft der polnischen Gebiete während des ersten Weltkrieges

Polnischer Boden war im ersten Weltkrieg von Anfang an Schlachtfeld zwischen den Mittelmächten und Rußland. Schon in der ersten Kriegswoche marschierten deutsche Truppen in das Königreich Polen ein und besetzten u. a. Kalisz und Częstochowa. Russische Truppen rückten dafür in Ostpreußen (Ermland und Masuren) ein. Die Deutschen schlugen ihren Gegner erst im September zurück und besetzten sodann die Gegend von Suwalki, die zum Russischen Kaiserreich gehörte. Im österreichischen Teilgebiet trug die russische Armee in der Region Lemberg einen Sieg davon. Am 2. September 1914 nahm sie Lemberg ein, eroberte dann Rzeszów und überschritt anschließend die Karpaten. Nach zeitweiligem Rückzug gingen russische Truppen auf Krakau vor. Nach einer Gegenoffensive der Armeen der Mittelmächte kam die Front im Dezember 1914 ungefähr auf der Linie der Flüsse Bzura, Rawka, Nida und Dunajec zum Stehen. Im Mai 1915 eröffneten deutsche und österreichische Truppen wieder eine Offensive. Am 22. Juni rückten die Österreicher erneut in Lemberg ein und nahmen am 30. Juli Lublin im Königreich Polen. Am 5. August 1915 marschierten die Deutschen in Warschau ein, Ende September eroberten sie Brest-Litowsk und dann Wilna. Im Herbst stabilisierte sich die Front auf der Linie Tarnopol – Pinsk – Dünaburg. Alle ethnisch polnischen Gebiete befanden sich nun in Händen der Mittelmächte, wo sie bis Kriegsende verblieben.

Im Zuge der Frontbewegungen war ein großer Teil der Territorien, die später in den Bestand des polnischen Staates eingingen, von Kriegshandlungen erfaßt und von Zerstörungen betroffen worden. Nur das preußische Teilgebiet entging diesem Schicksal. Besonders schwere Verluste erlitten die Landstriche, über die die Front mehrmals hinwegzog oder wo längere Zeit hindurch die Frontlinie verhielt. Am schlimmsten waren die Zerstörungen im Osten des österreichischen Teilgebiets, in den Kreisen entlang den Flüssen Bzura, Rawka und Nida sowie in Polesien.

Der Krieg zwang einen großen Teil der Bevölkerung der polnischen Gebiete, ihren Aufenthaltsort zu verlegen. Viele Männer wurden zu den Armeen der drei Unterjocherstaaten mobilisiert. Am wenigsten von der Mobilmachung berührt blieben die westlichen Kreise des Königreichs Polen, die Truppen der Mittelmächte ganz schnell besetzten.

In der zweiten Jahreshälfte 1914 wurden in Galizien mit den zurückgehenden österreichischen Truppen viele Bewohner von Dörfern und Kleinstädten evakuiert. Allerdings erreichte die Evakuierung der agrarischen Bevölkerung geringere Ausmaße, weil diese nur unter Zwang ihre Wirtschaften im Stich ließ. Die Gesamtzahl der Flüchtlinge und Evakuierten betrug 650000 Personen.[1] Sie wurden in den westlichen Kreisen Galiziens, in Österreich und in Böhmen untergebracht.

[1] *Dunin-Wąsowicz, Krzysztof,* Sytuacja demograficzna narodu polskiego w latach 1914–1918 (Die

Eine zweite große Evakuierungswelle erfaßte 1915 das Königreich Polen. Als die russischen Truppen diese Gebiete räumten, begab sich – freiwillig oder unter Zwang – auch ein beträchtlicher Teil der Land- und Stadtbevölkerung nach Osten. Besonders große Ausmaße nahm diese „Völkerwanderung" in Polesien und in Wolhynien an, wo langwierige Kämpfe tobten, die die Einwohner zwangen, in sichereren Gegenden Schutz zu suchen. Zusammen mit den zwangsweise evakuierten Industriewerken und Institutionen wurden auch deren Mitarbeiter zur Abreise gezwungen. Die zaristischen Behörden planten die Evakuierung von 6 Millionen Menschen. Praktisch wurde dieser Plan jedoch in weit geringerem Umfang verwirklicht, denn die Bevölkerung entzog sich dem Abtransport, die Bauern versteckten sich in den Wäldern oder flohen in die Städte.

Die umgesiedelte Bevölkerung lebte sowohl in Österreich wie in Rußland unter sehr schweren Bedingungen. Von ihrem Wohnsitz weggerissen, der Arbeit und Existenzmittel beraubt, war sie darauf angewiesen, staatliche Unterstützungen oder Sozialfürsorge in Anspruch zu nehmen. Besser ging es nur den zusammen mit ihren Fabriken nach Rußland evakuierten Arbeitern. Zur Hilfeleistung für die Flüchtlingsmassen entstanden verschiedenartige soziale Komitees.[2] Im österreichischen Teilgebiet konnten die Flüchtlinge schon ab 1915 in ihre Heimat zurückkehren, viele starben jedoch an Krankheiten und den Strapazen. Die in Rußland befindlichen Flüchtlinge kehrten erst nach Kriegsende zurück, in der Mehrheit erst ab Frühjahr 1921 nach Beendigung des polnisch-sowjetischen Krieges und Unterzeichnung des Friedensvertrages (März 1921). Ein Teil von ihnen nahm aktiv an der Oktoberrevolution teil; so manchem polnischen Namen begegnen wir unter den Funktionären der bolschewistischen Partei.

Nach Errichtung der Okkupationsverwaltung auf dem Boden des Königreichs Polen unternahmen die Deutschen Anstrengungen, um sich aus den polnischen Gebieten möglichst viele Land- und auch Industriearbeiter zu beschaffen. Da die Aktion im Sommer begann, wurden die gerade zur Saisonarbeit in Deutschland weilenden ungefähr 350000 polnischen Landarbeiter von ihrer Heimat abgeschnitten. Die deutschen Behörden beraubten sie der Freiheit zurückzukehren und hielten sie zwangsweise bis Kriegsende in Deutschland fest. Im Herbst 1915 setzte die Werbung weiterer Leute zur Arbeit in Deutschland ein. Auf dem Boden des Königreichs Polen betätigten sich zahlreiche Agenten, die sehr günstige Arbeitsbedingungen versprachen. Doch sie sagten nicht die Wahrheit. 1915/16 fuhren nur etwa 15000 Personen freiwillig nach Deutschland. Um weitere Arbeiter zu dieser Reise zu veranlassen, wurde im deutschen Besatzungsgebiet die Auszahlung von Arbeitslosenunterstützungen eingestellt. Ein verzweigter Rekrutierungsapparat wurde eingerichtet. Doch Versprechungen und Druck brachten nicht viel ein, denn in das Königreich Polen drangen Nachrichten über die tatsächlichen Arbeitsbedingungen in Deutschland. Sie wichen erheblich von den schön klingenden Versprechungen ab. Deshalb zogen es die arbeitslosen Industriearbeiter vor, sich in der Heimat auf dem Lande, wo das leichter war, eine Beschäftigung zu suchen, statt sich zur Ausreise nach Deutschland zu melden. Angesichts des wachsenden Arbeitskräftebedarfs ordneten die deutschen Be-

demographische Situation der polnischen Nation in den Jahren 1914–1918), in: Historia Polski (Geschichte Polens), Bd. 3. Teil 3 (1914–1918), u. d. Redaktion v. Żanna Kormanowa und Walentyna Najdus, Warschau 1974, S. 510.

2 Siehe besonders *Polska w czasie wielkiej wojny/1914–1918/* (Polen zur Zeit des großen Krieges/ 1914–1918/), Bd. 2: Historia społeczna (Sozialgeschichte), Warschau 1932.

hörden im Oktober 1916 an, Männer im Alter von 18 bis 45 Jahre zwangsweise zur Arbeit auszuheben. Erfaßt wurden Personen, die Sozialfürsorge bezogen, aber auch solche, die die deutschen Beamten für hilfsbedürftig erachteten. Man begann auch, auf den Straßen Razzien zu veranstalten, Leute aus Vereinslokalen und sogar aus Privathäusern zu holen. Die mit solchen Methoden betriebene Werbung, bei der oft die festgelegte Altersgrenze mißachtet wurde, hatte zum Ergebnis, daß ungefähr 300000 Arbeitskräfte nach Deutschland geschafft wurden. Wegen der schlechten Arbeitsbedingungen und der miserablen Verpflegung kehrten recht viele von ihnen illegal in die Heimat zurück; Wiederaufgegriffene wurden erneut nach Deutschland verschickt. Eine bestimmte Anzahl der bei Razzien gefaßten Personen kam in Arbeiterbataillone, die vorwiegend in der Frontzone beschäftigt wurden. Die Angehörigen dieser Formationen wurden wie Kriegsgefangene behandelt und militärischer Zucht unterworfen.

Ähnliche Methoden wandten die österreichischen Behörden zur Beschaffung von Arbeitern an. Die Arbeitspflicht in zivilen Arbeitskommandos wurde dort schon in der ersten Hälfte des Jahres 1915 eingeführt. Da nur wenig Freiwilligenmeldungen eingingen, veranstalteten die Gendarmen in Städten, Dörfern und Wäldern Menschenjagden. Die Arbeitsbedingungen in diesen Kommandos waren sehr schlecht, und die Löhnung reichte kaum für den Unterhalt auch nur einer Person. Daher vermochten keine Repressalien der Massenflucht Einhalt zu gebieten. Letzten Endes wurden die Kommandos aufgelöst und an ihrer Stelle im Juli 1916 das Zentrale Arbeitsvermittlungsamt in Lublin mit Nebenstellen in den kleineren Städten errichtet. Die österreichischen Arbeitsämter bedienten sich nicht solcher Methoden, wie sie unter der deutschen Besatzung im Königreich Polen angewandt wurden. Sie warben und verschickten ungefähr 20000 Arbeiter ins Innere der Monarchie, und weitere 50000 wurden im Besatzungsgebiet selbst beschäftigt.

Im österreichischen und preußischen Teilgebiet Polens veranstaltete man nicht solche Menschenjagden, wie sie im okkupierten Königreich Polen an der Tagesordnung waren. Dafür unterlagen die polnischen ebenso wie die übrigen Untertanen der beiden Kaiser der Militärdienstpflicht, woraus ebenfalls in vielen Gegenden ein fühlbarer Arbeitskräftemangel erwuchs.

Im österreichischen Teilgebiet wurden den großen Gütern Kriegsgefangene zur Hilfe bei der Feldarbeit zugeführt. Auch im Königreich Polen geworbene Arbeiter setzte man dafür ein. Besonders groß war der Arbeitskräftebedarf in Oberschlesien. Die deutschen Behörden füllten die Lücken, die die Einberufung der Mitarbeiter zum Heer aufgerissen hatte, durch die Heranschaffung von Zwangsarbeitern aus dem Königreich Polen und den Einsatz von Kriegsgefangenen. Um zu illustrieren, welche Bedeutung die Zwangsarbeit für diese Region hatte, sei vermerkt, daß 1916 in den Bergwerken 27000 Gefangene arbeiteten, das waren ungefähr 30 % der Beschäftigten. Die Zwangsarbeiter erhielten die niedrigsten Lohnsätze, was die Selbstkosten verminderte und die Profite der Unternehmen erhöhte. Kriegsgefangene wurden auch in Großpolen zur Arbeit eingesetzt. Im Dezember 1917 machten sie 14 % der Belegschaft der Cegielski-Werke in Posen aus.

Um den Arbeitskräftebedarf zu decken, wurden in beiden Teilgebieten auch mehr Minderjährige und Frauen als früher beschäftigt.

Viele rechte Politiker und Organisationen Deutschlands beabsichtigten die Annexion polnischer Gebiete und weitgehende Bevölkerungsverschiebungen. In den an Preußen grenzenden Regionen war z. B. vorgesehen, Deutsche aus Wolhynien und Bessarabien anzusiedeln. Gleichzeitig sollte die polnische Bevölkerung aus dem preußischen Teilgebiet in das Königreich Polen umgesiedelt werden.[3] Eine ähnliche Kolonisationsaktion projektierten die russischen Behörden während ihrer nur kurze Zeit andauernden Okkupation Galiziens. Es war beabsichtigt, dort die großen Güter zu parzellieren und auf den so geschaffenen Grundstücken einige Hunderttausende Bauern aus Rußland anzusiedeln.

Insgesamt mußten in den Jahren des ersten Weltkrieges über 1,5 Millionen Menschen in den polnischen Gebieten ihren bisherigen Wohnort verlassen. Ungefähr die Hälfte von ihnen nutzten die Mittelmächte (vor allem Deutschland) als mehr oder weniger dazu gezwungene Arbeiter. Nur einem Teil von ihnen gelang es, noch während des Krieges in ihre Heimatgegend zurückzukehren, der weitaus überwiegenden Mehrheit war dies erst nach 1918 möglich.

Gleichzeitig kamen in die polnischen Gebiete Zwangsarbeiter aus den von deutschen Truppen besetzten Gebieten östlich des Königreichs Polen sowie Kriegsgefangene, vorwiegend aus der Zarenarmee. Sie alle begannen nach dem Zusammenbruch Deutschlands in ihre Heimatländer zurückzukehren.

Viel schwerer als die Migrationsbewegungen wog, daß viele Einwohner der polnischen Gebiete während des Militärdienstes, bei Kampfhandlungen, durch Terror, Hunger und Epidemien ums Leben kamen. Der natürliche Zuwachs verringerte sich. Eine exakte Feststellung dieser Verluste ist nicht möglich. Wir können uns nur auf Schätzungen stützen. Am genauesten scheinen die von Dunin-Wąsowicz zu sein. Er berechnet die Verluste an Militärpersonen polnischer Nationalität mit 450000. Die Verluste unter der Zivilbevölkerung sind viel schwerer zu schätzen. Nehmen wir zunächst als Kriterium, wieviel Todesfälle es in den Kriegsjahren mehr als im Jahre 1913 gab, das waren im Königreich Polen 210000 und im preußischen Teilgebiet 48000. Für Galizien und die Ostgebiete läßt sich überhaupt keine Schätzung vornehmen. Nach diesen – bei weitem nicht vollständigen – Angaben betrugen die unmittelbaren Verluste ungefähr 710000 Menschen. Fügten wir die kriegsbedingten Todesfälle in Galizien, in den Ostgebieten und unter den nach Rußland und Österreich Exilierten hinzu, so würde die Zahl wohl um eine Million schwanken.[4] Dazu kommt das Geburtendefizit, das nach Ansicht verschiedener Forscher allein im Königreich und im preußischen Teilgebiet 755000 bis 782000 ausgemacht haben dürfte.

Die Ausbeutung der Menschenreserven war nur die eine Seite der Kriegsauswirkungen auf die polnischen Gebiete. Eine andere Seite war das Bestreben aller kämpfenden Parteien, das Wirtschaftspotential maximal für militärische Bedürfnisse einzusetzen. Es blieb aber nicht bei dieser sich sofort auswirkenden Politik. Die kriegführenden Länder versuchten die veränderte Situation auch zu nutzen, um die Wirtschaft der polnischen Gebiete auf lange Sicht ihren Interessen dienstbar zu machen. Besonders traf das auf den von den Deutschen besetzten Teil des Königreichs Polen zu.

Noch die geringsten Verluste in der Industrie riefen die unmittelbaren Kampfhandlungen hervor. Viel schlimmer wirkten sich die Evakuierung, die Politik der Okkupanten im Königreich Polen und andere mittelbare Kriegsfolgen aus. Nach einer offiziellen Zusammenstellung, die von der polnischen Delegation zur Versailler Friedenskonferenz vorgelegt wurde, beliefen sich die Gesamtverluste der Industrie auf 10 Milliarden Francs.[5]

[3] *Grosfeld, Leon,* Polityka państw centralnych wobec sprawy polskiej w latach pierwszej wojny światowej (Die Politik der Mittelmächte in der polnischen Frage in den Jahren des ersten Weltkrieges), Warschau 1962, S. 35–44.

[4] *Dunin-Wąsowicz, K.,* a. a. O., S. 506f.

[5] *Grabski, Władysław,* Wyjaśnienia dotyczące ratyfikacji Traktatu Pokojowego z Niemcami

Davon waren 4 % durch Kampfhandlungen, 18 % durch die von den Russen durchgeführte Evakuierung der Industrie, 22 % durch österreichischen Raub und 56 % durch deutschen Raub verursacht.[6]

Schon in den ersten Kriegsmonaten fiel die Industrieproduktion im Königreich Polen gewaltig ab. Das resultierte aus Transportschwierigkeiten, Absinken der Kaufkraft der Bevölkerung, Rohstoffmangel und Zerrüttung des Kreditwesens. Während der deutschen Offensive begannen die zaristischen Behörden, die Industrie zu evakuieren. Formal kam dafür nur die Kriegsindustrie in Betracht, doch bald bezog man weitere Bereiche ein. Unter dem Druck der Militärbehörden wurden sogar Anlagen zur Erzeugung von Mineralwasser, Buchbindereinrichtungen und ähnliches fortgeschafft. Insgesamt wurden 150 Industriebetriebe, vor allem aus der Metallindustrie und dem Maschinenbau, nach Rußland evakuiert. Die Aktion bezog sich auch auf den Wagenpark der Eisenbahn. Ein Teil der im Königreich Polen zurückgebliebenen Werke wurde zerstört oder durch Unbrauchbarmachen wichtiger Einrichtungen lahmgelegt (z. B. Demontage von Kesselhäusern, Sprengung von Schornsteinen). Durch Evakuierung und Demontage entstanden schwere Verluste, wenn auch infolge des schnellen Rückzuges der russischen Truppen nicht alle Absichten verwirklicht werden konnten. Evakuierung und Zerstörung der Industrie beraubten das Land nicht nur vieler sehr moderner Fabriken, sondern hatten außerdem unter den Arbeitern, denen es gelungen war, der Zwangsevakuierung nach Rußland zu entgehen, hohe Arbeitslosigkeit zur Folge.

Eine ähnliche Aktion führten die zaristischen Truppen in dem von ihnen besetzten Teil Galiziens durch. Auf ihrem Rückzug setzten sie 322 Erdölbohrlöcher in Brand, beschädigten die Waggonfabrik in Sanok, zerstörten die größte Zuckerfabrik ganz Polens in Chodorów und noch andere Werke.

Nachdem das Königreich Polen von Truppen der Mittelmächte besetzt worden war, hatten es die bestehen gebliebenen Unternehmen weiterhin schwer. Ihnen fehlte Kapital, da die evakuierten Banken, besonders die Filiale der Staatsbank, die Einlagen mitgenommen hatten. Die finanziellen Schwierigkeiten wurden noch dadurch vergrößert, daß in den polnischen Banken massenhaft Einlagen abgehoben wurden. Allein die Handelsbank in Warschau zahlte von Kriegsausbruch bis Ende 1916 rund 40 Millionen Rubel aus, während ihr Grundkapital 20 Millionen Rubel betrug. Es fehlten Rohstoffe, die früher aus Rußland bezogen worden waren. Eine Reihe von Unternehmen war von ihren bisherigen Absatzmärkten abgeschnitten. Daher nahmen nicht einmal die Fabriken, deren Einrichtungen unversehrt geblieben waren, den Betrieb wieder auf. Ausnahmen bildeten die Unternehmen, denen die Besatzungsbehörden Bestellungen für militärische Zwecke erteilten. In Warschau arbeiteten von 155 im Juni 1915 tätig gewesenen Fabriken im September nur noch 55, und die Zahl der beschäftigten Arbeiter ging inzwischen um 75 % zurück.

umowy Wielkich Mocarstw z Polską przez delegata pełnomocnego Polski na Kongresie Pokojowym (Erklärungen zur Ratifizierung des Friedensvertrags mit Deutschland und zum Vertrag der Großmächte mit Polen, abgegeben vom bevollmächtigten Delegierten Polens auf dem Friedenskongreß), Paris 1919, S. 22, streng vertraulich, als Manuskript gedruckt.

6 Archiwum Akt Nowych (Archiv Neuer Akten, künftig zit.: AAN Warschau), Komitet Narodowy Polski (Polnisches Nationalkomitee) 691, Bl. 8: Dąbrowski, Jan, Straty poniesione wskutek wojny przez przemysł Królestwa Polskiego z uwzględnieniem polityki ekonomicznej Niemiec i Austrii (Die von der Industrie des Königreichs Polen infolge des Krieges erlittenen Verluste, unter Berücksichtigung der Wirtschaftspolitik Deutschlands und Österreichs).

In der Folgezeit verschlechterte sich noch die Lage der Industrie. Versuchen, Produktionsbetriebe im Königreich Polen wieder in Gang zu setzen, standen die deutschen Behörden ablehnend gegenüber. Sofern sie nicht für Kriegszwecke benötigt wurden, waren die Werke zur Vernichtung bestimmt. Entscheidende Bedeutung hatten diesbezüglich die Requisitionen. Der deutschen Regierung ging es in ihrer Politik nicht so sehr um das, was sie aus dem vormaligen russischen Teilgebiet bekommen konnte, als vielmehr darum, diesen Teil Polens von Deutschland wirtschaftlich abhängig zu machen, in ein Kolonialland zu verwandeln, das Rohstoffe zu liefern und von Deutschland Industrieerzeugnisse zu kaufen hätte.

Für die Kriegswirtschaft, die zweckmäßige Bewirtschaftung der Rohstoffe, an denen es in Deutschland mangelte, entstand ein Reglementierungssystem, das in der Schlußphase des Krieges praktisch das ganze Wirtschaftsleben umfaßte. Die Bewirtschaftung der für die Kriegführung notwendigen Rohstoffe oblag der Kriegsrohstoffabteilung des preußischen Kriegsministeriums und operativ den staatsmonopolistischen Kriegsrohstoffgesellschaften. Am Anfang transportierte man die in den Fabriklagern und Großhandelsmagazinen Russisch-Polens vorhandenen Rohstoffe nach Deutschland. Nach und nach erstreckten sich die Requisitionen auf immer kleinere Betriebe, Einzelhandelsgeschäfte und sogar Privatwohnungen.

Im Frühjahr 1916 begann die Requirierung von Maschinen und Industrieeinrichtungen. Die Okkupanten schafften Elektromotore, Transformatoren, Werkzeugmaschinen, Dampfkessel usw. fort. In der Schlußphase des Krieges wurden sogar aus Eisenplatten gefertigte Fußböden requiriert, aus den Wänden der Gebäude die elektrischen Installationen herausgerissen, Maschinen demontiert, um Teile aus Nichteisenmetallen zu gewinnen, Messingklinken, Samoware, Kochtöpfe, Bratpfannen usw. beschlagnahmt. 1917 ging man dazu über, Kirchenglocken, Regenrinnen und Blitzableiter zu entfernen. Für die requirierten Gegenstände wurde keine oder höchstens eine unangemessen niedrige Entschädigung gezahlt. Insgesamt entzogen die Okkupanten der Industrie des Königreichs Polen 4250 Elektromotore und Generatoren, 3850 Werkzeugmaschinen, 900 Dampf- und Verbrennungsmotore. Requiriert wurden 50000 t Textilrohstoffe, 413000 t Rohstoffe für die Hütten- und Metallindustrie, 81000 t Eisen, 19000 t Zink und Zinn, 8000 t Kupfer (außerdem fast 3000 t Kupfertöpfe, -klinken und -hähne), 98000 t verschiedenartige Apparatur, eine enorme Menge Transmissionsriemen, 2 Millionen kg Sohlenleder usw.[7]

Bewußten Raub bekamen Textil-[8], Metall- und Maschinenfabriken, die mit der deutschen Industrie konkurrieren konnten, stärker zu verspüren.

[7] *Bankiewicz, Józef/Domosławski, Bohdan*, Zniszczenia i szkody wojenne (Die Kriegszerstörungen und -schäden), in: Polska w czasie wielkiej wojny/1914–1918/(Polen zur Zeit des großen Krieges/ 1914–1918/), Bd. 3: Historia ekonomiczna (Wirtschaftsgeschichte), Warschau 1936, S. 26; Zniszczenia wojenne i odbudowa Polski (Kriegszerstörungen und Wiederaufbau Polens), Warschau 1929; *Kożuchowski, Józef*, Wojna w życiu gospodarczym Polski (Der Krieg in Polens Wirtschaftsleben), in: Przemysł i handel 1918–1928 (Industrie und Handel 1918–1928), Warschau 1928, S. 544; *Dąbrowski, Jan*, Kilka uwag o stratach wojennych przemysłu Królestwa Polskiego z uwzględnieniem polityki ekonomicznej Niemiec i Austrii (Einige Bemerkungen über die Kriegsverluste der Industrie des Königreichs Polen unter Berücksichtigung der Wirtschaftspolitik Deutschlands und Österreichs), in: „Przegląd Techniczny“ 1919, Nr. 17–20, S. 84ff., und Nr. 21–24, S. 107ff.

[8] Näheres siehe *Gawiński, Roman*, Dewastacja przemysłu włókienniczego okręgu łódzkiego w czasie pierwszej wojny światowej i sprawa odszkodowań (Die Verwüstung der Textilindustrie

Unternehmen, die solchem Raub nicht unterlagen, hatten ebenfalls nur begrenzte Arbeitsmöglichkeiten. Der Anbau von Zuckerrüben wurde verringert, was einen Rückgang der Zuckerproduktion hervorrief. Kartoffeln wurden nach Deutschland ausgeführt, wodurch die Brennereien Einbußen erlitten.

Besser ging es der Kohleindustrie des Dąbrowa-Reviers. Zwar wurden 1914 die Gruben zerstört. Nachdem aber das Besatzungsregime errichtet war, nahmen die deutschen Behörden die Werke in Zwangsverwaltung und gingen an den Wiederaufbau, allerdings nur für den laufenden Bedarf. Um die Zukunft kümmerten sie sich nicht, oft demontierten sie sogar erhalten gebliebene Einrichtungen. Die geförderte Kohle wurde größtenteils dem Heer und der Eisenbahn zugewiesen.

Auch in dem von Österreich-Ungarn besetzten Teil des Königreichs Polen kam die Industrie, die dort nicht groß war, nicht wieder in Gang. Es arbeiteten nur 61 % der Unternehmen mit 29 % der vor dem Kriege beschäftigten Arbeiter.

Vollkommen anders behandelten die Mittelmächte die Territorien, die schon vor dem Kriege ihrer Herrschaft unterstanden hatten. Die galizische Industrie erlitt zwar Zerstörungen, doch nach Zurückschlagung der russischen Armee versuchte man sie wiederaufzubauen. In der besten Situation befand sich die Industrie des preußischen Teilgebiets Polens, denn sie war von Zerstörungen nicht betroffen. Kriegskonjunktur erlebte vor allem Oberschlesien, dessen Schwerindustrie für Heeresbedarf arbeitete. Der Krieg löste einen Auftragsanstieg aus. Zum Beispiel lag 1917 die Produktion von Kohle um 10 % und die von Stahlguß um 385 % über dem Durchschnitt der Jahre 1910–1913. Es stiegen auch die Profite der oberschlesischen Aktiengesellschaften. Während z. B. 1911/12 die Bismarckhütte und Obereisen keine Dividende ausgezahlt hatten, schütteten sie 1916/17 30 % bzw. 14 % Dividende aus. Auch in anderen Großunternehmen gab es im allgemeinen höhere Dividenden als vor dem Kriege.[9] Gleichzeitig vernachlässigte man in den Gruben die nötigen Vorlaufarbeiten, was nach dem Kriege Schwierigkeiten für eine normale Entwicklung der Förderung zur Folge hatte. Verschlissene Einrichtungen wurden nicht erneuert, es fand also eine Dekapitalisierung statt. In anderen Sektoren der Industrie kam es zu einem gewissen Rückgang der Produktion, hervorgerufen durch Rohstoff- und Transportprobleme sowie durch die Einberufung eines Teils der erfahrenen Arbeiter zum Militär. Ihren Platz nahmen u. a. zwangsweise aus dem Königreich Polen herbeigeholte Arbeitskräfte ein, doch die Arbeitsproduktivität sank ab.

Die günstige Wirtschaftskonjunktur in Oberschlesien bewog die dortigen Großkapitalisten und Großgrundbesitzer, Aktien von Unternehmen in anderen Teilen Polens zu kaufen. Vor allem unternahmen sie Anstrengungen, die Industrie im Dąbrowa-Becken im ehemaligen russischen Teilgebiet in ihre Gewalt zu bekommen. Das schlesische Großkapital war auch um garantierte Rohstoffquellen und Absatzmärkte im Königreich Polen für die Nachkriegszeit bemüht. Deshalb trat sie mehrmals an die Regierung mit Denkschriften heran, in denen gefordert wurde, eine Reihe von Industriekreisen im Westen des Königreichs Polen an Deutschland anzuschließen.[10]

des Bezirks Łódź während des ersten Weltkrieges und die Entschädigungsfrage), in: „Przegląd Historyczny" 1964, Nr. 1.

9 *Popkiewicz, Józef/Ryszka, Franciszek*, Przemysł ciężki Górnego Śląska w gospodarce Polski międzywojennej/1922–1939/(Die Schwerindustrie Oberschlesiens in Polens Wirtschaft zwischen den beiden Weltkriegen/1922–1939/), Opole 1959, S. 44 f. und 49.

10 Dazu ausführlich *Popiołek, Kazimierz*, Zaborcze plany kapitalistów śląskich (Raubpläne der

Für die nicht große Metallindustrie Großpolens war die Kriegskonjunktur ähnlich vorteilhaft. Die Posener Fabrik H. Cegielski, die sich bis dahin auf die Herstellung von landwirtschaftlichen Maschinen und Geräten beschränkt hatte, erweiterte ihr Sortiment beträchtlich und erhöhte das Produktionsvolumen. Dagegen erlitt die Lebensmittelindustrie ernstliche Verluste. Wegen der Unmöglichkeit, Reparaturen durchzuführen, und infolge der Requirierung von Nichteisenmetallen verschlechterte sich ihr technischer Zustand, und der Produktionsumfang ging zurück (bei der Zuckerproduktion zum Beispiel um die Hälfte).

Der Produktionsanstieg und sogar gewisse Ausbau einiger Sektoren der Industrie im preußischen Teilgebiet konnte jedoch die gewaltigen Zerstörungen und die Devastation von Betrieben in den anderen Teilgebieten, vor allem im russischen, nicht kompensieren. Man muß auch bedenken, daß für die polnischen Gebiete nicht nur wichtig war, was das Wirtschaften der Unterjochermächte unmittelbar zur Folge hatte. Während in den Kriegsjahren die Industrie des Königreichs Polen in ihrer technischen Entwicklung gehemmt wurde und Fabriken in Trümmern lagen, schritten in anderen Staaten Technik und Technologie ungewöhnlich schnell voran. Der Fortschritt hatte nicht nur für militärische Zwecke Bedeutung. Viele Erfindungen und Problemlösungen fanden später friedliche Anwendung. Indessen blieb die polnische Industrie immer mehr zurück. Die Konsequenzen machten sich nach der Wiedergewinnung der Unabhängigkeit bemerkbar. Im Vergleich mit der Industrie anderer Länder waren die Produktionskosten hoch, die Maschinen und Anlagen überaltert, der Rohstoffverbrauch unangemessen groß.

In Verbindung mit dem Kriege und dem Wirtschaften der Mittelmächte verschlechterte sich die Lage des Proletariats gewaltig. Allein im Königreich Polen wurden schätzungsweise 400000 Arbeiter ihres Erwerbs beraubt. Auch die Lage derjenigen, die ihre Arbeit nicht verloren, verschlechterte sich. Im Vergleich zum ersten Halbjahr 1914 beliefen sich die Nominallöhne im zweiten Halbjahr 1918 auf 261 %. Im gleichen Zeitraum stiegen aber die Lebenshaltungskosten auf 1556 %. Im Königreich Polen herrschte Hunger. Die Zuteilungen auf Karten an die polnische Bevölkerung deckten nicht das Minimum der physiologischen Bedürfnisse, und die Preise auf dem nichtorganisierten Markt erlaubten Arbeitern keine ergänzenden Lebensmittelkäufe. Der Durchschnittswert der Ernährung pro Einwohner sank von 3100 Kalorien vor dem Kriege auf 890 Kalorien im Frühjahr 1918, wobei die Versorgung auf Karten wie auch über den freien Markt berücksichtigt ist.[11] Auch im preußischen Teilgebiet verschlechterte sich die Lage der Arbeiterklasse, wenn auch nicht so sehr wie im Königreich Polen. Das Sinken der Reallöhne und den Lebensmittelmangel spürten vor allem die Arbeiter. Obwohl die Versorgung auf Karten doppelt so hoch wie in dem unter deutscher Besatzung stehenden Teil des Königreichs Polen war, befriedigte sie doch nicht das Bedarfsminimum.

Neben der Industrie erlitt das Transport- und Verkehrswesen schwere Verluste. In der Anfangszeit vermieden die Russen eine dauerhafte Verwüstung der Eisenbahnanlagen. Als aber die deutsche Armee immer mehr Siege errang, gingen die russischen Truppen dazu über, vor ihrem Abzug aus dem Königreich das Verkehrssystem gründlich zu zer-

schlesischen Kapitalisten), Katowice 1947. — Dort 11 Dokumente in deutscher Sprache auf S. 59–133.

11 *Landau, Zbigniew/Tomaszewski, Jerzy*, Bilans gospodarczy skutków pierwszej wojny światowej dla ziem polskich (Die wirtschaftliche Bilanz der Folgen des ersten Weltkrieges für die polnischen Gebiete), in: Historia, a. a. O., S. 481–484.

stören. Rollendes Material, Vorräte und Ausrüstungen der Werkstätten wurden ins Innere Rußlands abtransportiert, Gleise, Brücken und Bahngebäude in Brand gesteckt oder in die Luft gesprengt.

Die Deutschen bauten in den von ihnen besetzten Gebieten die für sie notwendigsten Anlagen wieder auf und stellten die Bahngleise auf die in Mitteleuropa übliche Spurbreite um. Sie errichteten auch einige Normalspurlinien und ein Netz von Schmalspurbahnen, das hauptsächlich der räuberischen Ausbeutung der Wälder diente. Die Auswahl der wiederaufzubauenden und zu investierenden Objekte erfolgte ausschließlich vom Gesichtspunkt der Kriegsbedürfnisse. Diese Arbeiten hatten im allgemeinen provisorischen Charakter. Die Brücken – sogar die Eisenbahnbrücken – waren aus Holz, an Stelle der zerstörten Gebäude errichtete man Baracken, die Gleise wurden in Eile verlegt, oft ohne entsprechenden Unterbau.

Gleichzeitig demontierten Deutsche wie Österreicher die von ihrem Standpunkt überflüssigen Gleise und Anlagen und schafften sie aus dem Königreich Polen fort. Das rollende Material verkam großenteils, weil man Reparaturen vernachlässigte. Ähnlich waren auch Strecken, auf denen keine Instandhaltungsarbeiten durchgeführt wurden, dem Verfall preisgegeben. Infolgedessen verringerte sich die Transportgeschwindigkeit, auf einigen Streckenabschnitten konnten 5 km/h nicht überschritten werden.

Schwere Verluste erlitt auch die Landwirtschaft, und zwar sowohl als Folge unmittelbarer Kriegszerstörungen wie auch der massenhaften Requirierung von Ackerbau- und Viehzuchtprodukten. Im Königreich Polen gab es Kreise, die 31 bis 42 % der Gebäude verloren, hauptsächlich auf dem Lande und in kleinen Städten (z. B. die Kreise Przasnysz, Kolno, Sochaczew, Ostrołęka und Chełm). Im Durchschnitt wurden 18 % der Gebäude zerstört.

Neben den direkten Folgen der Kampfhandlungen bekam die Landwirtschaft Requisitionen und Raub, begangen durch die durchziehenden Militäreinheiten, zu spüren. Die russische Armee hinterließ auf ihrem Rückzug im Frühjahr 1915 befehlsgemäß nur nackte Erde. Vorräte wurden vernichtet, Dörfer niedergebrannt, die Bevölkerung ausgesiedelt. Im Juni 1915 wurden die Befehle gemildert, doch auch so erlitt die Bevölkerung große Verluste. Was nach dem Abzug der Zarentruppen noch übrig war, nahmen die deutschen Truppen. Der Oberbefehlshaber Ost, Generalfeldmarschall Paul von Hindenburg, befahl die Getreidevorräte zu requirieren; nur 50 kg pro Person durfte man behalten. Über die rechtlich sanktionierte Requisition hinaus wurden den Bauern durch einzelne Militäreinheiten Lebensmittel und lebendes Inventar weggenommen. Besonders die schlecht ernährten österreichischen Soldaten raubten auf ihrem Rückzug aus dem Königreich Polen im Herbst 1914 in rücksichtslosester Weise. Zuweilen wurde bei dem Raub ein Anschein von Legalität erweckt, indem man den sprachunkundigen Bauern Quittungen mit deutschen Aufschriften gab, etwa „Der Dumme gibt – der Kluge nimmt“. Das passierte nicht nur im Königreich Polen, sondern auch auf dem Boden des österreichischen Teilgebiets.

Es litten vor allem die Bauernwirtschaften, weniger die großen Güter. Während des Truppendurchmarsches waren auf den Gutshöfen gewöhnlich Offiziere stationiert, und dadurch fiel es den Gutsbesitzern leichter, sich Schutz vor eigenwilligen Requisitionen zu verschaffen.

Nachdem die Mittelmächte im russischen Teilgebiet ihr Besatzungsregime errichtet hatten, hörte der Raub in der geschilderten Form auf. Dafür wurde ein Reglementierungssystem eingeführt, dessen Ziel es war, so vollständig wie möglich die Ressourcen der polnischen Landwirtschaft für die Bedürfnisse der Eroberer zu nutzen. Anfangs wurde der Handel mit landwirtschaftlichen Erzeugnissen zwischen den einzelnen Teilen des Königreichs Polen, sodann ganz und gar der freie Handel verboten. Die landwirtschaftlichen Erzeuger waren verpflichtet, fast ihre gesamte Produktion zu festen Preisen, die oft nicht einmal die Selbstkosten deckten, an ermächtigte Institutionen und Betriebe zu verkaufen. In beiden Besatzungszonen wurde der Grundsatz eingeführt, landwirtschaftliche Produkte seien Staatseigentum. Ein Teil der Produkte verblieb in der Wirtschaft für den Eigenverbrauch des Besitzers, jedoch nach sehr niedrig festgelegten Normen. Es sei angemerkt, daß die Bevölkerung in der österreichischen Besatzungszone das Reglementierungssystem weniger zu fühlen bekam als in der deutschen Besatzungszone. Manche Bauern verbargen einen Teil der Produkte vor der Kontrolle und verkauften sie dann zu hohen Preisen auf dem schwarzen Markt.

Schon durch das normale Reglementierungssystem zugrunde gerichtet, litt das Königreich Polen zusätzlich unter gelegentlichen Sonderrequisitionen, die die Okkupanten insbesondere in der Schlußphase des Krieges durchführten. Vor allem requirierten sie Pferde. Im Frühjahr 1918 wurde eine einmalige Abgabe von 100000 Rindern angeordnet, die mit 112 % realisiert wurde. Die nächste Abgabe, die 50000 Schweine erbringen sollte, vermochten die Okkupanten nicht mehr in voller Höhe einzuziehen. Die auf diese Weise erpreßten landwirtschaftlichen Güter waren für den Heeresbedarf bestimmt und wurden nach Deutschland geschafft. Man muß sich dabei in Erinnerung rufen, daß schon vor 1913 das Territorium des Königreichs Polen nicht imstande war, sich mit landwirtschaftlichen Erzeugnissen selbst zu versorgen.

Die Landwirtschaft des preußischen Teilgebiets lernte unmittelbare Zerstörungen, das mit dem Truppendurchmarsch verbundene Chaos und Raube nicht kennen. Dafür wurde sie aber wie ganz Deutschland von strenger Reglementierung erfaßt. Landwirtschaftliche Erzeugnisse unterlagen der Beschlagnahme. Der Landwirt mußte sie zu festgelegtem Preise an das zum Ankauf berechtigte Unternehmen liefern und konnte nur einen durch Vorschriften festgelegten Teil für sich behalten. Der Mangel an Kunstdünger und landwirtschaftlichen Geräten sowie die Einberufung von Landwirten und Arbeitern zum Militär schlugen sich negativ auf den Produktionsumfang nieder.

Die Kriegszerstörungen und die Unterordnung der Landwirtschaft unter die Kriegszwecke riefen im ganzen Territorium der polnischen Gebiete einen Rückgang der landwirtschaftlichen Produktion hervor. Die Anbaufläche von Weizen, Roggen, Gerste, Hafer und Kartoffeln war 1918 im österreichischen Teilgebiet um 35 % und im preußischen Teilgebiet um 45 % kleiner als vor dem Kriege, nur im von Deutschland besetzten Teil Russisch-Polens war sie um 3 % größer (doch 1917 machte die Anbaufläche weniger als die Hälfte des Vorkriegsstandes aus). Auch die durchschnittlichen Hektarerträge verringerten sich. Infolgedessen sanken die Gesamternteerträge gewaltig.

Etwas unterschiedlich veränderte sich das Niveau der Viehhaltung. Am wenigsten litt das preußische Teilgebiet, wo sich die Kopfzahl bei Pferden unbedeutend, bei Rindern um 24 % und bei Schweinen um 54 % verringerte. Im Königreich Polen sank der Bestand an Pferden um fast 40 %, an Rindern um 23 % in der österreichischen Besatzungszone und um 36 % in der deutschen Besatzungszone, an Schweinen um die Hälfte in der österreichischen Besatzungszone, wohingegen er in der deutschen Besatzungszone um 24 % wuchs. Im österreichischen Teilgebiet fiel der Pferdebestand um 30 % und der Rinderbestand um 20 %.[12] Die genannten Zahlen ergeben jedoch nur ein unvollständiges Bild von den Verlusten. Sehr ernste Konsequenzen hatte die Vernichtung der Gestüte im Königreich Polen und der Zuchtrinderhaltung. In den folgenden Jahren erschwerte das den Wiederaufbau der Bestände. Die verbliebenen Tiere hatten infolge der schlechteren Fütterung einen geringeren Gebrauchswert. So sank z. B. die Milchleistung der Kühe.

Durch den Rückgang der Agrar- und Industrieproduktion in Verbindung mit der streng reglementierenden Verteilungspolitik schrumpfte der Handel sehr zusammen. Der Außenhandel kam fast gänzlich zum Erliegen, insbesondere während das Königreich Polen besetzt war.

Der Warenumsatz auf dem Binnenmarkt war in den besetzten Gebieten Russisch-Polens am meisten eingeschränkt. Die niedrigen Zuteilungen auf Karten an die Bevölkerung und das Fehlen vieler wichtiger Artikel im legalen Handel führten zur Entstehung und Entfaltung eines illegalen Handels. In Galizien und im preußischen Teilgebiet entwickelte sich der illegale Handel in geringerem Maße.

Der Krieg blieb auch nicht ohne Einfluß auf die Finanzsphäre. Vor allem sank die Kaufkraft aller Währungen der Unterjocherstaaten. Die Mark verlor ungefähr die Hälfte ihres Wertes, die Krone 60 % und der Rubel ungefähr 75 %. Während in Galizien und im preußischen Teilgebiet die Vorkriegs-Zahlungsmittel weiterhin kursierten, nahm im Königreich Polen im April 1917 auf Initiative der Okkupanten eine besondere Emissionsbank, die Polnische Landesdarlehnskasse (Polska Krajowa Kasa Pożyczkowa) die Tätigkeit auf. Sie emittierte eine besondere Währung, die polnische Mark. Das Emissionsmonopol der Kasse ermöglichte es den deutschen Behörden, ohne Metalldeckung 880 Millionen polnische Mark in Umlauf zu setzen, mit denen die Besatzungsbehörden Waren, Dienstleistungen und vollwertige Valuten erwarben. Die Emission der polnischen Mark ist unter diesen Bedingungen als eine Form der Ausbeutung des Königreichs Polen anzusehen.

Den Krieg verspürte das Bankwesen am stärksten im Königreich Polen und am schwächsten im preußischen Teilgebiet. Im Königreich weigerte sich das zentrale russische Emissionsinstitut, die Russische Staatsbank, gleich bei Kriegsbeginn, Wechsel zu akzeptieren, die in den östlichen Gebieten des Kaiserreichs zu bezahlen waren. Dadurch wurden die einheimischen Banken in der Kreditierung des Wirtschaftslebens behindert, denn sie konnten die zur Diskontierung angenommenen Wechsel nicht in der Zentralbank rediskontieren. Erst nach einiger Zeit erkannten die russischen Behörden die negativen Folgen ihrer Anordnung und räumten den Banken des Königreichs Polen einen speziellen Rediskontkredit ein. Die Lage besserte sich, aber nicht für lange. Die von den russischen Behörden durchgeführte Evakuierung erfaßte auch die Bankinstitute und vor allem ihre Aktiva. Aus dem Königreich Polen wurden insgesamt 390 Millionen Rubel Kapital nach Rußland geschafft, also ein Betrag, der alle von Banken des Kaiserreichs an Unternehmen in den polnischen Gebieten gewährten Kredite weit überstieg. Zur Verschlechterung der Lage der Banken trug auch bei, daß durch Gesetz die Zahlungstermine für Schulden aufgeschoben wurden. Die Schuldner machten von diesem Moratorium Gebrauch und zahlten die aufgenommenen Kredite nicht zurück. Dagegen verlangten die Einleger von den Banken die Auszahlung ihrer Guthaben.

Nach der Besetzung des Königreichs Polen durch die Mittelmächte waren die finanziell geschwächten Banken nicht zu breiterer Betätigung fähig, und sie konzentrierten sich in den Jahren 1915–1917 hauptsächlich auf die Liquidation alter Geschäfte. Daß die

[12] *Grabski, Władysław/Stojanowski, Józef/Warężak, Jan*, Rolnictwo Polski 1914–1920 (Polens Landwirtschaft 1914–1920), in: Polska w czasie wielkiej wojny, Bd. 3, a. a. O., S. 225–489; *Landau, Z./Tomaszewski, J.*, Bilans, a. a. O., S. 443–458.

Handelsumsätze verkümmerten und die Industrieproduktion stockte, fand unmittelbar Niederschlag auf die Lage der Banken. Das gewisse Vakuum, das auf dem Kreditmarkt durch die Schwächung der einheimischen Banken entstanden war, versuchte die von den Deutschen favorisierte Ostbank für Handel und Gewerbe in Posen, die mit deutschem Kapital arbeitete, auszunutzen. Auch österreichische Banken bemühten sich, ihre Position in dem Teil des Königreichs Polen, der sich unter der Besatzung Österreich-Ungarns befand, zu stärken. Erst das Jahr 1918 brachte den Banken des Königreichs Polen eine gewisse Besserung ihrer Situation, denn es wuchs der Zufluß fremder Fonds, mit denen sie operieren konnten. Die meisten Banken des Königreichs Polen gingen jedoch aus der Kriegszeit ernstlich geschwächt und mit erheblich zusammengeschmolzenen Finanzmitteln hervor.

Die Banken in Kleinpolen erweiterten in den Jahren 1914–1918 ihr Betätigungsfeld. Die Bilanzsummen der sieben größten Privatbanken verdoppelten sich in dieser Zeit. Ihre Eigenkapitale nahmen dank neuen Aktienemissionen zu. Es wuchsen auch ihre Beteiligungen an Industriewerken. Das führte dazu, daß einige Banken höhere Dividenden zahlten.

In den westlichen Landesteilen Polens ging es dem Bankwesen außergewöhnlich gut. Die Landwirtschaft machte hohe Einnahmen, die sie in die Banken brachte, u. a. weil es schwer war, notwendige Industriewaren zu kaufen. Ähnlich guter Konjunktur erfreute sich ein Teil der Industrie. Dank ihren steigenden Einnahmen waren die Betriebe auf dem Markt sehr flüssig, und Kapital floß in die Banken. Die Bilanzsummen der sechs größten Privatbanken erhöhten sich von 116 Millionen Mark im Jahre 1913 auf 537 Millionen Mark im Jahre 1918. Nun war es aber recht schwierig, rentable Nutzungsmöglichkeiten für Kapitalien ausfindig zu machen, denn der Krieg hemmte das Investitionsgeschehen. Daraus erwuchs die Konzeption Posener Banken, in das Territorium des Königreichs Polen zu expandieren. Anfänglich widersetzten sich die deutschen Behörden ihrer Verwirklichung. Erst seit 1917 legten Banken aus Großpolen und Pommerellen etwas mehr im Königreich Polen an. Die Posener Banken zahlten ihren Aktionären während der ganzen Kriegszeit relativ hohe Dividenden.

In den Kriegsjahren wurden in den polnischen Gebieten sieben Banken gegründet, drei in Zentral- und vier in Südpolen. Einige Banken im Königreich gerieten infolge von Zahlungsschwierigkeiten ins Wanken, doch keine ging bankrott.[13]

Der Wiederaufbau aus den durch Kriegshandlungen angerichteten Zerstörungen setzte schon während des Krieges ein, nachdem sich die russischen Truppen zurückgezogen hatten und die Ostfront zum Stehen gekommen war. Den Wiederaufbau der Landwirtschaft erleichterte die Politik der Mittelmächte, die große Mengen landwirtschaftlicher Erzeugnisse benötigten. Am meisten organisierte Formen nahm der Wiederaufbau im österreichischen Teilgebiet an. Dort wurde die Landeszentrale für die wirtschaftliche Wiederaufrichtung Galiziens gegründet (die später in das Landesamt für die Wiederaufrichtung umgewandelt wurde), und mit der Finanzierung dieser Tätigkeit befaßte sich der Galicyjski Wojenny Zakład Kredytowy (die Kriegskreditanstalt für Galizien). Mit Hilfe dieser Institutionen wurden gegen Kriegsende kleine Werke in Betrieb genommen, die von den Landwirten benötigtes Gerät herstellten. Aber selbst in Galizien schritt der Wiederaufbau nur langsam voran.

[13] Polska w czasie wielkiej wojny/1914–1918/, Bd. 4: *Stanisław Kauzik*, Finanse (Die Finanzen), Warschau 1939.

VI. Die Zweite Republik

1. Die Wiederherstellung des polnischen Staates

Noch im Jahre 1913 war dem durchschnittlichen Bewohner der polnischen Gebiete die Wiedergewinnung der Unabhängigkeit als eine fernliegende Angelegenheit erschienen. Als 1914 der Krieg ausbrach, rückte die Erfüllung solcher Hoffnungen in größere Nähe, doch sehr viele Menschen rechneten höchstens mit der Möglichkeit, irgend eine Form von Autonomie innerhalb der Grenzen eines der Unterjocherstaaten zu erlangen. In Kreisen der Intelligenz, der Arbeiter und der Bauern besonders im österreichischen und im russischen Teilgebiet gab es starke Wünsche, einen polnischen Staat wiederaufzubauen, in dem soziale Gerechtigkeit herrschen würde. Auf einem anderen Blatt stand, daß diese Vorstellungen von der künftigen Ordnung oftmals wenig präzisiert waren. Nur die entschiedene Linke der Arbeiterbewegung trat mit einem Programm hervor: Durch die sozialistische Weltrevolution sollte das kapitalistische System gestürzt und damit zugleich allen unterdrückten Nationen die Freiheit gebracht werden.

Mit zunehmender Kriegsdauer veränderte sich die Situation. Die großen und starken Mächte, die Polen unter sich aufgeteilt hatten, wurden immer schwächer. Ihre militärischen Mißerfolge und auch die wachsende Unzufriedenheit der Völker bewirkten, daß die Chancen, die Unabhängigkeit wiederzugewinnen, zunahmen. In der polnischen Gesellschaft und auch in anderen Nationen Mittel- und Osteuropas, die fremder Gewalt unterworfen waren, erwachte der Wille, für die nationale Befreiung zu kämpfen, und verstärkten sich revolutionäre Stimmungen. Der Ausbruch der russischen Revolution 1917 leitete den Umgestaltungsprozeß in diesem Teil des Kontinents ein. Die Sowjetmacht erkannte das Recht aller Nationen, ihr Schicksal selbst zu bestimmen, an, erklärte die Teilungsverträge für ungültig und brach auf diese Weise mit den Traditionen der Politik des Zarentums gegenüber Polen.

Der Sieg der Linken in Rußland übte auch auf das Verhältnis der anderen Staaten zur polnischen Frage Einfluß aus. Die durch ein militärisches und politisches Bündnis mit dem Zarentum verbundenen Westmächte hatten bis dahin die Bestrebungen der von ihm unterdrückten Nationen nicht unterstützen wollen. Solch eine politische Linie hätte ja das Bündnis geschwächt, das das Deutsche Reich gezwungen hatte, einen Zweifrontenkrieg zu führen. Als Sowjetrußland mit Deutschland Frieden schloß, wurden die eben genannten Gründe inaktuell. Für den Wiederaufbau unabhängiger Staaten in Osteuropa sprach jetzt der Wunsch der Westmächte, den territorialen Bereich der Sowjetmacht einzuschränken und ihr neue Verbündete entgegenzustellen. Sie waren also daran interessiert, daß Polen, Litauen, Lettland, Estland, Finnland und auch die Ukraine zu unabhängigen Staaten wurden. Die Entstehung eines polnischen Staates würde zudem auch die Mittelmächte schwächen. So wurden verschiedene politische Deklarationen veröffentlicht, von denen die 14 Punkte Woodrow Wilsons, die im Januar 1918 verkündet wurden und die Wiederaufrichtung eines unabhängigen Polen als eines der Kriegsziele proklamierten, am bekanntesten sind, wobei übrigens vermieden wurde, genauer zu sagen, wie dieses Polen aussehen solle.

Schon während des Krieges hatten sich polnische Formationen zum Kampf um die Befreiung gebildet. So wurden in Galizien die Legionen Józef Piłsudskis und in Frankreich Militäreinheiten aufgestellt. In Paris residierte das Polnische Nationalkomitee (Komitet Narodowy Polski), das die Konzeption vertrat, ein auf die Ententestaaten gestütztes Polen zu errichten.

Im Herbst 1918 brach die militärische Kraft der Mittelmächte an den Fronten zusammen, und in beträchtlichen Teilen Mittel- und Osteuropas loderte das Feuer der Revolution auf. Die revolutionäre Linke zielte darauf ab, die kapitalistische Gesellschaftsordnung zu stürzen. In Ungarn und in der Slowakei wurden Räterepubliken proklamiert, Deutschland wurde von der Revolution erfaßt, in anderen Ländern entstanden Delegiertenräte, die zuweilen in einzelnen Ortschaften und Gemeinden für kurze Zeit die volle Macht übernahmen. Die gemäßigten Gruppierungen wollten unabhängige Staaten schaffen und die öffentliche Ordnung demokratisieren, widersetzten sich aber zugleich weitergehenden Umgestaltungen. Schließlich wurde die revolutionäre Bewegung erstickt. Nichtsdestoweniger entstanden auf den Trümmern der drei Mächte in Mittel- und Osteuropa neue Staaten. Unter dem Druck der Volksmassen wurden strukturelle und ökonomische Reformen eingeleitet, die sich zwar im Rahmen der kapitalistischen Gesellschaft bewegten, jedoch einen wesentlichen Fortschritt gegenüber dem vorherigen Zustand bedeuteten. 1918 erfolgte also ein einschneidender Umbruch, der das Antlitz dieses Teiles von Europa veränderte. Eines seiner Elemente war, daß nach 123 Jahren der nationalen Unfreiheit die unabhängige Republik Polen entstand.

Die Staatsbildung ging unter schwierigen Bedingungen vor sich. Im Herbst 1918 existierten viele politische Zentren, die den Charakter provisorischer Regierungen hatten oder den Anspruch erhoben, die Gesellschaft zu repräsentieren. Das älteste von ihnen war der Regentschaftsrat, der 1917 von den Deutschen im besetzten Warschau gegründet worden war. Ihm gehörten Politiker an, die darin eine Chance erblickten, für die polnischen Gebiete eine Autonomie unter dem Protektorat der Mittelmächte zu gewinnen. Eine Konzeption der Zusammenarbeit mit denselben Staaten vertrat auch Józef Piłsudski, der seinen politischen Weg als Funktionär der illegalen Polnischen Sozialistischen Partei (PPS) im Königreich Polen begonnen hatte. Während des Krieges hatte er zwar der Arbeiterbewegung bereits den Rücken gekehrt, doch hielt sich irgendwie die Meinung, er sympathisiere nach wie vor mit der Linken. Im österreichischen Teilgebiet gründete Piłsudski die polnischen Legionen und im russischen Teilgebiet die konspirative Polnische Militärorganisation (Polska Organizacja Wojskowa). In der Endphase des Krieges bereiteten sich die mit Piłsudski verbundenen Organisationen darauf vor, die Macht von den Deutschen zu übernehmen. Ihr Kommandant war in Magdeburg in Gefangenschaft.

Im Herbst 1918 entstand in Galizien die Polnische Liquidationskommission (Polska Komisja Likwidacyjna), die daranging, die Verwaltung dieses Teilgebiets von den Österreichern zu übernehmen. Die Polnische Liquidationskommission lehnte es ab, sich dem Regentschaftsrat unterzuordnen. Ihre Einflüsse erstreckten sich auf den Westen des österreichischen Teilgebiets. Im Teschener Gebiet regierte ein polnischer Nationalrat (Rada Narodowa), der mit dem tschechischen Nationalausschuß (Národní Výbor) ein Abkommen abschloß, in dem die Grenze zwischen Polen und der Tschechoslowakei im

Prinzip entsprechend den ethnographischen Verhältnissen gezogen wurde. In Przemyśl bildete sich aufgrund eines nur kurze Zeit vorhaltenden Abkommens zwischen nationalistische Auffassungen vertretenden polnischen und ukrainischen Politikern eine Lokalregierung. Nach ihrer Zerschlagung entbrannten Kämpfe zwischen Polen und Ukrainern. Weiter östlich entstanden Organe der von ukrainischen Politikern gegründeten Westukrainischen Volksrepublik. Größtes polnisches Zentrum in diesem Gebiet war Lwów (Lemberg), wo erbitterte Kämpfe zwischen polnischen und ukrainischen Organisationen ausbrachen. Schließlich wurde Anfang November 1918 in Lublin die sogenannte Volksregierung gebildet, an deren Spitze der bekannte Funktionär der Polnischen Sozialistischen Partei (PPS) Ignacy Daszyński (damals ein Anhänger Piłsudskis) stand und der Sozialisten und linke Funktionäre der Bauernbewegung angehörten. Außerdem wirkte in Paris das bereits erwähnte Polnische Nationalkomitee, das der bekannte Funktionär der Nationaldemokratie Roman Dmowski, ein politischer Gegner Piłsudskis, leitete. Das Polnische Nationalkomitee beabsichtigte zwar nicht, sich in eine Regierung umzubilden, erkannte aber die vorher genannten in der Heimat existierenden politischen Vertretungen nicht an.

In dieser komplizierten Situation kehrte im November 1918 Piłsudski nach Warschau zurück. Recht weit verbreitet war die Erwartung, daß er das von den Sozialisten verkündete Programm sozialer Umgestaltungen unterstützen werde. Daher konnte er auf die Sympathien der Arbeiter und der Jugend rechnen. Piłsudski hatte jedoch die Ambition, jenseits von Klassenkonflikten zu stehen, und er beabsichtigte nicht, sich für die Linke zu erklären, obwohl er auch nicht offen gegen sie auftreten wollte. Schärferblickende Politiker waren sich darüber klar geworden, daß er sich schon weit von den sozialistischen Parolen seiner Jugendzeit entfernt hatte.

Der Regentschaftsrat übertrug Piłsudski seine Rechte (oder richtiger seine Scheinrechte), und ein paar Tage später ordnete sich ihm auch die Lubliner Regierung unter. Piłsudski, der das Amt des Staatschefs übernahm, beabsichtigte, die revolutionäre Bewegung in den Griff zu bekommen (u. a. durch Befriedigung einiger Forderungen wie die Verwirklichung des achtstündigen Arbeitstages und die Erweiterung der Sozialversicherungen) und mit den Nationaldemokraten zu einem Kompromiß zu gelangen, ohne den es schwerfallen würde, eine Regierung zu schaffen, die das ganze Land unter ihren Einfluß bekommen könnte. Die Positionen der Nationaldemokraten stärkte die Tatsache, daß sie in dem in Poznań (Posen) gebildeten Obersten Volksrat (Naczelna Rada Ludowa) dominierten. Dieser ergriff im Ergebnis des Aufstandes gegen die deutschen Behörden Ende Dezember 1918 in Großpolen die Macht und lehnte es ab, sich der in Warschau residierenden Regierung unterzuordnen. Dagegen erkannte die Krakauer Liquidationskommission die Oberhoheit Warschaus an.

Im Januar 1919 kam es zwischen den beiden Hauptströmungen, die die Interessen der polnischen besitzenden Klassen vertraten, den Piłsudski-Leuten und den Nationaldemokraten, zu einem Kompromiß. Er wurde durch die Resultate der Ende Januar 1919 durchgeführten Wahlen zum Gesetzgebenden Sejm erhärtet. Das Amt des Staatschefs behielt J. Piłsudski, Premierminister und Außenminister wurde der weltberühmte Pianist Ignacy Paderewski, der als den Nationaldemokraten nahestehend galt, die anderen Ministerposten besetzten überwiegend rechte Politiker. Gleichzeitig verloren die in vielen Gegenden bestehenden Räte der Arbeiterdelegierten immer mehr an Bedeutung. Im Laufe einiger Monate wurden sie völlig liquidiert. Der polnische Staat wurde als bürgerlich-demokratische Republik gestaltet. Anzumerken ist, daß sich der Volksrat in Poznań erst nach der Friedenskonferenz im Herbst 1919 völlig der Zentralregierung unterordnete; das ehemalige preußische Teilgebiet behielt jedoch bis 1921 eine gewisse administrative und wirtschaftliche Sonderstellung.

Ein erstrangiges Problem, das vor der polnischen Regierung stand, war die Festlegung der Staatsgrenzen. Anfänglich umfaßte das Staatsgebiet: das Königreich Polen, den Westteil Galiziens und den Nordostteil des Teschener Gebiets. Im Osten, Westen und Norden, teilweise aber auch im Süden, waren die Grenzen nicht präzise abgesteckt.

Als Ostgrenze Polens schlugen die Siegermächte im Sommer 1919 die sogenannte Curzon-Linie vor (nach dem Namen des britischen Politikers, der sie entworfen hatte), die annähernd mit der ethnographischen Grenze übereinstimmte. Von entscheidender Bedeutung für die praktische Lösung dieser Fragen waren jedoch die polnisch-sowjetischen Beziehungen. Ins Gewicht fielen dabei zwei Faktoren: Erstens die Tatsache, daß die polnische Regierung die Gruppen repräsentierte, die materiell an den Gebieten östlich der Curzon-Linie interessiert waren, und zweitens, daß sich der polnische Staat auf die Zusammenarbeit mit Frankreich stützte.

Die polnischen besitzenden Klassen fürchteten, die in Rußland begonnene Revolution könne auch polnische Gebiete erfassen. Von nicht geringer Bedeutung waren dabei die Interessen der seit Jahrhunderten mit den ukrainischen und belorussischen Gebieten verbundenen Gutsbesitzerkreise, denen die Sowjetmacht ihre dortigen Güter genommen hatte. Für die französische Bourgeoisie bedeutete die russische Revolution u. a. den Verlust des politischen Verbündeten gegen Deutschland und riesiger während der Zarenherrschaft investierter Kapitalien. Frankreich war also bestrebt, aus Polen ein Glied der internationalen Intervention gegen die Sowjetmacht zu machen. Die inneren und internationalen Faktoren führten zum Konflikt. Zu den ersten Zusammenstößen kam es schon Anfang 1919, als polnische Einheiten, die in die von den zurückgehenden deutschen Truppen geräumten Territorien einmarschierten, zum Schutz der polnischen Gutsbesitzer gegen die den Boden aufteilenden belorussischen und ukrainischen Bauern und gegen die sie verteidigenden Einheiten der Roten Armee vorgingen. 1920 nahmen polnische Truppen im Zuge ihrer Offensive Kiew ein, wurden jedoch bald zum Rückzug gezwungen. Anfang August 1920 näherte sich die Front Warschau. Mitte dieses Monats kam die sowjetische Offensive zum Stehen. Danach gingen polnische Truppen unter dem Oberkommando Piłsudskis zur Gegenoffensive über, überschritten erneut die Bug-Linie und besetzten die Westgebiete Belorußlands und der Ukraine. Die Verteidigung Warschaus sowie die späteren militärischen Erfolge trugen (vor allem im ehemaligen russischen Teilgebiet) dazu bei, daß die Popularität Piłsudskis, der die Armee organisiert hatte, wuchs und sich festigte. Als die Sowjetregierung erneut den Vorschlag zum Friedensschluß unterbreitete, entschloß sich die polnische Regierung ihn anzunehmen, und im März 1921 wurde in Riga der Friedensvertrag unterzeichnet, der die Ostgrenze Polens absteckte und die Beziehungen zwischen den beiden Staaten formell regelte.

Während des polnisch-sowjetischen Krieges kam es auch zu einem bewaffneten Konflikt mit der jungen Republik Litauen um das Vilnius-Gebiet. Unter dem Druck der Entente schlossen Polen und Litauen im Oktober 1920 einen Waffenstillstand, der dieses Gebiet auf litauischer Seite beließ. Bald befahl jedoch J. Piłsudski dem ihm ergebenen General Lucjan Żeligowski, die offiziellen Befehle des polnischen Stabes zu brechen und Vilnius (poln. Wilno, russ. Wilna) einzunehmen. Die Aktion gelang, und General Żeligowski gründete Mitte Oktober 1920 die scheinbar unabhängige Republik Mittellitauen, in der sich die Macht faktisch in polnischer Hand befand. Im März 1922 wurde Mittellitauen mit

Polen vereinigt und ein Jahr später die polnische Grenze gegenüber Litauen festgelegt. Die Regierung in Kaunas erkannte die vollendeten Tatsachen nicht an, und erst 1938 stellten beide Staaten unter Druck Polens diplomatische Beziehungen her.

Die West- und Nordgrenze Polens gegenüber Deutschland bestimmte im Prinzip der am 28. Juni 1919 unterzeichnete Versailler Vertrag. In Schlesien, im Ermland und in Masuren sollte der von den alliierten Staaten berufene Rat der Botschafter nach Durchführung einer Volksabstimmung über die Grenze endgültig entscheiden. Die Vorbereitungen zur Volksabstimmung fielen in die Zeit des Krieges mit den Sowjetrepubliken, als die Hauptanstrengungen des polnischen Staates nach Osten gerichtet waren. Diese Situation nutzte die deutsche Seite. Zu Ungunsten Polens wirkten auch die Widersprüche zwischen den Staaten der antideutschen Koalition. Frankreich war bestrebt, sich dauerhaft gegen seinen östlichen Nachbarn abzusichern und Deutschland möglichst weitgehend zu schwächen. Das beunruhigte die britischen Politiker, die Frankreichs absolute Hegemonie auf dem Kontinent nicht wünschten und außerdem befürchteten, wenn man das besiegte Deutschland zugrunde richtete, könnte dort eine Revolution ausbrechen. Großbritannien wollte auch keine übermäßige Stärkung der durch ein enges Bündnis mit Frankreich verbundenen Staaten Mittel- und Osteuropas. Erste Antagonismen waren schon in Versailles zutage getreten, als Frankreich, der britischen Opposition zum Trotz, die polnischen Forderungen bezüglich der Grenze mit Deutschland unterstützt hatte.

Das Plebiszit in den polnischen Nordgebieten (am Unterlauf der Weichsel, in Masuren und im Ermland) fand am 11. Juli 1920 in einer für Polen besonders ungünstigen Situation statt. Der polnischen Seite gelang es nicht, es gebührend vorzubereiten. Die Deutschen aber ließen die Verwaltung Druck auf die Bevölkerung ausüben, profitierten davon, daß alle im Abstimmungsgebiet geborenen Personen teilnahmeberechtigt waren, und nahmen schließlich zu Betrügereien Zuflucht. Ein Großteil der polnischen Bevölkerung stimmte gar nicht ab. Infolgedessen fiel das Plebiszit ungünstig für Polen aus, und nur ein kleines Gebiet entlang der Weichsel kehrte zum Mutterland zurück.

In Oberschlesien fand die Volksabstimmung am 20. März 1921 statt, ebenfalls unter Druck, den die deutsche Verwaltung, die Leitungen der Fabriken, Hütten und Bergwerke, die Geistlichkeit und bewaffnete Freiwilligenverbände (Freikorps) auf die Abstimmenden ausübten. Für die Rückkehr zu Polen erklärten sich nur 45,3 % der Gemeinden, wozu fast der ganze am meisten industrialisierte Teil des Abstimmungsgebiets gehörte. Die Resultate des Plebiszits dienten Großbritannien zur Begründung seines Projekts, den überwiegenden Teil Oberschlesiens bei Deutschland zu belassen. Frankreich schlug vor, das Abstimmungsgebiet zu teilen. Unter diesen Bedingungen wurde die Atmosphäre in Oberschlesien immer gespannter, und Anfang Mai 1921 brach der dritte schlesische Aufstand aus (der erste und der zweite – von geringerem Umfang – hatten im August 1919 und im August 1920 stattgefunden). Daraufhin änderte der Rat der Botschafter seinen Standpunkt. Im Herbst 1921 beschloß er, Oberschlesien zwischen Polen und Deutschland aufzuteilen. Im Juni 1922 marschierten polnische Truppen in das der Republik Polen zuerkannte Territorium ein.

Der Versailler Vertrag rief auch eine besondere Verwaltungseinheit ins Leben, die der Kontrolle des Völkerbundes unterstehende Freie Stadt Danzig. Sie gehörte dem polnischen Zollsystem an, ihr Verkehrssystem unterlag polnischer Aufsicht, und Polen erhielt das Recht, die Hafenanlagen frei zu nutzen. In der Freien Stadt regierte ein wählbarer Senat, und den Völkerbund repräsentierte ein Hoher Kommissar. Die Vereinigung Danzigs mit dem polnischen Zollsystem erfolgte im Januar 1922. Auch andere Rechte, die der Versailler Vertrag Polen in Danzig einräumte, wurden erst nach und nach in Anwendung gebracht.

Die Grenze zwischen Polen und der Tschechoslowakei wurde so festgelegt, daß sie im Prinzip auf der historischen Grenzlinie zwischen Galizien und den übrigen Ländern der Habsburger Monarchie verlief, die im allgemeinen den ethnographischen Grenzen entsprach. Zum wichtigsten Problem wurde die Abgrenzung im Teschener Gebiet, dessen Nordostteil Polen und dessen Südwestteil Tschechen bewohnten. Dem Streit zwischen Polen und der Tschechoslowakei lag die Rivalität um den Platz, den jedes der beiden Länder in Mitteleuropa einzunehmen hätte, zugrunde. Beide beanspruchten die Spitzenposition in diesem Teil des Kontinents und die Rolle des wichtigsten Bundesgenossen Frankreichs. Der Territorialstreit nahm also neue Dimensionen an, und seine Lösung wurde zur Prestigefrage. Die Tschechoslowakei führte wirtschaftliche Gründe, die Verkehrsverhältnisse und den Grundsatz, daß es sich um die in internationalen Verträgen anerkannten historischen Grenzen des Königreichs Böhmen handelte, ins Feld. Polen berief sich auf ethnographische Argumente, indem es den Teil des Teschener Gebiets, in dem Polen überwogen, für sich verlangte. Im Januar 1919 überschritten tschechoslowakische Einheiten die ein paar Monate zuvor durch die Lokalbehörden festgelegte provisorische Grenze. Nach mehrtägigen Kämpfen, in denen die polnischen Einheiten den Rückzug antreten mußten, wurde ein Waffenstillstand geschlossen. Nach längeren Verhandlungen teilte der Rat der Botschafter Ende Juli 1920 das strittige Territorium, wobei er keine der beiden Seiten in ihren Ansprüchen befriedigte; einige Gemeinden mit polnischer Bevölkerungsmehrheit befanden sich danach innerhalb der Grenzen der Tschechoslowakei. Streitigkeiten von viel geringerem Gewicht betrafen einige Abschnitte der polnisch-slowakischen Grenze. Nach Verhandlungen und Entscheidungen des Rates der Botschafter blieb im Prinzip die historische Grenze, mit nur geringfügigen Verbesserungen für Polen, bestehen. Die letzte Streitfrage – den Grenzverlauf beim Tatradorf Jaworzyna – löste der Rat der Botschafter am 5. September 1924. Trotz der formellen Festlegung der Grenzen hatte Polen mit seinen meisten Nachbarn territoriale Konflikte.

Die Staatsmacht und das Territorium der Republik Polen, die als Zweite Republik bezeichnet wurde, die erste war die Adelsrepublik vor den Teilungen, nahmen also im Zuge eines langwierigen und komplizierten Prozesses Gestalt an. Im Prinzip war dieser Prozeß 1922 abgeschlossen, wenn auch die letzten Fragen erst 1924 geregelt wurden. Die Gesamtlänge der Grenzen betrug 5529 km, davon 140 km Seegrenze (fast die Hälfte der Küste entfiel jedoch auf die sandige Halbinsel Hel). An Deutschland grenzte Polen auf 1912 km, an die UdSSR auf 1412 km, an die Tschechoslowakei auf 984 km, an Litauen auf 507 km, an Rumänien auf 347 km, an Lettland auf 106 km, an die Freie Stadt Danzig auf 121 km. Die Bodenfläche der Republik Polen nahm 388600 km² ein.

An dieser Gestaltung des Staatsgebiets erfolgten Anfang Oktober 1938 kleine Veränderungen, als Polen – unter Ausnutzung des Nazieinmarschs in das sogenannte Sudetenland – einen Teil der zur Tschechoslowakei gehörenden schlesischen Gebiete westlich der Olza (in Polen Zaolzie = Trans-Olza-Land genannt) mit einer Fläche von 874 km² sowie einige kleine Landzipfel slowakischen Bodens besetzte.[1]

[1] *Mały Rocznik Statystyczny* (Kleines Statistisches Jahrbuch) *1938*, S. 11f.; 1939, S. 11.

2. Die Bevölkerung

Ende 1921 hatte Polen schätzungsweise 27,4 und 1939 35,1 Millionen Einwohner. Detaillierte Angaben zur Sozial-, Berufs- und Nationalitätenstruktur brachte die Zählung von 1931. Die Gesamteinwohnerzahl betrug damals 32,1 Millionen (ohne kasernierte Armee 31,9 Millionen). 60,6 % fanden ihren Lebensunterhalt in der Landwirtschaft und nur 19,4 % in Industrie, Bergbau und Handwerk.[2] Der polnische Staat hatte also überwiegend Agrarcharakter. Unter der landwirtschaftlichen Bevölkerung überwogen Bauern mit kleinem und mittlerem Landbesitz, die keine Lohnarbeiter beschäftigten. Etwas vereinfacht läßt sich sagen, daß es die ständige Beschäftigung von Arbeitern war, wodurch sich die Bauernwirtschaften kapitalistischen Typs von den übrigen unterschieden. Unter dieser Voraussetzung sind von der gesamten Landbevölkerung kaum 6,9 % zu den besitzenden Schichten zu rechnen. Vorwiegend waren das Eigentümer größerer Bauernwirtschaften und ihre Familien. Man traf sie häufiger in den westlichen Landesteilen (Großpolen und Pommerellen) an. 76,7 % der Landbevölkerung erhielten sich von kleinen und mittleren Wirtschaften, die mit den Kräften der eigenen Familie bestellt wurden. Die Schicht der Landarbeiter umfaßte 14,5 %, dagegen die Schicht der Großgrundbesitzer nur den Bruchteil eines Prozents.

Wir verfügen nicht über die erforderlichen Angaben, um darstellen zu können, wie sich die Anzahl der von der Landwirtschaft lebenden Personen während des ganzen Zeitraums zwischen beiden Weltkriegen veränderte. Schätzungen besagen, daß von 1921 bis 1938 die Zahl der auf dem Lande wohnhaften Personen von 20 auf 24 Millionen, also um 20 % wuchs. Doch gleichzeitig stieg der Anteil der Stadtbevölkerung (u. a. durch Landflucht) von 26 % auf fast 30 %. Das erlaubt die Schlußfolgerung: Obwohl die Landbevölkerung quantitativ wuchs, wurde ihr Anteil an der Gesamtbevölkerung langsam geringer.

Von denen, die sich 1931 aus nichtlandwirtschaftlichen Einkommensquellen unterhielten (12,6 Millionen Menschen), machten diejenigen, die ihren Unterhalt aus der Industrie, dem Bergbau und dem Handwerk gewannen, die größte Gruppe aus. Die Arbeiterklasse zählte 6,4 Millionen Personen (ungefähr 50 % der nichtlandwirtschaftlichen Bevölkerung). An zweiter Stelle stand die von kleiner Warenproduktion lebende Bevölkerungsschicht (Handwerker, kleine Kaufleute u. dgl.), die ungefähr 3,4 Millionen Menschen (annähernd 27 % der nichtlandwirtschaftlichen Bevölkerung) zählte. Diese Schätzung ist sehr ungenau. Die Schicht der Intelligenz zählte etwa 1,8 Millionen Personen (ungefähr

[2] *Mały Rocznik Statystyczny 1938*, S. 12 und 32. – Die 1921 durchgeführte Volkszählung erfaßte nicht das ganze Territorium der Zweiten Republik, deren Grenzen noch nicht endgültig festgelegt waren, und wies auch andere wesentliche Mängel auf. Auch die Zählung von 1931 hatte Mängel, daher beruht ein Teil der in diesem Kapitel angeführten Zahlen auf Schätzungen und weicht von den amtlichen Angaben ab. Über die Struktur der Gesellschaft siehe *Żarnowski, Janusz*, Społeczeństwo Drugiej Rzeczypospolitej 1918–1939 (Die Gesellschaft der Zweiten Republik 1918–1939), Warschau 1973; *Landau, Zbigniew/Tomaszewski, Jerzy*, Robotnicy przemysłowi w Polsce. Materialne warunki bytu 1918–1939 (Die Industriearbeiter in Polen. Materielle Daseinsbedingungen 1918–1939), Warschau 1971; *Kowal, Stefan*, Zur Sozialstruktur Großpolens im Zeitraum 1918–1939, in: „Jahrbuch für Wirtschaftsgeschichte" 1978, T. 1, S. 67–91. – Weitere Literaturangaben siehe *Tomaszewski, Jerzy*, Historische Forschungen über die Struktur der Bevölkerung Polens im 19. und 20. Jahrhundert, in: „Jahrbuch für Wirtschaftsgeschichte" 1975, T. 3, S. 217–241.

14 % der nichtlandwirtschaftlichen Bevölkerung), und die kleinen und mittleren kapitalistischen Unternehmer machten weniger als 0,3 Millionen Personen aus (weniger als 3 % der nichtlandwirtschaftlichen Bevölkerung). Zur Großbourgeoisie gehörten nicht viele Leute, zu ihren Spitzen kaum 100 Personen, darüber hinaus kann man einige Tausende zur Schicht der großen kapitalistischen Unternehmer rechnen. Alle diese Zahlen sind selbstverständlich nur Näherungswerte, um so mehr, als man mit Hilfe der Volkszählung die einzelnen Klassen und Schichten schwerlich genau abgrenzen kann. Außer den genannten Schichten gab es noch Leute, die von Renten, Pensionen, öffentlicher Wohltätigkeit usw. lebten. Die grundlegenden Ziffern der Sozial- und Berufsstruktur der Bevölkerung aufgrund der Volkszählung von 1931 enthält Tabelle 15.

Tabelle 15

Sozial- und Berufsstruktur der Bevölkerung Polens im Jahre 1931 (in 1000 Personen)

Wirtschaftssektoren	Zusammen	Arbeiter und Heimarbeiter	Angestellte	Selbständige zusammen	davon ohne Lohnarbeitskräfte	unbestimmte soziale Stellung
Insgesamt	31915,7	9135,9	1386,1	20333,7	18170,5	1378,1
Landwirtschaft	19346,9	2815,9	36,7	16494,3	14837,7	318,1[a]
Gartenbau, Fischerei, Forstwirtschaft	234,0	168,6	23,0	42,4	36,7	–
Bergbau und Industrie	6177,9	3923,4	238,9	2015,6	1673,8	–
Handel und Versicherungen	1943,2	361,8	166,9	1414,5	1299,6	–
Verkehr und Transport	1153,1	800,1	178,9	174,1	165,6	–
Öffentl. Dienst, Kirche soziale Organisationen	713,1	324,8	376,3	21,0	12,8	–
Schulwesen, Kultur, Wissenschaft	338,1	54,2	227,4	56,5	54,3	–
Gesundheitwesen und Hygiene	275,3	106,0	55,2	114,1	88,9	–
Hausbedienstete	441,1	441,1	x	x	x	–
Andere Sektoren	1293,0	140,0	91,8	1,2	1,2	1060,0

[a] = Bauern auf dem Altenteil

Quelle: Statystyka Polski (Statistik Polens), Serie C, Hefte 94b und 94c

Wie man den zitierten Zahlen entnehmen kann, überwog in Polen zahlenmäßig die von der kleinen Warenwirtschaft lebende Bevölkerung, und auch unter den Arbeitern waren die an verstreut liegenden Arbeitsplätzen Beschäftigten (z. B. Hauspersonal, Mitarbeiter des Handels u. dgl.) stark vertreten.

Betrachten wir die Angaben über die (beruflich aktiven) Arbeiter näher. Im Dezember 1931 gab es davon in Polen 4,1 Millionen (darunter 0,7 Millionen Arbeitslose). In Industrie und Bergbau arbeiteten 1,1 Millionen, außerdem gab es noch 0,5 Millionen Arbeitslose. Die Mehrheit der Industriearbeiter war in kleinen und mittleren Betrieben tätig. In Werkstätten mit bis zu 4 Arbeitern (einschließlich) waren ungefähr 460000, in Betrieben mit mehr als 200 Arbeitern ungefähr 400000 Personen beschäftigt. Insgesamt können wir feststellen, daß die Mehrheit der polnischen Arbeiterklasse aus Beschäftigten kleiner Werkstätten, Hausbediensteten und in verschiedenen Sektoren der Wirtschaft unproduktiv Tätigen (Kutschern, Trägern, Reinemachefrauen, Aufsehern u. ä.) bestand.

Im Laufe der zwanzig Jahre zwischen den beiden Weltkriegen nahm die polnische Arbeiterklasse zahlenmäßig relativ schnell zu. In den Jahren 1925–1938 wuchs ihr Anteil an der Gesamtbevölkerung von rund 26 % auf etwa 31 %. Dieser Zuwachs war jedoch unterschiedlich in den verschiedenen Arbeitergruppen. Vor allem unterlag die Beschäftigung starken konjunkturabhängigen Schwankungen. Um ihren Einfluß zu eliminieren, vergleichen wir die Jahre 1928 und 1938, als die Wirtschaft besonders große Belebung aufwies. Nach Ablauf dieser elf Jahre war die Zahl der im Bergbau, im Hüttenwesen, in der großen und mittleren verarbeitenden Industrie Tätigen (durchschnittliche Beschäftigung im Laufe des Jahres in Werken mit mindestens 20 Arbeitern) um 5 % kleiner geworden. Gleichzeitig war die Arbeitslosenzahl außerhalb der Landwirtschaft auf ungefähr das Achtfache und die Beschäftigtenzahl in der Kleinindustrie, im Handwerk und in nichtproduzierenden Sektoren der Wirtschaft beträchtlich angestiegen. Der Bevölkerungsstrom vom Lande in die Städte führte also vor allem zum Anwachsen der ärmsten Schichten der Arbeiterklasse.

Ein großer, allerdings schwer zu messender Teil derjenigen, die ihren Unterhalt in der kleinen Warenwirtschaft erwarben, befand sich im Grenzbereich zur Arbeiterklasse. Auf dem Lande waren das die Eigentümer der kleinsten Wirtschaften, die sich, um ihren Lebensunterhalt zu bestreiten, in der Saison Lohnarbeit suchen mußten (in der Landwirtschaft, zuweilen im Bauwesen, in Forsten u. dgl.). In den Städten waren viele Handwerker (insbesondere Schneider und Schuhmacher) faktisch von Verlegern abhängig. Verschiedene Enquêteuntersuchungen haben bewiesen, daß in den dreißiger Jahren sehr viele Handwerker und kleine Kaufleute weniger Einkommen als die Arbeiter hatten. Doch es war ihnen unmöglich, ihr Zwerg-„Unternehmen" aufzugeben, weil sie angesichts der wachsenden Arbeitslosigkeit keine Chancen besaßen, eine andere Beschäftigung zu finden.

Direkte Informationen darüber, wie sich die Zahl der von der kleinen Warenwirtschaft lebenden Menschen änderte, besitzen wir nicht. Schätzungen über Wandlungen in der Agrarstruktur (mehr darüber in einem der folgenden Kapitel) zeigen, daß innerhalb der landwirtschaftlichen Bevölkerung der Prozentsatz derjenigen, die von der Bewirtschaftung kleiner Fetzen Landes leben mußten, anstieg. Tendenzen in den übrigen Wirtschaftssektoren lassen sich aus der Steuerstatistik ablesen. Aufgrund dessen sowie zusätzlicher Nachrichten können wir die These aufstellen, daß in den Jahren zwischen den beiden Weltkriegen die Gruppen, die von nichtlandwirtschaftlicher kleiner Warenwirtschaft lebten, absolut und auch prozentual zur Gesamtbevölkerung Polens zunahmen und sich der quantitative Umfang der kleinkapitalistischen Schichten verminderte.

Zur gleichen Zeit nahm die Schicht der Intelligenz systematisch zu. 1921 machte sie rund 4 %, 1939 6 % der gesamten Bevölkerung aus. Das ist besonders auf den großenteils mit der Wiedergewinnung der Unabhängigkeit im Jahre 1918 gestiegenen Bedarf des Landes zurückzuführen. Polen benötigte einen eigenen Verwaltungskader, Lehrer u. dgl., die die Vertreter der Staatsapparate der Teilungsmächte ersetzten. In den dreißiger Jahren zeigte sich jedoch, daß die Intelligenz schneller anwuchs als die Möglichkeit, sie zu beschäftigen. Daher die beträchtliche Arbeitslosigkeit, die unter der Intelligenz während der großen Krise 1930–1935 zutage trat und auch während der späteren konjunkturellen Belebung nicht nachließ.

Die Berufs- und Sozialstruktur wich in den einzelnen Landesteilen Polens sehr stark voneinander ab. Die westlichen Wojewodschaften (das ehemalige preußische Teilgebiet) und von den zentralen die Wojewodschaften Łódź und Kielce waren dadurch gekennzeichnet, daß in ihnen nur ein verhältnismäßig niedriger Prozentsatz der Bevölkerung von der Landwirtschaft lebte (Wojewodschaft Poznań 47 %, Wojewodschaft Kielce 57 %). In dieser Hinsicht fiel die schlesische Wojewodschaft ganz aus dem Rahmen, denn dort erwarben kaum 12 % der Einwohner ihren Unterhalt in der Landwirtschaft, während die Arbeit in Industrie und Bergbau als Verdienstquelle dominierte.

Auf dem Gegenpol dazu standen die östlichen Wojewodschaften mit ihrem verschwindend geringen Prozentsatz nichtlandwirtschaftlicher Bevölkerung. In der Wojewodschaft Lwów bezogen 69 % der Einwohner ihr Einkommen aus der Landwirtschaft, in den Wojewodschaften Wolhynien, Tarnopol, Polesien und Nowogródek 79 bis 82 %.

Für die westlichen Wojewodschaften war auch ein hoher Anteil von Arbeitern charakteristisch. Innerhalb der landwirtschaftlichen Bevölkerung waren 44 % in der Wojewodschaft Poznań und 38 % in der Wojewodschaft Pommerellen Arbeiter. Dagegen betrug dieser Anteil in den Wojewodschaften Wolhynien, Polesien und Nowogródek lediglich 4 bis 6 %; der Großgrundbesitz im Osten des Staates machte in großem Maße von Saisonarbeit der Kleinbauern Gebrauch, denen er niedrigere Lohnsätze als den ständigen Landarbeitern zahlte.

Das wichtigste Arbeiterzentrum (außerhalb der Landwirtschaft) war Oberschlesien. In dieser Wojewodschaft gehörten 1931 nicht weniger als 67 % der nichtlandwirtschaftlichen Bevölkerung zur Arbeiterklasse. Weitere Konzentrationspunkte waren die großen Städte wie Warschau, Łódź (mit Nachbarorten) und Poznań. In den genannten Zentren waren auch die größten Industriewerke konzentriert, während im übrigen Lande, mit wenigen Ausnahmen, mittlere und kleine Produktions- und Dienstleistungsbetriebe dominierten.

Auf die Bevölkerungszahl Polens und auf die Beschäftigtenstruktur wirkte weiterhin — wie schon vor 1914 — der Umfang der Migrationsbewegungen ein. Die Auswanderung behielt bis einschließlich 1930 ihre beträchtlichen Ausmaße bei, trotz der allmählich eingeführten Beschränkungen in einigen Staaten, die vorher Einwanderer aus Polen aufgenommen hatten. In dieser Zeit verließen jährlich 200000 bis 250000 Menschen ihr Heimatland, davon war etwa die Hälfte Saisonwanderer nach Deutschland.[3] Bis 1925 erfolgten die Ausreisen nach Deutschland in der Regel illegal, da Deutschland mit Polen noch keinen Vertrag abgeschlossen hatte, der die Saisonwanderung zur Arbeit regulierte.

Nach Ausbruch der großen Wirtschaftskrise wurden Einwanderungsbeschränkungen eingeführt, was einen gewaltigen Rückgang der Emigrantenzahl nach sich zog. Die wenigsten Ausreisen verzeichnete man im Jahre 1932, als 21400 Personen Polen verließen, während 38600 zurückkehrten. Zwar nahm die Emigration in den folgenden Jahren erneut an Umfang zu, erreichte aber nie wieder das Vor-Krisen-Niveau. Auch der Umfang der Reemigration erhöhte sich. Infolgedessen verloren seit 1931 die Migrationsbewegungen ihre Bedeutung für die Regulierung der Arbeitsmarktlage in Polen und für die Milderung der Übervölkerung des Dorfes.

In einigen Regionen hatten andere Nationalitäten erheblichen Anteil an der Bevölke-

3 *Tomaszewski, Jerzy*, Czynniki wpływające na migracje zewnętrzne ludności w Polsce 1918—1939 (Faktoren, die auf äußere Migrationen der Bevölkerung in Polen 1918—1939 einwirkten), in: Mechanizmy, a.a.O., S. 140.

rung. Die dazu in den östlichen Wojewodschaften seinerzeit zusammengestellten amtlichen Angaben sind so wenig glaubwürdig, daß wir uns genötigt sehen, die folgenden Ausführungen auf Schätzungen zu stützen (Tabelle 16)[4]. Abgesehen von anderen möglichen

Tabelle 16

Nationalitätenstruktur der Bevölkerung Polens im Jahre 1931 (in 1000)

Wojewodschaft	Gesamtbevölkerung	Polen	Ukrainer	Juden	Belorussen	Deutsche	Andere
Stadt Warschau	1172	806	1	353	1	2	5
Oberschlesien	1295	1114	0	19	0	130	2
Poznań	2107	1903	1	7	0	193	3
Pommerellen	1080	969	0	3	0	105	3
Łódź	2632	2089	1	379	0	155	8
Kielce	2936	2606	1	317	0	8	4
Woj. Warschau	2529	2222	1	219	1	74	12
Białystok	1644	1117	4	197	269	7	50[a]
Lublin	2465	2006	123	314	1	16	5
Kraków	2298	2053	59	174	0	9	3
Lwów	3127	1458	1305	342	0	12	10
Wilno	1276	641	2	111	409	1	122[b]
Nowogródek	1057	366	1	83	616	0	11
Polesien	1132	127	219	114	654	1	17
Wolhynien	2086	326	1445	208	3,	47	57[c]
Tarnopol	1600	590	872	134	0	3	1
Stanisławów	1480	241	1079	140	0	17	3
Polen	31916	20644	5114	3114	1954	780	300[d]

[a] = davon Russen 35, Litauer 13 [b] = davon Russen 43, Litauer 65 [c] = davon Russen 23, Tschechen 31 [d] = davon Russen 139, Litauer 83, Tschechen 38

Quelle: Landau, Zbigniew/Tomaszewski, Jerzy, Robotnicy przemysłowi w Polsce. Materialne warunki bytu 1918–1939 (Industriearbeiter in Polen. Ihre materiellen Lebensbedingungen 1918 bis 1939), Warschau 1971, S. 95.

[4] Das Problem der Nationalitätenstruktur rief zahlreiche Polemiken hervor, da es wesentliche politische Bedeutung hatte. Unter anderem zweifelten nationalistische deutsche Organisationen die Glaubwürdigkeit der in den Wojewodschaften Pommerellen und Poznań ermittelten Angaben an. Von diesen Gruppen veranstaltete „private" Zählungen bestätigten jedoch die Richtigkeit der amtlichen Zahlen. Vgl. *Kowalak, Tadeusz*, Spółdzielczość niemiecka na Pomorzu 1920 do 1938 (Das deutsche Genossenschaftswesen in Pommerellen 1920–1938), Warschau 1965, S. 22ff.; *Landau, Z./Tomaszewski, J.*, Robotnicy przemysłowi, a. a. O., S. 93. – Andererseits bestätigte der frühere Präsident des Statistischen Hauptamtes der Republik Polen, Szturm de Sztrem, 1946 und erneut kurz vor seinem Tode die Vermutung, daß statistische Erhebungen über die nationale Zusammensetzung der Bevölkerung der Westukraine und Westbelorußlands im Auftrag der polnischen Regierung gefälscht wurden. Siehe dazu *Szturm de Sztrem, Edward*, Prawdziwa Statystyka (Wahrheitsgemäße Statistik), in: „Kwartalnik Historyczny" 1973, Heft 3, S. 664–667, mit einer Einleitung von Jerzy Tomaszewski.

Ungenauigkeiten muß in den Berechnungen unberücksichtigt bleiben, daß es insbesondere im Ostteil des Staates Gruppen gab, bei denen sich noch nicht endgültig ein nationales Bewußtsein herauskristallisiert hatte.

Demnach stellten die Polen nicht ganz 65 %, die Ukrainer ungefähr 16 %, die Juden rund 10 %, die Belorussen etwa 6 % und die Deutschen nicht ganz 3 % der Gesamtbevölkerung. Die Ukrainer und die Belorussen bewohnten im Osten des polnischen Staates ein geschlossenes Gebiet, in dem sie die Bevölkerungsmehrheit oder zumindest die an Zahl größte Gruppe bildeten. Einen ukrainischen Charakter hatte der Ostteil der Wojewodschaft Lwów, der Südteil der Wojewodschaft Polesien und die ganzen Wojewodschaften Stanisławów, Tarnopol und Wolhynien. Die Belorussen bewohnten den größeren Teil der Wojewodschaften Polesien und Nowogródek, einen großen Teil der Wojewodschaft Wilno und die östlichen Kreise der Wojewodschaft Białystok. Allerdings gab es in den östlichen Wojewodschaften Dörfer, Gemeinden und bisweilen ganze Kreise mit einem Übergewicht oder einem hohen Anteil polnischer Bevölkerung. In den Städten wohnten vorwiegend Polen (das traf insbesondere auf Lwów zu) oder Juden (in der Regel in kleineren Kleinstädten).

Wir haben schon früher auf den agrarischen Charakter der östlichen Wojewodschaften hingewiesen. Es ist also leicht, die Schlußfolgerung zu ziehen, daß Belorussen und Ukrainer hauptsächlich von der Arbeit auf dem Felde lebten. In der erdrückenden Mehrheit waren sie (und deren Familienangehörige) Besitzer kleiner und mittlerer Bauernwirtschaften. Relativ wenige gehörten zur Schicht der kleinkapitalistischen Unternehmer (mehr noch unter der ukrainischen als unter der belorussischen Bevölkerung), zur Intelligenz und zur Arbeiterklasse. Eine grobe Schätzung ergibt, daß man zur letztgenannten sozialen Gruppe rund 7 % der Belorussen und 13 % der Ukrainer zählen kann. Überwiegend arbeiteten sie auf dem Felde, im Forst, in Industriebetrieben auf dem Lande (Sägewerke, Steinbrüche, Mühlen) und als Hauspersonal. Der Großgrundbesitz der östlichen Wojewodschaften befand sich meistens in der Hand von Polen, die auch in der Verwaltung, im Schulwesen und bei der Eisenbahn dominierten. In den freien Berufen gab es neben Polen viele Juden. Letztere überwogen im Handwerk und im Kleinhandel.

Anders sah die Berufs- und Sozialstruktur der deutschen Bevölkerung aus. Hierin spiegelten sich großenteils immer noch die Verhältnisse wider, die sich seinerzeit im preußischen Teilgebiet herausgebildet hatten. In den Wojewodschaften Pommerellen und Poznań gab es unter den Deutschen nur 23 % Arbeiter (vorwiegend Landarbeiter), also viel weniger als unter der dortigen polnischen Bevölkerung. Dagegen dominierten die Schichten der kleinen und mittleren Besitzer (Mittel- und Großbauern, Kaufleute, Eigentümer kleiner Industriebetriebe) sowie der mit ihnen verbundenen Intelligenz, und es gab auch Großgrundbesitzer. Insgesamt war die ökonomische Position der deutschen Bevölkerung im Durchschnitt besser als die der polnischen.

Ähnlich war es in der Wojewodschaft Schlesien. Die großen Bergbau-, Hütten- und Handelsunternehmen befanden sich überwiegend im Besitz des deutschen Kapitals. Zahlreich vertreten waren die Deutschen auch unter den kleinen und mittleren Unternehmern und in der mit diesen Kreisen verbundenen (u. a. in der Verwaltung der Großunternehmen beschäftigten) Intelligenz. Doch in Oberschlesien wohnten auch deutsche Industriearbeiter. Aus groben Berechnungen geht hervor, daß man etwa 30 % der Deutschen in dieser Wojewodschaft zur Arbeiterklasse zählen kann.

Die zweite Region, wo wir ein deutsches Industrieproletariat antreffen, ist Łódź und Umgebung. In dieser Stadt gehörten ungefähr 28 % der dortigen Deutschen zur Arbeiterklasse. Sie arbeiteten vor allem in der Textil- und Bekleidungsindustrie, oftmals als Meister und qualifizierte Arbeiter.

In anderen Gegenden des Landes, teilweise auch in der Wojewodschaft Łódź, waren die Deutschen vor allem Bauern, die im Laufe des 19. Jahrhunderts von den Besitzern großer Güter angesiedelt worden waren. Sie gehörten überwiegend zu den mehr oder weniger wohlhabenden Schichten der Dorfbevölkerung. Der Anteil anderer sozialer und Berufsgruppen war nicht groß.

Die jüdische Bevölkerung ernährte sich vorwiegend von Arbeit außerhalb der Landwirtschaft. In Industrie und Bergbau erwarben 42 % der Juden ihren Lebensunterhalt, im Handel 37 % und in der Landwirtschaft kaum 4 %. Es herrschten auf eigene Rechnung ausgeübte Tätigkeiten verschiedenster Art vor, dagegen gehörten zur Arbeiterklasse nur ungefähr 27 %. In der Mehrheit waren die Juden Handwerker (besonders viele arbeiteten als Schneider und Schuhmacher) oder kleine Einzelhändler, also in der kleinen Warenwirtschaft tätig. Die jüdischen Arbeiter konzentrierten sich in den kleinsten Werkstätten, besonders viele arbeiteten in der Bekleidungs-, der Nahrungsmittel- und der Textilbranche.

Die Differenziertheit der Sozial- und Berufsstruktur der das polnische Staatsgebiet bewohnenden Nationen und Nationalitäten bewirkte, daß die Klassen- und Berufsunterschiede in vielen Gegenden des Landes mit den nationalen Unterschieden zusammenfielen. Die Verschiedenheit der Struktur und des ökonomischen Entwicklungsniveaus der einzelnen Wojewodschaften verband sich mit starker Differenziertheit der materiellen und politischen Lage. Infolgedessen verflochten sich soziale und wirtschaftliche Konflikte, die in der Gesellschaft auftraten, oftmals mit politischen Widersprüchen zwischen den Nationen und Nationalitäten.

3. Der Verlauf der Wirtschaftskonjunktur

Wie in den anderen kapitalistischen Staaten entwickelte sich die Wirtschaft auch in Polen im Zeitraum von 1918 bis 1939 nicht gleichmäßig. Die Entwicklung wurde vom zyklischen Verlauf der Konjunktur bestimmt.

Polen war ökonomisch eng mit anderen kapitalistischen Staaten verbunden. Daher schlugen im allgemeinen die Tendenzen der Weltkonjunktur unmittelbar auf die wirtschaftliche Situation Polens durch. Die bestehenden Bindungen waren dreifacher Art.

Am wichtigsten war der Außenhandel. Verschlechterte sich die Konjunktur auf Märkten, auf die die Ausfuhr aus Polen orientiert war, so gingen weniger Exportaufträge ein, und die Preise für die ausgeführten Artikel fielen. Für die polnische Wirtschaft rentierte sich die Produktion weniger als vorher. Daraufhin schränkte man die Erzeugung ein, reduzierte die Belegschaften und senkte die Löhne, sofern die Betriebe überhaupt weiterarbeiteten. Der Rückgang der Beschäftigung und des Einkommensniveaus zog wieder eine Verringerung der Käufe von industriellen und landwirtschaftlichen Erzeugnissen auf dem Inlandsmarkt nach sich, was die Schwierigkeiten der Industrie vertiefte und dazu führte, daß auch das Dorf den Zusammenbruch der Konjunktur zu spüren bekam.

Die zweite Form der Bindung an den Weltmarkt ergab sich aus Polens für damalige Verhältnisse recht schwerwiegender Auslandsverschuldung. Als der unabhängige polnische Staat ins Leben trat, war er auch bereits mit einem Schuldenerbe aus der Vergangenheit belastet. Er mußte nämlich einen Teil der Verbindlichkeiten der vormaligen Teilungsmächte übernehmen, wobei die polnischen Forderungen an Deutschland und Österreich die Verbindlichkeiten nur zum Teil kompensierten. Sodann nahm der eben wiedererstandene polnische Staat Anleihen zur Finanzierung des Krieges gegen die Sowjetrepubliken sowie zum Ankauf von Lebensmitteln in der schwersten Nachkriegszeit auf. In der Folge mußte Polen also mehr Waren aus- als einführen, um mit dem erreichten Überschuß der Handelsumsätze die finanziellen Auslandsverpflichtungen abtragen zu können. Bei guter Konjunktur bereitete dies keine sonderlich großen Schwierigkeiten. Verschlechterte sie sich aber, so wurde zugleich die Unterbringung der eigenen Produkte auf fremden Märkten erschwert. Wollte man den sich immer mehr verschärfenden Konkurrenzkampf gewinnen, mußte man die Preise der Exportwaren senken. Um sich auch nur auf den ausländischen Märkten zu halten, nahm man in vielen Fällen zu Dumpingpreisen Zuflucht. Doch die exportierenden Privatunternehmen hatten kein Interesse daran, auf längere Zeit ihre Erzeugnisse mit Verlust auszuführen. Anders die Regierung, die fremde Devisen und Valuten zur Verzinsung und Tilgung der aufgenommenen Schulden benötigte. Damit nun die Verluste, die die Exporteure beim Warenverkauf zu Preisen unter den Erzeugungskosten im Ausland erlitten, kompensiert würden, gestattete die Regierung für die im Inland verkauften Erzeugnisse die Preise anzuheben. Die schnell fortschreitende Kartellisierung der Industrie machte solche Preiserhöhungen möglich. Das zog aber einen Rückgang des Verbrauchs im Inland nach sich, was die Krisenprobleme erneut anwachsen ließ.

Die dritte Form der Rückwirkung der Weltkonjunktur auf Polen war nicht so sehr materieller wie psychologischer Art. Die polnischen Unternehmer verfolgten aufmerksam die Situation auf den fremden Märkten. Sobald sich eine Abschwächung der Konjunktur abzeichnete, wurden sie mit Investitionen im Inland zurückhaltend. Sie rechneten nämlich damit, daß die Depression auch auf Polen übergreifen werde. Auf diese Weise beschleunigten sie das jedoch noch, denn indem Investitionen aufgeschoben wurden, verminderten sich in der Industrie die Bestellungen von Produktionsmitteln, was lawinenartig weitere Konsequenzen auslöste: die Reduktion der Belegschaften, den Rückgang ihrer Einkommen, die Verringerung der Käufe von Konsumgütern, die Einschränkung der Produktion der Leichtindustrie usw. usf. Wenn sich dann in der Welt Perspektiven einer Konjunkturbesserung abzeichneten, begannen die polnischen Unternehmer wieder zu investieren, was die Verbesserung der allgemeinen Wirtschaftslage im Lande beschleunigte.

Wie man sieht, war Polen über alle Maßen sensibel für den Verlauf der Weltkonjunktur. Dabei reagierte es auf Veränderungen in Deutschland stärker und exakter. Das rührt daher, daß der Polen zuerkannte Sektor Oberschlesiens, wo ein erheblicher Teil des polnischen Industriepotentials konzentriert war, traditionell starke Verbindungen zur Wirtschaft des Deutschen Reiches besaß und die deutschen Eigentümer der oberschlesischen Unternehmen nach dem Anschluß dieses Territoriums an Polen sich mit der Umstellung ihrer Expansionsrichtung nicht beeilten. So betrug 1923 Deutschlands Anteil an Polens Einfuhr 44 % und an der Ausfuhr sogar 51 %. Im Jahre 1924, das für die deutsche Wirtschaft und den deutschen Außenhandel nicht so anormal wie 1923 war, betrugen die entsprechenden Anteile immer noch 35 % und 43 %.[5] Jede Konjunkturschwankung in

[5] *Tomaszewski, Jerzy,* Związki gospodarcze państw sukcesyjnych a Polska (Die Wirtschaftsverbindungen der Nachfolgestaaten und Polen), in: Landau, Zbigniew/Tomaszewski, Jerzy, Druga Rzeczpospolita. Gospodarka — społeczeństwo — miejsce w świecie/sporne problemy badań/ (Die Zweite Republik. Wirtschaft — Gesellschaft — Stellung in der Welt/Strittige Forschungsprobleme/), Warschau 1977, S. 369; *Puchert, Berthold,* Der Wirtschaftskrieg des deutschen Imperialismus gegen Polen 1925—1934, Berlin 1963, S. 32—47.

Deutschland mußte also über den polnischen Außenhandel auf die allgemeine Wirtschaftslage Polens durchschlagen.

Den zyklischen Konjunkturverlauf zu erkennen, hat grundlegende Bedeutung für das Verständnis der wirtschaftlichen Situation der Zweiten Republik, denn erst dann erhält man ein anschauliches Bild davon, wie lange in der polnischen Wirtschaft günstige und wann ungünstige Verhältnisse herrschten. Erst vor diesem allgemeinen Hintergrund werden die weiteren Erörterungen über das erreichte Produktionsniveau verständlicher werden, wird man beurteilen können, ob der erreichte Fortschritt nur kurzfristiger Art war oder länger vorhielt. Dabei ist zu bedenken, daß die Wirtschaftskonjunktur nicht nur für die Höhe der Industrieproduktion bestimmend ist, sondern sich praktisch auf das ganze Leben des Landes auswirkt, und zwar nicht nur im wirtschaftlichen, sondern auch im sozialen und politischen Bereich.

Verbesserung der Konjunktur bedeutete wachsende Beschäftigtenzahl in der Industrie, im Handel und im Dienstleistungsgewerbe, steigende individuelle Löhne wie auch zunehmenden Gesamtlohnfonds, hatte also Auswirkungen auf die Lebensbedingungen der Werktätigen. Zunehmende Beschäftigung in den Städten und steigende Verdienste der Angestellten und Arbeiter blieben nicht ohne Einfluß auf die Höhe der Käufe von landwirtschaftlichen Erzeugnissen, was wiederum die Preise der vom Dorf produzierten und abgesetzten Waren ansteigen ließ. Gute Konjunktur in der Industrie wirkte also auch auf die Landwirtschaft. Nutzen daraus zogen natürlich auch die Vertreter der besitzenden Klassen, denn in der Prosperitätsphase machten sie viel höhere Profite als in Jahren des Stillstands und der wirtschaftlichen Schwierigkeiten.

Umgekehrt rief eine Verschlechterung der Konjunktur sinkende Produktion in den Fabriken, Schließung von Fabriken und zunehmende Arbeitslosigkeit hervor. Es verringerte sich die Zahl der Käufer von Produkten der Industrie und der Landwirtschaft. Auch diejenigen Werktätigen, die ihre Arbeit nicht verloren, aber doch mit dieser Eventualität rechnen mußten, schränkten, um für diesen Fall etwas Geld zu sparen, ihre Einkäufe ein. In der Regel gab man weniger für langlebige Konsumgüter aller Art (Möbel, Einrichtungsgegenstände für die Wohnung u. ä.), für Kleidung und auch für Lebensmittel aus. Ferner ging meistens mit zunehmender Arbeitslosigkeit ein Abbau der Nominallöhne einher. Unter Ausnutzung der Schwierigkeiten auf dem Arbeitsmarkt übten die Unternehmer auf die Werktätigen Druck aus und zwangen sie, niedrigere Löhne zu akzeptieren. Gegen die Senkungen aufzutreten fiel jetzt schwerer, denn die Arbeiter waren sich darüber im klaren, daß der Unternehmer Widerspenstige jederzeit entlassen und statt ihrer Arbeitslose einstellen konnte. Ohne Mittel, um sich und ihrer Familie Nahrung und Wohnung zu bezahlen, waren die Arbeitslosen oftmals bereit, für jeden, sogar den niedrigsten Lohn die Arbeit aufzunehmen, wobei sie gar nicht daran dachten, daß sie auf diese Weise andere zur Arbeitslosigkeit verurteilten und die Löhne drückten. Auch Streikaktionen zur Verteidigung des Lohnniveaus hatten während des Wirtschaftskrachs wenig Aussicht auf Erfolg, da die Unternehmer unter Krisenbedingungen in der Regel über Vorräte an fertigen Produkten verfügten und deshalb ruhig auf die Beendigung der Streiks warten konnten. In dieser Situation fanden sich die Arbeiter und Angestellten mit dem kleineren Übel, der Lohnsenkung, ab, um sich vor dem größeren Übel, dem Verlust des Arbeitsplatzes, zu bewahren.

Die bei schlechter werdender Konjunktur wachsende Arbeitslosigkeit rief also nicht nur eine Abnahme der Käuferzahl hervor, sondern schränkte auch den Umfang der Käufe ein, die diejenigen, die ihre Arbeit noch nicht verloren hatten, tätigten. Das konnte nicht ohne Einfluß auf das Preisniveau bleiben. Die nachlassende Nachfrage zwang viele Produzenten, den Konkurrenzkampf mit den anderen Produzenten zu verschärfen. Dieser Kampf wurde vor allem in der Form geführt, daß man die Verkaufspreise der eigenen Erzeugnisse unter die der anderen Fabrikanten senkte. Indem man niedrigere Preise offerierte, hatte man die Chance, den Absatz der eigenen Produkte auf Kosten der Konkurrenten zu vergrößern. Der Preisnachlaß war umso größer, je weniger monopolisiert die betreffende Produktion war. Die großen Monopole, in deren Hand sich die ganze Landesproduktion bestimmter Erzeugnisse oder doch der größte Teil davon befand, die also die Konkurrenz auf dem Markt ausgeschaltet oder eingeschränkt hatten, brauchten die Preise nicht zu senken oder konnten das erst zu einem späteren Zeitpunkt und in geringerem Maße tun. Je mehr die Produktion aber zersplittert war, desto schärfere Formen nahm die Konkurrenz zwischen den Produzenten an und desto schneller fielen die Preise.

Am meisten zersplittert war in Polen die landwirtschaftliche Produktion, an der neben relativ wenigen kapitalistischen Unternehmen Millionen Betriebe der kleinen Warenwirtschaft teilnahmen. Daher fielen in den Krisenjahren die Preise für landwirtschaftliche Produkte am schnellsten. Nun muß man aber bedenken, daß kapitalistische Unternehmen und Betriebe der kleinen Warenwirtschaft unterschiedlich auf Krisen reagierten. Wenn sinkende Nachfrage auf dem Markt oder schärfer werdende Konkurrenz den kapitalistischen Unternehmer zwang, den Preis unter die Selbstkosten zu senken, verminderte er die Produktion oder stellte sie ganz ein. Anders reagierte der kleine Warenproduzent. Wenn die Preise fielen, bekam er nur einen Teil des Betrages, den er beim Verkauf derselben Warenmenge in Jahren guter Konjunktur erhielt. Nun hatten aber die nicht wohlhabenden kleinen Warenproduzenten vom Lande schon in Prosperitätsjahren großenteils nur so viel Bargeld eingenommen wie sie als Minimum benötigten. In der Wirtschaftskrise gaben sie sich dann alle Mühe, um annähernd ebensoviel Geld einzunehmen. Sie mußten doch die Steuern und die Beiträge zu den Pflichtversicherungen entrichten, Darlehen zurückzahlen und verzinsen, wenigstens Salz und Zündhölzer kaufen. Also schränkten sie ihren Eigenverbrauch ein, um eine größere Produktenmenge zum Verkauf anzubieten. Im Landesmaßstab wuchs somit die Warenmasse, und da gleichzeitig die Nachfrage nach landwirtschaftlichen Erzeugnissen geringer wurde, sanken mit sich vertiefender Krise die Preise dafür. Nun unterschieden sich Kapitalist und kleiner Warenproduzent dadurch, daß für den Kapitalisten die Produktion in dem Moment aufhörte rentabel zu sein, in dem er keinen Profit machen konnte (seinen Profit bildete der Überschuß der Einnahme für die verkauften Waren über die Summe der Sach- und Lohnkosten), während für den kleinen Warenproduzenten eine solche Grenze nicht existierte. Dieser mußte produzieren, sonst hätte er nichts zum Leben gehabt. In der Kalkulation des kleinen Warenproduzenten, der keine Chance hatte, eine andere Erwerbsquelle zu finden, machte sich das Produzieren solange bezahlt, wie es wenigstens die kärglichste Produktenmenge zur Ernährung der Familie und eine kleine Geldsumme zur Bezahlung der wichtigsten Ausgaben (hauptsächlich Steuern) einbrachte. Das heißt, der kleine Warenproduzent – Bauer wie Handwerker – war bereit, seine Erzeugnisse zu solchen Preisen auf den Markt zu bringen, bei denen der kapitalistische Unternehmer bankrott gegangen wäre. Er tat das auf Kosten äußerster Senkung seines Lebensniveaus. Selbstverständlich geschah das nur bei Arbeitskräfteüberfluß, wenn – wie in Polen – die Möglichkeit, außerhalb der Landwirtschaft Arbeit zu bekommen, verschwindend gering war.

Aus dieser kurzen und zwangsläufig sehr vereinfachten Darlegung ergibt sich, wie eng die verschiedenen Glieder der Wirtschaft aneinander gebunden waren. Eine Verletzung des

Gleichgewichts an einem Abschnitt rief lawinenartig anwachsende Folgen an vielen anderen hervor.

Bisher haben wir die wirtschaftlichen Folgen von Konjunkturschwankungen erörtert. Darin erschöpft sich aber das Problem nicht. Der Konjunkturverlauf schlägt im allgemeinen auf das soziale und politische Leben des Landes durch. In der Regel schafft eine günstige Konjunktur der Bevölkerung unmittelbar bessere Lebensbedingungen oder wenigstens die Hoffnung auf Besserung der Lage in nicht allzu ferner Zukunft. Deshalb wird dann im allgemeinen das Bestreben schwächer, das bestehende kapitalistische System durch eine andere, gerechtere Ordnung zu ersetzen. Es wächst die Hoffnung, daß eine evolutionäre Reform der sozialökonomischen Verhältnisse im Einklang mit den Interessen der arbeitenden Massen möglich sei. Das bürgerliche Regime kann sich in dieser Phase bestimmte demokratische Rechte leisten, da es nun nicht mehr so sehr zu befürchten braucht, sie würden genutzt werden, um die Macht der besitzenden Klassen zu stürzen.

Die Vorgänge in Polen nach dem von Józef Piłsudski im Mai 1926 durchgeführten bewaffneten Umsturz und seiner Machtergreifung im Lande sind in diesem Licht zu sehen. Piłsudski nutzte seinerzeit die mit seinem Namen verbundene Legende, er sei Sozialist. Ihn unterstützten die Anhänger der Polnischen Sozialistischen Partei (PPS), die Gewerkschaften und – für kurze Zeit – sogar die Kommunisten. Eine starke Stütze besaß er auch in der Armee, da viele seiner Anhänger dort hohe Kommandoposten bekleideten. Indessen ging die neue Regierung (der Prof. Kazimierz Bartel vorstand, während Piłsudski sich mit dem Portefeuille des Armeeministers beschied, obwohl er in Wirklichkeit in allen hochwichtigen politischen Angelegenheiten das entscheidende Wort sprach) unmittelbar nach der Machtergreifung daran, mit den Vertretern der besitzenden Klassen eine Verständigung zu suchen.

Es fällt jedoch schwer, den in vielen Arbeiten aufgestellten Behauptungen zuzustimmen, mit dem Umsturz habe in Polen die Ära eines faschistischen Regimes begonnen. Piłsudski tolerierte lange Zeit hindurch die in der Verfassung festgelegte Struktur der staatlichen Organe und unternahm keine Versuche, sie grundlegend zu verändern; er löste nicht einmal den Sejm auf, obwohl er angesichts der Unterstützung, die der Umsturz anfänglich bei einem großen Teil der Gesellschaft fand, dazu stark genug war. Er tolerierte sogar den oppositionellen Sejm, der 1928, also erst rund zwei Jahre nach dem Staatsstreich, gewählt wurde. Piłsudski war sich darüber im klaren, daß die seit Anfang 1926 zunehmend gute wirtschaftliche Konjunktur ihm sowieso Anhänger zuführen, auf jeden Fall aber die Einflüsse seiner Gegner neutralisieren werde. Viele Leute, die sich vom „Mai-Lager“ beeinflussen ließen, verbanden nämlich die Besserung der Wirtschaftslage in Polen mit der Machtübernahme Piłsudskis und seiner Anhänger. Das war ein Glaube, der sich nicht auf die Fakten stützte, denn die günstige Konjunktur hatte schon im Februar 1926 eingesetzt, also vier Monate vor dem Umsturz. Doch die Propaganda des Sanacja-Lagers (Sanacja = Gesundung war das Schlagwort, nach dem das Piłsudski-Lager benannt wurde) stellte alles so dar, als ob die wirtschaftliche Wende als Ergebnis des Staatsstreichs eingetreten sei.

Der Liberalismus sui generis der ersten Regierungsjahre J. Piłsudskis, der sowohl in den schon erwähnten Fakten wie auch in einem gewissen Ausbau der Sozialgesetzgebung zutage trat, wurde solange aufrechterhalten, wie in Polen die gute Konjunktur andauerte. Als sie sich verschlechterte, wandelten sich auch die Herrschaftsformen, und die Sanacja ging zu offen diktatorischen Methoden über. Im Tagebuch von Kazimierz Świtalski, einem engen Mitarbeiter Piłsudskis, finden wir Notizen von Gesprächen, die er mit Piłsudski führte, als die wirtschaftlichen Schwierigkeiten in Polen gerade einsetzten. Świtalski schreibt: „Allgemein beurteilte ich die Lage folgendermaßen: Wenn ich die öffentliche Meinung für die Regierung nach dem Mai 1926 mit 100 ansetzte, würde ich sie heute mit 70 bewerten, wobei die verlorenen 30 % unseres Einflusses aus der Enttäuschung der Gesellschaft resultieren ... Der Kommandant widersprach der von mir in dieser Weise ausgedrückten Meinung nicht." Und über eine andere Beratung notierte er: „Dem Kommandanten ging es vor allem darum, ob man sich im gegenwärtigen Kalenderjahr zu einer entschiedeneren Auseinandersetzung entschließen oder diese noch aufschieben solle. Wir alle drei (d. h. Kazimierz Świtalski, Aleksander Prystor und Walery Sławek) waren übereinstimmend der Auffassung, daß man die Auseinandersetzung lieber beschleunigen solle, weil die Zeit nicht für uns arbeitet."[6]

Die bei dieser Gelegenheit durchgeführte Analyse hatte zur Folge, daß das Parlament aufgelöst und eine Reihe führender Politiker der Opposition verhaftet und ins Militärgefängnis eingeliefert wurden. Es begann damals eine durch nichts mehr verdeckte Diktatur, aber auch ihr gegenüber ist es nicht ganz begründet, die Bezeichnung „faschistisch" anzuwenden. Unbestreitbare Elemente des Faschismus traten in der Staatsordnung erst nach Piłsudskis Tod im Jahre 1935 zutage, als das von ihm geleitete politische Lager endgültig innerhalb der großen Mehrheit der Gesellschaft jede Unterstützung verloren hatte. Das hing mit den katastrophalen wirtschaftlichen Folgen der großen Krise zusammen, die Polen in den Jahren 1930–1935 erlebt hatte. Die Furcht, die Macht zu verlieren, trieb damals die Sanacja dazu, die Anwendung einiger in den faschistischen Staaten üblicher Methoden zu versuchen. Je schwächer sich die Regierung fühlte, desto williger nahm sie zu radikalen Methoden Zuflucht, um das Volk abzuschrecken. Doch eine Verteidigung der Macht mittels Einschränkung der staatsbürgerlichen Freiheiten hat im allgemeinen den Effekt, daß oppositionelle Stimmungen zunehmen, denen kein Terror entgegenzuwirken imstande ist. Erst die Besserung der Wirtschaftslage konnte die Differenzen zwischen Regierung und Gesellschaft etwas mildern. Nicht immer war sich aber die erschrockene Staatsmacht darüber im klaren und verstand sie davon Gebrauch zu machen.

Bisher haben wir uns darauf beschränkt darzulegen, was Konjunkturschwankungen für das gesamte Leben der Gesellschaft bedeuten. Wir haben aber nicht gezeigt, wie die Phasen des Konjunkturzyklus in Polen zwischen den beiden Weltkriegen konkret verliefen. Damit haben wir auch noch keine Bilanz zwischen „mageren" und „fetten" Jahren gezogen.

Ehe wir dazu übergehen, ist aber noch eine wesentliche Erklärung zu dem statistischen Material vonnöten, das wir in diesem Kapitel und auch in den folgenden benutzen werden. Man muß sich dessen bewußt sein, daß der Historiker sich aus den reichhaltigen Zahlenangaben, über die wir heute für die Jahre 1918–1939 verfügen, recht willkürlich diejenigen aussuchen kann, die die einzelnen Behauptungen bekräftigen oder ihnen widersprechen. Deshalb ist Vorsicht und große Objektivität beim Zitieren und Analysieren von statistischen Angaben geboten. Das betrifft u. a. die Indexziffern über die konjunkturelle Entwicklung der Industrie. Bis 1938 berechnete man in Polen den Gesamtindex der Industrieproduktion nach der einen Methode, und 1938 wurde eine andere eingeführt, wobei aber die Neuberechnung des Index nur bis 1929 rückwirkend erfolgte. Unter den

[6] AAN Warschau, Akten von Kazimierz Świtalski, Mappe 4, Sammlung einzelner Aktenstücke.

Historikern und Ökonomen gibt es keine Einigkeit, welcher der beiden Indices dem anderen eindeutig überlegen ist.[7] Eine Analyse der Methoden, wie die Indices konstruiert wurden, führt zu der Schlußfolgerung, daß weder der eine noch der andere die Wirklichkeit exakt widerspiegelt. Wegen des großen Unterschieds zwischen beiden kommt bereits die Auswahl des Index einer Vorentscheidung für die Beurteilung der Konjunkturentwicklung und der quantitativen Veränderungen der Industrieproduktion gleich. Eine Abwägung der Informationen über die Veränderungstendenzen in den einzelnen Produktionssektoren legt die Hypothese nahe, daß es zur Darstellung der Entwicklung der Industrieproduktion in den Jahren 1928–1938 das Richtigste sein wird, einen Kompromißindex zu verwenden, das arithmetische Mittel der beiden vorhandenen Indices. (Die Unterschiede zwischen diesen Indices siehe Tabelle 17.)

In diesem Sinne gehen wir nun dazu über, die Entwicklung der Wirtschaftskonjunktur in der Zeit der Zweiten Republik zu charakterisieren.

Industrie und Landwirtschaft des ehemaligen russischen Teilgebiets (des Königreichs Polen und des vor 1914 unmittelbar dem Russischen Kaiserreich eingegliederten Bezirks Bjelostok) und des ehemaligen österreichischen Teilgebiets (Galizien) gingen aus dem Kriege schwer zerstört hervor. Von der Gesamtfläche des Staates hatten auf fast einem Drittel besonders harte und langwierige Kämpfe getobt.

Noch größere Verluste hatte die Industrie erlitten. Erstens hatten die Russen viele der wertvollsten Betriebe aus dem Königreich Polen abtransportiert, ehe es die Armeen Deutschlands und Österreichs besetzten. Zweitens war durch die militärischen Operationen viel zerstört worden. Drittens hatte die deutsche Okkupationsmacht bewußte Vernichtungsaktionen durchgeführt. Unmittelbar nach der Wiederherstellung der Unabhängigkeit Polens im Jahre 1918 konnte die Industrie dieses Landesteils nur 14 % der im Jahre 1913 tätigen Arbeiter Beschäftigung geben. Eine vorläufige und damit unvollständige Liste der durch Kampfhandlungen und Raubwirtschaft der Okkupanten erlittenen Verluste der polnischen Wirtschaft nannte die enorme Summe von 73 Milliarden französischen Goldfranken.[8]

Wegen der gewaltigen Zerstörungen – wie auch wegen der Tatsache, daß der Polen zuerkannte Teil Oberschlesiens ihm erst im Juni 1922 eingegliedert wurde – deckte die Produktion des Landes unmittelbar nach dem Kriege weder den Bedarf an Industriewaren noch an Lebensmitteln, obwohl die Bevölkerung verarmt war und deshalb weniger als vor dem Kriege kaufte. Großabnehmer von Industriewaren waren neben der Bevölkerung die an den Wiederaufbau herangehenden Industriewerke und der Staat, der anfing, die polnische Armee aufzustellen.

In dieser Situation deckte das Warenangebot nicht die Nachfrage, so daß die Wirtschaft gute Konjunktur hatte. Ware war begehrt, und die Produktion machte sich immer besser bezahlt. Das schuf ein gutes Klima für den Wiederaufbau. Gleichzeitig fürchteten sich aber die privaten Unternehmer, in ihre Produktionsbetriebe zu investieren. Die Unbestimmtheit der Staatsgrenzen, die großen sozialen Spannungen im Lande, die Aktivierung der Arbeiterbewegung und auch die aus Sowjetrußland nach Polen gelangen-

7 Eine Analyse der Indices siehe *Tomaszewski, Jerzy*, Ogólny wskaźnik produkcji przemysłowej (Der Gesamtindex der Industrieproduktion), in: Landau, Z./Tomaszewski, J., Druga Rzeczpospolita, a. a. O., S. 9ff.

8 *Landau, Zbigniew/Tomaszewski, Jerzy*, Gospodarka Polski międzywojennej 1918–1939 (Polens Wirtschaft zwischen den beiden Weltkriegen 1918–1939), Bd. 1: W dobie inflacji 1918–1923 (Zur Zeit der Inflation 1918–1923), Warschau 1967, S. 64–67; *Grabski, W.*, Wyjaśnienia, a.a.O.

den Parolen weckten in den besitzenden Klassen Zweifel, ob es vernünftig sei, Investitionen vorzunehmen. Doch der Bedarf mahnte zur Eile. Unter diesen Umständen nahm die Regierung die Last auf sich, die Industrie in Gang zu setzen, indem sie stilliegende Betriebe ihrer unmittelbaren Verwaltung unterstellte, den privaten Eigentümern Finanzhilfe gewährte und den Aufkauf eines Teils der Produktion garantierte. Mit seiner Aktion zur Ingangsetzung des stilliegenden Produktionsapparats stellte sich der Staat zwei Hauptziele: Erstens sollte den Erwerbslosen Arbeit verschafft und auf diese Weise der Einfluß der im Dezember 1918 in Polen entstandenen kommunistischen Partei geschwächt werden. Zweitens sollte die Produktion, vor allem für den Armeebedarf, erhöht werden. Erst als sich die politische Situation des Landes zu stabilisieren begann, überwies die Regierung die zeitweilig sequestrierten Werke in Privathand, wobei ihre Eigentümer nur einen Teil der von der Regierung für den Wiederaufbau der zerstörten Betriebe getragenen Kosten bezahlten.

Mit der Ingangsetzung der Fabriken stiegen die Beschäftigtenzahlen. Zugleich stimulierten die sich deutlich abzeichnenden sozialen Spannungen den Klassenkampf der Arbeiter und Angestellten um Verdiensterhöhungen. Es wuchsen also die Einkünfte der arbeitenden Schichten, wodurch die Nachfrage nach Waren zusätzlich anstieg. Auch das Dorf profitierte von der Belebung, um so mehr, als der Lebensmittelmangel nach dem Kriege die Tendenz hervorgebracht hatte, daß die Preise für landwirtschaftliche Erzeugnisse auf hohem, also für die Landwirte sehr vorteilhaftem Niveau verblieben.

Hauptursache für die günstige Konjunkturentwicklung bis Mitte des Jahres 1921 war der ständig steigende Bedarf des inneren Marktes. Erst in der zweiten Jahreshälfte machten sich Veränderungen bemerkbar. Unter dem Einfluß der Inflation stiegen die Preise schneller als die Nominallöhne. Folglich erhöhten sich die Lebenshaltungskosten und verringerte sich der reale Wert der Einkommen. Das fiel zeitlich mit dem Abklingen der revolutionären Bewegung in Polen zusammen, und damit war es für das Proletariat schwerer geworden, Druck auszuüben, um eine Erhöhung der Nominallöhne zu erreichen. So ergab sich für die Arbeiter die Notwendigkeit, ihre Einkäufe und ihre Konsumtion einzuschränken. Doch zu einem Zusammenbruch der Konjunktur kam es nicht. Unter dem Einfluß der Inflation vergrößerte sich die Konkurrenzfähigkeit polnischer Produkte auf ausländischen Märkten. Weil die individuellen Produktionskosten der einzelnen Produzenten in Polen niedriger als im Weltmaßstab lagen, konnten polnische Exportwaren zu erheblich niedrigeren Preisen verkauft werden, als sie Unternehmer aus Ländern mit stabilisierter Währung verlangten. Trotz gewisser Störungen, die aus dem Absatzrückgang auf dem Binnenmarkt resultierten, konnte infolgedessen die Industrie ihre Produktion weiter vermehren und auch den Beschäftigungsgrad erhöhen. In dieser Situation hatte sogar Oberschlesien nach dem Anschluß an Polen Mitte 1922 keine größeren Schwierigkeiten, seine Produktion unterzubringen, womit man vorher ernsthaft gerechnet hatte. Das wurde auch dadurch erleichtert, daß Deutschland verpflichtet war, bis Mitte 1925 jährlich bis zu 6 Millionen t Kohle und eine bestimmte Menge Hüttenprodukte zollfrei zur Einfuhr zuzulassen.

Die Inflationsphase, in die Polen gleich nach Wiederherstellung seiner Unabhängigkeit eintrat, wie auch die Aufrüstung und Ausstattung seiner Armee trugen zur Entwicklung der Konjunktur bei. Sogar der Krieg mit Sowjetrußland 1920 ließ sie nicht zusammenbrechen, vor allem, weil der Heeresbedarf anstieg und die Kampfhandlungen sich weit von den Hauptproduktionszentren entfernt abspielten.

Der Wiederaufbau der Industrie ging in hohem Tempo vor sich. 1923 erreichte die

Produktion bereits 67 % des Vorkriegsstandes, was im Vergleich zur Ausgangssituation 1918 als ein großer Erfolg anzusehen ist.[9]

Die Lage begann sich in dem Augenblick zu verschlechtern, als Mitte 1923 die mäßige Inflation in die Hyperinflation hinüberwuchs. Der Unterschied bestand hauptsächlich in dem Tempo, mit dem das Geld an Wert verlor. In der Hyperinflation stürzte der Geldwert so rasend schnell, daß das ganze Wirtschaftsleben desorganisiert wurde. Mit dem Eintritt in die Hyperinflation setzte in der Konjunktur eine Tendenzwende ein. Hatte die mäßige Inflation das Wachstum von Produktion und Beschäftigung gefördert und zur Beschleunigung des Wiederaufbaus beigetragen, so hemmte die Hyperinflation alle diese Prozesse. Der gewaltige und ständig fortschreitende Kurssturz der damals in der Republik Polen im Umlauf befindlichen Polnischen Mark zog zunehmende Teuerung und infolgedessen den immer schnelleren Rückgang des Realwerts der Einkommen der Arbeiter und Angestellten nach sich. Das fand seinen Niederschlag in schwächer werdender Nachfrage der arbeitenden Massen nach Industriewaren und Lebensmitteln. Nun trat auch der Mechanismus in Aktion, über den die Hyperinflation den Handels- und Verrechnungsverkehr mit dem Ausland beeinträchtigte, den Warenexport unrentabel machte und dadurch einschränkte. Letzten Endes sank die Nachfrage nach polnischen Erzeugnissen nicht nur in Polen, sondern auch auf den ausländischen Märkten. Zum ersten Mal nach dem Kriege erlebte Polen den Zusammenbruch der Konjunktur. Er zeigte sich erstens in der Reduzierung der Industrieproduktion, zweitens in der Unterlassung neuer Investitionen, drittens in der Verringerung der Beschäftigtenzahl, viertens in wachsenden Absatzschwierigkeiten. Der wirtschaftliche Zusammenbruch beschränkte sich nicht auf die Sphäre der Fabrikproduktion, sondern von ihm war auch die Landwirtschaft erfaßt. So trat das unabhängige Polen in seine erste Krise ein.

Sowohl die Hyperinflation wie auch die Wirtschaftskrise waren ein schwerer Schock für die Gesellschaft. Sie verschlechterten nicht nur für die arbeitenden Klassen, sondern auch für die Industriellen, Kaufleute und teilweise die Bankiers die materielle Lage. Doch am meisten verschlechterte sich die Lage der Lohnabhängigen, die die veränderte Situation doppelt zu fühlen bekamen, denn einerseits ging die Beschäftigung und andererseits das Niveau der Realeinkommen zurück. Eine Erhöhung der Nominallöhne vermochte den Preisanstieg nur teilweise zu kompensieren.

In dieser Zeit wurde die ganze Wirtschaft des polnischen Staates allmählich desorganisiert. Zu den Schwierigkeiten mit dem Warenabsatz und der wachsenden Arbeitslosigkeit kamen weitere, wie z. B., daß die Industrie keinen Kredit bekommen konnte (in Anbetracht der Entwertung des umlaufenden Geldes hielten sich die Banken bei der Gewährung von Darlehen in inländischer Währung zurück), daß sich das Haushaltsdefizit vergrößerte (weshalb die Regierung keine Mittel hatte, um dem Wirtschaftsleben zu Hilfe zu kommen), daß es dem Staat immer schwerer wurde, Zahlungen an das Ausland zu leisten, und dergleichen mehr. Das alles schuf ein Klima, in dem oppositionelle Stimmungen nicht nur gegen das damalige Kabinett, sondern auch gegen das herrschende sozialökonomische System gedeihen konnten. Durch das Land ging eine Woge ökonomischer Streiks. Sie ergriffen u. a. den Eisenbahntransport. Als Antwort verkündete die Regierung die Militarisierung der Eisenbahnen. Zur Unterstützung der Aktion der Eisenbahner kam es im November 1923 in Krakau, der historischen Hauptstadt Polens, zum Generalstreik. Die Manifestationen führten zum Ausbruch bewaffneter Zusammenstöße. Die Menge ent-

[9] *Landau, Z./Tomaszewski, J.*, ebenda, S. 103.

waffnete nicht nur die gegen sie aufgebotene Polizei, sondern auch zur Hilfe geschickte Militäreinheiten. Obwohl durch Vermittlung von Führern der Polnischen Sozialistischen Partei die Arbeiterunruhen in Krakau unterdrückt wurden, mußte die damalige Regierung Polens, eine Koalition von Bauernführern mit einem Teil führender Vertreter der Bourgeoisie und des Kleinbürgertums unter dem Vorsitz von Wincenty Witos, ihren Rücktritt erklären.

Seit Herbst 1923 befand sich die polnische Industrie in der Krise. Sie wurde in gewissem Grade vertieft durch die Anfang 1924 durchgeführte Währungsreform, deren Autor Władysław Grabski war, W. Witos' Nachfolger als Premierminister und gleichzeitig Finanzminister. Die Geldstabilisierung bewirkte, daß die Produktionskosten in Polen im Vergleich zum Ausland stiegen, wodurch es noch schwerer wurde, die Ausfuhr zu forcieren. Die Schwierigkeiten mit der Absatzsteigerung vergrößerten sich also parallel auf dem Binnenmarkt und im Ausland.

Die Nach-Inflations-Krise (mit diesem Terminus wollen wir den ganzen Zeitraum vom Herbst 1923 bis Anfang 1926 bezeichnen) durchlief mehrere Etappen. Die erste dauerte bis Juli 1924. In dieser Zeit ging die Produktion ganz erheblich zurück. In gewissem Grade war das das vorausgesehene Resultat der Währungsstabilisierung. Besonders fühlbar war der Rückgang der Nachfrage für die Industrien, die Investitionsgüter herstellten. Ihre Produktion sank vom August 1923 bis zum Juli 1924 um 49 Punkte, während der Rückgang in den Konsumgüterindustrien nur 23 Punkte ausmachte. In der zweiten Etappe ab August 1924 besserte sich die Lage etwas, vor allem infolge größeren Bedarfs auf dem Binnenmarkt. Nach Beendigung der Ernte, die (trotz schlechter Erträge) der Landbevölkerung zu größeren Bargeldvorräten verhalf, wurden mehr Industriewaren gekauft. Gewissen Einfluß auf die Belebung übten auch die der Regierung gewährten ausländischen Anleihen aus. Die daraus gewonnenen Mittel wurden sofort für die Finanzierung verschiedener Wirtschaftsmaßnahmen ausgegeben, es wurden damit mehr Staatsaufträge erteilt. Auf den Auslandsmärkten blieb der Absatz weiterhin viel niedriger als 1923. Doch 1925 wurde die Wachstumstendenz wieder gebremst, und in dieser Etappe, ab August, fiel die Fabrikproduktion erneut scharf ab. Im Januar 1926 lag die Produktion um 20 % unter der vom September 1925. Die Absatzmöglichkeiten wurden durch den im Juni 1925 begonnenen polnisch-deutschen Wirtschaftskonflikt zusätzlich verschlechtert.[10]

Erst im Februar 1926 setzte langsam ein dauerhaftes Wachstum der Industrieproduktion ein. Das geschah – wie schon gesagt – einige Monate vor dem Mai-Umsturz. Die Zeit von Februar bis August 1926 können wir als Depression nach der Krise bezeichnen. Wesentlich trug zur Belebung der Produktion bei, daß der Złoty zu diesem Zeitpunkt etwas an Wert einbüßte. Erneut begannen inflationäre Faktoren zu wirken. Sie riefen nicht nur eine Belebung der Produktion hervor, sondern machten es auch möglich, in größerem Maße mit polnischen Erzeugnissen auf den Weltmarkt zu gehen. Dabei fiel die Belebung in Polen zeitlich mit der Überwindung der Nach-Inflations-Krise in Polens Nachbarländern, hauptsächlich in Deutschland und Österreich, zusammen. Die Aktivierung der Wirtschaft in den Ländern Europas und der Rückgang des Złoty-Wertes ermöglichten

[10] *Landau, Zbigniew/Tomaszewski, Jerzy*, Gospodarka Polski międzywojennej 1918–1939 (Polens Wirtschaft zwischen den beiden Weltkriegen 1918–1939), Bd. 2: Od Grabskiego do Piłsudskiego. Okres kryzysu poinflacyjnego i ożywienia koniunktury 1924–1929 (Von Grabski zu Piłsudski. Der Zeitabschnitt der Nachinflationskrise und der Konjunkturbelebung 1924–1929), Warschau 1971, S. 22f.

also wachsenden Export aus Polen, während die mit dem Preisanstieg für landwirtschaftliche Waren zusammenhängende Besserung der Lage auf dem Lande einen zunehmenden Inlandsbedarf an Industriewaren hervorrief, der sich besonders stark ab September 1926 bemerkbar machte. Der immer größere Absatz auf dem Binnen- und dem Außenmarkt bewog das Privatkapital zur Neuaufnahme von Investitionen, die es in den Jahren der Nach-Inflations-Krise fast gänzlich unterlassen hatte. Die Bauarbeiten ließen die Nachfrage nach Investitionsgütern steigen. Um sie zu befriedigen, erweiterten die Unternehmer die Produktion und stellten zusätzliche Arbeitskräfte ein. Und diese wieder gaben das verdiente Geld aus und machten höheren Bedarf an Konsumgütern geltend.

Charakteristisch für die Belebung der Jahre 1927–1929 im Unterschied zur Inflationskonjunktur der Jahre 1918–1923 war, daß der Binnenmarkt an Bedeutung gewonnen hatte. Hatte während der Inflation die Produktionsentwicklung seit Mitte 1921 großenteils auf den Exportmöglichkeiten beruht, so bildete 1927–1929 der Inlandsmarkt den maßgeblichen Faktor. In den Inflationsjahren wurden z. B. rund 40 % der Walzwerkserzeugnisse exportiert, 1926/27 nur noch 11 %, entsprechend bei Baumwollstoffen 25 % und 8 %.[11]

Von September 1926 bis Herbst 1928 nahm die Industrieproduktion schnell zu, und die saisonbedingten Rückgänge im Winter waren relativ gering. Das hohe Tempo ließ erst an der Jahreswende 1928/29 nach, als der winterliche Produktionsrückgang größere Ausmaße als in den Vorjahren aufwies. Insgesamt lag aber die Produktion 1929 um fast ein Drittel höher als 1926. Das war ein sehr starkes Wachstum. Nach wie vor produzierte die Industrie dennoch insgesamt weniger als in der Zeit vor Ausbruch des ersten Weltkrieges.

Auch auf dem Lande verbesserte sich das Lebensniveau deutlich und fühlbar. Die Preise für landwirtschaftliche Produkte gingen schnell in die Höhe. Das bewog die Landwirte, Versuche zur Intensivierung ihrer Wirtschaften zu unternehmen.

Die Tendenz zu schnellem Wirtschaftswachstum war fast allen kapitalistischen Staaten gemeinsam. Die Situation sahen viele Ökonomen so optimistisch, daß sie anfingen, die Theorie zu verkünden, der Kapitalismus habe seine inneren Widersprüche, die bisher im periodischen Auftreten von Krisen zutage getreten waren, endgültig überwunden. Optimismus herrschte auch in Polen. Als einziger Ökonom erklärte Adam Krzyżanowski schon 1928 warnend, daß eine neue Krise heraufziehe. Seine Meinung wurde nicht ernst genommen, obwohl eben im Jahre 1928 sich in der Weltwirtschaft zunehmende Schwierigkeiten bemerkbar zu machen begannen. Im Herbst desselben Jahres notierten die Börsen ein langsames Absinken der Lebensmittelpreise. Der saisonbedingte Produktionsrückgang im Winter 1928/29 erwies sich als sehr stark, und die Besserung im Frühjahr erfaßte nicht alle Industriezweige. Die Produktion stieg, doch die Großhandelspreise fielen, und im Handel nahmen die Warenvorräte, für die sich keine Käufer fanden, zu. Es gab keinen Zweifel mehr – eine neue Krise zog herauf.

Sie verschonte Polen nicht. Dort war der Einbruch sogar viel stärker als in den meisten kapitalistischen Staaten. Die Industrieproduktion in der Welt (ohne UdSSR) ging durchschnittlich um 33 % zurück, in Polen aber um 41 %. Die Krise traf nicht nur die Industrie, sondern auch die Landwirtschaft, die Banken, das Finanzwesen, den Binnen- und den Außenhandel, das Transportwesen usw. Am meisten mußte jedoch das Dorf leiden, denn die Krise machte sich in Gestalt eines ungewöhnlich krassen Zusammenbruchs der Preise

[11] *Landau, Zbigniew*, Tendencje rozwojowe przemysłu polskiego w latach 1927–1929 (Entwicklungstendenzen der polnischen Industrie in den Jahren 1927–1929), in: „Śląski Kwartalnik Historyczny Sobótka“ 1971, Nr. 2, S. 195.

für Ackerbau- und Viehzuchtprodukte bemerkbar; diese fielen gegenüber der Zeit vor der Krise um zwei Drittel. Gleichzeitig sanken die Preise für Industriewaren, die Steuern und andere Verpflichtungen des Dorfes entweder gar nicht oder weit weniger als die Preise für landwirtschaftliche Erzeugnisse.

In den Industrieländern lag der Tiefpunkt der Krise im Jahre 1932, und schon ab 1933 gab es deutliche Anzeichen für die Besserung der Konjunktur. Dagegen zog sich infolge der sinkenden Tendenz der Preise für landwirtschaftliche Produkte die Krise in den Agrarländern und den Agrar-Industrie-Ländern bis 1935 hin. So war es auch in Polen, wo es in der Industrie schon 1933 erste kleine Anzeichen einer Besserung gab, aber die Agrarkrise bis 1935 andauerte. In Polen, wo mehr als 60 % der Bevölkerung ihren Lebensunterhalt in der Landwirtschaft erwarben und wo der größere Teil des Nationaleinkommens auf dem Lande produziert wurde, konnte die Krise so lange nicht als überwunden gelten, wie sie die Landwirtschaft noch in ihren Fängen hielt. So dauerte die Krise in Polen zwei Jahre länger als in den meisten europäischen Ländern. Es war also nicht nur eine tiefergehende, sondern auch eine längerdauernde Krise, was man u. a. aus der folgenden Tabelle 17 ersehen kann.

Tabelle 17

Indices der Industrieproduktion Polens und der Welt von 1929 bis 1938 (1928 = 100)

	1929	1930	1931	1932	1933	1934	1935	1936	1937	1938
Welt (ohne UdSSR)	105	91	79	67	76	82	91	102	109	92
Welt (mit UdSSR)	106	94	84	74	83	91	102	118	127	119
Polen (alter Index)	100	82	69	54	56	63	66	72	85	92
Polen (neuer Index)	102	90	78	64	70	79	85	94	111	119
Polen (Kompromiß-Index)	101	86	74	59	63	71	75	83	98	106

Quelle: Tomaszewski, Jerzy, Ogólny wskaźnik produkcji przemysłowej Polski 1928–1938 (Der Gesamtindex der Industrieproduktion Polens 1928–1938), in: „Kwartalnik Historyczny“ 1965, Nr. 2, S. 292; Mały Rocznik Statystyczny (Kleines Statistisches Jahrbuch) 1939, S. 146.

Erst 1936 trat Polen wieder in eine Phase der Konjunkturbesserung ein. Für die Industrie dauerte sie ununterbrochen bis zum Kriegsausbruch, obwohl sich 1938 in manchen kapitalistischen Staaten eine neue Rezession bemerkbar machte. Ähnlich wie einige andere Länder, die angesichts der Kriegsgefahr intensiv zu rüsten begonnen hatten, verspürte Polen diese Rezession nicht. Es stieg also nicht nur die Produktion, sondern – was wichtiger ist – viele neue bedeutende Investitionen wurden vorgenommen, deren Hauptteil unmittelbar der Staat und nicht das Privatkapital realisierte. Demgegenüber dauerte die gute Konjunktur in der Landwirtschaft kürzer, nämlich nur bis 1938, als es unter dem Einfluß des Preissturzes für Agrarprodukte auf den Weltmärkten auch in Polen zu einem Absinken der Preise kam. Es war viel schwächer als in den Jahren der großen Krise, doch muß man bedenken, daß das Preisniveau für landwirtschaftliche Erzeugnisse nach der großen Krise niemals mehr auf den Stand von 1928 angestiegen war.

Wie aus den zitierten Angaben hervorgeht, entfielen von den 21 Jahren unabhängiger Existenz der Zweiten Republik 8 Jahre auf Krisen (1924/25, 1930–1935). Die übrigen 13 Jahre hindurch war die Konjunktur im Prinzip günstig. Davon muß man aber den Zeitraum 1918–1920 ausklammern, der nur eine einleitende Wiederaufbauetappe war, aber, durch den Krieg gegen Sowjetrußland verursacht, auch neue Zerstörungen brachte (hauptsächlich in der Landwirtschaft, im Transportwesen und am Wohnungsbestand). Insgesamt war also die Hälfte der Jahre zwischen den beiden Weltkriegen von wesentlichen wirtschaftlichen Schwierigkeiten geprägt. Daran sollte man beim Lesen der weiteren Kapitel über die Wirtschaft der Zweiten Republik denken.

4. Die Landwirtschaft

Die Landwirtschaft war zwischen den beiden Weltkriegen Polens Hauptproduktionszweig. Sie war nicht nur Erwerbsquelle für die Mehrheit der Bevölkerung, sondern erbrachte im Jahre 1929 auch 68 % des gesamten Nationaleinkommens. Daher war es für den Gesamtzustand der Volkswirtschaft von großer Bedeutung, in welcher Lage sich die Landwirtschaft befand.

Indessen war die Landwirtschaft in weiten Teilen des Staatsgebiets technisch und ökonomisch rückständig. Die Periode, in der Polen geteilt gewesen war, hatte zahlreiche ungelöste Probleme hinterlassen. Dabei gab es zwischen den einzelnen Wojewodschaften große Unterschiede.

Ein Charakteristikum war der Großgrundbesitz.[12] 1931 nahmen die Wirtschaften unter 50 ha 58 % der gesamten landwirtschaftlichen Besitzfläche ein (aber 76 % der landwirtschaftlich genutzten Fläche), dagegen die Besitzungen über 50 ha 26 % (18 % der genutzten Fläche). Das übrige Land gehörte dem Staat, den Selbstverwaltungskörperschaften, der Kirche u. dgl.

Einen besonderen Platz innerhalb des Großgrundbesitzes nahmen die Latifundien mit vielen Tausenden Hektar Fläche ein. Nach Angaben von 1921 existierten in ganz Polen 1964 Güter mit jeweils mehr als 1000 ha. Ihre durchschnittliche Bodenfläche betrug 3290 ha, einige waren sogar größer als 100000 ha (z. B. hatte das den Radziwills gehörende Majoratsgut Dawidgródek in Polesien 1500 km² Fläche, wovon 1600 ha unter den Pflug genommen waren).

Größte Bedeutung behielt der Großgrundbesitz in den westlichen und in den östlichen Wojewodschaften. 1931 umfaßten die Wirtschaften über 50 ha in der Wojewodschaft Poznań 41 % und in der Wojewodschaft Pommerellen 34 % der landwirtschaftlichen Nutzfläche. In dieser Gegend wurden die Güter unter Anwendung moderner Landtechnik kapitalistisch betrieben. Einen ganz anderen Charakter hatten die Landgüter im Osten. Ihr Anteil an der gesamten landwirtschaftlichen Nutzfläche war relativ niedrig, am höchsten noch in der Wojewodschaft Polesien, wo er 22 % erreichte. Gleichzeitig umfaßten diese Besitzungen riesige Waldgebiete und ungenutzte Flächen. Diese Güter wurden extensiv bewirtschaftet, Maschinen wandte man wenig an, da man ja die billige Arbeitskraft der Bauern aus der Umgebung nutzen konnte.

In den zentralen und südlichen Wojewodschaften hatten die Güter weniger Gewicht (in der Wojewodschaft Kraków nahmen sie nur 7 % der landwirtschaftlichen Nutzfläche ein), obwohl auch dort riesige Latifundien anzutreffen waren, wie z. B. der Besitz der Potockis in Łańcut.

[12] Die Wandlungen der Agrarstruktur analysierte *Mieszczankowski, Mieczysław*, Struktura agrarna Polski międzywojennej (Die Agrarstruktur Polens zwischen den beiden Weltkriegen), Warschau 1960.

Den Gegenpol in Polens Agrarstruktur bildeten die Zwergwirtschaften. 1931 verfügten im ganzen Lande beinahe 26 % aller Wirtschaften (mehr als 800000) über weniger als 2 ha, weitere 39 % (1,2 Millionen) über 2–5 ha landwirtschaftlicher Nutzfläche. Am meisten zerstückelt waren die Böden in den südlichen Wojewodschaften, wo mehr als 40 %, in der Wojewodschaft Stanisławów sogar 65 % der Wirtschaften weniger als 2 ha Land umfaßten. Die Zwergwirtschaften konnten nicht genügend Mittel zum Unterhalt der Familie hervorbringen, mehr noch, in ihnen ließen sich die produktiven Möglichkeiten der zur Landarbeit fähigen Familienmitglieder nicht nutzen. Infolgedessen bestand auf dem Lande eine verdeckte Arbeitslosigkeit, eine Armee „überflüssiger" Menschen, die der bekannte Ökonom Ludkiewicz 1921 auf 2 Millionen schätzte. In den Jahren danach nahm die Übervölkerung des Dorfes noch zu. Nach Schätzungen (mit anderen Methoden) erreichte sie 1934 schon 4,5 Millionen.[13] Selbstverständlich fand sich in der Wirtschaft immer irgendeine Beschäftigung. So ein „überflüssiges" Familienmitglied hütete eine Kuh auf der Wiese, ging viele Kilometer zum Markt, um irgend etwas zu verkaufen oder zu kaufen, machte sich im Hause nützlich. Das ersparte Ausgaben. Berechnete man aber die für solche Beschäftigung verbrauchte Zeit nach den in der Industrie üblichen Lohnsätzen, so würde sich erweisen, daß sich das alles vom Standpunkt rationeller gesellschaftlicher Arbeit nicht rentierte. Doch im Kleinbetrieb rechnete man anders, denn wenn es keine anderen Arbeitsgelegenheiten gab, verkörperte die Zeit der Hausgenossen keinen Wert. Sie mußte so genutzt werden, daß man möglichst auch die kleinsten Ausgaben sparte. Alle hatten also die Hände voll Arbeit, wenn das auch oftmals bedeutete, daß die Kräfte des Landmanns vom gesellschaftlichen Standpunkt aus vergeudet wurden, weil dessen Arbeit mit etwas Geldaufwand doch unvergleichlich effektiver genutzt werden könnte. Kein Wunder, daß unter den Bedingungen der Übervölkerung die Zwergwirtschaften billige Arbeitskräfte lieferten, besonders für Saisonarbeit auf dem Felde. Den größten „Menschenüberfluß" hatte Südpolen. Am geringsten war der Prozentsatz der Zwergwirtschaften in den westlichen Wojewodschaften (ungefähr 10 % der Wirtschaften bis 2 ha und rund 18 % mit 2 bis 5 ha landwirtschaftlicher Nutzfläche). In diesem Landesteil dominierten unter den bäuerlichen Wirtschaften die mittleren und großen. Ungefähr 22 % hatten 15 bis 50 ha Acker, während in Polen insgesamt zu dieser Kategorie nur 4 % aller Wirtschaften gehörten.

Unterschiedlich wie die Agrarstruktur war auch die Wirtschaftsweise. In Westpolen waren die Wirtschaften marktorientiert, sie verwendeten Kunstdünger und oftmals Maschinen. Die kleinen Wirtschaften Süd-, Ost- und großenteils auch Zentralpolens produzierten in den meisten Fällen für den Eigenbedarf und darüber hinaus noch ein bißchen für den Verkauf. Insbesondere in einigen Regionen der östlichen Wojewodschaften Polesien und Nowogródek konnte man eine beinahe urgeschichtliche Wirtschaftsweise antreffen. Der Bauer fertigte selbst seine Hausgeräte, Schuhe und Werkzeuge, als Beleuchtung diente der Kienspan. Seine Verbindung mit der Geldwirtschaft beschränkte sich auf die Bezahlung von Steuern und Versicherungen, auf den Kauf von Salz und manchmal von Tabak. Unumgängliche Transaktionen auf den lokalen Märkten beruhten oft auf dem Austausch Ware gegen Ware. Auch die Arbeiter auf den Gütern wurden gewöhnlich mit Naturalien entlohnt.

[13] *Ludkiewicz, Zdzisław*, Podręcznik polityki agrarnej (Handbuch der Agrarpolitik), Bd. 1, Warschau 1932, S. 88; *Stańczyk, Marian*, Przeludnienie agrarne w Polsce kapitalistycznej (Die agrare Übervölkerung im kapitalistischen Polen), in: „Ekonomista" 1955, Nr. 1, S. 106.

In den Jahren der großen Wirtschaftskrise weitete sich der geographische Bereich der geldfreien Wirtschaft noch aus. In den Jahren, als es für die Landwirtschaft am schwierigsten war, wurde auch in zentral- und südpolnischen Dörfern Tauschhandel betrieben.

Von den tiefgreifenden Unterschieden zwischen dem Ost- und dem Westteil des polnischen Staatsgebiets legte der Stand der Landtechnik Zeugnis ab. 1928/29 verbrauchte der Landwirt künstliche Düngemittel für durchschnittlich 53 Złoty pro ha im Westen des Landes und für 7 Złoty in den östlichen Wojewodschaften.[14] In Polesien gab es Dörfer, wo man den Boden mit dem Hakenpflug und der hölzernen Egge bearbeitete und die Wiesen fruchtbar machte, indem man im Winter das trockene Gras und Gestrüpp abbrannte.

Die Unterschiedlichkeit der Agrarstruktur, des ökonomischen Charakters der landwirtschaftlichen Betriebe und der Technik der Feldbestellung deckte sich weitgehend mit den alten Unterteilungen des Landes und resultierte aus den Verhältnissen, die sich in den vorangegangenen Jahrhunderten, besonders im 19. Jahrhundert, herausgebildet hatten. Es war schwer, in kurzer Zeit eine Nivellierung der Unterschiede herbeizuführen, selbst wenn der Staat seine Hauptanstrengung darauf konzentriert hätte. Aber auch objektive Umstände trugen dazu bei, daß die östlichen Wojewodschaften rückständig blieben. Ihre periphere Lage zu den Industriezentren bewirkte, daß die Transportkosten die herbeigeschafften Industriewaren beträchtlich verteuerten und die Preise für die zum Versand gebrachten landwirtschaftlichen Erzeugnisse herunterdrückten.

Polens Agrarstruktur erfuhr in der Zeit zwischen den beiden Weltkriegen gewisse Veränderungen. Vor allem wurden große Güter schrittweise parzelliert. In dem genannten Zeitraum geschah dies mit ungefähr 2,7 Millionen ha (44 % der gesamten Großgrundbesitzern gehörenden landwirtschaftlichen Nutzfläche).[15] Dafür gab es vorwiegend ökonomische Gründe. Aufgeteilt wurden insbesondere extensiv bewirtschaftete Güter. Stimuliert wurde die Parzellierung durch die hohen Bodenpreise, die die ländliche Übervölkerung und der Landhunger herbeigeführt hatten. In dieser Hinsicht setzten sich mit der Parzellierung der Adelsgüter zwischen den Weltkriegen in Polen die Wandlungen fort, die die Agrarstruktur und die Wirtschaftsmethoden auf dem Lande seit den Agrarreformen im österreichischen und im russischen Teilgebiet durchgemacht hatten.

Verfahrensweise und Umfang der Parzellierung unterlagen auch dem Einfluß der jeweiligen Gesetzgebung. Als gegen Ende des ersten Weltkrieges und in der ersten Friedenszeit in Ost- und Mitteleuropa revolutionäre Umgestaltungen in Angriff genommen wurden, erscholl in Polen – ähnlich wie in anderen Ländern, wo der Großgrundbesitz bestehen geblieben war – auf dem Lande allgemein die Forderung, den Boden unter die Bauern aufzuteilen. Von nicht geringem Einfluß war das Beispiel, das die radikale Lösung der Agrarfrage im Gefolge der Oktoberrevolution gab. Kein Wunder, daß schon der Anfang 1919 gewählte erste Sejm diese Probleme erörterte und im Juli desselben Jahres einen Beschluß faßte, der die Grundsätze der künftigen Bodenreform festlegte. Doch erst ein Jahr später, als die Rote Armee in Richtung Warschau vorstieß, beschloß der Sejm eilig ein Gesetz. Es sah vor, Grund und Boden, der dem Staat und der Kirche gehörte, zu parzellieren und auch private Güter zwangsweise auszukaufen, wobei die Eigentümer nicht voll entschädigt werden sollten. Ehe jedoch mit der Realisierung des Gesetzes begonnen worden war, wurde im März 1921 die Verfassung der Republik Polen beschlossen, die

14 *Tomaszewski, Jerzy*, Z dziejów Polesia 1921–1939. Zarys stosunków społeczno-ekonomicznych (Aus der Geschichte Polesiens 1921–1939. Ein Abriß der sozialökonomischen Verhältnisse), Warschau 1963, S. 118.

15 *Mały Rocznik Statystyczny* (Kleines Statistisches Jahrbuch) *1939*, S. 70.

u. a. die Enteignung privaten Vermögens nur gegen volle Entschädigung gestattete. Das Gesetz über die Bodenreform stand also im Widerspruch zur Verfassung und konnte daher nicht ausgeführt werden. Vorläufig wurden lediglich Staatsgüter und auf freiwilliger Basis einige Güter durch ihre Besitzer selbst parzelliert. In beiden Fällen erfolgte der Verkauf des Bodens an die Bauern zu Marktpreisen. In den östlichen Wojewodschaften gründete der Staat Siedlungen, die er an ehemalige Soldaten vergab. Der Boden stammte aus Staatsbesitz, Gutsbesitz von Russen und anderen Quellen. Die Militärsiedler sollten eine Stütze für die polnischen Behörden in den von Belorussen und Ukrainern bewohnten Gebieten sein. Diese Aktion nahm allerdings nur begrenzten Umfang an und erbrachte nicht die erwarteten Resultate.

Verschiedene Gesetzentwürfe für die Bodenreform wurden in späteren Jahren zum Gegenstand scharfer politischer Konflikte. Erst Ende Dezember 1925 beschloß der Sejm die endgültige Fassung des Gesetzes, das formell bis zum Ende der Existenz der Zweiten Republik in Geltung blieb. Im Sinne dieses Gesetzes beruhte die Bodenreform grundsätzlich auf der freiwilligen Parzellierung der großen Landgüter. Ein Zwangsverkauf sollte erst dann stattfinden, wenn das Jahreskontingent der freiwilligen Parzellierung nicht realisiert wurde. Für das ganze Land betrug es 200000 ha. Der Ministerrat teilte es auf die Wojewodschaften auf, und die Art und Weise der Durchführung bestimmte jede Wojewodschaft für sich. Wurde das Soll nicht erfüllt, so stellte die Regierung eine Liste der zur Zwangsparzellierung bestimmten Güter auf. In Betracht kamen Besitzungen mit über 180 ha Fläche (in den östlichen Wojewodschaften über 300 ha; Güter mit Brennereien oder mit Zuckerfabriken konnten sogar bis zu 700 ha Fläche haben). Der Boden wurde zu Marktpreisen verkauft.

Unter den Bedingungen der guten Konjunktur und der hohen Bodenpreise wurden bis 1928 über das gesetzlich festgelegte Kontingent hinaus Güter zur Parzellierung angeboten. Lediglich in den westlichen Wojewodschaften mit intensiv betriebener Landwirtschaft erreichte die freiwillige Parzellierung relativ geringe Ausmaße, und daher griff die Regierung nur dort zum Zwang, allerdings nicht allzu häufig. Diese Maßnahmen riefen politische Konflikte hervor, denn die rechtsgerichteten Organisationen der polnischen Staatsbürger deutscher Nationalität erhoben den Vorwurf, durch die Zwangsparzellierung würde deutsches Eigentum benachteiligt. Diese Frage wurde durch ein unter den Auspizien des Völkerbundes abgeschlossenes internationales Abkommen endgültig geregelt.

Piłsudski verhielt sich zur Bodenreform wie auch zu anderen sozialen Reformen recht kritisch. Władysław Glinka, ein bekannter Vertreter polnischer Gutsbesitzerkreise, notierte über Gespräche kurz vor dem Staatsstreich vom Mai 1926: „Während der Gespräche in seiner Villa in Sulejówek sagte er offen, daß die Bodenreform nicht dergestalt, wie sie beschlossen wurde, durchgeführt werden könne, daß der Achtstunden-Arbeitstag kassiert und die sogenannten sozialen Errungenschaften reduziert werden sollten, denn sonst müsse jegliche Industrie- und Agrarproduktion zugrunde gehen.“ [16] Nachdem Piłsudski die Macht ergriffen hatte, trat die von ihm inspirierte Regierung nicht offen gegen die Parzellierung auf, bemühte sich aber, andere Wege zur Verbesserung der Agrarstruktur zu finden. Seinen Höhepunkt erreichte der Parzellierungsprozeß im Jahre 1927, als 245000 ha davon erfaßt wurden. Von 1929 an wurde jedoch jedes Jahr viel weniger parzelliert, als das Gesetz festgelegt hatte (das wenigste waren 57000 ha im Jahre 1934).[17]

[16] Bibliothek der Katholischen Universität Lublin, Manuskript Nr. 599.

[17] *Mały Rocznik Statystyczny* (Kleines Statistisches Jahrbuch) *1939*, S. 70; über die Agrarreform siehe *Madajczyk, Czesław*, Burżuazyjno-obszarnicza reforma rolna w Polsce/1918–1939/ (Die bürgerlich-gutsbesitzerliche Bodenreform in Polen/1918–1939/), Warschau 1956.

Ursache dessen war vor allem die Wirtschaftskrise, die die Einkünfte der Landbevölkerung radikal verringerte, sie der Mittel zum Landkauf beraubte und auch bewirkte, daß sich die Anlage von Geld in der Landwirtschaft nicht bezahlt machte. Zugleich wollten die Staatsbehörden nicht auf breiter Front den Gutsherren gegenüber Zwang anwenden und bemühten sich lieber darum, die fallenden Bodenpreise zum Stehen zu bringen, was den Parzellierungsprozeß zusätzlich hemmte. Alles in allem diente also die Bodenreformgesetzgebung nicht so sehr dazu, die Agrarstruktur umzugestalten, vielmehr steckte sie den organisatorischen Rahmen für die freiwillige Parzellierung ab.

Im Laufe des ganzen Zeitabschnitts zwischen den beiden Weltkriegen entstanden auf diesem Wege 154000 Bauernwirtschaften, und 503000 vergrößerten sich. Gemessen am zahlenmäßigen Zuwachs der landwirtschaftlichen Bevölkerung waren das minimale Veränderungen, die keine Verbesserung der Lebensbedingungen brachten. Während sich die auf dem Lande wohnende Bevölkerung zwischen beiden Weltkriegen um ungefähr 20 % vergrößerte, ließ die Parzellierung die Zahl der Bauernwirtschaften um 4 bis 5 % und die landwirtschaftliche Nutzfläche in bäuerlichem Besitz um rund 15 % zunehmen. Der Prozeß der Bodenzersplitterung schritt also weiter voran. In den Jahren 1921–1938 stieg die Zahl der Bauernwirtschaften in allen Größenklassen, am meisten aber, nämlich um 36 %, in der Gruppe der Wirtschaften mit weniger als 2 ha. Gleichzeitig nahm die durchschnittliche Betriebsgröße ab. Bis 1929, als die Parzellierung der Güter die größten Ausmaße erreichte und die gute Konjunktur es möglich machte, ins Ausland auszuwandern oder sich auch in der Stadt Arbeit zu suchen, gingen die nachteiligen Veränderungen relativ langsam vor sich. In den dreißiger Jahren dagegen machte die Aufsplitterung des Bodens schnelle Fortschritte. Man kann sich denken, daß die Situation in den westlichen Wojewodschaften, wo es relativ große Reserven an parzellierbarem Boden gab und wo die Dörfer am wenigsten übervölkert waren, am besten war. Dort hatte ein aus der Parzellierung stammendes Grundstück (wir berücksichtigen dabei die neuentstandenen Wirtschaften ebenso wie die zur Vergrößerung schon bestehender Wirtschaften bestimmten Parzellen) im Durchschnitt mehr als 5 ha. Am schlechtesten waren dagegen die Bedingungen in den südlichen Wojewodschaften (insbesondere in der Wojewodschaft Kraków), wo der Bodenvorrat nicht sehr groß war. Dort betrug die durchschnittliche Parzellengröße weniger als 2 ha.

Die Zersplitterung der Bauernwirtschaften bei Fortbestehen des Großgrundbesitzes, die großen Unterschiede zwischen den Regionen und auch die seit Ende 1928 auftretenden Krisenerscheinungen wirkten sich auf die Entwicklungstendenzen der landwirtschaftlichen Gesamtproduktion und Produktivität aus.

Wenn wir das gesamte Territorium des polnischen Staates betrachten, können wir feststellen, daß im Verlauf der Jahre zwischen beiden Weltkriegen die Tendenz zunehmender Gesamtproduktion der Landwirtschaft vorherrschte.[18] Einbrüche in einigen Jahren waren vorübergehender Natur und vor allem auf die wechselhaften klimatischen Be-

[18] Wir müssen den Vorbehalt anbringen, daß die Methoden, mit denen Angaben über den Umfang der landwirtschaftlichen Produktion und über die Höhe der Erträge gesammelt wurden, den Charakter einer repräsentativen Untersuchung hatten und die Ergebnisse daher nur annähernd der Wirklichkeit entsprechen. Außerdem wurde die Technik der Erhebungen geändert, was exakte Vergleiche erschwert. Die von uns angeführten Zahlen dienen also lediglich der allgemeinen Orientierung über die Richtungen der Veränderungen. Weitergehende Schlüsse zu ziehen würde einer Analyse des Genauigkeitsgrades der statistischen Angaben bedürfen. Vor ähnlichen Problemen standen übrigens die Statistiker aller Länder. Die Ermittlungen in Polen zeichneten sich sogar durch relativ hohe Glaubwürdigkeit aus.

dingungen zurückzuführen. Um uns über die Entwicklungsrichtungen zu orientieren, betrachten wir deshalb auch nicht die Produktionsergebnisse aufeinanderfolgender Jahre, sondern Durchschnitte von Fünfjahresperioden (Tabelle 18).

In der Tabelle 18, die die grundlegenden Informationen über die Entwicklung der Pflanzenproduktion enthält, haben wir die Angaben für die Jahre 1919–1923 weggelassen. Das war die Zeit des Krieges und dann des Wiederaufbaus. Daher lassen sich die unter diesen spezifischen Bedingungen erreichten Produktionsergebnisse schwerlich für eine Analyse der Entwicklungstendenzen der polnischen Landwirtschaft benutzen. Außerdem sind die Angaben für die ersten Jahre der Unabhängigkeit sehr unzureichend. Vorliegende Schätzungen erlauben die Feststellung, daß im Jahre 1920 die Produktion von Weizen um 60 %, von Roggen um 62 % und von Kartoffeln um 15 % unter dem Vorkriegsstand lag. Das resultierte aus der Verkleinerung der Anbaufläche wie auch der Ernteerträge. 1919/20 lagen in dem Territorium, das später die polnischen Staatsgrenzen umschlossen, sage und schreibe 2,5 Mill. ha brach. Das Brachland nahm dann schnell ab und betrug 1923 noch 370000 ha.[19]

Tabelle 18

Aussaatfläche, Erntemengen und Hektarerträge der wichtigsten Feldfrüchte in Polen in den Jahren 1909 bis 1913 und 1924 bis 1938 (Jahresdurchschnitte)

	1909–1913	1924–1928	1929–1933	1934–1938	1938
Anbaufläche in 1000 ha					
Insgesamt	.	15767	16809	17328	17629
davon: Weizen	1353	1307	1662	1738	1754
Roggen	5087	5552	5777	5774	5895
Gerste	1265	1118	1228	1199	1178
Hafer	2749	1978	2195	2250	2277
Kartoffeln	2404	2423	2696	2899	3030
Zuckerrüben	168	195	158	130	150
Ernteerträge in 1000 dt					
Weizen	16783	14921	19637	20644	21719
Roggen	57112	55354	65708	64672	72534
Gerste	14890	12535	14872	14114	13713
Hafer	28143	20420	25368	25576	26565
Kartoffeln	247899	246316	303890	350065	345582
Zuckerrüben	41133	39050	33359	28061	31624
Hektarerträge in dt					
Weizen	12,4	11,4	11,8	11,9	12,4
Roggen	11,2	10,0	11,4	11,2	12,3
Gerste	11,8	11,2	12,1	11,8	11,6
Hafer	10,2	10,3	11,6	11,4	11,7
Kartoffeln	103	102	113	121	114
Zuckerrüben	245	200	212	216	210

Quelle: Mały Rocznik Statystyczny 1939 (Kleines Statistisches Jahrbuch 1939), S. 77.

[19] *Rose, Edward*, Bilans gospodarczy trzech lat niepodległości (Die wirtschaftliche Bilanz von drei Jahren Unabhängigkeit), Warschau 1922, S. 28; *Dziesięciolecie Intendentury Polskiej Siły Zbrojnej 1918–1928* (Ein Jahrzehnt Intendantur der Polnischen Streitkräfte 1918–1928), Warschau 1929, S. 149.

Den Wiederaufbau in der Landwirtschaft erschwerte der Mangel an Pferden und künstlichen Düngemitteln, die im Westen des Landes allgemein verwendet wurden. Trotzdem nahmen die Ernteerträge 1921–1923 systematisch zu. Die relativ günstigen klimatischen Bedingungen machten es im Jahre 1923 möglich, daß außer bei Weizen und Zuckerrüben die Vorkriegserträge der Feldkulturen und auch die vor dem Kriege üblich gewesenen Erntemengen übertroffen wurden.

1924 begann ein Zeitabschnitt normaler Entwicklung der Landwirtschaft, wenn auch noch nicht alle Folgen des Krieges überwunden waren. Im Osten des Staates gab es Gegenden, wo die Menschen weiterhin in primitiven Bauten oder in Erdhütten hausten, weil sie keine Mittel hatten, um feste Gebäude zu errichten. Beim Verbrauch von Kunstdünger wurde das Vorkriegsniveau nicht erreicht.

Ein Blick auf die Tabelle 18 erlaubt die Feststellung, daß die Produktion vor allem von Kartoffeln und Weizen steigende Tendenz aufwies. Unmittelbar vor Ausbruch des zweiten Weltkrieges lagen die Erträge dieser Kulturen viel höher als in den Jahren 1924 bis 1928 und auch als vor dem ersten Weltkrieg. Nicht so sehr stiegen die Roggenerträge an, obwohl der Roggen weiterhin das wichtigste Brotgetreide in Polen blieb. Die Gerstenerträge gingen nach anfänglichem Ansteigen bis etwas unter den Stand von 1909 bis 1913 zurück. Die Hafererträge sanken vorübergehend ein wenig, die Zuckerrübenerträge gingen beständig zurück.

Vergleicht man diese mit den anderen Angaben der Tabelle, so kann man den Schluß ziehen, daß die Zunahme der Erträge einiger Kulturen vor allem auf die Vergrößerung ihrer Anbaufläche zurückzuführen ist. Besonders auffällig ist die beträchtliche Erweiterung der Aussaatfläche für Weizen. Gleichzeitig verringerte sich etwas die Fläche für Gerste und Zuckerrüben und im Vergleich zu 1909–1913 auch für Hafer.

Die Erweiterung der Aussaatfläche für Weizen gehörte ohne Zweifel zu den positiven Erscheinungen, weil Weizen größeren Wert als Roggen hatte. Dagegen zeugte die absatzbedingte Einschränkung der Anbaufläche für Zuckerrüben von den Schwierigkeiten, die die marktorientierte Landwirtschaft durchmachte. Die Erntemengen wiesen in der Zeit zwischen den beiden Weltkriegen etwas ansteigende Tendenz auf, wenn auch mit gewissen Schwankungen. Größer als 1909–1913 war die Ernte 1934–1938 nur bei Kartoffeln und Hafer, während sie bei den für die intensive Wirtschaft charakteristischen Kulturen Weizen und Zuckerrüben nach wie vor kleiner blieb.

Gesamtpolnische Durchschnitte verwischen auch in diesem Falle die tiefen Unterschiede zwischen den Wojewodschaften. Die höchsten Ernten erreichten die Wojewodschaften Pommerellen, Poznań und Oberschlesien. In den Jahren 1934–1938 wurden dort vom Hektar 14,8 bis 15,8 dt Weizen, 12,6 bis 14,8 dt Roggen, 15,3 bis 16,7 dt Gerste, 121 bis 134 dt Kartoffeln, 228 bis 232 dt Zuckerrüben eingebracht. Auf dem Gegenpol standen die östlichen Wojewodschaften. Weizen erntete man in der Wojewodschaft Nowogródek 7,5 dt pro ha, Roggen in der Wojewodschaft Wilno 7,9 dt, Gerste in derselben Wojewodschaft 7,4 dt, Zuckerrüben in der Wojewodschaft Białystok 158 dt und in der Wojewodschaft Tarnopol 166 dt. Auch in den zentralen und den südlichen Wojewodschaften waren die Ernten nicht groß.[20]

[20] Hier und im folgenden Angaben laut *Mały Rocznik Statystyczny* (Kleines Statistisches Jahrbuch) *1939*, S. 77–79; *Rocznik Statystyki Rzeczypospolitej Polskiej* (Jahrbuch der Statistik der Republik Polen) *1929*, S. 39–41. – Siehe auch *Zarys historii gospodarstwa wiejskiego w Polsce* (Abriß der Geschichte der Landwirtschaft in Polen), Bd. 3, Warschau 1979, S. 318–456.

Die genannten Unterschiede hatten zwischen den beiden Weltkriegen die Tendenz, im Laufe der Jahre geringer zu werden. In den westlichen Wojewodschaften zeichnete sich bei einigen Kulturen ein Rückgang der durchschnittlichen Hektarerträge ab. So wurden in der Wojewodschaft Poznań 1924–1928 an Weizen 19,3 dt, dagegen 1934–1938 nur 14,8 dt eingebracht. Bei Gerste waren es entsprechend 18,5 und 15,3 dt. Gleichzeitig nahmen die Kartoffel- und die Zuckerrübenerträge etwas zu. Ähnlich verhielt es sich in Pommerellen. In den östlichen und den südlichen Wojewodschaften überwogen dagegen Tendenzen der Ertragssteigerung. Mit anderen Worten: Die Pflanzenproduktion nahm in den Regionen mit extensiver Bestellung langsam zu, während sich in den Wojewodschaften mit intensiver Wirtschaft ein gewisser Rückschritt bemerkbar machte. Nicht nur aus diesem Grunde waren die Fortschritte der Landwirtschaft ungenügend. Die Bevölkerungszahl wuchs schneller als die Ernteerträge, und infolgedessen verringerte sich die Getreideerzeugung pro Kopf der Bevölkerung. 1934–1938 wurden von den vier wichtigsten Getreidearten im Jahresdurchschnitt 125 Millionen dt geerntet, das sind 3,6 dt pro Kopf. 1909–1913 waren auf demselben Territorium 117 Millionen dt geerntet worden, aber damals entfielen auf jeden Einwohner 3,8 dt.

Für Polen war es charakteristisch, daß die Ernteerträge infolge der klimatischen Bedingungen und anderer natürlicher Faktoren sehr schwankten. Im Zeitraum 1929–1938 wurde im Jahre 1932 (als Polen vom Kornbrand heimgesucht wurde) mit 7,8 dt die niedrigste und 1933 mit 12,8 dt die höchste Weizenernte pro Hektar eingebracht. Beim Roggen lag der Tiefpunkt im Jahre 1931 mit 9,9 dt und der Höhepunkt im Jahre 1938 mit 12,3 dt. Die Kartoffelernte war 1933 mit 103 dt am geringsten und 1937 mit 135 dt am größten. Die Schwankungsbreite der Ernteerträge innerhalb kurzer Zeit betrug also bei Weizen 64 %, bei Roggen 24 % und bei Kartoffeln 31 % (wenn man jeweils den Tiefpunkt gleich 100 setzt). In einzelnen Wojewodschaften kamen noch größere Schwankungen vor. Sie zeugten davon, daß relativ wenig intensiv gewirtschaftet wurde und daß große Abhängigkeit von Zufallsfaktoren herrschte. Dadurch war es sehr schwer, eine Wirtschaft zu führen, und auch, eine rationelle Agrarpolitik zu betreiben. In den zwanziger Jahren machte es sich infolge der Instabilität der Ernteergebnisse notwendig, zeitweilig Getreide zu importieren, während Polen dann und wann auch über Überschüsse für den Export verfügte.

Die Entwicklung der Viehhaltung darzustellen fällt viel schwerer. Die Genauigkeit der Statistik läßt in dieser Beziehung viel zu wünschen übrig. Besonders für die zwanziger Jahre sind Vergleiche dadurch erschwert, daß die Viehzählungstermine wechselten. Nach dem ersten Weltkrieg wurden die Viehbestände relativ schnell wiederaufgebaut. Schon 1921 scheint sich die Kopfzahl des Wirtschaftsviehs dem Vorkriegsstand genähert zu haben (außer bei Schafen und Pferden). Es ist anzunehmen, daß der Wiederaufbau der Viehzucht bis 1923 zum Abschluß gekommen ist, wobei ihre Struktur sich zu Ungunsten der Schafhaltung etwas verschoben hat. In den folgenden Jahren wuchs die Zahl der Tiere weiter an, aber nicht sehr stark. Am größten waren die Bestände im Jahre 1931 (Tabelle 19).

Die große Wirtschaftskrise hatte einen Rückgang der Kopfzahl zur Folge, der aber nicht sehr bedeutend war. Am meisten wurde davon die Schweinehaltung berührt, die für Konjunkturschwankungen immer sehr empfänglich ist. Nach 1933 nahm die Kopfzahl erneut zu, und 1938 hatte lediglich die Zahl der Pferde den Vorkrisenstand nicht wieder erreicht.

Alles in allem nahm das Wirtschaftsvieh an Zahl schneller zu als die Ernteerträge der

Tabelle 19

Die Entwicklung der Viehzucht in Polen von 1921 bis 1938 (in 1 000 Stück)

Tierart	1921	1927	1931	1933	1935	1937	1938
Pferde	3 290	4 127	4 124	3 773	3 760	3 890	3 916
Rinder	8 063	8 602	9 786	8 985	9 756	10 572	10 554
Schweine	5 287	6 333	7 321	5 753	6 723	7 696	7 525
Schafe	2 193	1 918	2 599	2 557	2 802	3 188	3 411

Quelle: Bilans gospodarczy dziesięciolecia Polski odrodzonej (Polens Wirtschaftsbilanz 10 Jahre nach der Wiedergeburt), Bd. I, Poznań 1929, S. 202; Mały Rocznik Statystyczny 1939 (Kleines Statistisches Jahrbuch 1939), S. 91.

Kulturpflanzen. Doch das kann nicht das einzige Kriterium für eine Beurteilung sein, denn die Effekte der Viehzucht hängen nicht nur von der Kopfzahl, sondern auch von der Qualität des Viehs ab. Wir besitzen keine Angaben, die gestatten würden, genau zu bestimmen, in welcher Richtung Veränderungen vor sich gingen. Die nur fragmentarisch erhältlichen Informationen brachten uns zu der Meinung, daß es länger dauerte, die Kriegsauswirkungen auf die Qualität des Wirtschaftsviehs und auf die Effekte der Viehzucht zu überwinden, als die frühere Kopfzahl wieder zu erreichen. Jedenfalls gelang es höchstwahrscheinlich in den guten Konjunkturjahren 1927/28, im Landesmaßstab die Qualitätsnormen der Vorkriegszeit zu übertreffen.

In den dreißiger Jahren wurden die Kühe, die unter Aufsicht der Stallkontrollgenossenschaften standen, systematisch auf ihre Milchleistung hin untersucht. Doch davon wurden nur etwa 1,5 % aller Kühe in Polen (Stand von 1938) erfaßt, weshalb die Ergebnisse nicht als genügend repräsentativ angesehen werden können. Noch dazu waren es die besten, weit vom Durchschnittsniveau abweichenden Kuhställe, die beaufsichtigt wurden. Dieser Untersuchung nach stieg die durchschnittliche Milchleistung der Kühe von 1930 bis 1938 um ungefähr 5 %, unbedeutend erhöhte sich auch der Fettgehalt der Milch.[21] Vielleicht war die Tendenz allgemein, aber aus Materialmangel läßt sich das nicht beweisen.

Für eine Beurteilung der Entwicklung in der Schweinezucht fehlt es sogar an so unvollkommenen Informationen, wie wir sie eben für die Rinderzucht benutzten. Hinzu kommt noch, daß im Zusammenhang mit der Umorientierung des Außenhandels um 1928 der Tiertyp gewechselt wurde. Als die Schweineausfuhr nach Deutschland eingeschränkt wurde, beim Export nach Österreich und der Tschechoslowakei Schwierigkeiten auftraten, aber zugleich die Ausfuhr nach Großbritannien aufgenommen wurde, hatte das zur Folge, daß man weniger Fleisch- und Speckschweine produzierte, dafür aber mehr Schweine, die den Anforderungen der Baconindustrie gerecht wurden.

Es war charakteristisch, daß sich die Viehzucht in den bäuerlichen Wirtschaften konzentrierte. Das hing großenteils mit dem Arbeitskräfteüberschuß im Dorf und mit dem Bodenmangel zusammen.

Auch in der tierischen Produktion bestanden große Unterschiede zwischen den Wojewodschaften. Hinsichtlich der Rinderzahl pro 100 ha landwirtschaftlicher Nutzfläche führten die südlichen Wojewodschaften, wo die bäuerlichen Wirtschaften am meisten zerstückelt

21 *Mały Rocznik Statystyczny* (Kleines Statistisches Jahrbuch) *1939*, S. 93.

waren. 1938 wurden auf 100 ha in der Wojewodschaft Kraków 67 und in der Wojewodschaft Lwów 55 Kühe gehalten. In der Wojewodschaft Poznań waren es 41 Kühe (das entsprach dem gesamtpolnischen Durchschnitt) und in Pommerellen etwas weniger. Weit zurück blieben die nordöstlichen Wojewodschaften. Doch in der Milchleistung der Kühe nahm Westpolen die Spitzenposition ein. Dort war auch der Schweinebesatz pro 100 ha landwirtschaftlicher Nutzfläche am höchsten (in der Wojewodschaft Poznań 45 Stück), während Südpolen in dieser Beziehung das Schlußlicht bildete (Wojewodschaft Kraków 18 Stück).[22] Es gibt keinerlei Unterlagen, um feststellen zu können, ob die regionalen Unterschiede größer oder kleiner wurden.

Stellt man alles zusammen, was wir an Angaben über die Tendenzen der pflanzlichen und tierischen Produktion in der Zeit zwischen den beiden Weltkriegen besitzen, so scheint die Vermutung begründet zu sein, daß die Gesamtproduktion der Landwirtschaft mehr oder weniger in demselben Tempo wie die Bevölkerungszahl oder höchstens nur ein bißchen langsamer zunahm.

Die Gründe für die beschriebenen Veränderungen im Niveau der landwirtschaftlichen Produktion lagen vor allem in der spezifischen Reaktion der kleinen Warenproduzenten auf die Konjunkturverschlechterung. Mit fallenden Agrarpreisen drohte das Einkommen der Bauernwirtschaften unter das zur Deckung der notwendigsten Ausgaben erforderliche Minimum zu sinken. Das zwang dazu, die Einkäufe einzuschränken, gleich ob es sich um Waren für den Verbrauch der Bauernfamilie oder um Artikel für Produktionszwecke (z. B. Kunstdünger) handelte. Einen weiteren Ausweg suchten viele Bauern in maximaler Erhöhung ihrer Produktion. Schließlich erwies es sich als unumgänglich, den Eigenverbrauch einzuschränken, um mehr zu verkaufen (in den Krisenjahren entstand im Zusammenhang damit das Phänomen des „Hungerangebots").

Die zwanziger Jahre brachten, alles in allem, ein Anwachsen der Einkünfte der Landbevölkerung. Unmittelbar nach dem ersten Weltkrieg erleichterten das hohe Preisniveau für landwirtschaftliche Erzeugnisse und die gleichzeitige, durch die sinkende Kaufkraft des Geldes herbeigeführte Entwertung der direkten Steuern den Wiederaufbau der Landwirtschaft. Es gab Momente, als der Verkauf von ein paar Eiern ausreichte, um sich der auf der Wirtschaft lastenden Steuerverpflichtungen gegenüber dem Staat zu entledigen. Aus denselben Gründen ging die Verschuldung der Bauernschaft bis auf einen kleinen Rest zurück. Selbstverständlich profitierte nicht jeder Landwirt von der Nachkriegskonjunktur. Die Währungsstörungen hatten auch zur Folge, daß alle Ersparnisse ihren realen Wert einbüßten. Schwer war die Lage der Landwirte und besonders der Zwergbauern, die Gebäude und Inventar durch Kriegshandlungen verloren hatten.

Nach 1924, als die Regierung Finanzreformen durchgeführt hatte und der Wiederaufbau der Landwirtschaft zum Abschluß gekommen war, hatte das Dorf normale Steuern zu tragen, und die Marktverhältnisse normalisierten sich. Die Konjunkturbesserung bis 1928 brachte einen Preisanstieg für landwirtschaftliche Erzeugnisse und zunehmende Produktion mit sich. Der durchschnittliche Jahreswert der Agrarproduktion in Polen betrug 1922–1925 schätzungsweise 6,7 Milliarden Złoty und 1927/28 11,2 Milliarden Złoty, d. h. er wuchs um 67 %.[23] Dazu trug sowohl der Preisanstieg wie auch die Ausweitung der Produktion bei. Diese Zahlen sind aber nicht mit den Geldeinnahmen der Landwirtschaft identisch, denn nur ein Teil der Produkte gelangte auf den Markt (den Rest ver-

22 Ebenda, S. 91.

23 *Landau, Z./Tomaszewski, J.*, Gospodarka, Bd. 2, a. a. O., S. 160.

brauchten die Landwirte selbst). Nichtsdestoweniger erwiesen sich die generellen Entwicklungsrichtungen als vorteilhaft besonders für die Landwirte, die über Produktionsüberschüsse verfügten, die sie zum Absatz bringen konnten.

Für die Bauern war es wichtig, wie sich die Preisrelationen zwischen landwirtschaftlichen und Industriewaren veränderten. Von 1924 bis 1927 gab es die Tendenz, daß die landwirtschaftlichen Erzeugerpreise im Vergleich zu den Preisen für Industriewaren stiegen. Zur gleichen Zeit blieb das Ausmaß der steuerlichen Belastung der Landwirtschaft unverändert. Zusammenfassend können wir sagen, daß sich das Jahr 1927 als das vorteilhafteste Jahr für die polnische Landwirtschaft erwies. Kein Wunder, daß dies eine Zeit hoher Bodenpreise und lebhafter Parzellierung war. Viele Bauern nahmen Kredite auf, um sich Land zu kaufen. Sie taten das in dem Glauben, sie unter den gegebenen Bedingungen zurückzahlen zu können.

Sehen wir uns aber einmal näher an, wie es in dem günstigen Jahre 1927 der durchschnittlichen Bauernwirtschaft ging. Wir bedienen uns dazu der Untersuchungsergebnisse des Państwowy Instytut Naukowy Gospodarstwa Wiejskiego (Staatlichen Wissenschaftlichen Landwirtschaftlichen Instituts) in Puławy über die Rentabilitätsrechnung kleiner Wirtschaften.[24] Von vornherein muß man den Vorbehalt machen, daß diese Ergebnisse – ebenso wie die aller ähnlichen Untersuchungen – schwerlich für genügend repräsentativ zu halten sind. Nur Besitzer überdurchschnittlicher Wirtschaften mit höheren Einnahmen führten systematisch Buch. Zudem waren in die Untersuchungen Betriebe einbezogen, die im Durchschnitt fast doppelt so groß wie die mittlere polnische Bauernwirtschaft waren. Also ergaben die Untersuchungen des Instituts in Puławy ein günstigeres Bild als es der wirklichen Lage der polnischen Landwirtschaft entsprach. Für die Zwecke der Untersuchung mußte man alles, was in den Wirtschaften aufgewendet und vereinnahmt wurde, in Geld umrechnen, denn nur auf diese Weise konnte man die Ergebnisse vergleichbar machen. Das war eine ökonomische Fiktion, weil in der Praxis kein Landwirt eine solche Kalkulation vornahm. Das Institut in Puławy behandelte als Produktionskosten die Abschreibungen vom Anlagevermögen, den Arbeitsaufwand (auch den des Eigentümers und seiner Familie), die Verzinsung des Kapitals, die Steuern, die Ausgaben für wirtschaftliche Zwecke usw. Es zeigte sich, daß lediglich 1927/28 der Wert der Produktion und der Zuwachs des Vermögenswerts der Wirtschaften mit über 10 ha Fläche größer waren als die Produktionskosten. In den übrigen Jahren, und in den Wirtschaften mit weniger als 10 ha auch 1927/28, überstiegen die Produktionskosten die Einkünfte. Selbstverständlich bedeutet das nicht, daß der Kleinbauer unaufhörlich Geld, das er auf anderem Wege verdiente, in die Wirtschaft hineinsteckte. In Wirklichkeit erfolgte doch der größere Teil der Aufwendungen nicht in Geldform, berücksichtigte der Bauer nicht die Verzinsung, die Kosten der eigenen Arbeitskraft und ähnliche Kostenelemente, gelangte der größere Teil der Erzeugung nicht auf den Markt. Das Buchführungsmaterial der kleinen Wirtschaften beweist also nur, daß diese nicht hätten existieren können, wenn man sie nach den Grundsätzen eines kapitalistischen Unternehmens betrieben hätte. Und dabei ist hier die Rede von überdurchschnittlichen Wirtschaften in einem für die Landwirtschaft ausnahmsweise günstigen Jahre.

Die folgenden Jahre brachten eine anfangs langsame, ab 1930 aber vehemente Ver-

24 *Badania nad opłacalnością gospodarstw włościańskich w roku gospodarczym 1929/30* (Untersuchungen über die Rentabilität der Bauernwirtschaften im Wirtschaftsjahr 1929/30), Teil 1, Warschau 1931, S. 112, 137, 142.

schlechterung. Mit dem Preisfall für landwirtschaftliche Erzeugnisse ging ein viel langsamerer Preisfall für Industriewaren einher.[25] Setzt man das Preisniveau von 1928 gleich 100, so machten 1935 die den Bauern für ihre Erzeugnisse gezahlten Preise noch 33 %, die Preise der auf dem Lande verkauften Industriewaren aber 67 % aus. Um eine bestimmte Menge von Waren, die der Landwirt benötigte, kaufen zu können, mußte er also durchschnittlich zweimal soviel Produkte wie vordem verkaufen. Gleichzeitig verminderte sich die Steuerbelastung nur wenig. 1928 waren 70 Millionen Złoty und 1935 68 Millionen Złoty Grundsteuer aufzubringen. Um die Steuer bezahlen zu können, mußten die Landwirte 1928 1,7 Millionen dt und 1935 5,1 Millionen dt Roggen verkaufen. Das war nicht die einzige Last, die die Bauern drückte. Nach Angaben des Instituts in Puławy machten in den buchführenden Wirtschaften 1928/29 die Steuern 12,9 %, 1932/33 dagegen 25,7 % der Ausgaben aus. Und dabei lasteten auf der Landwirtschaft auch noch die in den guten Konjunkturjahren aufgenommenen Schulden. Man hat berechnet, daß 1933 alle Verbindlichkeiten, die die Landwirtschaft aus den verschiedensten Titeln abzutragen hatte, 2,2 Milliarden Złoty erreichten, während die zum Verkauf bestimmte Produktion nur einen Wert von 1,5 Milliarden Złoty besaß.[26]

Nach 1935 trat eine gewisse Besserung ein. Die den Erzeugern gezahlten Preise stiegen 1937 auf 52 % des Niveaus von 1928, während die Preise für Industriewaren, die sie kaufen mußten, sich gegenüber 1935 nicht verändert hatten, d. h. 67 % der Preise vom Jahre 1928 ausmachten. Doch schon im folgenden Jahre setzte erneut ein Preisfall für landwirtschaftliche Erzeugnisse ein, und im Frühjahr 1939 zahlte man den Bauern 37 % dessen, was sie 1928 für ihre Produkte bekommen hatten.[27] Gleichzeitig wurde das Ausmaß der Steuern etwas vermindert. Die Besserung der Wirtschaftslage erwies sich also für die Landwirtschaft als nicht groß.

Die katastrophale finanzielle Situation auf dem Lande wirkte auf Bewirtschaftungsmethoden und Investitionen zurück. Sogar als die Konjunktur gut war, hatten die kleinen Landwirte das Bestreben, ihre Lage vor allem dadurch zu verbessern, daß sie Land dazukauften, und nur in geringerem Grade dadurch, daß sie Geld ausgaben, um die Produktion zu vervollkommnen. Intensiviert wurde vor allem in den westlichen Wojewodschaften, aber auch auf einigen Gütern in anderen Landesteilen. Die Krisenjahre zwangen jedoch alle Landwirte, ihre Ausgaben für Investitionen einzuschränken. Die mit der Anwendung moderner Technik verbundenen Kosten erwiesen sich als zu hoch im Vergleich zum Preisniveau für landwirtschaftliche Erzeugnisse. Infolgedessen ging der Verbrauch von künstlichen Düngemitteln ganz stark zurück. Von 1929 bis 1937 sank die Kunstdüngerproduktion von ungefähr 540000 t auf etwa 380000 t, gleichzeitig stieg der Export von 53000 t auf 122000 t. Während also 1929 über 90 % der erzeugten Menge künstlicher Düngemittel in Polen selbst verbraucht worden waren, wurden 1937 von der um fast 30 % gesunkenen Produktion nur noch knappe 68 % im eigenen Lande abgesetzt. Die Produktion von landwirtschaftlichen Maschinen und Geräten verminderte sich von 40000 t im Jahre

25 *Mały Rocznik Statystyczny* (Kleines Statistisches Jahrbuch) *1936*, S. 162; 1938, S. 368; *Orczyk, J.*, Nożyce cen i ich zwalczanie w Polsce w latach 1929–1935 (Die Preisschere und ihre Bekämpfung in Polen in den Jahren 1929–1935), in: „Roczniki Dziejów Społecznych i Gospodarczych“ 1967, Bd. 28, S. 31–62.

26 *Landau, Zbigniew*, Hamulce rozwoju gospodarczego związane z dwusektorową strukturą gospodarki (Mit der Zweisektorenstruktur der Wirtschaft verbundene Bremsen der wirtschaftlichen Entwicklung), in: Landau, Z./Tomaszewski, J., Druga Rzeczpospolita, a. a. O., S. 73.

27 *Mały Rocznik Statystyczny* (Kleines Statistisches Jahrbuch) *1939*, S. 246.

1929 auf nicht ganz 3000 t im Jahre 1934 und 22000 t im Jahre 1938.[28] In den dreißiger Jahren ging also das ökonomische Niveau der polnischen Landwirtschaft zurück. Das fand vor allem in den marktorientierten, intensiv betriebenen Wirtschaften, die am häufigsten in den westlichen Wojewodschaften anzutreffen waren, seinen Niederschlag. Hierin liegen die Gründe für den damals zu beobachtenden Rückgang der Ernteerträge in Westpolen. In den östlichen Wojewodschaften, wo die Anwendung von Kunstdünger, Maschinen oder auch nur annähernd modernen Geräten wenig verbreitet war, hatten die beschriebenen Veränderungen keine allzu große Bedeutung. Dort standen die Effekte der Ausdehnung der Anbaufläche, der erhöhten Anstrengungen der Bauern und ihrer Familien und auch einer gewissen Rationalisierung der Produktion im Vordergrund.

Unsere Erörterungen führen zu der Schlußfolgerung, daß in der Zeit zwischen den beiden Weltkriegen Polens Landwirtschaft von zwei grundlegenden Faktoren negativ beeinflußt wurde. Das waren erstens der Arbeitskräfteüberfluß in der Landwirtschaft, der dazu führte, daß die Wirtschaften immer mehr zerstückelt wurden, und zweitens die niedrigen Einkünfte der Bauern, die eine rationelle Wirtschaftsführung erschwerten und in den dreißiger Jahren geradezu unmöglich machten. Diese beiden Faktoren hingen eng mit der Situation außerhalb der Landwirtschaft zusammen. Die Übervölkerung der Dörfer resultierte vor allem aus dem Mangel an Arbeitsplätzen in der Industrie, im Bergbau und in anderen nichtlandwirtschaftlichen Zweigen. Nicht nur, daß Menschen, die weniger als bescheidene Unterhaltsquellen besaßen, nicht vom Lande weggehen konnten, auch der größere Teil der ins produktive Alter eintretenden Jugendlichen blieb dort. Ohne radikale Beschleunigung der Entwicklung der Industrie war an eine Lösung dieses Problems nicht zu denken. Die Übervölkerung der Dörfer hätte auch durch eine Bodenreform leichter liquidiert werden können, aber nur unter der Bedingung einer schnellen und radikalen Aufteilung der Güter. Wie wir gesehen haben, hatte die in Polen zwischen den beiden Weltkriegen langsam durchgeführte Parzellierung keine größere soziale und wirtschaftliche Bedeutung. Zwar muß man den mit Gutsbesitzerkreisen verbundenen Ökonomen zustimmen, die die These vertraten, sogar eine radikale Bodenreform würde in Polen das Problem der in der Landwirtschaft überflüssigen Menschen nicht lösen. Doch hätte sie eine wesentliche Verbesserung der Lage des Dorfes bedeutet und den Ausgangspunkt für weitere Veränderungen bilden können. Zugleich hätte sie den Bauern einen Einkommensanstieg ermöglicht, ohne welchen eine Entwicklung der Landwirtschaft kaum denkbar war.

Ferner hing das Einkommensniveau auf dem Lande von der Lage der Industrie ab. Käufer landwirtschaftlicher Erzeugnisse waren die Bewohner der Städte und die verarbeitende Industrie. Der Beschäftigungsgrad der Industrie und der Rohstoffbedarf entschieden also darüber, ob und zu welchem Preise der Bauer seine Waren verkaufen konnte.

Lösungen für die brennenden sozialen und wirtschaftlichen Probleme des polnischen Dorfes mußten also in gesellschaftlichen Reformen wie auch in der Industrialisierung des Landes gesucht werden. Doch auch umgekehrt herrschte Abhängigkeit zwischen Industrie und Landwirtschaft. Von der Landwirtschaft lebte die Mehrheit (61 %) der Einwohner des polnischen Staates. Diese Menschen stellten also einen wichtigen Markt für Industrieprodukte dar. Praktisch war die Bedeutung dieses Marktes allerdings entschieden geringer als es sich aus dem Prozentanteil der Landbevölkerung ergäbe. 1929 gaben die Verbraucher in Polen schätzungsweise 11 Milliarden Zloty für Industriewaren aus, davon kaufte die

[28] Ebenda, S. 140f. und 176.

Landbevölkerung aber nur 25,5 %.[29] In den dreißiger Jahren ging die Nachfrage weiter zurück. Die Not auf dem Lande ließ also den inneren Absatzmarkt für die Industrie schrumpfen. Schritte mit dem Ziel, die Einkünfte der Landbevölkerung zu erhöhen (darunter auch eine radikale Bodenreform und eine Entschuldung der Wirtschaften) hätten also erstrangige Bedeutung für die Entfaltung der Industrieproduktion gehabt. Daraus leiteten die polnischen Kommunisten die Parole ab: Der Arbeiter hat keine Arbeit, weil der Bauer kein Land hat.

5. Die Industrie

Will man beurteilen, in welcher Richtung sich die polnische Industrie in den Jahren zwischen den beiden Weltkriegen entwickelte, so muß man von den kurzfristigen Konjunkturschwankungen abstrahieren. Vergliche man die Phasen der stärksten Belebung mit denen der Depression oder der Krise, so gelangte man nur zu der selbstverständlichen Schlußfolgerung: Je besser die Konjunktur, desto höher die Industrieproduktion. Um die allgemeinen Tendenzen der Veränderungen festzustellen, die sich hinter der Wellenbewegung der Konjunktur verbergen, müssen wir vor allem die Jahre, in denen die Industrieproduktion einen Höchststand erreichte, miteinander vergleichen.[30]

Schwerlich läßt sich die Zeit unmittelbar nach dem ersten Weltkrieg zum Ausgangspunkt der Analyse nehmen. Damals machten sich noch die Folgen der Zerstörungen bemerkbar, weshalb die Produktion anormal niedrig lag. Den höchsten Stand erreichte die Industrieproduktion 1929 und danach 1938. Auf diese beiden Jahre müssen sich unsere Vergleiche also stützen. Nun würde ein solcher Vergleich aber nur den kurzen Zeitraum von 10 Jahren umfassen. Deshalb müssen wir mindestens noch ein Jahr finden, das der Analyse der Entwicklungsrichtung der polnischen Industrie in dem Zeitabschnitt zwischen den beiden Weltkriegen zugrunde gelegt werden kann.

Aus der Natur der Sache erhebt sich die Frage, ob man nicht von den Produktionsergebnissen des letzten Jahres vor Ausbruch des ersten Weltkrieges ausgehen kann, wie es die Historiker bei der Analyse der Entwicklungstendenzen anderer europäischer Staaten tun. Auch viele, die Polens Geschichte in der fraglichen Zeit erforschen, legen ihre Vergleiche so an. Ein solches Verfahren kann aber zu falschen Schlüssen führen, denn zwischen 1913 und 1938 veränderte sich die Produktionsstruktur der polnischen Industrie ganz grundlegend. 1913 waren die polnischen Gebiete unter drei Unterjocherstaaten aufgeteilt gewesen, und die Industrie hatte einen Bestandteil der Volkswirtschaften Österreich-Ungarns, Deutschlands und Rußlands gebildet. In den polnischen Gebieten waren Erzeugnisse hergestellt worden, die in anderen Regionen dieser Staaten verbraucht worden waren, und umgekehrt. Einige Industriesektoren waren in den polnischen Gebieten unbekannt gewesen, andere dafür in solchem Maße ausgebaut, daß sie teilweise auch den Bedarf der Teilungsmächte befriedigten. Nach der Wiedergewinnung der Unabhängigkeit zerschnitten dann Zollgrenzen die alten Handelsverbindungen und zwangen dazu, die In-

[29] *Klarner, Czesław*, Dochód społeczny wsi i miast w Polsce w okresie przesilenia gospodarczego 1929–1936 (Das Sozialeinkommen der Dörfer und Städte in Polen in der Periode der wirtschaftlichen Krisis 1929–1936), Lwów 1937, S. 18.

[30] Diese Probleme erörtern wir in mehreren Studien in: *Landau*, Z./*Tomaszewski*, J., Druga Rzeczpospolita. – Einen anderen Standpunkt vertrat *Rusiński, Władysław* in seiner Rezension in: „Roczniki Dziejów Społecznych i Gospodarczych“ 1980, Bd. 41, S. 134–142.

dustrie strukturell umzubauen. Die Produktion vieler Zweige sank beträchtlich ab, dafür entstanden gänzlich neue Sektoren der Industrie. Es ist auch zu berücksichtigen, daß im ersten Weltkrieg viel zerstört worden war und die Industrie unter ungünstigen Bedingungen, von einem erheblich niedrigeren Stande als im Jahre 1913 aus, neu beginnen mußte.

Setzt man trotz allen diesen Vorbehalten die Produktion der grundlegenden Industrieerzeugnisse im Jahre 1913 in den polnischen Gebieten gleich 100, so belief sie sich im Jahre 1938 nach groben Schätzungen auf 95. Neben allen anderen Ungenauigkeiten ist diese Berechnung durch die Tatsache belastet, daß wir über keine Angaben für die Gesamtindustrie verfügen.[31] Dieser Index suggeriert die Auffassung, in Polen sei zwischen den beiden Weltkriegen die Industrieproduktion etwas gesunken. Doch alle genannten Gründe für die Ungenauigkeit der Berechnungen zwingen dazu, eine große Fehlerspanne anzunehmen. Daher darf man vermuten, daß der Gesamtumfang der polnischen Industrieproduktion 1938 nicht wesentlich anders als 1913 war.

Es sind jedoch zwei Vorbehalte anzubringen. Erstens stellen wir im Jahre 1938 den höchsten Produktionsstand der ganzen zwanzig Jahre zwischen den beiden Weltkriegen fest, im Durchschnitt produzierte die Industrie in den Jahren 1919–1937 also weniger als vor dem ersten Weltkrieg. Zweitens wuchs in dem genannten Zeitraum Polens Bevölkerungszahl erheblich. Die Volkszählung 1921 erfaßte 24,4 Millionen Menschen, 1939 hatte sich die Bevölkerung (nach Schätzungen) auf 35,1 Millionen vergrößert. Wenn wir diese Veränderungen mit dem Index der Industrieproduktion vergleichen, gelangen wir zu der Schlußfolgerung, daß die Pro-Kopf-Produktion deutlich zurückgegangen ist. Gegenüber 1913 betrug die Differenz ungefähr 18 %.

Betrachten wir nun die Veränderungen des Produktionsniveaus bei den Artikeln, über die wir nähere Angaben besitzen. Sie verkörperten 1938 ungefähr 40 % des Produktionswerts der gesamten Industrie, was ein Prozentsatz ist, der ausreicht, um davon Schlußfolgerungen abzuleiten. Hervorgehoben sei noch, daß viele dieser Erzeugnisse als Ausgangspunkt für die Herstellung anderer Waren dienten. Die Produktion einiger Artikel stieg in den Jahren 1913–1938 (Tabelle 20), bei anderen war sie rückläufig (Tabelle 21).

Wie sich aus den Tabellen 20 und 21 ergibt, erreichte der polnische Bergbau 1938 bei vielen Grundprodukten, insbesondere bei Kohle, Erdöl, Erdgas, Bleierz und Zink, nicht das Vorkriegsniveau. Dagegen wurde es bei der Förderung von Kalisalz, Steinsalz und Eisenerz sogar beträchtlich übertroffen. Zwei traditionelle Industrien – das Hüttenwesen und die Textilindustrie – schränkten ihre Erzeugung ein. Dagegen entwickelte sich die Erzeugung von Elektroenergie, Koks, Zement, Garn, Papier und künstlichen Düngemitteln.

Der Grundmangel der zitierten Zahlen besteht darin, daß sie uns nicht über Veränderungen in der Produktion komplizierter Erzeugnisse, insbesondere des Maschinenbaus,

[31] Die in der Zeit zwischen den beiden Weltkriegen in Polen berechneten Indices der Industrieproduktion hatten repräsentativen Charakter und erfaßten nicht die gesamte Produktion. Nicht in die statistischen Ermittlungen einbezogen wurden das Handwerk und die Kleinindustrie, die in der polnischen Wirtschaft eine große Rolle spielten. Zwangsläufig vermitteln die Angaben, über die wir verfügen, nur eine grobe Orientierung. Analoge Prinzipien lagen den Untersuchungen über die Veränderungen der Industrieproduktion in anderen europäischen Ländern zugrunde, wenn sich auch die konkreten Berechnungsmethoden unterschieden. Hervorzuheben ist übrigens, daß die Industriestatistik in Polen ein relativ hohes Niveau hatte. Das Material, das wir über die polnischen Gebiete für die Zeit vor 1914 besitzen, ist weniger komplett.

Tabelle 20
Industrieprodukte, deren Erzeugung von 1913 bis 1938 wuchs

Artikel	Maßeinheit	Produktion 1913	Produktion 1938	Produktion 1938 in % zum Stand von 1913
Kalisalz	1000 t	14	567	4050
Elektroenergie	Mill.kWh	660	3977	603
Papier	1000 t	65	205	315
Zement	1000 t	665	1719	258
Koks	1000 t	918	2292	250
Salz	1000 t	189	417	221
Eisenerz	1000 t	493	872	177
Kunstdünger	1000 t	400	498[a]	125
Garn	1000 t	127[b]	138[a]	109

[a] = Angaben für 1937 [b] = Angaben für 1912

Quelle: Materiały do badań nad gospodarką Polski (Materialien für Untersuchungen über Polens Wirtschaft), Teil I: 1918–1939, Warschau 1956, S. 162 (Anhang I).

Tabelle 21
Industrieprodukte, deren Erzeugung von 1913 bis 1938 absank

Artikel	Maßeinheit	Produktion 1913	Produktion 1938	Produktion 1938 in % zum Stand von 1913
Zinkerz	1000 t	502	498	99
Steinkohle	Mill. t	41	38	93
Walzerzeugnisse	1000 t	1244	1074	86
Weißzucker	1000 t	571	491	86
Stahl	1000 t	1677	1441	86
Erdgas	Mill.m³	687	584	85
Schwefelsäure	1000 t	225	189[a]	84
Roheisen	1000 t	1055	879	83
Bleierz	1000 t	57	44	77
Gewebe	1000 t	143[b]	95[a]	66
Zink	1000 t	192	108	56
Erdöl	1000 t	1114	507	46
Blei	1000 t	45	20	44
Spiritus	1000 hl	2207	860[a]	39
Erdölprodukte	1000 t	1493	481	32

[a] = Angaben für 1937 [b] = Angaben für 1912

Quelle: siehe Tabelle 20

nformieren. Aufgrund der zugänglichen Quellen können wir feststellen, daß in den Jahren zwischen den beiden Weltkriegen auch die Herstellung von Eisenbahnwagen, Textilmaschinen, Metallbearbeitungsmaschinen und Stahlkonstruktionen geringer wurde. Gleichzeitig entwickelten sich neue Produktionssektoren, und einige entstanden von Grund auf. Es wurden die elektrotechnische und Radioindustrie und eine Rüstungsindustrie geschaffen und die chemische Industrie erweitert. In nicht sehr großem Maßstab wurde die Produktion von Personen- und Lastkraftwagen, Traktoren und Flugzeugen aufgenommen. Einige Konstruktionen polnischer Ingenieure kann man zu den fortgeschrittensten in der Welt zählen. Die polnische technische Wissenschaft hatte auf vielen Gebieten große Leistungen aufzuweisen, aber sie effektiv zu machen erlaubten die begrenzten Produktionsmöglichkeiten in Polen nicht.[32] Zwar entwickelten sich die neuen Produktionssektoren nicht selten sehr dynamisch – es gab Teilabschnitte, in denen sich sogar während der großen Krise keine Abschwächung bemerkbar machte (z. B. die Produktion von Glühlampen und Farbstoffen) –, doch war ihr Anteil an der Gesamtproduktion der polnischen Industrie nicht groß. Die Wachstumstendenzen in einigen neuen Zweigen vermochten den Rückschritt in den traditionellen Zweigen nicht aufzuwiegen.

Die angeführten Tendenzen zeugen davon, daß in den Jahren zwischen den beiden Weltkriegen ein Umbau der polnischen Industriestruktur erfolgt ist. Das war vor allem darauf zurückzuführen, daß mit der Wiederherstellung des polnischen Staates ein einheitlicher Wirtschaftsorganismus, eine eigene polnische Volkswirtschaft entstanden war. Vor dem ersten Weltkrieg war die Wirtschaft der drei Teilgebiete eng mit den anderen Regionen der jeweiligen Teilungsmacht verbunden gewesen. Nach 1918 mußte sich die Industrie den neuen Bedingungen anpassen. Ein Produktionsrückgang trat in erster Linie in denjenigen Zweigen auf, die früher ihre Erzeugnisse großenteils auf die Märkte der Teilungsmächte geliefert hatten. Das traf u. a. auf die Textilindustrie von Łódź zu. In den zwanziger Jahren wurden sogar Fälle bekannt, daß Eigentümer kleinerer Fabriken ihre Produktion einschließlich der Maschinen in südosteuropäische Länder verlagerten. Auch die Zuckerindustrie, die vor dem Kriege in allen drei Teilgebieten kräftig entwickelt war, und die Hüttenindustrie mußten ihre Produktion einschränken. Gleichzeitig entfalteten sich Zweige, die früher wenig ausgebaut oder gar nicht vorhanden gewesen waren, sich aber für die Bedürfnisse eines unabhängigen Staates als notwendig erwiesen. Die Veränderungen konnten ein Antrieb zu schneller Entwicklung der ganzen polnischen Wirtschaft sein, doch dazu kam es nicht.

Vergleichen wir nun, wie sich das Produktionsniveau der Industrie in den Jahren 1929–1938 veränderte. Die in Tabelle 17 enthaltenen Angaben besagen, daß im Verlaufe dieses Zeitabschnitts (wenn wir von der konjunkturellen Krisenphase 1930–1935 absehen) die polnische Industrieproduktion etwas anstieg, wohl um ungefähr 6 %. Wenn wir diesmal auch über viel genaueres Material für Vergleiche verfügen, so besitzen wir doch keine Angaben über die ganze Industrie, und auch der Index in Tabelle 17 kann nur den Anspruch erheben, der Wirklichkeit annähernd zu entsprechen.

Der Produktionszuwachs blieb hinter der Zunahme der Bevölkerung zurück. Also auch wenn man die in dem Jahrzehnt zwischen den beiden Höhepunkten der Konjunktur vor sich gegangenen Veränderungen nimmt, kommt man zu dem Schluß, daß die Industrie stagnierte. Das bestätigen andere statistische Angaben. Den höchsten Beschäftigungsgrad hatten die große und die mittlere Industrie im Jahre 1928 (870000 Arbeiter am Jahres-

32 Neben einigen PKW-Typen mit modernen technischen und technologischen Lösungen, die Tadeusz Tański und andere nur in Einzel-, doch nie in Serienfertigung bauen konnten, trifft das vor allem auf die von Tadeusz Sędzimir 1934 in Polen neuentwickelte Methode zum Kaltwalzen feiner Stahlbleche zu, mit der er einige Jahre später in den USA profitable Geschäfte machte.

ende), im Jahre 1938 wurde dieser Stand nicht erreicht (776000 Arbeiter). Zwar nahm die Gesamtzahl der Arbeiter in Polen zu, doch geschah dies, indem die Zahl der Arbeitslosen und der in kleinen Industrie- und Handwerksbetrieben Arbeitenden größer wurde. Die Eisenbahntransporte nahmen an Umfang ein wenig ab.

Analysiert man, wie zwischen 1928 und 1938 die Produktion der einzelnen Erzeugnisse größer oder kleiner wurde, so erhält man genauere Hinweise auf die grundlegenden Strukturwandlungen in der Industrie. 1938 wurde u. a. an Zement, Pumpen, elektrischen Maschinen, Ziegeln, Glühlampen, Elektroenergie, Stahl, Roheisen, bestimmten chemischen Artikeln und in bescheidenem Maße auch an Geweben und Garn mehr als 1928 erzeugt. Dagegen wurden weniger Kohle, Erdöl, Röhren, Zink, Blei, landwirtschaftliche Maschinen, Eisenbahnwagen, Zucker, Bier, Zündhölzer, Leuchtgas produziert. Es war charakteristisch, daß insbesondere die Produktion solcher Waren sank, die die Landbevölkerung kaufte oder auf denen hohe Gebühren zugunsten des Staatshaushalts (Zucker) oder hohe Monopolpreise (Zündhölzer) lasteten. Dagegen vergrößerte sich die Produktion einiger Investitionsgüter und von Erzeugnissen der elektrotechnischen und der chemischen Industrie.

Gleichzeitig zeichneten sich schwache Tendenzen zur Veränderung der Standortverteilung der Industrie ab. Wir haben dazu kein exaktes Material, doch liefern nach Wojewodschaften geordnete Angaben über die Zahl der in der großen und mittleren Industrie beschäftigten Arbeiter gewisse Anhaltspunkte. So erhöhte sich die Zahl dieser Arbeiter von 1928 bis 1938 in den östlichen Wojewodschaften (Wilno, Nowogródek, Polesien und Wolhynien) um 67,6 %, in den südlichen Wojewodschaften (Kraków, Lwów, Stanisławów und Tarnopol) um 1,8 % und in den zentralen Wojewodschaften (Warschau, Białystok, Łódź, Lublin und Kielce) um 0,4 %. Dagegen ging sie in den westlichen Wojewodschaften (Poznań und Pommerellen) um 16,2 % und in der Schlesischen Wojewodschaft sogar um 23,4 % zurück.

Die Beschäftigungszunahme in den östlichen Wojewodschaften sieht in relativen Zahlen imponierend aus, in absoluten Zahlen handelte es sich aber nur darum, daß aus 18400 Arbeitern am Jahresende 1928 30800 Ende 1938 geworden sind. Gleichzeitig sank die Beschäftigtenzahl in Schlesien von 185300 auf 142000. Die Industrialisierung machte in Wirklichkeit also im Osten des polnischen Staates nur unbedeutende Fortschritte, während im Westen ein sichtbarer Rückschritt erfolgte. Vom Gesichtspunkt der Standortverteilung der Industrie hatte es viel größere Bedeutung, daß 1924 mit dem Bau des Hafens und der Stadt Gdynia begonnen und kurz vor Ausbruch des zweiten Weltkrieges Investitionen im sogenannten Zentralen Industrierevier (COP) vorgenommen wurden. Das COP umfaßte den Westteil der Wojewodschaft Lwów und den Ostteil der Wojewodschaften Kraków und Kielce. Das wirtschaftliche Antlitz Polens änderte sich allerdings auch dadurch nicht wesentlich. Nach wie vor war die Industrie in den wenigen traditionellen Revieren konzentriert: in Oberschlesien, im Dąbrowa-Becken und im nahegelegenen Częstochowa, in Łódź und in Warschau. In den östlichen und südöstlichen Wojewodschaften, wo fast 40 % der gesamten Bevölkerung Polens wohnten, blieb die Industrieproduktion primitiv und schwach entwickelt.

Eines der Grundprobleme, die die polnische Industrie in den Jahren zwischen den Weltkriegen lösen mußte, war der Mangel an Kapital für Investitionszwecke. Im polnischen Staat existierten als Erbe aus der Zeit der Teilungen sehr beträchtliche fremde, insbesondere deutsche Kapitalbeteiligungen an seiner Wirtschaft.

Innerhalb der Grenzen des unabhängigen polnischen Staates befanden sich Unternehmen mit ganz unterschiedlichen finanziellen Bindungen. Viel polnisches Kapital gab es vor allem im ehemaligen russischen Teilgebiet, das besonders schwer unter dem Krieg zu leiden gehabt hatte. Neben Schäden an Gebäuden, Anlagen, Maschinen und Vorräten hatten die Betriebe viel Geldkapital verloren, sei es infolge der Geldentwertung, sei es dadurch, daß Staatsobligationen und auch viele von Aktiengesellschaften emittierte Wertpapiere aus der Vorkriegszeit wertlos geworden waren. Ähnliche Verluste hatten die Banken erlitten. Auf ihre Lage hatten sich auch die Ereignisse in Rußland negativ ausgewirkt. Durch die Revolution waren russische Wertpapiere wertlos geworden und Einlagen in Finanzinstituten des Kaiserreiches verloren gegangen. Alles in allem waren die Finanzgruppen des Königreichs Polen ernstlich geschwächt aus dem Kriege hervorgegangen. Vielen Unternehmen waren keine Mittel für die Beseitigung der Zerstörungen und den Banken keine Fonds verblieben, die die Wiederaufnahme des normalen Geschäftsbetriebs erlaubt hätten. Viel besser war die Situation des Kapitals in den vorher zu Deutschland gehörenden Gebieten gewesen. Der Entwertung waren dort nur die in deutschen Staatspapieren angelegten Beträge anheimgefallen. Ähnlich war das in Galizien angelegte Kapital (außer in der Erdölindustrie) verhältnismäßig glimpflich davongekommen. Doch im österreichischen Teilgebiet war das polnische Kapital schwach gewesen, und im preußischen Teilgebiet hatten nur wenige Großunternehmen in Großpolen polnischen Kapitalisten gehört.

Der erste Weltkrieg hatte also das einheimische Kapital sehr geschwächt, dafür viel weniger negative Auswirkungen auf die in den polnischen Gebieten tätigen ausländischen Finanzgruppen gehabt. Das erklärt, weshalb es dem polnischen Kapital nach der Niederlage der Mittelmächte und der Entstehung des polnischen Staates nicht gelang, die deutschen und die österreichischen Finanzgruppen hinaus- oder wenigstens ernsthaft zurückzudrängen, um zumindest teilweise ihren Platz einzunehmen, wie es in der benachbarten Tschechoslowakei geschah.

Nach dem ersten Weltkrieg wirkten Faktoren, die Kapitalanlagen oder Investitionen in Polen nicht angeraten erscheinen ließen. In Mittel- und Osteuropa entfaltete sich eine starke revolutionäre Bewegung, die das kapitalistische Eigentum mit Enteignung bedrohte. In Polen kam es zwar nicht zur sozialistischen Revolution, immerhin waren aber Ende 1918/Anfang 1919 Räte der Arbeiterdelegierten in Aktion, und die Regierung sah sich unter dem Druck der Volksmassen zu Reformen gezwungen, die die Lage der arbeitenden Menschen verbesserten. Das rief unter den Geschäftsleuten Befürchtungen hervor. Bald danach, schon 1919, verstrickte sich der polnische Staat in den Krieg mit Sowjetrußland, und die Kampfhandlungen entwickelten sich nicht immer günstig für ihn. Im Westen Polens war das Grenzproblem nicht endgültig gelöst, erst 1921 entschied sich das Schicksal Oberschlesiens. Schließlich verkündete die Propaganda der deutschen revanchistischen Kreise in ganz Europa die These, Polen sei ein „Saisonstaat“, der angeblich keine ökonomischen Existenzgrundlagen besitze und binnen weniger Jahre zerfallen müsse.

Man muß feststellen, daß unter all diesen Umständen Polen kein Terrain war, das zu Kapitalanlagen ermutigte. Sogar die Finanzkreise des verbündeten Frankreich bewahrten Zurückhaltung. Sie unterstrichen ihr Interesse an der polnischen Wirtschaft, ihre Bereitschaft, einige Unternehmen und Geschäfte zu finanzieren, verschoben aber konkrete Abkommen auf die Zukunft. Vorsichtig verhielten sich auch die polnischen Unternehmer. Nicht alle hatten ihr Kapital eingebüßt, manche besaßen Konten in ausländischen Banken, doch die ungewisse Situation in Polen bewog sie zum Abwarten.

Der Wiederaufbau der polnischen Industrie nach dem ersten Weltkrieg erfolgte daher großenteils mit vom Staat angewiesenen Mitteln. Die Staatsbanken gewährten den Privatunternehmern Darlehen, mit denen sie ihre Betriebe in Gang setzen konnten. In Anbetracht der ständigen Entwertung der polnischen Mark hatten die geliehenen Summen im Moment der Rückzahlung weniger realen Wert als bei der Kreditgewährung. Unter diesen Bedingungen nahmen die Darlehen größtenteils den Charakter von Dotationen an. Im Ergebnis ihrer Kreditaktion verloren die Staatsbanken von 1919 bis 1923 den Gegenwert von annähernd 110 Millionen Dollar, davon 91 Millionen zugunsten des Privatkapitals.[33]

Auch noch aus einem anderen Grunde war es notwendig, daß der Staat Darlehen gewährte. Die Inflation hatte zur Kreditkrise geführt. In den Banken war die Einlagensumme abgesunken, und im Zusammenhang damit verringerten sich die ausgereichten Kredite. Die Banken im ehemaligen Königreich Polen begrenzten sie (nach dem Stand vom 31. Dezember 1921) auf 5,5 % des Vorkriegsniveaus (1913).[34] Die staatlichen Bankinstitute mußten also das ganze System der Privatbanken auch auf dem Gebiet des Handelskredits ersetzen.

Um den Wiederaufbau zu beschleunigen, setzten die Staatsbehörden selbst in einigen Fällen stilliegende private Fabriken in Betrieb. Nach einiger Zeit kehrten sie in die Hände ihrer vorherigen Eigentümer zurück. Das war eine Form der Subventionierung des Privatkapitals. Ein bekanntes Beispiel dafür ist die sogenannte Żyrardów-Affäre.[35] Die Textilwerke in Żyrardów wurden von der Regierung mit einem Kostenaufwand von 47,3 Millionen polnischen Mark wiederaufgebaut. Das entsprach im April 1923 einem Gegenwert von 2,6 Millionen französischen Francs. Als die Werke in der zweiten Hälfte desselben Jahres den alten Eigentümern, der französischen Boussac-Gruppe, zurückgegeben wurden, kam die vom Staat ausgegebene Summe 448000 Francs gleich. Boussac erhielt damals einen Kredit in polnischer Mark, wofür er – wegen des weiteren Kursverlustes der polnischen Währung – im Januar 1924 nur noch einen Gegenwert von 23900 Francs zurückzuzahlen brauchte.

Das Vorgehen der Regierung kann man nicht als strafwürdige, leichtsinnige Verschwendung ansehen. Der Wiederaufbau der Industrie war in den Nachkriegsjahren eine Staatsnotwendigkeit. Da das Privatkapital aus verschiedenen Gründen ausreichende Mittel für Reparaturen und Investitionen nicht einsetzte, mußte die Regierung sie bereitstellen. Polen war ein bourgeoiser Staat, der auf dem kapitalistischen Eigentum an den Produktionsmitteln basierte und die private Unternehmerinitiative für den besten Weg der Wirtschaftsentwicklung hielt. Man konnte also nicht gut erwarten, daß nach dem Muster der Sowjetrepubliken Privatunternehmen in Volkseigentum überführt werden würden. Auch die Übernahme in (kapitalistischen) Staatsbesitz war nicht erwünscht, wenn auch bisweilen unumgänglich. Unter dem Strich bedeutete das, daß der Staat es vorzog, mit Mitteln, die auf verschiedenen Wegen aus der ganzen Bevölkerung herausgezogen wurden, dem Privatkapital finanziell Hilfe zu leisten.

Selbstverständlich dienten nicht nur staatliche Kredite zum Wiederaufbau der Privat-

33 *Landau, Z./Tomaszewski, J.*, Gospodarka, Bd. 1, a. a. O., S. 289.

34 *Rose, Edward*, Bilans, a. a. O., S. 101f.

35 *Landau, Zbigniew/Tomaszewski, Jerzy*, Sprawa żyrardowska. Przyczynek do dziejów kapitałów obcych w Polsce międzywojennej (Der Fall Żyrardów. Ein Beitrag zur Geschichte des ausländischen Kapitals in Polen zwischen den beiden Weltkriegen), Warschau 1983.

unternehmen. Unter den Bedingungen der Inflationskonjunktur erzielten viele Industriezweige hohe Einnahmen. Zu einem spezifischen Problem wurde aber in einigen Industriezweigen, vor allem in Oberschlesien, die Kapitalflucht. Manche Unternehmer waren mit verschiedenen Methoden bemüht, ihre Einnahmen ins Ausland zu überführen, um sich vor dem Risiko, das Investitionen in Polen mit sich brachten, oder vor der Geldentwertung infolge der Inflation zu schützen. In einigen großen oberschlesischen Firmen wurden aus Mitteln der innerhalb der Staatsgrenzen Polens liegenden Betriebe Investitionen auf der deutschen Seite finanziert, wobei man, um dieses Verfahren zu verschleiern, Buchhaltungsunterlagen fälschte.[36]

Als 1924 in Polen die Währung stabilisiert und der Staatshaushalt in Ordnung gebracht wurden, hatte das zur Folge, daß sich ausländische Finanzgruppen für Kapitalanlagen in Polen interessierten. Das äußerte sich zunächst in relativ kleinen Anleihen, die dem Staat gewährt wurden. Erst mit der Konjunkturbesserung gelangte ab 1926 mehr ausländisches Kapital nach Polen. In den Jahren 1927–1929 war der Zufluß am stärksten. Zugleich förderte die gute Konjunktur Investitionen durch einheimische Unternehmer. Nach Ausbruch der Krise änderte sich die Situation wieder, und von 1930 an war der Saldo der Kapitalbilanz mit dem Ausland negativ. Dieser Zustand blieb bis zum Ausbruch des zweiten Weltkrieges bestehen. Die Ursachen der Kapitalflucht sind in der internationalen Finanzkrise zu finden, die viele Kreditinstitute und Industriebetriebe erschütterten. Sie suchten sich zu retten, indem sie alle Außenstände einzogen, vor allem aus Regionen, an denen sie weniger interessiert waren. Und Investitionen in Polen hatten für die meisten internationalen Finanzgruppen verhältnismäßig geringe Bedeutung.

Außer wirtschaftlichen Gründen für die Kapitalflucht begannen bald auch politische Faktoren zu wirken. Nach Hitlers Machtantritt ging Deutschland intensiv daran, sich auf die Expansion vorzubereiten, und betrieb deshalb eine Politik des schnellen Wiederaufbaus seiner militärischen Macht. Am meisten bedroht waren selbstverständlich seine Nachbarn. 1938/39 riß Nazideutschland Österreich und danach die Tschechoslowakei an sich. Polen befand sich in der unmittelbaren Gefahrenzone. Unter diesen Umständen waren die Finanzkreise der westlichen Staaten aus Furcht vor der für unvermeidlich gehaltenen Entwicklung der Ereignisse, vor den Konsequenzen einer deutschen Aggression gegen Polen, bestrebt, ihre Kredite und Beteiligungen zurückzuziehen. Ausländisches Kapital spielte aber weiterhin eine sehr große Rolle in der polnischen Wirtschaft.

Genaue Angaben über ausländische Beteiligungen an polnischen Unternehmen besitzen wir erst von 1929 an, und sie enden 1936.[37] Im Jahre 1929 bestanden in Polen 1614 Aktiengesellschaften mit einem Eigenkapital in Höhe von 6055 Millionen Złoty. Davon besaßen 430 Gesellschaften ausländische Beteiligungen im Gesamtbetrag von 2389 Millionen Złoty. Mit anderen Worten, das Auslandskapital stellte 39,4 % des gesamten Kapitals der in Polen tätigen Aktiengesellschaften. 1930 stieg dieser Anteil auf 49,0 %, und in den

[36] Viele Dokumente dazu im AAN, Warschau, Finanzministerium 5742. – Einige Dokumente siehe *Landau, Zbigniew/Tomaszewski, Jerzy*, Kapitały obce w Polsce 1918–1939. Materiały i dokumenty (Ausländische Kapitalien in Polen 1918–1939. Materialien und Dokumente), Warschau 1964, S. 261ff.

[37] Ebenda, S. 15ff.; *Malecka, Teresa*, Udział kapitału amerykańskiego w kapitałach akcyjnych przemysłu polskiego w latach 1919–1939 (Der Anteil amerikanischen Kapitals an den Aktienkapitalen der polnischen Industrie in den Jahren 1919–1939), in: Materiały do seminariów z najnowszej historii gospodarczej Polski (Materialien für Seminare zur neuesten Wirtschaftsgeschichte Polens), Warschau 1974, S. 45.

folgenden Jahren trat – mit gewissen Schwankungen – eine geringfügig sinkende Tendenz auf. 1936 waren in Polen 1153 Aktiengesellschaften mit 4192 Millionen Złoty Eigenkapital tätig. Davon hatten 470 Gesellschaften für insgesamt 1784 Millionen Złoty Beteiligungen aus dem Ausland. Das Auslandskapital stellte damals 42,6 % des Gesamtkapitals. Wie wir sehen, verringerte sich von 1929 bis 1936 der Umfang des in polnischen Unternehmen angelegten Auslandskapitals beträchtlich, obwohl es prozentual zum Gesamtkapital der Aktiengesellschaften weiterhin eine große Rolle spielte. Hervorhebung verdient, daß gegen Ende der Krise und in den Jahren der Wirtschaftsbelebung insbesondere der Anteil des deutschen Kapitals zurückging. Das begann mit spekulativen Transaktionen einiger großer deutscher Finanzgruppen. Sie entzogen den von ihnen in Polen beherrschten Unternehmen ein Maximum an Mitteln, die sie nach Deutschland überführten. Damit brachten sie diese Unternehmen an den Rand des Bankrotts. Um es nicht zum Zusammenbruch der beiden mächtigen oberschlesischen Unternehmen Katowicka S.A. dla Górnictwa i Hutnictwa (Kattowitzer A.G. für Bergbau und Hüttenbetrieb) und Górnoślaskie Zjednoczone Huty Królewska i Laury S.A. Górniczo-Hutnicza (Oberschlesische Vereinigte Königs- und Laurahütte A.G. für Bergbau und Hüttenbetrieb) und zu den damit drohenden ökonomischen und sozialen Störungen kommen zu lassen, sah sich die polnische Regierung 1938 gezwungen, den durch Zusammenschluß beider Firmen entstandenen Konzern Wspólnota Interesów Górniczo-Hutniczych S.A. (Interessengemeinschaft für Bergbau und Hüttenbetrieb A.G.), der 56 % des in Polen erzeugten Stahls und 12 % der Kohle lieferte, aufzukaufen. Auch die Beteiligungen italienischer Firmen gingen sehr zurück. Gegen Ende der Krise befand sich die Banca Commerciale Italiana in Mailand, die in einigen polnischen Industrieunternehmen und in einer Bank engagiert war, in Finanznöten. Nach der von der italienischen Regierung durchgeführten Sanierung gab die BCI ihre polnischen Geschäftsinteressen auf, an ihre Stelle trat britisches Kapital, und einige Forderungen und Beteiligungen übernahmen polnische Staatsbanken.

Die zitierten Informationen über ausländische Beteiligungen an Aktiengesellschaften sind ungenau und sicher zu niedrig angesetzt. Nicht selten waren doch die Firmenleitungen selbst nicht vollständig über die Aktienbesitzer informiert.[38] Aber sogar unter diesen Vorbehalten legen die Kapitalangaben davon Zeugnis ab, was für eine große Rolle ausländische Beteiligungen an der polnischen Wirtschaft spielten. Beachtung verdient die Tatsache, daß Aktiengesellschaften mit ausländischer Beteiligung im Durchschnitt größer waren als Gesellschaften mit ausschließlich polnischem Kapital. Die ausländischen Kapitalisten interessierten sich nämlich für die größten Unternehmen, die die höchsten Profite abwarfen und zugleich die besten Sicherheitsgarantien für das Kapital boten.

Von großer Bedeutung waren auch die polnischen Unternehmen gewährten Kredite. Für ausländische Finanzinstitute hatte es viele Vorteile, auf dem Wege der Anleihegewährung in Polen Kapital anzulegen. Vor allem war es leichter, Kredite als Unternehmensbeteiligungen zurückzuziehen. Besonders vorteilhaft waren in dieser Hinsicht kurzfristige

38 Mehr noch, bei den statistischen Ermittlungen wurden formale Kriterien angewendet. Entscheidend war die Staatsangehörigkeit dessen, der über das Kapital verfügte. Einige deutsche Finanzleute aus Oberschlesien erwarben die polnische Staatsangehörigkeit, obgleich sie in ihren politischen und ökonomischen Interessen mit den gleichen Kreisen Deutschlands wie vor dem ersten Weltkrieg verbunden waren. Vom Gesichtspunkt der Statistik galten sie als polnische Unternehmer, obwohl sie in Wirklichkeit Repräsentanten des deutschen Kapitals geblieben waren. Deutsches Kapital schützte sich nicht selten auch unter der Firma von Unternehmen aus anderen Staaten (z. B. aus Belgien, Holland, den USA, der Schweiz).

Anleihen, die formell für einige Monate gewährt, dann zum Fälligkeitstermin für eine weitere Frist verlängert wurden, sowie Kredite „on call", deren Rückzahlung der Gläubiger jederzeit verlangen konnte. Wenn der Gläubiger nicht genug Vertrauen zum Schuldner hatte, wählte er eben diese Form der Kapitalanlage.

Außer Krediten an Unternehmen wurden auch Anleihen an den Staat und die Selbstverwaltungskörperschaften gewährt. So manche von ihnen war mit zusätzlichen Bedingungen und mit Privilegien für den Gläubiger oder auch mit großen finanziellen Belastungen verbunden.

Vom Standpunkt der Wirtschaftslage des Landes war der Kreditsaldo, der sich aus der Gegenüberstellung der empfangenen und gewährten Kredite und ihren Rückzahlungen ergibt, von grundlegender Bedeutung. Die Jahre 1924 und 1925 brachten einen Überschuß der nach Polen fließenden Beträge (insgesamt 695 Millionen Złoty). 1926 überwog der Abfluß (140 Millionen Złoty). 1927 flossen nur noch um 43 Millionen Złoty mehr ab als hereinkamen, und die folgenden Jahre erbrachten wieder einen ansehnlichen Positivsaldo (696 Millionen Złoty als Maximum im Jahre 1929). In den Krisenjahren wurde dieser Saldo geringer, und von 1932 an überwogen bei Kredittransaktionen die Abflüsse.

Tabelle 22

Kapitalverkehrssalden Polens gegenüber dem Ausland in den Jahren 1924 bis 1937 (in Millionen Złoty)

Jahr	Saldo der Zu- und Abflüsse von Beteiligungen	Saldo des Kreditverkehrs	Ausfuhr von Gewinnen	Saldo aller Umsätze insgesamt
1924	+ 17,8	+ 81,4	− 113,6	− 14,4
1925	+ 61,7	+ 613,5	− 117,6	+ 557,6
1926	+ 6,7	− 140,2	− 169,0	− 302,5
1927	+ 67,4	− 43,4	− 239,5	− 215,5
1928	+ 100,9	+ 493,3	− 284,5	+ 309,7
1929	+ 104,7	+ 695,9	− 380,0	+ 420,6
1930	+ 125,6	+ 123,5	− 450,9	− 201,8
1931	− 127,1	+ 109,3	− 417,4	− 435,2
1932	+ 70,4	− 151,0	− 285,0	− 365,6
1933	+ 27,8	− 41,9	− 213,0	− 227,1
1934	+ 25,4	− 256,6	− 166,9	− 398,1
1935	+ 51,3	− 64,9	− 145,2	− 158,8
1936	+ 12,6[a]	− 98,2	− 100,8	− 186,4
1937	+ 5,7[a]	− 96,0	− 82,5	− 172,8

[a] = wegen Änderung der Berechnungsmethoden nicht ganz vergleichbar mit den Angaben für die Vorjahre

Unter Saldo verstehen wir den Überschuß der Zuflüsse aus dem Ausland (+) oder den Überschuß der Abflüsse (−). Alle Beträge der Jahre 1924–1926 sind nach der Złoty-Parität von 1927 umgerechnet.

Quelle: Landau, Zbigniew/Tomaszewski, Jerzy, Kapitały obce w Polsce 1918–1939. Materiały i dokumenty (Das Auslandskapital in Polen 1918–1939. Materialien und Dokumente), Warschau 1964, S. 20.

In den angeführten Beträgen sind Zahlungen zur Überweisung von Zinsen, Dividenden, Profiten u. dgl. nicht enthalten.

Versuchen wir jetzt, den gesamten Kapitalverkehr Polens mit dem Ausland aufzurechnen, wobei Anleihen, Beteiligungen an Unternehmen, die verschiedenen Gewinne, Dividenden usw. erfaßt werden (Tabelle 22).

Diese Angaben erfordern einen Kommentar. Um dem Geldabfluß ins Ausland Einhalt zu gebieten, wurden im Frühjahr 1936 in Polen Devisenbeschränkungen eingeführt. Das fand natürlich seinen Niederschlag in dem statistisch erfaßten Umfang des Zahlungsverkehrs mit anderen Ländern. Gleichzeitig entwickelten sich aber auch mannigfaltige Formen versteckter Gewinnausfuhr. Daher kann man sagen, daß die offiziellen Angaben, besonders von 1936 an, nur einen Teil des tatsächlichen Kapitalabflusses aus Polen sichtbar machen. Für 1919–1923 und für 1938/39 besitzen wir nicht das nötige Material, das erlauben würde, den Umfang des Kapitalverkehrs zwischen Polen und anderen Ländern festzustellen. Indirekte Informationen gestatten den Schluß, daß in den Jahren unmittelbar nach dem ersten Weltkrieg sowohl der Kapitalzufluß wie auch die Profitausfuhr nicht groß waren. Dagegen verstärkte sich 1938/39 angesichts der zunehmenden internationalen Spannungen höchstwahrscheinlich die Kapitalflucht.

Summieren wir nun Polens Kapitalumsätze zwischen den beiden Weltkriegen. Es zeigt sich, daß im Verlauf der 14 Jahre, für die die nötigen Informationen vorliegen, nach amtlichen Angaben aus Polen 1,4 Milliarden Złoty abflossen. Es würde schwerfallen, auch nur annähernd zu bestimmen, welche Beträge von der Statistik nicht erfaßt wurden, und auch, welchen Umfang der Kapitalabfluß in den Jahren 1938/39 hatte. Man müßte noch die Verluste hinzufügen, die der für die Erlangung von Mitteln zur Bezahlung der Auslandsschulden notwendige Dumpingexport hervorrief. 1930 wurden sie auf 300 bis 500 Millionen Złoty geschätzt.

Doch diese Zahlen sagen noch nicht viel aus. Zum Vergleich sei hinzugefügt, daß die jährlichen Einnahmen des polnischen Staatshaushalts in den Jahren 1934–1939 2 bis 2,5 Milliarden Złoty erreichten, der Gesamtwert der Produktion von Landwirtschaft, Bergbau und Industrie 1929 in Polen (laut Schätzungen) rund 19 Milliarden Złoty betrug, alle Verbindlichkeiten Polens gegenüber dem Ausland (nach Abzug der Forderungen) 1937 auf 6,5 Milliarden Złoty beziffert wurden. Polens Export erreichte in dem ausgesprochen günstigen Jahr 1929 2,9 Milliarden Złoty und schwankte 1932–1938 zwischen 0,9 und 1,2 Milliarden Złoty. Die Vergleiche besagen, daß der Kapitalabfluß aus Polen sehr nachteilige wirtschaftliche Konsequenzen nach sich zog.

Die in einigen Zeitabschnitten stark in Erscheinung getretene Unlust, in der polnischen Wirtschaft Kapital anzulegen, und die Kapitalflucht schränkten die Investitionsmöglichkeiten ein. Wie schon erwähnt, unternahm die polnische Regierung unmittelbar nach dem ersten Weltkrieg Anstrengungen, um die schwache Privatinitiative durch eigene Unternehmungen oder auch durch Kredite aus Staatsbanken zu ersetzen. Mit diesen Mitteln wurden viele Produktionsbetriebe wiederaufgebaut und Investitionen vorgenommen, insbesondere in Zweigen, die für die Armee wichtig waren. Nach vorübergehendem Rückgang im Zusammenhang mit der Hyperinflation förderte die wirtschaftliche Belebung die Aufnahme von Arbeiten zur Modernisierung bereits bestehender Werke und auch Neuinvestitionen. Davon zeugten das Anwachsen des Maschinenimports und die Entwicklung der Bautätigkeit. Ihren Höhepunkt erreichte die Investitionsbewegung im Jahre 1928. Setzt man den Stand von 1927 gleich 100, so vergrößerten sich die Investitionen 1928 auf 125, um im Jahre 1929 in Anbetracht der heraufziehenden Krise auf

115 zu fallen.[39] Es sei hervorgehoben, daß die Investitionen mit der Einführung neuer Technik verbunden waren. Besonders schnell nahm der Import elektrischer Maschinen zu, dagegen vergrößerte sich die Anwendung der Dampfkraft nur unerheblich.

Investitionen nahm vor allem das Privatkapital vor. Sie waren in der Regel in den traditionellen Industriebezirken konzentriert und vertieften auf diese Weise noch die ungleichmäßige Standortverteilung der Industrie in Polen. Der Staat investierte dagegen vorwiegend in die Eisenbahn, in Verwaltungsgebäude, in den Straßenbau, in Erdarbeiten und in die Rüstungsindustrie. Erst 1928 entschloß sich die Regierung, den Ausbau der Industrie im sogenannten Sicherheitsdreieck, wo sich die Flüsse Weichsel und San gabeln, zu forcieren. Die Entscheidung wurde aus militärischen Gründen gefällt (u. a. bestand Piłsudski im Februar 1928 auf der Erhöhung dieser Investitionsausgaben), denn es ging um die Errichtung eines Industriezentrums, das im Kriegsfall Hinterland für die Armee sein könnte. Um Investitionen in dieser Region zu konzentrieren, wandte man ein System von Steuervergünstigungen und eine Kredithilfe für Privatunternehmer an, die den Bau von Produktionsbetrieben im Sicherheitsdreieck in Angriff nahmen.[40] Doch brachte das 1928/29 keinen großen Effekt. Der Staat nahm ebenfalls einige produktive Investitionen vor. Beachtung verdient insbesondere der Bau des Stickstoffwerks in Mościce bei Tarnów 1927–1929, des damals größten und modernsten Werkes dieser Art in Polen. In Vorbereitung befanden sich Pläne für die Elektrifizierung des Landes, die man ausländischen Firmen anvertrauen wollte.

Um die von der Regierung in Angriff genommenen Investitionen entbrannten scharfe Polemiken.[41] Die staatliche Industrie wurde Ziel zahlreicher Attacken von seiten der Vertreter der Wirtschaftskreise wie auch einiger Ökonomen, die dem Wirtschaftsliberalismus anhingen. Die privaten Unternehmer sahen in den Staatsbetrieben eine gefährliche Konkurrenz, da die Behörden ihnen sowohl bessere Bedingungen schufen als auch sehr gewichtige Bestellungen anvertrauten. Man fürchtete auch, daß die schon bestehenden staatlichen Unternehmen den Keim eines großen staatlichen Sektors bilden und die Position der privaten Industrie gefährden könnten.

Die Mehrheit der polnischen Politiker bestritt jegliche Verdächtigung, etatistische Bestrebungen zu haben (als Etatismus bezeichnete man damals die direkte Aktivität des Staates in der Produktionssphäre). Verschiedene Umstände hatten aber bewirkt, daß nach dem Kriege viele Unternehmen in den Besitz des polnischen Staates übergegangen waren. Vor allem waren dies die Eisenbahnen, aber auch einige Werke, die für den Heeresbedarf arbeiteten, manche chemische Fabriken, und es waren auch staatliche Banken errichtet worden. Im allgemeinen waren „etatistische“ Unternehmen dort entstanden, wo sich die Privatinitiative als ungenügend für die Befriedigung der Bedürfnisse des Staates (besonders der Armee) oder des Wirtschaftslebens erwiesen hatte.

Es gab jedoch auch solche Ökonomen und Politiker, die die Auffassung vertraten, in Polen sei ein Zusammenwirken der wirtschaftlichen Initiative des Staates und des Privat-

39 *Kalecki, Michal,* Nowy wskaźnik inwestycji (Der neue Investitionsindex), in: „Prace Instytutu Badania Koniunktur Gospodarczych i Cen“ 1934, Nr. 1, S. 15.

40 Vgl. AAN Warschau, Protokolle des Ministerrates 42 und 43, Sitzungsprotokolle des Ministerrates vom 24. 2. und 14. 3. 1928.

41 *Kofman, Jan,* Das polnische Großkapital und die allgemeinen Grundsätze der staatlichen Wirtschaftspolitik in den Jahren 1929 bis 1939. Konvergenzen und Divergenzen, in: „Jahrbuch für Wirtschaftsgeschichte“ 1978, Teil 3, S. 49–76.

kapitals notwendig. Nach dem Staatsstreich vom Mai 1926 traf man immer häufiger auf Äußerungen, in denen die Notwendigkeit des „Etatismus" betont wurde.

Unter den Bedingungen eines in seiner Entwicklung verspäteten Landes förderten „etatistische" Konzeptionen den wirtschaftlichen Fortschritt. Die Regierung ließ sich viel weniger als der private Eigentümer in ihrem Vorgehen von eng verstandener unmittelbarer Rentabilität leiten. In vielen Fällen konnten staatliche Investitionen sogar unrentabel, aber gesellschaftlich nützlich sein. Mehr noch, für den Staat hing die Investitionstätigkeit nicht davon ab, in welchem Grade das Land für sicher erachtet wurde, ein Kriterium, dem das Privatkapital große Beachtung schenkte. Die historische Erfahrung hat insofern den Anhängern des „Etatismus" recht gegeben, denn in den kapitalistischen Ländern wächst die Rolle des Staates in der Wirtschaft. Doch in den Jahren 1926–1929 wurde der „Etatismus" in Polen nicht zur offiziellen Leitlinie der Politik, obwohl seine Anhänger einflußreiche Pilsudski-Leute waren.

Während der Wirtschaftskrise gingen die Investitionen in Polen radikal zurück. Anfang Mai 1929 begann die Regierung, die Investitionsausgaben einzuschränken, indem sie u. a. auf das Projekt, den Geltungsbereich der Vergünstigungen für private Investoren auszuweiten, verzichtete.[42] Erst 1937 kam das Investitionsniveau dem Vorkriegsstand nahe (Tabelle 23).

Tabelle 23

Investitionen in Polen von 1928 bis 1938 (Stand von 1928 = 100)

Jahr	Bruttoinvestitionen zusammen	öffentliche	private	Nettoinvestitionen[a] zusammen	öffentliche	private
1928	100	100	100	100	100	100
1929	91	89	94	86	87	85
1930	69	75	66	55	70	34
1931	59	68	47	47	68	5
1932	51	65	32	43	69	– 9
1933	50	61	36	41	67	– 11
1934	54	63	43	44	69	– 7
1935	64	76	50	57	86	– 1
1936	80	92	64	79	110	14
1937	97	108	84	105	131	51
1938	114	122	102	129	149	90

[a] = Nettoinvestitionen sind Bruttoinvestitionen minus Ausgaben für Generalreparaturen minus Aufwendungen für Objekte, die der Wiederherstellung durch den Produktionsprozeß verschlissener Anlagen dienen

Quelle: Materialy do badań nad gospodarką Polski (Materialien für Untersuchungen über Polens Wirtschaft), Teil I: 1918–1939, Warschau 1956, S. 179 (Anhang 5).

Selbstverständlich ist zu berücksichtigen, daß die angeführten Zahlen nur der allgemeinen Orientierung dienen und beträchtlich von der Wirklichkeit abweichen können. Doch sogar unter diesem Vorbehalt unterliegt es keinem Zweifel, daß der Umfang der

42 AAN Warschau, Protokolle des Ministerrates 47, Sitzungsprotokoll des Ministerrates vom 8. 5. 1929.

Investitionen einen mächtigen Einbruch erlebte. In dem für die Industrie schwierigsten Jahr 1933 sank die Höhe der Investitionen um ungefähr 50 %, dabei das Niveau der privaten Investitionen sogar um zwei Drittel. Beachtung verdient die Tatsache, daß die vom Staate und von den Selbstverwaltungskörperschaften durchgeführten Investitionen langsamer zurückgingen. Die Angaben in Tabelle 23 wurden aufgrund der Preise von 1928 berechnet, weshalb die Indexziffern lediglich die Entwicklung des sachlichen Umfangs der Investitionen widerspiegeln, nicht aber die gleichzeitige Preisbewegung. Man kann sich denken, daß die vergleichsweise langsame Verminderung der öffentlichen Investitionen großenteils auf die Aktion öffentlicher Arbeiten zurückzuführen ist, die die Regierung unternehmen mußte, um den Arbeitslosen in den größten Arbeiterzentren zu helfen.

Ein Teil der Investitionsaufwendungen war für Generalreparaturen und für die Modernisierung von Anlagen, aber auch für den Ersatz dem Verschleiß unterliegender Objekte des fixen Kapitals bestimmt. Allein aufgrund der Angaben über die Gesamthöhe der Investitionen läßt sich die Frage, ob sich das Produktionspotential des Landes veränderte, schwer beantworten. Erst wenn wir die Aufwendungen, die lediglich dem Ersatz abgenutzter Gebäude, Maschinen und Anlagen dienten, abziehen, können wir uns ein Bild von den im fixen Kapital erfolgten Veränderungen machen. Wie aus den Angaben der Tabelle 23 hervorgeht, wogen in den Jahren 1932–1935 die privaten Investitionen nicht einmal den Verschleiß an den vorhandenen Objekten auf. Höchstwahrscheinlich spiegeln die zitierten Schätzungen diese Prozesse nicht vollständig wider, denn neben dem normalen Verschleiß in der Produktion kam es in den Krisenjahren auch zur Vernichtung von Produktivkräften. Insbesondere aus dem Bergbau sind Fälle bekannt, daß Gruben versoffen, wenn ihre Eigentümer zu der Schlußfolgerung gelangten, es mache sich nicht bezahlt, die hohen Kosten für die Instandhaltung stillgelegter und nichtproduzierender Objekte zu tragen. Wie aus den angeführten Zahlen aber auch hervorgeht, fanden in den Unternehmen und Einrichtungen, die dem Staat und den Selbstverwaltungskörperschaften gehörten, Dekapitalisierungsprozesse nicht statt. Gerade dadurch führten die Krisenjahre zur Veränderung des spezifischen Gewichts des öffentlichen Sektors im Vergleich zum privaten Sektor.

Es gab eine Ursache dafür, daß die wirtschaftliche Rolle des Staates infolge der Krise wuchs. Viele private Unternehmen, Banken und Industriebetriebe, befanden sich am Rande des Bankrotts. Der Zusammenbruch einer Firma, die viele Arbeiter beschäftigte, rief aber mannigfaltige Probleme für die staatliche Verwaltung hervor. Ein Anwachsen der Arbeitslosigkeit war immer unerwünscht vom Standpunkt der Ruhe und Ordnung im Lande. Daher unternahmen die staatlichen Behörden nicht selten Schritte, um ein wankendes Unternehmen zu retten, insbesondere dann, wenn dort viele Arbeiter beschäftigt waren. Analog konnte der Zusammenbruch einer großen Bank die mit ihr verbundenen Produktionsbetriebe in Schwierigkeiten bringen, ja sogar in den Bankrott stürzen. Es ist also nicht verwunderlich, daß die Regierung in manch einem Falle zu der Schlußfolgerung gelangte, es liege im Interesse des Landes, die wankende Firma zu stützen, ihr mit Krediten zu helfen oder auch die Erlangung einer ausländischen Anleihe zu erleichtern.

In seinem dem Wirtschaftskomitee des Ministerrates im Februar 1935 vorgelegten Antrag zur Regulierung der Geschäftsinteressen der Bank Handlowy w Warszawie S.A. erklärte Finanzminister Władysław Marian Zawadzki: „. . . Die privaten Kreditinstituten in Polen von seiten des Staates erwiesene Hilfe ist nicht nur zwecks Aufrechterhaltung des privaten Bankwesens notwendig, sondern ihre Notwendigkeit ist auch durch einen anderen Grund viel allgemeinerer Natur diktiert. Es geht darum, die Ruhe auf dem ganzen Kreditmarkt und unsere Kreditstruktur als Ganzes aufrechtzuerhalten. Eine schwerwiegende Erschütterung des privaten Bankwesens kann in ihren Folgen zu einfach unabsehbaren Konsequenzen für den ganzen Kreditapparat einschließlich der staatlichen und genossenschaftlichen Kreditinstitute führen."[43]

So nahm in den Krisenjahren das Engagement staatlicher Banken in Privatunternehmen zu. Die Kredite erreichten manchmal große Ausmaße. Das ging soweit, daß einige Firmen faktisch staatlicher Leitung unterstellt wurden. Eine große und immer mehr zunehmende Rolle als Instrument der Wirtschaftspolitik des Staates spielte die Bank Gospodarstwa Krajowego (Landeswirtschaftsbank).

Gleichzeitig gewannen die staatlichen Banken immer mehr Bedeutung bei finanziellen Operationen. 1927 belief sich die Bilanzsumme der Landeswirtschaftsbank auf 1,3 Milliarden Złoty, das war weniger als die Gesamtbilanzsumme der privaten Banken, die 1,9 Milliarden Złoty betrug. 1938 waren die Relationen umgekehrt. Die Landeswirtschaftsbank schloß ihre Bilanz mit 2,7 Milliarden Złoty ab, dagegen alle privaten Institute zusammengenommen mit 1,5 Milliarden Złoty.[44] Das lag daran, daß die Geldeinleger mehr Vertrauen zu den staatlichen Banken hatten als zu den privaten, die bankrott gehen konnten. Zugleich verloren die privaten Kreditinstitute in den Krisenjahren einen recht großen Teil der bisherigen Auslandskredite, während die staatlichen Banken über Fonds verfügten, die der Regierung sowie den Betrieben des Staates und der Selbstverwaltungskörperschaften gehörten. Infolgedessen ging das private Banksystem ernsthaft geschwächt aus der Krise hervor. Die Auswirkungen hätten noch schmerzlicher sein können, wenn der Staat nicht den größten Privatbanken, die sich in finanziellen Nöten befanden, zu Hilfe gekommen wäre.[45] Die privaten Institute übertrugen dafür der Landeswirtschaftsbank einen Teil ihrer Aktiva, Forderungen an andere Unternehmen und auch einige Beteiligungen. Auch auf diesem Wege wurde also die Rolle, die der Staat in der Wirtschaft Polens spielte, größer.

Die wirtschaftlichen Schwierigkeiten, die Polen in den Jahren 1930–1935 durchmachte, führten also zur Ablehnung der liberalen Konzeption der Wirtschaftspolitik und zwangen zur Entwicklung einer „etatistischen" Wirtschaft. Das Privatkapital erwies sich als schwach und mußte Regierungshilfe in Anspruch nehmen. Die eigenen Erfahrungen bestätigten die Schlußfolgerungen, die sich aus der Situation in anderen europäischen Staaten ziehen ließen. In einzelnen Ländern betrieb man eine Politik der sogenannten Ankurbe-

[43] AAN Warschau, Komitet Ekonomiczny Ministrów (KEM = Wirtschaftskomitee der Minister) 1258, Bl. 37, dem Wirtschaftskomitee der Minister vorgelegte Antragsbegründung des Finanzministers Władysław Zawadzki betr. Abrechnung zwischen dem Staatsfiskus und der Banca Commerciale Italiana sowie der Bank Handlowy w Warszawie.

[44] *Mały Rocznik Statystyczny 1939*, S. 216 und 219f.

[45] Hinzugefügt sei, daß das private Bankwesen in Polen einen recht hohen Konzentrationsgrad aufwies. 1930 besaß die größte Privatbank, die Bank Handlowy w Warszawie S.A., 30 Millionen Złoty Grundkapital und konzentrierte bei sich 10 % sämtlicher Einlagen bei Privatbanken. An zweiter Stelle stand die Bank Związku Spółek Zarobkowych S.A. (Verbandsbank der Erwerbsgenossenschaften A.G.) mit 20 Mill. zł Kapital, und zwei weitere Banken hatten je 10 Mill. Die Mittel der übrigen Institute waren bedeutend geringer. In den dreißiger Jahren wuchs der Anteil der größten Privatbanken an den von Privatbanken ausgeführten Bankoperationen. Zugleich gewann der Staat auf einige von ihnen Einfluß.

lung der Konjunktur. Darunter wurde verstanden, daß die Regierung zielbewußt Steuern, Zölle, Kredite, Verkehrstarife, Subventionen verschiedener Art, Staatsaufträge und dgl. anwandte, um Produktion und Austausch zu beleben. In früher unbekanntem Ausmaß wurden öffentliche Arbeiten durchgeführt und Investitionen aus dem Staatshaushalt finanziert. Dem wirtschaftlichen Ziel, die Konjunktur anzukurbeln, sollte auch die besonders nach 1933 einsetzende Aufrüstung dienen.

Die Ankurbelung der Konjunktur in den einen Ländern erschwerte den anderen Staaten aus der Krise herauszukommen und sich wirtschaftlich zu entwickeln, da sie zur Schwächung der traditionellen Kredit- und Handelsbeziehungen führte. Die Stärkung des Zollschutzes für eigene Industrieerzeugnisse in Agrarländern hatte den Rückgang des Exports aus Industrieländern zur Folge. Das zog wieder Beschränkungen für die Einfuhr von landwirtschaftlichen Erzeugnissen in Industrieländer nach sich, die bemüht waren, die eigene Landwirtschaft zu unterstützen. Der Rückgang der Handelsumsätze erschwerte die Rückzahlung der vorher aufgenommenen internationalen Kredite, um so mehr, als einzelne Regierungen in den Krisenjahren ein Reglementierungssystem für den Zahlungsverkehr mit dem Ausland einführten.

Indem gelegentliche, voneinander unabhängige und nicht selten einander direkt widersprechende Versuche zur Ankurbelung der Wirtschaft in den einzelnen Ländern unternommen wurden, verschärften sich die wirtschaftlichen Widersprüche und verstärkte sich schließlich das in den Krisenjahren aufgekommene Streben, wirtschaftlich autark zu werden, sich der Fluktuation der Weltkonjunktur zu entziehen.

Daß die Konzeption des Wirtschaftsinterventionismus siegte, war auch eine Auswirkung der Erfahrungen der Sowjetunion. Die sozialistische Planwirtschaft verspürte die Weltwirtschaftskrise nur indirekt, über die Preisänderungen auf den Weltmärkten. Dagegen fand die Krise keinen Niederschlag im wirtschaftlichen Entwicklungstempo der UdSSR. Als einziger Staat in der Welt erhöhte die Sowjetunion auch in den Jahren 1929 bis 1935 ihre Industrieproduktion beträchtlich. Unter diesen Bedingungen nahmen viele Ökonomen in kapitalistischen Staaten eine Analyse der sowjetischen Erfahrungen vor. Sie versuchten einige Schlußfolgerungen, die sich aus der Planwirtschaft ergaben, für die Ausarbeitung von Methoden der staatlichen Intervention in die Wirtschaft unter kapitalistischen Bedingungen zu nutzen.

So geschah es auch in Polen. Die große Wirtschaftskrise zwang zwar dazu, auf die 1927/28 unternommenen Versuche, die wirtschaftliche Aktivität des Staates zu erweitern, zu verzichten, doch kehrte man schon in der Schlußphase der Krise zu der Konzeption einer aktiven ökonomischen Politik, nunmehr auf breiterer Front, zurück. In größerem Maße setzte der Interventionismus im Haushaltsjahr 1934/35 ein, als viele öffentliche Arbeiten in Angriff genommen wurden. Das erleichterte die Belebung der Industrieproduktion, und andererseits, infolge der Zunahme der Beschäftigtenzahl, wurde auch der innere Markt erweitert. Weiterreichende Pläne ließen sich erst nach Überwindung der Krise formulieren.

Ein neues Wirtschaftsprogramm der Regierung aufzustellen, wurde Mitte 1936 versucht, als der stellvertretende Ministerpräsident und Finanzminister Eugeniusz Kwiatkowski Leiter der polnischen Wirtschaftspolitik war.[46] Der damals ausgearbeitete sogenannte Vierjahres-Investitionsplan umfaßte den Zeitraum vom 1. Juli 1936 bis zum

[46] *Drozdowski, Marian*, Polityka gospodarcza rządu polskiego 1936–1939 (Die Wirtschaftspolitik der polnischen Regierung 1936–1939), Warschau 1963.

30. Juni 1940. Es war vorgesehen, für Investitionszwecke 1650 bis 1800 Millionen Złoty, also im Durchschnitt 400 bis 450 Millionen Złoty pro Jahr auszugeben. Das Projekt bedeutete noch keine grundsätzliche Änderung des Niveaus der Investitionsausgaben. 1924 bis 1936 hatte der polnische Staat nämlich durchschnittlich ungefähr 500 Millionen Złoty pro Jahr für diese Zwecke ausgegeben (natürlich in den guten Konjunkturjahren mehr, in der Krisenzeit weniger). Gleichzeitig arbeitete man in den führenden Militärdienststellen weiterhin an einem Sechsjahrplan für den Ausbau der Streitkräfte.

Die Konjunkturbesserung in Polen und in der Welt gestattete es, die Staatsausgaben für Investitionen zu vergrößern. 1937/38 erreichten sie den Betrag von 914 Millionen Złoty. Dadurch wurde es möglich, das staatliche Investitionsprogramm früher als vorgesehen zu erfüllen. Anfangs erwiesen sich aber die Resultate der Realisierung des Planes als ziemlich bescheiden, weil die Ausgaben geographisch und sachlich stark gestreut worden waren. Die Regierung erreichte also nicht die erwarteten politischen Effekte. Deshalb unterzog man in Regierungskreisen die bisherigen Prinzipien der Investitionspolitik einer Kritik, wobei festgestellt wurde, daß es notwendig war, die Aufwendungen zu konzentrieren. Zu obersten Aufgaben erklärte man, die Verteidigungsfähigkeit des Staates zu stärken, Bedingungen für die Industrialisierung des Landes und den Abbau der Arbeitslosigkeit zu schaffen, die Unterschiede zwischen den wirtschaftlich entwickelten und den rückständigen Regionen des polnischen Staates zu verringern.

Gewiß entsprachen diese Prämissen der Investitionspolitik des Staates den wichtigsten Bedürfnissen Polens. Von der Industrialisierung hing doch sowohl die Stärkung der Verteidigungskraft angesichts der drohenden Aggression Nazideutschlands wie auch die Einschränkung der Übervölkerung auf dem Lande und der Arbeitslosigkeit in den Städten ab. Die Entwicklung der Industrie mußte wiederum zunehmenden Bedarf an landwirtschaftlichen Erzeugnissen, steigende Preise dafür und bessere Einkommen der Landbevölkerung hervorrufen, und das hätte einen inneren Markt für die Industrie geschaffen. Der polnische Staat verfügte aber nicht über ausreichende Mittel, um ein so umfassendes Programm vollständig zu realisieren. Deshalb entschloß sich die Regierung, die Investitionsanstrengungen auf eine Region zu konzentrieren.

Im Februar 1937 wurde das Programm zum Aufbau des Zentralen Industriereviers (COP) verkündet.[47] Damit war man zu der schon vor der Krise entstandenen Konzeption, eine Industrie im Sicherheitsdreieck aufzubauen, zurückgekehrt. Das COP umfaßte den Ostteil der Wojewodschaft Kielce, den Südteil der Wojewodschaft Lublin, den Ostteil der Wojewodschaft Kraków und den Westteil der Wojewodschaft Lwów. Sein Zentrum bildete Sandomierz. Das Revier nahm 15 % der Fläche Polens ein, und es wohnten dort 18 % der Gesamtbevölkerung. Es war verhältnismäßig wenig urbanisiert. Während im ganzen Staatsgebiet 1939 ungefähr 30 % der Bevölkerung in Städten wohnten, waren es auf dem Territorium des COP nur 17 %.

Entscheidend für die Wahl gerade dieses Gebietes waren vor allem militärische Gründe, insbesondere, daß es fernab der deutschen und der sowjetischen Grenze lag. Von Süden, von der Tschechoslowakei, trennte es die Karpatenkette. Auf diese Weise war beabsichtigt, eine Industriebasis für die polnische Armee zu schaffen, die im Kriegsfall nicht unmittelbarer Gefahr ausgesetzt wäre. Oberschlesien befand sich direkt an der deutschen Grenze. Zugleich war in dem ausgewählten Gebiet die ländliche Übervölkerung groß. Man schätzte,

47 *Zawadzki, Stanisław Maciej*, Centralny Okręg Przemysłowy (Das Zentrale Industrierevier), in: „Przegląd Geograficzny“ 1963, Nr. 1.

daß der Überschuß an freien Arbeitskräften, die nirgends Beschäftigung finden konnten, 400000 bis 700000 betrug. Damit waren billige Arbeiter für die Bauarbeiten garantiert und Möglichkeiten gegeben, die Belegschaften der künftigen Produktionsbetriebe zu komplettieren. Schließlich war vorgesehen, daß das COP Abnehmer von Erdgas und mit Hilfe der in Südpolen vorrätigen Wasserkraft erzeugter Elektroenergie werden sollte. In einigen Gegenden des Reviers gab es auch Rohstofflagerstätten (Eisenerze, Kalk, Ton).

Die Hauptschwierigkeit bei der Realisierung der ehrgeizigen Investitionspläne war der Kapitalmangel. Die notwendigsten Ausgaben für den Ausbau der Rüstungsindustrie, den Wege- und Straßenbau, die Regulierung der Flüsse, die Zuführung von Elektroenergie und Erdgas schätzte man auf 3 Milliarden Złoty. Indessen war das Privatkapital, wie schon gesagt, mit Kapitalanlagen in Polen zurückhaltend. Die Hauptfinanzierungsquelle bildeten also staatliche Mittel. Trotz der Konzentration der Investitionen auf das ausgewählte Territorium durften sie doch nicht sämtliche dem Staat zur Verfügung stehenden Fonds verschlingen. Es war keine leichte Aufgabe, Mittel für Investitionen zu beschaffen. Schon in den Krisenjahren waren die Steuerquellen und der Kredit bis zur Grenze des Möglichen ausgenutzt worden. Eine weitere Erhöhung der Besteuerung der arbeitenden Massen konnte unerwünschte politische Folgen zeitigen, andererseits drohte bei höherer Besteuerung der besitzenden Klassen eine Hemmung der Wirtschaftsbelebung und infolgedessen eine weitere Einschränkung der privaten Investitionen. Die Hoffnung auf Auslandsanleihen war angesichts der über Europa schwebenden Kriegsgefahr und der Furcht der ausländischen Finanzkreise vor einer eventuellen Verschärfung der in Polen geltenden Devisenbeschränkungen irreal. Die in Frankreich 1936 aufgenommene Anleihe in Höhe von über 2 Milliarden Francs bildete eine Ausnahme und hatte hauptsächlich militärischen Charakter. Der Staat konnte also die Einlagen in den Sparkassen und Versicherungsanstalten benutzen und eine vorsichtige Inflation betreiben. Letzteres wurde von der polnischen Regierung im Unterschied zu anderen Ländern nicht getan. Es blieben also zur Verfügung: ein Teil der normalen Haushaltseinnahmen, die Einlagen auf dem sogenannten starren Markt (Sparkassen und Versicherungsanstalten), die französische Anleihe von 1936 und innere Anleihen. Damit wurde es möglich, im Jahre 1937 mit größter Anstrengung ungefähr 800 Millionen Złoty herauszuwirtschaften, also um 300 Millionen Złoty mehr als im Durchschnitt der Jahre 1924–1936. Die finanziellen Schwierigkeiten des Staates wurden noch größer, weil angesichts der aggressiven Politik Nazideutschlands die reinen Militärausgaben erhöht werden mußten.

Daß die Investitionen größtenteils auf Mitteln basierten, die der Staat später zurückzahlen mußte, hatte noch eine weitere Konsequenz. Von Jahr zu Jahr stiegen die Beträge für den Zinsendienst und die Tilgung der Schuldverpflichtungen. Die genannten Quellen waren in den meisten Fällen auch nicht auf Dauer benutzbar.

Trotz der angeführten Vorbehalte zeitigte die Realisierung des Investitionsprogramms bald sichtbare Resultate. Zu den wichtigsten Objekten, mit deren Bau begonnen wurde, gehörten die Elektrizitätswerke in Rożnów (Wasserkraft), in Stalowa Wola (Wärme) und in Myczkowce (Wasserkraft). Vorgesehen war der Bau weiterer Wasserkraftwerke in Czchów, Solina und Lesko. Ausgebaut wurden die Überlandleitungen für elektrischen Strom und das Gasleitungssystem. Zu einem wichtigen Produktionszentrum wurde die neue Siedlung Stalowa Wola, wo eine Eisenhütte und ein Stahlwerk (erste Bauetappe 1939 beendet), eine Aluminiumhütte und Waffenwerke errichtet wurden. Erweitert wurden die Waffenfabriken in Radom und Starachowice. Große Bedeutung hatten die Werke in Rzeszów, die Flugmotoren, Werkzeugmaschinen und Scheinwerfer herstellten. In Mielec entstand eine Flugzeugfabrik, in Lublin ein Lastkraftwagenwerk. Vorgesehen war auch, eine chemische Industrie aufzubauen, bis September 1939 wurden eine kleine Kunstkautschukanlage in Dębica, ein Reifenwerk in Dębica und eine Zellulosefabrik in Niedomice fertig. Der Kriegsausbruch unterbrach das begonnene Investitionsprogramm. Die meisten Objekte konnten nicht in Betrieb genommen werden, viele wurden gar nicht erst angefangen.

Trotz der Konzentration der Mittel war die im Zentralen Industrierevier entstehende Industrie nicht imstande, den ganzen dort vorhandenen Überfluß an Arbeitskräften zu beschäftigen. Es wurde damit gerechnet, daß die großen Industriewerke nach ihrer Fertigstellung und die sich im Anschluß an die Hauptinvestitionen entwickelnden mittleren und kleinen Industrie-, Handels- und Handwerksbetriebe nicht viel mehr als 106000 Personen würden unterbringen können, während dort das Mehrfache an Arbeitskräftereserven vorhanden war. Man kann auch die Realität der Konzeption, ein autarkes Revier aufzubauen, anzweifeln. Diese Region konnte sich nicht von der oberschlesischen Industrie, die im Falle eines bewaffneten Konflikts am meisten gefährdet war, unabhängig machen. Die Hütten waren darauf angewiesen, daß ihnen Kohlen und auch Eisenerze, deren Hauptförderzentrum sich bei Częstochowa, ebenfalls in der Nähe der deutschen Grenze, befand, geliefert wurden. Die im COP gelegenen Werke mußten mit Werken in Oberschlesien, Poznań, Kraków und Warschau kooperieren. Die strategische Konzeption, die dem COP-Projekt zugrunde lag, war also sehr inkonsequent.

Unsere kritischen Bemerkungen ändern nichts an der Tatsache, daß der Bau des Zentralen Industriereviers wesentliche wirtschaftliche Bedeutung sowohl für die Region selbst wie auch für das ganze Land besaß. Unter den in Polen zwischen den beiden Weltkriegen bestehenden Bedingungen war dies neben dem Bau des Hafens in Gdynia das größte Investitionsvorhaben, das große finanzielle und organisatorische Anstrengungen erforderte. Die entstehenden Werke nutzten die modernen technischen Errungenschaften. Das COP löste nicht Polens ökonomische und soziale Probleme – und konnte sie nicht lösen –, aber es war der Versuch, einen Schritt voranzukommen.

Daß man die Investitionsaufwendungen auf das Zentrale Industrierevier und auf Gdynia (wovon im nächsten Abschnitt zu sprechen sein wird) konzentrierte, hatte aber auch negative Konsequenzen. In den übrigen Regionen des Staates wurde das Tempo der Investitionsarbeiten verlangsamt, da die staatlichen Mittel nicht für die gleichzeitige Realisierung vieler Vorhaben ausreichten. Insbesondere machte sich die Einschränkung der Aufwendungen in der oberschlesischen Industrie bemerkbar. Und was noch schwerer wog, die private Unternehmerinitiative erfüllte nicht die in sie gesetzten Hoffnungen. Die Regierung wandte systematisch Zoll- und Steuervergünstigungen an, um sie zu Investitionen in bestimmten Regionen und Industriezweigen zu ermutigen. Die Industriellen hatten die Möglichkeit, von staatlichen Krediten Gebrauch zu machen. Trotz allem erreichten die privaten Investitionen erst 1938 wieder den Umfang, den sie vor der Krise gehabt hatten. An die Spitze der Investitionsbewegung waren vom Staat finanzierte Vorhaben getreten.

Ein zusätzliches Problem, vor dem die polnische Regierung in den letzten Jahren vor Kriegsausbruch stand, war die Lage der oberschlesischen Großunternehmen. Infolge der Übernahme von Aktien aus deutscher Hand (die die Kattowitzer A.G. für Bergbau und Hüttenbetrieb und die Oberschlesische Vereinigte Königs- und Laura-Hütte A.G. umfassende Interessengemeinschaft) und aus italienischer Hand (u. a. Aktien der Handelsbank in Warschau A.G.) hatte die Beteiligung des Staates am Wirtschaftsleben beträchtlich zugenommen. Das war entgegen den Absichten der Regierung geschehen. Den Einsatz staatlicher Mittel für die Übernahme der „Interessengemeinschaft" hielt man geradezu für „über alle Maßen unangebracht".[48] Doch die Suche nach einer privaten Finanzgruppe, die fähig gewesen wäre, das gigantische Unternehmen aus den Händen der bisherigen deutschen Aktionäre zu übernehmen, erwies sich als vergeblich.

Ein Faktor, der die Entwicklungsmöglichkeiten der polnischen Industrie ernstlich begrenzte, war neben dem Kapitalmangel die Schwierigkeit, ihre Erzeugnisse abzusetzen. Die im vorigen Abschnitt dargestellte Lage der Landwirtschaft und insbesondere die Disproportion zwischen den Einkommen der Landbevölkerung und dem Preisniveau für Industriewaren erklärt, weshalb vor allem der innere Markt nur wenig aufnahmefähig war.

Näherer Erörterung bedürfen die Faktoren, die das relativ hohe Preisniveau für Industriewaren bewirkten. Betrachten wir vor allem die Preisentwicklung für einige Warengruppen in den Jahren 1928–1938 (Tabelle 24).

Tabelle 24

Preisindices für Industriewaren von 1928 bis 1938 (1928 = 100)

Jahr	Großhandelspreise			Einzelhandelspreise in Warschau		
	Industriewaren	davon Rohstoffe u. Halbfabrikate	davon kartellisierte Waren	Erzeugnisse d. Lebensmittelindustrie	andere Industrieerzeugnisse	Monopol- u. kartell. Waren
1929	99	97	108	104	104	107
1930	90	86	109	.	.	.
1931	77	73	108	.	.	.
1932	67	64	103	.	.	.
1933	61	59	92	95	72	95
1934	59	57	88	93	68	91
1935	57	55	82	88	65	85
1936	57	56	75	81	64	76
1937	61	61	77	81	65	76
1938	58	57	78	81	65	76

Quelle: Mały Rocznik Statystyczny (Kleines Statistisches Jahrbuch) 1936, S. 162; 1939, S. 245f.

Beachtung verdient die Tatsache, daß noch in der ersten Zeit der Krise (1929/30) entgegen den seinerzeit allgemeinen Markttendenzen die Preise der kartellisierten Artikel weiter stiegen. Erst 1933 sanken auch die Preise dieser Waren ein wenig unter das Niveau von 1928. Das waren Produkte, deren Preise, Produktionsumfang und Absatzbedingungen durch Kartellabsprachen reguliert wurden. In den folgenden Jahren blieben trotz Preissenkungen die kartellisierten Waren weiterhin verhältnismäßig teuer.

Nicht nur die Preise der von Kartellabsprachen erfaßten Produkte hielten sich auf

[48] Aus der Begründung eines Antrages an die Februarsitzung des Wirtschaftskomitees der Minister (AAN Warschau, KEM 1174).

hohem Niveau. Verteuernd wirkten auch die indirekten Steuern, die in Form von Akzise oder durch Festlegung eines Staatsmonopols auf die Erzeugung oder den Verkauf bestimmter Produkte erhoben wurden. Die indirekte Besteuerung beeinflußte besonders die Preisgestaltung für Erzeugnisse der Lebensmittelindustrie. Zugunsten des Staatshaushalts waren beim Verkauf von Zucker, Hefe, alkoholischen Getränken und Tabakwaren Gebühren zu entrichten. Dabei waren in der Zucker- und der Hefeindustrie Kartellabsprachen in Kraft.

Kartellabsprachen, Staatsmonopole und indirekte Besteuerung hatten hohe Preise für einige Produkte zur Folge. Die indirekten Steuern trafen vor allem die Verbraucher, die beim Kauf verschiedener Waren gleichzeitig eine Steuer an den Staat zahlten. Besonders fühlbar für die werktätigen Massen waren die hohen Preise für Zucker und Zündhölzer. Die Verteuerung begrenzte den Verbrauch, regte zur Verwendung anderer Produkte an. In den Krisenjahren breitete sich in einigen Gegenden der illegale Handel mit (insbesondere aus Deutschland) geschmuggeltem Sacharin und mit Feuerzeugen aus. In abgeschiedenen Weilern verzichtete man zuweilen völlig auf Zucker, statt Zündhölzern verwendete man Feuersteine, und man behalf sich sogar damit, daß man die Glut in der Asche bewahrte.

Die durch Absprachen zwischen den Unternehmern einiger Branchen festgelegten hohen Preise hatten verschiedene Effekte. Kartelle gab es für einen sehr großen Teil der Industrieproduktion Polens (die Schätzungen weichen stark voneinander ab, z. B. für 1929 sprechen sie von 25 bis 50 %[49]), unter anderem für Rohstoffe und Halbfabrikate, die für andere Industriezweige und für das Handwerk unentbehrlich waren. So gab es Absprachen über Preise und Verkaufsbedingungen im Kohlenbergbau, im Hüttenwesen, in der Zementindustrie u. a. Die kartellisierte Industrie schützte sich auf diese Weise vor den Folgen des Preisrückgangs und wälzte damit einen Teil der Krisenfolgen auf andere Produzenten, die die teuren Rohstoffe und Halbfabrikate kaufen mußten, und auf die Bevölkerung ab. Es litt darunter der kleine Produzent, der nicht an Kartellabsprachen beteiligt war (insbesondere der Handwerker und der Bauer) und der Konsument. So führten die Kartelle eine Umverteilung der von der privaten Industrie erzielten Gewinne herbei, verschlechterten die Lage der breiten Volksmassen und riefen eine Einengung des inneren Marktes hervor. Das auf Profit oder Verlustminderung bedachte Interesse des großen Produzenten stand im Widerspruch zum gesellschaftlichen Interesse.

In den guten Konjunkturjahren 1927–1929 verhielt sich die polnische Regierung im allgemeinen wohlwollend gegenüber den Kartellen. Mehr noch, es gab Fälle, daß Kartelle unter dem Druck staatlicher Organe entstanden, die darin u. a. eine Möglichkeit erblickten, ein Ansteigen des Exports herbeizuführen. In den Krisenjahren erwies sich jedoch, daß das Wirken der Kartelle die Überwindung der wirtschaftlichen Schwierigkeiten erschwerte und auch die Möglichkeiten des Staates, auf die Konjunktur einzuwirken, verminderte. Insbesondere nach 1935, als das Investitionsprogramm in Angriff genommen wurde, stand die Beibehaltung hoher Preise für Baumaterialien (z. B. Zement und Ziegel) der Realisierung der Regierungspläne im Wege. Die Regierung unternahm daher Schritte, die auf ein Absinken der Preise für einige Waren abzielten, und in mehreren Fällen entschloß sie sich sogar, Kartelle aufzulösen, was die sofortige Verbilligung der von diesen

49 *Landau, Zbigniew/Tomaszewski, Jerzy*, Zarys historii gospodarczej Polski 1918–1939 (Abriß der Wirtschaftsgeschichte Polens 1918–1939), 4., veränd. Aufl., Warschau 1981, S. 164.

Absprachen erfaßten Waren nach sich zog. Die Staatsbehörden griffen in solchen Fällen ein, in denen das Wirken eines konkreten Kartells die Wirtschaftspolitik erschwerte. Gleichzeitig wurden andere Kartellabsprachen nicht nur toleriert, sondern sogar unterstützt, wenn sie der Realisierung der Absichten des Staates dienten. Hauptsächlich betraf das die Kartelle, die ihre Produkte exportierten.

Alles in allem können wir feststellen, daß die Aufrechterhaltung hoher Monopolpreise die Wachstumsmöglichkeiten der Industrieproduktion beschränkte, da sie sich auf die Kaufkraft der Gesellschaft, auf die Lage des Dorfes und auch der nichtkartellisierten Produktionssektoren negativ auswirkte.

Die beschränkten Absatzmöglichkeiten auf dem inneren Markt vermochte der Export nicht zu kompensieren. Die Erzeugnisse der polnischen Industrie mußten die Konkurrenz der anderen Länder überwinden, und besonders nach 1929 standen dem immer mehr erhöhte Schutzzollschranken im Wege. Aus politischen Gründen galt eine Erweiterung des polnisch-sowjetischen Handels als unstatthaft. Infolgedessen konnte die polnische Industrie ihre Produktionskapazitäten nicht nur in den Krisenjahren, sondern auch — wenn auch gemildert — bei günstiger Konjunktur nicht voll auslasten.

Der begrenzte Absatzmarkt und der Kapitalmangel waren die Haupthindernisse für Polens industrielle Entwicklung zwischen den beiden Weltkriegen. Die Schwäche der Industrie verursachte die Arbeitslosigkeit in der Stadt und verstärkte die Übervölkerung auf dem Lande. Wir müssen feststellen, daß viele Politiker und Ökonomen sich darüber im klaren waren, daß sich die polnische Industrie entfalten müßte. Die unternommenen Versuche brachten aber keine radikale Lösung. Die polnische Wirtschaft verspürte schmerzlich die Kapitalflucht und die Abhängigkeit von ausländischen Finanzzentren, und aus politischen Gründen wollte auch so mancher polnische Unternehmer nicht riskieren, in seinem Lande Kapital anzulegen. Unter den gegebenen Bedingungen, indem ein auf dem Privateigentum an den Produktionsmitteln basierendes System herrschte, hatte die Regierung, gemessen an den Erfordernissen, nur begrenzte Aktionsmöglichkeiten. Allen unternommenen Anstrengungen zum Trotz war für die polnische Industrie in den Jahren zwischen beiden Weltkriegen Stagnation kennzeichnend. Trotz Investitionen und Entwicklung neuer Produktionszweige wuchs der Gesamtumfang der Produktion nur unbedeutend. Pro Kopf der Bevölkerung sank die Produktion sogar. Dementsprechend nahm auch die Beschäftigung in der großen und mittleren Industrie nicht zu.

6. Transport und Verkehr

Das Eisenbahnnetz, das die Republik Polen von den Teilungsmächten erbte, entsprach nicht den Bedürfnissen des neuentstandenen Staates. Rußland, Österreich-Ungarn und Preußen hatten die Eisenbahnlinien so gebaut, daß sie möglichst gute Verkehrsverbindungen mit den Zentren dieser Staaten gewährleisteten. Verbindungen zwischen den einzelnen polnischen Teilgebieten hatten außerhalb des Interesses irgendeines Machtorgans oder Unternehmens gelegen. In dem zum unabhängigen Staat gewordenen Polen fehlten nun direkte Eisenbahnverbindungen zum Beispiel zwischen Warschau und Lwów, Oberschlesien und der Ostseeküste, den Ostmarken und dem Kohlenrevier. Dagegen existierten zahlreiche Linien, die Galizien mit Österreich, das Gebiet des ehemaligen Königreichs Polen mit Rußland, Großpolen mit Berlin verbanden. Von mehr als 50 österreichischen und deutschen Eisenbahnlinien, die an die Grenze der Rußland angegliederten polnischen

Gebiete heranführten, hatten nur 10 eine Verlängerung über diese Grenze hinaus. Das 1918 durch Polen übernommene Streckennetz setzte sich aus zufälligen Bruchstücken dreier auf Zentren außerhalb Polens orientierter Eisenbahnsysteme zusammen. Ähnlich stand es um die Straßenverbindungen.

Obendrein war das Eisenbahn- und Straßennetz in den einzelnen Landesteilen von unterschiedlicher Dichte. Vor dem Kriege entfielen im russischen Teilgebiet auf 100 km^2 2,5 km Landstraßen und 2,3 km Eisenbahnlinien, im preußischen entsprechend 34,6 und 11,8, im österreichischen 23,1 und 5,7 km.[50] Daß das Eisenbahnnetz ungleichmäßig ausgebaut war und daß Verbindungen zwischen einigen Regionen fehlten, hatte nachteilige Folgen sowohl in militärischer wie auch in wirtschaftlicher Hinsicht. Der Transport der Warenüberschüsse von einem Teil des Staates in den anderen hing in erster Linie von der Eisenbahn ab. Die Effektivität der Eisenbahnverbindungen entschied darüber, ob eine Mobilmachung möglich sein würde und wie schnell Truppen an die meisten bedrohten Abschnitte geworfen werden könnten.

Kein Wunder, daß man schon 1919 mit dem Bau neuer Strecken begann. Diese Investitionen hatten auch sozialpolitische Bedeutung. Der Eisenbahnbau erlaubte es, viele Arbeitslose bei Erdarbeiten zu beschäftigen und dadurch die soziale Spannung zu dämpfen. Von 1920 bis 1938 wurden insgesamt 1770 km Normalspur- und 367 km Schmalspurgleise gelegt (letztere für Strecken von lokaler Bedeutung). Damit wurde das Eisenbahnnetz um etwa 10 % erweitert.[51] Die neuen Strecken gestatteten es, Polen ein einheitliches Verkehrssystem zu geben. Zu den wichtigsten Errungenschaften ist der Bau der Kohlemagistrale Oberschlesien-Gdynia zu zählen, dank der sich die Transportzeit der Güter auf einer der belebtesten Trassen beträchtlich verkürzte. Das erleichterte den Kohlenexport und den Eisenerzimport.

Investitionen zu dem Zweck, die Eisenbahnlinien zu vereinigen, wurden vor allem in den zentralen und westlichen Regionen vorgenommen. Viel weniger waren für die östlichen Wojewodschaften bestimmt. Infolgedessen wurden die Unterschiede zwischen den verschiedenen Regionen des polnischen Staates bezüglich der Dichte des Transportnetzes nicht ausgeglichen. Das schlug sich fühlbar in der Lage der Bevölkerung, besonders auf dem Lande, nieder. Je weiter entfernt von der Bahnstation ein Dorf lag, desto niedriger gestalteten sich die Preise für landwirtschaftliche Produkte und desto höher die Preise für Industriewaren.

In den zwanziger Jahren nahm der Güterumschlag auf der Eisenbahn schnell zu. 1929 wurden fast zweimal soviel Waren und Gepäck wie 1922 befördert. Dagegen ging in den folgenden Jahren unter dem Einfluß der Wirtschaftskrise der Schienenverkehr zurück und erreichte bis zum Kriegsausbruch nicht wieder das Niveau von 1929. Indirekt wird damit die im vorangegangenen Abschnitt aufgestellte These von der Stagnation der Industrie bestätigt, da ja der Transportumfang vor allem vom Produktionsumfang abhing. Nur ein verschwindend geringer Teil der Industrieerzeugnisse wurde aus am Produktionsort vorhandenen Rohstoffen hergestellt und dort voll und ganz verbraucht. Bei den allermeisten Fabrikwaren war es nötig, die Rohstoffe an- und die fertigen Erzeugnisse abzutransportieren. Stagnation oder Absinken der Eisenbahntransporte weisen also auf analoge Tendenzen in der Produktionssphäre hin.

50 *Romer, Eugeniusz/Weinfeld, Ignacy*, Rocznik polski. Tablice statystyczne (Polnisches Jahrbuch. Statistische Tabellen), Kraków 1917, S. 71.

51 *Maly Rocznik Statystyczny 1939*, S. 188.

Hervorzuheben ist, daß die Polnischen Staatsbahnen kurz vor Ausbruch des zweiten Weltkrieges Arbeiten zur Elektrifizierung des Eisenbahnknotenpunktes Warschau aufnahmen. Ende 1936 waren 44 km und Ende 1938 85 km elektrifizierter Gleise in Betrieb.[52] Die elektrische Traktion hatte damals ausschließlich lokale Bedeutung.

Die wichtigste Errungenschaft auf dem Gebiete des Transportwesens war in den Jahren zwischen den beiden Weltkriegen der Hafenbau in Gdynia.[53] Er war neben dem Zentralen Industrierevier (COP) das größte Investitionsvorhaben in Polen. Mit dem Hafen erwuchs zugleich eine neue Stadt. Der Gedanke, einen eigenen Hafen zu errichten, kam auf, als sich herausstellte, daß Danzig – dem der Versailler Vertrag den Status einer Freien Stadt verliehen hatte, die zum Zollsystem der Republik Polen gehörte – nicht die Absicht hegte, mit Polen loyal zusammenzuarbeiten. Für Polen bestimmte oder von dort ausgeführte Waren trafen im Danziger Hafen auf zahlreiche Schwierigkeiten. Die Behörden der Freien Stadt waren davon überzeugt, daß sie in Gestalt des großen Hafens, der seit Jahrhunderten der polnischen Wirtschaft als natürliches bestgeeignetes Tor zur Welt gedient hatte, ein wirksames Druckmittel in der Hand hätten. Unter diesen Umständen war der Bau eines eigenen Hafens nicht nur eine wirtschaftliche, sondern auch eine politische Notwendigkeit für Polen. In bestimmten Fällen hätte sich der Seeweg als der einzig mögliche Weg zur Versorgung seiner Armee erweisen können. Denken wir daran, daß Polen mit fast allen Nachbarn (außer mit Rumänien und Lettland) mehr oder weniger entzweit war. Im Falle eines bewaffneten Konfliktes mußte damit gerechnet werden, daß die Nachbarländer Lieferungen aus verbündeten Staaten (vor allem aus Frankreich) erschwerten. Dann hätte der freie Zugang zur Ostsee für den polnischen Staat entscheidend sein können.

Das Projekt, einen eigenen Hafen zu bauen, entstand schon 1919, und gegen Ende 1920 fiel die Entscheidung, als Standort dafür das Gelände des kleinen Fischerdorfes Gdynia zu nehmen. Im Frühjahr 1921 begannen die Arbeiten, die anfangs wegen der finanziellen Schwierigkeiten des polnischen Staates langsam vorankamen. Im August 1923 legte das erste Ozeanschiff an der Mole an. Damals war vorgesehen, den Hafen bis zu einer Umschlagskapazität von 100000 t pro Jahr auszubauen. Mit der Konjunkturbesserung wurde es möglich, die Investitionen zu beschleunigen. Dazu zwang zugleich auch der 1925 ausgebrochene Wirtschaftskonflikt mit Deutschland, der eine geographische Umstellung des polnischen Exports nach sich zog. 1928 erreichte der Güterumschlag im Hafen von Gdynia fast 2 Millionen t. Nach wie vor war aber die Warenbewegung im Danziger Hafen größer. In den folgenden Jahren wurde Gdynia weiter ausgebaut, und 1938 überschritt der jährliche Umschlag dort 9 Millionen t, womit Danzig überholt wurde und mehr als die Hälfte des gesamten polnischen seewärtigen Handels über Gdynia lief. Der neue Hafen gehörte damals zu den größten Ostseehäfen. Auch die Stadt entfaltete sich, 1938 zählte sie fast 100000 Einwohner.

Die Entwicklung des Hafens in Gdynia bewog die deutsche Regierung, Versuche zu unternehmen, um den polnischen seewärtigen Handel deutschen Häfen zuzuführen. Dem diente die Festsetzung spezieller Tarife der deutschen Eisenbahn, mit deren Hilfe es sich für die Unternehmer rentierte, von der Vermittlung Stettins, Hamburgs und anderer deutscher Städte Gebrauch zu machen. Diese Häfen mit alten Handelstraditionen verfügten auch über erfahrene Vermittler, Spediteure und Kreditinstitute, die Kontakte mit

[52] Ebenda, S. 190.

[53] *Dopierała, Bogdan*, Wokół polityki morskiej Drugiej Rzeczypospolitej. Szkice historyczne (Rund um die Seepolitik der Zweiten Republik. Historische Skizzen), Poznań 1978.

anderen Ländern erleichterten. Die polnische Eisenbahn brachte ebenfalls ein Tarifsystem in Anwendung, das polnischen Firmen einen Anreiz bot, sich der Häfen Gdynia oder Danzig zu bedienen. In Gdynia wurden Anlagen und Einrichtungen, die die Benutzung des Hafens erleichterten (u. a. Lagerhallen), schnell ausgebaut, und es entstanden spezialisierte Dienstleistungsunternehmen für die Bedürfnisse des seewärtigen Handels. Dadurch gelang es, für Gdynia auch einen Teil des tschechoslowakischen Transits zu gewinnen, woran die in Prag eingerichtete Vertretung der Polnischen Staatsbahnen beharrlich arbeitete.[54]

So sehr der Hafen Gdynia die Aufmerksamkeit der Staatsbehörden auf sich zog, so wenig schenkten sie dem Bau einer eigenen Handelsflotte Beachtung.[55] Weil es eine solche nicht gab, wurde mit zunehmendem seewärtigem Handel die Zahlungsbilanz des polnischen Staates immer mehr belastet. Private Firmen hatten Angst, in Seeschiffe zu investieren, denn die Schiffahrt verlangte große Kapitalaufwendungen sowie Erfahrungen und Kenntnisse, die in Polen nicht viele Leute besaßen. Zugleich brachte sie zu niedrige Einnahmen. Unmittelbar nach dem ersten Weltkrieg unternommene Versuche, Schiffahrtsunternehmen zu gründen, endeten erfolglos. Der Staat aber verfügte damals nicht über die entsprechenden Finanzmittel, um auf noch einem Gebiet in Aktion zu treten.

Die Schaffung einer staatlichen Handelsflotte begann 1926, als die Regierung 5 Schiffe kaufte und die Firma Żegluga Polska (Polnische Schiffahrt) gründete. Ein Jahr später ging die Regierung daran, private Schiffahrtsunternehmen zu subventionieren, was zur Folge hatte, daß sich das Privatkapital dafür interessierte. Eine eigene Flotte schuf sich vor allem die Kohlenindustrie, die die Transportkosten ihrer Ladungen zu senken wünschte. Ende 1929 betrug die Gesamttonnage der polnischen Handelsflotte 41000 BRT, etwa dreimal soviel wie im Jahre 1923. Das war aber unerhört wenig im Vergleich mit anderen Ländern. So hatte die deutsche Handelsflotte, die ebenfalls nach dem Kriege fast völlig neu geschaffen werden mußte, 1929 eine Gesamttonnage von 4,09 Millionen BRT. 1939 war die Tonnage Polens auf 102000 BRT angewachsen, was ungefähr 0,14 % der Welttonnage ausmachte. Viel besser entwickelte sich die Passagierflottille, die über die modernen Motorschiffe „Batory", „Piłsudski" und „Pułaski" verfügte. Der Aufbau dieser Flottille hing mit der starken Migrationsbewegung zwischen Polen und transozeanischen Häfen zusammen.

Verhältnismäßig schnell entwickelte sich der Luftverkehr, wenn auch sein Anteil an der gesamten Personen- und Güterbeförderung verschwindend gering blieb, doch das war auch in anderen Ländern in den zwanziger und dreißiger Jahren nicht viel anders. 1922, als man mit Passagierflügen begann, wurden 1000 Personen auf 712 Flügen befördert. 1939 wurden schon nahezu 10000 Flüge durchgeführt, auf denen 35000 Passagiere und fast 1000 t verschiedenerlei Fracht befördert wurden. Es bestanden 7 reguläre Flugverkehrsverbindungen mit einer Länge von über 6000 km.[56]

Nicht allzuviel Gewicht hatte die Binnenschiffahrt. Die Transportkapazität der Binnenschiffe wuchs in den Jahren 1928–1939 von ungefähr 100000 auf fast 160000 t. Von den 2794 Wasserfahrzeugen hatten aber nur 173 einen Dampf- oder Motorantrieb, den Rest

54 Vgl. AAN Warschau, Ministerium für Auswärtige Angelegenheiten (MSZ) 5537, Bericht der Vertretung vom 27. 2. 1935, und andere Dokumente ebenda, MSZ 2542.

55 *Czerwińska, Wanda*, Rola państwa w polskiej gospodarce morskiej 1919–1939 (Die Rolle des Staates in der polnischen Seewirtschaft 1919–1939), Gdańsk 1975.

56 *Mały Rocznik Statystyczny 1939*, S. 205.

bildeten Kähne und Boote verschiedener Art ohne mechanischen Antrieb. Daß dieser Transportzweig so schwach entwickelt war, ergab sich zum einen daraus, daß die Flüsse für die Bedürfnisse einer regulären Schiffahrt zu klein waren, und zum anderen aus der Konkurrenz der Eisenbahn, die Massengüter zu billigen Tarifen beförderte. 1926 hatte die Binnenschiffahrt nicht mehr als 1,7 % Anteil am Güterverkehr in Polen.[57]

Noch geringere Bedeutung hatte der Kraftverkehr, der hinter anderen Ländern entschieden zurückblieb. Es war charakteristisch für Polen, daß dort, wo die Regierung direkt in das Wirtschaftsleben intervenieren konnte, indem sie Investitionen vornahm oder Kredite gewährte oder privaten Unternehmern Privilegien einräumte, es nicht selten gelang, positive Effekte zu erzielen. Auf dem Gebiet des Transports waren das der Aufbau von Gdynia und die Entwicklung des Luftverkehrs. Wenn dagegen die Entwicklung vor allem vom Wohlstand der Gesellschaft abhing, waren die Fortschritte viel bescheidener. Gerade in der Motorisierung kam das deutlich zum Ausdruck. 1939 waren in ganz Polen 8600 LKW, 2000 Autobusse, 5200 Taxi und 24600 PKW registriert. Außerdem gab es 12000 Motorräder. Die Fahrzeuge waren vor allem in den relativ wohlhabenden Landesteilen konzentriert. So waren in Warschau 9700, in der Wojewodschaft Poznań 5200, in Pommerellen 5100 und in der schlesischen Wojewodschaft 4800 Autos registriert, dagegen in Polesien nur 358 und in den übrigen östlichen Wojewodschaften nicht viel mehr. In ganz Polen entfielen auf 10000 Einwohner 12,1 Autos, also weniger als in den meisten europäischen Staaten.[58] Beim Transport über kleinere und sogar über mittlere Entfernungen dominierten weiterhin Pferdegespanne.

7. Der Außenhandel

Mit der Konstituierung des unabhängigen polnischen Staates wurde die Neugestaltung der Handelsverbindungen der nun die Republik Polen bildenden Gebiete akut. Die veränderten politischen und Zollgrenzen zwangen dazu, die bisherigen, im Laufe des 19. Jahrhunderts hergestellten Wirtschaftsbeziehungen jedes der einstigen Teilgebiete mit seiner Teilungsmacht zu modifizieren und einzuschränken. An ihre Stelle mußten Kontakte mit anderen, insbesondere mit den verbündeten Ländern treten. Ähnliche Probleme standen vor allen Ländern Mittel- und Osteuropas, die nach dem ersten Weltkrieg unabhängige Staaten wurden oder andere Grenzen erhielten. Dies war keine leichte Aufgabe, denn in den politischen Vorkriegsgrenzen hatte sich ja eine Arbeitsteilung zwischen den einzelnen, sich gegenseitig ergänzenden Regionen herausgebildet. Die Veränderung der politischen Verhältnisse hatte zur Folge, daß Zollgrenzen errichtet wurden, wo vorher keine bestanden hatten. Dadurch wurden in nicht wenigen Fällen Verbindungen zwischen den Rohstoffgebieten und den Verarbeitungszentren sowie zwischen diesen und den Abnehmern der Fertigerzeugnisse zerrissen. Dazu kam es insbesondere infolge des Zerfalls der Habsburger Monarchie. Auch eine Wirtschaftspolitik, die bestrebt war, die ökonomische Einheit der zum Staat gehörenden Gebiete zu festigen, den inneren Markt vor der Konkurrenz zu schützen und bisher vernachlässigte Produktionszweige beschleunigt zu entwickeln, hatte oft Konsequenzen, die in dieselbe Richtung gingen. Auf Polens Außenhandel unmittelbar nach dem Kriege wirkte sich auch der Umstand, daß es sich in finan-

57 Ebenda, S. 202.
58 Ebenda, S. 199.

ziellen Schwierigkeiten befand und vor allem den Heeresbedarf decken und die Versorgung sichern mußte, ungünstig aus.

Weil der europäische Handel nach dem Kriege desorganisiert war und auch weil den großen Importbedürfnissen nur geringe Exportmöglichkeiten gegenüberstanden, war es nötig, den Außenhandel streng zu reglementieren. Damit wurde schon im November 1918 begonnen. Vom Standpunkt der polnischen Volkswirtschaft überflüssige Produkte sollten nicht weiterhin importiert, Artikel, an denen es für den eigenen Bedarf mangelte, nicht weiterhin exportiert werden. Der Hauptteil der Geschäfte mit dem Ausland wurde anfangs durch staatliche Institutionen oder mit deren Hilfe durchgeführt. Erst mit der allmählichen Normalisierung der Wirtschaftsbeziehungen und besonders nach dem Friedensschluß mit den Sowjetrepubliken im Frühjahr 1921 erfuhr die Rolle des Staates im Außenhandel schrittweise eine Begrenzung. Mitte 1921 wurde das Prinzip des freien Außenhandels eingeführt, wovon einige Waren ausgenommen waren. Vor allem landwirtschaftliche Erzeugnisse bedurften der Ausfuhrgenehmigung. Doch bald wurde auch diese Beschränkung gemildert. Als Instrument der Einwirkung auf den Außenhandel verblieben die Zölle, die in vielen Fällen Protektionscharakter hatten.

Die Warenstruktur des polnischen Außenhandels ergab sich in der ersten Zeit nach Wiedererlangung der Unabhängigkeit aus den momentanen Bedürfnissen und Möglichkeiten. Importiert wurden insbesondere Lebensmittel, Kohle und Rüstungsgüter, exportiert ebenfalls Lebensmittel, ferner Erdöl, Holz und einige Industriewaren. Nach 1921 schoben sich im Export Kohle und Holz an die Spitzenpositionen, und auch die Lebensmittelausfuhr nahm an Umfang zu. Dagegen dominierten unter den eingeführten Waren Rohstoffe, an zweiter Stelle standen Industrieprodukte. Polen war also ein Land, das vor allem Rohstoffe lieferte und – außer Rohstoffen – Fertigerzeugnisse importierte. In den Jahren der Konjunkturbelebung vergrößerte sich die Einfuhr von Maschinen und Ausrüstungen für die Industrie, während unter den ausgeführten Waren Halbfabrikate der Hüttenindustrie sowie Erzeugnisse der Textilindustrie eine größere Rolle spielten. Doch grundsätzlich änderte sich die Import-Export-Struktur nicht sehr.

Im Laufe der dreißiger Jahre kam es dann zu einem langsamen Wandel in der Warenstruktur.[59] Im Export wuchs der Anteil der Fertigprodukte. 1928 machten sie 14,5, 1934 23,1 % der Gesamtausfuhr aus, gleichzeitig ging der Anteil von Rohstoffen und Halbfertigwaren von 55,2 auf 48,1 % zurück. Dann wurden die Grundsätze für die Klassifikation der Warengruppen verändert, weshalb wir für die folgenden Jahre nur über Angaben verfügen, die sich mit den Daten für die Vorjahre nicht ohne weiteres vergleichen lassen. Die Exportstruktur entwickelte sich weiter in der angedeuteten Richtung. 1934 bildeten Waren in einem weit fortgeschrittenen Verarbeitungsstadium 10,5 % der Gesamtausfuhr, 1938 bereits 14,8 %. Auf der Importseite ging dagegen in den Jahren 1928–1934 der Anteil der Fertigwaren von 44,1 auf 33,7 % zurück, um in den Jahren 1934–1938 (als eine andere Klassifikation der Waren galt) erneut von 27,9 auf 36,1 % zu steigen. Aus diesen Zahlen kann man aber keine großen Schlüsse ziehen. Abgesehen von den neuen statistischen Gruppierungsmethoden führten u. a. veränderte Preisrelationen zu Änderungen der Exportstruktur. Da die Krise einen besonders schnellen Preissturz für Rohstoffe und landwirtschaftliche Erzeugnisse auf den Weltmärkten hervorrief, kann man

59 *Mały Rocznik Statystyczny 1935*, S. 95; dgl. 1937, S. 166 und 168; dgl. 1939, S. 172; *Krynicki, Józef*, Problemy handlu zagranicznego Polski 1918–1939 i 1945–1955 (Probleme des polnischen Außenhandels 1918–1939 und 1945–1955), Warschau 1958.

annehmen, daß tatsächlich der Anteil dieser Warengruppen am polnischen Export 1930 bis 1933 nur scheinbar zurückging. Erst die Veränderungen nach 1934 resultierten aus einer gewissen Modernisierung des polnischen Außenhandels. Dagegen ist die Entwicklung der Importstruktur auch nach 1934 vor allem den Veränderungen in den Preisrelationen und nur in gewissem Maße der Belebung der Investitionstätigkeit, die den Import von Maschinen und Anlagen ansteigen ließ, zuzuschreiben.

Die Warenstruktur des polnischen Außenhandels spiegelte also die Struktur der polnischen Wirtschaft wider, in der die Landwirtschaft überwog und die extraktiven Produktionszweige eine große Rolle spielten. Im Volumen der Umsätze fanden auch Konjunkturschwankungen ihren Niederschlag.

Viel schwerer wogen die Veränderungen, die die geographische Struktur des polnischen Außenhandels erfuhr.[60] In der ersten Nachkriegszeit dominierten die Umsätze, die noch ganz den Tendenzen der Vorkriegszeit, als Polen unter fremde Mächte aufgeteilt gewesen war, entsprachen. An erster Stelle stand Deutschland, ihm folgten die Nachfolgestaaten der Habsburger Monarchie. Die einzige wesentliche Ausnahme bestand darin, daß der Handel mit Polens großem östlichen Nachbarn ganz gering war. Der faktisch fast völlige Abbruch der Wirtschaftsverbindungen mit den Sowjetrepubliken hatte politische Gründe. Der Krieg, der 1919/20 getobt hatte, belastete die gegenseitigen Beziehungen. Zwar hatte der Rigaer Friedensvertrag zur Aufnahme diplomatischer Beziehungen zwischen Polen und den Sowjetrepubliken (der späteren UdSSR) geführt, doch hegte man in polnischen Wirtschaftskreisen kein Vertrauen in die Dauerhaftigkeit des sozialistischen Systems. Privatfirmen in Polen fürchteten sich davor, Lieferungen an staatliche sowjetische Betriebe zu kreditieren, und forderten zusätzliche Garantien von seiten polnischer staatlicher Institutionen. Nicht selten bildete die Kapitalschwäche polnischer Unternehmen die objektive Ursache für eine solche Haltung. Das Verhältnis der polnischen Regierung zu den Sowjetrepubliken war inkonsequent. Zwar erkannte man, daß eine Entfaltung des Handels und sogar eine politische Zusammenarbeit, besonders am Beginn der zwanziger Jahre, als sich die Sowjetregierung international in der Isolierung befand, hätte von Nutzen sein können, doch gleichzeitig scheute man vor einem selbständigen Vorgehen zurück, um es nicht zu Differenzen mit Frankreich kommen zu lassen. Letzten Endes entschloß sich Polen nicht dazu, die Wirtschaftsbeziehungen zur UdSSR enger zu gestalten; dafür nutzte Deutschland die bestehenden Möglichkeiten.

Davon, welches Gewicht die traditionellen Richtungen des Warenaustauschs hatten, können wir uns überzeugen, wenn wir aufgrund der Eisenbahntransportstatistik die Umsätze der einzelnen Landesteile Polens analysieren. Wie sich aus den Berechnungen ergibt, unterhielt in den zwanziger Jahren das Territorium des ehemaligen österreichischen Teilgebiets weiterhin besonders starke Handelsbeziehungen zu Österreich und zur Tschechoslowakei. Die westlichen Wojewodschaften betrieben Warenaustausch mit Deutschland. Bis 1925 wurde – aufgrund internationaler Verträge – sogar der zollfreie Handelsverkehr zwischen den beiden durch die deutsch-polnische Grenze getrennten Teilen Oberschlesiens beibehalten. Kein Wunder, daß viele westliche Ökonomen und Politiker der Meinung waren, Polens Wirtschaft sei von Beziehungen zu Deutschland abhängig, welches deshalb auf seinen östlichen Nachbarn Druck ausüben könne.

Im Laufe der Jahre zwischen den beiden Weltkriegen gingen weitreichende Wandlungen in der geographischen Struktur des polnischen Außenhandels vor sich (Tabelle 25).

60 *Tomaszewski, J.*, Związki gospodarcze, a. a. O., S. 363ff.

Tabelle 25
Die geographische Struktur des polnischen Außenhandels in den Jahren 1923 bis 1938 (in Prozent der Umsätze)

Staat	1923	1926	1928	1932	1935	1937
	Einfuhr					
Deutschland	44	24	23	20	14	15
Nachfolgestaaten Österreich-Ungarns	16	14	15	12	12	11
UdSSR	.	1	1	2	2	1
England	8	10	9	9	14	12
Frankreich	4	8	7	7	5	3
USA	15	18	14	12	14	12
Belgien	1	2	2	3	3	5
Holland	1	4	4	4	3	5
Schweden	.	.	2	2	2	3
Italien	0	5	3	3	3	3
	Ausfuhr					
Deutschland	51	25	34	16	15	14
Nachfolgestaaten Österreich-Ungarns	27	25	28	21	15	12
UdSSR	.	2	2	3	1	0
England	7	17	9	17	20	20
Frankreich	2	4	2	6	4	4
USA	1	1	1	1	5	9
Belgien	1	2	2	5	6	6
Holland	1	6	5	5	4	5
Schweden	.	.	4	6	5	6
Italien	1	2	2	3	3	5

Quelle: Rocznik Statystyki RP (Jahrbuch der Statistik der Republik Polen) 1925/26, S. 212; 1929, S. 182; Mały Rocznik Statystyczny (Kleines Statistisches Jahrbuch) 1934, S. 85; 1937, S. 153; 1938, S. 157.

Vor allem büßte Deutschland schnell an Gewicht im polnischen Außenhandel ein. Zwar war es auch 1937 – neben England – Polens Hauptpartner, doch die beinahe monopolistische Position, die es unmittelbar nach dem ersten Weltkrieg besessen hatte, verlor es nach 1925. Als spezielle Vorrechte zugunsten der Einfuhr von Waren aus dem Polen zuerkannten Teil Oberschlesiens nach Deutschland am 15. Juni 1925 erloschen, verbot die deutsche Regierung die weitere Einfuhr polnischer Kohle. Auf diese Weise begann der Wirtschaftskrieg Deutschlands gegen Polen.[61] In Beantwortung der deutschen Maßnahmen beschränkte die polnische Seite die Einfuhr aus Deutschland. Von gegenseitigen Verbotsmaßnahmen wurden in den folgenden Monaten noch weitere Warengruppen betroffen. Insgesamt machte der Wert der von deutschen Einfuhrverboten erfaßten Produkte

[61] *Puchert, B.*, Der Wirtschaftskrieg, a. a. O.; *Blahut, Karol J.*, Polsko-niemieckie stosunki gospodarcze w latach 1919–1939 (Die polnisch-deutschen Wirtschaftsbeziehungen in den Jahren 1919–1939), Wrocław 1975, S. 60ff.

56,6 % des bisherigen polnischen Exports nach Deutschland und 26,75 % des polnischen Gesamtexports aus. Für Deutschland handelte es sich nur um 2,78 % seines Gesamtimports. Die polnischen Verordnungen betrafen 46,88 % der deutschen Ausfuhr nach Polen, was aber nur 3,3 % des deutschen Gesamtexports ausmachte. Wie aus diesen Zahlen hervorgeht, traf der Wirtschaftskrieg die polnische Wirtschaft viel härter als die deutsche. Selbstverständlich bereitete die Beschränkung der Ausfuhrmöglichkeiten auch einigen deutschen Industriezweigen Schwierigkeiten. Die Wirtschaftslage des ganzen deutschen Staates konnte das aber nicht beeinflussen. In Polen trafen die deutschen Handelsverbote und -beschränkungen vor allem den Bergbau und die Hüttenindustrie Oberschlesiens, deren Ausfuhr überwiegend zum westlichen Nachbarn gegangen war. Daher kam es im Sommer 1925 in den genannten Industriezweigen zu einem Rückgang der Produktion.

Es unterliegt keinem Zweifel, daß die Entscheidung der deutschen Regierung politischer Natur war. Sie eröffnete eine weitere Etappe der auf die Unterordnung Polens abzielenden Politik. Mit dem Wirtschaftskrieg drohten Oberschlesien ein Anwachsen der Arbeitslosigkeit und der polnischen Regierung politische Schwierigkeiten. Ein Rückgang des Exports mußte auch Polens sowieso negative Zahlungsbilanz treffen. Die verlorenen Märkte ließen sich nicht binnen kurzer Zeit durch andere ersetzen. In Berlin meinte man, unter dem wirtschaftlichen Druck werde Polen politische Zugeständnisse machen, insbesondere werde eine Revision der deutsch-polnischen Grenze möglich werden. Außer den politischen Gründen, die die deutschen Behörden bewogen, den Import aus Polen einzuschränken, wiesen auch wirtschaftliche Aspekte in diese Richtung. Seit Januar 1924 wuchs der negative Saldo der deutschen Handelsbilanz schnell an, und gegen Ende desselben Jahres traten Überschüsse an Kohle auf.[62] Beide Probleme, insbesondere das erstgenannte, waren natürlich allein durch Restriktionen gegen Polen nicht zu lösen.

Die Hoffnungen der deutschen Politiker gingen jedoch nicht auf. Unmittelbar brachte der Konflikt zwar tatsächlich eine Verschärfung der ökonomischen Schwierigkeiten Polens, doch bald setzte in ganz Europa eine Konjunkturbelebung ein, die Polen dabei half, den Rückgang des Exports wettzumachen. Darüber hinaus gab es weitere Faktoren, die dasselbe bewirkten. Der sinkende Złoty-Kurs im Herbst 1925 erlaubte es, polnische Waren auf ausländischen Märkten zu ermäßigten Preisen zu verkaufen und die Ausfuhr zu vergrößern. Bald danach, im Frühjahr 1926, rief der große Streik der englischen Bergarbeiter Kohlenmangel hervor (u. a. auf den skandinavischen Märkten), wodurch es den polnischen Unternehmern möglich wurde, den Export dieser wichtigsten polnischen Ware nach dem Norden zu lenken.

Der Wirtschaftskrieg brachte dagegen andere lange vorhaltende Effekte, die die Verselbständigung und Modernisierung der polnischen Industrie förderten. Vorher hatte die oberschlesische Industrie nach Deutschland vor allem Rohstoffe und Halbfabrikate ausgeführt und dafür von dort Produkte höherer Verarbeitungsstufen bezogen. Der Wirtschaftskrieg machte einen derartigen Austausch unmöglich. In Polen mangelte es an Waren, die bis dahin aus Deutschland bezogen worden waren, dafür gab es jetzt einen Überschuß an Rohstoffen und Halbfabrikaten der Schwerindustrie. Unter den Bedingungen

62 *Mottek, Hans/Becker, Walter/Schröter, Alfred*, Wirtschaftsgeschichte Deutschlands. Ein Grundriß, Bd. 3: Von der Zeit der Bismarckschen Reichsgründung 1871 bis zur Niederlage des faschistischen deutschen Imperialismus 1945, Berlin 1975, S. 255 und 262.

der sich bessernden Konjunktur förderte das den Ausbau neuer Produktionssektoren. Polen überwand allmählich seine Abhängigkeit von der deutschen Wirtschaft. Die Spannungen in den polnisch-deutschen Wirtschaftsbeziehungen verminderten sich erst in den Krisenjahren. Nachdem im Januar 1934 die polnisch-deutsche Gewaltverzichtserklärung unterzeichnet worden war, endete bald danach auch der Wirtschaftskrieg, und schließlich wurde Ende 1935 ein Wirtschaftsvertrag abgeschlossen. Das geschah aber bereits zu einer Zeit, als beide Staaten bemüht waren, ihre Handelsbilanzen auszugleichen. Die Umsätze zwischen Polen und Deutschland blieben gering, bis zum Kriegsausbruch lagen sie weit unter dem Niveau der zwanziger Jahre.[63]

In den dreißiger Jahren war auch der Anteil, den die Umsätze mit den Nachfolgestaaten der Habsburger Monarchie am Gesamtvolumen des polnischen Außenhandels hatten, rückläufig. Schwer ins Gewicht fielen hierbei die auf mehr Selbstversorgung abzielende Politik der einzelnen Staaten und die Tatsache, daß sie alle ähnlich wie Polen Überschüsse an landwirtschaftlichen Produkten aufwiesen, die sie auf ausländischen Märkten unterbringen wollten. Der Warenaustausch ging mit den Nachfolgestaaten jedoch nicht so stark zurück wie mit Deutschland.

Gleichzeitig nahmen die Umsätze mit anderen Staaten zu, vor allem mit westeuropäischen Ländern und mit den USA. Das war zweifellos von Vorteil, denn dadurch wurde es für den polnischen Staat leichter, eine selbständige Politik zu betreiben. Lediglich der Handel mit der Sowjetunion wies nur geringe Fortschritte auf und verringerte sich unmittelbar vor Ausbruch des zweiten Weltkrieges erneut.

Die Handelsbeziehungen mit der UdSSR waren eine Angelegenheit von großer wirtschaftlicher Bedeutung. Die Textilindustriellen von Łódź, die ihre Produkte vor dem ersten Weltkrieg großenteils weit in das Russische Reich hinein versandt hatten, hegten die Hoffnung, der polnisch-sowjetische Handel werde es ihnen erlauben, ihre Verkaufsprobleme zu überwinden. In der ersten Zeit der Wirtschaftskrise milderte ein Abkommen über die Ausfuhr polnischer Hüttenprodukte in die UdSSR den Krisenverlauf in Oberschlesien. Doch die finanzielle Schwäche der polnischen Unternehmen, die nicht imstande waren, den sowjetischen Abnehmern langfristige Kredite zu gewähren, behinderte die Entfaltung des Exports. Denselben Effekt hatten die alles andere als guten politischen Beziehungen zwischen den beiden Staaten. Infolgedessen blieb in der Zeit zwischen den beiden Weltkriegen trotz in einigen Jahren unternommener Versuche, zu Vereinbarungen zu gelangen, der riesige sowjetische Markt durch die polnische Industrie ungenutzt.

Polen versuchte auch mit einigen Staaten Mittel- und Südosteuropas wirtschaftlich zusammenzuarbeiten.[64] Der wichtigste Schritt wurde 1930 getan. Eine mehreren diplomatischen Vertretungen Polens am 8. Juli 1930 übersandte Instruktion des Außenmi-

[63] *Puchert, Berthold*, Die deutsch-polnische Nichtangriffserklärung von 1934 und die Außenwirtschaftspolitik des deutschen Imperialismus gegenüber Polen bis 1939, in: „Jahrbuch für Geschichte der UdSSR und der volksdemokratischen Länder Europas“, Bd. 12, Berlin 1968, S. 339–354.

[64] *Sládek, Zdeněk/Tomaszewski, Jerzy*, Próby integracji gospodarczej Europy środkowej i południowo-wschodniej w latach dwudziestych XX w. (Versuche einer wirtschaftlichen Integration Mittel- und Südosteuropas in den zwanziger Jahren des 20. Jh.), in: „Roczniki Dziejów Społecznych i Gospodarczych“ 1979, Bd. 49; *Dieselben*, Próby integracji ekonomicznej Europy środkowej i południowo-wschodniej w latach trzydziestych XX w. (Versuche einer ökonomischen Integration Mittel- und Südosteuropas in den dreißiger Jahren des 20. Jh.), in: „Śląski Kwartalnik Historyczny Sobótka“ 1979, Nr. 3.

nisteriums besagte: „Als größtes Agrarland Mitteleuropas, mit einer großen landwirtschaftlichen Produktion, zwischen den baltischen Agrarländern einerseits und den südosteuropäischen Agrarländern und den Balkanstaaten andererseits liegend, ist Polen gerade der Staat, der am meisten dazu berufen ist, die Agrarstaaten um sich zu scharen und zwischen ihnen eine exakte Vereinbarung mit dem Ziel der Verteidigung ihrer Interessen zustande zu bringen.“[65]

Auf dieser Plattform gelang es, den Agrarblock zu schaffen, dem neben Polen Bulgarien, die Tschechoslowakei, Estland, Finnland, Jugoslawien, Lettland, Rumänien und Ungarn angehörten. Diese Länder vereinbarten einen gemeinsamen Standpunkt gegenüber den europäischen Industriestaaten. Sie bemühten sich, von ihnen Zollprivilegien, die den Export landwirtschaftlicher Erzeugnisse erleichtern sollten, und auch Kredite für landwirtschaftliche Zwecke zu erhalten. Der Agrarblock brachte Polen aber keine erheblichen Vorteile, und die ihm angehörenden Länder erwiesen sich als ein zu schwacher Partner für die Industriemächte.

Unter den Bedingungen des begrenzten inneren Marktes für die Industrie hatte die Ausfuhr erstrangige Bedeutung für eine Erhöhung der Produktion. Auf diesem Wege ließen sich doch Möglichkeiten für eine Beschleunigung der wirtschaftlichen Entwicklung des Landes suchen. Die polnischen Unternehmer, die den Export aktivieren wollten, mußten mit den Produzenten der anderen Länder, die häufig über größere Finanzkraft und Erfahrung im internationalen Handel verfügten, in Konkurrenz treten.

Unter diesen Umständen traten einige positive Seiten der Kartellabmachungen zutage. Ein Kartell, das die Exporteure irgendeines Produkts vereinigte, hatte in den Beziehungen zum Ausland eine viel stärkere Position als einzelne, miteinander konkurrierende Unternehmen. Im Rahmen der Abmachung einigte man sich über Verkaufsbedingungen, Erzeugnistypen und Qualitätsnormen. Es gab Fälle, in denen für die Zulassung polnischer Waren zu einem bestimmten Markt geradezu die Bedingung gestellt wurde, es müsse eine Kartellabmachung getroffen werden. Ein Beispiel dafür ist der Schweineexport nach Österreich. Der polnisch-österreichische Vertrag von 1929 sah eine Vereinbarung der Wiener Kaufleute mit einer Organisation polnischer Exporteure vor, damit die Lieferungen ordnungsgemäß entsprechend den von der österreichischen Regierung gestellten Bedingungen erfolgten. Die Kartelle erleichterten oftmals auch die Kreditaufnahme zur Finanzierung der Produktion. Eine derartige Rolle spielte zum Beispiel die von der Vereinigung der polnischen Zuckerfabriken gegründete Bank Cukrownictwa (Bank der Zuckerindustrie) in Poznań, die den Zuckerverkauf in Polen und im Ausland organisierte und Kredite für Zuckerfabriken vermittelte.

Durch ihre Rolle im Außenhandel gewannen sich die Kartelle nicht selten das Wohlwollen der polnischen Regierung. Über diese Organisationen wurde der Export finanziert, der notwendig war, damit die Auslandsschulden abgezahlt werden konnten. Im Inland wurden Preise festgesetzt, die so hoch waren, daß sie auch einen Teil der Produktionskosten für die unterhalb der Inlandpreise exportierten Waren deckten. Die Kartelle wälzten also die Kosten für das Dumping auf die polnischen Käufer ab.

Doch selbst derartige Methoden des Kampfes um die Absatzmärkte vermochten nicht eine Zunahme des Exports herbeizuführen, die als Stimulus für die Entwicklung der Industrie hätte wirken können. Zugleich hatten sie negative Konsequenzen für die Kaufkraft im Inland. Sehr hinderlich war es, daß viele Unternehmen von ausländischen Kapita-

65 AAN Warschau, MSZ 112, Bl. 22.

listen beherrscht wurden. Es war üblich, daß die polnische Industrie in den internationalen Kartellen durch Leute repräsentiert wurde, die nicht immer daran interessiert waren, daß sie sich entwickelte. Nehmen wir als Beispiel die Zinkindustrie. Polen besaß reiche Zinkerzlagerstätten, es gehörte zu den wichtigsten Produzenten dieses Metalls. Die ausländischen Teilhaber der Giesche S.A. Katowice, der größten zinkerzeugenden Firma Polens, unterstellten mit Hilfe von Verträgen deren Zinkabsatz im Ausland einer Berliner Firma, die den deutschen Zinkkonzern Bergwerksgesellschaft Georg von Giesche's Erben in Breslau repräsentierte. Für den Außenhandel hatte die Existenz von Kartellen also unterschiedliche Effekte. Doch die Kartellisierung war ein weltweiter Prozeß, der in allen kapitalistischen Ländern stattfand und Polen nicht ausließ.

8. Die Finanzen

In den bisherigen Darlegungen erwähnten wir schon mehrmals Währungsfragen und ihren Einfluß auf die Wirtschaftslage der Zweiten Republik. Jetzt wollen wir dieses Thema etwas ausführlicher abhandeln und die bisher gegebenen Informationen ordnen.

Zum Zeitpunkt der Wiedererlangung der Unabhängigkeit waren in den polnischen Gebieten mehrere Währungen im Umlauf: im ehemaligen preußischen Teilgebiet die deutsche Mark, in Galizien die österreichische Krone, im ehemaligen Königreich Polen die in den Kriegsjahren von der deutschen Besatzungsmacht emittierte Polnische Mark und in den vor dem Weltkrieg zum Russischen Kaiserreich gehörenden Ostgebieten der Republik Polen die Ostmark und der Ostrubel. Außerdem liefen Zarenrubel, Dollar und noch anderes Geld um. Dieses Mosaik von Zahlungsmitteln komplizierte das Wirtschaftsleben ungemein. Jede Währung hatte eine andere Kaufkraft und unterlag starken Schwankungen, auf die die polnische Regierung keinen Einfluß hatte. Die Kurse der meisten in Polen umlaufenden Währungen hingen von der Emissionspolitik der Zentralbanken der Nachbarstaaten ab. Die Vielzahl der Währungen machte es unmöglich, einen Haushaltsplan auszuarbeiten, und erschwerte die ökonomische Integration des Landes.

Deshalb besaß die Vereinheitlichung des Geldes erstrangige Bedeutung. Sie erfolgte mittels allmählichen Umtauschs aller Zahlungsmittel in Polnische Mark. Dieser Prozeß kam 1920 zum Abschluß. Der Geldumtausch diente vor allem dazu, die Währungsverhältnisse zu ordnen, löste jedoch nicht die viel schwierigere Aufgabe, der Polnischen Mark einen stabilen Kurs zu sichern. Unter den damaligen Bedingungen war diese Aufgabe wegen des riesigen Finanzbedarfs des zerstörten Landes nicht realisierbar. Neben dem Wiederaufbau galt es, einen Verwaltungsapparat, eine Armee, eine Polizei, eine Gerichtsbarkeit, ein Volksbildungswesen u. dgl. mehr zu schaffen. Das alles erforderte gewaltige Geldmittel. Gleichzeitig aber bewegten sich die Staatseinnahmen auf sehr niedrigem Niveau, weil sich das Wirtschaftsleben noch nicht vom Kriege erholt hatte und kein entwickelter Finanzapparat vorhanden war. Die Defizite ließen sich auch nicht durch Auslandsanleihen decken, da das Privatkapital davor Angst hatte, in Polen Geld anzulegen, und die ausländischen Regierungen fast ausschließlich Warenkredite gewährten, die für die Versorgung der Bevölkerung und die Ausrüstung der Armee bestimmt waren.

Um den Ausgabenüberschuß zu decken, nahm die Regierung zur inflationären Banknotenemission Zuflucht.[66] Anfangs wuchs die umlaufende Geldmenge relativ langsam.

[66] Die wichtigsten Angaben über die Inflation macht *Taylor, Edward*, Inflacja polska (Die pol-

Doch die Vorbereitungen auf den Krieg gegen Sowjetrußland brachten es mit sich, daß beschleunigt Polnische Mark gedruckt wurde und die Inflationsprozesse an Kraft zunahmen. Die anfangs mäßige Inflation begann sich dabei automatisch zu vertiefen. Der wachsende Geldumlauf löste einen Preisauftrieb aus, die Teuerung zwang zu Lohnerhöhungen, diese zogen ein Anwachsen des Geldumlaufs und weiteren Preisauftrieb nach sich, was wieder auf die Löhne durchschlug usw. Es entstand die sogenannte Inflationsspirale. Während sich am 31. 12. 1918 1024 Millionen Polnische Mark im Umlauf befanden, waren es zum gleichen Zeitpunkt 1920 49361 Millionen, 1921 229538 Millionen, 1922 793437 und 1923 125371955 Millionen. Der zunehmende Umlauf, dem keine angemessen wachsende Warenmasse gegenüberstand, trieb die Preise hoch. Während z. B. am 31. 12. 1918 für 1 Dollar 9 Polnische Mark gezahlt wurden, waren es nach einem Jahr schon 110, im Jahre 1920 590 und Ende 1923 637500 Poln. Mark.

Solange die Inflation mäßig blieb, wirkte sie positiv auf den Verlauf der Wirtschaftskonjunktur. Die Leute scheuten sich, Ersparnisse in Geld anzulegen, und gaben sie lieber für den Kauf von Waren aus. Die Inflation erleichterte auch den Absatz polnischer Erzeugnisse im Ausland. Das hatte zunehmende wirtschaftliche Aktivität zur Folge und beschleunigte die Beseitigung der Kriegsschäden und den Wiederaufbau. Doch wirkte sich das fortschreitende Absinken des Geldwerts ab Jahresmitte 1921 negativ auf das Niveau der Reallöhne aus. Infolgedessen ging der Warenabsatz auf dem Binnenmarkt zurück. Ein zweites negatives Resultat der Inflation war der Verfall des Kreditwesens. Die privaten Bankiers weigerten sich, Kredite in umlaufendem Gelde zu gewähren, weil sie damit in Anbetracht des sinkenden Wertes der Polnischen Mark schwere Verluste erleiden würden. Eine bestimmte in Polnischer Mark ausgedrückte Summe stellte im Augenblick der Kreditrückzahlung einen geringeren realen Wert als bei der Kreditaufnahme dar. Die sich vertiefende Inflation lähmte also das Kreditsystem, was den Produktionsbetrieben ihre Tätigkeit erschwerte und zu erhöhten Produktionskosten führte.

Im Sommer 1923 wuchs die Inflation in Polen in die Hyperinflation hinüber, die durch ungewöhnlich starke und stürmische Zunahme des Umlaufs Polnischer Mark und gleichzeitigen noch schnelleren Preisauftrieb gekennzeichnet wurde. Dadurch beschleunigte sich der Pauperisierungsprozeß in der lohnabhängigen Bevölkerung, unter den Arbeitern und Beamten. Das Geld verlor von Tag zu Tag an Wert, folglich erlitt ein Werktätiger, der nicht sofort am Zahltag seinen ganzen Lohn ausgab (was praktisch nicht möglich war, da er bestimmte Lebensmittel wie Brot, Milch, Fleisch u. ä. täglich kaufen mußte), sehr schwere Verluste. Es verringerte sich also seine Kaufkraft. In dieser Situation kam es im Herbst 1923 in einigen polnischen Städten (Kraków, Tarnów, Borysław) zu blutigen Tumulten und Kämpfen der Arbeiter mit der Polizei. Die Hyperinflation erwies sich auch als sehr nachteilig für die Interessen der Unternehmer, da sie schließlich die Kreditverhältnisse desorganisierte, eine normale Kalkulation der Produktionskosten unmöglich machte, sich negativ auf die Ausfuhrmöglichkeiten auswirkte und den Absatz auf dem Binnenmarkt einschränkte.

Deshalb wurde gegen Ende 1923 die Währungsstabilisierung zur Staatsnotwendigkeit. Bei Fortdauer der Hyperinflation drohten nicht nur wirtschaftliche Störungen, sondern — was wichtiger war — wachsende soziale Spannungen im Staate. Unter diesen Umständen

nische Inflation), Poznań 1926; über die Währungspolitik während der ganzen Zeit zwischen den beiden Weltkriegen siehe *Karpiński, Zygmunt*, Ustroje pieniężne w Polsce od roku 1917 (Die Geldsysteme in Polen seit 1917), Warschau 1968.

wurde am 19. Dezember 1923 ein neues Kabinett mit dem bekannten Ökonomen Władysław Grabski als Ministerpräsident und Finanzminister berufen. Er hatte in früheren Regierungen schon mehrmals das Finanzressort geleitet. Vor der neuen Regierung stand als Hauptaufgabe, das Land aus der Inflation herauszuführen. Dabei war W. Grabski nicht der erste Politiker, der einen Versuch zur Währungsstabilisierung unternahm. Vor ihm hatten sich viele Finanzminister darum bemüht, von denen sich Jerzy Michalski (26. September 1921 – 6. Juni 1922) der größten, aber nur kurzzeitigen Erfolge rühmen konnte. Solange jedoch die Inflation den Gesellschaftsschichten, die in Polen die Macht ausübten, erhebliche Vorteile einbrachte, waren die Bedingungen nicht gegeben, um ein Besserungsprogramm voll zu verwirklichen, zumal doch ein reales Stabilisierungsprogramm die besitzenden Klassen teilweise mit den Kosten der Reform belasten mußte.

Władysław Grabskis Reformen zielten in zwei Grundrichtungen: Ersetzung der entwerteten Polnischen Mark durch eine neue Geldeinheit und gleichzeitig Liquidierung der Hauptursache der Inflation, d. h. Ausgleichung des Haushalts.[67] Die Regierung entschloß sich, vor allem die eigenen Möglichkeiten Polens zu nutzen, ohne auf Auslandshilfe zu zählen. Es verband sich damit die Befürchtung, daß die Aufnahme ausländischer Kredite an für Polen gefährliche politische Bedingungen geknüpft werden könnte. W. Grabski nahm im Ausland nur einige kleine Anleihen auf, die seiner – übrigens nicht immer richtigen – Meinung nach keine politischen Konsequenzen zur Folge haben würden. 1924 bekam er in Italien 400 Millionen Lire Kredit gegen Verpfändung des Vermögens und der Einnahmen des Polnischen Tabakmonopols, 1925 in Schweden 6 Millionen Dollar, wobei die Verpachtung des Polnischen Zündholzmonopols an den Ivar-Kreuger-Konzern Anleihebedingung war. Im gleichen Jahre nahm die Regierung einen Kredit in Höhe von 28 Millionen Dollar in den Vereinigten Staaten von Amerika auf, wofür Vermögen und Betriebseinnahmen der Polnischen Staatsbahnen Sicherheit leisteten. Neben den Zinsen erhielten die Gläubiger von der polnischen Regierung noch verschiedene wirtschaftliche Privilegien eingeräumt. Letzten Endes kostete die Zündholzanleihe mehr als 20 % pro Jahr und die italienische Tabakanleihe nur ein bißchen weniger. Billiger war die bei der amerikanischen Bank Dillon, Read and Co. aufgenommene Anleihe, dafür beinhaltete sie aber zwischen den Zeilen des Vertragstextes politische Nachteile für Polen, denn es stellte sich heraus, daß dieser Kontrahent in engen Geschäftsbeziehungen zum deutschen Kapital stand. Alles in allem spielten die genannten Transaktionen wegen der Geringfügigkeit der empfangenen Beträge keine wesentliche Rolle bei der Sanierung der Staatsfinanzen.

Mit der Währungsreform einher ging die Gründung einer neuen Zentralbank unter dem Namen Bank Polski S.A. (Bank von Polen A.G.), die das Monopol auf die Emission der neuen Złoty-Noten erhielt, das Recht der Münzprägung stand der Regierung zu. Der seit April 1924 im Umlauf befindliche Złoty hatte eine Deckung in Gold und fremden Valuten, seine Parität war der Parität des Schweizer Franken gleichgesetzt. Die polnische Mark wurde in unbegrenzter Menge zum Kurse von 1 Złoty für 1,8 Millionen Polnische Mark in neue Banknoten umgetauscht.

Den Haushaltsausgleich versuchte die Regierung durch Herabsetzung der Ausgaben (hauptsächlich für die Armee und die Eisenbahn) und gleichzeitige Erhöhung der Ein-

67 *Tomaszewski, Jerzy*, Stabilizacja waluty w Polsce 1924–1925 (Die Währungsstabilisierung in Polen 1924–1925), Warschau 1961; *Landau, Zbigniew*, Polskie zagraniczne pożyczki państwowe 1918–1926 (Polnische staatliche Auslandsanleihen 1918–1926), Warschau 1961.

nahmen herbeizuführen. Von grundsätzlicher Bedeutung war eine spezielle Vermögenssteuer in Höhe von 1 Milliarde Złoty, die der Sejm beschloß. Mit den Eingängen aus dieser Quelle sollten drei Jahre lang die Defizite gedeckt werden, und danach sollten die normalen Einnahmen für den Budgetausgleich ausreichen. In der Praxis stellte es sich jedoch heraus, daß mit Ausnahme der ersten paar Monate der Regierungszeit W. Grabskis die Vermögenssteuer nicht in der vorgesehenen Höhe einging. Vertieft wurden die finanziellen Schwierigkeiten noch durch die seit Herbst 1923 andauernde Wirtschaftskrise. So machten sich nach anfänglichen spürbaren Erfolgen bei der Normalisierung der Währungs- und Finanzsituation des Landes Mitte des Jahres 1925 erneut Schwierigkeiten bemerkbar. Das Haushaltsdefizit zwang die Regierung zur Geldemission, womit sie hoffte, die Staatsausgaben zu regulieren. Die Folge war die sogenannte Münzinflation, manchmal auch „zweite“ Inflation genannt. Als auch noch der Export zurückging und im Zusammenhang mit dem deutsch-polnischen Wirtschaftskrieg neue Devisenprobleme auftraten, kam es zum Zusammenbruch des Złoty, dessen Börsenkurs von August 1925 an fiel.

Nach dem Sturz der Regierung Grabski im November 1925 gelang es dem nachfolgenden Kabinett unter Aleksander Skrzyński, durch drastische Reduzierung der Staatsausgaben das Haushaltsdefizit beträchtlich zu vermindern. Das trug zur erneuten Stabilisierung des Złoty bei, die allerdings auf einem Niveau unterhalb der 1924 festgesetzten Parität erfolgte.

Der Staatsstreich Józef Piłsudskis im Mai 1926 hatte keine unmittelbare Rückwirkung auf Polens Währungssituation, denn die neue Regierungsmannschaft setzte in der ersten Zeit die Finanzpolitik der Regierung Skrzyński fort. Wesentlich wirkten dagegen die Besserung der Weltkonjunktur und auch der Streik der britischen Kohlenbergarbeiter, der im Mai 1926 ausgebrochen war. Damals stieg der Kohlenexport aus Polen beträchtlich an, so daß große Mengen fremder Zahlungsmittel nach Polen flossen. Dadurch besserte sich der Stand des Złoty. Die gleichzeitig zunehmende gute Konjunktur trug zur Entwicklung der Produktion bei, was wachsende Staatseinnahmen und die Liquidierung der Defizite zur Folge hatte. Trotz der günstigen Finanzlage des Staates zögerte die Regierung mit einer formellen Neufestsetzung der Złotyparität. Sie wollte nämlich zugleich mit der rechtlichen Stabilisierung der Währung ausländisches Kapital für Polen gewinnen. Um ausländische Kapitalisten zu Investitionen zu ermuntern, war es nach Ansicht der Regierung notwendig, die Stabilisierung der Landeswährung in einer solchen Weise durchzuführen, wie es den Interessen der eventuellen zukünftigen ausländischen Gläubiger entspräche.[68] Zu diesem Zweck lud man Edwin Walter Kemmerer, den bekannten Währungsexperten aus den USA, nach Polen ein. Aufgrund seines Gutachtens wurde die Währungsstabilisierung vorbereitet. Sie war mit der Aufnahme einer Auslandsanleihe in Höhe von 62 Millionen Dollar und 2 Millionen Pfund Sterling verbunden. Zu den Bedingungen gehörte, daß die polnische Regierung der Einsetzung eines ausländischen Finanzberaters mit recht weitreichenden Befugnissen in der Bank Polski für die Dauer von drei Jahren (1927–1930) zustimmte. Diese Funktion übernahm der zurückgetretene Unterstaatssekretär für Finanzen der Vereinigten Staaten von Amerika, Charles S. Dewey. Dank dem taktvollen Auftreten Deweys in Warschau und seinem Wohlwollen für die polnischen Interessen erwies sich die Kontrolle in der Praxis als nicht allzu lästig.

[68] *Landau, Zbigniew*, Plan stabilizacyjny 1927–1930. Geneza, założenia, wyniki (Der Stabilisierungsplan 1927–1930. Genesis, Prämissen, Ergebnisse), Warschau 1963.

Am 13. Oktober 1927 erließ der Präsident der Republik die Verordnung über die Stabilisierung des Złoty. Demnach wurde der Złoty um 42 % gegenüber der Parität von 1924 abgewertet. Bei der neuen Parität stellte sich der Dollarkurs auf 8,91 Złoty. Der Złoty sollte ohne irgendwelche Beschränkungen in Gold und fremde Währungen umtauschbar sein, wobei in Gold nur Beträge über 20000 Złoty umgetauscht wurden. Kleinere Beträge wechselte die Bank Polski in ausländische Währungen um, die im Herkunftsland gegen Gold konvertibel waren.

Während der guten Konjunktur 1927–1929 war Polens Währungslage sehr günstig. Der Geldumlauf stieg an, überwiegend in Gestalt von Noten der Bank Polski und nicht in vom Fiskus emittiertem Hartgeld. Die Goldsicherung des umlaufenden Geldes war hoch, sie schwankte zwischen 60 und 72 %. Günstig gestaltete sich auch die Haushaltssituation. Die Einnahmen des Staates überstiegen erheblich seine Ausgaben, infolgedessen traten statt eines Defizits beträchtliche Überschüsse auf, die eine Reserve des Staatsfiskus bildeten.

Der Ausbruch der Großen Krise komplizierte die Geldprobleme. Der Geldumlauf schrumpfte schnell, was Schwierigkeiten auf dem Markt hervorrief. Daß der Geldumlauf schrumpfte, war eine Folge der sich jetzt verschlechternden Währungslage, auf die sich die Abwanderung in Polen angelegten ausländischen Kapitals negativ auswirkte. Allein im Jahre 1931 verloren die Banken 192 Millionen Złoty Auslandseinlagen, und das war nur ein Teil der Beträge, die ins Ausland überwiesen wurden. Der gesamte statistisch erfaßte Abfluß ausländischer Kapitalien belief sich in den Krisenjahren auf den Gegenwert von ungefähr 300 Millionen Dollar. Für ein vom Wirtschaftskrach betroffenes Land war das eine gewaltige Summe. Insgesamt verminderten sich die Vorräte an Gold und fremden Valuten in der Bank Polski um rund 1 Milliarde Złoty.

Ein wesentlicher Umstand, der einen so großen Abfluß von Kapital ermöglichte, war, daß es in Polen keinerlei Devisenbeschränkungen gab. Andere kapitalistische Staaten wandten sie an, wenn die Konjunktur zusammenbrach. In Europa beschritten diesen Weg: Belgien, Bulgarien, Deutschland, England, Italien, Jugoslawien, Litauen, Norwegen, Portugal, Schweden und Ungarn. In ganz Mitteleuropa verharrte nur Polen, nach dem Vorbild des unvergleichlich reicheren Frankreich, auf dem verlorenen Posten des Devisenliberalismus, der freien Ausfuhr von Gold und Valuten. Man verband damit die Überzeugung, das internationale Kapital werde die Opfer von seiten Polens und sein Bemühen, um jeden Preis seine Verpflichtungen gegenüber dem Ausland zu erfüllen, würdigen und daraufhin angemessene Kredithilfe leisten. Dieser Glaube erwies sich als naiv, denn die ausländischen Finanzzentralen waren in den Krisenjahren nicht darauf erpicht, neue größere Anleihen zu gewähren. Polen erlangte lediglich eine zweite Zündholzanleihe (rund 30 Millionen Dollar) und einige Warenkredite, u. a. für die Elektrifizierung des Eisenbahnknotenpunktes Warschau.

Die polnische Regierung verteidigte die ganze Krisenzeit hindurch den Złoty vor dem Zusammenbruch, indem sie sich der klassischen Methoden der Deflation bediente, die – wie Karpiński, in der Zeit zwischen den beiden Weltkriegen einer der Direktoren der Bank Polski, schrieb – „für den polnischen Wirtschaftsorganismus eine sehr bittere und kostspielige Medizin war, die die ursprüngliche Krankheit, die konjunkturelle Depression, noch verschlimmerte.“[69] Die Deflationspolitik erwies sich nicht nur als erfolglos, sondern

69 *Karpiński, Zygmunt,* Bank Polski 1924–1939. Przyczynek do historii gospodarczej okresu międzywojennego (Die Bank Polski 1924–1939. Ein Beitrag zur Wirtschaftsgeschichte der Zeit

als geradezu schädlich für Polen. Indem die Deflation den Geldumlauf schrumpfen ließ und den Geldmarkt einengte, machte sie es unmöglich, eine aktive Antikrisenpolitik zu betreiben, und erschwerte sie den Export, die Durchführung größerer öffentlicher Arbeiten oder anderer Formen der Ankurbelung der Konjunktur. Um den Schöpfern und Realisatoren der Deflationskonzeption in Polen Gerechtigkeit widerfahren zu lassen, muß man darauf hinweisen, daß die klassische Schule der bürgerlichen Politischen Ökonomie, der damals noch recht allgemein gehuldigt wurde, eine solche Lösung empfahl. Gleichzeitig darf man nicht vergessen, daß in vielen Staaten entgegen den Empfehlungen der Anhänger traditioneller ökonomischer Konzeptionen nach neuen Lösungen gesucht wurde. Man schreckte nicht davor zurück, sogar mit mäßiger Inflation zu experimentieren, den Kurs der Landeswährung zu senken u. ä. Die Länder, die Experimente unternahmen, überstanden in der Regel die Krise mit weniger Schaden als Polen.

Die Krise, die das Finanzsystem (infolge neuer schwerer Defizite) und das Kreditwesen durchmachten, war eine Folgeerscheinung des Konjunkturzusammenbruchs im ganzen Wirtschaftsleben Polens. Die Schwierigkeiten der polnischen Wirtschaft schlugen auf die Staatsfinanzen und auf die Banken allmählich durch. Die eigentliche Finanz- und Währungskrise setzte in Polen erst 1931 ein und führte ihrerseits wieder zu einer Vertiefung der Krisensituation in der Gesamtwirtschaft. Zum Beispiel hatte die durch das Haushaltsdefizit hervorgerufene Senkung der Beamtengehälter zur Folge, daß diese Schicht weniger einkaufte und der Verbrauch von landwirtschaftlichen und Industriewaren sank. Die Herabsetzung der Budgetausgaben bezog sich auch auf Investitionen und wirkte sich damit negativ auf die Höhe der Industrieproduktion aus. Alles in allem vertiefte also die Finanzkrise die Schwierigkeiten der übrigen Sektoren der Volkswirtschaft. Vermeiden konnte man sie nicht, aber es wäre möglich gewesen, ihre verheerenden Folgen einzuschränken. Das hätte jedoch erfordert, mit der Orthodoxie in Währungsfragen zu brechen.

Nach der Krise verlangte der Übergang zu einer aktiven Politik der Ankurbelung der Konjunktur, die Geldpolitik zu ändern. Von grundsätzlicher Bedeutung war es, daß vom 26. April 1936 an Devisenbeschränkungen in Anwendung waren. Ihr Ziel bestand darin, den erneut zunehmenden Abfluß von Gold und Devisen aus Polen zu bremsen. Verglichen mit vielen anderen Ländern wurden sie aber sehr spät eingeführt, als sich der Goldvorrat in der Bank Polski bereits bis an die Grenze der minimalen Deckung der im Umlauf befindlichen Banknoten verringert hatte. Die verspätete Anordnung von Devisenbeschränkungen bei Umsätzen mit dem Ausland erschwerte die Politik zur Ankurbelung der Konjunktur. Dem Dekret vom April 1936 zum Trotz ging der Devisenabfluß weiter. Er wurde erst im September 1936 unterbrochen, als die polnische Regierung die Überweisung von Beträgen zur Tilgung und Verzinsung in früheren Jahren aufgenommener Anleihen aussetzte.

Die Devisenbeschränkungen hatten für Polen wesentliche Bedeutung und brachten dem Lande unmittelbare Vorteile. Auf dieser Grundlage nahm die polnische Regierung nämlich Verhandlungen mit den Inhabern von Anleiheobligationen auf, um die bisherigen Zahlungsbedingungen zu ändern. Für die Zustimmung, an das Ausland wieder Zahlungen zur Amortisierung und Verzinsung der Schulden zu leisten, erreichte sie u. a. erhebliche Erleichterungen. Zum Beispiel wurde die Verzinsung einer Reihe von Anleihen um 2,5 bis

zwischen den beiden Weltkriegen), Warschau 1958, S. 109. – Eine Analyse dieser Politik siehe *Knakiewicz, Zenobia*, Deflacja polska 1930–1935 (Die polnische Deflation 1930–1935), Warschau 1967.

3,5 % jährlich ermäßigt. In einigen Fällen wurde auch eine Verlängerung der Tilgungsfrist zugestanden.

Obwohl sie Devisenbeschränkungen eingeführt hatte, schreckte die polnische Regierung, in der der stellvertretende Ministerpräsident und Finanzminister Eugeniusz Kwiatkowski der leitende Mann für Wirtschaftsfragen war, davor zurück, von den bisherigen Methoden der Geld- und Finanzpolitik ganz und gar abzugehen. Polen verharrte auf der Position, den Złotykurs zu verteidigen, und vermied es, die Konjunktur durch eine mäßige Inflation anzukurbeln. In Anbetracht der begrenzten Einnahmen des Fiskus verminderte diese Haltung ernstlich die Möglichkeiten des Staates, in das Wirtschaftsleben zu intervenieren.

9. Die Lebensbedingungen der Bevölkerung

Unmittelbar nach der Wiederherstellung des polnischen Staates besserte sich die Lage der Bevölkerung in vielerlei Hinsicht.[70] Enorme Bedeutung hatten vor allem die politischen Veränderungen, die mit der Wiedergewinnung der Unabhängigkeit verbunden waren. Die polnische Bevölkerung gewann die Möglichkeit, die nationale Kultur und die Volksbildung in der Muttersprache ungehemmt zu entwickeln. Die Gründung der Republik Polen war zugleich mit der Vereinigung der Nation verbunden. Zwar umfaßte der polnische Staat nicht das gesamte von polnischen Menschen bewohnte Territorium, doch konnte die neue politische Situation auch auf die Lage der Polen, die außerhalb der Staatsgrenzen lebten, positiv einwirken, denn die Republik war als Verteidiger der Interessen der in anderen Ländern wohnenden Landsleute angetreten.

Alle genannten Faktoren waren für die ganze Nation, für alle ihre Schichten von Bedeutung. Für die polnische Intelligenz brachte der eigene Staat besonders tiefgehende Veränderungen. Vorher hatte es im russischen und im preußischen Teilgebiet nur Vertretern der herrschenden Nation freigestanden, in staatlichen Institutionen, Ämtern, Schulen u. dgl. zu arbeiten. Im österreichischen Teilgebiet war die Lage zwar viel besser gewesen, doch auch dort hatte es manche politischen Beschränkungen gegeben. Die 1918 entstehenden polnischen Machtorgane, das Volksbildungswesen und die staatlichen Betriebe benötigten zahlreiche Mitarbeiter, um das Personal aus den ehemaligen Unterjocherstaaten zu ersetzen. Die Aufhebung der nationalen Unterdrückung des polnischen Volkes eröffnete neue Möglichkeiten der politischen und gesellschaftlichen Betätigung, des künstlerischen und wissenschaftlichen Schaffens. Nach Polen kehrten Leute zurück, die vorher zur Emigration gezwungen worden waren. Selbstverständlich schuf die bürgerliche Republik ebenfalls ein System politischer Beschränkungen, um die herrschende Ordnung zu schützen. Diese trugen aber einen anderen Charakter, vor allem aber bekam sie in der ersten Zeit nach der Staatsgründung nur ein kleiner Teil der Gesellschaft zu verspüren. Die Freude über die Wiedererlangung der Unabhängigkeit und die Beseitigung der nationalen Unterdrückung verschleierte andere Probleme.

70 Wichtigste Publikationen: *Ciechocińska, Maria.* Położenie klasy robotniczej w Polsce 1929 do 1939. Studia i materiały (Die Lage der Arbeiterklasse in Polen 1929–1939. Studien und Materialien), Warschau 1965; *Ciepielewski, Jerzy.* Wieś polska w latach wielkiego kryzysu 1929–1935. Materiały i dokumenty (Das polnische Dorf in den Jahren der großen Krise 1929–1935. Materialien und Dokumente), Warschau 1965; *Landau, Z./Tomaszewski, J.*, Robotnicy przemysłowi, a. a. O.; *Żarnowski, Janusz,* Społeczeństwo Drugiej Rzeczypospolitej 1918–1939 (Die Gesellschaft der Zweiten Republik 1918–1939), Warschau 1973.

Doch die Gründung des polnischen Staates löste die nationalen Probleme nicht. Innerhalb der Grenzen der Republik Polen befanden sich – wie schon dargelegt – auch andere Nationalitäten, die Freiheit für die Pflege ihrer eigenen Kultur und ein selbständiges politisches Leben beanspruchten. Die polnische Verwaltung schuf ein System, das die belorussische und ukrainische Bevölkerung diskriminierte. In vielen Gegenden der Ostgebiete entstanden zwar nach 1918 überhaupt erst Schulen, die die Verbreitung elementarer Bildung ermöglichten, doch fand der Unterricht meistens in polnischer Sprache statt, und das belorussische und das ukrainische Schulwesen wurden benachteiligt. Vielfältigen Beschränkungen waren die belorussische und ukrainische Lehre und Kultur unterworfen. In einer besseren Lage befand sich die jüdische Bevölkerung, obwohl auch sie trotz formeller Gleichberechtigung in der Praxis nicht gleiche Möglichkeiten genoß. Gegen Ende der dreißiger Jahre verstärkten die Behörden die nationalistische Politik noch. In einer privilegierten Position befand sich lediglich die deutsche Minderheit. Zwar bedeutete die Entstehung des polnischen Staates für sie den Verlust ihrer herrschenden Stellung im preußischen Teilgebiet, doch besaß sie während der ganzen Zeit zwischen den beiden Weltkriegen ein eigenes Schulwesen, eine eigene Presse, eigene Organisationen und Institutionen, die sich der finanziellen und politischen Unterstützung des Deutschen Reiches erfreuten, dank welcher die Bedingungen ihrer Tätigkeit oft besser waren als die der analogen polnischen Institutionen.[71]

Unmittelbar nach Wiederherstellung der Unabhängigkeit Polens veränderten sich auch andere Elemente, die die Lage der Bevölkerung beeinflußten, wesentlich. Unter dem Einfluß der revolutionären Umwälzungen in Ost- und Mitteleuropa begann schon im Herbst 1918 die Einführung weitgehender Reformen in der Sozialgesetzgebung. Ein Beschluß des Warschauer Rates der Arbeiterdelegierten, dem die Herausgabe eines Regierungsdekretes folgte, begrenzte den Arbeitstag auf acht Stunden und führte den sogenannten englischen Sonnabend ein. Das Sozialversicherungssystem wurde entwickelt, eine Arbeitsinspektion, die die Einhaltung des Arbeitsrechts zu beaufsichtigen hatte, gegründet, eine Reihe anderer Dekrete und Gesetze zur Regelung der Arbeitsbedingungen und des Lohnes der Arbeiter herausgegeben. Die ersten Jahre der Unabhängigkeit brachten soziale Reformen, die später nur gewissen Modifikationen unterlagen. Wenn auch die Arbeitsgesetzgebung in mehr als einer Hinsicht viel zu wünschen übrigließ und vor allem nicht allgemeingültig war (außerhalb des Geltungsbereichs einiger Bestimmungen blieben die Landarbeiter), so bedeutete sie doch einen Riesenschritt vorwärts im Vergleich zur Situation vor 1914, selbstverständlich gar nicht zu reden von der Kriegszeit.

Die Nachkriegsjahre brachten auch eine schnelle Verbesserung der materiellen Bedingungen der Landbevölkerung. Selbstverständlich gab es besonders stark durch Kriegshandlungen verheerte Gegenden, wo die Dörfer nur langsam und unter großen Mühen wiederaufgebaut wurden und die Kriegsfolgen noch nach Ablauf von zehn und mehr Jahren zu sehen waren. Doch im überwiegenden Teil des Staatsgebietes wirkten sich das Sinken des Geldwertes und das Ansteigen der Lebensmittelpreise vorteilhaft für die Bauern aus und erleichterten den Wiederaufbau. Vor allem verringerte sich die Steuerbelastung. Zwar versuchte die Regierung, die Steuern im gleichen Maße, wie die Inflation fortschritt, anzuheben, doch gelang es ihr nicht, diese einzuholen. Das Gesetzgebungsverfahren war zu langsam, und sogar die erhöhten Steuersätze erwiesen sich dann als

71 *Kowalak, Tadeusz*, Zagraniczne kredyty dla Niemców w Polsce 1919–1939 (Ausländische Kredite für die Deutschen in Polen 1919–1939), Warschau 1972.

niedrig. Publizisten stellten darüber Betrachtungen an, welcher Teil eines Eies ausreiche, um die auf einen Hektar Land entfallenden jährlichen Steuern zu bezahlen. In ähnlicher Weise verminderte sich auch die reale Schuldenlast der ländlichen Wirtschaften, die Inflation hatte die allgemeine Entschuldung des Dorfes zur Folge. Zwar wurden zugleich die in Bargeld oder in Kreditinstituten aufbewahrten Ersparnisse entwertet, doch war die Gesamtbilanz für die Landwirte positiv.

Die aus den hohen Preisen für landwirtschaftliche Erzeugnisse fließenden Vorteile waren aber nicht gleichmäßig auf die einzelnen Schichten des Dorfes verteilt. Am meisten gewannen diejenigen, die über hohe Ernteerträge verfügten und Überschüsse zum Verkauf anbieten konnten. Je wohlhabender ein Landwirt war, desto mehr verdiente er. Dagegen war die Dorfarmut, die vor der Ernte Lebensmittel hinzukaufen mußte, benachteiligt.

Viel weniger günstig gestaltete sich in den ersten Jahren der Unabhängigkeit Polens der Verdienst der Arbeiter und der Beamten. Die Nominallöhne stiegen zwar, doch seit Mitte 1921 wirkte sich die schnell fortschreitende Inflation entschieden negativ auf ihren realen Wert aus. Trotz unaufhörlicher Erhöhung der Vergütungen blieben sie hinter den steigenden Preisen zurück. Die Stabilisierung der Währung 1924 brachte zwar eine Besserung, doch nach kurzer Zeit wurde diese durch die Krise 1924/25 und die sogenannte Münzinflation wieder zunichte gemacht. Erst die Konjunkturbesserung löste eine steigende Tendenz der Nominal- wie auch der Reallöhne und -gehälter aus.

Für die Arbeiter und die im Lohnverhältnis beschäftigte Intelligenz war die Arbeitslosigkeit ein schwerwiegendes Problem. Will man feststellen, wie sich die Arbeitslosenzahl entwickelte, stößt man auf Schwierigkeiten. Die amtliche Statistik gab in Polen wie in anderen Ländern nur die Zahl der Arbeitsuchenden an, die jedoch von der wirklichen Arbeitslosenzahl abwich. Die Differenzen kamen auf verschiedene Weise zustande. In Zeiten günstiger Konjunktur, wenn es leichter war, Arbeit zu bekommen, kam der Registrierungsstand der Wirklichkeit nahe. Wenn aber die Arbeitslosigkeit zunahm, die Hoffnungen, durch Vermittlung des Arbeitsamtes eine Beschäftigung zu finden, schwanden, wich die Zahl der Arbeitsuchenden immer mehr von der tatsächlichen Zahl der Beschäftigungslosen ab. Im Prinzip wurden auch Personen, die Arbeit suchten, aber vorher niemals gegen Lohn gearbeitet hatten, nicht registriert; mit anderen Worten, Jugendliche, die erst den Arbeitsmarkt betraten, erschienen in den Statistiken nicht. Darüber hinaus übten die Staatsbehörden in den Krisenjahren auf die Arbeitsämter Druck aus, einen niedrigen Stand der Arbeitslosigkeit auszuweisen. Das sollte propagandistischen Nutzen bringen. Deshalb müssen wir, um ein reales Bild von den Ausmaßen der Arbeitslosigkeit zu geben, zu Hypothesen und Schätzungen greifen.

Unmittelbar nach 1918 ging die anfangs sehr hohe Arbeitslosigkeit schnell zurück. Fabriken wurden in Gang gesetzt, und die Armee vergrößerte ihren Personalbestand. Für die Intelligenz eröffneten sich viele Arbeitsmöglichkeiten in verschiedenartigen Institutionen, Ämtern und Schulen. Der Friedensschluß mit den Sowjetrepubliken 1921 und die Demobilisierung ließen die Arbeitslosigkeit vorübergehend anwachsen. Die Konjunkturbesserung und die Ingangsetzung weiterer Industriebetriebe milderten dieses Problem erneut. Mit der 1923 ausbrechenden Krise schwoll dann das Heer der Arbeitsuchenden an, und so blieb es bis zu den ersten Monaten des Jahres 1926.

Die 1926 einsetzende Wirtschaftsbelebung brachte eine Verbesserung der Lage aller Bevölkerungsschichten Polens mit sich. Durch den Preisanstieg für landwirtschaftliche Erzeugnisse erhöhten sich die Einnahmen der Landbevölkerung. Noch schneller als die

Preise stiegen die Nominallöhne der Arbeiter, weshalb sich die Realverdienste verbesserten. 1928 übertrafen diese das Vorkriegsniveau. Selbstverständlich sprechen wir hier vom Durchschnittsverdienst, in einigen Berufen war der Anstieg recht stark, während in anderen der Vorkriegsstand nicht erreicht wurde. Der Umfang der Beschäftigung in der Industrie war in den Sommermonaten 1928 und 1929 am größten, und die Arbeitslosigkeit sank auf rund 100000 Personen ab. Der Hinweis auf die Sommermonate kommt nicht von ungefähr. Sprechen wir nämlich von den Tendenzen der Zunahme oder Abnahme von Beschäftigung und Arbeitslosigkeit, so müssen wir berücksichtigen, daß es neben den konjunkturbedingten und den auf Polens Wirtschafts- und Sozialstruktur beruhenden Schwankungen auch ständige Saisonschwankungen gab, die durch zeitweilige Unterbrechung oder Wiederaufnahme bestimmter Arbeiten zustande kamen. Zu den Saisonzweigen gehörte z. B. das Baugewerbe, das in den Wintermonaten die Arbeit einstellte. Es war also normal, daß zum Herbstende und im Winter die Beschäftigung abnahm und die Arbeitslosigkeit anstieg, dagegen im Frühjahr die Lage auf dem Arbeitsmarkt besser wurde. Das Beschäftigungsmaximum fiel gewöhnlich in die Sommermonate. Bei der Einschätzung der Hauptrichtungen, in denen sich die Lage der Werktätigen veränderte, sehen wir also von diesen Saisonschwankungen ab.

Durch die große Wirtschaftskrise verschlechterten sich die Lebensbedingungen der ganzen Gesellschaft fühlbar. Weil die Einnahmen der Landbevölkerung sanken und die Landwirte einen wachsenden Teil der in ihrer Wirtschaft erzeugten Produkte verkaufen mußten, um verschiedenen Zahlungsverpflichtungen gerecht zu werden, gerieten viele von ihnen in äußerste Not. Michałowski, der Probleme des polnischen Dorfes erforschte, schrieb: „Der Mittelbauer läuft heute zerlumpt, in immer demselben, sorgfältig geflickten Paar Schuhe, in einem einzigen an den Abenden gewaschenen Hemd umher. Aus den anderen sind längst für die Kinder Kleider gemacht worden . . . Er hat nur einen Anzug, daher empfinden die Kinder den Mangel an Kleidung am schmerzlichsten. Im Sommer ist es leichter, aber im Winter kann man im Norden des Kreises (Rzeszów) in den Bauernhütten Kinder antreffen, die für den ganzen Tag bis an den Hals in Strohsäcke eingewickelt sind, da sie ohne Kleidung in der kalten ungeheizten Kammer erfrieren würden."[72] Derartige Berichte über die Lage auf dem Lande gibt es viele aus den dreißiger Jahren. Die Wirtschaftsbelebung nach 1935 brachte nur eine geringe Besserung, und ein großer Teil der Landwirte hungerte weiter. Jahr für Jahr mußte die Regierung den Hungernden Hilfe leisten: besonders notwendig war die Hilfe für die Bewohner der nordöstlichen Wojewodschaften. In der tragischen materiellen Lage der Menschen auf dem Lande fand die zunehmende agrare Übervölkerung, die wir an anderer Stelle bereits behandelt haben, ihren Niederschlag.

Die Not des Dorfes kontrastierte mit den Bedingungen, unter denen die Gutsbesitzerfamilien lebten. Die wenigen Magnatenfamilien verfügten über die Mittel, mit denen sich alle Wünsche erfüllen ließen. Selbstverständlich büßten auch die Großgrundbesitzer infolge des Preisfalls für landwirtschaftliche Erzeugnisse in der Krise viel von ihren Einnahmen ein. Für die Gutsbesitzerschicht bedeutete das aber nur, daß ihr Wohlstand oder auch ihr Luxus eine Einschränkung erfuhr. So ist es nicht verwunderlich, daß sich in den dreißiger Jahren auf dem Lande die Klassenkonflikte zwischen Bauern und Gutsherren verschärften. In den belorussischen und den ukrainischen Territorien war das nicht nur ein Kampf um Boden, sondern auch um nationale Befreiung, wobei der polnische Guts-

[72] *Michałowski, Jerzy*, Wieś nie ma pracy (Das Dorf hat keine Arbeit), Warschau 1935, S. 49.

herr die soziale Ungleichheit und die nationale Ausbeutung und Unterdrückung symbolisierte.

In den Krisenjahren behielt der Realwert der Lohnsätze für Industriearbeiter seine steigende Tendenz bei. Setzen wir diesen für das Jahr 1928 gleich 100, so erreichte er 1933 125, um 1938 auf 140 anzusteigen. Man darf daraus aber nicht den Schluß ableiten, die Lage der Arbeiterklasse habe sich verbessert, denn gleichzeitig nahm die Arbeitslosigkeit schnell zu. Zwar erhöhte sich der reale Wert der Lohnsätze, doch die Zahl derer, die Lohn empfingen, wurde immer kleiner. Darüber hinaus war ein hoher Prozentsatz der Arbeiter nicht die ganze Woche über beschäftigt und erhielt dafür entsprechend weniger Lohn. Synthetische Auskunft über die Veränderungstendenzen in der materiellen Lage der Arbeiterklasse gibt uns ein Index des Realwerts der den Arbeitern ausgezahlten Gesamtlohnsumme. Über solche Angaben verfügen wir für die Beschäftigten der großen und mittleren Industrie. Nehmen wir 1928 als Basisjahr, so stieg der Realwert der Zahlungen 1929 auf 108 % und erreichte in den Jahren 1932 und 1933 mit 68 % das Minimum. Mit anderen Worten, während der Zeit des tiefsten Einbruchs konnten die in der Industrie beschäftigten Arbeiter ungefähr ein Drittel weniger Produkte kaufen als im Jahre 1928.

Die Gesamtzahl der arbeitslosen nichtlandwirtschaftlichen Arbeiter wird für die Jahre 1934/35 auf ungefähr eine Million geschätzt. Die Konjunkturbesserung rief eine Veränderung zum Besseren hervor, trotzdem war die Lage ganz anders als in den zwanziger Jahren. 1938 waren gewiß immer noch rund 700000 Menschen ohne Arbeit. Das rührte u. a. daher, daß verarmte Landbewohner in die Städte kamen. Im Protokoll der Ministerratssitzung vom 3. April 1930 sind Ausführungen des Ministers für Arbeit und Sozialfürsorge, Aleksander Prystor, wie folgt wiedergegeben: „Die Zahl der unqualifizierten Arbeiter erhöht sich von Jahr zu Jahr wegen des Zustroms vom Lande. Der Herr Minister bemüht sich dem zuvorzukommen. Als ein Vorbeugungsmittel hält es der Herr Minister für notwendig, daß die Bank Gospodarstwa Krajowego (Landeswirtschaftsbank) bei der Gewährung von Baukrediten die Bedingung stellt, daß bei diesen Bauten ortsansässige Arbeiter beschäftigt werden.“[73] Die Versuche, den Zustrom des Landproletariats in die Städte auf administrativem Wege zu bremsen, waren jedoch zum Mißlingen verurteilt. In den Krisenjahren herrschte auch unter der Intelligenz große Arbeitslosigkeit, und sie blieb bis zum Kriegsausbruch bestehen. Daß viele Menschen trotz der Konjunkturbesserung keine Arbeit fanden, resultierte daraus, daß die Bevölkerung schneller zunahm als die Zahl neuer Arbeitsplätze.

Sehen wir uns noch die Veränderungen der Beschäftigtenzahl an, was ebenfalls auf Schwierigkeiten stößt. Statistisch erfaßt wurden – aus technischen Gründen – die Arbeiter im Bergbau, im Hüttenwesen und in der großen und mittleren verarbeitenden Industrie (Betriebe, die mindestens 20 Arbeiter beschäftigten). Die durchschnittliche Beschäftigung in diesen Betrieben erreichte 1929 mit fast 860000 Arbeitern den Höchststand. 1938 lag sie bei 808000, was zwar eine enorme Verbesserung gegenüber dem Krisentiefpunkt bedeutete, aber an den Vorkrisenstand nicht herankam. Daß die Beschäftigung langsamer als die Industrieproduktion zunahm, ergab sich daraus, daß in den Betrieben rationalisiert und die Arbeitsproduktivität erhöht wurde. Man hat berechnet, daß sich dadurch in den Krisenjahren der Arbeitskräftebedarf um 100000 verringerte.

Die angeführten Zahlen beziehen sich jedoch nur auf einen Teil der Beschäftigten außer-

73 AAN Warschau, Protokolle des Ministerrates 51.

halb der Landwirtschaft, denn das Handwerk, die Kleinindustrie und andere nichtlandwirtschaftliche Wirtschaftszweige wurden von der Beschäftigtenstatistik nicht erfaßt. Eine grobe Schätzung erlaubt die Annahme, daß in Wirklichkeit 1938 außerhalb der Landwirtschaft ungefähr 17 % mehr Arbeiter als im Jahre 1929 tätig waren. Das war ein Zuwachs, wenn auch ein recht unbedeutender, zumal im Vergleich zur Entwicklung der Arbeitslosenzahl.

Die arbeitslosen Arbeiter befanden sich in einer besonders schlimmen materiellen Situation. Viele von ihnen hatten kein festes Einkommen. In verschiedener Form gewährte Unterstützung bekam nur eine relativ kleine Gruppe der Hilfsbedürftigen, ebenso wurden auch nicht viele bei öffentlichen Arbeiten beschäftigt. Übrig blieb also die Sozialfürsorge, die Wohltätigkeit. Im September 1937 machten davon 61000 Familien Gebrauch, und im März 1938 erhielten 328000 Familien Winterhilfe. Das Arbeitslosenelend setzte in weiten Kreisen der Gesellschaft viel Solidarität und Mitgefühl für die Bedürftigen frei. Nicht selten erklärten sich Arbeiter, die ihre Arbeit behalten hatten, mit der Verminderung der Arbeitstage pro Woche einverstanden, damit ihre Kollegen wenigstens eine Teilbeschäftigung erhielten. Es kamen verschiedene spontane Formen von Hilfe auf, z. B. daß Arbeiter und Angestellte, die Arbeit hatten, Kinder von Arbeitslosen zum Mittagessen einluden.

Bei in Warschau durchgeführten Untersuchungen über das Gesamteinkommen der Familien von Arbeitslosen im Jahre 1935 kam heraus, daß rund 35 % davon aus Unterstützung verschiedener Art, fast ebensoviel aus Gelegenheitsarbeiten und der Rest aus dem Verkauf von Sachen, aus verwandtschaftlicher Hilfe und ähnlichen Quellen stammten. Insgesamt lagen die Einnahmen der Familien von Arbeitslosen im Durchschnitt nur halb so hoch wie die Einkommen von Familien, in denen es jemanden gab, der Arbeit hatte.

Mit der Besserung der Wirtschaftskonjunktur nach 1935 verbesserte sich die Lage der Arbeiterklasse. Es stieg nicht nur der reale Wert der Löhne der beschäftigten Arbeiter, sondern auch die Gesamtsumme der gezahlten Löhne. Nach den bereits zitierten Schätzungen des Statistischen Hauptamtes lag der reale Wert der Zahlungen an die Arbeiter der großen und mittleren Industrie 1938 um 22 % höher als im Jahre 1928.

Dieser Berechnung gegenüber ist aber Zurückhaltung geboten. Die statistischen Untersuchungen betrafen nur die große und mittlere Industrie, ließen aber die anderen Wirtschaftszweige beiseite. Es wurde also nur der kleinere Teil der polnischen Arbeiterklasse erfaßt. Darüber hinaus machen Einzelangaben deutlich, daß fast in allen Produktionszweigen, in denen Kleinbetriebe überwogen, die Löhne weit unter dem Durchschnitt lagen. Z. B. betrug 1938 der Reallohnindex im Baugewerbe 77, in der Holz- und der Lebensmittelindustrie 99, in der Bekleidungsindustrie 108 und lediglich in der Textilindustrie 121. Daraus können wir schlußfolgern, daß sich für die von den Untersuchungen nicht erfaßten Arbeiter das Lohnniveau weniger günstig gestaltete. Wir haben keine Möglichkeit, über den realen Wert der in Kleinbetrieben gezahlten Löhne Schätzungen vorzunehmen, vor allem, weil viele dieser Betriebe überhaupt nicht zu statistischen Erhebungen herangezogen wurden. Aus dem angeführten Material ergibt sich nur die Schlußfolgerung, daß sich in den dreißiger Jahren die Unterschiede zwischen den in Betrieben verschiedener Größenklassen an die Werktätigen gezahlten Vergütungen zu Ungunsten der in Kleinbetrieben Beschäftigten vertieften. Demzufolge war das wirkliche Wachstum der Reallohnsumme von 1928 bis 1938 geringer als vom Statistischen Hauptamt berechnet. Dabei ist auch zu berücksichtigen, daß von 1928 bis 1938 die Arbeiterklasse in Polen quantitativ um ungefähr 17 % wuchs, die höhere Lohnsumme sich also auf eine größere Zahl von Personen verteilte.

Hinter den Durchschnittsangaben verbargen sich wachsende Unterschiede zwischen den einzelnen Beschäftigtengruppen. Verhältnismäßig hohe Vergütungen erhielten die Mitarbeiter der Staatsbetriebe und der Betriebe der Selbstverwaltungskörperschaften. Zu den privilegierten Kreisen der Werktätigen gehörten sie auch deshalb, weil diese Betriebe im allgemeinen die Arbeitsgesetzgebung beachteten, das Urlaubsrecht respektierten, die Arbeitszeit einhielten u. dgl. Viel schlimmer sah es damit in der Privatindustrie aus, insbesondere in den Kleinbetrieben. Oftmals wichen sie der Aufsicht der Arbeitsinspektion aus und brachen mit verschiedenen Methoden die geltenden Rechtsnormen. Der Arbeitstag wurde über acht Stunden hinaus verlängert, die Grundsätze für Sicherheit und Arbeitshygiene wurden mißachtet, und die Arbeiter fanden sich aus Angst vor dem Verlust ihres Arbeitsplatzes mit diesen Mißbräuchen ab. Auch lagen die Löhne in diesen Betrieben viel niedriger. Am schlechtesten ging es natürlich den Arbeitslosen, aber daneben auch den vielen kleinen Handwerkern und Händlern, die nur mühselig die Mittel zum Unterhalt auftrieben.

Das tragische Geschick der Arbeitslosen können aber Zahlen allein nicht richtig wiedergeben. Es handelte sich ja nicht nur darum, daß ihr Lebensstandard gesenkt wurde. Von gewaltiger Bedeutung war die Tatsache, daß viele Arbeiter und auch Angestellte lange Jahre hindurch buchstäblich von einem Tage zum anderen lebten, ohne sicher zu sein, ob sie einige Tage später noch eine Wohnung und etwas zu essen haben werden. Jeglicher Gelegenheitsverdienst war doch gerade dadurch gekennzeichnet, daß man nicht vorhersehen konnte, ob es gelingen werde, ihn zu bekommen. Die Arbeitslosigkeit hatte wesentliche Bedeutung für die Psyche der von ihr betroffenen Menschen, für das Schicksal der Familien, besonders der Kinder, die manchmal nicht mehr zum Unterricht gehen konnten, weil sie keine Kleidung, keine Bücher und Hefte hatten. Letzte Konsequenz der Arbeitslosigkeit war, daß ein Teil der Arbeitslosen deklassiert wurde. Sie verloren ihre berufliche Qualifikation. Im Winter kam es oft vor, daß z. B. Waggons mit Kohle bestohlen wurden, die Polizei schoß auf die Diebe, nicht selten gab es Todesopfer. Die Presse berichtete vom Selbstmord der Arbeit und der Existenzmittel beraubter Menschen. Oft konnten Jugendliche beim Eintritt in das arbeitsfähige Alter lange Zeit keine Beschäftigung finden, ihnen drohte die Gefahr, auf falsche Bahnen zu geraten. Vor einem ähnlichen Problem standen auch Absolventen der höheren Schulen.

Der Zusammenbruch der Wirtschaft traf auch die kleinen Kaufleute und Handwerker schwer. Bruchstückhafte Angaben erlauben uns festzustellen, daß ihre Umsätze und Einkommen zuweilen so sehr sanken, daß blanke Not herrschte. Es war eine häufige Erscheinung, daß gutgehende Geschäfte und Werkstätten in den Krisenjahren verkamen, weil ihre Eigentümer Verluste machten. Charakteristisch ist eine Äußerung des stellvertretenden Starosten von Łańcut auf einer Beratung am 22. Mai 1936: „Im Prinzip steht bei uns die Frage der Arbeitslosigkeit nicht, denn wir haben keine Industrie. Es gibt aber viele Familien, die nichts zum Leben haben, in den Städten Handwerkerfamilien, in den Dörfern Bauernfamilien."[74] Zwar trat nach 1935 eine gewisse Besserung ein, doch fiel es vielen, die vom Handwerk und Kleinhandel lebten, nach wie vor schwer, die Mittel zum Leben zu erwerben.

74 Archiwum Główne Akt Dawnych (Hauptarchiv alter Akten) Warschau, Archiwum Potockich z Łańcuta (Archiv der Potockis aus Łańcut) 1403.

Es ist nicht möglich, die Entwicklung der Lage der Bevölkerung Polens in der Zeit zwischen den beiden Weltkriegen allgemein zusammenzufassen. Man kann ja die Effekte der in verschiedene Richtungen gehenden Änderungen der Gesetzgebung, der Bedingungen des politischen Lebens, der Perspektiven der Arbeitssuche und schließlich der Einkommen schwer miteinander in Vergleich setzen. Wenn wir uns ausschließlich auf Fragen der materiellen Lebensbedingungen beschränken, kommen wir zu der Meinung, daß sich einige Bevölkerungsgruppen unmittelbar vor Ausbruch des zweiten Weltkrieges in einer schlechteren Lage als vor dem ersten Weltkrieg befanden. Das gilt vor allem für die Landbevölkerung, aber auch für einige Arbeitergruppen. Die materiellen Bedingungen verbesserten sich für die qualifizierten Arbeiter (besonders in den Staatsbetrieben) und auch für Beamte und Angehörige der freien Berufe. Andererseits wuchs die Arbeitslosigkeit bis zu einem Ausmaß, das vor dem ersten Weltkrieg nicht anzutreffen gewesen war. Damit ging zunehmende Übervölkerung des Dorfes einher.

Eine unbestreitbare Errungenschaft war die Entwicklung der Volksbildung. Die Schülerzahl der allgemeinbildenden Schulen stieg von 3,2 im Jahre 1922 auf 5 Millionen im Jahre 1938.[75] In den ersten Nachkriegsjahren wurde ein System mittlerer und höherer Schulen aufgebaut, das allerdings später in Stagnation geriet. Im ehemals preußischen und im ehemals russischen Landesteil war jedoch die quantitative Entwicklung nicht so wichtig wie die Tatsache, daß die Schulen, die in der Sprache des jeweiligen Okkupanten unterrichtet hatten, durch ein polnisches Volksbildungswesen ersetzt wurden. Doch ist festzuhalten, daß die tiefgehenden Disproportionen in der materiellen Lage der verschiedenen Bevölkerungsschichten den Kindern und Jugendlichen aus Arbeiter- und noch mehr aus Bauernfamilien den Zugang zum Unterricht beschränkten. In den östlichen Wojewodschaften besaß die belorussische und die ukrainische Bevölkerung nur wenige Schulen, die in ihrer Muttersprache unterrichteten.

10. Polen und die Welt

Will man die Entwicklungstendenzen der Wirtschaft der Zweiten Republik möglichst vollständig und allseitig beurteilen, so kann man sich nicht mit einer Analyse dessen, was innerhalb Polens vor sich gegangen ist, zufriedengeben. Erst wenn man die Prozesse in der polnischen Wirtschaft mit den wirtschaftlichen Tendenzen in anderen Ländern vergleicht, kann man feststellen, ob die Richtungen und das Tempo der Entwicklung in Polen mit den Veränderungen im Weltmaßstab oder in Europa übereinstimmten. Das ist von grundsätzlicher Bedeutung. Wäre nämlich in den zwanziger und dreißiger Jahren die Stagnation der Industrieproduktion bei gleichzeitigem leichten Anwachsen der landwirtschaftlichen Produktion allgemein üblich gewesen, dann wäre Polen überhaupt nicht von der Norm abgewichen und hätte seinen bisherigen Platz in der Weltwirtschaft bewahrt. Hätte aber zwischen 1913 und 1938 in den anderen Ländern die Industrieproduktion zugenommen, so wäre die Distanz zwischen den Ländern, die in die Wirtschaftsentwicklung früher gestartet sind, und Polen größer geworden, also Polens Rückstand gewachsen.

Um diese Frage beantworten zu können, vergleichen wir jetzt die Produktionshöhe ausgewählter Industrieerzeugnisse in Polen und in der Welt in den Jahren 1913 und 1938.

75 *Mały Rocznik Statystyczny 1939*, S. 317.

Tabelle 26

Vergleich der polnischen Produktion ausgewählter Industrieerzeugnisse mit der Weltproduktion 1913 und 1938

Erzeugnis	Maßeinheit	1913 Produktion Welt	Polen	Polens Anteil an der Weltproduktion (in %)	1938 Produktion Welt	Polen	Polens Anteil an der Weltproduktion (in %)	Veränderung d. polnischen Anteils an d. Weltproduktion (1913 = 100)
Steinkohle	Mill. t	1216	41	3,37	1220	38	3,11	92,3
Erdöl	Mill. t	53,7	1,1	2,05	273	0,5	0,18	8,7
Salz	Mill. t	19,3	0,2	1,03	34[a]	0,6[a]	1,76	170,8
Bleierz	1000 t	1229	57	4,63	1792	44	2,45	52,9
Zinkerz	1000 t	1139	502	44,17	1867	498	26,67	60,3
Koks	Mill. t	108	0,9	0,83	130[a]	1,8[a]	1,38	166,2
Roheisen	Mill. t	78,8	1,1	1,39	83	0,9	1,08	77,6
Stahl	Mill. t	76,6	1,7	2,21	109	1,4	1,28	57,9
Zink	1000 t	976	192	19,65	1550	108	6,96	35,4
Blei	1000 t	1194	45	3,76	1664	20	1,20	31,9
Papier	1000 t	11420	65	0,57	29750	205	0,68	119,2
Superphosphat	1000 t	12255	196	1,60	14600	163[b]	1,12	70,0
Zement	Mill. t	42	0,7	1,67	84	1,7	2,02	120,9
Rübenzucker	1000 t	8400[c]	571,4	6,70	9570	491,3	5,13	76,5

[a] = 1936 [b] = 1937 [c] = Jahresdurchschnitt 1909–1914

Quelle: Landau, Zbigniew, Poland's economy against the background of world economy 1913–1938 (general remarks), in: „Acta Poloniae Historica", Bd. 20, Warschau 1969, S. 87.

Trotz allen unseren Vorbehalten gegen die Verwendung des Jahres 1913 als Vergleichsbasis bleibt uns nichts anderes übrig.

In beiden Fällen handelte es sich um Zeiten guter Konjunktur, wobei in Polen das Jahr 1938 der Höhepunkt des Anwachsens der Industrieproduktion war, während in der (kapitalistischen) Welt die Industrieproduktion in diesem Jahre schon wieder sinkende Tendenz aufwies. Nach dem Gesamtindex der Weltindustrieproduktion (1928 = 100) belief sich diese im Jahre 1937 auf 127 und im folgenden Jahre nur noch auf 119. Bei dem Vergleich in Tabelle 26 genießt Polen also Vorteile.

Die angeführten Ziffern besagen, daß Polens Anteil an der Weltproduktion der berücksichtigten Erzeugnisse im allgemeinen geringer wurde. Von 14 Erzeugnissen hatten nur 4 ein Wachstum über dem Weltdurchschnitt aufzuweisen, wobei das – außer Koks und Zement – Erzeugnisse von verhältnismäßig geringem spezifischen Gewicht waren (Salz und Papier). Dagegen ging die Produktion der anderen Warenarten zurück. So sank Polens Anteil an der Welterzeugung von Erdöl auf weniger als ein Elftel, von Blei und

Zink um mehr als zwei Drittel, von Bleierz und Zinkerz sowie von Stahl um ungefähr 40 bis 50 %. Mit anderen Worten: Polen hielt, alles in allem genommen, im Industriewettlauf der Welt nicht Schritt. Natürlich kann man diese Schlußfolgerung in Zweifel ziehen, indem man zur Diskussion stellt, ob die Produktenarten richtig ausgewählt worden sind. Wir meinen, daß hier eine Reihe grundlegender Waren berücksichtigt wurden, ohne deren wachsende Erzeugung eine schnelle Entwicklung der anderen Sektoren der Volkswirtschaft nicht möglich war. Daß nicht mehr Beispiele herangezogen wurden, ist durch den Mangel an entsprechend vergleichbaren statistischen Daten bedingt.

Bei der Analyse der Tabelle 26 gelangen wir zu dem Schluß, daß die Gesamtindustrieproduktion in Polen nicht nur stagnierte, sondern im Vergleich zur Weltwirtschaft zurückblieb.

Um die Untersuchung dieser Frage zu vervollkommnen, stellen wir in der Tabelle 27 Polens Anteil an der Weltproduktion einiger grundlegender Erzeugnisarten im Jahre 1938 dem Anteil von 1928 gegenüber. Indem wir 1928 zum Basisjahr nehmen, können wir den Einfluß der Kriegsschäden und der Änderung der Grenzen weitgehend eliminieren, denn dieser Einfluß mag das beim Vergleich der Jahre 1913 und 1938 gewonnene Bild etwas entstellt haben. Doch auch aus der nun folgenden Gegenüberstellung läßt sich nur der Schluß ziehen, daß die Erzeugung vieler Artikel der Industrie und des Bergbaus in Polen langsamer voranschritt als im Weltmaßstab.

Tabelle 27

Polens Anteil an der Weltproduktion ausgewählter Erzeugnisse der Industrie 1928 und 1938

Erzeugnis	Maßeinheit	1928 Produktion Welt	Polen	Polens Anteil a.d. Weltprod. (in %)	1938 Polens Anteil a.d. Weltprod. (in %)	Veränderung d. polnischen Anteils a.d. Weltproduktion (1928 = 100)
Steinkohle	Mill. t	1251	41	3,27	3,11	95,10
Erdöl	Mill. t	184	0,7	0,38	0,18	47,36
Salz	Mill. t	28	0,5	1,78	1,76	98,87
Eisenerz	Mill. t	176	0,7	0,39	0,35[a]	89,74
Bleierz	1000 t	1636	17	1,03	2,45	237,86
Zinkerz	1000 t	1595	321	20,12	26,67	132,55
Koks	Mill. t	129	1,1	0,85	1,38[b]	162,35
Roheisen	Mill. t	89	0,7	0,78	1,08	138,20
Stahl	Mill. t	110	1,4	1,27	1,28	100,78
Zink	1000 t	1401	162	11,56	6,96	60,20
Blei	1000 t	1762	37	2,09	1,20	57,41
Zement	Mill. t	72	1,1	1,52	2,02	132,89
Papier	Mill. t	22	0,2	0,90	0,68	75,55
Rübenzucker	Mill. t	85	6,7	7,88	5,13	65,10
Superphosphat	Mill. t	15	0,3[c]	2,00	1,12	56,00

[a] = 1937 [b] = 1936 [c] = 1929

Quelle: Annuaire de la Société des Nations 1935/36, Genf 1937, S. 104; Maly Rocznik Statystyczny (Kleines Statistisches Jahrbuch) 1939, S. 129, und unsere Tabelle 26.

Die Tabelle 27 zeigt, daß sich im zweiten Jahrzehnt seiner Unabhängigkeit Polens Wirtschaftslage im Rahmen der Weltwirtschaft günstiger als im ersten Jahrzehnt gestaltete. Es erhöhte sich der Anteil an der Produktion einiger Erzeugnisse von großem spezifischem Gewicht. Das waren so wichtige Artikel wie Roheisen, Koks, Zement, Bleierz und Zinkerz. Die Erzeugung vieler anderer Grundprodukte blieb hinter dem Weltwachstumstempo zurück (z. B. die Förderung von Steinkohle, Eisenerz und Erdöl, die Produktion von Zink, Blei und Superphosphaten). Auf jeden Fall sah aber 1928–1938 die Situation schon etwas besser als 1913–1927 aus. Woran lag das? Neben einem gewissen Produktionswachstum in Polen machte sich hauptsächlich das gesunkene Entwicklungstempo der Industrieproduktion in den wirtschaftlich am meisten entwickelten Ländern bemerkbar. Wesentlichen Einfluß hatte auch die Verschlechterung der Weltkonjunktur 1938 gegenüber 1937. Hätten wir die Analyse nicht für 1938, sondern für 1937 durchgeführt, so würde die Schlußfolgerung für Polen pessimistischer klingen.

Die bisherigen Untersuchungen hatten nur fragmentarischen Charakter. Einer komplexeren Analyse stand der Mangel an entsprechendem Material im Wege. Erst Mitte der zwanziger Jahre versuchte man in vielen Ländern, einen Gesamtindex der industriellen Produktion zu konstruieren, doch Berechnungen über die ganze Weltproduktion im Jahre 1913 wurden nicht angestellt. Wir nehmen deshalb zu partiellen Untersuchungen Zuflucht, deren Ergebnisse symptomatisch zu sein scheinen. Um die Anwendung dieser Methode zu rechtfertigen, sei darauf verwiesen, daß der polnische Ökonom Kurowski ein breitgefächertes System von Studien über das Weltwirtschaftswachstum allein auf dem einen Index der Eisen- und Stahlerzeugung aufgebaut hat. Er stellte die Hypothese auf, daß die Produktion von Eisen und Stahl ein symptomatischer Prozeß sei. Seine Wahl begründete er damit, daß die Erzeugung von Eisen und Stahl keinen natürlichen (z. B. geographischen, geologischen, klimatischen) Beschränkungen unterliege, daß das Produkt sowohl in der Produktion wie in der Konsumtion allgemeine Verwendung finde, daß es eine wesentliche Rolle bei Investitionen spiele und daß die Eisen- und Stahlproduktion nicht nur das quantitative Wachstum der Wirtschaft, sondern auch den Fortschritt der Produktivkräfte zum Ausdruck bringe.[76] Analog stützte der bekannte polnische Wirtschaftshistoriker Topolski eine Analyse der wirtschaftlichen Entwicklung Polens einzig und allein auf die Konsumtion von Getreide, Kartoffeln und Eisen.[77] Um so mehr sollten wir berechtigt sein, aus einer Analyse der Entwicklung der Produktion von fast zwanzig verschiedenen Warenarten Schlußfolgerungen abzuleiten.

Wenn auch die Methode, nur einen einzigen „Trendträger" zu suchen, Zweifel erwecken mag, wollen wir doch versuchen, auf der Basis von Angaben über die Stahlproduktion die wirtschaftliche Position Polens in der Welt zu bestimmen. In der Tabelle 28 sind alle Staaten berücksichtigt, die im Jahre 1913 Stahl erzeugten. Lediglich Österreich ist weggelassen, weil für 1913 ausschließlich Schätzungen für die ganze österreichisch-ungarische Monarchie vorliegen.

[76] *Kurowski, Stefan,* Historyczny proces wzrostu gospodarczego. Analiza trendów sekularnych na podstawie produkcji żelaza i stali (Der historische Prozeß des Wirtschaftswachstums. Eine Analyse der 100jährigen Trends auf Grundlage der Eisen- und Stahlproduktion), Warschau 1963, S. 15f.

[77] *Topolski, Jerzy,* Wskaźnik wzrostu gospodarczego Polski od X do XX wieku (Ein Index des Wirtschaftswachstums in Polen vom 10. bis zum 20. Jahrhundert), in: „Kwartalnik Historyczny" 1967, Nr. 4.

Tabelle 28
Indices der Stahlproduktion von 1913 bis 1938 (1913 = 100)

Land	1920	1929	1930	1932	1938
Australien	3000	4000	3000	2000	12000
Japan	400	1150	1150	1200	3200
Indien	336	1000	1000	1000	1666
UdSSR	47	116	138	140	431
Italien	77	233	189	156	255
Schweden	60	116	100	83	166
USA	134	148	130	44	150
Ungarn	15	125	100	50	150
Tschechoslowakei	91	183	150	125	150
England	117	125	94	68	135
Frankreich	57	206	200	119	131
Luxemburg	50	225	191	166	116
Deutschland	48	95	67	34	115
Kanada	100	172	90	27	109
Polen	49	82	74	34	93
Belgien	52	164	136	108	92
Spanien	77	112	100	56	66
Welt	93	157	123	65	143

Quelle: Eigene Berechnungen aufgrund der Angaben von Kurowski, Stefan, Historyczny proces wzrostu gospodarczego. Analiza trendów sekularnych na podstawie produkcji żelaza i stali (Der historische Prozeß des Wirtschaftswachstums. Eine Analyse der 100jährigen Trends auf Grundlage der Eisen- und Stahlproduktion), Warschau 1963, Statistischer Anhang.

Aufgrund dieser Angaben gelangen wir wieder zu der Schlußfolgerung, daß Polen zurückblieb. Während die Stahlproduktion im Weltmaßstab auf 143 % gegenüber 1913 anstieg, sank sie in Polen auf 93 % ab. Im Jahre 1938 ließ Polen nur zwei Länder, Spanien und Belgien, hinter sich. Doch Spanien litt damals direkt unter dem Bürgerkrieg, und in Belgien war der Rückgang konjunktureller Natur.

Selbstverständlich ist es diskutabel, ob der Index der Stahlproduktion der beste Maßstab für die Bewertung der industriellen Entwicklung eines Landes ist. Doch selbst wenn wir anerkennen, daß er kein gänzlich exakter und repräsentativer Maßstab ist, kann man doch schwerlich bestreiten, daß er zu den sehr wichtigen Indices gehört. Letzten Endes hing u. a. von der Höhe der Stahlproduktion die Entwicklung vieler anderer Produktionszweige ab. Bei dieser Sachlage mußte Polens Zurückbleiben Rückwirkungen auf das Tempo seiner allgemeinen wirtschaftlichen Entwicklung haben.

Um den Lesern, die diesem Index kritisch gegenüberstehen, Genüge zu tun, wollen wir auch die Gesamtindices der industriellen Produktion verwenden. Sie hier miteinander in Vergleich zu setzen, birgt aber viele wesentliche Nachteile in sich. Erstens berücksichtigen diese Indices nicht die Zeit vor dem ersten Weltkrieg, zweitens wurden sie in den einzelnen Ländern nach ganz unterschiedlichen Prinzipien zusammengestellt, drittens existieren für Polen zwei verschiedene Gesamtindices der industriellen Produktion (wie in einem früheren Abschnitt schon dargelegt). Der Deutlichkeit halber werden wir bei unseren Vergleichen

Tabelle 29
Der Gesamtindex der industriellen Produktion Polens und der Welt (1928 = 100)

Index	1929	1930	1931	1932	1933	1934	1935	1936	1937	1938
Welt	106	94	84	74	83	91	102	118	127	119
Polen (sog. neuer Index)	102	90	78	64	70	79	85	94	111	119
Polen (sog. alter Index)	100	82	69	54	56	63	66	72	85	92

Quelle: Mały Rocznik Statystyczny (Kleines Statistisches Jahrbuch) 1938, S. 3; 1939, S. 3.

des wirtschaftlichen Entwicklungstempos Polens mit dem der Welt beide polnischen Indices anführen (siehe Tabelle 29).

In die Untersuchung haben wir nur das letzte Jahrzehnt vor Ausbruch des zweiten Weltkrieges einbezogen. Zwangsläufig muß man Schlußfolgerungen vorsichtiger formulieren, als wenn man die ganze Zeit von 1913 bis 1938 berücksichtigen würde, denn aufgrund einer Teilanalyse lassen sich nur schwer Schlußfolgerungen für den ganzen Zeitabschnitt ziehen.

Aus der Tabelle 29 geht hervor, daß Polen von 1929 bis 1938 nur im Jahre 1938 bei Anwendung des „neuen" Index das Welttempo erreichte. Wir hatten aber schon Gelegenheit darauf hinzuweisen, daß dieser Index die Fortschritte der polnischen Industrie übertrieben darstellt. Neun Jahre hindurch, bei guter wie bei schlechter Konjunktur, ist ein eindeutiger Rückstand erkennbar. Wenn wir den „alten" Index anwenden, zeigt sich, daß Polen die ganze Zeit hindurch nicht imstande war, das durchschnittliche Entwicklungstempo der Weltproduktion zu erreichen. Und doch war das zweite Jahrzehnt der Unabhängigkeit in Polen durch ein schnelleres Wachstum als in den Jahren 1913–1927, in die die Beseitigung der Kriegsschäden und der Wiederaufbau fielen, gekennzeichnet.

Zusammenfassend sei noch einmal festgestellt, daß die vergleichende Analyse des wirtschaftlichen Entwicklungstempos Polens und der Welt 1913–1938 zeigt, daß sich der Abstand zum durchschnittlichen Entwicklungstempo der Fabrikproduktion in der Welt zu Ungunsten Polens vergrößerte.[78] Im ersten Jahrzehnt der Unabhängigkeit Polens besonders groß, hatte er in den Jahren 1929–1938 die Tendenz, kleiner zu werden. Doch bis 1938 blieb Polen weiterhin zurück. Angesichts der wachsenden Weltproduktion war die Stagnation der polnischen Industrie gleichbedeutend mit Rückschritt.

Wegen der großen Rolle, die die Landwirtschaft in der Volkswirtschaft der Zweiten Republik spielte, muß auch Polens Platz in der Entwicklung der Weltagrarproduktion bestimmt werden. Zu diesem Zweck vergleichen wir die Veränderungen, die in den Jahren 1909–1913 und 1934–1938 in der Erzeugung der vier Hauptgetreidearten, von Kartoffeln und von Zuckerrüben vor sich gingen.

Ehe wir darangehen, aus der Tabelle 30 Schlüsse zu ziehen, sei daran erinnert, daß in Polen in den Jahren 1934–1938 die landwirtschaftliche Erzeugung im Jahresdurchschnitt gegenüber den Jahren 1909–1913 gestiegen ist. Trotzdem blieb Polen auch in dieser Beziehung hinter dem Weltwachstumstempo zurück. Von den sechs zum Vergleich herange-

[78] Eine reichhaltige Dokumentation zu diesem Thema gibt *Svennilson, Ingvar,* Growth and Stagnation in the European Economy, Genf 1954.

Tabelle 30

Polens Anteil an der Weltagrarproduktion von 1909 bis 1913 und von 1934 bis 1938

Produkt	1909–1913 Durchschnittl. Jahresproduktion in Mill. dt		Polens Anteil an der Weltproduktion	1934–1938 Durchschnittl. Jahresproduktion in Mill. dt.		Polens Anteil an der Weltproduktion	Veränderung des poln. Anteils an der Weltproduktion (1909–1913 = 100)
	Welt	Polen	in %	Welt	Polen	in %	
4 Getreidearten	2514,0	116,9	4,65	2900,2	125,0	4,31	92,69
davon:							
Weizen	1028,6	16,8	1,63	1389,4	20,6	1,48	90,79
Roggen	450,4	57,1	12,67	462,9	64,7	13,97	110,26
Gerste	379,5	14,9	3,92	411,7	14,1	3,42	87,24
Hafer	655,5	28,1	4,28	636,2	25,6	4,02	93,92
Kartoffeln	1488,0	247,9	16,65	2267,7[a]	350,1	15,43	92,76
Zuckerrüben	543,1	41,1	7,56	738,5	28,1	3,80	50,26

[a] = Durchschnitt der Jahre 1934–1937

Quelle: Landau, Zbigniew, Poland's economy against the background of world economy, 1913 to 1938 (general remarks), in: „Acta Poloniae Historica", Bd. 20, Warschau 1969, S. 93.

zogenen Produkten wuchs die polnische Erzeugung nur bei Roggen schneller als im Weltmaßstab. Dabei ist aber zu bedenken, daß der Roggenanbau in der Welt systematisch zurückging, da Anstrengungen gemacht wurden, statt Roggen den viel ergiebigeren Weizen anzubauen. Dagegen sank der polnische Anteil an der Erzeugung aller übrigen Ackerfrüchte, am stärksten bei Zuckerrüben. Auf einen analogen Vergleich der Viehzucht müssen wir verzichten, da es nicht gelungen ist, vergleichbare Angaben zu bekommen.

Das verfügbare Material gestattet also festzustellen, daß es Polen auch auf dem Gebiet der Pflanzenproduktion nicht gelang, im Entwicklungstempo den Weltstand einzuholen. Die weltwirtschaftliche Situation der polnischen Wirtschaft gestaltete sich also bezüglich der Industrie und bezüglich der Landwirtschaft annähernd gleich. In beiden Fällen lagen Polens Fortschritte unter dem Durchschnitt.

VII. Die Jahre der faschistischen deutschen Okkupation

1. Der Feldzug im September 1939 und die Pläne der Okkupanten

Ohne vorherige Kriegserklärung überfielen die deutschen Armeen am 1. September 1939 die Republik Polen. Deren Lage war ungewöhnlich schwierig, denn das Nazireich war ihr hinsichtlich des Bevölkerungs-, des Wirtschafts- und des militärischen Potentials überlegen. Es nutzte auch das Überraschungsmoment, das unter den Bedingungen des modernen Krieges eine wesentliche Rolle spielt. Nicht weniger wichtig war Polens ungünstige politische Situation, denn es war praktisch auf sich allein gestellt. Die Westmächte erklärten zwar einige Tage später Deutschland den Krieg, nahmen aber keine Kampfhandlungen auf, die die polnische Front hätten entlasten können. Die Sowjetunion hatte bereits im August 1939 ihre Beziehungen zum Deutschen Reich auf eine neue vertragliche Basis gestellt (ein Nichtangriffs- und Konsultativvertrag wurde abgeschlossen, dem dann Wirtschafts- und andere Abkommen folgten), was unter anderem aus Fehlern der polnischen Außenpolitik resultierte. So stand Polen allein der gewaltigen Übermacht des faschistischen Deutschland gegenüber. Wie groß dieses Übergewicht war, läßt sich schon einigermaßen aus dem Bestand an modernen Waffen auf den beiden Seiten ersehen. Während Polen über 360 Kriegsflugzeuge verfügte (wobei Maschinen ohne militärischen Wert nicht mitgezählt sind), besaß Deutschland ihrer 4300. Bei Panzern war das Verhältnis 680 zu 3000.[1] Auch hinsichtlich der Zahl der Soldaten, des Entwicklungsstandes der rückwärtigen Dienste und des Motorisierungsgrades war die Naziarmee im Vorteil. Ohne auf alle Einzelheiten einzugehen, können wir doch feststellen, daß Nazideutschland eindeutig Polen überlegen war, was sich aus dem Bevölkerungs- und Wirtschaftspotential beider Staaten ergab. Durch die Annexion Österreichs und die Unterwerfung der Tschechoslowakei hatte die Naziarmee eine zusätzliche Stärkung erfahren.

Trotzdem nahm Polen den ungleichen Kampf auf. Der Feldzug dauerte bis Anfang Oktober. Bis zum 28. September wehrte sich das belagerte Warschau, bis zum 29. September die Festung Modlin,[1] bis zum 2. Oktober die Halbinsel Hel. Die letzte Gruppe des polnischen Heeres kapitulierte erst am 5. Oktober bei Kock (nördlich von Lublin). Die deutschen Truppen erlitten während der Kämpfe erhebliche Verluste. Im Polenfeldzug wurden ihre Munitionsvorräte großenteils erschöpft. Durch die Materialverluste und den Munitionsverbrauch war Hitler gezwungen, den Angriff auf den Westen zu verschieben, denn zur Auffüllung der Bestände war Zeit vonnöten.

1 Nach: *Wojna obronna Polski 1939* (Polens Verteidigungskrieg 1939), Warschau 1979, S. 184f., 211, 221. – Etwas andere Zahlen finden sich in *Deutschland im zweiten Weltkrieg*, Bd. 1: Vorbereitung, Entfesselung und Verlauf des Krieges bis zum 22. Juni 1941, Berlin 1975, S. 148 und 168. Diese Unterschiede verändern nicht die Schlußfolgerungen bezüglich des Kräfteverhältnisses.

Polen erlitt im September 1939 hohe Verluste an Menschen und an Volksvermögen. Der Vernichtung fielen Teile der Industrie und des Verkehrswesens, viele Wohnhäuser sowie die Landwirtschaft anheim. Dabei waren die verschiedenen Gegenden des Landes in unterschiedlichem Grade von Zerstörungen betroffen. Am größten waren sie dort, wo die Kämpfe am längsten angedauert hatten (in und um Warschau, Kutno, Modlin, auf Hel, in der Narewregion, in Teilen Pommerellens). Mit Ausnahme der Hauptstadt und teilweise des Erdölgebiets Jasło-Krosno-Gorlice überstanden die Hauptindustriezentren die Kriegshandlungen ohne größere Zerstörungen. Die Verluste der Industrie schätzt man auf insgesamt nicht ganz 100 Millionen Dollar. Einen höheren Zerstörungsgrad wies das Transportwesen auf. Auch die Landwirtschaft wurde arg verwüstet, wobei sich besonders hohe Verluste daraus ergaben, daß ein Teil der Ernte auf dem Halm vernichtet wurde. In den Kampfgebieten brannten viele Gebäude nieder. Aus den Dörfern wurden sehr viele Pferde für die polnische Armee mobilisiert.

Im Ergebnis der Kriegshandlungen befanden sich alle polnischen Gebiete westlich des Bug unter deutscher Besatzung. In die Gebiete östlich davon (also etwa bis zur Curzon-Linie, die nach dem ersten Weltkrieg zunächst als polnische Ostgrenze vorgeschlagen worden war) rückte am 17. September 1939 die Sowjetarmee ein. Vom vorherigen polnischen Staatsgebiet, das 389000 km² umfaßt hatte, raffte Deutschland 48,4 % an sich, 50 % wurden der Sowjetunion und 1,6 % Litauen eingegliedert. Die Bevölkerungsanteile deckten sich nicht mit diesen Prozentsätzen, denn die östlichen Gebiete waren viel schwächer besiedelt. Daher befanden sich 62,9 % der Bevölkerung unter deutscher Besatzung, 35,8 % in den der UdSSR und 1,3 % in den Litauen eingegliederten Gebieten.[2]

Nazideutschland behandelte die von ihm besetzten Gebiete nicht einheitlich. Ein beträchtlicher Teil von ihnen wurde durch den Führererlaß vom 8. Oktober 1939 in das Deutsche Reich als dessen integraler Bestandteil eingegliedert. Das waren die wirtschaftlich meistentwickelten Gebiete entweder mit reichen Rohstofflagerstätten oder mit entwickelter Industrie oder mit hochproduktiver Landwirtschaft. Auf diese Weise lagen nun die Wojewodschaften Poznań und Pommerellen (hochentwickelte Landwirtschaft), Śląsk (Ostoberschlesien, das größte Zentrum der extraktiven und verarbeitenden Industrie Polens), Łódź mit der gleichnamigen Stadt (Hauptbezirk der polnischen Textilindustrie), teilweise die Wojewodschaft Kielce (Metallindustrie), fast die halbe Wojewodschaft Warschau und einige Kreise der Wojewodschaft Kraków innerhalb der Reichsgrenzen. In diesen Gebieten waren vor dem Kriege u. a. 100 % der Kohle gefördert, 100 % des Zinks, 97,5 % des Roheisens, 90 % des Stahls und 70 % des Zuckers erzeugt worden. In den annektierten Gebieten hatten die Getreideerträge um fast 3 dt pro ha höher als im polnischen Landesdurchschnitt gelegen.[3]

Dabei sei angemerkt, daß in den annektierten Gebieten deutsche Einwohner nur einen geringen Prozentsatz (6,4 %) ausmachten, für ihre Eingliederung ins Deutsche Reich also nicht Bevölkerungsgesichtspunkte entscheidend waren. Sogar in den westlichen Wojewodschaften war die in der Volkszählung von 1931 ermittelte Zahl der Deutschen recht bescheiden. Ebensowenig waren Aspekte historischer Natur bestimmend. Ins Deutsche Reich wurden nämlich auch Gegenden eingegliedert, die vor der Wiederher-

[2] *Landau, Ludwik*, Kronika lat wojny i okupacji (Chronik der Kriegs- und Okkupationsjahre), Bd. 1, Warschau 1966, S. 52f.

[3] *Jastrzębowski, Wacław*, Gospodarka niemiecka w Polsce (Deutsche Wirtschaft in Polen), Warschau 1946, S. 103.

stellung des unabhängigen polnischen Staates im Jahre 1918 zum russischen und nicht zum preußischen Teilgebiet gehört hatten.

Aus den übrigen besetzten Gebieten Polens bildete Nazideutschland im Oktober 1939 das Generalgouvernement mit Kraków als Hauptstadt. Anfangs wurde das Generalgouvernement in die vier Distrikte Kraków, Lublin, Radom und Warschau unterteilt. In der ersten Zeit nach Abschluß der Kriegshandlungen (bis Ende November 1939) war die Grenze zwischen den ins Reich eingegliederten Gebieten und dem Territorium des Generalgouvernements nicht genau festgelegt. Immer mehr Terrain wurde ins Reich eingegliedert.[4]

Weitere territoriale Veränderungen erfolgten nach dem Überfall Nazideutschlands auf die Sowjetunion im Juni 1941. Der Bezirk Białystok wurde zwar nicht formell ins Deutsche Reich eingegliedert, jedoch dem Gauleiter und Oberpräsidenten von Ostpreußen verwaltungsmäßig unterstellt, womit eine Art Personalunion zwischen dem Bezirk Białystok und den der Provinz Ostpreußen zugeschlagenen Teilen der ins Reich eingegliederten Gebiete Polens geschaffen wurde. Ein Teil Galiziens (inzwischen Bestandteil der Ukrainischen Sowjetrepublik der UdSSR) kam am 1. August 1941 als fünfter Distrikt zum Generalgouvernement. Die übrigen, vorher der Sowjetunion eingegliederten Territorien des polnischen Staatsgebietes der zwanziger und dreißiger Jahre wurden in die beiden neugeschaffenen Reichskommissariate Ukraine und Ostland einbezogen. Infolge der genannten Gebietsveränderungen umfaßten die ins Deutsche Reich eingegliederten Gebiete 30,8 % der Fläche und 34,4 % der Bevölkerung Vorkriegspolens, das Generalgouvernement 38,8 % der Fläche und 47,6 % der Bevölkerung, während die restliche Fläche und Bevölkerung sich in den Reichskommissariaten Ukraine und Ostland befanden.

An die Verwaltung der ins Reich eingegliederten und andererseits der das sogenannte Generalgouvernement bildenden polnischen Gebiete ging man verschieden heran. Die dem Reich annektierten Gebiete wurden teilweise in die Verwaltung der benachbarten deutschen Provinzen eingeordnet, und daneben wurden zwei neue Verwaltungseinheiten errichtet („Reichsgau Wartheland“ und „Reichsgau Danzig-Westpreußen“), deren Territorien weder mit vorherigen polnischen noch mit früheren preußischen Verwaltungseinheiten übereinstimmten. Die deutschen Rechtsbestimmungen wurden auf diese Gebiete übertragen, und es wurde versucht, das deutsche Verwaltungs-, Wirtschafts-, Zollsystem u. dgl. einzuführen.[5] Schon Ende Oktober 1939 begann die Reichsbank dort Filialen zu errichten, es wurden Vorschriften zur Reglementierung des Handels und die Grundsätze des deutschen Arbeitsrechts in Anwendung gebracht, und man begann, das Lohnsystem und das Lohnniveau nach dem Muster des übrigen deutschen Reichsgebietes zu vereinheitlichen. Gleichzeitig wurden Maßnahmen ergriffen, die auf die schnellstmögliche Beseitigung der sichtbaren Spuren der polnischen Vergangenheit abzielten. So wurden die polnischen Orts- und Straßennamen verdeutscht und polnische Aufschriften aus Straßen,

[4] Näheres siehe *Madajczyk, Czesław*, Polityka III Rzeszy w okupowanej Polsce (Die Politik des Dritten Reiches im okkupierten Polen), Bd. 1 und 2, Warschau 1970. Die wichtigsten Angaben über die Verwaltungsstruktur der okkupierten polnischen Gebiete siehe *Deutschland im zweiten Weltkrieg*, a. a. O., S. 189f. und 469f.

[5] Ausführlich darüber z. B. *Łuczak, Czesław*, Polityka ludnościowa i ekonomiczna hitlerowskich Niemiec w okupowanej Polsce (Die Bevölkerungs- und Wirtschaftspolitik Hitlerdeutschlands im okkupierten Polen), Poznań 1979, S. 9–67; *Deresiewicz, Janusz*, Okupacja niemiecka na ziemiach polskich włączonych do Rzeszy/1939–1945/ (Die deutsche Okkupation in den ins Reich eingegliederten polnischen Gebieten/1939–1945/), Poznań 1950.

Polen und Westgebiete der UdSSR. Verwaltungsgliederung unter der deutsch-faschistischen Okkupation.

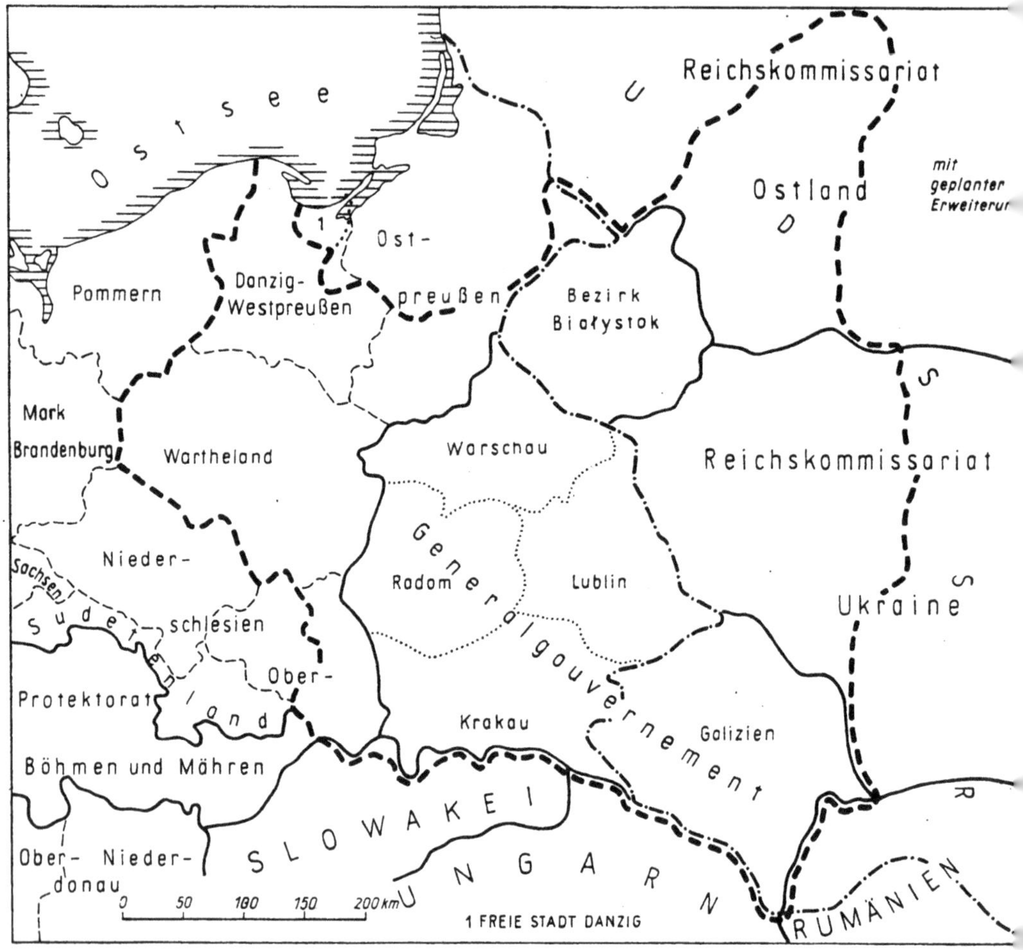

- - - Grenze der Republik Polen (31. August 1939)

——— von Hitler-Deutschland und dem faschistischen Block festgelegte Grenze

– – – Gaugrenze im Deutschen Reich

· · · · · · Distriktgrenze im Generalgouvernement

-·-·- Grenze der UdSSR (22. Juni 1941)

Städten und Dörfern entfernt. Alle polnischen politischen, gesellschaftlichen, wirtschaftlichen, kulturellen, Sport- und Bildungsinstitutionen, die polnische territoriale Selbstverwaltung und das polnische Schulwesen wurden liquidiert.

Parallel zum Unifizierungsprozeß war man bestrebt, die ins Reich eingegliederten gänzlich von den übrigen polnischen Gebieten abzuschneiden. Schon Mitte November 1939 wurde zwischen dem Generalgouvernement und den annektierten Gebieten eine Zoll- und Devisengrenze errichtet. Es wurde der Bevölkerung verboten, ohne spezielle Genehmigung die Grenze zu überschreiten. Unterschiedlich wurden die Geldverhältnisse in beiden Territorien geregelt, verschieden war auch die Preis- und die Lohnpolitik u. dgl. Obgleich sich sowohl die unmittelbar ins Reich eingegliederten wie auch die als sogenanntes Generalgouvernement abgeteilten polnischen Gebiete unter deutscher Besatzung befanden, wurden sie nicht analog regiert. Völkerrechtswidrig behandelte Deutschland den westlichen Teil der besetzten Gebiete als integralen Bestandteil des Deutschen Reiches, während das Generalgouvernement anfänglich nach außen hin den Charakter eines von Deutschland verwalteten polnischen Territoriums hatte.

Das Generalgouvernement entstand formell in der Nacht vom 25. zum 26. Oktober 1939, nachdem die Militärverwaltung auf diesem Territorium ihre Tätigkeit eingestellt hatte. Hitler ernannte Hans Frank zum Generalgouverneur, der in Ausführung seiner Pflichten unmittelbar dem Führer und Reichskanzler und nicht der Reichsregierung untergeordnet war. Frank unterstanden nicht nur der Verwaltungs- und Wirtschaftsapparat des Generalgouvernements, sondern auch die dort befindlichen Polizeikräfte. Die letztgenannte Entscheidung rief zahlreiche Kompetenzstreitigkeiten unter anderen mit dem Reichsführer SS, Heinrich Himmler, hervor. Allen Versuchen zum Trotz, diesen Zustand zu ändern, verfügte Frank auf dem Territorium des Generalgouvernements über die volle Macht, mit Ausnahme der militärischen Angelegenheiten. Um sie auszuüben, bildete er in Kraków die sogenannte „Regierung des Generalgouvernements", die ausschließlich aus Deutschen bestand. Im Unterschied zu den ins Reich eingegliederten Gebieten behielt man im Generalgouvernement in verkümmerter Form und unter deutscher Aufsicht polnische Stadtverwaltungen bei, ließ polnische Grundschulen und Berufsschulen mit Polnisch als Unterrichtssprache (mit eingeschränktem Programm) weiterbestehen und tolerierte neben deutschen Städte- und Straßennamen auch polnische Benennungen. Doch wurden auch hier alle politischen, kulturellen und Bildungsorganisationen sowie die Hochschulen und die Oberschulen der Polen liquidiert.

Die unterschiedliche Behandlung der beiden polnischen Gebietsteile ergab sich daraus, daß die Nazis anfangs Unterschiedliches mit ihnen vorhatten. Die annektierten Gebiete sollten bereits während des Krieges germanisiert werden, und es war beabsichtigt, diesen Prozeß 1949 endgültig zum Abschluß zu bringen. Dabei verstanden die Nazibehörden unter Germanisierung nicht die zwangsweise Entnationalisierung der einheimischen Bevölkerung, sondern vor allem ihre Beseitigung und Ersetzung durch zuwandernde Deutsche. Dieses Vorhaben hatte Hitler schon in „Mein Kampf" dargelegt, wo er u. a. geschrieben hatte, „daß Germanisation nur am Boden vorgenommen werden kann und niemals an Menschen. . . . Was in der Geschichte nutzbringend germanisiert wurde, war der Boden, den unsere Vorfahren mit dem Schwert erwarben und mit deutschen Bauern besiedelten."[6] Deshalb nahmen sich die Okkupanten vor, die Polen großenteils aus den ins Reich eingegliederten Gebieten zu entfernen. Ihren Platz sollten deutsche Ansiedler

[6] *Hitler, Adolf*, Mein Kampf, München 1934, S. 429f.

einnehmen, die auch das zurückgelassene Hab und Gut der Polen übernehmen würden. In welchem Tempo die Pläne sich realisieren ließen, wurde jedoch durch die spezifischen Bedingungen der Kriegszeit bestimmt. Eine zu schnelle Aussiedlung der bisherigen Einwohner hätte das Wirtschaftsleben der ins Reich eingegliederten Gebiete stören können. Nicht weniger wichtig war, daß der deutsche Staat nicht über genügend viele deutsche Staatsbürger verfügte, die in kurzer Zeit die durch die Entfernung der Polen entstandene Lücke hätten schließen können.

Dem Generalgouvernement dachte Hitler anfangs eine andere Rolle zu. Es sollte die Heimstatt der polnischen Bevölkerung sein, der aber jegliche Selbständigkeit genommen wurde. Es ist nicht auszuschließen, daß die deutschen Politiker bei der Schaffung des Generalgouvernements der Meinung waren, um diesen Preis werde es gelingen, einen Friedensschluß mit England und Frankreich herbeizuführen. In allen Äußerungen aus den Jahren 1939/40, die den Kolonialcharakter des Generalgouvernements betonten, wurde aber nicht verneint, daß es die Heimstatt der polnischen Bevölkerung sein solle. 1941 wurde dann die Auffassung von der Rolle des Generalgouvernements grundsätzlich verändert. Das hing mit den Vorbereitungen auf den Krieg gegen die Sowjetunion zusammen. Fest mit dem Siege rechnend, planten die deutschen Faschisten, 80 bis 85 % der Polen aus dem Generalgouvernement nach dem Osten auszusiedeln und sein Territorium zum Bestandteil des Deutschen Reichs zu machen. Die verbliebenen Polen sollten entweder ermordet oder „germanisiert“ werden. Zum Siedlungsraum für die zu vertreibende Bevölkerung wurde Westsibirien bestimmt, wobei beabsichtigt war, die Polen dort über das ganze riesige Terrain zu verstreuen, was ihre schnelle Entnationalisierung bewirken sollte. Es wurden auch Projekte erwogen, einen Teil der Polen nach dem siegreichen Kriegsende nach Süd- und Mittelamerika umzusiedeln. Schon während des Krieges waren recht detaillierte Vorbereitungsarbeiten für die spätere Realisierung der deutschen Siedlungspläne im Gange. Der Perspektivplan für das Schicksal der polnischen Gebiete und ihrer polnischen Bewohner nahm die Form des sogenannten „Generalplans Ost“ an, der die deutschen Siedlungsprojekte im Osten Europas darlegte. Der Generalplan Ost sah neben der Beseitigung der Polen auch analoge Aktionen in Litauen, Lettland, Estland, Teilen Belorußlands usw. vor. Man wollte den Plan im Laufe von 20 bis 30 Jahren in die Wirklichkeit umsetzen, wobei das Realisierungstempo von den Siedlungsmöglichkeiten der Deutschen abhing, deren Zahl für eine sofortige Durchführung der abgesteckten Aufgabe nicht ausreichte. Daher gab es in dem Plan auch ein Projekt, einige (3 bis 4) Millionen polnische Bauern zu germanisieren. Sie sollten in ihrem Heimatland verbleiben, aber unter die zuwandernden Deutschen verstreut.[7]

Der Generalplan Ost sollte erst nach dem Sieg über die Sowjetunion realisiert werden, da er ja erstens die Gewinnung von Siedlungsland in Sibirien zur Voraussetzung hatte und zweitens – was noch wesentlicher gewesen sein dürfte – nach Beseitigung der polnischen Bevölkerung die erforderliche Produktion nicht hätte gewährleistet werden können. Wenn während des Krieges Entscheidungen grundsätzlichen Charakters zu fällen waren, mußte wegen des riesigen Bedarfs der deutschen Armeen auf die Produktion Rücksicht genommen werden. Im Zusammenhang mit den wachsenden Schwierigkeiten, die der Kriegsverlauf seit 1943 dem Deutschen Reich bereitete, erlebte der Generalplan Ost als

[7] *Madajczyk, Czesław*, Generalplan Ost, in: „Przegląd Zachodni“ 1961, Nr. 2, S. 66–103; *Derselbe*, Dalsze dokumenty dotyczące Generalnego Planu Wschodniego (Weitere Dokumente zum Generalplan Ost), in: „Dzieje Najnowsze“ 1975, Nr. 3, S. 195–203.

Ganzes keine Verwirklichung. Doch wurden während des Krieges eine Reihe von Maßnahmen eingeleitet, die auf seine Durchführung nach dem erwarteten Sieg gerichtet waren.

Daß die Entfernung der Polen aus dem Generalgouvernement bis nach dem Kriege aufgeschoben wurde, hinderte aber nicht, daß die äußerliche Germanisierung immer weiter getrieben wurde. Man beschleunigte den Prozeß der Umbenennung von Städten und kleineren Orten sowie von Straßen. Die deutschen Behörden akzentuierten die angeblich deutsche Entstehungsgeschichte vieler polnischer Städte (z. B. Lublin und Kraków). Die immer stärkere Betonung des deutschen Charakters des Generalgouvernements läßt sich auch anhand der für dieses Gebiet emittierten Briefmarken verfolgen. Auf den ersten, am 1. Dezember 1939 herausgegebenen Marken verwendete man die Bezeichnung „Deutsche Post Osten", in der nächsten Serie vom Februar – März 1940 „Generalgouvernement", im Oktober 1941 lautete der Aufdruck „Deutsches Reich Generalgouvernement", und im September 1943 war „Deutsches Reich" durch „Grossdeutsches Reich" ersetzt.

Wenn also anfänglich für die ins Reich eingegliederten und für die als Generalgouvernement organisierten polnischen Gebiete etwas unterschiedliche Normen angewendet wurden, so war das nur als Provisorium gedacht. Im Falle eines für Nazideutschland siegreichen Kriegsendes wäre die Lage der Bevölkerung beider Landesteile die gleiche gewesen, denn das Generalgouvernement sollte dann ebenfalls als integraler Bestandteil dem Deutschen Reich einverleibt werden.

2. Die Bevölkerung

Die Bevölkerungspolitik der Okkupanten in den polnischen Gebieten war die Resultante von drei grundlegenden Zielsetzungen: erstens die langfristigen Absichten einer „Säuberung" dieser Gebiete von den bisherigen Bewohnern zu realisieren, zweitens Versuche des nationalen Befreiungskampfes zu unterdrücken und drittens die vorhandenen Arbeitskraftressourcen maximal für die Bedürfnisse Nazideutschlands auszunutzen. In den verschiedenen Zeitabschnitten stand jeweils ein anderes Ziel im Vordergrund. In vielen konkreten Fällen befanden sich nämlich die verschiedenen Zielsetzungen im Widerspruch miteinander. Zum Beispiel wurde die Entfernung der polnischen Bevölkerung aus den ins Reich eingegliederten Gebieten wie auch die Exterminierungsaktion teilweise durch den großen Bedarf an polnischen Arbeitskräften begrenzt.

Die Exterminierung der Einwohner Polens nahm sehr unterschiedliche Formen an.[8] Die extremsten Formen waren selbstverständlich die Massenmorde und die Deportation in die Konzentrationslager, die in den meisten Fällen ebenfalls mit dem Tode endete. Daneben wandten die deutschen Faschisten andere Formen der Verfolgung in breitem Maße an: die Aussiedlung aus den bisherigen Wohnorten, die Germanisierung einiger Bevölkerungsgruppen, die Deportation zur Zwangsarbeit in Deutschland, den Arbeitszwang an Ort und Stelle u. dgl. Wir können das alles hier nicht abhandeln, da es weit über unser Thema hinausgeht und darüber bereits eine umfangreiche Literatur vorliegt.[9] Daher legen wir nur die Hauptprobleme unter dem Gesichtswinkel der Wirtschaftsgeschichte dar.

8 *Eksterminacja ludności w Polsce 1939–1945* (Die Ausrottung der Bevölkerung in Polen 1939–1945), Poznań 1962; *Deutschland im zweiten Weltkrieg*, a. a. O., S. 470–479.

9 Die umfassendsten Bibliographien geben *Łuczak, Cz.*, Polityka ludnościowa, a. a. O., S. 653–683; *Madajczyk, Cz.*, Polityka III Rzeszy, a.a.O., Bd. 2, S. 423–442.

Insgesamt verlor die polnische Gesellschaft (einschließlich der Juden polnischer Staatsangehörigkeit) mehr als sechs Millionen an Gefallenen und Ermordeten.[10] Das Gros der Bevölkerungsverluste geht auf deutsche Terrormaßnahmen zurück. Den verschiedenen Formen der Exterminierung fielen fast 5,4 Millionen Menschen zum Opfer. Ein Teil von ihnen wurde in Vernichtungslagern und in Konzentrationslagern ermordet, andere bei Straßenexekutionen erschossen, in Gefängnissen und Ghettos oder in der Untersuchungshaft der Gestapo umgebracht. Daneben hielt der Tod reiche Ernte in Lagern und Ghettos, wo die Menschen an Hunger, unmenschlichen Existenzbedingungen und Epidemien zugrundegingen. Von den Ausmaßen des Terrors zeugt wohl am besten die Tatsache, daß lediglich 10,7 % der Gesamtverluste durch direkte Kriegshandlungen, dagegen 89,3 % durch den Terror der Okkupanten verursacht wurden. Im Detail gibt darüber die Tabelle 31 Auskunft.

Tabelle 31

Polens Bevölkerungsverluste von 1939 bis 1945

Todesursachen	Zahl der Personen in 1000	%
Insgesamt	6028	100,0
Davon:		
1. Infolge direkter Kriegshandlungen	644	10,7
a) Verluste der Streitkräfte	123	2,0
b) Verluste der Zivilbevölkerung	521	8,7
2. Infolge des Terrors der Okkupanten	5384	89,3
a) Opfer der Vernichtungslager, von Pazifizierungen u. Exekutionen, der Liquidierung der Ghettos u. dgl.	3577	59,3
b) Opfer der Gefängnisse, Lager und anderer Isolierungsorte (Tod durch Seuchen, Entkräftung, Mißhandlung u. dgl.)	1286	21,3
c) Außerhalb von Lagern und Gefängnissen an Verwundungen, Verstümmelungen, übermäßiger Arbeit u. dergleichen Verstorbene	521	8,7

Quelle: Sprawozdanie w przedmiocie strat i szkód wojennych Polski w latach 1939–1945 (Bericht über Polens Kriegsverluste und Kriegsschäden in den Jahren 1939–1945), Warschau 1947, S. 25.

Von den im polnischen Staatsgebiet in den Grenzen vom 1. September 1939 wohnhaft gewesenen Polen und Juden sind also 22,2 % infolge der deutschen Okkupation und der Kriegshandlungen umgekommen und ermordet worden. Das war der höchste Prozentsatz im Weltmaßstab. Das bedeutet, daß von je 1000 Menschen, die dort vor dem Kriege

10 In der Literatur kann man auch andere Berechnungen finden. Die Unterschiede ergeben sich im allgemeinen daraus, daß unterschiedliche Gebiete von der Untersuchung erfaßt sind oder daß ein Teil der jüdischen Bevölkerung und der Bevölkerung jüdischer Abstammung mitgezählt oder auch nicht mitgezählt wird.

wohnten, 222 in den Jahren 1939–1945 ums Leben kamen. Zum Vergleich sei angeführt, daß die UdSSR, die relativ zur Bevölkerungszahl die zweithöchsten Verluste erlitt, je 124 von 1000 Einwohnern verlor. Es folgen Jugoslawien mit 108, Griechenland mit 35, Albanien mit 24, Holland mit 22, die Tschechoslowakei mit 21, Luxemburg mit 16, Frankreich mit 13, Belgien mit 12 und England mit 8 pro 1000.[11]

Den direkten müssen noch die indirekten Verluste hinzugezählt werden, die darin bestanden, daß die Geburtenzahl zurückging und sich mehr Leute chronische Erkrankungen zuzogen, was die Sterblichkeit in den Nachkriegsjahren ansteigen ließ. Zum Beispiel nahm in der Okkupationszeit die Zahl der Tuberkulosekranken ungewöhnlich stark zu. Man hat berechnet, daß diese Krankheit ungefähr 1,1 Millionen Menschen zusätzlich befiel. Daneben stieg die Zahl der Invaliden in den Jahren 1939–1945 sehr an, nämlich um 590000, wovon aber nur 100000 Militärangehörige waren.[12]

Der Krieg verursachte einen starken Geburtenrückgang (um ungefähr 1,2 Millionen im Vergleich zum analogen Zeitraum vor dem Kriege). Neben der Ungewißheit des Lebens und den schwierigen materiellen Bedingungen der polnischen Bevölkerung waren die auf die Einschränkung des natürlichen Zuwachses abzielenden Vorschriften der Okkupationsmacht von wesentlicher Bedeutung. Zum Beispiel war in den ins Reich eingegliederten Gebieten ein gesetzliches Mindestalter für Eheschließungen festgelegt, das für Frauen 25 Jahre und für Männer 28 Jahre betrug, und Personen, die zur Zwangsarbeit nach Deutschland deportiert wurden, war es überhaupt verboten zu heiraten. Bereits von 1943 an war die natürliche Bevölkerungsbewegung in den polnischen Gebieten rückläufig. Einerseits sank die Zahl der zur Welt kommenden Kinder, und andererseits nahm gleichzeitig infolge häufigerer Krankheiten und chronischer Unterernährung eines großen Teils der Bevölkerung die Sterblichkeit zu. Berücksichtigt man nur die natürlichen Todesfälle (also nicht die durch Terror herbeigeführten), so stieg die jährliche Sterberate von 13 auf 18 ‰.[13]

Von den Kriegsverlusten war die polnische und die jüdische Bevölkerung in unterschiedlichem Maße betroffen, was letztlich schwerwiegende Auswirkungen auf Polens Sozial- und Berufsstruktur hatte.

Wie bekannt, hatten die Hitlerfaschisten den Rassismus zur offiziellen Doktrin erhoben. Nach dieser „Theorie", die ganz offensichtlich im Widerspruch zu den Ergebnissen der wissenschaftlichen Forschung wie auch zu den sich aus der Menschheitsgeschichte ergebenden Schlußfolgerungen steht, wären die Germanen die ethnisch wertvollste Gruppe. Daraus leitete die rassistische Doktrin deren angebliches Recht ab, die anderen, rassisch tiefer stehenden Völker zu unterwerfen und von sich abhängig zu machen. Nach den vom Hitlerfaschismus zum Glaubensbekenntnis erhobenen Konzeptionen bildeten die Deutschen das Volk der „Übermenschen", das „Herrenvolk". Andere Rassen stünden angeblich tiefer und hätten deshalb die Pflicht sich unterzuordnen. Am tiefsten in der Rassenhierarchie stünden die Zigeuner und die Juden. Diese Völker sollten als unversöhnliche Feinde der Deutschen und des deutschen Staates physisch ausgerottet werden. Nur ein wenig höher stünden die Slawen, die nach Meinung der Hitlerfaschisten zu selbständiger staatlicher Existenz untauglich seien. Daher sollten in der neugeordneten Welt die Slawen aus-

11 *Łuczak, Czesław*, Polityka ludnościowa, a. a. O., S. 640.

12 *Straty wojenne Polski w latach 1939–1945* (Polens Kriegsverluste in den Jahren 1939–1945), Poznań 1960, S. 24.

13 Parliamentary debates, House of Commons, Official Report, Bd. 408, Sp. 1275ff., zitiert nach *Broszat, Martin*, Zweihundert Jahre deutsche Polenpolitik, Frankfurt/M. 1974, S. 310f.

schließlich als Arbeitskraft zur Dienstleistung für die „Übermenschen“ Verwendung finden. Um die Realisierung dieses Planes zu gewährleisten, unternahmen die deutschen Faschisten zielbewußte Aktionen zur Ermordung aller aktiveren Elemente innerhalb der polnischen Bevölkerung.

Die Liquidation der Juden wurde sehr schnell in den Rang einer der Hauptaufgaben der nazistischen Nationalitätenpolitik erhoben. Entsprechend dem altrömischen Grundsatz „Teile und herrsche“ versuchten die Okkupanten, ihren Kampf gegen die Juden dazu zu benutzen, in den polnischen Gebieten nationale Antagonismen zu erwecken und anzustacheln. Indem sie Antisemitismus entfachten, wollten sie die Aufmerksamkeit der polnischen Gesellschaft von ihren Plänen ablenken, die als einen der folgenden Schritte die Exterminierung eines großen Teils der polnischen Nation, vor allem ihrer (von Frank so bezeichneten) „Führerschicht“[14], vorsahen. Das war insofern von wesentlicher Bedeutung, als nach den Plänen der deutschen Faschisten die Judenvernichtung der physischen Abrechnung mit den Polen zeitlich nur ein wenig vorausgehen sollte. Den Grundsatz, die einen Nationen den anderen entgegenzustellen, wandten die Okkupanten nicht nur bezüglich der Polen und der Juden an. Sie versuchten auch, der polnischen Bevölkerung die von ihnen relativ privilegierten Ukrainer gegenüberzustellen und Widersprüche und Antagonismen zwischen den zu eigenen, privilegierten Nationalitäten erklärten Góralen, Kaschuben und Masuren und den übrigen Polen entstehen und wachsen zu lassen.

Wir werden hier nicht im Detail die ganze Leidensgeschichte der polnischen Juden darstellen. Sie begann schon in dem Augenblick, als die deutsche Armee die Grenzen Polens überschritt. Anfänglich zogen Polizei, Gendarmerie und Heer die Juden zu verschiedenen Zwangsarbeiten heran, raubten ihre Wohnungen aus und schlugen sie. Diese „spontane“ Aktion wurde sehr bald durch entsprechende Rechtsvorschriften ergänzt. Den Juden wurde es verboten, mehr als 2000 Złoty Bargeld pro Familie zu besitzen, sie durften nur bestimmte Berufe ausüben und mußten auf der Kleidung ein Abzeichen ihrer Rassenzugehörigkeit tragen. Sodann wurde den Juden das Recht auf Rente und die freie Wohnungswahl entzogen, worauf im Januar 1940 die Massenbeschlagnahme ihres Eigentums folgte. Man ging auch daran, spezielle Wohnviertel für Juden (Ghettos) einzurichten. Mit der Zeit wurden alle Ghettos verschlossen, mit Mauern umgeben und an den Toren militärische Wachposten aufgestellt. Die Bewohner durften bei Todesstrafe die Ghettos nicht verlassen. Zum Ghetto hatten auch Polen keinen Zutritt. Die Schließung der Ghettos machte es sehr vielen Menschen unmöglich, irgendeiner Berufstätigkeit nachzugehen. Daher waren dort die Lebensbedingungen ungewöhnlich schwer. Außer an Arbeit fehlte es auch an Lebensmitteln. Die freie Zufuhr von Nahrungsmitteln war verboten, weshalb diese sehr stark im Preis stiegen. Den Juden sollten die Lebensmittelzuteilungen auf Karten genügen, deren Kalorienwert in der zweiten Jahreshälfte 1941 nicht ganz 10% des physiologischen Bedarfs des Menschen deckte. Der sich schnell entwickelnde Schmuggel der verschiedensten Waren in die jüdischen Stadtviertel, wofür der Tod drohte, konnte normale Lieferungen nicht ersetzen. Nach Untersuchungen, die im Warschauer Ghetto, dem größten in Polen, an-

[14] Auf der Polizeisitzung am 30. 5. 1940 unterschied Generalgouverneur Frank zwischen „arbeitender Unterschicht“ und „geistiger Führerschicht“ in Polen. Letztere sollte „befriedet“, d. h. umgebracht werden, während die Weltöffentlichkeit ihre ganze Aufmerksamkeit auf den Frankreichfeldzug richtete. — *Piotrowski, Stanisław*, Sprawy polskie przed Międzynarodowym Trybunałem Wojennym w Norymberdze (Polnische Fragen vor dem Internationalen Militärtribunal in Nürnberg), Bd. 1: Dziennik Hansa Franka (Das Tagebuch Hans Franks), Warschau 1957, S. 278ff.

gestellt wurden, waren 50 % der Bevölkerung am Verhungern, 30 % hungerten „normal", 15 % hatten nicht genug zu essen, und nur 5 % ernährten sich entsprechend ihren Bedürfnissen.[15] Infolgedessen verstarben im Verlauf von anderthalb Jahren in diesem Ghetto 15 bis 20 % der Einwohner. Ähnlich sah es an anderen Orten aus, wo die jüdische Bevölkerung zusammengeballt war.

Das Tempo, mit dem die Juden in den Ghettos hinwegstarben, hielten die deutschen Behörden für ungenügend und zu langsam. Deshalb gingen sie im Herbst 1941 dazu über, die Ghettobewohner in speziell errichtete Vernichtungslager abzutransportieren. Im Generalgouvernement wurde der letzte jüdische Stadtbezirk in der Jahresmitte 1943 liquidiert. In den ins Deutsche Reich eingegliederten Gebieten existierte nur das Ghetto in Łódź (von den Nazis in Litzmannstadt umbenannt) länger. Von den vor dem Kriege im polnischen Staatsgebiet lebenden rund 3,2 Millionen Juden fiel die große Mehrheit den Vernichtungsaktionen zum Opfer. Einige überlebten in Konzentrationslagern oder bei der Zwangsarbeit in Deutschland. Viele versteckte die polnische Bevölkerung, obwohl dafür die Todesstrafe drohte. Gerettet wurden schließlich diejenigen, die in den 1939 in die UdSSR eingegliederten ehemaligen Ostgebieten des polnischen Staates gewohnt hatten und bis zum Juni 1941 ins Innere der Sowjetunion übergesiedelt waren bzw. sich dort aufhielten. Neben den programmatischen Motiven hatte die Judenvernichtungsaktion auch einen wirtschaftlichen Aspekt. Die deutschen Faschisten eigneten sich das ganze Hab und Gut der Juden an. Sie trieben den Raub so weit, daß die in den Tod gehenden Menschen sich nackt ausziehen mußten, damit ihre Kleidung erhalten blieb, und nach dem Tode wurden den Leichen die Goldzähne aus dem Mund herausgebrochen. Die Einnahmen daraus strich der Reichshaushalt ein, teilweise bereicherten sich auch die unmittelbar Beteiligten der Massenmorde daran.

Gleichzeitig mit der Exterminierung der Juden setzten die deutschen Faschisten auch ihre Pläne gegenüber den Polen in die Tat um. In ihren Konzeptionen für die Neuordnung Europas war den Polen die Funktion der unqualifizierten Arbeitskraft zugewiesen. Ehe man diese Vorhaben aber durchführen konnte, hielt man es für erforderlich, jegliche Unabhängigkeitsregung zu ersticken, wofür als unbedingte Voraussetzung galt, den gesamten politisch, wirtschaftlich und intellektuell aktiven Teil der polnischen Gesellschaft zu vernichten. Damit begannen die deutschen Faschisten sofort nach ihrem Einmarsch in das polnische Staatsgebiet, indem sie rücksichtslosen Terror entfesselten. Anfangs wütete er hauptsächlich in den annektierten Gebieten. Massenaussiedlungen setzten ein – davon wird noch die Rede sein –, in einzelnen Städten wurden führende Vertreter der Intelligenz erschossen. Das größte Massaker begingen die Deutschen in Bydgoszcz, wo sie mehrere tausend Männer hinmordeten. Die annektierten Gebiete wurden schon im Herbst 1939 von einem Netz von Lagern für Zivilpersonen überzogen, in denen Personen, die für „deutschfeindliche Tätigkeit" in den zwanziger und dreißiger Jahren bekannt waren, und Vertreter der Intelligenz festgesetzt wurden.

Im Generalgouvernement fanden die ersten Exekutionen größeren Ausmaßes im November und Dezember 1939 statt, also etwas später als in den ins Reich eingegliederten Gebieten. Mitte 1940 folgte eine neue große Terrorwelle. Eine Vorstellung davon, mit welcher Brutalität vorgegangen wurde, vermittelt ein Interview, das Generalgouverneur

15 *Mark, Bernard,* Powstanie w ghetcie warszawskim na tle ruchu oporu w Polsce (Der Aufstand im Warschauer Ghetto im Zusammenhang mit der Widerstandsbewegung in Polen), Warschau 1953, S. 26.

Frank im Februar 1940 einem Korrespondenten der führenden Nazizeitung „Völkischer Beobachter" gewährte. Auf die Frage, wie man den Unterschied zwischen dem Reichsprotektorat Böhmen und Mähren und dem Generalgouvernement zum Ausdruck bringen könne, sagte Frank: „Einen plastischen Unterschied kann ich Ihnen sagen. In Prag waren z. B. große rote Plakate angeschlagen, auf denen zu lesen war, daß heute 7 Tschechen erschossen worden sind. Da sagte ich mir: wenn ich für je sieben erschossene Polen ein Plakat aushängen lassen wollte, dann würden die Wälder Polens nicht ausreichen, das Papier herzustellen für solche Plakate."[16]

Seit 1940 waren die Polen ununterbrochen Terroraktionen ausgesetzt. Lediglich ihre Formen und ihr Ausmaß sowie die Bevölkerungsgruppen, gegen die sie sich in erster Linie richteten, unterlagen dem Wechsel. Die unter der Deckbezeichnung AB im Jahre 1940 durchgeführte Aktion zielte vor allem auf führende Persönlichkeiten (die sogenannte „Führerschicht") der polnischen Gesellschaft. Mehrere Tausende der hervorragendsten Vertreter der Nation wurden dabei erschossen. Im Prinzip waren Arbeiter und Bauern (im Nazijargon die „Unterschicht") von dieser Aktion ausgenommen. Hierin kam erneut die Politik der Okkupanten zum Ausdruck, die verschiedenen polnischen Gesellschaftsgruppen einander gegenüberzustellen. Diese Pläne schlugen jedoch fehl. Trotz der Ermordung vieler bekannter Politiker und Intellektueller wurde die Widerstandsbewegung nicht schwächer, sondern immer stärker. Am Kampf gegen die Okkupanten nahmen alle Volksschichten teil, wobei die Kampfformen sehr unterschiedlich waren, von bewaffneten Partisanenaktionen über Spionage für die Alliierten und Sabotage bis zur Entfaltung geheimen Schulunterrichts, zur Herausgabe einer konspirativen Presse und zur Entwicklung verschiedener Formen des Bildungs- und Kulturlebens. Infolgedessen war der polnische Untergrund im Vergleich zu anderen okkupierten Ländern besonders gut ausgebaut.

Die wachsende Widerstandsbewegung war die Antwort auf den immer stärkeren Terror der Okkupanten. Gleichzeitig rief sie immer schärfer werdende Verfolgungen hervor. Die polnische Gesellschaft war sich aber darüber im klaren, daß ein Verzicht auf den bewaffneten Kampf mit dem Aggressor nicht zu einer Besserung der Lage beitragen, sondern im Gegenteil den deutschen Faschisten nur noch günstigere Bedingungen für die Verwirklichung ihrer Pläne schaffen würde.

In ihrem Bestreben, die Bevölkerung zu terrorisieren, errichtete die Okkupationsmacht in Polen ein weitverzweigtes Netz von Konzentrationslagern. Neben der physischen Vernichtung der Gefangenen hatten sie gleichzeitig die Bereitstellung vieler unbezahlter Arbeitskräfte zur Aufgabe. Diese Ziele ergänzten einander. Schwere körperliche Arbeit unter den Bedingungen von Hunger, Kälte, unaufhörlicher Drangsalierung, Prügel, Mangel an Medikamenten beschleunigte den Tod der Gefangenen. In die Lager wurden nicht nur Personen, die aktiv gegen den deutschen Faschismus gekämpft hatten, eingeliefert. Die meisten waren zufällige Opfer von Terrormaßnahmen, die darauf berechnet waren, die polnische Gesellschaft einzuschüchtern. In die Lager kamen Menschen, die bei Straßenrazzien festgenommen worden waren, die illegalen Handel betrieben hatten, die sich der Deportation zur Zwangsarbeit in Deutschland entzogen hatten u. dgl.

Die genaue Zahl der auf polnischem Boden errichteten verschiedenartigen Lager steht noch immer nicht endgültig fest. Es waren ihrer mehrere hundert. Zu den größten ge-

[16] *Piotrowski, St.*, Sprawy, a. a. O., S. 276f.

hörten Oświęcim-Brzezinka (Auschwitz-Birkenau) und Majdanek, wo einige Millionen Menschen aus verschiedenen Staaten hindurchgingen und umkamen. Die Zahl der in Konzentrationslager eingelieferten Polen (ohne Juden) schwankt schätzungsweise zwischen zwei und drei Millionen, davon blieben 863000 am Leben.

Das System der Lager war nur eine der vielen Formen des Kampfes gegen die polnische Nation. Daneben wandten die Okkupanten andere Methoden zur physischen Vernichtung der Bevölkerung an. So wurde im Herbst 1943 – angesichts der zunehmenden Untergrundaktivität – der Grundsatz eingeführt, für jeden getöteten Deutschen oder polnischen Kollaborateur mindestens 10 Polen öffentlich zu erschießen. Die Exekution der zufällig festgenommenen Geiseln erfolgte auf den Straßen der Städte. Allein in Warschau wurden im Verlauf von nicht ganz fünf Monaten (von Oktober 1943 bis zum 15. Februar 1944) auf diese Weise 1526 Personen erschossen. Noch viel mehr Menschen starben bei nicht öffentlichen Hinrichtungen. Mit einem Massaker an der Bevölkerung endete auch der Warschauer Aufstand, der am 1. August 1944 ausbrach und zwei Monate andauerte. Es kamen damals ungefähr 200000 Menschen ums Leben, wovon 16000 bis 18000 Aufständische waren, der Rest aber Zivilisten, die zum Teil bei den Kampfhandlungen den Tod fanden, großenteils aber durch die faschistischen Truppen ermordet wurden.[17]

Insgesamt brachten Verfolgungsmaßnahmen mehr als drei Millionen Polen den Tod (und dabei ist die jüdische Bevölkerung nicht mitgezählt). Es sei auch bedacht, daß Deutschlands riesiger Arbeitskräftebedarf der Ausrottung der Polen gewisse Hemmnisse auferlegte. Hätten die Hitlerfaschisten den Krieg gewonnen, so wäre der Terror noch schlimmer geworden. Am klarsten dürfte Frank formuliert haben, was die deutschen Faschisten für die Nachkriegszeit gegenüber den Polen planten. Auf einer internen Veranstaltung der Distriktstandortführung der Nazipartei erklärte er am 14. Januar 1944 (als selbst mancher Naziführer nicht mehr so recht an den „Endsieg“ zu glauben wagte) in Kraków: „Wenn wir den Krieg einmal gewonnen haben, dann kann meinetwegen aus den Polen und aus den Ukrainern und dem, was sich hier herumtreibt, Hackfleisch gemacht werden ... Aber in diesem Augenblick kommt es nur darauf an, ob es gelingt, fast 15 Millionen eines gegen uns sich organisierenden feindlichen Volkstums in Ruhe, Ordnung, Arbeit und Disziplin zu halten.“[18]

Im Kampf gegen die polnische Bevölkerung bemühten sich die Okkupanten nicht einmal, den äußeren Schein der Legalität zu wahren. Sie mordeten und deportierten in Lager, ohne auch nur den Versuch eines Schuldbeweises zu unternehmen. Das zuweilen angewandte Sondergerichtsverfahren erforderte nicht die Anwesenheit des Beschuldigten bei der Verhandlung und sah auch nicht vor, ihm das gefällte Urteil mitzuteilen. Vor der Verhandlung wurde keine Untersuchung zur Feststellung der Schuld durchgeführt. Dem Beschuldigten stand nicht das Recht zur Verteidigung zu. Und dabei war die Palette der der Jurisdiktion von Sondergerichten unterliegenden Strafsachen ungewöhnlich breit.

Den Terror bekam besonders stark die Stadtbevölkerung zu spüren. Von den Todesopfern entfielen 78,9 % auf die Städte und 21,1 % auf die Dörfer. Dabei sei daran erinnert, daß in Polen mehr Menschen auf dem Lande als in Städten wohnten. Daß die Städter unter den Opfern überwogen, resultiert einerseits aus der fast vollständigen Ermordung

[17] *Kirchmayer, Jerzy*, Powstanie warszawskie (Der Warschauer Aufstand), Warschau 1959, S. 423.

[18] *Piotrowski, St.*, Sprawy, a. a. O., S. 370.

der jüdischen Bevölkerung, die hauptsächlich in Städten gelebt hatte, und andererseits aus den Vernichtungsaktionen gegen die Intelligenz. Daß sich die Bevölkerungsverluste derart verteilten, hatte wesentliche Veränderungen in Polens Sozial- und Berufsstruktur zur Folge. Die Juden hatten sich größtenteils mit Handel und Handwerk beschäftigt. Ihre Ermordung ließ die Zahl der in diesen Wirtschaftssektoren Tätigen gewaltig absinken, besonders im Handwerk. Viele Handwerkszweige hörten praktisch auf zu existieren. In welchem Maße der Kampf gegen die Intelligenz zur zahlenmäßigen Verminderung dieser sozialen Schicht führte, mögen die folgenden Angaben einigermaßen zeigen: In den Kriegsjahren kamen 67 % der Zahnärzte, 58 % der Rechtsanwälte, 38 % der Ärzte, 26 % der Professoren und Mitarbeiter von Hochschulen, 21 % der Staatsanwälte und Richter ums Leben.[19] Zugleich wurde durch die völlige Liquidierung des Hochschulwesens und der Oberschulen die Heranbildung eines neuen Intelligenzkaders unmöglich gemacht. Die in der Konspiration bestehenden mittleren und höheren Lehranstalten waren natürlich nur in geringem Grade imstande, dieser Entwicklung entgegenzuwirken.

Die deutschen Faschisten bemühten sich ganz bewußt, die führenden Gruppen der polnischen Gesellschaft zu liquidieren und zugleich das durchschnittliche Ausbildungsniveau allmählich zu senken. In einem Geheimdokument gab Himmler 1940 die Richtlinie aus: „Für die nichtdeutsche Bevölkerung des Ostens darf es keine höhere Schule geben als die vierklassige Volksschule. Das Ziel dieser Volksschule hat lediglich zu sein: Einfaches Rechnen bis höchstens 500, Schreiben des Namens, eine Lehre, daß es ein göttliches Gebot ist, dem Deutschen gehorsam zu sein und ehrlich, fleißig und brav zu sein. Lesen halte ich nicht für erforderlich.“[20]

Mit der Ermordung von mehr als sechs Millionen Polen und Juden hatte die Politik Nazideutschlands gegenüber der Bevölkerung der okkupierten polnischen Gebiete nicht sein Bewenden. Das war nur ein Aspekt dieser Politik. Weitere Bestandteile der Bevölkerungspolitik waren die Massenaussiedlung aus den bisherigen Wohnungen und Wohnorten, die Besiedlung polnischer Gebiete mit Deutschen, Versuche zur Germanisierung eines Teils der Bevölkerung und die Ausbeutung der Arbeitskraft.

Die Vertreibung von Polen nahm große Ausmaße an. Die Zahl der Ausgesiedelten und Vertriebenen genau festzustellen fällt schwer. Wir verfügen über sehr voneinander abweichende Schätzungen, die sich zwischen 1,6 und 2,5 Millionen bewegen, wobei die Umsiedlung der Juden in Ghettos nicht berücksichtigt ist. Łuczak kommt in seinem gründlich dokumentierten Buch auf 1,7 Millionen.[21]

Die erste und größte Vertreibungsaktion erfaßte die ins Deutsche Reich eingegliederten Gebiete. Mehr als 860000 Menschen wurden von dort teils ins Generalgouvernement aus-

19 *Sprawozdanie w przedmiocie strat i szkód wojennych Polski w latach 1939–1945* (Bericht über Polens Kriegsverluste und Kriegsschäden in den Jahren 1939–1945), Warschau 1947, S. 36.

20 Aus Himmlers Denkschrift „Einige Gedanken über die Behandlung der Fremdvölkischen im Osten“ vom Mai 1940, zitiert nach: *Polen, Deutschland und die Oder-Neiße-Grenze*, hrsg. v. Deutschen Institut für Zeitgeschichte in Verbindung mit der Deutsch-Polnischen Historiker-Kommission unter d. verantw. Redaktion v. Rudi Goguel, Berlin 1959, S. 142f.; siehe auch *Dokumente zur deutschen Geschichte 1939–1942*, hg. v. Wolfgang Ruge u. Wolfgang Schumann, Berlin 1977, S. 41f.

21 *Łuczak, Cz.*, Polityka ludnościowa, a. a. O., S. 136. – Zu diesem Thema siehe auch *Jastrzębski, Włodzimierz*, Hitlerowskie wysiedlania z ziem polskich włączonych do Rzeszy w latach 1939 do 1945 (Die nazistischen Aussiedlungen aus den ins Reich eingegliederten polnischen Gebieten in den Jahren 1939–1945), Poznań 1960.

gesiedelt, teils zur Zwangsarbeit nach Deutschland deportiert. In der Regel war die Aussiedlung mit dem Raub oder der Konfiskation des Hab und Guts der Ausgesiedelten verbunden. Deshalb erfaßte diese Aktion in erster Linie – neben der Intelligenz – Gutsbesitzer, wohlhabende Bauern, Eigentümer von Fabriken, größeren Geschäften u. dgl. In der Regel war es den Ausgesiedelten nur erlaubt, 10 bis 20 Kilogramm Kleidung mitzunehmen. Sie hatten nicht das Recht, Schmuck, Geld und Wertpapiere auszuführen. Das ganze zurückbleibende Vermögen ging ohne jegliche Entschädigung in deutsche Staatshand über.

Die nächste große Aussiedlungsaktion erfaßte die jüdische Bevölkerung. Sie war mit der Schaffung jüdischer Bezirke in ausgewählten Ortschaften verbunden. Die außerhalb wohnenden Juden zwang man, in die Ghettos umzuziehen. In den meisten Fällen war es bei der Umsiedlung von einem Ort zum anderen nicht erlaubt, irgendwelche Sachen mitzunehmen. Beim Umzug innerhalb derselben Stadt gelang es oft, einen Teil der Habe in das jüdische Viertel zu transportieren. In der Regel traf das nicht auf Produktionseinrichtungen zu. So führten die Umsiedlungen auch in diesem Falle zur Pauperisierung.

Zwei weitere große Aussiedlungsaktionen fanden im Generalgouvernement statt. Die erste wurde vom November 1942 bis zum August 1943 im Raum Zamość durchgeführt.[22] Das war ein Versuch, die Grundsätze des Generalplans Ost zu realisieren, mit dem Ziel, die polnische Bevölkerung zu entfernen und an ihrer Stelle deutsche Kolonisten anzusiedeln. Von der Aussiedlung waren ungefähr 100000 Menschen betroffen, wovon ein geringer Prozentsatz zur Eindeutschung bestimmt war, ein Teil zur Zwangsarbeit und ein Teil in Konzentrationslager gebracht wurde. Die Aktion wurde unerhört brutal durchgeführt, u. a. trennte man Kinder von ihren Eltern. Etwa ein Dutzend Dörfer brannte man nieder, wobei alle Einwohner ermordet wurden. Das hatte zunehmende Aktivität der örtlichen Partisanenbewegung zur Folge, was – in Verbindung mit der Niederlage in der Schlacht um Stalingrad – die deutschen Faschisten zwang, während des Krieges auf weitere Versuche zur Realisierung der Grundsätze des Generalplans Ost zu verzichten. Die zweite große Aussiedlungsaktion betraf die Bevölkerung Warschaus westlich der Weichsel nach der Niederschlagung des Aufstandes. Alle am Leben gebliebenen, ungefähr eine halbe Million Einwohner mußten die Stadt verlassen.

Die genannten Aussiedlungsaktionen waren natürlich nur ein Bruchteil der durch den Krieg und die Okkupation hervorgerufenen Migrationsbewegungen. Die Aussiedlungen hatten fühlbare wirtschaftliche Konsequenzen, vor allem ruinierten sie die betroffene Bevölkerung materiell. In der Regel mußten alle Produktionseinrichtungen zurückgelassen werden, diese wurden von Deutschen übernommen. Nur in sehr wenigen Fällen gelang es den Vertriebenen, einen Teil ihrer persönlichen Habe zu retten, was zur Pauperisierung und schließlich zur Deklassierung der von Aussiedlungen betroffenen Menschen führte. Weitere Folgen waren die Verschlechterung des Gesundheitszustandes und ein Rückgang des natürlichen Zuwachses. Das alles wirkte zugunsten der Okkupanten, indem es die Verwirklichung der Vernichtungspolitik gegenüber der polnischen Gesellschaft erleichterte.

Das Gegenstück der Vertreibungen war die Kolonisierung. An Stelle der entfernten Polen und Juden siedelten die Besatzungsbehörden Deutsche an. In den Kriegsjahren

22 Siehe *Zamojszczyzna – Sonderlaboratorium SS. Zbiór dokumentów polskich i niemieckich z okresu okupacji hitlerowskiej* (Das Gebiet Zamość – Sonderlaboratorium der SS. Eine Sammlung polnischer und deutscher Dokumente aus der Zeit der Naziokkupation), u. d. Redaktion v. Czesław Madajczyk, Bd. 1 und 2, Warschau 1977.

wurden in den annektierten Gebieten 631000 Ansiedler untergebracht.[23] Ihnen wurde in großem Umfang den Polen geraubtes Eigentum übergeben und viel finanzielle und organisatorische Hilfe gewährt, man bemühte sich, ihnen Bedingungen zu schaffen, die die Akklimatisierung in der fremden und feindlichen Umgebung maximal förderten. Die Kolonisierung sicherte aber nicht die schnelle Germanisierung der polnischen Gebiete. Mit jeweils 100000 Kolonisten vergrößerte sich der zahlenmäßige Bestand der deutschen Bevölkerung kaum um 1 %. Da die Deutschen in den ins Reich eingegliederten Gebieten vor dem Kriege nur 6,4 % der gesamten Einwohnerschaft ausgemacht hatten, veränderte die Ansiedlung von 631000 Personen (trotz Vertreibung von Polen) nicht grundlegend die Nationalitätenstruktur der annektierten Gebiete. Das langsame Tempo der Ansiedlung resultierte daraus, daß es unter den Bedingungen des Krieges an Deutschen mangelte, die sich für die Kolonisierungsaktion eigneten.

Vor allem aus diesem Grunde wurde versucht, einen Teil der polnischen Bevölkerung in den eingegliederten Gebieten (besonders in Oberschlesien und Pommerellen) zu germanisieren. Dabei wandte man verschiedene Formen von Zwang an, um die Menschen zu veranlassen, sich in die sogenannte Deutsche Volksliste eintragen zu lassen. Daneben gab es auch Leute, die freiwillig diesen Schritt taten. Auf diese Weise versuchten die deutschen Faschisten u. a. neues „Menschenmaterial" für ihre Armee zu gewinnen. Es kann aber als sicher angenommen werden, daß die Behörden des faschistischen Deutschland im Falle eines für sie siegreichen Kriegsendes die Volksliste überprüft und dabei sehr viele derjenigen, die sich in den schweren Kriegsjahren hatten eintragen lassen, zu Polen erklärt und aus den für die deutsche Besiedlung bestimmten Gebieten entfernt hätten.

Über alle Maßen wichtig war für die Okkupanten die Arbeitskraft der Polen. Ein Defizit an Arbeitskräften war in Deutschland schon seit dem Ende des 19. Jahrhunderts gelegentlich aufgetreten. Während des Krieges, als Millionen deutscher Männer zur Armee einberufen waren, machte es sich besonders stark bemerkbar. Es vertiefte sich mit der Ausweitung der Rüstungsindustrie und auch, weil an die Stelle qualifizierter Arbeiter ungelernte Leute traten. Der Arbeitermangel nahm also in der Industrie und in der Landwirtschaft sehr zu und konnte mit deutschen Arbeitskräften nicht gedeckt werden. Daher behandelten die Okkupanten die polnischen Gebiete als Reservoir unentgeltlicher Arbeitskräfte.

Schon in der ersten Periode des Krieges begann man, kriegsgefangene polnische Soldaten zu beschäftigen. Ihre Zahl wird auf 300000 geschätzt. Doch damit war der riesige Bedarf des deutschen Produktionsapparates nicht befriedigt. Es wurde also damit begonnen, Polen aus den annektierten Gebieten zur Arbeit zu deportieren. Das stieß jedoch auf den Widerstand der örtlichen Behörden, die ebenfalls Arbeitermangel befürchteten. Daher hatte die Deportation aus diesen Gebieten etwas geringeren Umfang als die aus dem Generalgouvernement.

Hauptlieferant von Arbeitern für Deutschland sollte das Generalgouvernement werden. Um es für diese Aufgabe bereit zu machen, erging schon im Oktober 1939 eine Verordnung, die die ganze polnische Bevölkerung des Generalgouvernements im Alter von 18 bis 60 Jahren zur Arbeit zwang. Im Dezember 1939 wurde der Arbeitszwang auf Jugendliche vom 14. Lebensjahr an ausgedehnt.

Anfänglich versuchte man im Generalgouvernement, die Traditionen der Saisonwanderung nach Deutschland auszunutzen und Leute vom Lande zur freiwilligen Arbeitsauf-

23 *Łuczak, Cz.*, Polityka ludnościowa, a.a.O., S. 194.

nahme im Reichsgebiet zu bewegen. Man appellierte besonders an die Kleinbauern, indem man ihnen vorteilhafte Beschäftigungsbedingungen versprach. Die Zahl der auf diese Weise rekrutierten Arbeiter wich aber erheblich von dem deutscherseits angemeldeten Bedarf ab. Deshalb fing man an, parallel zur Freiwilligenwerbung administrativen Druck auszuüben. Doch auch dies brachte nicht die erhofften Resultate. Daher entschlossen sich die Okkupanten, den Zwang zur grundsätzlichen Rekrutierungsmethode zu machen. Den Auftrag, eine bestimmte Zahl von Arbeitern nach Deutschland zu schicken, erhielten die von den Deutschen eingerichteten Arbeitsämter und auch die Polizei, die großangelegte Razzien in Städten und Dörfern veranstaltete. Junge Männer und Frauen wurden ohne Rücksicht auf familiäre Situation, Ausbildung, ausgeübten Beruf und oft auch ungeachtet ihres Gesundheitszustands nach Deutschland deportiert. In einigen Kreisen umstellte die Polizei sogar Schulen und eskortierte die festgenommenen Schüler und Schülerinnen, oft solche von 14 Jahren, zu den Zügen. Neben den Razzien bediente man sich zur Rekrutierung häufig der Methode, daß die Arbeitsämter namentliche Aufforderungen, sich zur Abreise zu melden, verschickten. Für den Fall der Nichtbefolgung der Aufforderung bestand, unabhängig von strafrechtlichen Konsequenzen, eine der Sanktionen darin, daß die Familie des Einberufenen deportiert wurde. Die namentliche Einberufung wurde in den annektierten Gebieten zu der am häufigsten praktizierten Methode der Zwangsarbeiterrekrutierung.

Die Zahl der nach Deutschland deportierten Arbeiter stieg sehr schnell an. Waren 1939 nur 40000, so 1940 schon 302000 und bis August 1942 bereits 800000 Arbeiter ins Reichsgebiet geschickt worden. Bis Juni 1943 stieg diese Zahl auf 1280000, und bis zur Niederlage Hitlerdeutschlands vergrößerte sie sich noch mehr. Insgesamt kamen aus Polen (Generalgouvernement, annektierte Gebiete sowie Kriegsgefangene) 2858000 Menschen zur Zwangsarbeit nach Deutschland.[24] Im Jahre 1941 stellten die Polen ungefähr 55 % aller im Reichsgebiet arbeitenden Ausländer. Bis Mitte 1944 war ihr prozentualer Anteil (trotz ständigen Anwachsens der absoluten Zahlen) auf 28 % gesunken. An erster Stelle standen damals Zwangsarbeiter aus den okkupierten Gebietsteilen der Sowjetunion, ihnen folgten die Polen und dann Franzosen, Tschechen, Holländer und andere. Der sehr hohe Anteil der Polen zeugt davon, wie sehr die deutschen Faschisten die Ausbeutung des polnischen Arbeitskraftpotentials intensivierten.[25]

Auch innerhalb des Landes herrschte Arbeitszwang. In der ersten Zeit galt er vor allem für die Juden, nach ihrer Ermordung auch für die Polen. Die Lebensbedingungen in den Arbeitslagern waren nur wenig besser als in den Konzentrationslagern. Die Arbeitspflicht bezog sich auch auf scheinbar normal Beschäftigte. In vielen Betrieben hatten die Werktätigen nicht das Recht zur Kündigung, da dafür Sanktionen in Gestalt der Deportation ins Konzentrationslager oder zur Arbeit in Deutschland drohten.

24 Ebenda, S. 161.

25 Näheres siehe *Łuczak, Czesław*, Polscy robotnicy przymusowi w Trzeciej Rzeszy podczas II wojny światowej (Polnische Zwangsarbeiter im Dritten Reich während des zweiten Weltkrieges), Poznań 1974; *Rusiński, Władysław*, Położenie robotników polskich w czasie wojny 1939–1945 (Die Lage der polnischen Arbeiter während des Krieges 1939–1945), Bd. 1 und 2, Poznań 1950–1955; *Wirtschaft und Staat in Deutschland*. Eine Wirtschaftsgeschichte des staatsmonopolistischen Kapitalismus in Deutschland vom Ende des 19. Jahrhunderts bis 1945 in drei Bänden, hg. v. Helga Nussbaum u. Lotte Zumpe, Bd. 3: *Zumpe, Lotte*, Wirtschaft und Staat in Deutschland 1933 bis 1945. Mit einem Kapitel über Außenhandel u. Okkupationswirtschaftspolitik 1939 bis 1945 von Berthold Puchert, Berlin 1980, S. 364.

Versuchen wir nun, die Ergebnisse der Bevölkerungspolitik der Okkupanten in Polen zusammenzufassen: 22,2 % der polnischen und jüdischen Bevölkerung kamen ums Leben, weitere 3,2 % (nur Überlebende gerechnet) waren in Konzentrationslagern und Gefängnissen, 10,5 % wurden zur Zwangsarbeit deportiert und ungefähr 6 % ausgesiedelt. Aus dieser Aufrechnung geht hervor, daß mehr als 40 % der Bevölkerung unmittelbar vom Terror betroffen wurden. Außerdem war es von wesentlicher Bedeutung, daß die Bevölkerung eines beträchtlichen Teils ihres Eigentums beraubt wurde, was die Deklassierung einiger Gruppen der Gesellschaft und eine Veränderung der Sozial- und Berufsstruktur Polens zur Folge hatte.

3. Die Landwirtschaft

Seit dem ausgehenden 19. Jahrhundert vermochte Deutschlands Landwirtschaft den Bedarf des Landes nicht mehr zu decken. Daher hatten sich schon zu der Zeit, als Polen noch unter die drei Nachbarmächte aufgeteilt war, die unter preußischer Herrschaft befindlichen polnischen Gebiete (außer Oberschlesien) auf Ackerbau und Viehzucht spezialisiert. Die den Eigenbedarf übersteigende Produktionsüberschüsse wurden damals auf den aufnahmefähigen deutschen Markt gebracht. Die Umstellung der Wirtschaft Nazideutschlands auf die Rüstungs- und Kriegsproduktion und die Einberufung sehr vieler Männer zur Armee hatten zur Folge, daß der Bedarf an landwirtschaftlichen Erzeugnissen zunahm und gleichzeitig ein Produktionswachstum erschwert wurde. Daher war Deutschland während des zweiten Weltkrieges sehr daran interessiert, aus Polen möglichst große Mengen Viehzucht- und Ackerbauprodukte zu bekommen. Davon hing unter anderem die Befriedigung der wachsenden Bedürfnisse der Armee und die Versorgung der Zivilbevölkerung im Reichsgebiet ab. Die Landwirtschaftspolitik der deutschen Behörden in den okkupierten Gebieten war also darauf gerichtet, einerseits die Landwirtschaft zu entwickeln und andererseits den Produzenten soviel wie möglich von den Ernteerträgen wegzunehmen.[26]

Für den Bedarf Deutschlands ein Maximum an landwirtschaftlichen Erzeugnissen zu liefern war sowohl den annektierten Gebieten als auch dem Generalgouvernement als Hauptaufgabe gestellt. Infolgedessen verkündete die deutsche Verwaltung, daß es unumgänglich sei, die Bewirtschaftungsmethoden in der Landwirtschaft der Polen weggenommenen Gebiete zu verändern. Es sei zweckmäßig, das bisher zersplitterte bäuerliche Eigentum zu konzentrieren, großangelegte Meliorationsmaßnahmen durchzuführen, den Stand der Rinder- und Schweinehaltung zu verbessern, richtige agro- und zootechnische Maßnahmen zu ergreifen und mehr künstliche Düngemittel zu verwenden. Den deutschen Behörden ging es dabei keineswegs um eine Verbesserung der Lage der polnischen Bauern, sondern um die Intensivierung der Produktion, die eine Erhöhung der Erzeugung ermöglichen sollte, und im Endergebnis darum, immer größere Mengen landwirtschaftlicher Überschüsse herauszuholen.

In der Anfangsphase unternahmen die Besatzungsbehörden tatsächlich manche Schritte

[26] Näheres siehe *Noskova, Alina Fjodorovna*, Razorenie ėkonomiki Polši gitlerovskoj Germaniej 1939–1944/territorija General-Gubernatorstva/ (Die Ruinierung der Wirtschaft Polens durch Hitlerdeutschland 1939–1944/Territorien des Generalgouvernements/), Moskau 1971, S. 108 bis 112, 132–137, 170–182, 206–208.

zur Verwirklichung des abgesteckten Aktionsprogramms. Je mehr aber der Bedarf der Armee und der Front wuchs und zur Konzentration der Industrieproduktion auf die Rüstung zwang und je mehr sich das Arbeitskräftedefizit vertiefte, desto mehr nahm man davon Abstand, den Großteil der anfänglichen Absichten zu verwirklichen. Man beschränkte sich darauf, die vorhandenen Ressourcen maximal auszubeuten, wobei mit zunehmender Kriegsdauer immer mehr und immer brutaler Raubbau getrieben wurde.

Im Einklang mit der Tendenz, die ins Reich eingegliederten polnischen Gebiete zu germanisieren, wurde dort der gesamte Großgrundbesitz, sofern er vor dem Kriege Polen gehört hatte, entschädigungslos durch die Ostdeutsche Landbewirtschaftungsgesellschaft m.b.H., eine speziell dafür gegründete Organisation, die im allgemeinen kurz „Ostland" genannt wurde, in Verwaltung genommen. An ihrer Stelle wurde dann die Reichsgesellschaft für Landbewirtschaftung („Reichsland") gegründet. Die Übernahme polnischen Grund und Bodens stützte sich auf die Verordnung vom 12. Februar 1940 über die öffentliche Bewirtschaftung von land- und forstwirtschaftlichen Betrieben und Liegenschaften. Diese entzog den Polen das Recht, irgendwelchen Nutzen aus ihrem Besitz zu ziehen, obwohl formell das Eigentumsrecht noch gewahrt blieb. Die Verordnung vom 17. September 1940 liquidierte dann auch dieses formale Recht. Durch die Herausgabe dieser beiden Verordnungen wurde lediglich die Übernahme des polnischen Großgrundbesitzes sanktioniert. In Wirklichkeit waren nämlich die Güter schon viel früher von der „Ostland" übernommen worden, und ihre Eigentümer gehörten zu der Bevölkerungsgruppe, die am frühesten aus den annektierten Gebieten ausgesiedelt wurde. So hörte in den dem Deutschen Reich einverleibten Gebieten der polnische Großgrundbesitz auf zu bestehen.

Gegenüber den Bauern nahmen sich die Besatzungsbehörden für ihr Vorgehen etwas mehr Zeit. Es war schließlich leichter, einige hundert Güter zu übernehmen, als einige hunderttausend Bauernwirtschaften. Doch schon 1939 setzte die Vertreibung der Bauern von ihrem Boden ein. Das Tempo der Aussiedlung hing vom Zustrom deutscher Ansiedler ab. In der Regel wurden den Deutschen wohlhabende Wirtschaften auf besseren Böden zugewiesen. Mangelte es an entsprechenden Objekten, dann legte man den Besitz mehrerer polnischer Bauern zusammen. Überflüssig gewordene Gebäude wurden dabei zerstört, und die Polen wurden ausgesiedelt. Auf diese Weise realisierten die deutschen Faschisten ihren Grundsatz, ausschließlich Vollbauernbetriebe zu schaffen. Die dadurch vollzogenen Veränderungen in der Agrarstruktur ließen sich schwer rückgängig machen, da ja Gebäude zerstört, neue Grenzen zwischen den Wirtschaften gezogen und die Anbaustruktur verändert worden waren. Bis 1942 übernahmen Deutsche ungefähr 59 % der polnischen Kleineigentümern gehörenden landwirtschaftlichen Nutzfläche. An Stelle von 250000 polnischen Betrieben wurden 64000 neue deutsche Betriebe geschaffen.

Weil es an deutschen Ansiedlern mangelte, verblieb ein Teil der Wirtschaften vorübergehend (bis Kriegsende) in den Händen der bisherigen Besitzer. Sie wurden aber nicht mehr als Eigentümer ihres Bodens behandelt. Praktisch waren sie nur Verwalter im Auftrag der „Ostland" (später „Reichsland"). Die Produktionsleitung hatten deutsche Agronomen inne. Sie legten nicht nur fest, welche allgemeinen Aufgaben die einzelnen Bauern zu erfüllen hatten, sondern bestimmten auch in allen Einzelheiten das Areal jeder Feldkultur, die Größe des Viehbestandes, das System der Fruchtfolge u. ä. Der gesamte in diesen Betrieben erzeugte Produktionsüberschuß mußte zu festen Preisen an die Besatzungsbehörden abgeliefert werden. Die Bauern durften nur eine genau festgelegte, recht geringe Menge der Ernteerträge behalten, was für die Neuaussaat, für die Viehhaltung und für die notdürftige Ernährung der Familie ausreichen mußte. Die ganze Produktion unterlag ungewöhnlich kleinlicher Beaufsichtigung. Infolgedessen war es dem Bauern fast unmöglich, über irgendeinen Teil seiner Produktion frei zu verfügen. Praktisch war er so etwas wie ein Lohnarbeiter geworden.

Im Generalgouvernement gestaltete sich die Situation der Landwirtschaft anders. Der Großgrundbesitz verblieb teilweise in polnischen Händen, wobei die Besatzungsbehörden für die einzelnen Güter Verwalter einsetzten, die aber in vielen Fällen nur Strohmänner waren. Ungefähr ein Drittel des Großgrundbesitzes wurde in Zwangsverwaltung genommen, und damit verbunden wurden die bisherigen Besitzer vertrieben und jeglichen Einflusses auf den Betrieb beraubt. In der Regel handelte es sich dabei um die reichsten und bestbewirtschafteten Güter.

Gegenüber der bäuerlichen Bevölkerung im Generalgouvernement befolgten die Okkupanten während der Kriegsjahre nicht die Linie, sie von ihrem Boden zu vertreiben. Neben der schon beschriebenen Aktion im Raum Zamość gab es weitere Fälle, wo dies doch getan wurde, so beim Bau militärischer Objekte, bei der Erweiterung benachbarter deutscher Höfe zu Vollbauernwirtschaften, ferner als eine Form von Repressalien, wenn Bauern den Partisanen Hilfe geleistet hatten, ihrer Pflicht zur Ablieferung landwirtschaftlicher Erzeugnisse an die Deutschen nicht nachgekommen waren u. dgl. Doch die Durchführung grundlegender Veränderungen der Agrarstruktur des Generalgouvernements vertagten die deutschen Faschisten auf die Nachkriegszeit. Die dafür vorbereiteten Pläne besagen, daß die Veränderungen tiefgreifend sein und in eine Richtung ähnlich der in den annektierten Gebieten eingeschlagenen gehen sollten.

Neben dem Umbau der Agrarstruktur in den ins Reich eingegliederten Gebieten hatte die Landwirtschaftspolitik die Erhöhung der Produktion zur Hauptaufgabe. Größter Nachdruck wurde darauf in den annektierten Gebieten gelegt. Man fing dort an, der Landwirtschaft in breitem Maße Qualitätssaatgut, Maschinen und Kunstdünger zu liefern. Diese Lieferungen flossen vorrangig den Deutschen zu. Erst wenn ihr Bedarf voll gedeckt war, war der Rest auch den Polen zugänglich. Zum wesentlichen Stimulus für die Erhöhung des Verbrauchs künstlicher Düngemittel wurde die Änderung der Preisrelation zwischen Agrarprodukten und Düngemitteln. Im Vergleich zur Vorkriegszeit wurden die Düngerpreise gesenkt, und die auf dem Lande erzeugten Waren wurden teurer. Das schuf Voraussetzungen für die stärkere Verwendung von Düngemitteln, was letztlich zur Realisierung der auf maximale Agrarproduktion gerichteten Leitlinien der deutschen Landwirtschaftspolitik beitrug. Die Düngemittellieferungen gingen jedoch in den letzten Kriegsjahren sehr zurück, denn die chemischen Fabriken wurden auf die Produktion für den unmittelbaren Heeresbedarf umgestellt. Daher sank nach 1943 der Düngemittelverbrauch gegenüber der Anfangsphase der Okkupation ab, lag aber weiterhin höher als vor Ausbruch des zweiten Weltkrieges.

In den annektierten Gebieten machte auch die Mechanisierung der Landwirtschaft Fortschritte. Im Vergleich zur Zeit vor 1939 erhöhte sich der Ausstattungsgrad des Dorfes mit Maschinen und technischen Geräten verschiedener Art. Der Drang zur Mechanisierung resultierte aus dem im ganzen deutschen Reichsgebiet fühlbaren Arbeitskräftemangel. Man bemühte sich dem entgegenzuwirken, indem man das Dorf mit besserem Arbeitsgerät ausrüstete. Die Mechanisierung der Feldarbeiten erlaubte es, auf dem Lande Menschen für die Arbeit in anderen Zweigen der Volkswirtschaft freizusetzen. Um die Anwendung von Maschinen attraktiv zu machen, wurden auch in diesem Falle für das Dorf vorteilhafte Preise festgelegt, wodurch die bisherige Relation zwischen Industriewaren und landwirtschaftlichen Erzeugnissen verändert wurde. Vorrang beim Kauf von Maschinen und

Geräten genossen die großen Güter, an zweiter Stelle standen die deutschen Bauern und an letzter die Polen. Das Interesse der polnischen Bauern an der Mechanisierung ergab sich aus der Tatsache, daß sie zu diesem Zweck Finanzmittel verwenden durften, die für andere Käufe auszugeben sie nicht berechtigt waren.

Den Fortschritt der Mechanisierung hemmte jedoch der fühlbare Rohstoffmangel in Deutschland. Es fehlte an Schmiermitteln und an Ersatzteilen. Da Treibstoff nicht in rhythmischen Abständen geliefert wurde, fiel es schwer, die Traktoren rationell zu nutzen, und man war gezwungen, in den landwirtschaftlichen Betrieben übermäßig viele Pferde zu halten. Mit zunehmender Kriegsdauer verschlechterte sich die Lage, was sich auf die Höhe der landwirtschaftlichen Erzeugung auswirkte.

In den Okkupationsjahren gingen in Westpolen gewisse Wandlungen in der Struktur der angebauten Kulturen vor sich. Diese wurden von den deutschen Behörden bewußt gefördert. Sie gingen in Richtung einer Einschränkung der Getreidefläche zugunsten von Hackfrüchten, Hülsenfrüchten und Ölfrüchten sowie von Industriepflanzen (Tabak, Flachs). Daneben versuchten die Deutschen anfangs auch Voraussetzungen für die Entwicklung der Viehzucht zu schaffen. Sie brachten wertvolleres Zuchtmaterial heran. Unter dem Einfluß der sich verschlechternden Lebensmittelsituation im Reichsgebiet und des wachsenden Heeresbedarfs engte sich ihr Interesse aber sehr schnell vor allem auf die Erhöhung der Zahl der zur Schlachtung bestimmten Rinder und Schweine ein. Das führte zu einem schnellen Rückgang der Kopfzahl, wodurch eine rationelle Viehwirtschaft unmöglich wurde.

Da exakte statistische Daten fehlen, können wir nicht feststellen, wie sich in den Kriegsjahren in den ins Reich eingegliederten Gebieten die landwirtschaftliche Erzeugung gestaltete. Bruchstückhafte Informationen besagen, daß die Erzeugung anfangs stieg, um gegen Kriegsende in eine sinkende Tendenz überzugehen. Es verringerte sich die Kopfzahl von Rindern und Schweinen, und zwar ganz beträchtlich. Dagegen vergrößerte sich die Kopfzahl von Schafen und Ziegen. Anscheinend wuchsen in den Kriegsjahren in Westpolen die durchschnittlichen Hektarerträge. Das hing damit zusammen, daß der Boden besser mit künstlichen Düngemitteln versorgt wurde. Es ist jedoch zu betonen, daß diese Prozesse in den verschiedenen Gegenden der ins Reich eingegliederten Gebiete uneinheitlich abliefen.

Die Agrarpolitik der deutschen Behörden im Generalgouvernement deckte sich in den Grundlinien mit den Tendenzen in den annektierten Gebieten. Grundlegende Aufgabe war auch hier die Intensivierung der Produktion, wobei allerdings in viel geringerem Grade objektive Bedingungen für die Erfüllung der gestellten Ziele geschaffen wurden. Ins Generalgouvernement wurden nämlich viel weniger Maschinen, Düngemittel und Qualitätssaatgut geliefert. Auch im Generalgouvernement zog man es vor, auf Kosten der Getreideproduktion die Erzeugung von Hackfrüchten und Industriekulturen zu erhöhen. Nach offiziellen deutschen Angaben nahm allein im Laufe der ersten zwei Jahre der Okkupation die Anbaufläche für Zuckerrüben um 35 %, für Raps um 40 %, für Hülsenfrüchte um 70 % und für Mais um 200 % zu.

Trotz der Konzeption, ein Wachstum der Agrarproduktion herbeizuführen, dominierte in der Praxis doch die Tendenz, aus dem Dorf um jeden Preis nicht nur den gesamten Warenüberschuß, sondern auch einen Teil der zur Gewährleistung der einfachen Reproduktion erforderlichen Produkte herauszuholen. Diese Tendenz vertiefte sich mit zunehmender Kriegsdauer und mit Deutschlands größer werdenden Versorgungsschwierigkeiten. Die anfängliche Einstellung auf eine Agrarpolitik auf lange Sicht, die zur Aufgabe hatte, einen Produktionsanstieg herbeizuführen, wurde durch Raubbau ersetzt, der die sofortige Befriedigung der Bedürfnisse Deutschlands zum Ziel hatte. Besonders im letzten Kriegsjahr, als es auch für die deutschen Faschisten klar wurde, daß die Okkupation ihrem Ende entgegenging, erreichte die Ausbeutung der Landwirtschaft ihren Höhepunkt. Unmittelbar bevor die deutsche Armee die polnischen Gebiete verlassen mußte, war sie bemüht, alle im Lande vorhandenen Vorräte an Lebensmitteln abzutransportieren, sie raubte Rinder, Pferde und Schweine, sandte sie in Massen ins Reichsgebiet oder verbrauchte sie selbst.

Was den Umfang der Produktion anbetrifft, so verfügen wir auch für das Generalgouvernement nicht über vollständige und verifizierte Angaben. Die vorhandenen Quellen geben oft gänzlich widersprüchliche Auskünfte. Es unterliegt keinem Zweifel, daß die Getreideerträge 1940 unter dem Vorkriegsniveau lagen, da ein Teil des Wintergetreides an der Jahreswende 1939/40 erfroren war. Im Distrikt Kraków wurden z. B. nur 40 % der Roggenmenge und 70 % der Kartoffelmenge des Jahres 1938 eingebracht, und im ganzen Generalgouvernement betrugen die Getreideerträge 2 Millionen t gegenüber 2,5 Millionen t im Jahre 1939. Gewaltig verringerten sich auch die Viehbestände. Man schätzt, daß im Herbst 1941 die Rinderzahl ungefähr 56 % vom Vorkriegsstand ausmachte. Es ist jedoch nicht auszuschließen, daß in diesem Falle die offiziellen Angaben viel zu niedrig ausgefallen sind. Aus Furcht vor Requisitionen und Pflichtablieferungen dürften viele Bauern ihren tatsächlichen Viehbestand verheimlicht haben.

Die Situation wurde auch in den folgenden Jahren nicht besser. Nach Angaben, die der Wahrheit recht nahekommen dürften, lag die Ernte 1941 um 10 bis 20 % unter dem Vorkriegsdurchschnitt und 1942 um weitere 10 bis 15 % darunter. Das hatte viele Ursachen, unter anderen den sich verstärkenden Terror. Er entblößte das Dorf von Leuten im arbeitsfähigen Alter, die massenhaft zur Zwangsarbeit deportiert wurden. In gewissem Grade hing die Ertragsminderung auch mit der Verkleinerung der Aussaatfläche zusammen. Einen Teil des vorher bestellten Bodens nahm sich die deutsche Armee für ihre Zwecke. Zum Beispiel verringerte sich 1942 im Vergleich zum Durchschnitt der Jahre 1935–1938 die Anbaufläche für Getreide um 800000 ha und für Kartoffeln um 300000 ha.

In den Jahren 1941/42 lag der Viehbestand insgesamt etwas höher als unmittelbar vor dem Kriege. Nach wie vor war aber die Kopfzahl bei einigen Tierarten viel geringer als vor dem Kriege, bei Pferden um 300000, bei Rindern um 1,2 Millionen und bei Schweinen um 1,8 Millionen. Für die weiteren Jahre fehlt es bereits an entsprechenden Angaben. Auf Grund der allgemeinen Kenntnis der wirtschaftlichen Verhältnisse kann man aber die Behauptung wagen, daß die landwirtschaftliche Erzeugung im Generalgouvernement weiter absank, außer der von Industriepflanzen. Besonders stark verminderte sich der Bestand an Rindern und Schweinen, da in diesem Bereich der Raubbau die größten Ausmaße annahm.

Die Kriegshandlungen 1944/45 brachten weitere Zerstörungen auf dem Lande mit sich. Zahlreiche Gebäude brannten nieder oder fielen in Trümmer, die Äcker wurden von Schützengräben aufgerissen, von Bomben und Granaten umgepflügt und in einigen Gegenden auch vermint. Zerstört wurden auch landwirtschaftliche Geräte und Maschinen. Das lebende Inventar nahmen die Deutschen großenteils bei der Evakuierung mit. Das alles wirkte auf die Höhe der Erträge zurück.

Wie schon gesagt, ging es den Okkupanten in ihrem anfänglichen Bestreben, die Landwirtschaft in Polen zu entwickeln, nicht um die Hebung des Wohlstands der einheimischen Bevölkerung, sondern um die eigenen Bedürfnisse. Die Erhöhung der Produktion war also nicht das Ziel, sondern nur das Mittel, mit dem die Lebensmittelmengen für den Bedarf der deutschen Kriegsmaschine vergrößert werden sollten. Daher wurde vom ersten Tag der Okkupation an in den polnischen Gebieten ein System geschaffen, dessen Ziel es war, den Bauern einen immer größeren Teil der Produktion abzunehmen. Von den auf diese Weise zusammengebrachten Vorräten bestimmten die Besatzungsbehörden einen Teil für die Kartenversorgung der Bevölkerung in den Städten, und den sehr beträchtlichen Rest der den Bauern weggenommenen Produkte beförderten sie nach Deutschland oder führten sie der Armee zum Verbrauch zu.

Vom System der Erfassung der Überschüsse in den ins Reich eingegliederten Gebieten war schon die Rede. Rufen wir uns nur in Erinnerung, daß die Bauern gezwungen waren, die gesamte pflanzliche und tierische Produktion zu festen Preisen abzuliefern, mit Ausnahme der von den Behörden genau festgelegten Mengen der einzelnen Produkte, die sie für den Eigenbedarf behalten durften. Die Einhaltung dieser Festlegungen wurde äußerst rigoros kontrolliert. Die Kontrolle war durch die Existenz eines weitverzweigten Apparates des deutschen agrotechnischen Dienstes und die vielen Ansiedler, die auf das Tun und Lassen der polnischen Bevölkerung aufpaßten, erleichtert. Für Verstöße gegen die geltenden Bestimmungen drohten dem polnischen Bauern ernste Konsequenzen. Er konnte nicht nur von seiner Wirtschaft vertrieben, sondern auch ins Konzentrationslager eingeliefert werden. So wurde in den annektierten Gebieten die landwirtschaftliche Erzeugung zum allergrößten Teil von den Deutschen erfaßt, und die Bauern verfügten praktisch über keine Überschüsse mehr, die sie hätten verkaufen können. Dadurch war die Entstehung eines illegalen Marktes für Nahrungsmittel unmöglich gemacht, was die polnische Bevölkerung in den Städten zwang, sich lediglich von ihren sehr niedrigen Kartenzuteilungen zu ernähren.

Im Generalgouvernement war von 1940 an jeder Bauer verpflichtet, den Okkupanten bestimmte Mengen der einzelnen Erzeugnisse abzuliefern. Das waren die sogenannten Kontingente. Ihre Normen wurden von Jahr zu Jahr erhöht, wobei nicht nur ein immer größerer Teil der Erträge abgegeben werden mußte, sondern auch immer mehr Erzeugnisarten in die Pflichtablieferung einbezogen wurden. Die Landwirte gaben Getreide, Kartoffeln, Rinder, Schweine, Wolle, Milch usw. ab. Wie schnell die Lieferungen anstiegen, zeigen die Angaben über die jährliche Getreideerfassung. 1940 betrugen die Getreidekontingente 383000 t, 1941 685000 t, 1942 1,2 Millionen t, 1943 1,5 Millionen t.[27] Im Laufe von nur vier Jahren vervierfachten sie sich also, während gleichzeitig die Getreideproduktion sinkende Tendenz aufwies. Die Einziehung der Kontingente erfolgte auf Kosten des Eigenverbrauchs der Landbevölkerung, der stark reduziert wurde.

Für die abgelieferten Produkte erhielten die Bauern eine Bezahlung, die nur einem geringen Teil des Marktwerts entsprach. Sie bot also keinen Anreiz zur Erfüllung der Pflichtablieferungen. Um das Dorf an der vollen Realisierung der auferlegten Kontingente zu interessieren, versuchten die deutschen Behörden ökonomische Anreize zu schaffen, wobei sie allerdings dem administrativen Druck stets die grundlegende Bedeutung beimaßen. Da es auf dem Markt keine Industriewaren gab, band die Okkupationsverwaltung deren Verkauf an die Erfüllung der Kontingente. So war der Bauer 1942/43 berechtigt, für die Lieferung von 100 kg Getreide 1/2 Liter Wodka, 1/4 Liter Petroleum und Textilwaren für 10 % des offiziellen Preises des abgelieferten Getreides zu kaufen. Für 100 l Milch erwarb er die Berechtigung, 1/4 kg Butter zu kaufen. Besonders stark entwickelt

[27] *Piotrowski, St.*, Sprawy, a. a. O., S. 107, 112, 487.

wurde das System, die Bauern mit Wodka zu belohnen. Damit wollte man erreichen, daß die Dorfbewohner dem Trunk verfielen. Die großen Güter konnten gegen die Ablieferung der Kontingente Landmaschinen, Düngemittel usw. erwerben. Die Rückvergütung in Waren wog jedoch nicht die Verluste auf, die das Dorf erlitt, indem es für die Kontingente feste Preise erhielt, die nur Bruchteile der Preise auf dem freien Markt ausmachten. Dieses ganze System vermochte also nicht die Bauern dazu zu bewegen, ohne Zwang Lieferungen zu tätigen. Für den Bauern war es weiterhin viel rentabler, seine Erzeugnisse auf dem freien Markt abzusetzen. Deshalb bildete Zwang die Hauptmethode zur Einziehung der Kontingente. Gutsbesitzern, die ihrer Ablieferungspflicht nicht nachkamen, drohte die Beschlagnahme des Gutes; die Bauern hatten davor Angst, daß sie verprügelt würden, daß ihnen das lebende Inventar beschlagnahmt würde, daß zwangsweise gedroschen und ihnen dabei die ganze Produktion weggenommen würde, und in den letzten Jahren der Okkupation mußten sie auch die Deportation ins Lager oder das Todesurteil befürchten.

Die Einziehung der Kontingente fand unter Bedingungen von Jahr zu Jahr zunehmenden Terrors statt. So wurde zur Gewährleistung der richtigen Erfassung der Pflichtablieferungen für die Zeit vom 1. Juli bis zum 30. November 1942 über das Gebiet des Generalgouvernements der Ausnahmezustand verhängt. Während dieser Zeit galt die Verordnung Franks, die für „böswillige" Nichterfüllung der Ablieferungspflicht oder für das Verstecken von Erntegut die Todesstrafe vorsah. Nichterfüllung der Kontingente oblag der Jurisdiktion der Polizeistandgerichte. Ähnliche Bestimmungen galten auch in den folgenden Jahren, noch erweitert auf die Nichtlieferung von Vieh und auf illegales Schlachten.

Trotzdem versuchten die Bauern die vollständige Durchführung der Ablieferung zu sabotieren. Erleichtert wurde das durch die sich unter den deutschen Beamten im Generalgouvernement ausbreitende Korruption. Durch Bestechung gelang es oft, eine Herabsetzung des Kontingents oder eine fiktive Bestätigung der Ablieferung zu erlangen. Auf diese Weise behielten einige (besonders reiche) Wirtschaften einen Teil der Warenüberschüsse und verkauften sie zu Schwarzmarktpreisen. Das war für die Versorgung der polnischen Bevölkerung in den Städten des Generalgouvernements von wesentlicher Bedeutung.

Die über alle Maßen hoch angesetzten Kontingente hatten negative Rückwirkungen auf das Niveau der Landwirtschaft im Generalgouvernement. Dazu erklärte der Präsident der Hauptabteilung Ernährung und Landwirtschaft in Franks „Regierung", Naumann, am 14. April 1943 in einer Arbeitssitzung (wir zitieren die Protokollfassung aus Franks Tagebuch): „Man habe im vergangenen Jahre einen echten Eingriff in die Viehbestände des Generalgouvernements von über 20 % gemacht. Rinder, die eigentlich für die Produktion von Milch und Butter notwendig seien, habe man im vergangenen Jahre abgeschlachtet, um die Lieferungen an Reich und Wehrmacht und die Fleischversorgung einigermaßen aufrechterhalten zu können. Wenn man (im Jahre 1943) 120000 t Fleisch erfassen wolle, dann müsse man in die verbleibende Menge von Vieh einen echten Eingriff von 40 % vornehmen. Das würde bedeuten, daß am Ende des Wirtschaftsjahres 1944 nur noch 600000 Rinder im Generalgouvernement vorhanden wären."[28]

Mit der Heraufsetzung der Kontingente sollte u. a. erreicht werden, daß die Landbevölkerung weniger verbrauchte. Zu diesem Zweck wurde z. B. die Hausschlachtung von Rindern und Schweinen verboten und die Höhe des Getreideverbrauchs streng begrenzt.

[28] Ebenda, S. 346.

Für jede Wirtschaft war die Höchstmenge Getreide, die zu Mehl oder zu Grütze verarbeitet werden durfte, genau festgesetzt. Dieses Quantum lag beträchtlich unter den rationellen Bedürfnissen einer Bauernfamilie. In Verbindung damit fanden auf dem Lande Handmühlen Verbreitung, in denen heimlich Korn gemahlen wurde. Auf ihren Besitz standen aber schwere Strafen. Neben den mengenmäßigen Mahlbeschränkungen bestand auch ein Herstellungsverbot für höherwertige Mehlsorten, da bei deren Produktion der Kornabfall größer war.

Neben der Erfassung der Ablieferungskontingente gab es noch andere Methoden zur Ausbeutung des Dorfes. Die Okkupanten befürchteten nämlich, die Viehwirtschaft könne sich ihren Methoden zur Erfassung der Produktionsüberschüsse der Landwirtschaft entziehen. Sie verboten daher den freien Handel mit Feldfrüchten, die Hausschlachtung von Rindern und Schweinen, den Fleischhandel außerhalb der dazu speziell berechtigten Geschäfte. Um sich die volle Kontrolle über die Viehhaltung zu sichern, führten sie 1942 die Inventarisierung der Rinder-, Schaf- und Schweinebestände ein. Jedes Stück Vieh wurde in einer Liste registriert, und die aus Blech gestanzte Registriernummer erhielt das Tier für immer ins Ohr geprägt. Die Bauern versuchten wenigstens einen Teil ihres Viehs vor der Registrierung zu verbergen. Wurden nicht markierte Tiere entdeckt, so wurden sie beschlagnahmt und die Eigentümer bestraft.

Deutschlands mit zunehmender Kriegsdauer wachsende Versorgungsschwierigkeiten bewirkten, daß der Druck auf das Generalgouvernement immer mehr verstärkt wurde, um möglichst große Lebensmittelmengen herauszupressen. Die starke Zunahme der Lebensmittelausfuhr aus dem Generalgouvernement nach Deutschland belegt Tabelle 32.

Tabelle 32

Lieferungen landwirtschaftlicher Produkte aus dem Generalgouvernement nach Deutschland 1940/41 bis 1943/44 (in Tonnen)

Warenart	1940/41	1941/42	1942/43	1943/44
Getreide	40000	58000	633470	571682
Kartoffeln	121000	134000	434350	387740
Zucker	4500	4465	28666	27546
Rindfleisch	7510	21498	54272	53768
Fette	800	900	7235	

Quelle: Madajczyk, Czesław, Polityka III Rzeszy w okupowanej Polsce (Die Politik des Dritten Reiches im okkupierten Polen), Warschau 1970, Bd. 1, S. 533.

Der Rückgang der Ausfuhr 1943/44 gegenüber dem Vorjahr resultierte aus dem gewachsenen Verbrauch an landwirtschaftlichen Erzeugnissen durch die auf dem Territorium des Generalgouvernements stationierten deutschen Truppen.

Interessant ist ein Vergleich der Höhe der im Gebiet des Generalgouvernements erfaßten Kontingente mit ihrer Bestimmung. Nach Angaben für 1942 betrug das Getreidekontingent 1,2 Millionen t, davon wurden 600000 t nach Deutschland ausgeführt und weitere 180000 t den im Generalgouvernement in Quartier liegenden Truppen zugeführt. Zusammen nahmen sich die Deutschen also 65 % der Getreidekontingente für ihren Bedarf. Bei den Fleischablieferungen lag dieser Anteil noch höher. Selbstverständlich mußte dafür die polnische Bevölkerung Hunger leiden. Man denke daran, daß das Territorium des Generalgouvernements vor dem Kriege landwirtschaftlich Zuschußbedarf hatte.

Auch aus den annektierten Gebieten nahm die Ausfuhr landwirtschaftlicher Erzeugnisse ins alte Reichsgebiet zu. Zum Beispiel wurden 1940/41 aus dem „Wartheland“ 253000 t und 1941/42 bereits 545000 t Getreide ausgeführt. Die Kartoffelausfuhr stieg von 1939/40 bis 1941/42 von 200000 auf 528000 t, die von Hülsenfrüchten von 200 auf 5400 t, die von Zucker von 71000 auf 104000 t.[29]

Die deutschen Pläne zur Entwicklung der Landwirtschaft wurden also in den Kriegsjahren nicht durchgeführt, dagegen die Aufgaben der Ausbeutung des polnischen Dorfes für die Bedürfnisse des deutschen Staates realisiert. Infolge dieser räuberischen Politik erlitt die Landwirtschaft riesige Verluste, die nach der Befreiung nicht schnell wettgemacht werden konnten. Einige Maßnahmen der Okkupationsbehörden führten zu schwer rückgängig zu machenden Veränderungen.

4. Die Industrie

War die Agrarpolitik der Okkupanten in den ins Deutsche Reich eingegliederten Gebieten und im Territorium des Generalgouvernements in den Grundzügen gleich, so war der Kurs der Industriepolitik anfangs unterschiedlicher, wenn sie auch in beiden Teilen des okkupierten Polen den Interessen Hitlerdeutschlands untergeordnet war. Mit der militärischen Lage Deutschlands veränderten sich auch die Konzeptionen der Besatzungsbehörden bezüglich der Industriepolitik.[30] Die Folge war, daß sie sich im Generalgouvernement und in den annektierten Gebieten immer mehr annäherte.

Schon in der Anfangsphase der Okkupation wurden die annektierten Gebiete in die innerdeutsche Arbeitsteilung einbezogen. Das bedeutete die Liquidierung vieler Fabriken und die Änderung des Produktionsprofils anderer. Doch wurde die Notwendigkeit der industriellen Entwicklung in diesen Gebieten nicht in Frage gestellt. Völlig andere Auffassungen herrschten bezüglich der im Generalgouvernement stationierten Industrie.[31] Unmittelbar nach ihrem Einmarsch stellte sich die Besatzungsmacht auf die vollständige Liquidierung der dort befindlichen Produktionsbetriebe ein. Sie plante auch, einen großen Teil des Eisenbahn-, Straßen-, Telefon- und Telegrafennetzes zu zerstören. Die Einrichtungen sollten ins Reichsgebiet abtransportiert werden. Diese Konzeption dürfte mit den in manchen deutschen Führungskreisen lancierten Tendenzen, aus dem Generalgouvernement einen scheinbar unabhängigen, tatsächlich dem Deutschen Reich unterstellten Kleinstaat als „Heimstätte“ des polnischen Volkes zu bilden, zusammengehangen haben. Je ärmer ein solches Staatswesen gewesen wäre, desto mehr hätte es in Abhängigkeit von Deutschland bleiben müssen. Das Abgehen von dieser Konzeption und die Aufstellung einer neuen, wonach das Generalgouvernement in Zukunft ein Bestandteil „Großdeutschlands“ werden sollte, mußte auf die Politik gegenüber der Industrie Niederschlag

29 *Łuczak, Czesław*, „Kraj Warty“ 1939–1945. Studium historyczno-gospodarcze okupacji hitlerowskiej (Das „Wartheland“ 1939–1945. Eine wirtschaftshistorische Studie der Naziokkupation), Poznań 1972, S. 108.

30 Die Konzeptionen der Wirtschaftspolitik der deutschen Faschisten im europäischen Maßstab stellt Berthold Puchert dar in *Wirtschaft und Staat*, a. a. O., Bd. 3, S. 393ff.

31 Näheres siehe *Noskova, A. F.*, Razorenie, a. a. O., passim.

finden. Für ihre komplette Vernichtung gab es nun keine rationale Begründung mehr, zumal da in diesem Gebiet große Arbeitskräftereserven vorhanden waren, an denen in Deutschland ja Mangel herrschte. Die Okkupanten begannen sich darauf einzustellen, das Wirtschaftspotential des Generalgouvernements für die Bedürfnisse des Deutschen Reiches auszunutzen. Im Sinne dieser Prinzipien wurde die im Generalgouvernement existierende Wirtschaft in die Aufgaben einbezogen, die sich aus dem für ganz Deutschland geltenden Vierjahresplan ergaben. In diesem Rahmen wurde das Generalgouvernement auf die landwirtschaftliche Erzeugung und die Rohstofförderung, weniger auf die Industrieproduktion orientiert.

Entsprechend den Konzeptionen des Vierjahresplanes war die Rüstungsproduktion im Reichsgebiet konzentriert. Die deutschen Faschisten gingen daran, aus Polen die Einrichtungen von Waffen- und Munitionsfabriken wegzuschaffen, wobei nur die modernsten Installationen und Maschinen abtransportiert wurden. In dieser Zeit wurde ein gutes Dutzend der in den Jahren 1936–1939 erbauten oder eingerichteten großen Rüstungsfabriken vollständig demontiert. Auch aus anderen Werken transportierte man viele moderne Maschinen ab. Daneben wurden zehntausende Waggons mit Rohstoffen und Halbfabrikaten nach Deutschland gesandt.

Auch in den ins Reich eingegliederten Gebieten Polens wurde die Industrie den Vierjahresplanrichtlinien unterstellt, die die Einbeziehung der ganzen Wirtschaft in die Realisierung der Kriegsaufgaben vorsahen. Deshalb sollte ausschließlich solche Produktion beibehalten werden, die entweder für den Wehrmachtsbedarf oder für die Befriedigung minimaler Bedürfnisse der deutschen Zivilbevölkerung nötig war. Bei dieser Sachlage mußte die Produktion der Leichtindustrie systematisch eingeschränkt werden. Deutschlands seit 1941 zunehmenden wirtschaftlichen Schwierigkeiten, die sich aus den riesigen Verlusten an der deutsch-sowjetischen Front, der zu ihrer Ersetzung immer mehr wachsenden Anspannung des Wirtschaftspotentials und den sich allmählich verstärkenden alliierten Bombenangriffen ergaben, hatten zur Folge, daß immer mehr Nachdruck auf eine noch vollkommenere Ausnutzung der vorhandenen Produktionskapazitäten für die Erfordernisse der unmittelbar dem Kriege dienenden Produktion gelegt wurde. Man begann daher, kleine Betriebe zu liquidieren oder zusammenzulegen. Dabei war man bemüht, eine Konzentration der Produktion herbeizuführen, die es möglich machte, sowohl die Arbeitskräfte als auch die Produktionsanlagen rationeller zu nutzen. Betriebe, die sich nicht auf Produktion für den Wehrmachtsbedarf umstellen ließen, wurden massenhaft liquidiert.

Nach vorliegenden Schätzungen, deren Genauigkeitsgrad sich schwer beurteilen läßt, wurden in den annektierten Gebieten bis 1942 nahezu 75 % der vor dem Kriege existierenden Handwerksbetriebe und Ladengeschäfte geschlossen. Die für zivilen Bedarf produzierenden Fabriken wurden großenteils stillgelegt. Allein in Łódź wurde in fast 40 % der Textilwerke die Produktion eingestellt. In Warschau traf dieses Schicksal sogar 66 % der Textil- und Konfektionsbetriebe. Liquidiert wurden auch Unternehmen der Nahrungsmittelindustrie und andere Verarbeitungsbetriebe, zum Beispiel im Distrikt Warschau während der ersten zwei Besatzungsjahre 40 % der Mühlen und 90 % der Gerbereien.[32] Man hat berechnet, daß bis Ende 1942 die Zahl der Industrie- und Handwerksbetriebe auf die Hälfte des Vorkriegsstandes gefallen ist und 1944 nur noch ein Drittel existierte. Die Liquidierung der Betriebe war von der Konfiskation ihrer Einrichtungen begleitet.

[32] *Jastrzębowski, W.*, Gospodarka, a. a. O., S. 308.

Diese wurden nach Deutschland geschafft oder verschrottet, denn den Stahlwerken mangelte es an Schrott. Verschrottet wurden nicht nur alte oder beschädigte, sondern auch technisch voll funktionsfähige Anlagen, die lediglich vom Standpunkt der Kriegswirtschaft überflüssig waren. Auf diese Weise wurden ungefähr 40 % der Spindeln in der Baumwollindustrie von Łódź vernichtet.[33] Vor allem verschrottete man Einrichtungen von Betrieben der Finalproduktion, die nach dem Kriege eine Konkurrenz für Werke im sogenannten Altreich hätten bilden können.

Unter dem Eindruck der Niederlagen an der Ostfront wurde im Februar 1943 für Deutschland und die von ihm unterworfenen Gebiete der „totale Krieg", eine Art zivile Mobilmachung verkündet. Dazu gehörte, daß alle Betriebe, deren Produktion nicht unmittelbar Kriegszwecken diente, geschlossen wurden. Diese Aktion sollte einerseits Rohstoffe sparen helfen und andererseits die Ausnutzung der in der zivilen Wirtschaft noch vorhandenen Reserven an Menschen und Produktionskapazität für die Wehrmacht und für die Herstellung von militärischem Gerät ermöglichen. Die deutschen Arbeiter sollten Soldat werden. Ihren Platz sollten überall, wo das möglich wäre, Frauen und Zwangsarbeiter aus den unterworfenen Ländern einnehmen.

Besonders große Veränderungen führte der „totale Krieg" im Reichsgebiet selbst herbei. Dort war vorher die Stillegung der zivilen Produktion in viel schwächerem Grade als im Generalgouvernement und in den annektierten Gebieten betrieben worden. In den polnischen Gebieten brachte die neue Aktion keine wesentlichen Umgestaltungen in der Industrie mit sich, denn die Betriebsschließungen waren schon vor 1943 sehr vorangeschritten. Das Tempo der Liquidierung der kleinen Handwerksbetriebe wurde jetzt beschleunigt, und die Deportationen zur Arbeit nach Deutschland gewannen noch größeres Ausmaß.

Der „totale Krieg" ließ auch die Tendenz zur Standardisierung der Produktion anwachsen, denn mit der Verminderung der Anzahl von Produkten wurden Arbeitskräfte und teilweise auch Rohstoffe eingespart. Die deutschen Lenkungsorgane mischten sich dabei bis in die kleinsten Einzelheiten in alle Abschnitte der Produktion ein. So wurde zum Beispiel die Anfertigung von Särgen standardisiert, es durften nur drei Typen hergestellt werden, und den Deckel zu dekorieren war streng verboten.

Mit zunehmender Bombardierung des Reichsgebiets kam die Tendenz auf, die Industrie in sichere Gegenden Polens zu verlegen. Hatten die Deutschen in der ersten Phase der Okkupation Industrieanlagen aus Polen weggeschafft, so begann 1942/43 die entgegengesetzte Bewegung, vom Westen nach dem Osten. Das dauerte aber nicht lange an, da der Vormarsch der Sowjetarmee bald die Sicherheit der allzu nahe an der Ostfront stationierten Fabriken bedrohte.

Die letzte Etappe der Politik gegenüber der polnischen Industrie war die Zeit des Rückzugs der deutschen Truppen. Die deutschen Faschisten waren bestrebt, die kriegswichtigsten Betriebe zu evakuieren. In vielen Fällen machte es aber das hohe Tempo der sowjetischen Offensive unmöglich, diese Pläne zu verwirklichen. Deshalb beschränkten sie sich oft darauf, die wertvollsten Maschinen, die Kontroll- und Meßapparatur, die energetischen und Antriebsanlagen abzutransportieren. Wo die Zeit nicht zur Evakuierung ausreichte, versuchte die Armee die zurückgelassenen Fabriken zu zerstören. Als

33 *Polska. Położenie gospodarcze przemysłu, rzemiosła i handlu w III kwartale 1942* (Polen. Die wirtschaftliche Lage der Industrie, des Handwerks und des Handels im 3. Quartal 1942), in: „Ekonomista Polski" (London) 1943, Nr. 7.

Beispiel für eine planmäßige Aktion zur Zerstörung der Industrie kann Warschau dienen. In vielen Fällen entwickelten sich aber die Kampfhandlungen so schnell, daß es den zurückgehenden Truppen nicht gelang, das Vernichtungswerk zu vollbringen. Auch die polnische Widerstandsbewegung trat gegen Zerstörungsaktionen auf. Dadurch wurde z. B. das größte polnische Schwerindustrierevier Oberschlesien vor der Zerstörung bewahrt, Łódź und der dortige Textilbezirk erlitten verhältnismäßig geringe Verluste.

Seit Beginn der Okkupation gab es deutscherseits Bestrebungen, die polnische Industrie zu übernehmen. Noch während der Kampfhandlungen im September 1939 nahmen die Okkupanten einige Fabriken in Verwaltung. Anfangs geschah das recht zufällig, doch dauerte es nicht lange, bis Regelungen erfolgten. In den annektierten Gebieten beschlagnahmte die deutsche Regierung das gesamte unbewegliche und bewegliche Eigentum des polnischen Staates und der polnischen öffentlich-rechtlichen Institutionen. Die finanziellen Verpflichtungen der beschlagnahmten Unternehmen (sofern es sich nicht um Verbindlichkeiten gegenüber Deutschen handelte) wurden annulliert. Gleichzeitig wurden Unternehmen im Eigentum von Privatpersonen sequestriert. In der ersten Zeit blieben sie formell noch deren Eigentum, doch die operative Verwaltung übernahmen Deutsche. In Ausführung ihrer Funktionen waren sie nicht von den Eigentümern abhängig, denen sogar das Recht entzogen war, irgendwelche Einkünfte aus den sequestrierten Unternehmen zu beziehen.

Um die Aktion zur Übernahme nichtdeutschen Eigentums zu zentralisieren, wurde am 19. Oktober 1939 die Haupttreuhandstelle Ost errichtet. Ihr wurde das ausschließliche Recht zuerkannt, polnische Unternehmen unter kommissarische Verwaltung zu stellen. Als im September 1940 die „Verordnung über die Behandlung von Vermögen der Angehörigen des ehemaligen polnischen Staates“ herauskam, wurde ihre Durchführung der Haupttreuhandstelle übertragen. Hauptpunkte dieser Verordnung waren: Das bewegliche und unbewegliche Vermögen von Juden und abwesenden Personen sollte entschädigungslos von der Haupttreuhandstelle übernommen werden. Gegenüber sonstigen polnischen Staatsangehörigen konnten die Behörden nach ihrem Ermessen die Konfiskation vornehmen. Sie machten von dieser Befugnis Gebrauch, um den Polen nicht nur alle größeren Fabriken, sondern auch einen beträchtlichen Teil der Handwerksbetriebe wegzunehmen. In vielen Fällen sanktionierten die Bestimmungen dieser Verordnung nur den faktischen Zustand, der schon viel früher durch massenhafte Beschlagnahme polnischen gewerblichen Eigentums geschaffen worden war. Auf diese Weise hörte in den annektierten Gebieten nicht nur die Klasse der polnischen Kapitalisten (wie auch der Gutsbesitzer), sondern auch das Kleinbürgertum zu bestehen auf. Das war eine Konsequenz der Politik des Kampfes gegen das Polentum.

Im Generalgouvernement erreichten Beschlagnahmen und Zwangsverwaltungen geringere Ausmaße. Doch auch hier wurde das gesamte Vermögen des polnischen Staates beschlagnahmt. Außerdem rissen die deutschen Behörden alle für von ihren Eigentümern verlassen erklärten Betriebe, Unternehmen von Juden sowie die Erdölunternehmen an sich. Schon zur Jahreswende 1939/40 befand sich die ganze Schlüsselindustrie unter deutscher Verwaltung. Die beschlagnahmte staatliche Industrie übernahm die im Oktober 1940 gegründete, der „Regierung“ des Generalgouvernements gehörende Firma „Werke des Generalgouvernements A. G.“. Andere Werke gingen in die Hände verschiedener deutscher Konzerne über. Neben den genannten Beschlagnahmungen sah die Gesetzgebung des Generalgouvernements die Möglichkeit der Sequestrierung von Privateigentum vor. Die beschlagnahmten Unternehmen wurden von Treuhändern verwaltet. Bis Mitte

1942 wurden im Generalgouvernement fast 2000 größere private Fabriken, deren Aktiva 400 Millionen Vorkriegs-Złoty (rund 80 Millionen Dollar) betrugen, unter Sequester gestellt. Gleichzeitig bemühten sich deutsche Kapitalisten um den Kauf von Werken, die ausländischen Gesellschaften gehörten. Schließlich befand sich Anfang 1944 ein Drittel des Produktionsapparates des Generalgouvernements (einschließlich landwirtschaftlicher Betriebe) in deutschen Händen.[34]

Während der Okkupationszeit übernahmen die Besatzungsbehörden die ganze Schwerindustrie, die Rohstoffindustrie und größere und mittlere Unternehmen anderer Branchen. Das geschah in verschiedener Form, doch das Resultat war gleich: den Polen wurde das wirtschaftliche Verfügungsrecht entzogen. In polnischen Händen blieb in den annektierten Gebieten nur eine kleine Anzahl kleinerer und technisch rückständiger Handwerksbetriebe und im Generalgouvernement die Masse der Handwerksbetriebe und ein Teil der kleinen und mittleren Industrie. Manche Veränderungen in der Eigentumsstruktur hatten nicht rückgängig zu machenden Einfluß auf die Ausstattung der Betriebe und das Produktionsprofil.

Die Folgen der Übernahme der Industrie durch die Okkupanten beschränkten sich nicht auf den formellen Eigentumswechsel. Sie reichten tief in die Organisationsstruktur der Produktion hinein. Die den Polen weggenommenen Betriebe gingen in die Verwaltung der Treuhandstelle über, die über deren weiteres Schicksal entschied. Einen Teil der Betriebe führte sie in eigener Regie, um sie nach dem Kriege an verdiente Nazis zu verkaufen, einen Teil trat sie aber schon während der Kriegsjahre an führende deutsche Konzerne ab. Verkauft wurden die größten Unternehmen. Zum Beispiel erwarb der Ballestrem-Konzern 52 % der Aktien des Konzerns Huta Pokój (Friedenshütte), dessen Eigentümer vor dem Kriege der polnische Staat gewesen war. Gleichzeitig bekam Ballestrem die Beteiligungen, die die Huta Pokój an anderen Gesellschaften der polnischen Metallindustrie besaß. Die vor dem Kriege zur Wspólnota Interesów (Interessengemeinschaft) gehörenden Hütten wurden an die deutsche Berghütte Berg- und Hüttenwerks-Gesellschaft, Teschen (Oberschlesien), verkauft. Dieser Firma sollte auch ein Teil der Hüttenwerke des Dąbrowa-Reviers einverleibt werden. Umgruppiert wurde die Zinkindustrie, sie wurde zwischen dem Konzern Gieaches Erben und der Schlesischen A.G. für Bergbau und Zinkhüttenbetriebe aufgeteilt. Die Cegielski-Werke in Poznań wurden mit den Rüstungsbetrieben der Deutschen Waffen- und Munitionswerke, deren Sitz sich in Karlsruhe befand, zusammengeschlossen. Auf polnischem Boden betätigten sich auch viele andere große deutsche Konzerne, darunter die berüchtigte IG Farbenindustrie AG, die, wie andere auch, Sklavenarbeiter aus Konzentrationslagern ausbeutete.[35]

Wir wollen hier nicht darlegen, welches Schicksal die einzelnen Fabriken oder Konzerne erfahren haben. Hervorzuheben ist aber, daß der Wechsel der Zugehörigkeit der Werke

[34] *Kłosiński, Tadeusz*, Polityka przemysłowa okupanta w Generalnym Gubernatorstwie (Die Industriepolitik des Okkupanten im Generalgouvernement), Poznań 1947.

[35] *Puchert, Berthold*, Działalność niemieckiej IG Farbenindustrie w Polsce. Problemy polityki gospodarczej faszyzmu niemieckiego w okupowanej Polsce w latach 1939—1945 ze szczególnym uwzględnieniem IG Farbenindustrie AG (Die Tätigkeit der deutschen IG Farbenindustrie in Polen. Probleme der Wirtschaftspolitik des deutschen Faschismus im okkupierten Polen in den Jahren 1939—1945 mit besonderer Berücksichtigung der IG Farbenindustrie AG), Warschau 1973; *Derselbe*, Fragen der Wirtschaftspolitik des deutschen Faschismus im okkupierten Polen von 1939 bis 1945, mit besonderer Berücksichtigung der IG Farbenindustrie AG, wirtsch.-wiss. Habil.-schr. Berlin 1968.

wesentliche Umstellungen in den in der Industrie existierenden Organisations- und Kooperationsbeziehungen hervorrief. Zum Beispiel hatte die metallurgische Industrie Oberschlesiens vor 1939 ihren Kohlenbedarf aus eigenen Gruben gedeckt. Unter der deutschen Besatzung wurden dagegen die meisten Bergwerke in einem Konzern konzentriert, und die Hütten sollten ein gesondertes Unternehmen bilden. Die veränderte organisatorische Zugehörigkeit der einzelnen Fabriken und Gruben zog Veränderungen in der Arbeitsteilung zwischen den verschiedenen Werken nach sich. Man muß bedenken, daß die Okkupanten die Industrie in Polen nur als Ergänzung ihres Wirtschaftspotentials behandelten. In Zusammenhang damit sorgten sie sich nicht um die Aufrechterhaltung der dort vor 1939 entstandenen Arbeitsteilung, die darauf abgestellt gewesen war, die maximale industrielle Selbständigkeit Polens zu gewährleisten. Vom Standpunkt der deutschen Wirtschaft überflüssige Sektoren der Produktion wurden eingestellt, ihre Anlagen demontiert. Diese Veränderungen hatten nach der Befreiung ernste Folgen für das wieder unabhängig gewordene Polen, da das Fehlen vieler während der Okkupation demontierter Industrieanlagen nun die Wiederaufnahme der Herstellung für Polen notwendiger Erzeugnisse verhinderte. Die Reorganisation machte es erforderlich, neue Kooperationsbeziehungen herzustellen und neue Versorgungsquellen und Absatzmöglichkeiten zu suchen.

Während man aufgrund der zugänglichen Angaben die Grundtendenzen der Industriepolitik der Okkupanten rekonstruieren kann, ist es viel schwieriger, die hinsichtlich des Produktionsumfanges erfolgten Veränderungen zu veranschaulichen. Wir verfügen nur über bruchstückhafte Zahlenangaben, die lediglich ein Bild von der Situation in einigen Produktionszweigen vermitteln. Informationen synthetischer Art gibt es viel weniger. Dabei ist die Glaubwürdigkeit vieler Zahlen und statistischer Werte recht zweifelhaft, und sie lassen sich heutzutage nicht verifizieren. Der Historiker muß sich dessen bewußt sein, daß die den Okkupanten von polnischen Gesellschaften und Institutionen sowie von unter deutscher Aufsicht arbeitenden Polen erstatteten Meldungen und Berichte so angelegt waren, daß sie verschiedene Lebenssphären vor der Kontrolle verbargen und die Behörden irreführten. Beim gegenwärtigen Stand der Forschung ist es noch immer nicht möglich festzustellen, wie sich die Industrieproduktion auf polnischem Boden in den Jahren 1939–1944/45 entwickelte.

Eine starke Zunahme der Produktion wiesen vor allem die Zweige auf, die Rohstoffe hervorbrachten. So stieg die Kohleförderung von 38,1 Millionen t im Jahre 1938 auf 52,3 Millionen t auf dem Höhepunkt 1943.[36] Das war eine Anhebung um rund 37 %, erzielt durch Raubbau in den Gruben, indem man vornehmlich die am leichtesten zugänglichen Flöze abbaute, die vorbereitenden Arbeiten für die zukünftige Förderung sowie den ordnungsgemäßen Ausbau und die Einschlämmung alter Stollen einschränkte, was eine Zunahme von Bergschäden zur Folge hatte. Waren bis 1943 noch diese und jene Investitionsarbeiten im Kohlebergbau durchgeführt worden, so verzichteten die deutschen Werkleitungen darauf völlig, seitdem der „totale Krieg" verkündet worden war. Die Förderung beruhte nur noch auf den vorhandenen Anlagen, die sich auf Grund des Mangels an Ersatzteilen, Schmiermitteln und Zeit für Reparaturen schnell abnutzten. Die wachsende Förderung zog also den schnellen Verschleiß und die Entwertung der Anlagen nach sich.

[36] *Jaros, Jerzy*, Górnictwo w czasie II wojny światowej (Der Bergbau während des zweiten Weltkrieges), in: Zarys dziejów górnictwa na ziemiach polskich (Abriß der Geschichte des Bergbaus in den polnischen Gebieten), Bd. 2, Katowice 1961, S. 259.

Bis 1942 stieg die Förderung von Erdöl (um 20 % im Vergleich zu 1939) und von Erdgas (um 13 %). Bis 1941 nahm die Eisenerzförderung zu. Später, als die deutschen Faschisten Gebiete der Sowjetunion mit Erzlagerstätten erobert hatten, glaubten sie, auf die Steigerung der Eisenerzförderung in Polen verzichten zu können.

Ganz erheblich vergrößerte sich die Stahlerzeugung in Oberschlesien. Hatte sie sich in den ersten fünf Monaten des Jahres 1939 auf 1,010 Millionen t belaufen (was, auf das ganze Jahr umgerechnet, 2,424 Millionen t entsprach), so erreichte sie 1942 einen Stand von 2,421, 1943 von 2,821 und 1944 von 2,878 Millionen t. Hier führten aber in der Schlußphase des Krieges die Produktionssteigerung und die unterlassenen General- und laufenden Reparaturen dazu, daß die Anlagen schnell verschlissen und an Wert verloren. Ähnliches ließ sich in der Roheisenerzeugung beobachten, die von 900000 t vor dem Kriege auf 1,323 Millionen t im Spitzenjahr 1943 anstieg.

Die gesamte Leichtindustrie, im Generalgouvernement ebenso wie in den annektierten Gebieten, verzeichnete sinkende Produktion. Besonders fühlbar war das in der Textilindustrie, die vor dem Kriege Polens am meisten entwickelter Produktionszweig gewesen war. Die Produktion im Textilbezirk Łódź erreichte gerade 25 bis 30 % des Vorkriegsniveaus. Einen Produktionsrückgang gab es auch in der Papierindustrie (um 65 %), der Lederindustrie (um 30 bis 40 %) und der Lebensmittelindustrie (um 50 %). Auch die chemische und die Mineralindustrie erreichten nur die Hälfte der Vorkriegserzeugung.

Um uns ein allgemeines Bild vom Wert der Industrieproduktion des Generalgouvernements machen zu können, vergleichen wir die Jahre 1938 und 1940/41. In vergleichbaren Preisen sank die industrielle und handwerkliche Produktion in diesem Zeitraum um 63 %. Von 1941 bis 1943 fand ein gewisses Wachstum statt, wobei im Dezember 1942 der Stand 60 % des Wertes vom Jahre 1938 betrug. Ein schwer festzustellender Teil der Produktion entzog sich zwar jeglicher Kontrolle und gelangte (im Generalgouvernement) auf den schwarzen Markt, doch glauben wir nicht, daß ein sehr viel anderes Bild entstünde, wenn wir diesen Teil berücksichtigten. Nur in den Industrien, die für militärischen Bedarf arbeiteten, wurde das Vorkriegsniveau erreicht und in vielen Fällen sogar überschritten. Im Jahre 1943 stand die Industrieentwicklung des Generalgouvernements auf ihrem Höhepunkt. Seitdem zeichnete sich deutlich eine fallende Tendenz ab, die bis zur Befreiung andauerte. Neben den mit dem Krieg zusammenhängenden normalen Schwierigkeiten wirkte sich auf die Industrieproduktion im Generalgouvernement auch die Haltung des Kapitals in Deutschland aus, das in den Betrieben der okkupierten Länder und so auch des Generalgouvernements potentielle Konkurrenten erblickte. Deshalb war es über den staatsmonopolistischen Wirtschaftslenkungsapparat bestrebt, im Generalgouvernement die Produktion einzuschränken und sie lieber in Werken auf deutschem Boden zu konzentrieren. Davon ließ sich z. B. die Sonderkommission leiten, die 1940 empfahl, die Anlagen der polnischen Metallbetriebe zu verschrotten. Zu ihrer Vernichtung kam es nur deshalb nicht, weil die Militärbehörden und die lokale deutsche Verwaltung Widerstand leisteten. Der Einschränkung der Produktion im Generalgouvernement diente auch die Zollgrenze zwischen diesem und dem Reichsgebiet. Das Generalgouvernement mußte für die Einfuhr von 4 Millionen t Kohle, für die aus Oberschlesien importierten Hüttenprodukte usw. Zoll bezahlen. Die Zölle und die hohen Transportkosten trieben die Kosten der Erzeugung im Generalgouvernement (trotz der sehr niedrigen Löhne) so in die Höhe, daß sie über dem Niveau im Reichsgebiet lagen.

Ähnlich wie im Generalgouvernement gestaltete sich die Produktionskurve in den annektierten Gebieten. Nach kurzfristigem Absinken an der Jahreswende 1939/40 stieg die Produktion bis 1943 an, um dann wieder zu fallen. Doch der Hauptindustriebezirk, Oberschlesien, erlebte in der ganzen Zeit von 1939 bis 1944 eine kräftige Kriegskonjunktur. Es wuchsen die Kohleförderung, die Hüttenerzeugung und die Metallverarbeitung. Eine besonders große Rolle spielte die oberschlesische Industrie innerhalb Deutschlands Wirtschaft während der Schlußphase des Krieges, als im Westen des Reiches die Produktion schon zusammengebrochen oder durch den Vormarsch der Westalliierten für die faschistische Kriegswirtschaft endgültig verloren war. Während z. B. an der Jahreswende 1943/44 Oberschlesien 20 % der gesamten deutschen Kohleförderung hervorbrachte, war es Ende 1944 die Hälfte. Von ähnlich großer Bedeutung war auch die Hüttenindustrie Oberschlesiens.

Hauptursache für den allgemeinen Produktionsrückgang in der Endphase der Okkupation waren die zunehmenden Versorgungsschwierigkeiten. Es mangelte an Rohstoffen, an Brennmaterial, Ersatzteilen und Schmiermitteln. Daneben wirkten sich auf das Produktionsniveau die Transportschwierigkeiten, die zunehmende Abnutzung der industriellen Installationen, der immer fühlbarere Fachkräftemangel und die sinkende Arbeitsproduktivität aus. Sogar brutaler Terror vermochte nicht, dem Produktionsrückgang Einhalt zu gebieten. Die unterernährten, 10 bis 12 Stunden täglich und auch oft sonntags und feiertags ohne Urlaub arbeitenden Werktätigen waren außerstande, die Vorkriegs-Arbeitsproduktivität beizubehalten. Außerdem ist zu berücksichtigen, daß Zwangsarbeiter viel weniger produktiv als das Stammpersonal arbeiteten.

Die Nutzung der Wirtschaft Polens für die militärischen Bedürfnisse des Deutschen Reiches war durch mannigfaltige Formen von Widerstand erschwert. In den Fabriken kam es oft zu Sabotageakten wie Beschädigung von Maschinen oder absichtlich schlechte Ausführung der Arbeit. Es galt die Losung „Arbeite langsam“, und um sie in Erinnerung zu rufen, malten konspirative Organisationen in den Straßen der Städte und an Fabrikgebäude als Symbol die Schildkröte. Nicht selten verwendeten Arbeiter Werkzeug und Rohstoffe, um von der Bevölkerung benötigte Artikel illegal herzustellen. Die Widerstandsbewegung organisierte auch zahlreiche Partisanenabteilungen und Diversionsgruppen, die Eisenbahngleise in die Luft sprengten und damit nicht nur den Nachschub für die Front desorganisierten, sondern auch das ordentliche Funktionieren der Industrie störten.

Während der Okkupation wurden deutscherseits einige Investitionsvorhaben in Polen realisiert. Unter anderem wurden einige Industrieobjekte im Zentralen Industrierevier (COP) zu Ende gebaut und auch einige Fabriken (u. a. für synthetisches Benzin, Karbid, künstlichen Kautschuk) neu errichtet. 1942/43 fing man an, aus Furcht vor Bombenangriffen auf Deutschland Rüstungswerke nach Polen, hauptsächlich ins sogenannte Wartheland zu verlagern. Sie wurden u. a. in Poznań, Międzychód, Września, Leszno, Bydgoszcz und Płock untergebracht. Die aus Deutschland verlagerten Fabriken vervollständigten ihre Ausrüstung mit Maschinen und Installationen oft erst an Ort und Stelle. Sie übernahmen die Ausrüstung und die Werktätigen liquidierter Unternehmen und Werke an ihrem neuen Standort in Polen. Doch die Verlagerung von Werken nach Polen war nur in recht bescheidenen Ausmaßen möglich. Das hing damit zusammen, daß die Kraftwerke dort keine Kapazitätsreserven hatten.

Die Neuinvestitionen und die Verlagerung einiger Fabriken aus Deutschland nach Polen glich jedoch in keiner Weise die Verluste aus, die die polnische Industrie durch die Zerstörung von Fabriken und Anlagen im Zuge der Kriegshandlungen im September 1939 und in den Jahren 1944 und 1945, durch die Demontage vieler Werke und den Abtransport ihrer Maschinen und Einrichtungen nach Deutschland sowie durch die Verschrottung sehr vieler technisch in gutem Zustand befindlicher Industrieausrüstungen erlitt. Schweren Schaden richtete es auch an, daß notwendige Wartungsmaßnahmen und vorbeugende Reparaturen vernachlässigt und im Streben nach maximaler Produktion, sogar auf Kosten kürzerer Lebensdauer, die Maschinen bis zum äußersten ausgenützt wurden. Im Endergebnis lagen die Verluste um ein Vielfaches höher als der Wert der in den Kriegsjahren von den Okkupanten vorgenommenen Investitionen. Außer den in der Zerstörung eines großen Teils der Industrie bestehenden direkten Verlusten bekam Polens Wirtschaft in der Nachkriegszeit die Veränderung des Produktionsprofils vieler Werke und die Zerreißung der traditionellen Kooperationsbeziehungen innerhalb Polens sehr schmerzlich zu spüren.

5. Die Finanzen

Die Währungs-, Bank- und Haushaltspolitik entwickelten sich im Generalgouvernement und in den annektierten Gebieten in ganz verschiedenen Bahnen. Im Generalgouvernement wandten die Okkupanten Lösungen an, die der spezifischen Situation dieses Territoriums angepaßt waren, während auf die ins Deutsche Reich eingegliederten polnischen Gebiete die in ganz Deutschland geltende Gesetzgebung übertragen wurde.

Die finanzielle Vereinigung der annektierten Gebiete mit dem Reich begann damit, daß im Herbst 1939 der Złoty-Umtausch in deutsche Währung angeordnet wurde. Er erfolgte zum Kurs von 2 Złoty für 1 Mark, obwohl der Kaufwert beider Währungen sich gerade umgekehrt verhielt und 2 Mark die Kaufkraft von 1 Złoty repräsentierten. Die für Besitzer deutschen Geldes so vorteilhaften Umtauschbedingungen brachten es mit sich, daß die Waren in den Geschäften aufgekauft wurden, denn in den annektierten polnischen Gebieten lagen die Preise, in Mark umgerechnet, viel niedriger als in Deutschland. Dadurch wurden die Deutschen auf Kosten der einheimischen polnischen Bevölkerung, die bei dem Umtausch verlor, privilegiert. Die Verluste der polnischen Bevölkerung resultierten nicht nur aus der unrichtigen Festsetzung des Umrechnungskurses beider Währungen, sondern vor allem daraus, daß Besitzer von Złoty nur Beträge bis zu einer Höchstgrenze umtauschen konnten. Im Prinzip durften pro Erwachsenen 500 Złoty in 250 Mark umgetauscht werden, in einigen Gegenden nicht einmal soviel. Die restlichen von den Polen zum Umtausch angemeldeten Geldbeträge beschlagnahmten die Behörden.

Nach Durchführung des Umtauschs unterschied sich das Währungssystem der annektierten Gebiete in nichts von dem im alten Reichsgebiet. Hauptleitlinie der Währungspolitik war es, dem Auftreten inflationärer Erscheinungen entgegenzuwirken. Darum bemühte man sich, indem man den Grundsatz der gleichzeitigen Einfrierung der Löhne und der Preise für Waren und Dienstleistungen anwandte. Da den Polen keinerlei Warenüberschüsse zur Verfügung standen und der Verwaltungsapparat sehr starken Einfluß auf alle Austauschprozesse nahm, entwickelte sich in den ins Reich eingegliederten Gebieten kein illegaler Markt größeren Umfangs. So gelang es der Reichsbank, während der Kriegszeit den Kaufwert der Mark auf einem Niveau zu halten, das nur verhältnismäßig geringen Schwankungen unterlag.

Was das Bankwesen anbetrifft, so zielte die Politik der Okkupanten in den annektierten Gebieten darauf ab, alle polnischen Institute zu schließen und an ihrer Stelle Filialen deutscher Banken einzurichten. Die Liquidation erfolgte aufgrund von behördlichen

Anordnungen. Dabei galt das Prinzip, alle von den Banken gewährten Kredite zurückzuziehen und gleichzeitig Beteiligungen und Einlagen ausschließlich an deutsche Staatsangehörige auszuzahlen. Die Einlagen von Polen und Juden unterlagen der Beschlagnahmung, ebenso wie alle Wertgegenstände und Devisen, die sie in Banksafes verwahrt hatten. Liquidiert wurden auch die Filialen solcher polnischen Banken, deren Zentralen ihren Sitz im Generalgouvernement hatten, wobei die Bankleitungen vom Ablauf der ganzen Aktion nicht einmal benachrichtigt wurden.[37]

Die Liquidation des polnischen Bankwesens war ebenso wie die Konfiskation des landwirtschaftlichen und industriellen Eigentums völkerrechtlich ein Unrechtsakt. Die Haager Konvention von 1907, die u. a. die Bedingungen festgelegt hatte, unter denen eine militärische Besatzung ausgeübt werden durfte, sah vor, daß privates Eigentum vom Okkupanten respektiert werden müsse, also nicht mit Beschlag belegt werden könne. Der Okkupant hatte lediglich das Recht, gewisse Geld- und Sachleistungen für den Bedarf der Besatzungstruppen zu verlangen, Transport- und Telekommunikationsmittel sowie Magazine mit Waffen und Militärgerät zu sequestrieren. Die Konfiskation anderen privaten Vermögens war unzulässig.

Das fiskalische System in den annektierten Gebieten wurde völlig mit dem in Deutschland vereinheitlicht. Eine gewisse Neuerung war, daß polnische schlechter als deutsche Steuerzahler behandelt wurden. Erstere mußten – bei vergleichsweise niedrigeren Einkommen als die Deutschen – höhere Steuern zahlen. Die Polen wurden mit einer speziellen „Sozialausgleichsabgabe", die anfänglich 15 % und ab Februar 1942 20 % ihrer Bezüge ausmachte, und mit verschiedenen anderen Abgaben belegt. Um dem Leser eine Vorstellung davon, welchen Umfang diese Lasten hatten, zu vermitteln, sei als Beispiel angeführt, daß bei analogen Bruttobezügen polnischer und deutscher ungelernter Arbeiter die Polen dreimal soviel Abgaben an den Fiskus leisteten. Gleichzeitig genossen die Unternehmen und die deutsche Bevölkerung in den annektierten Gebieten große Steuererleichterungen gegenüber dem alten Reichsgebiet. Das sollte dazu anregen, sich in den Polen geraubten Gebieten anzusiedeln. Zum Beispiel kamen niedrigere Einkommensteuersätze, günstigere Grundsätze bei der Grundsteuerveranlagung u. ä. zur Anwendung.

Demgegenüber erfuhren im Generalgouvernement die Währungs-, die Bank- und die Haushaltspolitik gesonderte Regelungen, wobei es das Hauptziel war, das Finanzwesen für die stärkere wirtschaftliche Ausbeutung des unterworfenen Landes auszunutzen.

Unmittelbar nach Beendigung der Kampfhandlungen blieben im Generalgouvernement weiterhin Złoty im Umlauf. Daneben war kurze Zeit hindurch auch die Reichsmark im Umlauf, sie wurde jedoch schnell zurückgezogen. In großen Mengen strömten ins Generalgouvernement polnische Złoty aus den ins Deutsche Reich eingegliederten Gebieten, wo es den Polen nicht erlaubt war, mehr als 500 Złoty umzutauschen, und aus den Gebieten östlich des Bug, wo ein Geldumtausch in Rubel stattfand. Bei dieser Sachlage stieg der Geldumlauf im Generalgouvernement an, was angesichts der gesunkenen Produktion ein schnelles Anwachsen inflationärer Tendenzen hervorrief. Um dem entgegenzuwirken, ordneten die deutschen Behörden im Januar 1940 an, alle 100- und 500-Złoty-Noten zu deponieren, wofür den Eigentümern in der Zukunft eine Vergütung gezahlt werden sollte. Diese Maßnahme traf die polnische Bevölkerung hart, denn sie verlor dadurch von einem

37 *Landau, Zbigniew/Tomaszewski, Jerzy*, Bank Handlowy w Warszawie S.A. w latach drugiej wojny światowej (Die Handelsbank in Warschau A.G. in den Jahren des zweiten Weltkrieges), in: „Przegląd Historyczny" 1969, Nr. 2, S. 445–453.

Tag zum anderen ihre Geldreserven. Der Umtausch von 100- und 500-Złoty-Scheinen in kleinere war sehr erschwert. Erst gegen Ende Januar 1940 begann man, je 200 Złoty pro Erwachsenen umzutauschen, wobei Juden dieses Recht nicht zustand.

Der Abzug eines großen Teils der Geldmasse vom Markt hemmte vorübergehend die Inflationsprozesse. Doch war das eine Sondermaßnahme. Im langfristigen Interesse der Besatzungsmacht lag es durchaus, keine Deflations-, sondern eine Inflationspolitik zu betreiben. Dabei sollte das Anwachsen des Geldumlaufs durch die Okkupationsbehörden kontrolliert und so dosiert werden, daß sie daraus maximale Vorteile ziehen könnten. Bei der im Generalgouvernement betriebenen Politik des Lohnstopps bewirkte eine Inflation, daß der Realwert der Löhne und folglich der Verbrauch der polnischen Bevölkerung zurückging. Das entsprach den Interessen Nazideutschlands. Die Konsumtionsbeschränkung gestattete steigende Ausfuhr verschiedener Artikel (vor allem Lebensmittel) aus dem Generalgouvernement nach Deutschland. Die zunehmende Inflation war dabei nicht durch Haushaltsdefizite der „Regierung" des Generalgouvernements hervorgerufen. Den Haushalt glich man mit Hilfe von Steuern, Gebühren, Einnahmen aus staatlichen Monopolen und Betrieben aus. Die Inflationspolitik sollte einfach den Lebensstandard der polnischen Gesellschaft senken.

Um eine derartige Politik betreiben zu können, mußte man das Geld umtauschen, denn die Bank Polski hatte im September 1939 nicht nur die Goldvorräte, sondern auch die Matrizen zum Druck von Banknoten nach Frankreich evakuiert. Das machte die weitere Ausgabe von Vorkriegszłoty im okkupierten Polen unmöglich. Deshalb riefen die Besatzungsbehörden im Dezember 1939 die „Bank Emisyjny w Polsce" (Emissionsbank in Polen) ins Leben. Ihr Präsident wurde der bekannte Ökonom Feliks Młynarski. Das war der einzige Fall, daß in den okkupierten Gebieten offiziell das Wort „Polen" verwendet wurde und daß an der Spitze einer Institution ein Pole stand. Den Besatzungsbehörden kam es in diesem Fall anscheinend darauf an, Vertrauen zur neuen Währung zu erwecken. Die „Emissionsbank in Polen" nahm ihre Tätigkeit im April 1940 auf. Sie gab neue Złoty-Banknoten heraus, deren Umtausch gegen Złoty der Bank Polski unbegrenzt zum Kurs 1:1 erfolgte. In der neuen Währung wurde auch der Gegenwert der deponierten 100- und 500-Złoty-Scheine ausgezahlt. Die Emissionsbank hatte praktisch keine Handlungsfreiheit und führte die Aufträge der deutschen Behörden aus. Während ihrer fünfjährigen Tätigkeit vergrößerte sie mehrmals die umlaufende Geldmenge, was dazu führte, daß Inflationserscheinungen und alle damit verbundenen negativen Folgen auftraten.[38] Die wichtigste bestand darin, daß der reale Wert der Löhne und Gehälter absank. Der Geldumlauf im Generalgouvernement war ungefähr zwanzigmal so groß wie der Geldumlauf in der Vorkriegszeit.

Neben der Emissionsbank bestanden im Generalgouvernement die polnischen Kreditinstitute weiter, und daneben gab es deutsche Banken. Die polnischen Banken erhielten Verwalter im Auftrag der Okkupationsmacht und wurden neuen Bankbestimmungen unterworfen. Demgemäß konnten Transaktionen mit deutschen Firmen ausschließlich die unter deutscher Verwaltung stehenden Banken durchführen, wogegen die polnischen Banken sich mit Geschäften mit der kleinen und mittleren Industrie und mit Handelsunternehmen begnügen mußten. Die Okkupanten führten dabei den Grundsatz ein, daß alle aus Operationen während der Okkupationsjahre stammenden Aktiva lediglich zur

[38] *Skalniak, Franciszek*, Bank Emisyjny w Polsce 1939–1945 (Die Emissionsbank in Polen 1939 bis 1945), Warschau 1966.

Finanzierung laufender Geschäfte dienen durften. Dadurch wurde es den Banken erschwert, Einlagen aus der Vorkriegszeit auszuzahlen. Wie im Reichsgebiet waren Gold und Devisen, die sich im Besitz der Finanzinstitute befanden oder in Banksafes aufbewahrt wurden, beschlagnahmt.

Das Generalgouvernement besaß ein eigenes Budget. Es war nach dem Grundsatz des Haushaltsausgleichs konstruiert. Ausgaben konnten nur insoweit vorgesehen werden, wie auf der Einnahmenseite Deckung vorhanden war. Zur Gewährleistung der Haushaltseinnahmen beließ man anfangs die Grundsätze des Vorkriegssteuersystems in Kraft. Erste Änderungen erfolgten bereits 1940. Damals wurden die Einkommensteuer, danach die Grundsteuer, die Gewerbesteuer und einige Verbrauchssteuern (auf Bier und auf Zucker) erhöht. Um Mittel zur Deckung des wachsenden Verwaltungsbedarfs zu beschaffen und, was noch wichtiger war, um den Überfluß an Geldzeichen der Emissionsbank auf dem Markt abzuschöpfen, erhöhten die deutschen Behörden von Jahr zu Jahr die schon bestehenden Steuern und führten neue Steuern ein. Beispiele dafür waren der Kriegszuschlag auf die Bürgersteuer, die Einwohner des Generalgouvernements zu entrichten hatten, und der von landwirtschaftlichen Betrieben erhobene Sonderzuschlag für Kriegszwecke. Beträchtlich stiegen auch die Monopolaufschläge für Wodka und Lotterien. Das Besteuerungssystem im Generalgouvernement war dabei darauf abgestellt, die Deutschen zu privilegieren. Eine Reihe von Steuern und Aufschlägen belastete nur die polnische Bevölkerung. Auch Unternehmen, die Deutschen gehörten, kamen in den Genuß von Steuerprivilegien.[39] Ein spezifisches Mittel zur Verringerung der Einnahmen der Bevölkerung waren Kontributionen, die ihr als Strafe für Ungehorsam gegenüber den deutschen Besatzungsbehörden auferlegt wurden. Die größte einmalige Kontribution, die die Einwohner von Warschau aufzubringen hatten, betrug 100 Millionen Złoty.

Der Haushalt des Generalgouvernements war hauptsächlich dazu bestimmt, den Besatzungsapparat zu finanzieren. Ausgaben für die polnische Bevölkerung nahmen in ihm nur sehr geringen Raum ein. Also war auch die Haushaltspolitik wie die Währungs- und die Bankpolitik den Interessen der Okkupanten untergeordnet.

6. Die materiellen Lebensbedingungen der Bevölkerung

Von den Lebensbedingungen war schon mehrmals die Rede, als wir die Bevölkerungspolitik der Okkupanten darlegten. Terror, Massenmord, Aussiedlung, Deportation zur Zwangsarbeit – das alles hatte maßgebliche Auswirkungen auf die Lage der polnischen Bevölkerung. Jetzt werden wir uns nur mit den materiellen Faktoren der Lebensbedingungen, die bisher am Rande erwähnt wurden, befassen.

Beginnen wir mit dem Generalgouvernement. Anfänglich stand an der Spitze aller Existenzprobleme in den Städten der Mangel an Arbeitsplätzen. Die Kriegszerstörungen, die Stillegung vieler Unternehmen und die Verfrachtung von Fabrikanlagen nach Deutschland trafen die Arbeiterklasse schwer. Durch die Liquidation des polnischen Staatsapparats, die Einschränkungen des Schulwesens, die Auflösung der politischen, gesellschaftlichen und kulturellen Organisationen wurden viele Angehörige der Intelligenz arbeitslos. Die Arbeitslosigkeit nahm riesige Ausmaße an. Allein im Distrikt Radom gab es

39 *Ostrowski, Karol,* Hitlerowska polityka podatkowa w Generalnym Gubernatorstwie (Die Nazi-Steuerpolitik im Generalgouvernement), Kraków 1977.

zum Jahresende 1939 mehr Arbeitsuchende als 1938 in ganz Polen. Ähnlich sah es in den übrigen drei Distrikten des Generalgouvernements aus. Mit zunehmender Kriegsdauer ging die Arbeitslosigkeit allmählich zurück. Das hing damit zusammen, daß einerseits die Produktion wieder etwas in Gang kam, andererseits viele Menschen im arbeitsfähigen Alter nach Deutschland deportiert wurden. Doch war bei der Intelligenz und bei der jüdischen Bevölkerung kein Rückgang der Arbeitslosigkeit zu verzeichnen. Was letztere anbetrifft, so hatte die Schaffung der Ghettos eine Zunahme der Erwerbslosenzahl zur Folge.

Hatte in der ersten Zeit der Okkupation die Arbeitslosigkeit an der Spitze aller Existenzprobleme gestanden, so hörte sie nach ziemlich kurzer Zeit auf, ein so brennendes und bedeutendes Problem zu sein. Das lag daran, daß die deutsche Besatzungsmacht im Generalgouvernement die Löhne einfror, zugleich aber der freie Markt praktisch weiterbestand, wo die Preise wegen der Inflation und des Warenmangels sehr schnell stiegen. Der Lohnstopp schuf eine solche Lage, daß der Werktätige einen unveränderlichen Nominallohn bekam, dessen realer Wert sich ständig verringerte. Angesichts des laufenden Preisanstiegs verloren die Bezüge aus der ständigen Beschäftigung an Bedeutung für das Familienbudget. Neben dem Arbeitseinkommen war es notwendig, noch Nebeneinkünfte zu haben. Im Laufe der Jahre kam es dahin, daß eine feste Arbeitsstelle nicht so sehr für den Erwerb des Lebensunterhalts nötig war (denn den sicherte sie nicht) wie dafür, daß man eine Arbeitsbescheinigung besaß, die bei Razzien manchmal vor der Deportation zur Zwangsarbeit schützte. Der Lohn selbst bildete seit 1941 keinen Anreiz, in Fabriken, Unternehmen und Ämtern des Generalgouvernements eine ständige Beschäftigung anzunehmen.

Es wurde nämlich gleichzeitig mit dem Lohnstopp kein Preisstopp (außer für die Zuteilungsrationen) eingeführt. So reichte bei dem immensen Preisanstieg der Monatslohn aus, um die Wohnungsmiete zu bezahlen, die Zuteilungsrationen zu kaufen und ganz minimale Einkäufe auf dem schwarzen Markt zu tätigen. Nach deutschen Berechnungen betrug 1943 der Durchschnittslohn eines Arbeiters in der Rüstungsindustrie 230 Złoty. Damit konnte man nicht ganz ein Kilogramm Butter auf dem illegalen Markt kaufen (im legalen Handel gab es keine Butter). Dabei war Butter nicht einmal ein Artikel, der im Vergleich zur Vorkriegszeit besonders stark im Preis gestiegen war. Zum Beispiel waren im Jahre 1943 Butter 67mal, Schwarzbrot 40mal, Weizenmehl 78mal, Schweinefleisch 82mal, Speck 120mal, Eier 54mal, Kartoffeln 51mal und Zucker 78mal so teuer wie im Jahre 1938.[40]

Lohnbezüge, die vor dem Kriege und in der Anfangsphase der Okkupation zum Unterhalt ausgereicht hatten, zwangen unter diesen Umständen 1940 bereits zu äußerster Sparsamkeit und machten von 1941 an Nebeneinkünfte erforderlich. Damit der Leser sich eine vollständigere Vorstellung von der Lage der arbeitenden Menschen bilden kann, seien auch die Veränderungen im Lebenshaltungskostenindex angeführt. In Kraków war dieser Index (Juli 1939 gleich 1 gesetzt) im Juni 1943 auf 37, im Juli 1944 auf 73 und im Dezember desselben Jahres schon auf 91 gestiegen. Nimmt man nur die Lebensmittelpreise, so war der Auftrieb noch stärker. Im Juni 1943 stand der Index dafür bei 50, im Juli 1944 bei 95 und im Dezember 1944 bei 119. Die zitierten Angaben können als ziemlich typisch für die großen Städte des Generalgouvernements angesehen werden, wobei die Preise in Warschau noch höher lagen. In kleineren Orten gestalteten sich die Ver-

[40] *Jastrzębowski, W.*, Gospodarka, a. a. O., S. 367.

hältnisse etwas günstiger für die Bevölkerung, weil dort die Lebensmittelpreise langsamer anstiegen.

Die Zuteilungsrationen, die die Einwohner der Städte ungefähr zu Vorkriegspreisen erhielten, deckten nur einen geringen Teil des tatsächlichen Bedarfs. Setzt man den Verbrauch eines polnischen Arbeiters vor dem Kriege mit 100 an, so deckten die auf Karten bezogenen Lebensmittel 1941 25,6 %, 1942 22,2 % und 1943 nur noch 15,9 % des Kalorienbedarfs, wobei die Fettversorgung entsprechend 7,3 %, 3,5 % und 2,0 % ausmachte. Noch geringere Zuteilungen erhielten die Juden. 1941 deckten sie 7,1 % des Vorkriegsverbrauchs (in Kalorien). Gleichzeitig lagen die Zuteilungen für Deutsche sogar über dem Vorkriegsniveau der Konsumtion. Verglichen mit den Rationen für Polen sicherten sie das 6fache an Eiweiß, das 36fache an Fett und mehr als das Doppelte an Kohlehydraten, verglichen mit den Rationen für Juden das 26fache an Eiweiß, das 531fache an Fett und das 8fache an Kohlehydraten.[41] So niedrige Zuteilungen riefen unter der jüdischen Bevölkerung in den Ghettos große Sterblichkeit hervor, bei den polnischen Arbeitern nachlassende Arbeitsfähigkeit. Die Folge war u. a. sinkende Produktivität in den Fabriken. Deshalb wurden im Oktober 1943 die Zuteilungen an Polen, die in der Rüstungsindustrie beschäftigt waren, etwas erhöht. Doch das war von kurzer Dauer, da das Näherkommen der Front die Realisierung der Rationserhöhung erschwerte.

Es sei angemerkt, daß sich zwischen den verschiedenen Fabriken und Institutionen sehr beträchtliche Unterschiede der Lebensbedingungen herausbildeten. Wo ein fanatischer Nazifaschist als Treuhänder oder Verwalter die Okkupationsmacht repräsentierte, wurden die Vorschriften befolgt, was sich nachteilig auf die Lebensbedingungen der Werktätigen auswirkte. Wenn aber jemand, der dem „Nationalsozialismus" kritisch gegenüberstand oder wenigstens die rassistischen Anschauungen nicht akzeptierte, Aufsichtsfunktionen ausübte, tolerierte er zuweilen diese oder jene Übertretung der Anordnungen und unterstützte manchmal sogar Methoden zur zusätzlichen Entlohnung des polnischen Personals (z. B. durch die Finanzierung billiger Speisen in der Kantine). Die Furcht vor den Behörden war zu groß, als daß so etwas oft geschah.

Unter den geschilderten Umständen mußten sich die Menschen nach zusätzlichen Einnahmequellen umsehen. Das war nicht leicht. Daher nahm der Verkauf persönlichen Besitzes große Ausmaße an. Zu weiteren wichtigen Quellen von Nebenverdienst wurden der illegale Kettenhandel, die Handelsvermittlung und der sogenannte Schmuggel, d. h. die illegale Beförderung von Lebensmitteln vom Lande in die Städte oder aus dem „arischen" Teil der Stadt ins Ghetto. Angesichts der großen Preisunterschiede für Lebensmittel in den Städten und auf dem Lande sowie zwischen Ghetto und „arischen" Stadtbezirken verschaffte der Zwischenhandel vielen Leuten Beschäftigung und ein paar Einnahmen. Das ergab sich aus der Spezifik des Handels unter dem Okkupationsregime. Dieses erlaubte nicht die Lebensmittelzufuhr in die Städte und innerhalb der Städte in die Ghettos (außer den für die Rationszuteilungen bestimmten Mengen). Deshalb kontrollierten Polizei, Gendarmerie und Armee die Reisenden in den Zügen, durchsuchten sie in die Stadt einfahrende Fuhrwerke und Autos, visitierten sie Radfahrer und Fußgänger. Zu diesem Zweck u. a. wurden die Ghettos mit Mauern und starken Wachen umgeben. Unter diesen Bedingungen war es ausgeschlossen, daß eine Person allein größere Mengen Lebensmittel transportieren („schmuggeln") konnte. Beim Schmuggel waren Tausende von Leuten in Aktion, von denen jeder einige, eventuell 10 bis 20 Kilogramm

[41] Ebenda, S. 346.

Lebensmittel heranschaffte, sofern er nicht bei einer Kontrolle „hereinfiel", was nicht nur die Beschlagnahmung der mitgeführten Lebensmittel, sondern Konzentrationslager oder sogar die Erschießung bedeuten konnte.

Neben dem Verkauf der Habe und dem Handel suchten die Menschen auch nach anderen Möglichkeiten etwas hinzuzuverdienen. Doch nicht allen gelang es, etwas zu finden. Deshalb herrschte unter einem sehr großen Teil der Stadtbevölkerung Hunger und Elend. Schon Anfang 1940 war die Sterberate in Warschau auf fast das Doppelte im Vergleich zur Vorkriegszeit gestiegen (und dabei ist die jüdische Bevölkerung nicht mitgerechnet, unter der die Sterblichkeit noch höher war). Neben Hunger machte sich Mangel an Kleidung schmerzlich bemerkbar. Sogar Familien, in denen jemand durch Kleinhandel, handwerkliche Dienstleistungen, Vermittlungsgeschäfte, Unterrichtung von Kindern usw. Nebenverdienst hatte, konnten einen wenigstens minimalen Vorkriegsstandard nicht erreichen.

Sehr schlimm waren auch die Wohnbedingungen. In vielen Städten richteten sich die Okkupanten deutsche Stadtviertel ein, die in der Regel in den modernsten Stadtteilen lagen. Polen und Juden wurden dort ausquartiert. Die Folge war noch größere Enge in den Wohnungen der übrigen Stadtviertel, besonders wenn im September 1939 Wohnhäuser zerstört worden waren. Noch mehr wurden die Menschen in den Ghettos zusammengepfercht. Neben der Beengtheit wurde der Brennstoffmangel zu einem wesentlichen Problem. Auf dem schwarzen Markt war Heizmaterial ungewöhnlich teuer. So wurden viele Wohnungen nicht mehr richtig geheizt. Es fehlte auch an elektrischem Strom, von dem die Polen lange Zeit hindurch nicht viel mehr als 10 Stunden pro Woche Gebrauch machen konnten.

Über alle Maßen verschlechterten sich die Arbeitsbedingungen der polnischen Bevölkerung. Das polnische Arbeitsrecht und die Sozialversicherung wurden größtenteils abgeschafft. Die Arbeiter wurden des Rechts, sich in Gewerkschaften zu vereinigen, beraubt. Praktisch waren die Werktätigen den einseitigen Entscheidungen der Okkupationsbehörden und der Betriebsleitungen ausgeliefert.

Etwas anders sah es im Generalgouvernement auf dem Lande aus. Während sich die Lebensbedingungen in den Städten schon vom ersten Jahr der Okkupation an eindeutig gegenüber der Vorkriegszeit verschlechterten, erfuhren sie auf dem Lande anfangs eine gewisse Verbesserung. Diese Feststellung mag viele Leser verblüffen. Wir haben doch zuvor darüber berichtet, wie die Landwirtschaft durch die Ablieferungskontingente ausgebeutet wurde, was zur Folge hatte, daß die Warenmenge, die dem Dorf zur Verfügung stand, geringer als vor dem Kriege war. Es wurde aber gleichzeitig die Preisstruktur zugunsten des Dorfes verändert. Dadurch konnte der Bauer die geringen Warenüberschüsse, die seiner Verfügung überlassen blieben, doch mit großem Gewinn verkaufen. Der dabei eingenommene Geldbetrag verkörperte oftmals mehr Kaufkraft, als der Bauer vor dem Kriege mit dem Verkauf von viel mehr Produkten hatte erlangen können. Von großer Bedeutung für die Landwirte war es auch, daß ihre Verschuldung geringer wurde, weil das Geld an Wert einbüßte.

Aus eben diesen Gründen änderten sich in der ersten Phase des Krieges etwas die Relationen in der Verteilung des Nationaleinkommens zwischen Stadt und Land. Das Dorf partizipierte jetzt mehr daran als im Polen der zwanziger und dreißiger Jahre. Die Lage der Landbevölkerung verbesserte sich jedoch nicht sehr und dies auch nur vorübergehend. Die Erhöhung der Kontingente im Jahre 1942 zog radikal einen Schlußstrich. Auch besserte sich die Lage der Landbevölkerung nicht allgemein, sondern nur für die

Wirtschaften, die über Warenüberschüsse verfügten. Von der Kriegskonjunktur profitierten also am meisten Güter und reiche Bauern, und auch das galt nicht ausnahmslos. Abweichungen von der Regel gab es oft infolge der recht willkürlichen Politik der lokalen deutschen Verwaltung. Aushebung zur Zwangsarbeit, Requirierung von Vieh oder der Aufenthalt von Truppen konnten in sehr kurzer Zeit sogar einen ansehnlichen Betrieb ruinieren. Von der vorteilhaften Wirkung des Preisanstiegs für Nahrungsmittel verspürte die Dorfarmut fast gar nichts, denn sie verfügte über keine Überschüsse zum Verkaufen. In der Masse war aber das Dorf in der ersten Phase der Okkupation der Hauptabsatzmarkt für Artikel, die die verarmende Intelligenz und das Bürgertum verkauften. Damals erwarb die Bauernschaft mehr Industrieerzeugnisse als vor dem Kriege. Es stiegen auch ihre Einnahmen aus dem Handel, denn viele Bauern „schmuggelten" Lebensmittel.

In den ins Deutsche Reich eingegliederten Gebieten befanden sich die Bauern in einer viel schwierigeren Lage. Das gut ausgebaute Aufsichtssystem machte es ihnen unmöglich, irgendwelche Überschüsse an Produkten zu behalten. Die deutschen Behörden nahmen sie ihnen fast vollständig ab. Für seinen Eigenbedarf erhielt der Bauer genau festgesetzte Mengen zugeteilt, die er seiner Produktion entnehmen durfte. Auf diese Weise reglementierte man sowohl den eigenen Verbrauch der Bauern wie auch ihre Geldeinnahmen, wobei sie sogar nur begrenzten Einfluß auf die Verwendung des Geldes hatten, denn auch hierfür bestand strenge Reglementierung.

Etwas anders als im Generalgouvernement gestaltete sich in den annektierten Gebieten die Lage der Stadtbevölkerung. Während sich im Generalgouvernement der Preisstopp ausschließlich auf die Kartenzuteilungen bezog, galt er in den ins Reich eingegliederten Gebieten seit Februar 1941 für fast alle Waren. Dort kam auch kein illegaler Markt in dem breiten Umfang wie im Generalgouvernement zustande. Infolgedessen besaßen die Arbeiterlöhne in den annektierten Gebieten einen höheren Realwert als im Generalgouvernement. Dazu trugen auch die höheren Kartenrationen bei. Das entsprang nicht einem Altruismus von seiten der deutschen Behörden, sondern der Einsicht, daß in Anbetracht der Unmöglichkeit, Lebensmittel auf dem freien Markt zu kaufen, die Versorgung auf Karten die Fähigkeit der polnischen Bevölkerung zur Arbeit in den deutschen Betrieben gewährleisten müsse.

Die Lage der arbeitenden Bevölkerung war auch hier außerordentlich schwer. Erstens wurde sie durch Aussiedlungen und Deportationen zur Zwangsarbeit hart getroffen. Zweitens beschlagnahmten die deutschen Okkupanten massenhaft die besseren Wohnungen einschließlich ihres Inventars. Drittens wurde das Niveau der Löhne und Sozialleistungen radikal gesenkt. Viertens war die polnische Bevölkerung der annektierten Gebiete mannigfaltigen Schikanen ausgesetzt. Zum Beispiel wurde den Polen Ende 1940 in Poznań verboten, von 7 bis 8 Uhr morgens mit der Straßenbahn zu fahren, denn die deutschen Kinder sollten nicht Gefahr laufen, mit der polnischen Bevölkerung in Berührung zu kommen. In Łódź und einigen anderen Städten war den Polen der Zutritt zu vielen Geschäften, Restaurants und Parks verwehrt, auch war es verboten, ihnen Mehl und Weizengebäck zu verkaufen. In anderen Geschäften wurden die polnischen erst nach den deutschen Kunden bedient. Fünftens war es ein harter Schlag für die Bevölkerung dieser Gebiete, daß Polen die Ausübung einer Reihe von Berufen verboten war. So konnte kein Pole Beamter sein. Zur Ausübung der meisten freien Berufe (Arzt, Apotheker u. dgl.) bedurfte es der Genehmigung des Regierungspräsidenten, die nur in Ausnahmefällen erteilt wurde. Polen konnten nicht als Zahnarzt, Tierarzt, Rechtsanwalt oder

Notar tätig sein. Unzulässig für Nichtdeutsche war es auch, selbständiger Kaufmann oder Inhaber von Industrie- und größeren Handwerksbetrieben zu sein.

Wesentlich trug – neben den schon genannten Faktoren – die hier betriebene Lohnpolitik zur Verschlechterung der materiellen Lage bei. Polen konnten nämlich die höheren Vergütungsgruppen selbst dann nicht bekommen, wenn sie die dazu berechtigenden Funktionen erfüllten. Außerdem wurden von den Lohneinkünften der Polen spezielle Abzüge zugunsten des Reichshaushalts vorgenommen. Den Okkupanten ging es darum, die Kaufkraft der polnischen Werktätigen mit dem Wert der auf Karten zugeteilten Rationen, der Wohnungsmieten und der kommunalen Abgaben ins Gleichgewicht zu bringen. Da vor dem Kriege im Besitz von Polen befindlich gewesenes Produktionsvermögen enteignet und ihnen die Möglichkeit, Einkünfte aus Kapital zu beziehen, genommen war, mußten sie ihre Bedürfnisse ausschließlich auf der Grundlage von Löhnen und Kartenzuteilungen befriedigen. Trotz der niedrigeren Reallöhne war also die Lage der arbeitenden Bevölkerung im Generalgouvernement günstiger als in den annektierten Gebieten, denn im Generalgouvernement konnten die Menschen mit verschiedenen offiziell nicht erlaubten Beschäftigungen zusätzlich Geld verdienen und Lebensmittel und nötige Industrieerzeugnisse auf dem illegalen Markt hinzukaufen. Solche Möglichkeiten existierten für die polnische Bevölkerung in den annektierten Gebieten nicht.

Gleichzeitig wurden auch in Deutschland die Arbeiter vieler sozialer Rechte beraubt. Unter anderem wurde die Zahlung von Unterstützungen und Renten aus Versicherungen abgeschafft. Im Zusammenhang damit erhielt der polnische Werktätige kein Krankengeld. Es wurden den Arbeitern Kindergeld, Prämien und Gratifikationen gestrichen, der Urlaub verkürzt, der Arbeitstag verlängert und in vielen Betrieben Sonntags- und Feiertagsarbeit eingeführt.

Sehr viele Angehörige der vor dem Kriege besitzenden Klassen verelendeten gänzlich. Das unbewegliche Vermögen wurde ihnen beschlagnahmt, das bewegliche geplündert. Vor allem Bewohner der annektierten Gebiete sowie die ganze jüdische Bourgeoisie, weniger die polnischen Wirtschaftskreise im Generalgouvernement bekamen das zu verspüren. Zugleich begann an Stelle der alten besitzenden Schichten eine Gruppe von Neureichen zu entstehen. Die Quellen der Vermögensbildung waren im Kriege sehr verschiedener Art. Einige neue Vermögen stammten aus in großem Stil betriebenen Spekulationsgeschäften, andere aus mehr oder weniger legaler Übernahme jüdischen Vermögens, noch andere aus illegaler handwerklicher Produktion. Im letztgenannten Fall schöpfte man die größten Gewinne aus primitiver Schnapsbrennerei, heimlichem Gerben von Häuten u. ä. Es wurden auch große illegale Handelstransaktionen durchgeführt, an denen deutsche Beamte, die mühelos etwas verdienen wollten, beteiligt waren. Selbstverständlich wurden nicht alle Leute, die sich mit solchen oder ähnlichen Tätigkeiten abgaben, reich. Doch hauptsächlich aus dem Kreise dieser Leute rekrutierte sich seinerzeit die neue soziale Gruppe, die sogenannte Lumpenbourgeoisie.

Die von den Okkupanten betriebene Politik hatte zur Folge, daß Polen Zerstörungen, Schäden und Verluste erlitt, die es hinsichtlich der Bevölkerungszahl wie auch der materiellen Ressourcen um Jahrzehnte zurückwarfen. Während durch den ersten Weltkrieg ungefähr 10 % des polnischen Nationalvermögens vernichtet wurden, betrugen die in den Jahren 1939–1945 erlittenen Verluste 38 % des Nationalvermögens.

VIII. Volkspolen bis 1970

1. Die Entstehung der Volksmacht

Polens politische Situation war Mitte 1944 sehr kompliziert. In London war die Exilregierung tätig, die trotz der Niederlage im Septemberfeldzug 1939 und trotz der Okkupation Polens durch Nazideutschland die staatliche Kontinuität der Republik Polen symbolisierte. Sie verfügte über Streitkräfte, die unter dem Kommando der westlichen Alliierten an den Fronten Westeuropas kämpften. In der okkupierten Heimat hatte die Exilregierung die sogenannte „Delegatur“ errichtet, die über die zahlenmäßig größte polnische konspirative bewaffnete Organisation, die Armia Krajowa (AK = Heimatarmee), verfügte, die viele Aktionen gegen die Okkupanten unternahm.

Die Exilregierung war von den alliierten Regierungen anerkannt worden, unterhielt aber seit dem 26. April 1943 keine diplomatischen Beziehungen zur UdSSR mehr. Das politische Hauptproblem zwischen Polen und der UdSSR war die Grenzfrage. Die Sowjetregierung vertrat den Standpunkt, daß die im Herbst 1939 vollzogene Vereinigung der vorher zum polnischen Staatsgebiet gehörigen westlichen Teile Belorußlands und der Ukraine mit den Sowjetrepubliken unumkehrbar sei. Dagegen forderte die polnische Exilregierung die Wiederherstellung der im polnisch-sowjetischen Friedensvertrag vom März 1921 festgelegten Grenze.

Gleichzeitig waren auf dem Boden des okkupierten Polen linke Organisationen tätig, die sich für eine enge Zusammenarbeit mit der UdSSR aussprachen und die im Herbst 1939 revidierte polnisch-sowjetische Grenze akzeptierten. Wichtigste politische Kraft war die am 5. Januar 1942 gegründete Polnische Arbeiterpartei (Polska Partia Robotnicza, PPR), die an die Traditionen der (1938 durch die Kommunistische Internationale aufgelösten) Kommunistischen Partei Polens (KPP) anknüpfte. Die PPR verfolgte das Ziel, eine Nationale Front zu schaffen, die alle antifaschistischen Organisationen umfassen sollte. Es gelang ihr jedoch nicht, mit den politischen Kreisen, die die Exilregierung anerkannten, eine Vereinbarung zu erreichen. Der auf Initiative der PPR am 31. Dezember 1943 gegründete Landesnationalrat (Krajowa Rada Narodowa, KRN), das provisorische, konspirative Parlament, vertrat also nur einige Gruppierungen des polnischen Untergrundes. Dem Landesnationalrat unterstand eine bewaffnete Organisation, die im Frühjahr 1942 auf Initiative der polnischen Kommunisten geschaffene Volksarmee (Armia Ludowa, AL, anfangs Volksgarde, Gwardia Ludowa, GL, genannt).

Auf dem Territorium der UdSSR gründeten die dort befindlichen polnischen linken Politiker im März 1943 den Bund Polnischer Patrioten (Związek Patriotów Polskich, ZPP), auf dessen Initiative eine polnische Armee aufgestellt wurde, die dann an der Seite der Sowjetarmee kämpfte. Der ZPP erkannte die politische Autorität des Landesnationalrates (KRN) an.

Als sich die sowjetischen und polnischen Truppen im Frühjahr 1944 den ethnisch polnischen Gebieten näherten, wurde das Problem, in dem befreiten Territorium die Staatsmacht zu organisieren, akut. Darauf bereiteten sich einerseits der von der Delegatur der Exilregierung bereits in wichtigen Ansätzen konspirativ aufgebaute Verwaltungsapparat und andererseits der Landesnationalrat vor. Nachdem die Sowjetarmee den Widerstand der Naziwehrmacht an der Buglinie gebrochen hatte, befreite sie am 21. Juli 1944 als erste Stadt auf polnischem Boden Chełm. Am gleichen Tage rief der Landesnationalrat unter dem Vorsitz von Bolesław Bierut noch in der Sowjetunion das Polnische Komitee der Nationalen Befreiung (Polski Komitet Wyzwolenia Narodowego, PKWN) ins Leben, faktisch die erste Regierung Volkspolens. Am folgenden Tage beschloß der PKWN ein Manifest an die polnische Nation, das das Programm der neuen Staatsmacht enthielt.

Seine Grundsätze waren das Ergebnis seit längerer Zeit innerhalb der linken Widerstandsbewegung in Polen selbst und im Bund Polnischer Patrioten (ZPP) geführter Diskussionen. Als wichtigstes Ziel verkündete das Manifest die Wiedergewinnung der Unabhängigkeit Polens durch den Kampf der ganzen Nation gegen Deutschland sowie die Errichtung eines demokratischen Staates mit einer anderen Gesellschaftsordnung, als sie vor 1939 bestanden hatte. Die Spitzenposition unter den postulierten demokratischen Veränderungen nahm die Bodenreform ein, die Landbesitz mit über 50 ha Fläche erfassen sollte. Zugleich erklärte das Manifest: „Polnischen Staatsbürgern, Bauern, Kaufleuten, Handwerkern, kleinen und mittleren Industriellen, Institutionen und der Kirche durch Deutsche geraubter Besitz wird den rechtmäßigen Eigentümern zurückgegeben werden. Deutsche Vermögensobjekte werden konfisziert.“[1]

Auf der Grundlage eines solchen Wirtschaftsprogramms konnten sich alle antifaschistischen Kräfte der polnischen Nation einschließlich des Kleinbürgertums und eines Teils der besitzenden Klassen vereinigen. Die Bodenreform war seit je die wichtigste Forderung der Bauernbewegung gewesen. Zwar kündigte das Manifest keine Nationalisierung der Industrie an, doch befanden sich ja viele Gesellschaften in Händen deutschen Kapitals, das konfisziert werden sollte. Zu diesem Zweck wurde die Provisorische Staatliche Verwaltung (Tymczasowy Zarząd Państwowy) ins Leben gerufen. Sie übernahm auch Betriebe, deren Eigentümer nicht anwesend waren. Obwohl das Privateigentum an den Produktionsmitteln gewahrt blieb, gelangte also zwangsläufig ein beträchtlicher Teil der Industrie und anderer Wirtschaftssektoren sofort unter staatliche Verwaltung. In der Zukunft mußte das den Aufbau der sozialistischen Wirtschaft erleichtern.

Am 23. Juli 1944 wurde Lublin befreit. Der PKWN verlegte am 27. Juli seinen Sitz dorthin, und für einige Monate war Lublin die Hauptstadt Volkspolens.

Eine der dringendsten Aufgaben der neuen Staatsmacht war die Regelung der Beziehungen mit der UdSSR. Bereits am 26. Juli unterzeichnete der PKWN ein Abkommen mit der Regierung der UdSSR, das die Beziehungen zwischen der sowjetischen Militärverwaltung und der entstehenden polnischen Zivilverwaltung definierte. Auch ein Abkommen über die Grenze zwischen Polen und der UdSSR wurde unterzeichnet. Einige Tage später erfolgte die formelle diplomatische Anerkennung des PKWN durch die Sowjetregierung.

[1] *Konstytucja i podstawowe akty ustrojowe Polskiej Rzeczypospolitej Ludowej.* Według stanu prawnego na dzień 1 X 1978r. (Die Verfassung und die grundlegenden die Gesellschaftsordnung konstituierenden Akte der Volksrepublik Polen. Nach dem rechtlichen Stande vom 1. Oktober 1978), bearb. v. Feliks Siemieński, Wiesław Skrzydło und Jan Ziembiński, Warschau 1978, S. 12.

Es hatte sich seinerzeit eine komplizierte Lage herausgebildet. In London residierte die von den westlichen Verbündeten anerkannte Regierung, zu der sich zwar die in Polen im Untergrund bestehenden Elemente eines potentiellen Machtapparats bekannten, die aber keine faktische Exekutive in den befreiten polnischen Gebieten besaß. Die ihr unterstehenden Organisationen widersetzten sich jedoch dem Landesnationalrat. In Lublin aber amtierte das Polnische Komitee der Nationalen Befreiung (PKWN), das von der UdSSR anerkannt war und das gesellschaftliche Leben im Lande organisierte. Anfang August 1944 kam es in Moskau zu Gesprächen zwischen dem Vorsitzenden des Landesnationalrates, Bolesław Bierut, und dem Ministerpräsidenten der Exilregierung, Stanisław Mikołajczyk. Just zu dem Zeitpunkt, als diese Gespräche stattfanden, brach in Warschau der Aufstand aus. Die Exilregierung rechnete damit, daß es gelingen werde, die Kämpfe in Warschau als politischen Trumpf in den Moskauer Gesprächen auszunutzen. Sie hegte nämlich die Hoffnung, bald in die durch die Aufständischen befreite Hauptstadt übersiedeln zu können.

Die Rechnung der Emigrationspolitiker ging nicht auf. Und es kam zu keiner Verständigung.

Ein erneutes Treffen von Vertretern beider Seiten im Oktober 1944 brachte ebenfalls kein Ergebnis. Es führte jedoch zu Streitigkeiten unter den „Londonern“, woraufhin Mikołajczyk und einige andere Politiker aus der Exilregierung austraten. Dagegen festigte sich in Polen selbst allmählich die Position des PKWN, der daranging, die angekündigten Reformen zu verwirklichen und den Wiederaufbau zu organisieren. Das alles zusammen bewog den Landesnationalrat, am 31. Dezember 1944 an Stelle des Polnischen Komitees für die Nationale Befreiung (PKWN) eine Provisorische Regierung einzusetzen. Ministerpräsident wurde der Funktionär der Polnischen Sozialistischen Partei (PPS) Edward Osóbka-Morawski, der vorher schon den PKWN geleitet hatte. Mitte Januar 1945 begann die Sowjetarmee eine neue Offensive. Bereits am 20. Januar, wenige Tage nach der Befreiung Warschaus, beschlossen der Landesnationalrat und die Regierung, ihren Sitz in die zu 80 % zerstörte Hauptstadt zu verlegen. Die folgenden Wochen brachten die Befreiung der westlichen Wojewodschaften, und damit stand die Frage der polnischen Westgrenze auf der Tagesordnung.

Diese Frage war schon 1943 in den politischen Diskussionen erörtert worden, und im Herbst desselben Jahres hatten die Vertreter der verbündeten Mächte auf der Teheraner Konferenz einmütig anerkannt, daß das wiedererstehende Polen im Westen beträchtliche Teile des deutschen Staatsgebietes, im Prinzip bis zur Oder, einschließlich eines Teiles von Ostpreußen und einschließlich des Gebiets von Oppeln erhalten sollte. Dabei wurde als notwendig bezeichnet, die Angelegenheit weiter zu studieren, und es wurde auch die Eventualität der Umsiedlung der Bevölkerung ins Auge gefaßt. Der Beschluß der Krim-Konferenz im Februar 1945 bekräftigte diese Entscheidungen: „Nach Ansicht der Chefs der drei Regierungen soll die Ostgrenze Polens entlang der Curzonlinie verlaufen, wobei sie in einigen Gebieten 5 bis 8 km zugunsten Polens davon abweichen soll. Die drei Regierungschefs erkennen an, daß Polen einen beträchtlichen Gebietszuwachs im Norden und im Westen erhalten muß. Sie sind der Ansicht, daß die Meinung der neuen polnischen Regierung der Nationalen Einheit über den Umfang dieses Gebietszuwachses zu gegebener Zeit einzuholen ist und daß die endgültige Festlegung der Westgrenze Polens bis zur Friedenskonferenz zurückzustellen ist.“[2]

2 *Das Potsdamer Abkommen. Dokumentensammlung*, Berlin 1980, S. 26.

Nach komplizierten Verhandlungen zwischen polnischen Politikern aus Warschau und aus London kam am 21. Juni 1945 in Moskau eine Vereinbarung zustande, kraft deren am 28. Juni die Provisorische Regierung der Nationalen Einheit unter dem Vorsitz von Osóbka-Morawski, mit Beteiligung einer Gruppe aus der Emigration zurückkehrender Politiker sowie einer Gruppe in Polen lebender, aber nicht mit den Kommunisten und Sozialisten verbundener Politiker, gebildet wurde. Der ehemalige Ministerpräsident der Londoner Exilregierung, Mikołajczyk, wurde stellvertretender Ministerpräsident. Auch andere Politiker aus der Londoner Emigration übernahmen Posten in der Regierung und im Landesnationalrat. Vertreter dieser von allen Alliierten anerkannten Regierung hatten Anfang August 1945 auf der Potsdamer Konferenz die Möglichkeit, ihre Meinung über die polnische Grenze zum Ausdruck zu bringen. In den Beschlüssen der Konferenz heißt es u. a.: „Die Häupter der drei Regierungen stimmen darin überein, daß bis zur endgültigen Festlegung der Westgrenze Polens die früher deutschen Gebiete östlich der Linie, die von der Ostsee unmittelbar westlich von Swinemünde und von dort die Oder entlang bis zur Einmündung der westlichen Neiße und die westliche Neiße entlang bis zur tschechoslowakischen Grenze verläuft, einschließlich des Teiles Ostpreußens, der nicht unter die Verwaltung der Union der Sozialistischen Sowjetrepubliken in Übereinstimmung mit den auf dieser Konferenz erzielten Vereinbarungen gestellt wird, und einschließlich des Gebietes der früheren Freien Stadt Danzig, unter die Verwaltung des polnischen Staates kommen und in dieser Hinsicht nicht als Teil der sowjetischen Besatzungszone in Deutschland betrachtet werden sollen."[3]

Die Konferenz legte gleichzeitig die Grundsätze für die Umsiedlung der deutschen Bevölkerung aus den Polen zuerkannten Gebieten fest. Das bedeutete, daß die Regierungschefs der drei Mächte faktisch den Verlauf der Westgrenze Polens festlegten und lediglich ihre formelle Bestätigung im Friedensvertrag auf die Zukunft verschoben. Ein Friedensvertrag ist dann jedoch nicht abgeschlossen worden. Darin erblickten westdeutsche Politiker die Möglichkeit, unter Berufung auf Formulierungen in den Potsdamer Beschlüssen Revisionsansprüche zu erheben.

Die formelle Bestätigung der diesbezüglichen Beschlüsse der drei Mächte erfolgte nach der Entstehung der Deutschen Demokratischen Republik in dem von ihr mit Polen am 6. Juli 1950 in Zgorzelec abgeschlossenen Vertrag: „Die Hohen Vertragschließenden Parteien stellen übereinstimmend fest, daß die festgelegte und bestehende Grenze, die von der Ostsee entlang die Linie westlich von der Ortschaft Świnoujście und von dort entlang den Fluß Oder bis zur Einmündung der Lausitzer Neiße und die Lausitzer Neiße entlang bis zur tschechoslowakischen Grenze verläuft, die Staatsgrenze zwischen Deutschland und Polen bildet."[4]

Erst zwanzig Jahre später erkannte auch die Bundesrepublik Deutschland die neuen Grenzen an, indem sie am 12. August 1970 einen Vertrag mit der UdSSR unterzeichnete, in dem es u. a. heißt: Beide Seiten „... betrachten heute und künftig die Grenzen aller Staaten in Europa als unverletzlich, wie sie am Tage der Unterzeichnung dieses Vertrages verlaufen, einschließlich der Oder-Neiße-Linie, die die Westgrenze der Volksrepublik Polen bildet, und der Grenze zwischen der Bundesrepublik Deutschland und der Deutschen Demokratischen Republik."[5]

[3] Ebenda, S. 228.

[4] *Handbuch der Verträge 1871–1964. Verträge und andere Dokumente aus der Geschichte der internationalen Beziehungen*, hg. v. Helmuth Stoecker unter Mitarb. v. Adolf Rüger, Berlin 1968, S. 509f.

[5] *Zachodnia granica Polski na konferencji poczdamskiej. Zbiór dokumentów* (Polens Westgrenze

Daraufhin wurde am 6. Dezember 1970 in Warschau der Vertrag über die Grundlagen der Normalisierung der Beziehungen zwischen Polen und der BRD unterzeichnet, der analoge Formulierungen über die Grenzen enthält.

Im Sommer 1945 wurden also Polens grundlegende Grenzprobleme geregelt. Ungelöst blieb lediglich der Streit mit der Tschechoslowakei über den Verlauf der Grenzlinie in der Region Cieszyn/Těšin und im Raum Kłodzko (früher: Glatz). Nach Verhandlungen einigte man sich 1946 auf die vor 1938 bestehende Grenze im Teschener Gebiet und auf die Eingliederung des ganzen Glatzer Landes in den polnischen Staat. In späteren Jahren erfolgten nur noch unbedeutende Änderungen im Südostabschnitt der polnisch-sowjetischen Grenze.

Polens Staatsgrenze ist damit 3538 km lang, davon sind 524 km Seegrenze. Polen grenzt an die UdSSR (1244 km), die ČSSR (1310 km) und die DDR (460 km). Sein Staatsgebiet umfaßt 312 700 km^2. Die wiedererstandene Republik und später Volksrepublik Polen schloß mit allen Nachbarn Verträge zur Sicherung einer engen politischen und wirtschaftlichen Zusammenarbeit.[6]

2. Anfänge des Wiederaufbaus

Polens Verluste während des zweiten Weltkrieges überstiegen bei weitem die der Kriege von 1914 bis 1921. Am meisten zu verspüren war die Tatsache, daß ungefähr 22 % aller polnischen und jüdischen Einwohner der Republik Polen (in den Vorkriegsgrenzen) ermordet worden oder in anderer Weise ums Leben gekommen waren. Riesige Verluste erlitt die Industrie. Der Gesamtumfang der materiellen Verluste wird auf 39 % des Nationalvermögens nach dem Stande vom Jahre 1939 geschätzt.[7]

Man muß aber bedenken, daß sich ein beträchtlicher Teil der Kriegsverluste und -schäden nicht wertmäßig ausdrücken läßt. Derartige Verluste ergaben sich aus der nicht nur durch Kampfhandlungen, sondern auch durch ungenügende Bestellung hervorgerufenen Verwüstung von Ackerland, aus der Vernachlässigung von Reparaturen in den Betrieben, aus unangemessenen Methoden der Ausbeutung von Bodenschätzen u. dgl. Überdies wurden die ersten statistischen Untersuchungen erst in der zweiten Jahreshälfte 1945 durchgeführt, als der wirtschaftliche Wiederaufbau bereits eingesetzt hatte. Die Schäden waren bei Kriegsende also größer als zum Zeitpunkt der statistischen Erfassung gewesen.

Für das wiedererstehende Polen war der wirtschaftliche Wiederaufbau die wichtigste Aufgabe. Größte Bedeutung hatte es, welche Haltung die Arbeiter und Bauern einnahmen. In den letzten Tagen der Okkupation waren in vielen Betrieben die wertvollsten Einrichtungen und Maschinenteile versteckt und auf diese Weise vor der Zerstörung oder dem Abtransport gerettet worden. Als die deutschen Betriebsleitungen flohen, übernahmen Arbeiter den Schutz der verlassenen Werke vor Zerstörung oder Plünderung. Dadurch konnten einige Fabriken und Elektrizitätswerke schon wenige Stunden nach der Befreiung, andere nach Installierung der versteckten Einrichtungen und Durchführung von Sofortreparaturen den Betrieb aufnehmen.

auf der Potsdamer Konferenz. Dokumentensammlung), bearb. v. Gwidon Rysiak, in: „Biuletyn Niemcoznawczy“ Nr. 3–4/18–29/, Opole 1970, S. 239.

6 *Rocznik Statystyczny 1980*, S. 1. – Diese Angaben wurden in den letzten Jahren aufgrund genauer Messungen korrigiert und weichen unbedeutend von in älteren Publikationen genannten Zahlen ab.

7 *Sprawozdanie w przedmiocie strat*, a. a. O., S. 31.

Zur Beschleunigung des Wiederaufbaus der Industrie berief der PKWN Bevollmächtigte für wichtige Werke oder Industriezweige, die sofort nach dem Durchzug der Front gemeinsam mit Kollektiven von Fachleuten die Wiederingangsetzung der Fabriken organisieren sollten. Im November 1944 wurden sogenannte Operativgruppen eingesetzt, die Ingenieur Alfred Wiślicki leitete. Während der ersten Monate 1945 wirkten sie mit den Arbeitern beim Wiederaufbau und der Wiederingangsetzung der Fabriken in den befreiten Gebieten zusammen, indem sie die Interessen des polnischen Staates gegenüber den Militärbehörden repräsentierten und die Produktion und Versorgung organisierten.[8] Besonders große Bedeutung hatte die Tätigkeit der Operativgruppen in den West- und Nordgebieten, die bisher zum Deutschen Reich gehört hatten.

Eine der schwierigsten Aufgaben bestand darin, die Fabriken mit Rohstoffen und die Arbeiter mit Lebensmitteln zu versorgen. In manchen Werken waren noch Vorräte aus den Jahren der Okkupation vorhanden. Einige Industriezweige (Gerbereien, Brennereien, Zuckerfabriken) konnten dank der landwirtschaftlichen Erzeugung der befreiten Gebiete mit der Produktion beginnen. Große Hilfe erwies die Sowjetarmee, indem sie in die am meisten zerstörten Regionen Lebensmittel für die Bevölkerung brachte. Aus der Sowjetunion kamen auch die ersten Rohstofflieferungen für die Industrie, ehe es gelang, die Häfen in Betrieb zu nehmen und mit anderen Ländern in Warenaustausch zu treten. Im Frühjahr 1945 besserte sich die Lage auch dank der Befreiung Oberschlesiens, das Rohstoffe für viele Zweige der verarbeitenden Industrie lieferte.

Besonders schwer war die Ernährungssituation. In einigen Landesteilen hatten die Kämpfe im Herbst 1944 die Einbringung der Ernte unmöglich gemacht. Der Viehbestand hatte sich sehr vermindert. Im Herbst 1945 betrug er bei Schweinen 17,5 %, bei Rindern 33,5 % und bei Pferden 44,3 % im Vergleich zum Jahre 1938 (und dieser Vergleich der Kopfzahlen sagt noch nichts über die verringerte Qualität der Bestände aus). Noch 1946 waren fast 40 % der landwirtschaftlichen Flächen Öd- und Brachland. Die Hektarerträge der vier Hauptgetreidearten waren im jeweiligen Staatsgebiet von ungefähr 12 dt in den Jahren 1934–1938 auf etwa 9 dt im Jahre 1946 gesunken.[9] Um die Ernährung der Städte zu sichern, gab der PKWN schon im August 1944 Dekrete über die Pflichtablieferung einiger landwirtschaftlicher Erzeugnisse heraus. Das Soll lag niedriger als die den Bauern von den deutschen Besatzungsbehörden auferlegten Kontingente. Der Stadtbevölkerung wurden die wichtigsten Artikel zu verhältnismäßig niedrigen Preisen auf Karten zugeteilt. Daneben existierte ein freier Markt mit allmählich immer mehr steigenden Preisen. Die tatsächlichen Leistungen im Jahre 1944 ermöglichten es, den Bedarf der polnischen Armee vollständig, die Kartenrationen der Bevölkerung aber nur zu 60 % zu decken. Als Ergänzung kamen zwar sowjetische Lieferungen (hauptsächlich Getreide), die Ernährung war aber trotzdem weiterhin ungenügend, und es drohte Hunger. Die Lage besserte sich erst in der zweiten Hälfte des Jahres 1945, als die neue Ernte von den Feldern eingebracht wurde und auch erhebliche Lieferungen der von der UNO gegründeten Hilfsorganisation UNRRA einsetzten.

Eine besonders schwere Aufgabe war der Wiederaufbau der aufgrund des Potsdamer Abkommens Polen eingegliederten Gebiete. In vielen Gegenden war er mit der gleichzeitigen Aussiedlung der deutschen Bevölkerung und der Ansiedlung von Polen verbunden. Einer vorherigen Entscheidung bedurfte auch die Frage nach dem Eigentum an Lagern,

[8] Die Akten über die Operativgruppen befinden sich im AAN Warschau.
[9] *Rocznik Statystyczny 1947*, S. 45, 48, 51; dgl. 1948, S. 46.

Fabriken und anderen Anlagen, da ein Teil der Objekte als Kriegsbeute der Sowjetarmee demontiert werden sollte.

Die polnischen Zivilbehörden begannen schon im Frühjahr 1945 in diesen Gebieten die Verwaltung aus den Händen der sowjetischen Militärorgane zu übernehmen. Die Operativgruppen und die Stäbe für den Aufbau des neuen Verwaltungssystems fanden sehr wertvolle Hilfe bei der alteingesessenen polnischen Bevölkerung, die trotz Germanisierung hatte überdauern können, besonders in Oberschlesien. Aus der einheimischen Bevölkerung rekrutierte sich auch ein Teil der Funktionäre, die in Warmia (früher Ermland) und Mazury (Masuren) die polnische Verwaltung einrichteten. In einigen Fällen initiierten Polen, die während des Krieges in diese Gebiete zur Zwangsarbeit oder in Lager deportiert worden waren, den Wiederaufbau und die Ingangsetzung der Betriebe. Vielfach halfen die örtlichen sowjetischen Militärkommandanten.

Auch einige Deutsche unterstützten die polnische Verwaltung. Nach dem Einmarsch der Sowjetarmee entstanden in einer Reihe von Städten deutsche Selbstverwaltungsorgane. Sie setzten sich aus Antifaschisten zusammen, und Kommunisten spielten in ihnen eine wesentliche Rolle. Mit der Entstehung der polnischen Verwaltung wurden die provisorischen deutschen Organe aufgelöst (manchmal kam es dabei zu Konflikten), doch ein Teil der deutschen Funktionäre arbeitete weiterhin mit den polnischen Ämtern zusammen.

Endgültig bildete sich die polnische Verwaltung nach der Potsdamer Konferenz heraus, als der Grenzverlauf feststand. Damit begann auch der Prozeß der allmählichen Integration dieser Gebiete in den Organismus des polnischen Staates.[10]

3. Die Bevölkerungsentwicklung

Es ist heute unmöglich festzustellen, wieviele Menschen bei Kriegsende in Polen lebten. In den letzten Monaten der Kriegshandlungen und den ersten Monaten des Friedens fanden elementare Massenmigrationen statt, die durch verschiedene Faktoren ausgelöst waren. Nach der Niederschlagung des Warschauer Aufstandes kam Anfang Oktober 1944 die Aussiedlung von ungefähr 600000 Einwohnern der Hauptstadt zum Abschluß. Ein Teil von ihnen durchlief Lager der deutschen Faschisten, die anderen wurden über Dörfer und Städte des Generalgouvernements verstreut. Das verlassene Warschau wurde Objekt systematischer Zerstörung und des Abtransports des erhalten gebliebenen öffentlichen wie auch privaten Besitzes.

Viel kleinere Ausmaße hatten die zeitweiligen Migrationen der Bewohner der Gegenden, durch die die Frontlinie verlief. Sofort nach der Befreiung kehrten diese Flüchtlinge zurück und gingen an die Beseitigung der Kriegsschäden. Es kehrten auch diejenigen heim, die gezwungen gewesen waren, sich vor drohender Verhaftung oder Deportation zur Zwangsarbeit zu verbergen.

Vor den heranrückenden sowjetischen und polnischen Truppen setzte die Massenflucht der deutschen Bevölkerung ein, teilweise unter dem Einfluß der von der Nazipropaganda

10 Näheres siehe *Magierska, Anna*, Ziemie zachodnie i północne w 1945 roku. Kształtowanie się podstaw polityki integracyjnej państwa polskiego (Die West- und Nordgebiete im Jahre 1945. Die Herausbildung der Grundlagen der Integrationspolitik des polnischen Staates), Warschau 1978.

verbreiteten Gerüchte über Deutschenverfolgungen nach dem Einmarsch, teilweise aber aufgrund der rigoros durchgesetzten Befehle der Naziführung.

Im Sommer 1944 begann die Evakuierung der Bevölkerung aus Ermland und Masuren. Den Einwohnern einiger Kreise gelang es, noch vor der Herbstoffensive der Sowjetarmee ins Innere Deutschlands zu fahren, aus anderen Gegenden zogen sie erst im späten Herbst und im Winter los, als das Chaos immer schlimmer wurde und Fröste herrschten. Die Lage der Flüchtlinge wurde ausgesprochen tragisch, als Ende Januar 1945 die vorwärtsstürmenden Truppen diese Gebiete von den weiter westlich gelegenen abschnitten. Fast eine Million Menschen befanden sich in den Kreisen an der Küste, mit minimalen Lebensmittelreserven, ohne Wohnung, in Erwartung der näherkommenden Front. Sie wurden dann zum Teil auf dem Seeweg evakuiert. Die Ausmaße dieser Migrationen und die dabei aufgetretenen Verluste an Menschenleben werden sich gewiß niemals feststellen lassen. Beispielsweise sei angeführt, daß die Einwohnerzahl von Schneidemühl auf rund 2000 und die von Stettin auf nicht ganz 6000 absank[11] (vor dem Kriege annähernd 45000 bzw. 280000).

Die Zwangsevakuierung der Einwohner von Ostpreußen und Pommern hatte äußerst tragische Folgen, da sie angesichts der sowjetischen Offensive unter schwierigen winterlichen Bedingungen durchgeführt wurde. Nicht weniger tragisch war das Schicksal der Einwohner einiger Städte, vor allem Breslaus, wo die von den sowjetischen Truppen eingeschlossene militärische Besatzung sich bis zum 6. Mai ohne Rücksicht auf die Zivilbevölkerung verteidigte. In anderen Gegenden verließ die deutsche Bevölkerung – freiwillig oder unter Zwang – seit dem frühen Frühjahr 1945 ihre Heimatorte, als die Front heranrückte. Nach Abschluß der Kampfhandlungen kehrten viele Flüchtlinge wieder in ihre Wohnungen zurück, um die Entscheidungen der Siegermächte abzuwarten. Vor allem aber kehrten deutsche Staatsangehörige polnischer Nationalität, die die Offensive der sowjetischen und polnischen Armee als Befreiung begrüßten, zurück (sofern sie sich nicht schon der Evakuierung erfolgreich widersetzt hatten).[12]

Sofort nach dem Durchzug der Front machten sich die überlebenden Gefangenen aus den befreiten Lagern der deutschen Faschisten und die Zwangsarbeiter aus vielen europäischen Ländern auf den Weg in ihre Heimat. Die Ausmaße aller dieser spontanen Migrationen sind für die Forschung nicht erfaßbar, da sie nur ganz fragmentarisch dokumentiert wurden.

Mit der Festlegung der Ost- und der Westgrenze Polens stand die Frage der Umsiedlung der Bevölkerung auf der Tagesordnung. Zum ersten Mal wurde der Gedanke, die deutsche Bevölkerung aus der Tschechoslowakei auszusiedeln, wahrscheinlich im September 1941 von Edvard Beneš formuliert. Er wurde sodann Gegenstand der Analyse in alliierten politischen Kreisen, und Franklin D. Roosevelt wandte ihn auch auf Polen an. Im März 1945 sprach sich für dieses Projekt auch der damalige Oppositionsführer – bald danach Premierminister – Clement Attlee im britischen Parlament aus: „Die Umsiedlungen können sehr, sehr schmerzlich sein, aber vielleicht sind sie bei weitem besser als ein ewiger Unruheherd von Volksteilen inmitten von Völkern, die sie hassen.“[13]

[11] *Golczewski, Kazimierz*, Przymusowa ewakuacja z nadbałtyckich prowincji III Rzeszy/1944–1945/ (Die Zwangsevakuierung aus den Ostseeprovinzen des Dritten Reiches/1944–1945/), Poznań 1971, passim.

[12] Näheres siehe *Pasierb, Bronisław*, Migracja ludności niemieckiej z Dolnego Śląska w latach 1944–1947 (Die Migration der deutschen Bevölkerung aus Niederschlesien in den Jahren 1944–1947), Wrocław 1969.

[13] Ebenda, S. 29.

Die Frage wurde durch die Beschlüsse der Potsdamer Konferenz endgültig entschieden, und aufgrund dessen wurde ein konkreter Umsiedlungsplan ausgearbeitet. Seine Durchführung begann gegen Ende des Sommer 1945. Harte Fröste im Dezember erzwangen die Einstellung der Transporte, die dann im Frühling wiederaufgenommen wurden. Die Organisatoren der Umsiedlungsaktion waren bestrebt, geordnete und humanitäre Bedingungen zu schaffen, die Transporte wurden mit einer angemessenen Menge Lebensmittel und mit medizinischer Hilfe versorgt. Doch die Nachkriegssituation war in ganz Europa schwer und das Verkehrswesen zerrüttet. In den meisten Fällen erfolgten die Transporte der deutschen Umsiedler zwar unter besseren Bedingungen als denen, unter denen damals die polnische Bevölkerung reiste, doch dauerte die Fahrt lange (zwei Züge wurden sogar von strengem Frost überrascht), und es traten verschiedenerlei Schwierigkeiten und Hindernisse auf.[14]

Für viele Umsiedler war die erzwungene Aufgabe der Heimat ein Drama. War dies doch eine Folge der Niederlage, die der deutsche imperialistische Staat bei seinem Versuch, Europa zu unterjochen, erlitten hatte, und die Konsequenzen fielen nun auf alle Deutschen. Der jahrhundertelangen Expansion der deutschen herrschenden Klassen nach Osten war nun aber definitiv Halt geboten, und damit war die Chance gegeben, die Verhältnisse in diesem Teil Europas in Zukunft zu stabilisieren.

Große Bevölkerungsmigrationen fanden auch zwischen Polen und der Sowjetunion statt. Aufgrund von Abkommen mit den benachbarten Sowjetrepubliken – der Belorussischen, der Litauischen und der Ukrainischen SSR – erfolgte ein Bevölkerungsaustausch. Polen, die in den der UdSSR eingegliederten Territorien (oder auch in anderen Regionen der Sowjetunion) wohnten, hatten das Recht, nach Polen überzusiedeln, und

Tabelle 33

Migrationen nach und aus Polen in den Jahren 1945 bis 1950 (in 1000 Personen)

Richtungen	1945	1946	1947	1948	1949	1950
Nach Polen	1481	698	173	46	14	3
davon:						
aus Deutschland	1117	387	102	24	9	3
aus der UdSSR	22	226	8	7	3	–
aus anderen Ländern Europas	142	84	59	12	1	0
aus sonstigen Ländern	–	0	5	2	1	0
Aus Polen	.	1910	.	.	.	.
davon:						
nach Deutschland	.	1633	538	43	61	.
nach der UdSSR	342	177	.	.	.	.

Quelle: Rocznik Statystyczny 1949 (Statistisches Jahrbuch 1949), S. 26; Kersten, Krystyna, Repatriacja ludności polskiej po II wojnie światowej/ studium historyczne/ (Die Repatriierung der polnischen Bevölkerung nach dem zweiten Weltkrieg/eine historische Studie/), Wrocław 1974, S. 242; Kosiński, Leszek, Procesy ludnościowe na ziemiach odzyskanych w latach 1945–1960 (Bevölkerungsprozesse in den wiedergewonnenen Gebieten in den Jahren 1945–1960), Warschau 1963, S. 39.

14 Vgl. *Skubiszewski, Krzysztof*, Wysiedlenie Niemców po II wojnie światowej (Die Aussiedlung der Deutschen nach dem zweiten Weltkrieg), Warschau 1968, S. 119ff.

Belorussen, Litauer und Ukrainer zogen aus Polen in die UdSSR um. Auch über die Ausmaße dieser Migrationen verfügen wir nur über Teilinformationen. Alle diese Angaben sind in Tabelle 33 zusammengestellt.

Die Zuwanderer nach Polen, besonders die aus der UdSSR, siedelten sich großenteils in den West- und Nordgebieten an, von wo die Deutschen ausgesiedelt worden waren. Dorthin richtete sich auch die Migration aus anderen polnischen Wojewodschaften. So wurden diese Territorien in verhältnismäßig kurzer Zeit erneut bevölkert. Nach der Volkszählung vom 14. Februar 1946 betrug Polens Gesamtbevölkerung 23,9 Millionen, wovon 5 Millionen in den wiedergewonnenen Gebieten lebten.[15]

Es ist anzunehmen, daß die mit den Kriegsfolgen und den Grenzveränderungen zusammenhängenden Migrationsbewegungen bis 1950 zum Abschluß kamen. Polen hatte enorme Verluste an Menschen erlitten, seine Nationalitätsstruktur hatte sich gewandelt, und der gleich in den ersten Nachkriegsjahren begonnene Wiederaufbau und Ausbau der Industrie bewirkte, daß die Berufsstruktur eine andere wurde. Die damals durchgeführten gesellschaftlichen Reformen veränderten die Klassenstruktur, und der schnelle Ausbau des Bildungswesens ließ das durchschnittliche Ausbildungsniveau systematisch ansteigen. Der erste Schritt dahin war die allgemeine Aktion zur Unterrichtung der Analphabeten, die sofort nach Kriegsende veranstaltet wurde.

Zu einer andauernden Folge des Krieges und der Okkupation wurde die Deformierung der Altersstruktur der Bevölkerung. In den Jahren 1939–1945 waren die Verluste an Menschen im arbeitsfähigen Alter, die zugleich am konspirativen Kampf teilnahmen, am größten gewesen. Die Geburtenzahl war kraß gesunken und die Kindersterblichkeit gestiegen. Gleich nach dem Kriege nahm dafür die Geburtenzahl stark zu. So gab es nach der Volkszählung von 1950 in Polen 3,1 Millionen Kinder im Alter unter 5 Jahren, knapp 2 Millionen im Alter von 5 bis 9 Jahren und 2,3 Millionen zwischen 10 und 14 Jahren. Personen im Alter von 30 bis 34 Jahren wurden nur 1,4 Millionen festgestellt, während der Altersgruppe von 25 bis 29 Jahren 2,2 und der Gruppe von 35 bis 39 Jahren 1,7 Millionen Personen angehörten. Diese Verformungen der regelmäßigen Altersstruktur des polnischen Volkes überlagerten sich mit den im Charakter analogen, wenn auch viel weniger fühlbaren demographischen Konsequenzen des ersten Weltkrieges. Die Folgen – in Gestalt stark differierenden quantitativen Umfangs aufeinanderfolgender Geburtenjahrgänge – machen sich nach wie vor bemerkbar, und diese Wellenbewegung wird noch viele weitere Jahrzehnte andauern und mancherlei Komplikationen für die Sozial- und Wirtschaftspolitik hervorrufen. Zu den Folgen des Krieges zählte auch ein beträchtlicher Frauenüberschuß.

Seit Kriegsende wächst Polens Bevölkerungszahl ununterbrochen – anfangs recht schnell –, und gleichzeitig vermindert sich allmählich der Anteil der Landbevölkerung. Die wichtigsten Angaben über demographische Tendenzen enthält Tabelle 34.

In den Nachkriegsjahren wurden durch die Bodenreform und die Nationalisierung der Hauptproduktionsmittel außerhalb der Landwirtschaft faktisch die besitzenden Klassen liquidiert. Bestehen blieb die kleine Warenwirtschaft, vor allem in der Landwirtschaft, in geringem Umfang auch in anderen Wirtschaftszweigen. Am Rande der kleinen Warenwirtschaft existierte auch eine nicht große Gruppe kleiner Unternehmer in Landwirt-

[15] Hier und im folgenden Angaben über die Bevölkerung nach: *Ludność Polski w latach 1945–1965* (Die Bevölkerung Polens in den Jahren 1945–1965), in: „Studia i prace statystyczne", Heft 1, Warschau 1966.

Tabelle 34
Polens Bevölkerungsentwicklung 1946 bis 1978

A. Bevölkerung am Tage der Zählung						
	14. 2. 46	3. 12. 50	6. 12. 60	8. 12. 70	30. 3. 74	7. 12. 78
Gesamtbevölkerung (in 1000)	23930	25008	29776	32642	33636	35061
davon in Städten (in %)	31,8	39,0	48,3	52,3	54,1	57,5

B. Bilanz der Bevölkerungsbewegung					
Vergleichszeitraum	14. 2. 46 bis 31. 12. 50	1. 1. 51 bis 31. 12. 60	1. 1. 61 bis 31. 12. 70	1. 1. 71 bis 31. 12. 74	1. 1. 75 bis 31. 12. 78
Natürlicher Zuwachs (in 1000)	1941	4983	3156	1255	1404
Migrationssaldo (in 1000)	–836	–125	–210	– 68	– 88

Quelle: Ludność Polski w latach 1945–1965 (Die Bevölkerung Polens in den Jahren 1945–1965), Warschau 1966, S. 8; Rocznik Statystyczny (Statistisches Jahrbuch) 1970, S. 21; 1980, S. 30, 44, 49.

Tabelle 35
Polens Sozialstruktur 1960 bis 1978 (in Prozent)

Soziale Gruppen	1960	1965	1970	1975	1978
Insgesamt	100,0	100,0	100,0	100,0	100,0
Beschäftigte in der vergesellschafteten Wirtschaft	58,0	63,1	68,0	72,0	75,9
davon:					
aufgrund eines Arbeitsverhältnisses Beschäftigte	56,9	61,6	64,7	68,6	72,0
im Verlagssystem Arbeitende	0,4	0,8	1,1	1,3	1,4
Agenten auf Provisionsbasis	.	.	1,5	1,4	1,4
Agenten mit Pauschale (einschließlich ihrer Mitarbeiter)	–	.	0,2	0,1	0,2
Mitglieder von Produktionsgenossenschaften	0,2	0,2	0,2	0,3	0,7
Beschäftigte in der nicht vergesellschafteten Wirtschaft	42,0	36,9	32,0	28,0	24,1
davon:					
außerhalb der Landwirtschaft	2,7	2,6	2,9	2,8	3,2
Eigentümer u. mithelfende Familienangehörige	1,8	1,6	1,8	1,7	2,0
aufgrund eines Arbeitsvertrages Tätige	0,8	0,9	1,0	1,0	1,1
sonstige	0,1	0,1	0,1	0,1	0,1
in der Landwirtschaft	39,3	34,3	29,1	25,2	20,9

Quelle: Tendencje rozwoju społecznego (Tendenzen der sozialen Entwicklung), Warschau 1979, S. 70; Rocznik Statystyczny 1980 (Statistisches Jahrbuch 1980), S. 52.

schaft und Industrie weiter, die Lohnarbeiter beschäftigten. Die geltenden Rechtsnormen und vor allem die ökonomischen Verhältnisse setzten der Entwicklung dieser Schicht und den Ausmaßen der Beschäftigung von Lohnarbeitern jedoch Grenzen. Die Evolution der Sozialstruktur Polens stellt Tabelle 35 dar.

Charakteristisch war vor allem die stete Zunahme des Anteils der Beschäftigten der vergesellschafteten Wirtschaft, während die Beschäftigung im privaten Sektor stetig an Bedeutung verlor. Dem ist hinzuzufügen, daß sich mit der Evolution der sozialökonomischen Verhältnisse in Polen die Position der kleinen Warenproduzenten, besonders der Bauern, allmählich veränderte.

In allen sozialen Gruppen erhöhte sich systematisch das Niveau der Ausbildung und der beruflichen Qualifikation. Nach Abschluß der Kampagne zur Bekämpfung des Analphabetismus hörte dieser auf, ein soziales Problem zu sein. Von 1960 bis 1978 wuchs die Zahl der Personen mit abgeschlossener Mittelschulbildung von 2060000 auf 5288000 und der mit höherer Ausbildung von 415000 auf 1202000. Von der wachsenden Qualifikation der Arbeiter zeugt die Tatsache, daß in diesem Zeitraum die Zahl der Personen mit abgeschlossener beruflicher Grundausbildung von 616000 auf 4628000 anstieg.[16]

4. Sozialökonomische Reformen

Volkspolen übernahm von der Zweiten Republik drei ungelöste grundsätzliche Strukturprobleme, die infolge der Okkupation durch das faschistische Deutschland noch zusätzlich verschärft worden waren: den wenig aufnahmefähigen Absatzmarkt, die große Abhängigkeit von ausländischem Kapital und die strukturelle Arbeitslosigkeit. Ohne die Lösung dieser drei Probleme wäre es schwergefallen, Bedingungen für eine schnelle Entwicklung des Landes zu schaffen. Daher wandte die Führung Volkspolens bereits mit Beginn der Befreiung des Landes viel Aufmerksamkeit der Durchführung gesellschaftlicher Reformen zu, die die ererbten strukturellen Hemmnisse vermindern oder ganz beseitigen sollten.

Die erste Reform hatte die Verteilung des Gutslandes zum Inhalt. Sie wurde bereits im Manifest des Polnischen Komitees der Nationalen Befreiung (PKWN) vom 22. Juli 1944 angekündigt. Das Dekret, in dem die Grundsätze der Reform festgelegt waren, kam am 6. September 1944 heraus, also zu einem Zeitpunkt, als erst ein kleiner Teil Polens von den Okkupanten befreit war. Es sah vor, daß der Reform aller privater Landbesitz unterliegen sollte, der zusammen mehr als 100 ha Gesamtfläche oder 50 ha Ackerland umfaßte. Auch in den früher zum preußischen Staat gehörigen Wojewodschaften Poznań, Pomorze (Pommerellen) und Śląsk (d. i. in diesem Falle Ostoberschlesien) sollten die Besitzungen aufgeteilt werden, wenn ihr Gesamtumfang 100 ha überstieg, jedoch unabhängig vom Anteil der landwirtschaftlichen Nutzfläche. Daß man diese Wojewodschaften etwas anders behandelte, ergab sich aus der im 19. Jahrhundert zustande gekommenen Eigenart der dortigen Landwirtschaft. Es existierten nämlich große Wirtschaften (bis zu 100 ha), die nicht gutsherrliches, sondern bäuerliches Eigentum waren. Der Gesetzgeber wollte sich aber keine Gruppe der Bauernschaft zum Feind machen.

Die Enteignung der Gutsbesitzer sollte entschädigungslos erfolgen. Der Boden deutscher Großgrundbesitzer wurde konfisziert. Polnische Gutsbesitzer hatten das Recht, einen

[16] *Rocznik Statystyczny 1970*, S. 39; dgl. 1980, S. 38.

selbständigen landwirtschaftlichen Betrieb zu erhalten (im gleichen Umfang, wie ihn andere aus der Reform zugeteilt erhielten), jedoch nur in einem anderen Kreise als dem, wo sich ihr parzelliertes Gut befand. Sie konnten auch eine monatliche Vergütung in Höhe eines mittleren Beamtengehalts für den Boden, den sie für Reformzwecke abgeben mußten, beantragen.

Bodenreformland wurde Arbeitern und Landpächtern sowie Klein- und Mittelbauern zugewiesen. Ein Teil des Bodens sollte nicht parzelliert werden, sondern gesamtgesellschaftlichen Zwecken dienen (z. B. Saatzucht-, Tierzuchtgüter usw.). Für die ihm zugeteilte Parzelle hatte der Bauer eine symbolische Gebühr zu zahlen. Sie betrug den Wert einer Jahresernte von diesem Boden, zahlbar innerhalb einer Frist von 10 bis 20 Jahren. Darin, daß überhaupt eine Bezahlung verlangt wurde, äußerte sich Verständnis für die Psyche des polnischen Bauern. Hätte er das Land nämlich gratis bekommen, so wäre er sich nicht sicher gewesen, ob die Staatsmacht, die ihm das Land gab, es ihm nicht eines Tages wieder wegnehmen werde. Zahlte der Bauer jedoch für den Boden, so hielt er ihn für sein unbestreitbares Eigentum.

Wichtig waren auch technische Fragen der Durchführung der Bodenreform. Laut Dekret vom September 1944 sollten die Güter von den Bodenämtern (Urzędy Ziemskie) übernommen werden, die Aufteilungspläne auszuarbeiten und diejenigen, denen das Land zugeteilt wurde, in den Besitz ihrer Grundstücke einzuführen hatten. Mit den Bodenämtern sollten Bodenreformkommissionen als bei der Aufteilung der Güter mitwirkende gesellschaftliche Kraft zusammenarbeiten. In der Praxis spielten aber die Kommissionen in den Gemeinden keine große Rolle, und im Grunde führte der landwirtschaftliche Verwaltungsapparat aus der Vorkriegszeit die Reform durch. Das zog negative Konsequenzen nach sich. Die staatliche Verwaltung übernahm die Güter recht langsam. In einigen Kreisen informierte man die Bauern überhaupt nicht über den Inhalt des Dekrets. Zu Verwaltern der übernommenen Güter wurden nicht selten Reformgegner ernannt.

Man darf nicht vergessen, daß die Bodenreform in Polen in einer Zeit durchgeführt wurde, als im Lande noch ein harter Kampf um die Macht tobte. In dieser komplizierten Situation nahmen die Bauern im allgemeinen eine mißtrauische und passive Haltung zur Reform ein. Da es den demokratischen Parteien (hauptsächlich der Polnischen Arbeiterpartei, der Polnischen Sozialistischen Partei und der Bauernpartei) nicht gelang, die Sabotage von seiten eines Teils des Verwaltungsapparates zu brechen, begann das Dorf an der Realität der Ankündigung im PKWN-Manifest zu zweifeln. Ein Teil der Bauern war auch geneigt, Gerüchten Glauben zu schenken, wonach die Parzellierung nur die Einleitung der darauffolgenden schnellen Kollektivierung sei, von der man auf dem Lande ausschließlich durch die antisowjetische Propaganda verbreitete Vorstellungen hatte. Schließlich war die Passivität der Bauern und sogar ihre Abneigung, Boden anzunehmen, auf den Terror zurückzuführen, den der reformfeindliche politische und militärische Untergrund ausübte. Lediglich die Landarbeiter im Raum Lublin hatten schon im August 1944 die Aufteilung des Bodens und des Gutsinventars vorzubereiten begonnen. Sie sicherten die Güter gegen Plünderung und nahmen an den Arbeiten der Bodenreformkommissionen in den Gemeinden teil.

Unter diesen Bedingungen wurden Anfang Oktober 1944 die Kompetenzen der Bodenämter einem Sonderbevollmächtigten des Polnischen Komitees der Nationalen Befreiung (PKWN) für Angelegenheiten der Bodenreform übertragen, dem Wojewodschafts- und Kreisbevollmächtigte unterstanden. Diesem neuen Apparat schickte die Polnische Arbeiterpartei Brigaden von Parteiaktivisten zu Hilfe. Diese spielten eine wesentliche Rolle bei der Durchführung der Bodenreform. Dank der Hilfe der Arbeiterbrigaden wurden die ehemaligen Eigentümer und die Verwalter, die die Anordnungen der Staatsmacht sabotierten, in kurzer Zeit von den Gütern entfernt. Die Brigaden leisteten viel Überzeugungsarbeit unter den Bauern und Landarbeitern und halfen bei der Organisierung von Bodenreformkommissionen in den Gemeinden. Nach einiger Zeit nahm die Aktivität der Bauern selbst zu, und daher ging bis zum November 1944 die Aufteilung des Gutslandes im sogenannten Lubliner Polen schnell voran.

Als 1945 weitere Gebiete des polnischen Staates, nun schon westlich der Weichsel, befreit wurden, ging man an die Verwirklichung der Bodenreform mit noch mehr Elan heran. Doch auch dort begegnete die Aufteilung der Güter und die Landzuteilung an die Bauern erheblichen Schwierigkeiten. Vor allem waren in vielen Gegenden bewaffnete Untergrundorganisationen aktiv, die die Reform zu behindern trachteten. Es kam vor, daß Leute, die Land aufteilten, ermordet wurden. Man versuchte auch, die Bauern abzuschrecken, damit sie die Bodenzuteilung ablehnten. Es sind Fälle bekannt, in denen Leute, die Boden angenommen hatten, geschlagen oder sogar ermordet wurden.

Die Verwirklichung der Bodenreform wurde aber auch durch die in den Kriegsjahren auf dem Lande angerichteten Zerstörungen sehr behindert. Vor großen Schwierigkeiten standen besonders die Landarbeiter und die Dorfarmut, die keine Wirtschaftsgebäude, keine Geräte und kein lebendes Inventar besaßen. Dieser Gruppe von Bodenempfängern mußten die Staatsorgane zu Hilfe kommen, doch die verfügbaren Mittel waren, gemessen an dem Bedarf, sehr bescheiden.

Anfang 1945 verlangten die Bauern im früheren russischen und österreichischen Teilgebiet, ihnen Land zu geben. Die Schwierigkeit bestand aber darin, daß die Fläche der für eine Aufteilung in Betracht kommenden Güter im Vergleich zur Zahl der Empfangsberechtigten sehr gering war. In dieser Situation entschloß man sich zum Verzicht auf die Konzeption, die bestehenden Wirtschaften zu Vollbauernstellen zu machen und den Landarbeitern und der Dorfarmut Wirtschaften zu geben, die ihnen die Selbstversorgung ermöglichten. Stattdessen teilte man den Boden in verhältnismäßig kleine Parzellen, um möglichst vielen Landarbeitern sowie Klein- und Mittelbauern etwas zu geben. Auf diese Weise wollte die Staatsmacht für sich die Unterstützung eines möglichst großen Teils der Landbevölkerung gewinnen. Sie war sich jedoch sehr wohl darüber im klaren, daß die dadurch geschaffenen Wirtschaften nicht imstande sein würden, ihren Eigentümern die Selbständigkeit zu sichern. Man rechnete aber damit, daß der Anschluß der wiedergewonnenen Gebiete im Westen und Norden Voraussetzungen schaffen würde, das Problem durch die Umsiedlung eines Teils der Landbevölkerung in die neuen Gebiete zu lösen.

Anders gestaltete sich die Lage im früheren preußischen Teilgebiet. Dort übertraf der verteilbare Bodenvorrat den Bedarf, andererseits forderten die Empfangsberechtigten größere Zuteilungen. Schließlich kam es bei der Durchführung der Bodenreform dazu, daß die Gutsarbeiter und die Eigentümer der kleinsten Wirtschaften benachteiligt und dafür den Mittelbauern größere Flächen zugeteilt wurden.

Mitte 1945 traten neue Schwierigkeiten auf. Als Stanisław Mikołajczyk in Polen eintraf und den Posten des stellvertretenden Ministerpräsidenten in der Regierung der Nationalen Einheit übernahm, lebten die oppositionellen Kreise auf. Im Landwirtschaftsministerium, das Mikołajczyk ebenfalls leitete, traten Tendenzen gegen die Parzellanten zutage. Einige ehemalige Eigentümer aufgeteilter Güter fingen sogar an, die Rückgabe ihres alten Besitzes zu betreiben. Sie fanden Unterstützung bei einem Teil der Beamten der Wojewodschaftsbodenämter. So wurde im Herbst 1945 in einigen Wojewodschaften die Rückgabe aufgeteilten Bodens angeordnet. Gleichzeitig erhielten die Empfänger von Bodenreformland wegen der ungewöhnlich schwierigen Wirtschaftslage vom Staat nur ungenügende Hilfe bei der Bewirtschaftung ihres Bodens, während Steuern und die Pflicht, eine bestimmte Menge landwirtschaftlicher Erzeugnisse zu sehr niedrigen Preisen an den Staat abzuliefern, auf ihnen lasteten. Unter diesen Umständen fingen die Bauern in einigen Gegenden an, die schon empfangenen Urkunden über die Landzuteilung zurückzugeben. Das geschah hauptsächlich in den Wojewodschaften Poznań, Bydgoszcz, Warszawa und Łódź.

Die Staatsorgane und die demokratischen Parteien widersetzten sich entschieden der Reprivatisierung der Güter. Dabei wurde nach dem Grundsatz verfahren, daß bereits von den Empfängern von Bodenreformland bewirtschaftetes Land ihnen nicht wieder weggenommen werden kann. Sofern irgendwo die Aufteilung zu Unrecht erfolgt war, solche Fälle waren vorgekommen, konnte der Geschädigte einen Ersatz durch Landzuteilung in einer anderen Gegend erhalten. Es wurde auch die Belastung der Empfänger von Bodenreformland gegenüber dem Staat vermindert. Durch diese vielseitigen Maßnahmen erreichte der Staat, daß Bauern ihre bereits zurückgegebenen Besitzurkunden wieder entgegennahmen.

Auch im Laufe des Jahres 1946 wurde Land aufgeteilt. In Übereinstimmung mit dem Dekret verblieb ein Teil der Güter, als Staatliche Liegenschaften (Państwowe Nieruchomości Ziemskie), unter staatlicher Verwaltung. Im alten polnischen Staatsgebiet traf das hauptsächlich auf Betriebe mit außergewöhnlichen agrotechnischen Vorzügen zu. In den wiedergewonnenen Gebieten ergab sich diese Regelung vielfach daraus, daß sich nicht genügend viele Bauern fanden, die Land aus dem Bestand der vorher deutschen Großbetriebe übernehmen wollten, weil es an Gebäuden, Geräten, Inventar usw. mangelte.

Durch die Bodenreform wurde der Großgrundbesitz als soziale Klasse liquidiert. Die Bauern erhielten das Land als Eigentum. Insgesamt erfaßte die Bodenreform bis Ende 1946 im alten polnischen Gebiet 9327 Güter mit einer Fläche von mehr als 3 Millionen ha (davon fast 1 Million ha Wald, die in Staatseigentum übergingen). Unter Bauern und Landarbeiter wurden fast 1,2 Millionen ha aufgeteilt. Die durchschnittlich zugeteilte Fläche betrug 3 ha, für Gutsarbeiter mehr. Land bekamen 387000 Familien. Im Jahre 1947 nahm die Zahl der Wirtschaften, die in den Genuß von Landzuteilungen gelangten, noch etwas zu.

Die Bodenreform beschränkte sich jedoch nicht ausschließlich darauf, privaten Gutsbesitzern und dem Staat gehörenden Boden zu verteilen. Ein recht großer Bodenfonds stammte auch aus bäuerlichen Wirtschaften, die vor dem Kriege Angehörigen nationaler Minderheiten gehört hatten. Da kraft der Beschlüsse der Potsdamer Konferenz die Deutschen aus Polen ausgesiedelt wurden, wurden in ihren Wirtschaften polnische Bauern angesetzt. Ebenso ließen die in die UdSSR repatriierten Ukrainer, Belorussen und Litauer ihren Grund und Boden zurück, über den ebenfalls im Rahmen der Bodenreform verfügt wurde.

Durch die Reform bekamen die Bauern nicht nur Land, sondern wurden auch von den Schuldenlasten gegenüber dem Staat, den Banken und Privatpersonen befreit. Das alles bedeutete die endgültige Beseitigung der Überreste des Feudalsystems in der polnischen Landwirtschaft. Durch die Reform erhöhte sich der Anteil der mittleren Wirtschaften, ähnlich wie in der Sowjetischen Besatzungszone Deutschlands, nur mit dem Unterschied, daß eine mittlere Wirtschaft hier mehr Bodenfläche als in Polen umfaßte. Die in Volkspolen vollzogenen Wandlungen im Dorf zeigen sich in einer geringen Zunahme der durchschnittlichen Fläche der Bauernwirtschaften: von 5,0 ha im Jahre 1938 auf 5,2 ha im Jahre 1950 (im jeweiligen polnischen Staatsgebiet). Zugleich ging aber die Übervölkerung des Dorfes dank der nun niedrigeren Zahl der Familienangehörigen pro Wirtschaft sehr zurück. Während 1931 auf den Kopf der Landbevölkerung 0,96 ha Land entfielen, war dieser Satz bis 1950 auf 1,44 ha gestiegen. Das resultierte in hohem Grade auch aus der Ansiedlung landwirtschaftlicher Bevölkerung in den Westgebieten Volkspolens.[17]

Die nach 1944 durchgeführte Bodenreform ist in der polnischen Literatur oft hauptsächlich als ein Versuch der Staatsmacht dargestellt worden, um den Preis der Aufteilung des Großgrundbesitzes, also der Verwirklichung von schon seit Ende des ersten Weltkrieges auf dem Lande erhobenen Forderungen die Unterstützung der Bauernschaft zu gewinnen. Selbstverständlich kann und darf man den politischen Aspekt nicht unterschätzen. Doch er war nicht allein entscheidend dafür, daß im Manifest des Polnischen Komitees der Nationalen Befreiung (PKWN) die Durchführung einer demokratischen, für die Bauernschaft vorteilhaften Bodenreform angekündigt wurde. Es ging dabei um viel mehr, nämlich darum, auf dem Lande einen aufnahmefähigen Absatzmarkt für Industrieerzeugnisse zu schaffen. Ohne eine radikale Bodenreform war eine Ausdehnung des Absatzmarktes unmöglich – das hatte die unter dem Eindruck der sozialistischen Oktoberrevolution in Rußland und im Grunde genommen zur Vermeidung ihres Übergreifens auf Polen beschlossene und dann von den in Polen regierenden Vertretern der besitzenden Klassen folgerichtig gebremste, in der Praxis oft von ihrer sozialen in eine nationalistische Stoßrichtung umorientierte Agrarreform der Zweiten Republik bewiesen.

Die demokratische Bodenreform nach dem zweiten Weltkrieg hatte auch negative Folgen. Die Aufteilung des Großgrundbesitzes führte zunächst oft zur Senkung der Hektarerträge, zur Zerstörung von Meliorationsanlagen, zur Durchbrechung der wissenschaftlich begründeten Fruchtfolge, zu agrotechnischer Rückständigkeit usw. Die Folge war, daß weniger landwirtschaftliche Erzeugnisse auf den Markt kamen. Die größten auf Warenproduktion orientierten Betriebe waren ja liquidiert worden, und von seiten der Bauernschaft ging das Angebot zurück. Sie wurde wohlhabender, und das bewirkte u. a., daß ihr Eigenverbrauch zunahm und das sogenannte Hungerangebot, das in den dreißiger Jahren eine Massenerscheinung gewesen war, aufhörte. Die nachteiligen Momente der Bodenreform waren der Preis für die Erreichung eines übergeordneten Zieles: Voraussetzungen für die Entwicklung eines aufnahmefähigen Absatzmarktes nicht nur unmittelbar nach dem Kriege, als der Lebensmittelbedarf sowieso viel größer als die Möglichkeiten zu seiner Befriedigung war, sondern auch für die fernere Zukunft zu schaffen. Auf diese Weise beseitigte die Bodenreform eines der strukturellen Hemmnisse, die eine Beschleunigung des Wirtschaftswachstums Polens unmöglich gemacht hatten. Sie stimulierte den Ausbau der Industrie und hatte damit weitreichende Auswirkungen auf die wirtschaftliche Stärkung Polens.

Obwohl die Bauern von der neuen Staatsmacht fast unentgeltlich Land bekamen und von der hohen Vorkriegsverschuldung frei wurden, bewahrten viele ihr gegenüber recht große Reserviertheit, was sich in den bereits erwähnten Fakten (z. B. der Rückgabe von Besitzurkunden aus der Bodenreform), aber auch darin zeigte, daß viele Bauern der

[17] Es gibt schon sehr viel Literatur über die Bodenreform. Zu den Hauptarbeiten gehören: *Góra, Władysław*, Polska Partia Robotnicza w walce o podział ziemi obszarniczej (Die Polnische Arbeiterpartei im Kampf um die Aufteilung des Gutslandes), Warschau 1962; *Słabek, Henryk*, Polityka agrarna Polskiej Partii Robotniczej (Die Agrarpolitik der Polnischen Arbeiterpartei), Warschau 1967.

oppositionellen, nach Spaltung der Bauernpartei (SL) im Sommer 1945 von Stanisław Mikołajczyk gegründeten Polnischen Bauernpartei (PSL) beitraten.

Das zweite große sozialökonomische Strukturproblem war die Eigentumsfrage in der Industrie. In den ersten Monaten nach der Befreiung unterstanden alle größeren wie auch viele mittlere und kleinere Industriebetriebe in Polen der Zeitweiligen Staatlichen Verwaltung. Die Industrie wurde durch die Anstrengungen der Belegschaften, denen die Regierung half, wieder in Gang gesetzt. Die privaten Eigentümer spielten beim Wiederaufbau eine ganz untergeordnete Rolle. Für einen großen Teil der Unternehmen war die staatliche Verwaltung nur eine vorübergehende Lösung: die Eigentümer waren abwesend, oft war nicht bekannt, ob sie den Krieg überlebt hatten, und die Fabriken mußten so schnell wie möglich wieder in Betrieb genommen werden. Als sich im Sommer 1945 die politischen Verhältnisse in Polen stabilisierten und die Wiederingangsetzung und der Wiederaufbau der Fabriken große Fortschritte machte, bemühten sich einige frühere Eigentümer, ihre Unternehmen vom Staat zurückzubekommen. Vor Polen stand damals die Aufgabe, seinen weiteren Entwicklungsweg zu wählen.

Die vorherigen Umwandlungen wie die Bodenreform oder die Beschlagnahme des Vermögens von Deutschen oder von Verrätern an der polnischen Nation hatten den Rahmen eines Programms demokratischer Reformen nicht überschritten. Sie konnten Ausgangspunkt für den Wiederaufbau der kapitalistischen Ordnung sein, wobei sich deren Formen selbstverständlich von den vor 1939 existierenden unterschieden hätten. Dieselben Umwandlungen konnten aber auch Ausgangspunkt für die Errichtung der sozialistischen Ordnung sein. Von wesentlicher Bedeutung war unter diesen Umständen die Tatsache, daß die demokratischen Umwandlungen unter Führung der Polnischen Arbeiterpartei, mit der die Polnische Sozialistische Partei zusammenarbeitete, erfolgt waren. Sie beabsichtigten nicht, auf halbem Wege stehenzubleiben. Zugleich war die Polnische Bauernpartei gegen Umwälzungen sozialistischen Charakters.

In dieser Situation verschärfte sich in der zweiten Hälfte des Jahres 1945 der Kampf um die Richtung der Umwandlungen. Die Arbeiterparteien stellten die Forderung nach Nationalisierung der großen und mittleren Industrie, die vorher im Manifest des Polnischen Komitees der Nationalen Befreiung nicht erhoben worden war. Gleichzeitig vertraten sie den Standpunkt, während des Krieges verlassene kleinere Betriebe, die für die Volkswirtschaft keine größere Bedeutung besaßen, den alten Eigentümern zurückzugeben. Die Grundsätze für die Rückgabe der verlassenen Unternehmen legte ein Dekret vom 2. März 1945 fest, das später durch ein Gesetz vom 6. Mai 1945 geändert wurde. Um die Auslegung dieser Bestimmungen entbrannte ein Kampf. Die alten Eigentümer und viele Funktionäre der Polnischen Bauernpartei sprachen sich dafür aus, die Vorschriften sehr breit auszulegen, was zur Folge hatte, daß sogar einige Gießereien, Glashütten und andere Fabriken mittlerer Größe zurückgegeben wurden. Aus Protest gegen die Rückgabe der Betriebe an die alten Eigentümer traten die Arbeiter, die vorher diese Werke wiederaufgebaut und in Gang gesetzt hatten, in den Streik. In vielen Fällen verhütete ihre Haltung die Reprivatisierung.

Die Versuche, Industrieunternehmen zu reprivatisieren, wurden dadurch begünstigt, daß die Eigentumsverhältnisse rechtlich nicht geregelt waren. Der Staat war nicht zum Eigentümer der verlassenen oder aufgegebenen Werke geworden, sondern lediglich ihr zeitweiliger Verwalter. Um dem Staat das Eigentum an den Werken zuzuerkennen, war es erforderlich, daß das Parlament ein Gesetz über die Nationalisierung der Industrie annahm. Der diesbezügliche Gesetzentwurf der Regierung wurde im Landesnationalrat im Dezember 1945 eingebracht und mit geringfügigen Korrekturen am 3. Januar 1946 beschlossen.

Das Gesetz legte fest, daß Unternehmen aller Gebiete des Wirtschaftslebens, also nicht nur der Industrie, die Staatsangehörigen des Deutschen Reiches oder von Deutschen kontrollierten Gesellschaften sowie zum Feind übergelaufenen Personen gehörten, ohne Entschädigung in Staatseigentum übergehen sollten. Gegen Entschädigung sollten alle übrigen Unternehmen, unabhängig von der Zahl der beschäftigten Arbeiter, in 17 namentlich aufgeführten Zweigen der Industrieproduktion, darunter die Hauptzweige Bergbau, Schwerindustrie, Energetik, große und mittlere Leichtindustrie, in Staatseigentum übergehen. Außerdem übernahm der Staat gegen Entschädigung andere Unternehmen (außer dem Baugewerbe), die mehr als 50 Arbeiter pro Schicht beschäftigten (für einige Zweige galten andere Kriterien). Nicht nationalisiert wurden genossenschaftliche und kommunale Betriebe. Die Höhe der Entschädigungen sollten spezielle Kommissionen festlegen. Gleichzeitig sah das Gesetz vor, alle von diesen Bestimmungen nicht betroffenen Unternehmen, die der Zeitweiligen Staatlichen Verwaltung unterstellt waren, an die Berechtigten zurückzugeben.

Die Nationalisierung hatte nicht nur die Liquidierung der polnischen Industriebourgeoisie zum Ziel, sondern vor allem die Beseitigung der Abhängigkeit der auf polnischem Boden befindlichen Unternehmen von ausländischem Kapital. Die polnische Industriebourgeoisie war ja schon zur Zeit der Zweiten Republik sehr schwach gewesen. Über 40 % des Kapitals der Aktiengesellschaften hatten dem Ausland gehört, ungefähr 10 % dem polnischen Staat und von den übrigen 50 % ein recht großer Teil jüdischen Bourgeois, die in ihrer Mehrheit zusammen mit ihren Familien und Erben während der Naziokkupation ermordet worden waren. Eigentum polnischer Kapitalisten war also nur ein verhältnismäßig kleiner Prozentsatz gewesen, und davon war noch sehr viel in den Jahren 1939–1945 vernichtet worden. Faktisch war also die ökonomische Kraft der polnischen Bourgeoisie nach dem zweiten Weltkrieg ganz gering. Sie besaß nicht einmal die Mittel, um ihre Fabriken wiederaufzubauen und in Gang zu setzen.

So gesehen dürfte die Hauptbedeutung der Nationalisierung in der Beseitigung der Abhängigkeit Polens vom ausländischen Kapital gelegen haben. Doch wie bei der Bodenreform waren auch hierbei gewisse gesellschaftliche Kosten zu tragen. Sie waren der Preis, den das neue Polen für die Epoche der Aufteilung unter die benachbarten Mächte und für die ungelösten Probleme der Zweiten Republik entrichten mußte. Das waren wieder nicht geringe Kosten. Polen zahlte den ausländischen Gesellschaften hohe Entschädigungen für ihr nationalisiertes Vermögen. Bis heute fehlen genaue Angaben, wieviel gezahlt wurde. Nach den uns zugänglichen Schätzungen handelte es sich um annähernd 200 Millionen Dollar (und zwar nicht entsprechend dem heutigen, durch die Inflation stark geschrumpften Wert des Dollars). Das war für das durch den Krieg so schwer zerstörte Polen eine sehr schwere Bürde. Es war aber notwendig, daß Polen sie auf sich nahm, um sich von der Abhängigkeit von fremden wirtschaftlichen Dispositionszentren zu befreien.

Ohne die Nationalisierung der Industrie wäre es unmöglich gewesen, planmäßig und schnell den Wiederaufbau des Landes in Angriff zu nehmen. Es war ja damit zu rechnen, daß es den alten privaten Eigentümern sowohl an Interesse wie auch an Voraussetzungen für den Wiederaufbau fehlte. Notwendig war auch die planmäßige Gestaltung der Produktion der Werke, wobei das Kriterium nicht der Profit, sondern die Befriedigung der brennendsten gesamtgesellschaftlichen Bedürfnisse sein mußte. Die Nationalisierung war damals also unbedingt notwendig. Man könnte höchstens über ihre Ausmaße diskutieren. Wir meinen aber, daß das Nationalisierungsgesetz vom Januar 1946 rationell festgelegt hat, welche Unternehmen verstaatlicht werden sollten. Es sei hinzugefügt, daß die Polnische Bauernpartei, auf den Schutz der mittleren Bourgeoisie bedacht, erst Unternehmen mit mehr als 100 Arbeitern pro Schicht verstaatlichen wollte.[18]

Weder die Bodenreform noch die Nationalisierung der Industrie waren nur Bestrebungen, doktrinär Grundsätze des Sozialismus zu realisieren – wie man in westlichen Ländern manchmal meint. Sie waren konkret sachlich bedingt. Dieser gewissermaßen pragmatische Charakter der 1944–1946 durchgeführten sozialökonomischen Reformen läßt sich am besten am Beispiel des Verhältnisses des Staates zum privaten Bankwesen erkennen.

In allen Programmen der polnischen Linken aus der Zeit vor dem zweiten Weltkrieg findet sich stets an einer oberen Position die Ankündigung der Nationalisierung der Banken. Man möchte also meinen, daß diese sofort nach der Machtergreifung durch die Parteien der Linken in die Praxis umgesetzt werden sollte. So geschah es jedoch nicht. Die neue Staatsmacht ging an diese Frage vor allem pragmatisch heran, was in der Praxis den Verzicht auf die Verstaatlichung der privaten Bankunternehmen bedeutete. Aus der Übernahme der privaten Kreditinstitute wären der Regierung nämlich viel weniger Vorteile als Verluste erwachsen. Erstens hätte der Staat bei der Nationalisierung den ausländischen Teilhabern und Gläubigern angemessene Entschädigungen zahlen müssen. Zweitens wäre das sehr komplizierte Problem der Haftung des Staates für die Bankeinlagen der Bevölkerung und der verschiedenen Unternehmen entstanden. Drittens hatten die Banken durch den Krieg beinahe alle Aktiva verloren, häufig waren sogar die Unterlagen vernichtet, und es war nichts vorhanden, woraus Entschädigungen für das Ausland hätten gedeckt und Einlagen an ihre Eigentümer erstattet werden können. Wenn der Staat also die Banken übernommen hätte, hätte er praktisch keine Aktiva gewonnen, doch seine finanziellen Verpflichtungen sehr vergrößert und verschiedene rechtliche Probleme der Beziehungen zum Ausland zusätzlich kompliziert. Man muß auch bedenken, daß die Regierung über ein schon seit der Vorkriegszeit existierendes weitverzweigtes Netz staatlicher Banken verfügte (Bank Gospodarstwa Krajowego = Landeswirtschaftsbank, Państwowy Bank Rolny = Staatliche Landwirtschaftsbank, Pocztowa Kasa Oszczędności = Postsparkasse) und es gar nicht nötig hatte, den Apparat der Privatbanken zu übernehmen.

So entschloß man sich nicht zur Nationalisierung der privaten Banken, sondern zur gewöhnlichen Liquidierung der überflüssigen Kreditinstitute. Sie wurde auf der Grundlage der geltenden Bestimmungen des Bankenrechts vorgenommen, wobei durch die Gerichte bestimmte Liquidatoren die Hauptrolle spielten.[19]

Natürlich kann man sagen, daß die Liquidation der Privatbanken denselben Endeffekt wie eine Nationalisierung gebracht habe, daß nämlich die Privatbanken ver-

[18] Näheres siehe *Gołębiowski, Janusz Wojciech,* Nacjonalizacja przemysłu w Polsce (Die Nationalisierung der Industrie in Polen), Warschau 1965; *derselbe,* Walka Polskiej Partii Robotniczej o nacjonalizację przemysłu (Der Kampf der Polnischen Arbeiterpartei um die Nationalisierung der Industrie), Warschau 1961; *Jędruszczak, Hanna,* Upaństwowienie i odbudowa przemysłu w Polsce/1944–1948/ (Die Verstaatlichung und der Wiederaufbau der Industrie in Polen/1944 bis 1948/), Bd. 1 und 2, Warschau 1967–1969; *Dieselbe,* Die Verstaatlichung der Industrie in der Volksrepublik Polen nach dem zweiten Weltkrieg (1944 bis 1948), in: „Jahrbuch für Wirtschaftsgeschichte" 1969, Teil 4, S. 89–98.

[19] *Landau, Zbigniew,* Were Banks Nationalized in People's Poland?, in: „Acta Poloniae Historica" 1969, Nr. 40, S. 153–174.

schwanden und ihre Stelle der weitgefächerte staatliche Sektor einnahm. Das ist natürlich wahr, aber wahr ist auch, daß der private Bankapparat kein Daseinsrecht im neuen sozialökonomischen System besaß.

Durch die drei genannten Reformen – die Bodenreform, die Nationalisierung der Industrie und die Liquidation der Privatbanken – schuf der Staat Bedingungen, die für die Erweiterung des Absatzmarktes auf dem Lande günstig waren, und befreite Polen von seiner Abhängigkeit vom Auslandskapital. Gleichzeitig führte das zur Liquidierung der zwei in grundsätzlichem Interessenwiderspruch zum Industrieproletariat und zur Bauernschaft stehenden Hauptklassen, der Gutsherren und der Industrie- und Bankbourgeoisie. Diesen beiden hatte allerdings schon die deutsche Okkupation einen mächtigen Schlag versetzt, denn die meisten polnischen Gutsbesitzer und Kapitalisten hatten durch Konfiskation und Kampfhandlungen ihren Besitz größtenteils eingebüßt.

Im Jahre 1947 ergriff die Staatsmacht auf Initiative der Polnischen Arbeiterpartei (PPR), anfangs gegen gewissen Widerstand der Polnischen Sozialistischen Partei (PPS), Maßnahmen, um im letzten Wirtschaftszweig (außer der Landwirtschaft), wo privates Eigentum an Produktionsmitteln dominierte, dessen Übergewicht zu beseitigen. Es begann die sogenannte „Schlacht um den Handel". Dem Staat und den Genossenschaften sollte die entscheidende Rolle auf dem Markt gesichert werden, wobei die PPR die maßgebliche Bedeutung des staatlichen Handels betonte, während die PPS das Genossenschaftswesen weiter ausbauen wollte. Die Erreichung des gestellten Zieles setzte den vorherigen Ausbau der Infrastruktur des gesellschaftlichen Handels voraus. Von der Erfüllung dieser Voraussetzung konnte aber 1947 in Polen kaum die Rede sein. So wurde durch die „Schlacht um den Handel" in der ersten Etappe zwar der private Großhandel weitgehend beseitigt und das private Einzelhandelsnetz eingeschränkt, doch geschah das auf Kosten der Verbraucher. In einigen Landesteilen entstanden sogar sogenannte „Handelswüsten". Private Geschäfte verschwanden, aber an ihrer Stelle wurden keine gesellschaftlichen eröffnet. Die „Schlacht um den Handel" war also wirtschaftlich nicht gebührend vorbereitet worden.

Im Laufe des Jahres 1948 ging dann die Vergesellschaftung des Handels sehr schnell voran. Zum Jahresende hatte der private Großhandel nur noch 2,5 % Anteil am Umsatz mit Erzeugnissen der staatlichen Industrie und 4 % Anteil an der Versorgung des städtischen Marktes mit Getreide. Der Anteil des gesellschaftlichen (staatlichen und genossenschaftlichen) Großhandels an den Gesamtumsätzen war auf 80 bis 85 % und der Anteil des gesellschaftlichen Einzelhandels an allen Einzelhandelsumsätzen auf 35 % gestiegen. Im Jahre 1949 waren von 131000 privaten Einzelhandelsläden, die 1947 existiert hatten, noch 77000 verblieben und von 3307 privaten Großhandelsunternehmen noch 1128. Gleichzeitig wuchs die Zahl der gesellschaftlichen Groß- und Einzelhandelsbetriebe fast auf das Doppelte. Am meisten hielten sich Privatbetriebe noch in der Gastronomie und im Handel mit Haushaltswaren.[20]

[20] *Kaliński, Janusz*, Bitwa o handel 1947–1949 (Die Schlacht um den Handel 1947–1949), Warschau 1970.

5. Die Industrialisierung und industrielle Entwicklung

Die schnelle Industrialisierung des Landes war eine der grundlegenden Aufgaben, die vor Volkspolen standen. Nur durch forcierte Industrialisierung war es möglich, Polens beträchtliche Rückständigkeit gegenüber den höherentwickelten Ländern Westeuropas aufzuholen. Die Industrialisierung war auch notwendig, um dem polnischen Volk einen ständigen Zuwachs von Arbeitsplätzen zu sichern. Die Überwindung der Arbeitslosigkeit, unter der das polnische Volk im Kapitalismus stets schwer gelitten hatte, setzte voraus, daß der Bevölkerungsüberschuß aus der Landwirtschaft in industrielle Berufe überwechseln konnte.

Da das Privatkapital beseitigt war, mußte der Staatsapparat den gesamten Prozeß des Wiederaufbaus und dann der weiteren Entwicklung der Wirtschaft, darunter auch die Industrialisierung, leiten, und zwar nicht nur, indem er für die Richtungen, in die vorgegangen werden sollte, Prioritäten setzte, sondern indem er dies alles unmittelbar in die Hand nahm. Das bedeutete, daß die Aufgaben des Staates vom ersten Augenblick an gewaltig anwuchsen. Dabei realisierte der Staatsapparat die von den demokratischen Parteien und seit der Vereinigung der Arbeiterbewegung im Dezember 1948 von der Polnischen Vereinigten Arbeiterpartei ausgearbeiteten Konzeptionen.

Die wachsende Rolle des Staates zwang ihn, seine Aufgaben in den Rahmen von Aktionsplänen zu bringen. Anfangs waren das Teilpläne, die sich auf einen Zweig oder eine Region bezogen. Der erste derartige Plan wurde Ende 1944 durch das Ressort Volkswirtschaft und Finanzen des Polnischen Komitees der Nationalen Befreiung (PKWN) ausgearbeitet. Er betraf die Industrieproduktion im ersten Quartal 1945. Im April 1945 wurden ein Plan für die Kohleproduktion und danach Quartalspläne für die anderen Industriezweige aufgestellt. Einen komplexeren Plan versuchte man für das dritte Quartal 1945 auszuarbeiten. Daneben entstand ein Plan für den Eisenbahntransport. Eine notwendige Ergänzung der Produktionsplanung wurden verschiedene Pläne für die Verteilung von Defizitrohstoffen und -artikeln (z. B. Kohle, Walzwerkserzeugnisse, Holz, Textilmaterial, Leder, Schuhwerk, Papier und Nahrungsmittel) sowie Investitionspläne. Alle Planungsversuche waren jedoch recht unsicher. Es fehlte ja an einigermaßen realistischen Grundlagen für die Aufstellung von Plänen und an spezialisierten Kadern, das Berichtswesen steckte noch in den Kinderschuhen, die Statistik ließ viel zu wünschen übrig, die über die Produktionshöhe entscheidenden Hauptfaktoren ließen sich schwer überblicken und voraussehen.

Allmählich erfaßte die Planung einen immer breiteren Bereich von Aufgaben. Dazu gehörte auch die Landwirtschaft, wo man z. B. den Ablauf der Aussaat- und Erntekampagnen, den Transport usw. plante. Aus allen diesen Teilplänen ergab sich jedoch noch kein Gesamtplan, der die grundsätzlichen Richtungen des Handelns vorgezeichnet und zugleich die Voraussetzungen für ihre Realisierung geschaffen hätte.

Den zentralen Platz nahm in der damaligen Planung die Industrieproduktion ein. Die Aufgaben der Koordinierung der Volkswirtschaft und der Planung oblagen dem seit 1945 bestehenden Zentralen Planungsamt (Centralny Urząd Planowania). An seiner Spitze stand Czesław Bobrowski, vor dem Kriege höherer Staatsbeamter und ein geachteter Ökonom. Während des Krieges hatte er sich in England aufgehalten, wo er an der Vorbereitung von Wirtschaftsplänen für Polen für die Nachkriegszeit teilgenommen hatte. Indem Bobrowski das Zentrale Planungsamt leitete, war er die Nummer Zwei der polnischen Wirtschaft. Die Nummer Eins war Hilary Minc, damals Funktionär der Polnischen Arbeiterpartei (PPR), vor dem Kriege Aktivist der Kommunistischen Partei Polens (KPP), ebenfalls ein geachteter Ökonom. Beide arbeiteten anfangs tadellos zusammen, denn beide hatten annähernd gleiche Auffassungen von den Prioritäten für die polnische Wirtschaft, u. a. der Notwendigkeit, Polen zu industrialisieren, und sie waren sich über die Grundrichtungen der Realisierung der wirtschaftspolitischen Aufgaben einig.

Aus der Tätigkeit des Zentralen Planungsamtes ging der Dreijahrplan des wirtschaftlichen Wiederaufbaus für die Jahre 1947–1949 hervor. Daß man einen Zeitraum von drei Jahren wählte, ergab sich aus dem Charakter der damals beabsichtigten Investitionen. In den ersten zwei Jahren wollte man sich darauf konzentrieren, vor völliger Vernichtung bewahrt gebliebene Produktionsobjekte wieder voll funktionsfähig zu machen. Für einen solchen Wiederaufbau war jedoch kennzeichnend, daß er bestenfalls zur Wiederherstellung der Wirtschaftsstruktur der Vorkriegszeit führen konnte, die doch aber verkehrt gewesen war, denn viele moderne, für einen schnellen Fortschritt der ganzen Wirtschaft entscheidende Industriezweige hatten in Polen nicht existiert. Deshalb waren für 1949, dem dritten Planjahr, neben der Fortsetzung der Wiederherstellung auch einige Neuinvestitionen vorgesehen, mit denen Strukturwandlungen der polnischen Industrie begonnen werden sollten.

Indem man sich vor allem auf den Wiederaufbau und nicht auf die Erweiterung der Industrie konzentrierte, wollte man ein schnelles Produktionswachstum erreichen. Das war das Hauptziel des Planes, der – um mit den von Bobrowski wiederholten Worten des bekannten polnischen Vorkriegs-Ökonomen Henryk Tennenbaum zu sprechen – „ein Überquellen der Ziele vermied". In diesem Plan und auch in den Kommentaren dazu wurde nicht versprochen, alle wirtschaftlichen Schwierigkeiten des Landes zu lösen. Der Plan des wirtschaftlichen Wiederaufbaus war deshalb so angelegt, daß genügende Mengen Nahrungsmittel, Wäsche und Kleidung bereitgestellt werden sollten, doch kündigte er z. B. nicht die Überwindung der weitverbreiteten Wohnungsnot an. Er sah auch nicht vor, alle geretteten Industriebetriebe in Gang zu setzen, sondern sprach offen aus, in einigen Objekten würden die Anlagen weiter verschleißen und an Wert verlieren.

Hinsichtlich der Industrieproduktion wurde der Dreijahrplan beträchtlich übererfüllt, sogar vorfristig. Der Wert der Fabrikproduktion stieg von 9,8 Milliarden Złoty (in Preisen von 1937) im ersten Planjahr auf 16,2 Milliarden im letzten Jahre.[21] Die ursprünglichen Ziele wurden um 6 bis 7 % übertroffen. Besonders stark entwickelte sich dabei die Produktion der Großindustrie, die viel mehr als die Erzeugung in den Kleinbetrieben anwuchs. Der jährliche Produktionszuwachs betrug gegenüber dem jeweiligen Vorjahr: 29 % im Jahre 1947, 37 % im Jahre 1948 und 20 % im Jahre 1949.[22] Der schnelle Wiederaufbau und die Einbeziehung der wiedergewonnenen Gebiete bewirkten, daß schon 1949 die industrielle Bruttoproduktion (einschl. des Handwerks) um 48 % größer als im Jahre 1938 war. Wenn wir nur die Produktion der großen und mittleren Industrie nehmen, so überschritt sie den Stand von 1938 um 77 %.[23] Da infolge des Krieges und der Grenz-

[21] *Secomski, Kazimierz,* Analiza wykonania Planu Trzyletniego (Analyse der Erfüllung des Dreijahrplanes), Warschau 1950, S. 33.

[22] *Kaliński, Janusz,* Plan Odbudowy Gospodarczej 1947–1949 (Der Plan des wirtschaftlichen Wiederaufbaus 1947–1949), Warschau 1977, S. 134.

[23] Ebenda, S. 135.

veränderungen Polens Einwohnerzahl erheblich zurückgegangen war, lag die Pro-Kopf-Produktion mehr als doppelt so hoch wie vor dem Kriege.

Das Produktionswachstum war mit einer schnellen Zunahme der Beschäftigung verbunden. Außerhalb der Landwirtschaft wuchs sie von 1946 bis 1949 um 1,2 Millionen. Das Wachstumstempo der Produktion war größer als die Zunahme der Arbeiterzahl, was besagt, daß sich zugleich die Arbeitsproduktivität erhöhte. Der Zeitabschnitt des Dreijahrplanes wurde von einem großen Engagement der polnischen Gesellschaft für den Wiederaufbau des Landes geprägt.

Der Plan des wirtschaftlichen Wiederaufbaus 1947–1949 war einer der wenigen Wirtschaftspläne in Polen, die in fast allen Hauptkennziffern erfüllt wurden. Über die Gründe für den Erfolg des unter so schwierigen Bedingungen realisierten Planes schreibt Czeslaw Bobrowski in seinen Erinnerungen: „Ich bin oft gefragt worden, welchem Umstand ich den glücklichen Ablauf der Durchführung des Dreijahrplanes zuschreibe. Meistens antworte ich, das rühre daher, daß die Aufgaben einfach waren, daß man sich mit Lösungen des „gesunden Menschenverstandes" begnügen konnte, daß es ausreichte, zu den einfachsten Koordinierungsmethoden usw. Zuflucht zu nehmen und daß damals niemand stahl. Aber man muß wohl noch eines hervorheben: die Rückkopplung zwischen Vertrauen und Erfolg des Planes. Der Plan war auch deshalb verständlich, weil er nicht alles versprach, dafür wurden zwar nicht immer, aber meistens die Versprechungen eingehalten."[24]

Das Wachstum der Industrieproduktion, während der Durchführung des Planes des wirtschaftlichen Wiederaufbaus begonnen, setzte sich unter den folgenden Wirtschaftsplänen fort. In der Wirtschaftsgeschichte Volkspolens war die Industrie bisher der Sektor, der sich am schnellsten und am dynamischsten entwickelte. Innerhalb der Industrie entwickelte sich wieder die Produktion von Produktionsmitteln am schnellsten. In einem Lande wie Polen, das sich in der wirtschaftlichen Entwicklung verspätet hatte, ist es vollkommen begründet, die Industrie beschleunigt zu entwickeln.

Die Konzeption der beschleunigten Industrialisierung machte von vornherein eine Umverteilung des Nationaleinkommens auf Kosten des laufenden Konsums zugunsten von Akkumulation und Investitionen notwendig. Vom Gesichtspunkt des Lebensstandards der Bürger sind solche Entscheidungen selbstverständlich oft recht unangenehm, weil sie praktisch eine zeitweilige Verlangsamung der Erhöhung des Lebensstandards bedeuten. Zieht man jedoch nicht das aktuelle Interesse der einzelnen Konsumenten, sondern das nationale oder staatliche Interesse in Erwägung, so ist solche Entsagung für die künftige wirtschaftliche Entwicklung des Landes unumgänglich. Der dadurch erreichte Fortschritt bestimmt den Platz, den das Land in der Weltwirtschaft einnehmen wird. Damit wird – bei richtiger Wahl der Entwicklungsrichtungen der Industrie – auch eine Vorentscheidung über den künftigen Lebensstandard des Volkes und die Möglichkeit, die Bedürfnisse zu befriedigen, gefällt.

Unter den Bedingungen Volkspolens wurde die Variante der Industrialisierung mit Betonung der Schwerindustrie und des Maschinenbaus seit 1949 bewußt realisiert. Nur zeitweilig, während der gesellschaftlichen Krisen (1956/57, 1968/69 und nach 1976), wurde das Investitionstempo auf diesem Gebiet verlangsamt. Besonders stark wurde die Industrialisierung im Sechsjahrplan, der „Plan des Aufbaus der Grundlagen des Sozialis-

[24] *Bobrowski, Czeslaw*, Ze wspomnień 1945–1948 (Aus meinen Erinnerungen 1945–1948), in: „Kwartalnik Historyczny" 1979, Nr. 3, S. 713.

mus in Polen“ hieß, akzentuiert. Dieser Plan stellte als Hauptaufgabe der Wirtschaftspolitik für die Jahre 1950–1955 „die beträchtliche Erhöhung des Standes der Produktivkräfte, mit besonderer Berücksichtigung der Produktion von Produktionsmitteln“.[25] Zugleich hob er die Notwendigkeit hervor, die Rolle des gesellschaftlichen Sektors in Polens Wirtschaft zu verstärken.

Gemäß dem Sechsjahrplangesetz sollte im Planzeitraum der Wert der Produktion von Produktionsmitteln in der Groß- und Mittelindustrie um 154 % und von Konsumtionsmitteln um 111 % ansteigen. Das erforderte eine erhebliche Beschleunigung des Investitionstempos. Großenteils sollten Investitionen in der Industrie erfolgen (zusammen mit dem Bauwesen 46 % aller Aufwendungen, dagegen z. B. in Land- und Forstwirtschaft nur 12 %). Von den Industrieinvestitionen waren 76 % für die Entwicklung der Produktionsmittelindustrie bestimmt.

In der Anfangsphase des Sechsjahrplanes nahmen die Spannungen zwischen den kapitalistischen und den sozialistischen Staaten zu. Im Sommer 1950 begann der Krieg in Korea. Die Streitkräfte der NATO wurden vergrößert. Dadurch wurde es notwendig, die ursprünglichen Planvorgaben abzuändern. Polens Verteidigungsindustrie mußte viel schneller, als ursprünglich vorgesehen, ausgebaut werden. Aufgaben auf diesem Gebiet wurden 1951/52 in den Plan eingefügt, ohne daß andere Elemente des Investitionsprogramms revidiert wurden. Infolgedessen wuchs der Anteil der Akkumulation an Polens Nationaleinkommen schnell, von 21,1 % im Jahre 1950 auf 28,5 % im Jahre 1953. Die gegenüber dem ursprünglichen Plan beschleunigte Zunahme der Investitionsaufgaben in Abteilung I der Volkswirtschaft stellte die Realität der Aufgaben zur Verbesserung der Versorgung der Bevölkerung mit Erzeugnissen der Verbrauchsgüterindustrie unter ein Fragezeichen, zumal da diese in den Jahren 1951–1953 nur 16 % der für die Industrie bestimmten Investitionsmittel erhielt. Die Veränderungen in der Investitionspolitik wirkten sich auch auf die Landwirtschaft nachteilig aus.

Im Vergleich zur Zeit der Zweiten Republik wuchsen die Aufwendungen für Investitionen in der Industrie auf annähernd das Zehnfache. Polen verwendete für diesen Zweck einen viel größeren Teil des Nationaleinkommens als irgendein kapitalistischer Staat. Von Grund auf entstanden neue Industriezweige, andere, die vorher keine große Bedeutung besessen hatten, wurden schnell ausgebaut. An erster Stelle sind hier die Werft-, die Automobil-, die Flugzeug- und die Kunststoffindustrie zu nennen. Es entstand eine mächtige Hüttenindustrie, die nach den Planvorgaben zur Basis der weiteren Entwicklung der Wirtschaft werden sollte. Damals begann man z. B. den Bau so bekannter Industriewerke wie der Leninhütte (gleichzeitig mit dem Werk entstand die Stadt Nowa Huta), der Fabrik für Personenkraftwagen FSO in Żerań, einem Stadtteil Warschaus, der Huta Warszawa in Warschau und der Fabrik für Lastkraftwagen in Lublin. Diese Werke wurden mit technischer Hilfe der Sowjetunion errichtet, die für viele neue Investitionsvorhaben die technischen Projekte und die Ausrüstungen lieferte und auch mit Experten half.

In den Jahren 1949–1953 erhöhte sich die Gesamtproduktion der Industrie von 17,7 auf 38,6 Milliarden Złoty (in unveränderten Preisen). Der Anteil der Produktion von Produktionsmitteln stieg in dieser Zeit von 47 auf 51 %, dementsprechend sank der Anteil der Produktion von Konsumtionsmitteln. Es muß unterstrichen werden, daß dieses ausgedehnte Investitionsprogramm, das in Polens Geschichte vorher nicht seinesgleichen

[25] *Plan sześcioletni* (Der Sechsjahrplan), Warschau 1950, S. 92.

besaß, unter besonders schwierigen Bedingungen in Angriff genommen wurde. Niemand in Polen besaß Erfahrungen in der Lösung so gewaltiger und komplizierter Aufgaben. Es gab keine Basis in Gestalt einer eigenen entwickelten Maschinenbauindustrie. Um die Industrialisierung und den technologischen und technischen Fortschritt der Länder des östlichen Mitteleuropa zu erschweren, verhängten die Vereinigten Staaten von Amerika ein Embargo auf die Lieferung von Maschinen und Ausrüstungen an die sozialistischen Länder, das sie auch anderen kapitalistischen Staaten aufzwangen. Infolgedessen wurden die für Polens Entwicklung wichtigsten Ausrüstungen von der UdSSR und anderen befreundeten Staaten (besonders der Tschechoslowakei und im Laufe der Jahre auch der DDR) geliefert. Doch die Möglichkeiten, in Staaten, die dem Rat für Gegenseitige Wirtschaftshilfe (RGW) angehörten, Industrieausrüstungen zu kaufen, waren recht begrenzt, da sie damals alle gleichzeitig ähnlich anspruchsvolle Industrialisierungsprogramme durchführten. Unter diesen Umständen gewann für Polen der Export von Kohle besondere Bedeutung. Die Ausfuhr dieses Produkts, nach dem damals auf den europäischen Märkten große Nachfrage bestand, diente zur Deckung der Importkosten. Doch zwang das dazu, in Polen selbst mit Brennmaterial und Energie äußerst sparsam umzugehen.

Im Zusammenhang mit der Durchführung des ungewöhnlich angespannten industriellen Investitionsprogramms trat eine Reihe negativer Momente auf. Bei der Ausführung vieler Investitionen erwies es sich, daß die tatsächlichen Baukosten die Voranschläge weit überstiegen. Daher wurde der Sechsjahrplan – obwohl man mehr Finanzmittel als geplant aufwendete – in bezug auf seine sachlichen Effekte nicht erfüllt. Viele ursprünglich projektierte Investitionen wurden gar nicht in Angriff genommen oder nicht termingerecht ihrer Bestimmung übergeben. Der Investitionszyklus verlängerte sich sehr. Im Zuge der Plandurchführung traten auch verschiedene Disproportionen auf, die infolge Änderung der ursprünglichen Zielstellungen noch vertieft wurden. Von prinzipieller Bedeutung war es, daß das Investitionsprogramm nicht den Möglichkeiten der Volkswirtschaft angepaßt wurde. Es fehlte z. B. an Fachleuten; es erwies sich, daß die Betriebe nur begrenzte Möglichkeiten zur Ausführung von Investitionen besaßen; auf die Lieferung von Maschinen und Anlagen aus dem Ausland war nicht immer Verlaß; die Kohleförderung und die Erzeugung von Elektroenergie nahmen ungenügend zu.

So entstanden immer mehr Engpässe in der Wirtschaft, die das Entwicklungstempo bremsten. Es sanken auch die Realeinkommen zahlreicher Bevölkerungsgruppen, Inflationserscheinungen auf dem Markt verstärkten sich, von der Bevölkerung gesuchte Waren gab es immer schwerer zu kaufen. Das rief wachsende Unzufriedenheit der Gesellschaft wegen der ihr durch die forcierte Industrialisierung auferlegten und durch die Rüstungsanstrengungen und den Ausbau der Verteidigungsindustrie noch vermehrten Entsagungen hervor. Als der Krieg in Korea aufhörte, ging man deshalb in Polen ebenso wie in anderen sozialistischen Ländern unverzüglich daran, die Wirtschaftspläne zu ändern und nach solchen Methoden der Wirtschaftspolitik zu suchen, die gestatten würden, die bisherige strategische Linie der Wirtschaftsentwicklung unter Vermeidung der aufgetretenen Mängel und Fehler fortzusetzen.

Im Oktober 1953 beschloß das Plenum des ZK der PVAP, den II. Parteitag einzuberufen. In den Thesen für die Diskussion zur Vorbereitung des Parteitages wurde festgestellt, daß in der Wirtschaft eine gefährliche Ungleichmäßigkeit der Entwicklung der Industrie und der Landwirtschaft aufgetreten sei und daß sich Ähnliches auch in den Proportionen zwischen der Produktion von Produktionsmitteln und von Konsumtionsmitteln bemerkbar gemacht habe. Für die Zukunft war vorgesehen, das Wachstum der

Erzeugung von Konsumgütern zu beschleunigen und gleichzeitig den Anteil der Akkumulation am Nationaleinkommen zu verringern, was eine schnelle und fühlbare Verbesserung der Lage der Bevölkerung ermöglichen sollte. Der II. Parteitag nahm die in den Thesen enthaltenen Vorschläge an. Die Revision der Zielstellungen des Sechsjahrplanes bezweckte, die vorher verletzten wirtschaftlichen Proportionen wiederherzustellen. Es wurden jedoch keine Änderungen prinzipieller Art vorgenommen, was bedeutete, daß die bisherigen generellen Richtungen der Wirtschaftspolitik beibehalten wurden..

Die auf dem II. Parteitag beschlossenen Änderungen waren für Polens Wirtschaft unausweichlich. Man bremste das Zuwachstempo der Aufwendungen für Investitionen. Der Anteil der Akkumulation am Nationaleinkommen ging im Jahre 1955 auf 23 % zurück. Den Bau einer Reihe von Industrieobjekten, besonders in der Schwerindustrie, verschob man auf spätere Jahre. Dafür wuchsen die Aufwendungen für die Konsumgüterindustrie, den Wohnungsbau und vor allem die Landwirtschaft. Diese Änderungen trugen dazu bei, daß die in den Jahren 1951–1953 in der Wirtschaft entstandenen Disproportionen geringer wurden, doch gelang es nicht, sie zu beseitigen. Immer deutlicher machte sich die ungenügende Förderung von Kohle, chemischen Rohstoffen und Metallerzen bemerkbar. Es herrschte großer Mangel an Baumaterialien. Die Änderungen am Investitionsprogramm hatten neben den unmittelbaren Vorteilen auch eine Reihe von Nachteilen, denn sie führten dazu, daß in den im Gange befindlichen und nun abgebrochenen Investitionen riesige Mittel einfroren. Die Unterbrechung oder Verlangsamung der Realisierung vieler Investitionen hatte bald zur Folge, daß die Zulieferungen von Halbfabrikaten und Rohstoffen aus Werken, deren Bau eingestellt worden war, dann den schon früher in Betrieb genommenen Werken fehlten. Dadurch konnten fertiggestellte Investitionen ökonomisch nicht voll effektiv werden. Infolgedessen traten sowohl in Werken der Schwerindustrie wie auch in Fabriken, die für den Markt produzierten, weiterhin Versorgungsschwierigkeiten auf.

Trotz aller objektiven Schwierigkeiten und auch Fehler wurde in Polen durch die Realisierung des Sechsjahrplanes eine starke Schwerindustrie geschaffen, die viele für die Volkswirtschaft wesentliche Erzeugnisse herstellte. Sie bildete die Grundlage für die weitere Entwicklung, und der Nutzen der Industrialisierung zeigte sich in den folgenden Jahren. Polen tat einen gewaltigen Schritt vorwärts, indem es sich aus einem Agrar-Industrie- in ein Industrie-Agrar-Land verwandelte.[26]

Der Planzeitraum ließ allerdings auch eine Reihe von Mängeln der polnischen Wirtschaft zutage treten. Auf dem Gebiet der Industrieplanung zeigte es sich, daß die 1950 angenommenen Prämissen zu optimistisch waren, und im Ergebnis der Änderungen in den wirtschaftspolitischen Konzeptionen 1951/52 wurden sie noch weniger real. Der wirtschaftliche Planungs- und Leitungsapparat erwies sich als zu sehr zentralisiert und bürokratisiert, unfähig zur schnellen Anpassung an sich verändernde Bedingungen. Die Aufwendungen für Industrieinvestitionen waren zu sehr aufgesplittert. Dadurch zog sich ihre Realisierung zu lange hin. Zugleich zeigte sich, daß man die Baukosten zu niedrig angesetzt hatte. Daß alle diese schwachen Seiten der Wirtschaftspolitik und der Planungsmethoden zutage traten, war eine wertvolle Lehre für die Zukunft, denn dadurch wurde es

[26] Näheres über die Entwicklung der Industrie bis 1955 siehe *Wilczewski, Ryszard*, Rozwój przemysłu w Polsce w latach 1947–1955 (Die Entwicklung der Industrie in Polen in den Jahren 1947–1955), in: Gospodarka Polski Ludowej 1944–1955 (Die Wirtschaft Volkspolens 1944–1955), u. d. Redaktion v. Janusz Kaliński und Zbigniew Landau, Bd. 1, Warschau 1974.

möglich, den nächsten Plan besser anzulegen und in ihm die Bedürfnisse der Wirtschaft und der Gesellschaft komplexer zu berücksichtigen.

Mit dem 1955 vorbereiteten Entwurf des Fünfjahrplanes 1956–1960 wurde die auf dem II. Parteitag der PVAP vorgezeichnete Politik fortgesetzt. Doch ließ sich der Plan dann nicht in der Form, wie er ausgearbeitet worden war, durchführen. Unter dem Eindruck der 1954/55 allzu wenig spürbaren Verbesserung des Lebensstandards des Volkes kam es nämlich im Juni 1956 zu Arbeiterkundgebungen und Unruhen in Poznań. Im Herbst 1956 erfolgten maßgebliche personelle Veränderungen in der Parteiführung. Erster Sekretär des Zentralkomitees wurde Władysław Gomułka. Der Führungswechsel zog wesentliche Änderungen der Wirtschaftspolitik am Ende der fünfziger Jahre nach sich. Gomułka und seine Mitarbeiter verfolgten vor allem das Ziel, die Unterstützung der Arbeiterklasse und der Bauern zu gewinnen. Bei der Aufstellung des Planes dachte man zugleich daran, wie sich dies verwirklichen ließe. Das bedeutete eine zeitweilige Aufhebung der Priorität der Schwerindustrie zugunsten der Konsumgüterindustrie, eine Erhöhung des Anteils landwirtschaftlicher und kommunaler Investitionen an der Akkumulation wie auch eine Verringerung des Anteils der Akkumulation am Nationaleinkommen.

Obwohl Polens Wirtschaft fühlbare aktuelle Schwierigkeiten durchlebte und die vorangegangene Wirtschaftspolitik auf fast allgemeine Kritik stieß, bestanden im Herbst 1956 doch günstige Voraussetzungen nicht nur für die Korrektur der Fehler und die Festlegung neuer Aktionsgrundsätze, sondern auch für die Beschleunigung des Wirtschaftswachstums. Wesentlich dafür war, daß die Industrie in den Jahren des Sechsjahrplanes so stark erweitert worden war. Erst im Zuge der Durchführung des neuen Fünfjahrplanes wurden die Effekte der gewaltigen Investitionsanstrengungen der vorangegangenen Zeit offensichtlich. Werke, deren Bau in den Vorjahren begonnen hatte, nahmen jetzt die Produktion auf. Das Produktionswachstum des Maschinenbaus und der Schwerindustrie ermöglichte die Entwicklung anderer Zweige der Volkswirtschaft. Die mit großer Anstrengung erbauten Werke der Verteidigungsindustrie konnten auch für die Produktion von Gütern des zivilen Bedarfs genutzt werden. Sehr wichtig war auch, daß man auf dem Gebiet der Planung Erfahrungen gesammelt hatte. Schließlich spielte das Vertrauen der Gesellschaft zur neuen Führung der PVAP eine ganz große Rolle. Man glaubte, daß sie alle Probleme lösen und den Traum vom Aufbau eines reichen sozialistischen Landes verwirklichen werde.

In den Jahren 1956–1958 wurden in der Industrie die im vorangegangenen Planzeitraum begonnenen Investitionen fortgeführt. Das Wachstumstempo der Industrieproduktion ließ etwas nach, blieb aber recht hoch, ungefähr 9 bis 10 % jährlich. Gegen Jahresende 1958 traten neue Aufgaben in den Vordergrund, für deren Wahl die Entwicklungsperspektiven Polens in den folgenden Jahren und vor allem die Befürchtung, es könnte bald an Beschäftigungsmöglichkeiten für die schnell wachsende Bevölkerung fehlen, entscheidend waren. Neben der Schaffung neuer Arbeitsplätze trat die Erhöhung des Exports an die Spitze der wirtschaftlichen Aufgaben. Das zu niedrige Ausfuhrniveau schlug sich nämlich nachteilig auf Polens Entwicklungsmöglichkeiten nieder, indem es den sowohl für die Investitionen wie auch für die Versorgung der Bevölkerung wichtigen Import begrenzte. Daher ging man daran, erneut die industriellen Investitionen schnell zu vergrößern, wobei das Primat wieder der Schwerindustrie zuerkannt wurde.

Unmittelbar nach den Veränderungen in der Partei- und Staatsführung 1956 hatte man sich bemüht, neue Methoden für die Leitung der Wirtschaft zu finden. Große Aufmerksamkeit war der Entwicklung der Arbeiterselbstverwaltung geschenkt worden, die wesentlichen Einfluß auf die gesamte Tätigkeit ihres Betriebes ausüben sollte. Es war ein spezielles gesellschaftliches Organ, der Ökonomische Rat (Rada Ekonomiczna), berufen worden, der u. a. ein neues Modell für die Leitung der Wirtschaft und Korrekturen des Wirtschaftsmechanismus ausarbeiten sollte. Diese Reformen wurden jedoch nach und nach eingestellt, womit verbunden war, daß die Steuerung der Wirtschaft wieder ausschließlich mittels Anordnungen der übergeordneten Organe erfolgte.

Von 1959 an erhöhte sich in Polens Wirtschaft erneut der Anteil der Akkumulation am Nationaleinkommen.[27] Das war von prinzipieller Bedeutung, denn damit kam wieder die Gefahr auf, daß das Wachstum des Lebensstandards der Bevölkerung nachließ, um so mehr, als die Investitionen hauptsächlich in der Schwer- und Rohstoffindustrie vergrößert wurden.

Im folgenden Fünfjahrplan (1961–1965) wurde dem Ausbau der Rohstoffindustrie, der Förderung und der Verarbeitung von Brennstoffen und der Entwicklung der Energetik besondere Beachtung gewidmet, weil ihr Zurückbleiben den Fortschritt der anderen Produktionszweige hemmte. Da die neuen Industrieobjekte, mit deren Errichtung nun begonnen wurde, viel Investitionszeit und große Investmittel benötigten, wurden sie erst mehrere Jahre nach Beginn der Investitionen produktionswirksam. Das hemmte wieder die Erhöhung der Reallöhne. Beunruhigend war, daß die von Jahr zu Jahr steigenden Aufwendungen für Investitionen sinkende Produktionseffekte brachten. Bis 1961 war der jährliche Produktionszuwachs selten niedriger als 10 % gewesen (am niedrigsten im Jahre 1955 mit nicht ganz 8 %). In den Jahren 1962–1970 erreichte er nicht ein einziges Mal 10 %. Ähnlich sank das Wachstumstempo des Nationaleinkommens. Der Produktionszuwachs wurde großenteils nicht durch Zunahme der Arbeitsproduktivität, sondern durch Vergrößerung der Beschäftigtenzahl und neue Investitionen erreicht.

Der Plan für die Jahre 1965–1970 war hauptsächlich eine Fortschreibung der im vorigen Fünfjahrplan festgelegten Aufgaben. Die hohe Anspannung der Kräfte und Mittel für Investitionen wurde beibehalten, was mit dem weiter wirkenden Druck zahlreicher Jahrgänge von ins arbeitsfähige Alter eintretenden jungen Menschen begründet wurde. Doch stellte die Regierung nicht in Rechnung, daß sehr viele dieser Jugendlichen nicht nur in der Industrie, sondern bei Dienstleistungen im weiteren Sinne beschäftigt werden konnten, und letztere bedurften immer mehr einer Kaderzuführung. Neben der quantitativen Erhöhung der Produktion wurde im Plan vor allem ihre Modernisierung und die Verbesserung der Qualität als notwendig hervorgehoben (das war Voraussetzung für wachsenden Export). Der Plan wurde für ein Programm der Modernität und Qualität ausgegeben, wobei man bemüht war zu betonen, er habe einen anderen Charakter als die früheren Pläne.

Die angespannten Produktionsaufgaben brachten es mit sich, daß der Anteil der Akkumulation am Nationaleinkommen weiter anstieg. Damit gingen eine Verlangsamung der Reallohnerhöhung und wachsende Versorgungsschwierigkeiten für die Bevölkerung einher.

Nach den Zielstellungen sollten die Jahre des eben behandelten Planes eine qualitativ neue Etappe in der Wirtschaftsgeschichte Volkspolens einleiten, gekennzeichnet nicht

27 *Karpiński, Andrzej*, Polityka uprzemysłowienia Polski w latach 1958–1968 (Polens Industrialisierungspolitik in den Jahren 1958–1968), Warschau 1969; *Wilczewski, Ryszard*, Dynamika produkcji i przesunięcia przestrzenne przemysłu w latach 1946–1955 (Die Dynamik der Produktion und die Standortverlagerungen der Industrie in den Jahren 1946–1955), Warschau 1968.

nur durch quantitatives Wachstum der Produktion, sondern vor allem dadurch, daß sie bessere Qualität aufwiese und modern wäre. Die Methoden der Wirtschaftsleitung wurden jedoch nicht den vom Plan gestellten Zielen angepaßt, also kamen nicht die erwarteten Resultate heraus. Die in den sechziger Jahren zunehmenden Tendenzen zu erneuter Zentralisierung der Leitung, das Fehlen klarer Perspektiven für die einzelnen Industriezweige, die Schwierigkeiten im Außenhandel und als wichtigstes die faktische Einfrierung des Reallohnniveaus schufen Barrieren, die es schwer machten, zu modernen Erzeugnissen und zur Verbesserung ihrer Qualität zu gelangen.

In dieser Situation begannen ähnliche Schwierigkeiten wie in der Endphase des Sechsjahrplans aufzutreten. Die mit Władysław Gomułka verbundene Gruppe von Politikern und Ökonomen hatte nämlich unzureichende Schlußfolgerungen aus der Krise gezogen, die dazu geführt hatte, daß sie selbst 1956 die Führung der Partei übernahmen. Die von ihnen begangenen Fehler führten zum Anwachsen der Spannungen, und schließlich kam es im Dezember 1970 zu blutigen Unruhen in polnischen Küstenstädten. Die dadurch ausgelöste politische Krise endete damit, daß Edward Gierek die Funktion des Ersten Sekretärs des ZK der PVAP übernahm. Zusammen mit Gomułka schied ein großer Teil der alten Parteiführung aus, darunter die meisten für die Wirtschaftspolitik verantwortlichen Persönlichkeiten.

Analysiert man die Entwicklung der Industrie in den Jahren von 1950 bis 1970, so muß man eine Tatsache beachten, die für diese zwei Jahrzehnte kennzeichnend war: In den aufeinanderfolgenden mehrjährigen Plänen, von denen viele Aufgaben nicht immer erfüllt wurden (z. B. der Umfang des Wohnungsbaus, die Erhöhung der Reallöhne, das Wachstum der landwirtschaftlichen Erzeugung und der Produktion der Konsumgüterindustrien), wurden in der Regel die Aufgaben auf dem Gebiet der Produktion von Produktionsmitteln übertroffen.[28] Doch eine Übererfüllung der Aufgaben auf diesem Gebiete bei gleichzeitiger Nichterreichung vieler anderer Ziele führte zur Desorganisation der polnischen Volkswirtschaft. Die Abteilung I ist nun einmal mit der ganzen Volkswirtschaft fest verbunden.

Um die in der polnischen Industrie aufgetretenen Tendenzen anschaulich zu machen, geben wir in Tabelle 36 einige Zahlen über die Entwicklung der Industrieproduktion wieder.

Tabelle 36
Die Dynamik der Bruttoproduktion in Polen von 1950 bis 1970 (in festen Preisen; 1950 = 100)

Jahr	Insgesamt	Pro Einwohner	Produktionsmittel	Konsumgüter	Extraktive Industrie	Verarbeitende Ind.
1955	212	193	230	192	147	216
1960	338	282	385	291	181	351
1965	508	400	614	399	217	536
1970	759	574	958	549	293	808

Quelle: Rocznik Statystyczny 1971 (Statistisches Jahrbuch 1971), S. 172.

28 Dies analysiert z. B. *Jezierski, Andrzej*, Rozwój spoleczno-gospodarczy Polski 1944–1979 (Polens sozialökonomische Entwicklung 1944–1979), in: „Przegląd Humanistyczny“ 1979, Nr. 10, S. 1–15.

Wie aus dieser Tabelle hervorgeht, wuchs in den Jahren 1950–1970 die Bruttoproduktion von Produktionsmitteln auf 958 % und die von Konsumtionsmitteln auf 549 %.[29] In beiden Fällen war das Wachstum imponierend, es gewährleistete aber nicht die richtigen Proportionen, und das führte alle 10 Jahre etwa zu gesellschaftlichen Krisen.

Indem wir es als notwendig anerkennen, Polen nach dem zweiten Weltkrieg schnell zu industrialisieren, müssen wir doch gleichzeitig feststellen, daß diese Politik nicht immer richtig in die Tat umgesetzt wurde. Vor allem war es ein negatives Merkmal der Industrialisierung in Polen, daß eine klare Konzeption fehlte, welchen Platz Polen in der weltweiten Arbeitsteilung und innerhalb des RGW einzunehmen habe, und daß es infolgedessen keine Vorstellung davon gab, worauf sich Polens Industrie spezialisieren solle. Zwar unternahm man mehrmals Versuche einer selektiven Entwicklung ausgewählter Teilbereiche der Industrie (z. B. der Sechsjahrplan, die Konzeptionen der Gomułka-Gruppe), doch endeten diese mit Mißerfolgen und mit übermäßiger Vermehrung der Produktionsrichtungen. Die übertriebene Allseitigkeit der Industrie machte es schwer, für alle Erzeugnisarten ein hohes, modernes Niveau zu sichern, und verhinderte oft eine große und damit rentable Serienfertigung. Der Inlandsmarkt war zu begrenzt, um die zu hohe Produktion aufzunehmen, doch der ungenügende technische und technologische Fortschritt in vielen Zweigen bewirkte, daß die Erzeugnisse nicht konkurrenzfähig waren, und das hemmte den Export. Man beging auch den schweren Fehler, die Energetik – im Vergleich zur Entwicklung der ganzen Volkswirtschaft – zu langsam zu entwickeln, denn das Energiedefizit machte es unmöglich, die installierten Produktionsanlagen voll auszunutzen. Unnötig forciert wurde die Entwicklung einiger Teilbereiche mit übermäßig großem Bedarf an Rohstoffen und Halbfabrikaten aus dem Import.

Die ständige quantitative Entwicklung der Industrieproduktion erlaubte es Polen jedoch, nicht nur die Erzeugung wichtiger Anlagen und Maschinen und auch langlebiger Konsumgüter sehr beträchtlich zu vergrößern, sondern auch den Abstand, der vor dem Kriege zwischen Polen und den höherentwickelten kapitalistischen Staaten bestanden hatte, zu verkleinern. Bei vielen traditionellen Industrieerzeugnissen ist dieser Rückstand erheblich geringer geworden (Elektroenergie, Stahl, Zement u. a.). Weniger groß waren Volkspolens Errungenschaften bei der Entwicklung der moderneren Industriebereiche (Elektronik, Kunstfasern usw.). Während Polen 1950 hinsichtlich der Erzeugung von Elektroenergie den 15. Platz in der Welt einnahm, war es 1970 schon der 11. Platz, entsprechend rückte Polen in der Braunkohleförderung vom 9. auf den 5. Platz, beim Stapellauf von Schiffen vom 15. auf den 11. Platz, in der Produktion von Schwefelsäure vom 15. auf den 11. Platz, von Zellfasern vom 14. auf den 10. und von Baumwollgarn vom 13. auf den 9. Platz vor.[30]

Alles in allem stärkte Polens industrielle Entwicklung in den Jahren 1950–1970 sein Wirtschaftspotential und schuf Voraussetzungen für eine schnelle Entwicklung in den

[29] Eine reichhaltige statistische Dokumentation gibt *Rocznik statystyczny przemysłu 1945–1975* (Statistisches Jahrbuch der Industrie 1945–1975), Warschau 1976; siehe auch *Struktura gospodarki narodowej* (Die Struktur der Volkswirtschaft), Warschau 1969.

[30] *Rocznik Statystyczny 1971*, S. 641; Näheres über den Platz der polnischen Industrie in der Welt siehe z. B. *Karpiński, Andrzej*, Gospodarcza pozycja Polski w świecie (Polens wirtschaftliche Position in der Welt), Warschau 1973; *Landau, Zbigniew*, The Rate of Growth of the Economy of People's Poland, in: „Acta Poloniae Historica" 1970, Nr. 21, S. 5–24; *Rozwój gospodarczy europejskich krajów socjalistycznych* (Die Entwicklung der europäischen sozialistischen Länder), Warschau 1981.

Tabelle 37
Anteil der Industriezweige an der industriellen Bruttoproduktion (vergleichbare Preise vom 1. Juli 1960)

Produktionszweige und -teilbereiche	1950	1960	1965	1970
Zusammen	100	100	100	100
Produktionsmittel	52,6	59,4	63,0	66,3
Konsumgüter	47,4	40,6	37,0	33,7
Erzeugung von Elektro- u. Wärmeenergie	1,8	2,2	2,4	2,4
Brennstoffindustrie	16,4	9,6	8,2	7,4
Eisenhüttenwesen	8,6	7,9	7,5	6,7
Nichteisenmetallhüttenwesen	2,5	2,3	2,0	2,2
Maschinenbau und Metallbau-Industrie	2,1	5,6	7,2	9,0
Elektrotechnische Industrie	1,2	3,5	4,9	6,2
Transportmittelindustrie	2,8	6,6	8,8	10,8
Metallindustrie	1,9	4,2	4,9	5,5
Chemische Industrie	3,8	6,3	8,1	10,2
Gummiindustrie	0,8	1,1	1,2	1,3
Baustoffindustrie	2,6	3,4	3,2	2,9
Glasindustrie	0,4	0,5	0,6	0,6
Porzellan- und Steingutindustrie	0,2	0,2	0,2	0,2
Holzindustrie	3,8	4,2	3,8	3,3
Papierindustrie	1,5	1,6	1,4	1,2
Polygraphische Industrie	0,7	0,6	0,6	0,6
Textilindustrie	10,1	9,7	8,2	7,6
Bekleidungsindustrie	2,9	2,8	3,0	3,0
Leder- und Schuhindustrie	2,6	2,5	2,1	1,8
Nahrungsmittelindustrie	32,7	24,3	19,9	15,2
Salzindustrie	0,1	0,1	0,1	0,1
Andere Zweige	0,5	0,8	1,7	1,8

Quelle: Rocznik Statystyczny 1971 (Statistisches Jahrbuch 1971), S. 173.

folgenden Jahren. Das war eine große Errungenschaft des Staates und der Gesellschaft Volkspolens.

In diesem Zeitraum nahm die Produktion nicht nur mengenmäßig zu und verbreiterte sich ihr Sortiment, sondern es veränderte sich auch grundsätzlich die Zweigstruktur der Industrie. Vor dem zweiten Weltkrieg traditionelle Zweige und Teilbereiche verloren an Bedeutung, und an die Spitze setzten sich neue, die potentielle Voraussetzungen für die weitere Entwicklung der Volkswirtschaft schufen. Maßgebliche Bedeutung erlangten der Elektromaschinenbau und die chemische Industrie. Auskünfte darüber gibt Tabelle 37.

Natürlich ist zu berücksichtigen, daß der Rückgang des Anteils irgendeines Zweiges an der Gesamtproduktion nicht gleichbedeutend mit einem absoluten Absinken seiner Produktion ist.

6. Die Entwicklung der Landwirtschaft

Unter den zahlreichen wichtigen wirtschaftlichen Problemen, vor denen die Volksmacht schon in der Anfangsphase ihrer Existenz stand, stach neben der Ingangsetzung des Transportwesens und der Industrie der Komplex der mit der Landwirtschaft verbundenen Probleme hervor. Von ihrem schnellen Wiederaufbau hing die Ernährung der Bevölkerung ab. Ein möglichst großer Teil der Bodenfläche mußte in Bestellung genommen und möglichst schnell mußte der Bestand an Pferden, Rindern und Schweinen vergrößert werden.

Von gewaltiger Bedeutung für den Wiederaufbau der Landwirtschaft war selbstverständlich die Bodenreform. Nach dem ersten Weltkrieg, als sich ein großer Teil der Ackerflächen in den Händen von Großgrundbesitzern befunden hatte, war der Wiederaufbau häufig durch Mangel an Finanzmitteln für den Kauf von Inventar, für die Entlohnung von Arbeitern usw. gehemmt worden. Nach dem zweiten Weltkrieg befand sich der Boden in den Händen von kleinen Warenproduzenten, hing der Wiederaufbau also vor allem von der Arbeit der Bauern ab. Das Dorf wurde durch die Landaufteilung und die Streichung der Schulden ökonomisch stärker. Schon im Herbst 1945 machte die Anbaufläche in den alten polnischen Gebieten ungefähr 90 % des Vorkriegsstandes aus. Es ist hervorzuheben, daß das durch riesige Mühen der Bauern und Staatshilfe erreicht wurde. Die Bauern konnten den Boden erst nach Räumung von Minen und Blindgängern, nach Einebnung der Schützengräben, nach Zerstörung von Bunkern und Unterständen, nach Beseitigung von Stacheldrahtverhauen usw. bestellen. In vielen Fällen machten sie sich aber an die Bestellung, ohne auf die Entminung zu warten. Das war ein wirklicher Kampf um das Brot, in dem Menschen ihr Leben ließen. Wegen der enormen Verringerung des Pferdebestandes in den Kriegsjahren fehlte es an Zugkräften. Es herrschte fühlbarer Mangel an Geräten, es gab keinen Kunstdünger und keinerlei Pflanzenschutzmittel.

Bundesgenosse der Bauern war der Staat. Zu niedrigen Preisen lieferte er Baumaterial, Saatgetreide, lebendes Inventar. Recht viel Land pflügten die Brigaden des Staatlichen Betriebes für landwirtschaftliche Maschinen und Geräte (Państwowe Przedsiębiorstwo Maszyn i Narzędzi Rolniczych), die zu dem Zweck, den Bauern und den Staatsgütern Hilfe zu leisten, ins Leben gerufen wurden. Zu einer zusätzlichen Hilfsquelle für das Dorf wurden vom Herbst 1945 an Lieferungen der United Nations Relief and Rehabilitation Administration (UNRRA), einer Organisation, die die UNO gegründet hatte, um kriegszerstörten Ländern Hilfe zu leisten. Aus dieser Quelle erhielt Polen bis Ende 1946 ungefähr 125000 Pferde, 17000 Rinder, über 100000 Bruteier u. a.

Doch wenn der Boden schnell in Bewirtschaftung genommen wurde, so heißt das noch nicht, daß die landwirtschaftliche Erzeugung im gleichen Maße zunahm. Sie war viel geringer als vor dem Kriege. 1946 machte der Wert der landwirtschaftlichen Erzeugung (in vergleichbare Preise umgerechnet) 47 % des im Jahrfünft 1934–1938 erzielten Durchschnitts aus. In Anbetracht der geringeren Anbaufläche als Resultat der Veränderung der Staatsgrenzen betrug 1946 die Produktion pro Hektar 59 % und pro Einwohner Polens 66 % des Vorkriegsstandes. Wie schon erwähnt, erhöhte sich im Zusammenhang mit der Bodenreform der Eigenverbrauch der Landbevölkerung. Das alles rief sehr ernste Schwierigkeiten bei der Lebensmittelversorgung der Stadtbevölkerung hervor. Unter diesen Umständen entschloß sich die Regierung, das System der Pflichtablieferung der Bauern an den Staat beizubehalten. Ihre Höhe wurde aber im Vergleich zu den Kontingenten der Kriegszeit stark gesenkt. Für die Pflichtlieferungen erhielten die Bauern mehr oder weniger symbolische Bezahlung in Höhe von ungefähr 4 % des Preises, den sie auf dem freien Markt erzielten. Das war eine spezifische Form der Besteuerung der Landwirtschaft. Ein Anreiz zur Abgabe von Produkten waren die Sachprämien. Sie bestanden in der Lieferung einiger auf dem Lande sehr gefragter Industriewaren zu Preisen, die weit unter denen auf dem freien Markt lagen. Zusätzlich lieferte der Staat dem Dorf einige Artikel im Rahmen der sogenannten Sonderaktion im Sommer 1945. Angesichts des großen Hungers nach Waren war das ein zusätzlicher Anreiz, die Pflichtablieferung zu leisten. Auf diese Weise u. a. suchte man das Bündnis der Arbeiterklasse mit den Bauern als einfachen Warenproduzenten zu verwirklichen.

Obwohl das Maß der Pflichtablieferung ermäßigt wurde und nicht allzu groß war, stieß ihre Realisierung auf große Schwierigkeiten. Die Bauern erfüllten ihre Pflichten nicht vollständig. Schätzungsweise machte die Pflichtablieferung damals ungefähr 14 % der Getreideernte und 6 % der Kartoffelernte aus. Das reichte nicht, um die Versorgung der Stadtbevölkerung auf Karten abzudecken. In diesem Zusammenhang hatte der freie Markt, auf dem die Bauern ihre Erzeugnisse zu hohen Preisen verkauften, große Bedeutung. Das Pflichtablieferungssystem wurde im Sommer 1946 abgeschafft. Der Staat erhielt danach landwirtschaftliche Erzeugnisse zur Versorgung der Städte durch den sogenannten gebundenen Austausch: der Bauer konnte Industrieerzeugnisse zu staatlichen Preisen erwerben, wenn er dafür Produkte aus seiner Wirtschaft verkaufte. Größere Bedeutung gewann auch die vertragsmäßige Bindung einiger Ackerkulturen.[31]

In der Zeit nach der Befreiung entwickelten sich auch die ländlichen Handelsgenossenschaften weiter, denen eine wichtige soziale und ökonomische Rolle zufiel. Viele Arbeiter- und Bauernfunktionäre hielten es für nötig, das Genossenschaftswesen weiter auszubauen und inhaltlich so umzuwandeln, daß es sich allseitig betätigen konnte, um hauptsächlich den ärmeren Schichten der bäuerlichen Bevölkerung zu helfen. Mit einer Konzeption, das Genossenschaftswesen auf dem Lande umzugestalten, trat der Kongreß des Verbandes der Bäuerlichen Selbsthilfe (Samopomoc Chłopska) im Dezember 1944 in Lublin zusammen. Seine Organisatoren beabsichtigten, diesen Verband zu einer Berufsvertretung des arbeitenden Teils der Landbevölkerung zu machen und ein Netz von Genossenschaften unter dem Namen Samopomoc Chłopska zu organisieren. In der Zukunft spielten sie eine große Rolle nicht nur beim Aufbau eines Handelsnetzes, sondern auch beim Wiederaufbau zerstörter landwirtschaftlicher Verarbeitungsbetriebe, bei der Bewirtschaftung brachliegenden Landes usw. Die Entstehung dieser Genossenschaften war auch politisch bedeutsam, denn sie ermöglichten es, die ökonomischen Einflüsse der mit der oppositionellen Polnischen Bauernpartei (PSL) verbundenen Organisationen zurückzudrängen.

In der ersten Zeit der Volksmacht war der unter dem Einfluß der Polnischen Arbeiterpartei (PPR) und der Linken in der Bauernbewegung stehende Verband der Bäuerlichen Selbsthilfe neben dem von Stanisław Mikołajczyk geleiteten Landwirtschaftsministerium das zweite Zentrum, das die Konzeptionen und die Durchführung der staatlichen Agrarpolitik beeinflußte.[32]

In der Landwirtschaft wurden die Wirtschaftspläne zur Zeit des Dreijahrplanes weniger erfolgreich erfüllt als in der Industrie. Wegen schlechten Wetters blieben die Ernteerträge 1947 unter den Erwartungen, von Mißernten waren auch andere Länder Mitteleuropas

31 *Czajka, Zdzisław*, Założenia i przebieg akcji specjalnej w Polsce w latach 1945–1946 (Prämissen und Verlauf der Sonderaktion in Polen in den Jahren 1945–1946), in: „Biuletyn Instytutu Gospodarstwa Społecznego“ 1966, Nr. 3–4.

32 *Dwudziestolecie Centrali Rolniczej Spółdzielni „Samopomoc Chłopska“* (Zwanzig Jahre Zentrale der Landwirtschaftlichen Genossenschaft „Bäuerliche Selbsthilfe“), Warschau 1968.

betroffen. Zwar lag die landwirtschaftliche Erzeugung um ungefähr 40 % höher als 1946, doch genügte das nicht, um Polens Bedarf zu decken, denn die UNRRA-Lieferungen hatten sich verringert. Daß das Wachstum der landwirtschaftlichen Erzeugung nicht ausreichte, kam darin zum Ausdruck, daß 1947 nur 66 % der durchschnittlichen Mengen von 1934 bis 1938 erreicht wurden. Unter diesen Umständen war die polnische Regierung gezwungen, zusätzlich zur landwirtschaftlichen Produktion im eigenen Lande viel Getreide zu importieren.

Zur Verbesserung der Situation in der Landwirtschaft wurden einige vorbeugende Maßnahmen ergriffen. Vor allem wurde ein Vertragssystem (polnisch: Kontraktcja) entwickelt, ein System von Verträgen, die gesellschaftliche Betriebe mit den Bauern abschlossen. Diese Verträge garantierten den Bauern, den vorher festgelegten Verkaufspreis für ihre Agrarerzeugnisse, der sozialistischen Wirtschaft aber die Lieferung der von ihr benötigten Produkte. Besonders entwickelte sich dieses Verfahren bei Zuckerrüben, in das 1947 schon 400000 Einzelbauernwirtschaften einbezogen waren. Das Vertragssystem war eine Form der Verbindung des von der kleinen Warenproduktion geprägten Dorfes mit der gesellschaftlichen Wirtschaft der Stadt. Außer für Zuckerrüben wurden solche Verträge auch für die Lieferung von Kartoffeln, Flachs, Gemüse, Ölfrüchten, Schweinen, Milch, Eiern und anderen Produkten unterschrieben. Damals begann auch die Lieferung von Industriewaren ins Dorf zuzunehmen, u. a. wurden mehr künstliche Düngemittel und Traktoren geliefert, was der Erhöhung der landwirtschaftlichen Erzeugung förderlich war. Infolgedessen erreichte 1948 Polens Agrarproduktion in den neuen Grenzen 77 % des im alten Staatsgebiet erzielten Durchschnitts der Jahre 1934 bis 1938, was in Anbetracht der gesunkenen Bevölkerungszahl Polens bedeutete, daß die Vorkriegsproduktion pro Kopf um 9 % überschritten war (berechnet aufgrund der Bevölkerungszahl von 1938).

Das hieß aber nicht, daß die Bedürfnisse befriedigt worden wären. Das Vorkriegsniveau wurde nicht sehr übertroffen, doch der Eigenverbrauch der Landbevölkerung stieg unvergleichlich mehr. Zugleich erhöhte sich die Nachfrage der Stadtbevölkerung nach Lebensmitteln. So wurde die Entwicklung der Landwirtschaft zu einer der zentralen Aufgaben, vor denen der polnische Staat unaufhörlich stand und steht. Der staatliche Sektor in der Landwirtschaft, den die vom Staat übernommenen, nicht aufgeteilten Güter mit mehr als 1,5 Millionen ha bildeten, brachte seinerzeit sehr wenig ein. Seine Produktionsleistungen waren viel geringer als die der Bauernwirtschaften.

Weil es notwendig war, die Erträge der Landwirtschaft anzuheben, wurde die Konzeption für die weitere Entwicklung des polnischen Dorfes geändert. Die politische Strömung, die 1948 in Polen gesiegt hatte, sah die Lösung vor allem in der Entwicklung der Produktionsgenossenschaften auf dem Lande. Ein solches Programm legte im Herbst 1948 Hilary Minc vor. Es ging davon aus, daß elektrifizierte (der Stand der Elektrifizierung war damals in Polen auf dem Lande sehr niedrig), mechanisierte, moderne Großwirtschaften ein schnelles Wachstum der landwirtschaftlichen Produktion und zugleich eine Verbesserung der Arbeitsbedingungen des Bauern herbeiführen würden. In Volkspolen konnte es sich dabei nicht um kapitalistische, sondern nur um nach gesellschaftlichen Prinzipien organisierte Großwirtschaften handeln. Ziel der Entwicklung der Produktionsgenossenschaften war zugleich die Beseitigung der Schicht der dörflichen Kapitalisten. Doch die Verwirklichung dieses Programms, das im Dezember vom Vereinigungsparteitag der Arbeiterbewegung akzeptiert wurde, mußte unter polnischen Bedingungen auf viele Schwierigkeiten stoßen. Die polnischen Bauern fühlten sich außergewöhnlich stark mit der eigenen Wirtschaft verbunden. Die letzten anderthalb Jahrhunderte der polnischen Geschichte waren doch eine Geschichte des Kampfes der Bauern um Boden gewesen. Gleichzeitig hatte lange Zeit hindurch die antisowjetische Propaganda das Kolchossystem in düsteren Farben dargestellt. In der Aktion für Produktionsgenossenschaften mußten diese historischen Aspekte berücksichtigt und die Bauern geschickt von den Vorteilen der ihnen neuen, unbekannten Wirtschaftsform überzeugt werden. Die Herausbildung großer landwirtschaftlicher Betriebe wurde auch objektiv gehemmt, weil es nach wie vor an dafür erforderlichen Maschinen und anderen Produktionsmitteln mangelte. Überdies fürchteten die Bauern, in den Produktionsgenossenschaften würden einige Mitglieder sich vor der Arbeit drücken und auf Kosten der anderen leben. Sie befürchteten auch, daß die Genossenschaft nicht nur das Eigentum an Produktionsmitteln, sondern auch das persönliche Eigentum einschränken werde.

Die Aufstellung des Programms der Vergenossenschaftlichung des Dorfes stand 1948 im Zusammenhang mit den Beschlüssen des Informationsbüros der Kommunistischen und Arbeiterparteien, an dem die Polnische Arbeiterpartei und dann die Vereinigte Polnische Arbeiterpartei beteiligt war. Die meisten Teilnehmer der Beratung des Büros waren im Jahre 1948 für die Variante der beschleunigten Vergesellschaftung der Agrarproduktion. Diese Variante wurde dadurch gekennzeichnet, daß den nötigen Veränderungen in der technischen Basis der Landwirtschaft solche in den gesellschaftlichen und wirtschaftlichen Verhältnissen vorausgehen sollten. Die Agrarproduktion sollte vergesellschaftet werden, bevor die entstehenden großen Produktionseinheiten mit moderner technischer Ausrüstung voll versorgt wären. Daß man diese Variante wählte, resultierte einerseits aus der Zuspitzung der internationalen politischen Lage, die zur Beschleunigung der sozialistischen Umgestaltungen und zur Festigung der Wirtschaftskraft der mit der UdSSR verbündeten Staaten bewog, andererseits übernahm man damit einfach Erfahrungen der Kollektivierung der sowjetischen Landwirtschaft, wobei man von der Tatsache abstrahierte, daß diese unter anderen historischen Bedingungen (z. B. hatten in der russischen Landwirtschaft recht starke Traditionen der gemeinsamen Bodenbearbeitung bestanden, während es solche Traditionen in der polnischen Landwirtschaft nicht gab) und unter anderen ökonomischen Voraussetzungen stattgefunden hatte, denn dem Sowjetstaat stand ein riesiger Bodenfonds zur Verfügung.

Vor 1948 hatten die Führer der polnischen Arbeiterbewegung eine andere Variante der Entwicklung der Landwirtschaft vorgesehen und unterstützt, die allmähliche Vergesellschaftung der Produktion, wobei sie weiterreichende Umwandlungen auf eine Zeit vertagten, in der die Industrieproduktion für ländliche Bedürfnisse gewachsen wäre und sich im bäuerlichen Bewußtsein Wandlungen in der Frage der kollektiven Wirtschaftsführung vollzogen hätten.

In den Jahren des Dreijahrplanes gab es erst wenige Produktionsgenossenschaften. Ende 1949 bestanden in ganz Polen 243. In dieser Anfangsphase bildeten die Genossenschaften erst einen Keim der neuen Wirtschaftsform in der Landwirtschaft und hatten noch keine wesentliche wirtschaftliche Bedeutung. Daher hing das Wachstum der landwirtschaftlichen Erzeugung weiterhin hauptsächlich von der individuellen Wirtschaft und – in geringem Maße – von den Staatsgütern ab. Da die Produktion nicht ausreichte und Mangel an landwirtschaftlichen Erzeugnissen herrschte, mußte man ihnen die besten Arbeitsbedingungen schaffen. Indessen zeigte die Verteilung der Investitionsmittel und die Zuteilung von Produktionsmitteln, an denen es besonders mangelte, daß in der Wirtschaftspolitik Tendenzen überhand gewonnen hatten, die Probleme der Landwirtschaft in den Hintergrund zu rücken. Obenauf im Wirtschaftsprogramm stand unanfechtbar die Industrialisierung.

Trotzdem schloß der Dreijahrplan mit großen Erfolgen für die Landwirtschaft ab. Die in Bewirtschaftung genommene Fläche ging noch ein wenig über die Planziele hinaus. Überschritten wurden auch die geplanten Hektarerträge. Mehr als erwartet wuchs der Pferde- und Rinderbestand, während es nicht gelungen war, die geplanten Ergebnisse in der Schweinehaltung zu erreichen. Die Gesamtproduktion der Landwirtschaft war geringer als vor dem Kriege, aber pro Einwohner um 19 % größer als im Jahre 1938.

Im Sechsjahrplan wurde für die Landwirtschaft sowohl die Erhöhung der Produktion wie auch die Fortsetzung der prinzipiellen Umgestaltung sozialistischen Charakters vorgesehen. Die kleinen und mittleren Wirtschaften sollten sich freiwillig zu Produktionsgenossenschaften zusammenschließen. Die gemeinsame Verwirklichung dieser beiden Aufgaben erwies sich als maßlos schwer. Die Bauern waren nämlich in ihrer großen Masse nicht davon überzeugt, daß es zweckmäßig und notwendig wäre, Produktionsgenossenschaften zu gründen, sie erblickten auch keinen Vorteil im Zusammenschluß der Einzelwirtschaften, wenn das erforderliche Gerät für die Arbeit auf ausgedehnten Genossenschaftsfeldern fehlte. Weil sie vor dieser Perspektive Angst hatten, verloren sie das Interesse daran, in ihren Wirtschaften die Produktionsergebnisse zu verbessern. Das zeigte sich zum Beispiel in der fast völligen Vernachlässigung von Investitionen für Produktionszwecke.

Angst und Unwille der Bauern nahmen zu, als man von den ursprünglichen Festlegungen für die Agrarpolitik abging. In einigen Gegenden Polens traten Tendenzen auf, Produktionsgenossenschaften auf administrativem Wege zustande zu bringen. Unter Druck und nicht durch wirklich freiwillige Entscheidung der Bauern entstandene Genossenschaften wirtschafteten in der Regel schlecht und dienten vielen anderen Bauern als vom sozialistischen Entwicklungsweg abschreckendes Beispiel. Solche Fälle waren im ersten Planjahr nicht allgemein. Noch dominierten Genossenschaften, die die Bauern aus eigenem Antrieb von unten her gründeten. Es waren ihrer recht wenige.

Die zunehmenden Spannungen in den internationalen Beziehungen und die Beschleunigung der Industrialisierung riefen auch Änderungen der Landwirtschaftspolitik hervor. Die Vergrößerung der industriellen Investitionen zwang zur Einschränkung der sowieso schon niedrig geplanten landwirtschaftlichen Investitionen, insbesondere des ländlichen Bauwesens, wofür die Baumaterialien nicht ausreichten. Gleichzeitig stellte man allmählich zunehmende Aufgaben bezüglich der Vergenossenschaftung der Dörfer. Als Muster dienten die Erfahrungen der Kollektivierung in der Sowjetunion, ohne Berücksichtigung der wesentlichen Unterschiede zwischen der Landwirtschaft beider Länder. Zum Beispiel hatte man in der UdSSR in der ersten Zeit nach der Kollektivierung, als große Schwierigkeiten in der Landwirtschaft auftraten und das Angebot landwirtschaftlicher Erzeugnisse absank, diesen Erscheinungen entgegengewirkt, indem man die Anbaufläche erweiterte. In Polen bestand eine solche Möglichkeit nicht. Die polnische Landwirtschaft hatte schon in der Zeit der kleinen Warenwirtschaft die extensiven Reserven für ein Wachstum der Produktion erschöpft und konnte sich nur durch Anwendung intensiver Methoden weiterentwickeln.

Die Beschleunigung des Industrialisierungsprozesses, wofür wachsende Ausgaben für Investitionen erforderlich waren, ließ die Konzeption aufkommen, die Landwirtschaft und das Dorf sollten großenteils die damit verbundenen finanziellen Lasten tragen. Es mangelte dabei nicht an Optimisten, die meinten, die Landwirtschaft werde ohne größere

Investitionen und finanzielle Aufwendungen, allein durch die Vergenossenschaftung ihre Produktivität erhöhen und damit die von der Industrie als Rohstoffe und von der Bevölkerung benötigten zusätzlichen Produkte erzeugen.

Die damalige Politik gegenüber der Landwirtschaft hatte deutlich Klassencharakter. Das Dorf wurde nicht einheitlich mit finanziellen Leistungen und anderen Verpflichtungen an den Staat belastet. Ein Gesetz reformierte im Juni 1950 die Grundsteuer in der Richtung, daß alle Einkommensarten der Bauern erfaßt wurden. Zugleich schuf es ein System von Ermäßigungen, die die Vergenossenschaftung und das Produktionswachstum begünstigten. Die ärmsten Wirtschaften zahlten 2 % des die Steuerbemessungsgrundlage bildenden Wertes, die obere Grenze lag bei 20 %. Wohlhabende Wirtschaften wurden gezwungen, einen Teil der Steuer in Naturalien zu entrichten. Diese Forderung wurde aufgehoben, als 1951 erneut die Pflichtablieferung eingeführt wurde.

Mit der Wiedereinführung dieses Ablieferungssystems wollte man garantieren, daß der Staat über ein gewisses Minimum an Lebensmitteln für die Versorgung der Bevölkerung und für den Export disponieren konnte. Zugleich wurde es eine neue Form der Belastung des Dorfes, da den Bauern für ihre Produkte viel niedrigere Preise als auf dem Markt gezahlt wurden.[33] Damit wuchsen die Pflichten des Dorfes gegenüber dem Staat. Die Normen für die Einkommensschätzung, die die Bemessungsgrundlage für die Grundsteuer bildeten, wurden erheblich heraufgesetzt. 1953 betrugen sie schon 10 % für die ärmsten und 48 % für die reichsten Wirtschaften. Zwar erhöhten sich gleichzeitig die Einkünfte der Bauern, doch wuchs die fiskalische Belastung schneller. Es stieg auch die Belastung der individuellen Wirtschaften durch die Pflichtablieferung von 11 % des Nettoprodukts im Jahre 1950 auf 23 % im Jahre 1952.

In Übereinstimmung mit den Festlegungen des Sechsjahrplanes nahm 1951–1953 die Zahl der Produktionsgenossenschaften schnell zu. 1953 gab es schon 7700, sie verfügten über ungefähr 1,2 Millionen ha Fläche, die von 159000 Mitgliedern eingebracht worden waren. Um den Produktionsgenossenschaften die Entwicklung zu ermöglichen, errichtete der Staat nach dem Muster der MTS in der UdSSR ein weitverzweigtes Netz von Staatlichen Maschinenzentralen (Państwowy Ośrodek Maszynowy), die die Bedürfnisse der neuen Wirtschaften bei der Mechanisierung der Feldarbeiten befriedigen sollten. Die Genossenschaften bekamen Kredite zu niedrigen Zinssätzen für Investitionszwecke und auch für den Wohnungsbau. Ihnen wurden auch viel günstigere Besteuerungsgrundsätze eingeräumt. Das war von wesentlicher Bedeutung, denn wenn die Einzelbauern – mit hohen Steuersätzen belastet – in die Genossenschaft eintraten, wurden diese Sätze herabgesetzt und die Begleichung eventueller alter Steuerschulden gestundet. Trat ein Bauer aber aus der Genossenschaft aus, so mußte er seine alten Verpflichtungen regulieren.

Eine Atmosphäre, in der die Ergebnisse der Tätigkeit der örtlichen und regionalen Verwaltung und die Qualität der politischen Arbeit der Parteiorganisationen am erreichten Grad der Vergenossenschaftung des Dorfes gemessen wurden, war der Verletzung des formal geltenden Prinzips der Freiwilligkeit des Beitritts zur Genossenschaft förderlich. In einigen Fällen wurden besonders krasse Verstöße gegen dieses Prinzip und Machtmißbrauch Gegenstand spezieller Beschlüsse der obersten Parteiorgane. Zum Beispiel faßte das Zentralkomitee im September 1951 einen Beschluß wegen Verletzung des Prinzips der Freiwilligkeit bei der Gründung von Produktionsgenossenschaften in Drawsko

[33] *Winiewska, Regina*, Obciążenia podatkowe gospodarstw chłopskich w latach 1944–1955 (Die Steuerbelastung der Bauernwirtschaften in den Jahren 1944–1955), Warschau 1961.

und einige Monate früher einen ähnlichen Beschluß wegen Verstoßes gegen die Parteilinie in der Parteiorganisation von Gryfice in der Wojewodschaft Szczecin.[34]

Verletzungen des Freiwilligkeitsprinzips, ökonomischer Druck auf die Bauern in Form hoher Besteuerung und Pflichtablieferung zogen jedoch fühlbare negative Folgen nach sich. So sanken z. B. die Aufwendungen für Investitionen im nichtgesellschaftlichen Sektor von 2,8 Milliarden Zloty im Jahre 1952 auf 1,2 Milliarden Złoty im Jahr danach. Durch die Einstellung von Investitionen wurde nicht nur die erweiterte Reproduktion gehemmt, sondern auch das schon vorhandene Produktionsvermögen in der Landwirtschaft verlor an Wert. Durch das Wirken dieser und anderer Faktoren kam es in den Jahren 1949–1953 zur Stagnation und vorübergehend sogar zum Rückgang der landwirtschaftlichen Produktion, was in gewissem Grade auch auf die Mißernte von 1951 zurückzuführen ist. Dabei erreichten die Produktionsgenossenschaften im ganzen keine besseren Ergebnisse als die Einzelbauern, und die Staatsgüter warteten mit noch schlechteren Resultaten auf.

Infolge der Stagnation und des zeitweiligen Rückgangs wurden die Planaufgaben nicht erfüllt, und damit vertieften sich die Disproportionen zwischen der sich schnell entwickelnden Industrie und der Landwirtschaft. Das zwang zum Import von Getreide, wenn auch die inländische Produktion damals 95 % des Bedarfs deckte.

Die im Herbst 1953 vorgenommene Plankorrektur ließ die Landwirtschaft nicht aus. Zu Recht war man der Meinung, die sich vertiefenden Disproportionen würden die Entwicklung der ganzen Volkswirtschaft behindern und die Verwirklichung der Aufgaben zur Verbesserung der Lage der Bevölkerung unmöglich machen. In der Landwirtschaft wollte man nicht länger einseitig die Entwicklung des gesellschaftlichen Sektors unterstützen, sondern auch bei den individuell wirtschaftenden Bauern, die immer noch die große Mehrheit der Landbevölkerung ausmachten und in hohem Grade über die Ernteerträge und den Stand der Viehzucht entschieden, das Produktionswachstum stimulieren. Als Folge dieser Festlegungen wurden die Aufwendungen für Investitionen in der Landwirtschaft erhöht und vor allem dem Ausbau der Staatsgüter und der Produktionsgenossenschaften zugeführt. Gleichzeitig wurde aber die Höhe der Pflichtablieferungsnorm festgeschrieben, wodurch für die Einzelbauern ein gewisser Anreiz gegeben war, die Produktion zu erhöhen. 1955 verausgabten sie aus eigenen Mitteln fast dreimal soviel für Investitionen wie 1953. Die genannten Veränderungen gewährleisteten jedoch nicht eine fühlbare Verbesserung der Lage auf dem Lande und führten nicht zu einer wesentlichen Vergrößerung der Produktion.[35]

[34] *O socjalistyczną przebudowę wsi. Uchwały Komitetu Centralnego Polskiej Zjednoczonej Partii Robotniczej 1949–1952* (Für den sozialistischen Umbau des Dorfes. Beschlüsse des Zentralkomitees der Polnischen Vereinigten Arbeiterpartei 1949–1952), Warschau 1953, S. 57–61; *Kaliński, Janusz/Kostrowicka, Irena/Landau, Zbigniew*, Gospodarka Polski Ludowej. Wybór dokumentów (Volkspolens Wirtschaft. Eine Auswahl von Dokumenten), Teil 1: 1944–1956, Warschau 1973, S. 189–194; *Uchwały Komitetu Centralnego Polskiej Zjednoczonej Partii Robotniczej 1951* (Beschlüsse des Zentralkomitees der Polnischen Vereinigten Arbeiterpartei 1951), Warschau 1952, S. 72–79.

[35] Näheres dazu siehe *Kostrowicka, I./Landau, Z./Tomaszewski, J.*, Historia gospodarcza Polski, a. a. O.; *Tomczak, Franciszek*, Rolnictwo Polski Ludowej. Zarys ekonomiki (Volkspolens Landwirtschaft. Abriß der Ökonomie), 2. Aufl., Warschau 1972; *Adamowski, Zbigniew/Lewandowski, Jędrzej*, Rolnictwo polskie w dwudziestopięcioleciu (25 Jahre polnische Landwirtschaft), Warschau 1970.

Die neue Parteiführung unter Władysław Gomułka bewirkte viel weitergehende Veränderungen in der Agrarpolitik als in der Industrialisierungspolitik. Vor allem wurden jetzt die bisherigen Methoden der Unterstützung der Produktionsgenossenschaften entschieden abgelehnt. In einem Beschluß des Zentralkomitees der Polnischen Vereinigten Arbeiterpartei hieß es: „Die Bemühungen um die Festigung der Genossenschaften fortsetzend muß gleichzeitig die Auflösung von Genossenschaften, die keine Voraussetzungen zur Weiterentwicklung besitzen und das Produktionsgenossenschaftswesen kompromittieren, ermöglicht werden. Jegliche Versuche, ihre Existenz mit Mitteln unentgeltlicher Wirtschaftshilfe des Staates aufrechtzuerhalten, müssen als schädlich angesehen werden.“[36] Das bedeutete, daß bei der Kollektivierung keinerlei Zwang angewendet und daß schlecht arbeitende, Verluste machende Wirtschaften nicht künstlich hochgehalten werden sollten. Doch war das nicht gleichbedeutend damit, daß man etwa davon abgehen wollte, die Landwirtschaft in die Entwicklung der sozialistischen Wirtschaft einzubeziehen. Die einzelbäuerliche Wirtschaft sollte mit der sozialistischen Wirtschaft durch eine Reihe verschiedenartiger Aktivitäten verbunden sein, wie z. B. das Vertragssystem, die Entwicklung von Versorgungs- und Absatzgenossenschaften und finanzielle Maßnahmen. Am wichtigsten war aber die Tatsache, daß die hauptsächlich aus kleinen Warenproduzenten bestehende Landwirtschaft unter den Bedingungen der vollzogenen Vergesellschaftung der Industrie, des Handels, der Finanzen, des Transportwesens usw. ein Bestandteil des gesamtnationalen sozialistischen Wirtschaftssystems war, sich den Bedürfnissen der sozialistischen Wirtschaft anpassen mußte und außerhalb von ihr nicht tätig sein konnte.

Die Veränderungen in der Agrarpolitik betrafen nicht nur das Verhältnis zu den Produktionsgenossenschaften. Es wurden ferner u. a. die Pflichtablieferungsnormen herabgesetzt, die Steuern gesenkt und die Zuteilungen von Produktionsmitteln an Einzelbauern erhöht.

Unmittelbare Folge des Bruchs mit der bisherigen Agrarpolitik war es, daß sich schnell viele Produktionsgenossenschaften auflösten. Ihre Zahl sank in ganz Polen von 10200 im September 1956 auf 1700 ein Jahr später. Diese Welle von Genossenschaftsauflösungen war der Preis, den Volkspolen dafür zahlen mußte, daß einige Jahre lang die für den Aufbau des Sozialismus objektiv notwendige Entwicklung der Produktionsgenossenschaftsbewegung auf dem Lande administrativ forciert worden war, ohne daß vorher in geistiger und materieller Beziehung genügende Voraussetzungen dafür geschaffen worden wären, daß diese kollektiven Wirtschaften auch gedeihen konnten.

Vor allem lösten sich 1956/57 die schwächsten Genossenschaften auf. Infolgedessen wurden nach 1956 die durchschnittlichen ökonomischen Effekte der verbliebenen landwirtschaftlichen Produktionsgenossenschaften besser als die der einzelbäuerlichen Betriebe. Dies hätte – in Verwirklichung beider Seiten des zitierten ZK-Beschlusses – zur Ausgangsbasis für eine erneute, aber nun systematische, das Prinzip des freiwilligen Beitritts achtende und auf innergenossenschaftlicher Demokratie beruhende Entfaltung landwirtschaftlicher Produktionsgenossenschaften werden können. Nur wäre dafür in materieller und ideologischer Hinsicht eine andere als die seitdem tatsächlich praktizierte Agrarpolitik erforderlich gewesen.

36 *Uchwały Komitetu Centralnego Polskiej Zjednoczonej Partii Robotniczej od II do III Zjazdu* (Beschlüsse des Zentralkomitees der Polnischen Vereinigten Arbeiterpartei vom 2. bis zum 3. Parteitag), Warschau 1959, S. 221.

Mit der in der Situation nach dem Herbst 1956 unumgänglichen Ausarbeitung eines neuen Agrarprogramms beschäftigten sich die Leitungen der Polnischen Vereinigten Arbeiterpartei (PZPR=PVAP) und der Vereinigten Bauernpartei (ZSL). Ausgangspunkt der neuen Festlegungen wurde die richtige These, daß die Gestaltung sozialistischer Verhältnisse im polnischen Dorf über die Entwicklung der landwirtschaftlichen Technik und Kultur, das Wachstum des Wohlstands und die Verbesserung der Lebensbedingungen auf dem Lande erfolgen müsse. Vom Gesichtspunkt der aktuellen Wirtschaftslage wurde es zur Hauptaufgabe erklärt, das Wachstum des landwirtschaftlichen Produktionsniveaus zu beschleunigen. Man zog also Konsequenzen aus der bisherigen Entwicklung. Das strategische Hauptziel, der Aufbau des Sozialismus, blieb bestehen, aber man modifizierte die Wege zum Ziel.

Zum generellen Grundsatz wurde die Wiederherstellung und Erweiterung verschiedener Formen der Selbstverwaltung auf dem Lande. Dabei kehrte man zu einer im polnischen Dorf aus der Vergangenheit her bekannten Form des Zusammenwirkens der Bauern zurück, der Landwirtschaftlichen Gemeinschaft (Kółko Rolnicze). Weiterhin entwickelten sich Handels-, Kredit-, Molkerei-, gärtnerische und andere Genossenschaften. Es wurde auch angestrebt, daß die Einkommen der Landbevölkerung stiegen. Zu diesem Zweck wurde schon 1956 die Pflichtablieferung erheblich ermäßigt. 1957 setzte die Regierung dies fort. Die Preise, die die Bauern für diese Lieferungen bekamen, wurden angehoben. Die Grundsteuerbelastung wurde stabilisiert. Für die Bedürfnisse des Dorfes wurden mehr Kreditmittel bereitgestellt. Das Dorf wurde besser mit Waren für Investitionszwecke versorgt (z. B. Zement, Maschinen und einfache Geräte, wie sie der Einzelbauer benötigte).

Die veränderte Agrarpolitik und auch die günstigen klimatischen Bedingungen machten es möglich, daß die landwirtschaftliche Produktion zunahm. 1958 stieg sie um 15 % im Vergleich zu 1955 und um 7 % gegenüber 1956. Besonders stark entwickelte sich die Viehzucht, die Domäne der Einzelbauern. Daraufhin nahm auch der Absatz landwirtschaftlicher Erzeugnisse zu.

Die Erfolge der ersten paar Jahre nach der Änderung der Agrarpolitik bedeuteten jedoch nicht, daß viele prinzipielle Probleme, vor denen die Landwirtschaft stand, bereits gelöst worden wären.

1959 hatten schlechte Wetterbedingungen in der Landwirtschaft ein Absinken der Ernteerträge zur Folge, doch das Jahr 1961 brachte wieder eine große Verbesserung. 1962

Tabelle 38

Brutto- und Warenproduktion der Landwirtschaft in den Jahren 1950, 1955, 1960, 1965 und 1970 (in vergleichbaren Preisen; 1950–1952 = 100)

Jahr	Bruttoproduktion insgesamt	Warenproduktion insgesamt
1950	104,6	101,5
1955	109,9	117,7
1960	132,1	147,8
1965	151,7	181,9
1970	166,1	210,9

Quelle: Rocznik Statystyczny (Statistisches Jahrbuch) 1971, S. 266.

wirkte sich die Mißernte so schlimm auf die Landwirtschaft aus, daß erst 1965 wieder der Stand von 1961 überschritten wurde. Das weitere Produktionswachstum unterbrach die Mißernte 1969. Genauere Angaben enthält Tabelle 38.

Wie aus den Angaben in der Tabelle 38 hervorgeht, erhöhte sich die Produktion nach 1956 viel mehr als unter dem Sechsjahrplan, was besonders auf die Warenproduktion zutrifft. Der Produktionszuwachs hielt jedoch mit der Zunahme des Bedarfs nicht Schritt und erreichte die geplanten Kennziffern nicht. In den Jahren 1956–1960 lag die Erfüllung um 4 % unter den Planaufgaben, im Fünfjahrplanzeitraum 1961–1965 um 8 %, ähnlich im folgenden Fünfjahrplanzeitraum.[37]

Der seit 1955 schnell wachsende Lebensmittelverbrauch gab Veranlassung, nach Methoden zur Intensivierung der landwirtschaftlichen Produktion unter den bestehenden polnischen Bedingungen zu suchen. Diese unterschieden sich ja wesentlich von denen in anderen sozialistischen Ländern, wo bereits die gesellschaftliche Wirtschaft auch auf dem Lande dominierte. Man mußte die für den ländlichen Bedarf tätige Industrie erweitern. Den gegebenen Bedingungen entsprechend war eine Politik zu verfolgen, die konsequent die weitere Entwicklung der einzelbäuerlichen Wirtschaft förderte. Dabei mußte aber auch die Gefahr des Arbeitskräftemangels in der Landwirtschaft real in Rechnung gestellt werden, denn die Abwanderung von Landleuten in die Städte dauerte unaufhörlich an, wenn auch in geringerem Maße als 1949–1955. In der Regel waren das Menschen im besten Produktionsalter. Die Migration hatte also im Gefolge, daß der in der Landwirtschaft beruflich tätige Bevölkerungsteil überalterte.

Von 1950 bis 1970 erhöhten sich die Hektarerträge. Angaben dazu enthält Tabelle 39. Das Wachstum zeugte davon, daß die agrotechnischen Methoden vervollkommnet worden waren, daß intensiver gedüngt wurde, daß die Chemisierung der Landwirtschaft vorangeschritten war. Bei dem allgemeinen Ansteigen der Produktion pro Hektar erreichten die gesellschaftlichen (staatlichen und genossenschaftlichen) Betriebe höhere Getreideerträge, die einzelbäuerlichen dafür bessere Ergebnisse im Kartoffel- und Zuckerrübenanbau. Allmählich wuchs dabei – allerdings recht wenig ins Gewicht fallend – die Bedeutung der gesellschaftlichen Wirtschaften. Hatten 1950 die Einzelbauern 92 %, die Genossenschaften 0,5 % und die Staatsgüter 7,5 % der Bruttoproduktion der Landwirtschaft erbracht, so waren im Jahre 1960 die Anteile dieser drei Sektoren in derselben Reihenfolge 89,2 %, 1,2 % und 9,6 % und im Jahre 1970 85,7 % und 1,3 % und 12,9 %.

Die Landwirtschaft entwickelte sich viel langsamer als die Industrie, und die Produktion deckte nicht die wachsenden Bedürfnisse der Gesellschaft. Daher mußte Polen sogar

Tabelle 39
Hektarerträge einiger Kulturen (Jahresdurchschnitte in Dezitonnen)

Jahre	4 Getreidearten	Kartoffeln	Zuckerrüben
1950–1955	12,7	117	187
1956–1960	15,1	131	211
1961–1965	17,4	154	267
1966–1970	20,2	176	324

Quelle: Rocznik Statystyczny (Statistisches Jahrbuch) 1971, S. 277.

[37] *Jezierski*, A., Rozwój, a. a. O., S. 7.

einige Grundnahrungsmittel (z. B. Getreide) aus dem Ausland einführen. Bei dieser Sachlage wurde die Landwirtschaft immer mehr zum Engpaß, der das Wachstum der ganzen Volkswirtschaft hemmte.

7. Die Beziehungen zur Weltwirtschaft

Im ersten Jahr der Existenz Volkspolens konnte man schwerlich von einem Außenhandel im engeren Sinne dieses Wortes sprechen. Das kriegszerstörte Land verfügte noch nicht über Überschüsse für den Export, und selbst wenn es solche vielleicht vereinzelt gab, bestanden doch so schwerwiegende Transportschwierigkeiten, daß es unmöglich war, diese Waren wirklich auszuführen (zerstörte Häfen und Eisenbahnlinien, Mangel an Waggons und Lastkraftwagen). In jener Zeit spielte im Warenverkehr mit dem Ausland die Hilfe aus der Sowjetunion und nach der Wiederherstellung der Eisenbahnverbindungen mit Westeuropa auch die Hilfe von der UNRRA eine grundlegende Rolle. Die allmähliche Zunahme der Kohleförderung und die Verbesserung im Transportwesen machten es möglich, Kohle zu exportieren, die eine Zeitlang fast der einzige Exportartikel Polens war. Im Austausch für Kohle kam aus Schweden Eisenerz, mit Kohle beglich Polen seine Verbindlichkeiten gegenüber der Sowjetunion, der Kohleexport eröffnete auch Möglichkeiten, Kredite für wirtschaftliche Zwecke zu bekommen. Unmittelbar nach Kriegsende waren jedoch nur verhältnismäßig wenig Kredite erhältlich. Das lag u. a. daran, daß die kapitalistischen Länder verlangten, die aus der Nationalisierung der Industrie entstandenen Probleme zu regeln, ehe sie reguläre Wirtschaftsbeziehungen zu Polen herstellten. Um so mehr verdient hervorgehoben zu werden, daß die UdSSR Polen einen Kredit von 29 Millionen Dollar in Gold gewährte, der es ermöglichte, in den USA Lebensmittel und Investitionsgüter zu kaufen.

Schon der Dreijahrplan enthielt die Aufgabenstellung, den Außenhandel zu entwickeln. Das war schließlich eine unabdingbare Voraussetzung für die Versorgung Polens mit für den Wiederaufbau erforderlichen Ausrüstungen und Maschinen, mit Rohstoffen (z. B. Rohöl, Eisenerzen, Baumwolle, Häuten) sowie mit Nahrungsmitteln, an denen Mangel bestand. Eine Erhöhung des Imports verlangte die parallele Vergrößerung des Exports oder die Erlangung ausländischer Kredite.

Als Polen aber 1947 seine Einbeziehung in den Marshallplan ablehnte, begannen sich die Wirtschaftsbeziehungen mit den USA und anderen kapitalistischen Ländern zu verschlechtern. Die Möglichkeit, Investitionsgüter zu kaufen, wurde beschnitten. Die Restriktionen bezogen sich auch auf Investitionsgüterlieferungen im Rahmen der UNRRA-Hilfe, obwohl diese keine militärische Bedeutung besaßen. Übrigens wurde die UNRRA-Hilfe im Jahre 1947 formell beendet. Die Schwächung der Wirtschaftsbeziehungen mit den kapitalistischen Ländern rief in Polen viele Schwierigkeiten hervor. Zur einzigen Hilfsquelle wurde damals die Sowjetunion. Mit ihr schloß Polen im Januar 1948 ein Abkommen, aufgrund dessen es einen Kredit für Investitionsgüterlieferungen bis zum Jahre 1956 in Höhe von 450 Millionen Dollar (1,8 Milliarden Rubel) und außerdem die Möglichkeit, Getreide auf Kredit zu kaufen, eingeräumt bekam. 1949 ermöglichte ein weiterer Kredit, einige Rohstoffe für die Industrie zu kaufen. Ein neuer Vertrag vom Juni 1950 sah kreditierte Lieferungen von Investitionsgütern an Polen bis zum Jahre 1958 im Werte von 400 Millionen Rubel vor. Insgesamt machte die sowjetische Finanzhilfe für Polen in den Jahren 1947–1956 nahezu 900 Millionen Dollar aus, vor allem für Investitionszwecke. Von dieser Summe wurden im November 1956 mehr als 500 Millionen Dollar annulliert.

Unter allen mit der UdSSR verbündeten Ländern erhielt Polen in jenen Jahren die höchsten Kredite. Diese ermöglichten es – zusammen mit der Lieferung von Ausrüstungen und der Gewährung von Lizenzen –, die größten Produktionsbetriebe jener Jahre zu erbauen, so die Leninhütte in Nowa Huta, die PKW-Fabrik FSO in Warschau, die Huta Warszawa in Warschau, die LKW-Fabrik in Lublin, die Stickstoffwerke in Kędzierzyn und viele andere. Dabei muß man bedenken, daß dies doch die Jahre des Wiederaufbaus der sowjetischen Volkswirtschaft waren, die nach den Verwüstungen des Krieges so unsagbar fühlbaren Mangel litt und vor allen Dingen Investitionsgüter benötigte. Um so höher ist die Polen erwiesene Hilfe zu schätzen. Doch selbstverständlich schränkte der eigene Bedarf der UdSSR ihre Liefermöglichkeiten ein, und im übrigen wurden auch gar nicht alle Anlagen und Ausrüstungen, die Polen brauchte, von der sowjetischen Industrie hergestellt.

Unter diesen Umständen nahm die Notwendigkeit zu, die wirtschaftliche Zusammenarbeit zwischen Polen und den anderen den Sozialismus aufbauenden Ländern enger zu gestalten. Neben der UdSSR wurden die Tschechoslowakei und die DDR zu Polens wichtigsten Partnern. Die Tschechoslowakei stand zur Zeit des Dreijahrplanes hinsichtlich des Anteils an Polens Umsätzen mit dem Ausland an zweiter Stelle hinter der UdSSR, und die DDR nahm von 1950 an diesen Platz ein. Bereits im Februar 1946 schloß Polen mit der Sowjetischen Besatzungszone Deutschlands einen Handelsvertrag. Bis 1950 war Polens Ausfuhr in dieses Gebiet bzw. die 1949 konstituierte DDR (insbesondere Kohle, Koks, Lebensmittel) größer als seine Einfuhr von dort. In den folgenden Jahren exportierte dann die DDR mehr, und ihre Investitionsgüterlieferungen waren von großer Bedeutung für Polens Industrialisierung. Neben den normalen Handelsbeziehungen hatte Polen anfangs auch Anteil an den Reparationen, die der UdSSR von ihrer Besatzungszone bzw. der DDR geleistet wurden. Diese wurden 1950 ermäßigt und 1954 annulliert.

Die Gründung des Rates für Gegenseitige Wirtschaftshilfe erleichterte den Handelsverkehr zwischen den sozialistischen bzw. den Sozialismus aufbauenden Ländern und ihre zunehmend engere Zusammenarbeit. Dennoch waren die Mitgliedsländer des RGW nicht in der Lage, die zahlreichen Bedürfnisse der polnischen Volkswirtschaft zu befriedigen, weil sie überwiegend an denselben, für den Ausbau der Industrie benötigten Erzeugnissen Mangel litten. Sie alle betrieben ja in den fünfziger Jahren eine Politik der schnellen Industrialisierung, die vor allem auf den Ausbau der Schwerindustrie orientiert war. Im Zusammenhang damit trat im ganzen sozialistischen Lager ein Defizit an vielen industriellen Anlagen und Rohstoffen auf. Unter diesen Umständen fing man in Polen an, Auffassungen zu formulieren, wonach es zweckmäßig wäre, die Abhängigkeit der Wirtschaft vom Austausch mit dem Ausland zu vermindern. Dieser These wurden auch die Investitionsrichtungen angepaßt. Daraufhin wuchsen die Umsätze des Außenhandels viel langsamer als die Produktion: Sie lagen im Jahre 1956 nur um 30 % höher als 1950 (in unveränderten Preisen gerechnet). Dabei übertraf der Import (Erhöhung um 51 %) erheblich den Export (Erhöhung um 11 %). Es dominierten die Handelsbeziehungen mit den sozialistischen Ländern. Von 1950 bis 1954 gingen die Umsätze mit den kapitalistischen Ländern sogar absolut zurück, sie machten 1954 wertmäßig 30 % des ganzen polnischen Außenhandels aus. Im Zusammenhang mit dem Nachlassen der internationalen Spannungen stieg im Jahre 1956 dieser Anteil auf 37 %.

Bei verhältnismäßig bescheidenem Umfang des Warenaustauschs und zugleich großem Investitionsbedarf wurde die Handelspolitik völlig den Aufgaben der Industrialisierung untergeordnet. Den wichtigsten Platz im Export nahmen Kohle und Koks ein (mehr als die Hälfte des Ausfuhrwerts im Jahre 1955), auf den nächsten Plätzen folgten Maschinen und Ausrüstungen, Eisen und Zink, Fleisch und Fleischprodukte sowie Zucker. Der Export von Konsumgütern industrieller Herkunft machte im Jahre 1955 nur 7 % aus, hauptsächlich waren das Textilerzeugnisse. In geringem Umfang exportierte Polen auch Erzeugnisse des Maschinenbaus (dabei dominierten Eisenbahnfahrzeuge und Seeschiffe). Alles in allem kann man sagen, daß Polens Export einen Charakter hatte, wie er für ein Entwicklungsland recht typisch ist. Auf die Struktur der polnischen Ausfuhr wirkten sich die in der Wirtschaft vor sich gehenden Veränderungen, die Industrialisierung Polens, noch nicht aus.

Im Import dominierten Rohstoffe, u. a. für die Textilindustrie und die Hütten. 31 % des Einfuhrwertes machten für Polens Industrialisierung benötigte Maschinen, Ausrüstungen und Transportmittel aus. Die Einfuhr von landwirtschaftlichen Erzeugnissen und Industriewaren für den Bevölkerungsbedarf hatte nur 17 % Anteil, davon entfiel fast die Hälfte auf Getreide. Diese Außenhandelsstruktur blieb während der ganzen Dauer des Sechsjahrplanes bestehen. Besondere Bedeutung hatte in dieser Zeit der Austausch mit der UdSSR. Für die Lieferung von Eisenbahnfahrzeugen, Kohle, Schiffen und einigen anderen Warenarten erhielt Polen für die Fortführung des Investitionsprozesses benötigte Maschinen und Ausrüstungen. Diese Einfuhr beruhte teilweise auf Krediten, auf deren Rückzahlung die Sowjetunion dann im Herbst 1956 im Zusammenhang mit der Regulierung verschiedener gegenseitiger finanzieller Forderungen verzichtete.

Nach 1956 änderte sich die Einstellung zum Außenhandel, und als Folge der wirtschaftlichen Entwicklung wandelte sich auch die Struktur der Warenumsätze. Der Bedarf im eigenen Lande veranlaßte die Einschränkung der Kohle- und Koksausfuhr, deren Anteil 1958 auf 32 % fiel. Dafür nahm der Export von Maschinen und Ausrüstungen zu. In geringerem Maße erhöhte sich der Anteil anderer Warengruppen am Export. War also für den polnischen Export in den Jahren des Sechsjahrplans eindeutig die Rohstoffausfuhr charakteristisch, so zeichnete sich in den Jahren 1956–1958 in dieser Hinsicht die Tendenz seiner Umwandlung zur Industriewaren- und Rohstoffausfuhr ab. Der Wandel bezog sich auch auf den Import. Mit der Verlangsamung des Industrialisierungstempos sank der Anteil von Maschinen und Ausrüstungen an der Einfuhr, während die Einfuhr von Rohstoffen, Konsumgütern industrieller Herkunft und landwirtschaftlichen Erzeugnissen stieg. Die Importentwicklung widerspiegelte also die damals in Polens Volkswirtschaft und Wirtschaftspolitik vor sich gehenden Prozesse.

Obwohl versucht wurde, den Export zu aktivieren, blieb die Steigerung der Umsätze mit dem Ausland in den Jahren 1956–1958 nach wie vor hinter dem Produktionswachstum zurück. Das lag vor allem daran, daß 1956/57 der Export unter den Stand von 1955 absank, weil es nur schrittweise gelang, die Kohle als Exportware durch andere Produkte zu ersetzen. Viel schneller als der Export erhöhte sich der Import. Diese Tendenzen hingen damit zusammen, daß die UdSSR nicht nur auf die Bezahlung der Schulden verzichtete, sondern auch neue Kredite gewährte. Auch die USA gewährten eine Anleihe, hauptsächlich für den Kauf von Getreide. Mit auf Kredit gestützten Importen ließen sich aktuelle Probleme überwinden. Eine wirkliche Lösung konnte aber nur darin bestehen, daß Polen durch Forcierung des Exports einen Aktivsaldo in seiner Handelsbilanz erreichte.

Nach 1958 bemühte sich die Regierung weiterhin, eine exportorientierte Politik zu betreiben, und wenn diese auf Schwierigkeiten stieß, versuchte die Regierung, die Anspannung in der Handelsbilanz dadurch abzuschwächen, daß sie den Import einschränkte und im Lande Produktionsumstellungen vornahm, die bestimmte Importe erübrigen sollten. Das Haupthemmnis für die Aktivierung des Außenhandels bestand jedoch darin, daß in den Wirtschaftsplänen zu wenig die Notwendigkeit berücksichtigt worden war, bestimmte, hauptsächlich auf den Export orientierte Industriebereiche zu errichten. Polen war auf einige Exportprodukte (Seeschiffe, Fischereischiffe, Agrarflugzeuge, Eisenbahnfahrzeuge, Schwefelsäurefabriken, Zuckerfabriken u. a.) spezialisiert, aber diese Palette war zu schmal.

Trotz der Schwierigkeiten vergrößerte sich der Außenhandel in den Jahren 1958–1970 recht schnell. Das läßt Tabelle 40 erkennen.

Tabelle 40

Die Außenhandelsumsätze in den Jahren 1950, 1955, 1960, 1965 und 1970 (in festen Preisen; 1950 = 100)

Jahr	Gesamtumsatz	Import	Export	Anteil der sozialistischen Länder am Gesamtumsatz
1950	100	100	100	59
1955	126	138	116	64
1960	200	227	177	63
1965	329	363	300	65
1970	512	558	471	66

Quelle: Rocznik Statystyczny (Statistisches Jahrbuch) 1971, S. 410.

Charakteristisch war der stabile Anteil der sozialistischen Länder an Polens Außenhandel. Dabei stiegen die Umsätze mit der UdSSR von 28,8 % der polnischen Gesamteinfuhr im Jahre 1950 auf 37,7 % im Jahre 1970. Groß war auch der Anteil der DDR und der Tschechoslowakei. Als Haupthandelspartner gewann die UdSSR auch in Polens Export noch weiter an Bedeutung.

Da der Import stärker als der Export zunahm, war ein Passivsaldo in der Handelsbilanz die Folge. Teilweise wurde er durch Einnahmen aus dem Transitverkehr aufgewogen, oft mußte Polen aber auch zur Aufnahme neuer Auslandsanleihen Zuflucht nehmen, um die Zahlungsbilanz auszugleichen. Im ganzen Zeitraum von 1950 bis 1970 war nur in den Jahren 1953, 1964 und 1968 der Export größer als der Import.

Der Wandel der Warenstruktur, der im Export in den fünfziger Jahren eingesetzt hatte, setzte sich in den sechziger Jahren in erheblichem Tempo fort, wie Tabelle 41 zeigt. Es war von grundsätzlicher Bedeutung, daß die Ausfuhr von Maschinen und Industrieanlagen zunahm und die von Brennstoffen, Rohstoffen und Lebensmitteln abnahm. Am meisten sank der Anteil der Nahrungsmittel, was vor allem mit dem wachsenden Bedarf auf dem polnischen Binnenmarkt und mit den Erschwernissen, denen diese Waren infolge der Festigung der Europäischen Wirtschaftsgemeinschaft (EWG) auf Polens traditionellen Absatzmärkten in kapitalistischen Ländern begegneten, zusammenhängt. Im Import waren Wandlungen wenig spürbar. Abgesehen von der etwas gestiegenen Einfuhr industrieller Konsumgüter kann man die Importstruktur als stabil bezeichnen.

Der Außenhandel war nur ein – wenn auch das wichtigste – Element der Wirtschaftsbeziehungen zwischen Polen und dem Ausland. In der zweiten Hälfte der fünfziger Jahre

Tabelle 41

Struktur des Exports und des Imports nach Warengruppen in den Jahren 1950, 1955, 1960, 1965, 1970

Warengruppe	Export 1950	1955	1960	1965	1970	Import 1950	1955	1960	1965	1970
Zusammen	100	100	100	100	100	100	100	100	100	100
Maschinen u. Ausrüstungen	7,8	13,1	28,0	34,4	38,5	32,4	30,9	27,1	32,8	36,4
Brennstoffe, Rohstoffe, Hilfsstoffe	56,0	64,4	43,8	35,1	32,7	53,1	51,7	51,5	47,3	47,8
Nahrungsmittel aus der Landwirtschaft	24,0	15,3	18,1	18,2	13,2	11,2	13,1	16,0	13,2	9,6
Konsumgüter industrieller Herkunft	12,2	7,2	10,1	12,3	15,6	3,3	4,3	5,4	6,7	6,2

Quelle: Rocznik Statystyczny (Statistisches Jahrbuch) 1971, S. 412.

gingen die RGW-Staaten daran, ihre Pläne für die Wirtschaftsentwicklung zu koordinieren, und bald darauf initiierten sie die Gründung gemeinsamer Institutionen und gemeinschaftliche Großinvestitionen. 1957 schloß Polen mit der DDR ein Abkommen über die Lieferung von Maschinen und Ausrüstungen für die Errichtung und Erweiterung polnischer Braunkohlenbergwerke im Austausch gegen aus Polen in die DDR zu liefernde Elektroenergie. Als eines der größten und wichtigsten gemeinsamen Vorhaben wurde 1959 der Bau der Rohrleitung „Freundschaft" für den Erdöltransport aus der UdSSR in die Tschechoslowakei, die DDR sowie nach Polen und Ungarn begonnen. Im Dezember 1963 konnte ihr Nordabschnitt, der über das Territorium Polens in die DDR führt, seiner Bestimmung übergeben werden.

In den folgenden Jahren geschlossene multi- und bilaterale Abkommen legten Polens Anteil an der Arbeitsteilung zwischen den RGW-Ländern sowie an der Industriekooperation fest. Das betraf insbesondere den Maschinenbau. Dagegen führten Gespräche über Möglichkeiten einer engen Zusammenarbeit der Automobilindustrie der Tschechoslowakei, der DDR und Polens nicht zum Erfolg.

Geographische Lage und Produktionsstruktur bewirkten, daß die engsten Kooperationsbeziehungen Polen – außer mit der UdSSR – mit der ČSSR und der DDR verbanden. Einige Vorhaben nahm Polen auch in Zusammenarbeit mit anderen sozialistischen Ländern in Angriff. Beachtung verdient in dieser Hinsicht die polnisch-ungarische Gesellschaft „Haldex", die 1959 gegründet wurde, um bei Steinkohlenbergwerken entstandene Halden zu verwerten. Sie wurde zum Muster für andere von RGW-Staaten gegründete Gesellschaften. Eine davon war die als Gemeinschaftsunternehmen Polens und der DDR 1972 in Zawiercie errichtete Baumwollspinnerei „Przyjaźń" (Freundschaft).

Polen entwickelte auch – allerdings in geringerem Umfang – mit einigen kapitalistischen Ländern eine Zusammenarbeit in der Produktion bestimmter Erzeugnisse. Diese hatte nicht nur zum Ziel, die polnische Handelsbilanz aktiv zu gestalten, sondern auch, Polen zu dortigen modernen technischen und technologischen Lösungen Zutritt zu verschaffen.[38]

[38] Näheres über den polnischen Außenhandel siehe z. B. *Bożyk, Paweł/Wojciechowski, Bronisław*, Handel zagraniczny Polski 1945–1969 (Polens Außenhandel 1945–1969), Warschau 1971; *Juraszyński, Władysław*, Rozwój stosunków handlowych między Polską a Związkiem Radzi-

8. Die Finanzen

Nach der Befreiung stand der polnische Staat vor einem über alle Maßen verworrenen Knäuel von Finanzproblemen. Es war unumgänglich, einen Währungsumtausch durchzuführen; ein Haushalt mußte aufgestellt und ausgeglichen werden; das Bankwesen war wiederaufzubauen und mußte einen sozialistischen Charakter erhalten; die Kreditierung der Wirtschaft war zu entwickeln.

Besonders kompliziert war die Währungssituation. Im Territorium des ehemaligen Generalgouvernements bediente man sich des von der Bank Emisyjny w Polsce (Emissionsbank in Polen) herausgegebenen Besatzungszłoty, in den 1939 dem Deutschen Reich eingegliederten Landesteilen Polens war die deutsche Reichsmark im Umlauf. Ferner war auch eine geringe Menge Rubel, womit die Sowjetarmee zum Teil ihre Ausgaben auf polnischem Boden beglichen hatte, in den Umlauf gelangt. Das Nebeneinander mehrerer verschiedener Zirkulationsmittel rief zahlreiche Schwierigkeiten hervor, zumal von deutscher Seite weiterhin Besatzungszłotynoten emittiert wurden, was die Gefahr heraufbeschwor, daß die sowieso schon starken Inflationserscheinungen sich noch verschlimmerten. Am wichtigsten war aber, daß das Polnische Komitee der Nationalen Befreiung (PKWN) nicht nur über kein eigenes Geld verfügte, sondern auch keinen Einfluß darauf besaß, wieviel Geld anderer Währungen in seinem Machtbereich in Umlauf gebracht wurde.

Gleichzeitig waren die Einnahmen des Fiskus sehr gering und die Ausgaben viel größer als in Zeiten normaler, friedlicher Tätigkeit des Staatsapparats. Es mußten der Heeresbedarf finanziert, den Arbeitern und Beamten Löhne und Gehälter gezahlt, die ständig wachsenden Kosten des Wiederaufbaus gedeckt werden. Unter den Bedingungen des Krieges konnten für diese Zwecke nicht die erforderlichen Steuereinnahmen erzielt werden. Doch die Ausgaben vor allem durch Emission von Papiergeld zu decken, das heißt, eine Inflationspolitik wie in Polen nach dem ersten Weltkrieg zu betreiben, hielt die Volksmacht für unzulässig. Ganz entschieden gegen eine Inflationspolitik trat u. a. der Präsident des Landesnationalrates (KRN), Bolesław Bierut, auf. Er meinte, eine Regierung, die eine Inflation hervorruft, müsse untergehen. Die Last der Inflation würde doch den arbeitenden Massen zufallen und diese gegen die Volksmacht aufbringen. Dieses Problem konnte nur durch eine Währungsreform gelöst werden. Ein richtig durchgeführter Geldumtausch gestattete es, einen Teil der Geldzeichen aus dem Verkehr zu ziehen, und die so entstandene Lücke konnte dann durch die Emission neuen Geldes für fiskalische Zwecke aufgefüllt werden. Das Polnische Komitee der Nationalen Befreiung (PKWN) vermied auf diese Weise eine gewaltige Inflation und gewann gleichzeitig die Möglichkeit, bis zu dem Zeitpunkt, an dem die normalen Haushaltseinnahmen größer sein würden, seine Ausgaben zu decken.

Am 5. August 1944 holte der Leiter des Ressorts (wie das Ministerium damals hieß) für Volkswirtschaft und Finanzen die ersten neuen Banknoten aus Moskau, die auf die Firma der zu diesem Zeitpunkt noch nicht gegründeten Narodowy Bank Polski (Polnische Nationalbank) ausgestellt waren. Ende Oktober ging man in der Wojewodschaft Białystok daran, die Reichsmark in neue Złoty-Scheine umzutauschen (dieser Bezirk war 1941–1944

eckim (Die Entwicklung der Handelsbeziehungen zwischen Polen und der Sowjetunion), Warschau 1960; *Kuziński, Stanisław*, Inwestycje i handel zagraniczny Polski 1960–1970, Warschau 1967.

von den deutschen Faschisten weder als besetztes sowjetisches noch als vorher polnisches Gebiet behandelt, sondern mit einem besonderen Status dem Gauleiter von Ostpreußen unterstellt worden, ohne formell ins Deutsche Reich eingegliedert zu werden). Pro Person wurden 300 Mark umgetauscht. Im November 1944 begann man, in den befreiten Gebieten Polens nach und nach die Złotynoten der Bank Emisyjny aus dem Verkehr zu ziehen und durch neue Złotyscheine zu ersetzen. Am 6. Januar 1945 kam das Dekret über den Umtausch der Złotyscheine der Bank Emisyjny w Polsce, d. h. des Besatzungszłoty, heraus, und eine Woche später wurde der Rubel aus dem Umlauf gezogen. Allerdings war dieser Zeitpunkt für den allgemeinen Geldumtausch schon zu spät, denn die Preise hatten bereits inflationär zu steigen begonnen. Die Grundsätze der Reform mußten in technischer Beziehung sehr einfach, zugleich aber – wegen der Verspätung – äußerst radikal sein.

Laut Dekret über den Geldumtausch wurden 500 Złoty pro Person umgetauscht. Das war sehr wenig, denn auf dem freien Markt kostete 1 kg Brot ca. 50 Złoty. Auf diese Weise gingen alle Kapitalien in Besatzungswährung verloren, aber gleichzeitig auch eventuelle Ersparnisse der Bevölkerung. Es war jedoch besser, eine derartige Lösung als eine Hyperinflation zuzulassen. Die Vorschriften über den Geldumtausch wurden auf die später befreiten polnischen Gebiete übertragen. Das nicht in Złoty der Narodowy Bank Polski umgetauschte Geld konnte die Bevölkerung deponieren. Es war vorgesehen, es in der Zukunft eventuell in neue Złoty umzutauschen, doch dazu ist es praktisch später nicht gekommen.[39]

Gleichzeitig bemühte sich die Regierung, einen Haushaltsvoranschlag abzufassen. Anfänglich erwiesen sich die Vorgaben als wenig real. Allmählich, je mehr sich die wirtschaftlichen Verhältnisse im Lande normalisierten, kamen die geplanten Einnahmen und Ausgaben den tatsächlichen immer näher. Die wesentliche Schwierigkeit lag jedoch darin, angesichts der Tatsache, daß die Haushaltseinnahmen noch sehr niedrig waren, Mittel zur Deckung der Ausgaben zu finden. Neben den geringen Steuerzahlungen waren vor allem die Einnahmen aus der inflationären Złotyemission von Bedeutung. 1946 entschloß man sich, um das Haushaltsdefizit ohne übermäßige Aufblähung des Geldumlaufs zu decken, eine innere Anleihe auszuschreiben.

Zusammen mit der Lösung der Währungs- und Haushaltsprobleme wurde auch das Banksystem verändert. Von der Beseitigung der Privatbanken war hier schon die Rede. Man muß dem aber hinzufügen, daß die beiden Aktienbanken, die vor dem Kriege am größten gewesen waren, nicht liquidiert wurden. Vielmehr sicherte sich der Staat die Mehrheit ihres Aktienkapitals und damit maßgeblichen Einfluß auf ihre Tätigkeit. Es handelte sich dabei um die Bank Handlowy w Warszawie S.A. (Handelsbank in Warschau A.G.) und die Bank Związku Spółek Zarobkowych S.A. (Verbandsbank der Erwerbsgenossenschaften A.G.) in Poznań. Die erstgenannte wurde nicht liquidiert, weil diese Bank hochentwickelte internationale Kontakte und einen bekannten Firmennamen besaß, was in den Handels- und Finanzbeziehungen zum Ausland nicht ohne Bedeutung ist; die zweitgenannte ließ man bestehen, weil der Staat schon vor dem Kriege ein Aktienpaket besessen hatte, mit dem er die Kontrolle über diese Bank ausüben konnte.

1945 fanden auch wesentliche Veränderungen im gesellschaftlichen Banksektor statt. Im Januar entstand die Zentralbank unter dem Namen Narodowy Bank Polski (Polnische

[39] *Landau, Zbigniew*, Polityka finansowa PKWN/lipiec-grudzień 1944/(Die Finanzpolitik des Polnischen Komitees der Nationalen Befreiung/Juli-Dezember 1944/), Warschau 1965.

Nationalbank). Den anderen staatlichen, genossenschaftlichen und kommunalen sowie den beiden nicht liquidierten Aktienbanken wurden spezifische Wirkungsbereiche zugewiesen. 1946 erfolgten weitere Änderungen im Bankwesen. Die Polnische Nationalbank, die anfangs keine kurzfristigen Kredite gewährt hatte, erhielt das Recht, solche einzuräumen. Die beiden genossenschaftlichen Banken wurden in eine zusammengeschlossen. Langfristige Kredite für Investitionen wurden in der Bank Gospodarstwa Krajowego (Landeswirtschaftsbank) zentralisiert.

Das von 1945 an existierende Banksystem war nur provisorisch. Mit den Vorbereitungen zur Durchführung des Sechsjahrplanes und des nach sowjetischen Erfahrungen gestalteten Planungssystems erfolgten weitere Veränderungen in den Funktionsprinzipien des Bankapparates. Im Oktober 1948 schufen drei Dekrete die Rechtsgrundlagen für die Reorganisation des Bankwesens. An der Spitze des Kredit- und Geldsystems befand sich daraufhin, wie bisher, die Polnische Nationalbank. Außer ihrer Funktion als Emissions- und Kreditinstitut wurde sie auch zur Zentrale für Geldverrechnungen mit dem In- und Ausland. Sie hatte auch allen in Industrie, Transportwesen und Handel tätigen staatlichen Unternehmen kurzfristige Kredite zu gewähren. An Stelle der liquidierten Landeswirtschaftsbank wurde die Bank Inwestycyjny (Investitionsbank) ins Leben gerufen. Den Platz der Państwowy Bank Rolny (Staatliche Landwirtschaftsbank) nahm die Bank Rolny (Landwirtschaftsbank) ein. Die Grundidee der Umgestaltungen lag darin, die finanzielle Bedienung der einzelnen Zweige der Volkswirtschaft in spezialisierten Banken zu konzentrieren. Doch die Reform wurde nicht sofort verwirklicht. Sie trat schrittweise bis 1953 in Kraft.

Die Vorbereitungen zum Sechsjahrplan gaben auch Veranlassung, eine erneute Währungsreform durchzuführen. Die durch den Währungsumtausch 1945 erreichte Emissionsmarge reichte nicht lange aus. In den folgenden Jahren finanzierte man den Wiederaufbau des Landes teilweise mit Hilfe inflationärer Geldemission. Daraufhin machten sich erneut die damit verbundenen Auswirkungen immer deutlicher bemerkbar; vor allem stiegen die Preise auf dem nichtorganisierten Markt. 1950 entschloß sich die Regierung daher zu einer neuen Maßnahme, deren Ziel es war, den Geldüberhang in der Bevölkerung abzubauen. Diese Währungsreform bestand in der Umrechnung der Löhne und Preise nach der Relation 3 neue Złoty für 100 alte. Ein anderer Umrechnungssatz galt beim Umtausch des Geldes, das die Bevölkerung in bar besaß; dafür kam die ungünstige Relation 1 neuer für 100 alte Złoty zur Anwendung. Vorteilhafter wurde ein Teil der Spareinlagen in der Powszechna Kasa Oszczędności (Allgemeine Sparkasse) umgerechnet, da es dem Staat darauf ankam, die Gesellschaft dazu zu bewegen, ihre freien Geldmittel im Sparinstitut aufzubewahren.[40] Der Geldumtausch bedeutete praktisch, daß sich die Bargeldvorräte der Bevölkerung um ungefähr 60 % verminderten. Dabei hatten die Initiatoren der Reform die Hoffnung, sie werde Voraussetzungen schaffen, für die Zukunft einen stabilen Złotykurs zu sichern. Sie verglichen sie mit der 1924 von Władysław Grabski durchgeführten Reform. Doch die Effekte waren andere. Während der von Grabski eingeführte Złoty, nach vorübergehender Krise 1925/26, bis zum September 1939 eine vollwertige Währung blieb, fing der Złoty von 1950 recht bald wieder an Wert zu verlieren an. Wir meinen, daß die unterschiedlichen Ergebnisse der beiden Reformen nicht nur aus der Anwendung unterschiedlicher Methoden zur Gewährleistung der Kursstabilität des Geldes

40 *Kucharski, Mieczysław*, Pieniądz, dochód, proporcje wzrostu (Geld, Einkommen, Proportionen des Wachstums), Warschau 1964.

resultierten, sondern daraus, daß in der Volkswirtschaft ein ganz anderes Verhältnis zur Rolle des Geldes herrschte.

In der Zeit zwischen den beiden Weltkriegen behandelte man seit der Reform 1924 die Aufrechterhaltung der Kaufkraft des Złoty als das zentrale Problem der ökonomischen Politik des Staates. Die Währungsstabilität bildete die Achse der Wirtschaftspolitik. In Volkspolen war seit den fünfziger Jahren die Geldpolitik den gesamtwirtschaftlichen Aufgaben untergeordnet. Das Geld wurde als eines von vielen Instrumenten der staatlichen Wirtschaftspolitik behandelt, dem man immer weniger selbständige Bedeutung beimaß.

Die letzte entschieden antiinflationistische Maßnahme auf dem Gebiet der Geldpolitik war die 1953 durchgeführte Preis- und Lohnreform. Sie erfolgte wieder auf Kosten des aktuellen Lebensstandards des Volkes. Die Preise wurden mehr als die Löhne heraufgesetzt. Dadurch verkleinerte sich die Inflationsspanne, die sich als Folge der forcierten Industrieinvestitionen in den ersten Jahren des Sechsjahrplanes aufgetan hatte. Gleichzeitig verringerten sich die Geldreserven, die auf den Markt drückten, denn der reale Wert der Ersparnisse der Bevölkerung sank.

Hauptform des Kampfes gegen ein Anwachsen inflationärer Erscheinungen war seit Ende der fünfziger Jahre die Politik des Preisstopps für Grundnahrungsmittel und der Begrenzung des Lohnanstiegs. Diese Politik brachte anfangs gewisse Resultate. Allzu lange angewendet und nicht von einem angemessenen Ansteigen der Arbeitsproduktivität begleitet, mußte sie jedoch ein Abweichen der Preise von den Kosten der Produktion und eine Diskrepanz zwischen den Preisen der Produktionsmittel und den Preisen der Konsumtionsmittel hervorrufen. Effektiv hat die Politik der niedrigen Preise für die wichtigsten Konsumtionsmittel, wie sie in Polen praktiziert wurde, nichtrationelle Proportionen des Verbrauchs stimuliert, die Herstellung vieler Waren betriebswirtschaftlich unrentabel gemacht und dadurch die Herstellerbetriebe, die an der Aufrechterhaltung solcher Produktion ökonomisch nicht interessiert wurden, zu ihrer Einstellung veranlaßt, die Unrentabilität ganzer Bereiche und Zweige der Volkswirtschaft (in einigen Jahren z. B. der Landwirtschaft) herbeigeführt oder aber, wenn man es dazu nicht kommen lassen wollte, das System, die Preisdifferenzen durch Haushaltszuschüsse zu decken, auszuweiten gezwungen. Es war also die Furcht vor der Inflation, die Volkspolens politische und Wirtschaftsführung in der zweiten Hälfte der sechziger Jahre bewog, die Preise und mehr oder weniger auch die Löhne festzuschreiben. Das führte zu einer Reihe von Deformationen in der Wirtschaftspraxis. Über beides war sich die Führung durchaus im klaren. Es gelang jedoch nicht, das Problem so zu lösen, daß es sowohl für den Staat wie auch für das ganze Volk akzeptabel war. Infolgedessen verkündete die Staatsmacht in Phasen wachsender innenpolitischer Spannung oder gar in Krisensituationen einen Preisstopp, doch fehlte ihr bei besserer Wirtschaftslage der Mut, eine Politik allmählicher Preiserhöhung für einzelne Produkte zwecks Anpassung an die Kosten einzuschlagen. Die Vertagung von Preiskorrekturen für Artikel des Grundbedarfs – es geht hier hauptsächlich um Nahrungsmittel, denn für Industriewaren erhöhte man die Preise unter Berufung auf Erzeugnissorte, Verpackung, Benennung usw. – bewirkte, daß die Differenz zwischen Preisen und Kosten der Produktion von Jahr zu Jahr größer wurde. Damit wurde es aber immer schwieriger, das Preissystem zu reformieren. Hatten die Abweichungen der Preise von den Selbstkosten der Produktion anfangs einige oder etwa 10 bis 20 % betragen, so wuchsen sie allmählich immer weiter, in den siebziger Jahren in extremen Fällen sogar auf einige hundert Prozent.

Als sich am 13. Dezember 1970 die Regierung und die Parteiführung – mit großer

Verspätung – dazu entschlossen, die Preise für Grundnahrungsmittel um durchschnittlich 8 % zu erhöhen (was übrigens nicht ausgereicht hätte, um Preise und Kosten in ein ordentliches Verhältnis zu bringen), rief das allgemeine Unzufriedenheit und eine Streikwelle an der Küste hervor. Der Versuch, diesen Protest mit Gewalt zu unterdrücken, endete damit, daß Gomulka und die mit ihm verbundenen Politiker auf der Sitzung des ZK der PVAP von ihren Funktionen abgelöst wurden. Die damaligen Preiserhöhungen waren verhältnismäßig gering. Zum Beispiel erhöhte sich der Preis für Weizenbrot um 20 %, für Mehl um 15 %, für Grütze um zirka 20 %, für Fleisch um etwas mehr als 10 bis zu ungefähr 30 %, für Fisch, einige Zuckerwaren und Gelees um 10 bis 20 %.[41] Aus Furcht vor einer Ausbreitung der Welle der Unzufriedenheit entschloß sich die neue Führung der PVAP (an deren Spitze Edward Gierek getreten war) und die Regierung, mit Wirkung vom 1. März 1971 die alten Preise wieder in Kraft zu setzen. Heute kann man schwer beurteilen, ob dieser Schritt wirklich notwendig war. Vielleicht war er vom politischen Standpunkt aus begründet, vom wirtschaftlichen Standpunkt war er ein schwerer Fehler. Die Stabilisierung der Preise auf einem Niveau, das immer mehr von den Kosten der Produktion abwich, mußte in der Zukunft dazu führen, daß der Reform der Preisstruktur, dann unter noch ungünstigeren Bedingungen, nicht mehr ausgewichen werden könnte, denn die Preiserhöhungen würden mit der Zeit immer größer werden müssen.

Seit dem Ende der sechziger Jahre bis zum Dezember 1970 war die Regierung bestrebt, eine Politik der Beschränkung des Anwachsens der Löhne zu betreiben, um inflationäre Prozesse abzubremsen. Trotz aller Bemühungen gelang es nicht, das Ziel voll und ganz zu erreichen. Vom Anwachsen inflationärer Erscheinungen zeugen in gewissem Grade die Angaben über den zunehmenden Geldumlauf, obwohl sie natürlich kein getreues und genaues Abbild dieses Prozesses sind. Statistische Informationen dazu enthält Tabelle 42.

Tabelle 42

Der Geldumlauf in den Jahren 1946, 1950, 1955, 1960, 1965 und 1970 (in Millionen Zloty)

Jahr	Geldumlauf
1946	1802
1950	4649
1955	11573
1960	26333
1965	39392
1970	58644

Quelle: Rocznik Statystyczny (Statistisches Jahrbuch) 1971, S. 16; Rocznik Statystyczny Finansów (Statistisches Jahrbuch der Finanzen), Warschau 1972, S. 260.

Die Tatsache, daß der Volksstaat viel mehr Aufgaben als der Staat in Vorkriegspolen zu erfüllen hat, schlug sich natürlich im Inhalt und in der Höhe des Staatshaushalts nieder. Waren aus dem Budget vor dem Kriege nur relativ wenige wirtschaftliche Aktivitäten finanziert worden, so änderte sich das nach dem zweiten Weltkrieg prinzipiell. Es wandelte sich nicht nur die Struktur der Haushaltsausgaben, sondern auch die der Einnahmen. Vor dem Kriege hatten auf der Ausgabenseite die mit der Funktion des Staates als Interessenvertreter der besitzenden Klassen zusammenhängenden Aufwendun-

41 *Rocznik Statystyczny 1971*, S. 372f.

gen den Ausschlag gegeben. Dagegen wurden nach 1947 die Ausgaben für ökonomische, kulturelle und Bildungszwecke zu Hauptpositionen, obwohl selbstverständlich die Finanzierung der Verteidigung, des Polizeiapparats, der Justiz usw. weiterhin wesentliche Bedeutung behielten. Doch war der prozentuale Anteil dieser beiden Ausgabengruppen nun grundsätzlich anders als im kapitalistischen Polen.

Auf der Einnahmenseite standen nun die Zahlungen, die die staatlichen Betriebe in Form verschiedener Steuern und als Abführung eines Teils des Gewinns an den Staatshaushalt leisteten, an der Spitzenposition. Die Staatseinnahmen aus der Bevölkerung, vor dem Kriege von entscheidender Bedeutung, spielten nur noch eine untergeordnete Rolle.

Volkspolens Staatshaushalt war, mit Ausnahme eines kurzen Zeitabschnitts gleich nach der Wiedergewinnung der Unabhängigkeit, ausgeglichen, wobei sein Volumen unaufhörlich größer wurde. In bestimmtem Maße war dieses Anwachsen auf inflationäre Erscheinungen in der Wirtschaft zurückzuführen. Vor allem aber erhöhten sich die Ausgaben und Einnahmen des Staatshaushalts, weil der Staat immer größere Aufgaben zu erfüllen hatte und weil das Nationaleinkommen anwuchs, das großenteils eben über den Staatshaushalt umverteilt wurde.[42] Über die Einnahmen und Ausgaben des Staatshaushalts informiert Tabelle 43.

Tabelle 43

Einnahmen und Ausgaben des Staatshaushalts in den Jahren 1950, 1955, 1960, 1965 und 1970 (in Millionen Zloty)

Jahr	Einnahmen	Ausgaben
1950	47399	39586
1955	124283	123194
1960	209467	200115
1965	300026	288854
1970	389602	379339

Quelle: Rocznik Statystyczny Finansów (Statistisches Jahrbuch der Finanzen) 1945–1967, Warschau 1968, S. 36; Warschau 1972, S. 29.

9. Die materiellen Lebensbedingungen

Die materielle Lage des Volkes war in der Anfangsphase Volkspolens ungewöhnlich schwer. Besonders die durch den Krieg angerichteten Zerstörungen drückten den sowieso schon niedrigen Lebensstandard der Hauptgruppen der Gesellschaft noch mehr herab. Kriegsfolgen waren vor allem der Lebensmittelmangel, das große Defizit an Wohnungen und die enorme Verringerung der Arbeitsplätze in den Städten, wodurch massenhafte Arbeitslosigkeit drohte.

[42] Näheres über die Finanzen siehe *Finanse Polski Ludowej w latach 1944–1960* (Volkspolens Finanzen in den Jahren 1944–1960), Warschau 1964; *Finanse Polski Ludowej w trzydziestoleciu/1944–1973/*(Volkspolens Finanzen in den 30 Jahren von 1944 bis 1973), Warschau 1975; vgl. ferner *Landau, Zbigniew*, Stan badań nad historią finansów Polski Ludowej/1944–1974/ (Der Forschungsstand zur Finanzgeschichte Volkspolens/1944–1974/), in: „Przegląd Historyczny" 1976, Nr. 3, S. 437–453.

In der Anfangsphase war das Ernährungsproblem von grundsätzlicher Bedeutung. Dank dem organisierten System der Versorgung auf Karten und dank den Lebensmittellieferungen aus der Sowjetunion und von der UNRRA besserte sich die Ernährung schon im Jahre 1945. Viel schlechter stand es um die Versorgung mit Industriewaren. Zwar nahm ihre Produktion zu, doch konnte sie die Nachfrage nicht befriedigen. Der Bedarf der vom Kriege heimgesuchten Bevölkerung war riesengroß. Da die finanziellen Lasten des Dorfes sich verringert hatten und die Preise für landwirtschaftliche Erzeugnisse auf dem freien Markt stiegen, verfügte die Landbevölkerung in wenig zerstörten Gegenden über verhältnismäßig viel Kaufkraft. Aus diesem Grunde sowie wegen der Transportschwierigkeiten traten große Preisunterschiede zwischen den einzelnen Regionen Polens auf.

1946 gelang es, die Lebensmittelpreise auf dem freien Markt vorübergehend zu stabilisieren (die Kartenpreise waren stets stabil), allerdings war das Preisniveau höher als im Jahre 1945. Gleichzeitig stiegen aber die Löhne schneller als die Preise, so daß die Kaufkraft der Bevölkerung zunahm. Für die Lebensbedingungen der Lohnempfänger wesentlich war nicht nur der Lohn, sondern auch, daß es ihnen erleichtert wurde, ihre Bedürfnisse zu befriedigen. Diesem Ziel diente z. B. das System der Betriebskantinen. Die von den Betrieben eingerichteten Kantinen versorgten die Mitarbeiter und oft auch deren Familien mit Mittagessen zu niedrigen Preisen. Einen Teil der Kosten deckten die Betriebe. Von hervorragender Bedeutung war es, daß der „Fonds für Ferien der Werktätigen" (FWP) geschaffen und das Urlaubsrecht der Arbeiter erweitert wurde. In den attraktivsten Gegenden übernahm der FWP verlassene Pensionen und Hotels, in denen nun Werktätige gegen eine mäßige Gebühr ihren Urlaub verbringen konnten. Daneben wurden viele Erholungsheime von Betrieben und Ämtern sowie von den Gewerkschaften in Verwaltung genommen. Anfangs gab es in diesen Häusern nicht viele Plätze, doch das Ferienwesen entwickelte sich schnell. Die Gewerkschaften führten eine große Aktion zur Propagierung der Erholung durch, denn im Proletariat war es zuvor in Polen ganz selten vorgekommen, daß jemand seinen Urlaub außerhalb seines Wohnortes verlebte.

Neben den Ferienreisen für die Werktätigen gewannen die Fahrten der Kinder und Jugendlichen in Ferienlager große Bedeutung. Um den arbeitenden Eltern die Fürsorge für ihre Kinder zu erleichtern, errichtete die Volksmacht ein System von Kinderkrippen und Kindergärten. Alle Lohnempfänger wurden in die Sozialversicherung für den Krankheitsfall einbezogen. Die Versicherungsbeiträge waren ausschließlich von den Betrieben, in denen sie arbeiteten, zu tragen, während vor dem Kriege die Werktätigen selbst größtenteils die Beiträge hatten aufbringen müssen. Änderungen an den arbeitsrechtlichen Bestimmungen und in der Leitungs- und Verwaltungspraxis gewährleisteten, daß vom Recht auf Erholung und auf ärztliche Betreuung wirklich Gebrauch gemacht werden konnte. Ungelöst blieb jedoch das Rentenproblem. Viele Jahre lang beließ man wegen der schwierigen Wirtschaftslage Polens die Renten und Pensionen unverändert, während gleichzeitig die Preise anstiegen und die Löhne der Beschäftigten erhöht wurden.

In der Zeit des Dreijahrplanes verbesserte sich die Lebenslage des Volkes weiter. Hervorhebung verdient vor allem die Verbesserung der Lebensbedingungen der Landbevölkerung. Das Produktionswachstum und der allmähliche Preisanstieg für landwirtschaftliche Erzeugnisse auf dem freien Markt hatten zur Folge, daß die Bauern höhere Einkünfte erzielten. Dadurch konnten sie es sich leisten, selbst mehr Lebensmittel zu verbrauchen und mehr Industriewaren zu kaufen, die jetzt in wachsendem Maße ins Dorf geliefert wurden. Für deren Kauf brauchten die Bauern Geld, es gab also einen Anreiz, mehr landwirtschaftliche Produkte zu erzeugen und zu verkaufen.

Die genannten Faktoren beeinflußten aber die Lage der einzelnen Gruppen der Landbevölkerung unterschiedlich. Vorteilhaft waren sie vor allem für die Eigentümer größerer Wirtschaften, die mehr Produkte verkaufen konnten. Teilweise glich die Steuerpolitik die Unterschiede aus. Schon unter dem Dreijahrplan wurde die Besteuerung der wohlhabenden Gruppen angehoben.

Die Höhe der Einnahmen war selbstverständlich ein Faktor von grundlegender Bedeutung für die Landwirte, aber nicht der einzige, denn gleichzeitig schritt die Wiederherstellung des zerstörten Anlagevermögens voran. Bis Ende 1949 wurde fast die Hälfte der zerstörten Gehöfte wiederaufgebaut. Dabei sind mangels Informationen die ausschließlich mit eigenen Mitteln der Bauern wiederaufgebauten Gehöfte nicht mitgezählt. Ende 1949 waren 14 % aller Wirtschaften in Polen elektrifiziert, während es Ende 1946 erst 6 % und 1938 in den alten Grenzen gar nur 1,8 % gewesen waren. Ein Beweis dafür, daß sich die Lage der Landbevölkerung besserte, ist auch die Zunahme der Zahl der Rundfunkhörer. Diese und viele andere Angaben zeugen von sehr gewichtigen Wandlungen in der Lage der Landbevölkerung im Vergleich zur Vorkriegszeit, als die Bauern neben den Arbeitslosen die Bevölkerungsgruppe mit den niedrigsten Einkommen und dem niedrigsten Konsum bildeten.

Doch erfaßten die Wandlungen nicht gleichmäßig die einzelnen Regionen. Am klarsten zeichnete sich die Verbesserung in der Lage der Bauern aus den vor dem Kriege am meisten zurückgebliebenen Gegenden ab. Besonders großen Einfluß übte die Entladung der agrarischen Übervölkerung aus, ein Ergebnis der Bodenreform und der Besiedlung der wiedergewonnen Gebiete im Westen und Norden. Doch glich das die Unterschiede zwischen reicheren und ärmeren Landesteilen nicht aus. In einigen Gebieten Polens wirkte negativ auf die materielle Lage der Landbevölkerung ein, daß dort bewaffnete Untergrundorganisationen gegen die Volksmacht kämpften. Zum Beispiel veranlaßten die Aktivitäten der von ukrainischen Nationalisten organisierten sogenannten „Ukrainischen Aufstandsarmee“ die polnische Staatsmacht, die Bevölkerung der südöstlichen Kreise der Wojewodschaft Rzeszów in andere Landesteile umzusiedeln.

Die Veränderungen in der Lage der städtischen Bevölkerung betrafen die Löhne, die Beschäftigung und verschiedene Formen gesellschaftlicher Konsumtion. Der Dreijahrplan hatte keinen sonderlich günstigen Start. In der ersten Jahreshälfte 1947 zogen einige Lebensmittel erheblich im Preis an. Das war eine schwere Belastung für die Menschen, deren Unterhalt auf ihrem Lohn basierte. Bald wurde die Situation aber gemeistert. Welchen Einfluß die Preisänderungen auf die Realeinkommen der Beschäftigten ausübten, läßt sich nur in ganz allgemeinen Umrissen feststellen. Einen großen Teil des Verdienstes erhielten die Werktätigen von ihren Betrieben in natura in Gestalt verschiedenartiger Deputate, Zuteilungen usw. Ein äußerst wichtiger Faktor, der das Lebensniveau der Lohnempfänger in den Städten von Preisschwankungen weitgehend unabhängig machte, war das Kartensystem. 1947 wurde es allmählich abgebaut. Zuerst wurden die Beschäftigten der höchsten Vergütungsgruppe aus der Kartenversorgung ausgeschlossen. Mitte 1947 bezogen 7 Millionen Personen Rationskarten. Anfang 1948 wurden dank der Besserung der Versorgungslage Kartoffeln, Zucker und Grütze markenfrei. Schrittweise wurde auch die Rationierung von Industriewaren aufgehoben. Schließlich wurde im Januar 1949 das Kartensystem ganz abgeschafft.

Da die Preise der auf Karten zugeteilten Waren weit unter den Preisen der gleichen Waren auf dem freien Markt gelegen hatten, mußte die Abschaffung des Kartensystems mit einer Anhebung der Löhne verbunden werden. Das geschah recht schnell. Im Jahre

1948 stieg das Reallohnniveau um 23 %. Gleichzeitig mit der Abschaffung der Rationierung wurden Anfang 1949 die Löhne so reguliert, daß die Reallöhne um ungefähr 10 % stiegen. Schätzungsweise erreichte 1949 der Durchschnittsverdienst der Lohnempfänger außerhalb der Landwirtschaft 107 % des Niveaus von 1938 und 207 % des Niveaus von 1946.[43]

Wenn man feststellt, daß 1949 die Reallöhne das Vorkriegsniveau erreichten und sogar leicht überschritten, muß man berücksichtigen, daß sich hinter dieser Formulierung unterschiedliche Verhältnisse in den einzelnen Bereichen der Volkswirtschaft verbergen. Die Besserung betraf vor allem die Arbeiter, die vor dem Kriege schlecht verdient hatten, und beruhte u. a. auf der Beseitigung der strukturellen Arbeitslosigkeit. Das Lohnsystem wirkte in Richtung einer Nivellierung der Unterschiede (in dieser Weise hatten insbesondere das Kartensystem und verschiedene Formen der Naturalentlohnung gewirkt). Die sich auf viele Werktätige mit niedrigem Verdienst erstreckende Besserung war natürlich weniger fühlbar als das Absinken der Realeinkommen gegenüber 1938, das einige der damals privilegierten Beschäftigungsgruppen erfuhren. Letzteres traf z. B. auf die Mitarbeiter der Selbstverwaltungsorgane, einige Werktätige in der Metallindustrie und die große Mehrheit der Angestellten zu. Auch die Angehörigen der freien Berufe kamen nicht an ihr Einkommensniveau von 1938 heran.

Die Lebensbedingungen des Volkes wurden auch noch durch andere Faktoren bestimmt. Von prinzipieller Bedeutung war die Zunahme der Beschäftigung. Setzt man das Jahr 1938 gleich 100, so erhöhte sich die Beschäftigtenzahl außerhalb der Landwirtschaft auf 117 im Jahre 1947, auf 136 im September 1948 und auf 164 im Jahre 1949.[44] Es entwickelten sich auch soziale Leistungen, die nicht zum Lohn gehörten. Zum Beispiel wuchs die Zahl der Leute, die sich auf von den Gewerkschaften veranstalteten Ferienreisen erholten, die sich in Betriebskantinen beköstigten, die ihre Kinder in Ferienlager schickten usw. Alle diese Formen der gesellschaftlichen Konsumtion trugen – neben der Zunahme der Beschäftigung und Lohnerhöhungen – zur Besserung der Lage der Werktätigen bei. In dieser Richtung wirkte auch der Wiederaufbau des Wohnungsbestandes, der eine gewisse Verbesserung der Wohnbedingungen der Bevölkerung gestattete.[45]

Auch der Sechsjahrplan stellte als eine der Hauptaufgaben die beträchtliche Erhöhung des materiellen Wohlstands und die Verbesserung der Lebensbedingungen des Volkes. Doch machte es die komplizierte internationale Lage in der Anfangsphase des Sechsjahrplanzeitraumes unmöglich, diese Absichten zu verwirklichen.

In den Jahren 1951–1953 nahm die Beschäftigtenzahl außerhalb der Landwirtschaft schnell zu. Mit dem Anwachsen des Lohnfonds ging jedoch nicht eine entsprechend schnelle Zunahme der Warenmasse einher. Besonders kritisch war der Herbst 1951. Unmittelbare Folge waren steigende Preise für Nahrungsmittel und Schwierigkeiten bei der Versorgung der Städte. Es wurden Anstrengungen unternommen, um den Preisanstieg für Lebensmittel zu bremsen und Lebensmittellieferungen für die Städte zu gewährleisten. Zu diesem

[43] *Sprawozdanie rządu polskiego dla Food and Agricultural Organization/FAO/za rok 1949* (Bericht der polnischen Regierung an die FAO für das Jahr 1949), o.O.o.J. S. 5; *Minc, Hilary*, Osiągnięcia i plany gospodarcze (Wirtschaftliche Errungenschaften und Pläne), Warschau 1949, S. 23.

[44] *Rocznik Statystyczny 1949*, S. 4f.

[45] *Andrzejewski, Adam*, Sytuacja mieszkaniowa w Polsce w latach 1918–1974 (Die Wohnungssituation in Polen in den Jahren 1918–1974), Warschau 1977.

Zweck wurde schrittweise erneut die Pflichtablieferung landwirtschaftlicher Erzeugnisse eingeführt (1951 für Getreide, im Februar 1952 für Schweine, im Mai 1952 für Milch). Angesichts der unzureichenden Belieferung der Geschäfte kehrte man gleichzeitig zur reglementierten Versorgung der Stadtbevölkerung mit einigen Nahrungsmitteln (z. B. Fleisch) zurück. Das machte zum Teil die Folgen des Preisanstiegs für landwirtschaftliche Erzeugnisse wett und garantierte den Werktätigen in der Stadt ein Versorgungsminimum, obwohl es auch negative Folgen auslöste, indem die ökonomischen Hebel zur Beeinflussung der Arbeitsproduktivität an Bedeutung verloren.

Andererseits erfolgte eine schrittweise Erhöhung der Preise für Industriewaren, die verhindern sollte, daß sich die Relation der Preise zugunsten der Landwirtschaft änderte. Das geschah zunächst durch eine Anhebung der Preise für einzelne Erzeugnisse. Am 3. Januar 1953 folgte dann eine generelle Preiserhöhung für Industriewaren und einige Nahrungsmittel sowie die Abschaffung des Kartensystems.

Für die Bewertung der Realeinkünfte der Werktätigen ist es von prinzipieller Bedeutung, das Wachstumstempo der Nominallöhne mit dem Preisanstieg zu vergleichen. In den Jahren 1949–1953 stiegen die Preise schneller als die Löhne (mit Ausnahme des Jahres 1950). Wenn man die allgemeinen Tendenzen feststellt, darf man nicht vergessen, daß sich die Preis-Lohn-Relationen für die einzelnen Beschäftigtengruppen unterschiedlich gestalteten.

Das Absinken der Reallöhne hatte eine fallende Tendenz des Verbrauchs einiger Nahrungsmittel und Industriewaren pro Einwohner zur Folge, wenn auch das Gesamtvolumen des Einzelhandelsabsatzes langsam größer wurde.[46] Nur im Jahre 1953 sank der Absatz um 3 % in unveränderlichen Preisen ab. Es ist aber zu berücksichtigen, daß zur selben Zeit die Stadtbevölkerung in den Genuß zahlreicher Leistungen in anderer Form gelangte. Zu den wichtigsten gehörte der Bau von Wohnungen, der in Anbetracht der niedrigen Mieten seinerzeit eine Form staatlicher Leistungen für die Einwohner der Städte war. In den Jahren 1950–1952 war jedoch auch auf diesem Gebiet eine Stagnation zu beobachten, denn zugunsten zunehmender Industrieinvestitionen traten der Wohnungsbau und kommunale Bauvorhaben in den Hintergrund. Erst 1953 begann der Wohnungsbau größere Ausmaße zu gewinnen.

Komplizierter ist es, die Lage der Landbevölkerung einzuschätzen. Zwar wuchs in den Jahren 1951–1953 ihre Belastung mit Leistungen an den Staat, doch setzte sich gleichzeitig die starke Abwanderung vom Lande in die Städte fort. Berücksichtigt man dabei, daß die eigenen Investitionen geringer wurden, die Preise für Feldfrüchte auf dem freien Markt und auch die Einkünfte aus nichtlandwirtschaftlichen Tätigkeiten stiegen, so kann man schlußfolgern, daß mindestens einige Gruppen der Landbevölkerung ihren Konsum erhöhten. Das geschah allerdings, wenigstens teilweise, auf Kosten des Grundmittelbestands der Landwirtschaft.

Bei einer allgemeinen Beurteilung des Zeitabschnitts 1951–1953 ist festzustellen, daß damals die durchschnittlichen Realeinkünfte der Bevölkerung zurückgingen, obwohl in-

[46] *Żekoński, Zygmunt*, Kształtowanie się warunków życiowych ludności pracującej (Die Gestaltung der Lebensbedingungen der arbeitenden Bevölkerung), in: Karpiński, Andrzej/Secomski, Kazimierz/Żekoński, Zygmunt, Problemy rozwoju gospodarczego Polski Ludowej 1944–1964 (Probleme der wirtschaftlichen Entwicklung Volkspolens 1944–1964), Warschau 1965, S. 78 bis 157; *Ryć, Kazimierz*, Spożycie a wzrost gospodarczy Polski 1945–1970 (Verbrauch und Wirtschaftswachstum Polens 1945–1970), Warschau 1968.

folge der schnellen Zunahme der Beschäftigung der Lohnfonds der ganzen Volkswirtschaft größer wurde. Auch die Lage auf dem Lande verschlechterte sich. Das ergab sich sowohl aus der objektiven Situation wie auch aus Fehlern der Wirtschaftspolitik.

Die 1953 vorgenommenen Plankorrekturen waren für die Erhöhung des Lebensstandards des Volkes von grundsätzlicher Bedeutung. In den Jahren 1954–1956 sank das Niveau der Einzelhandelspreise für Industriewaren um einige Prozent und stabilisierten sich die Preise für Nahrungsmittel. Erst 1957 wurden die Preise heraufgesetzt, aber relativ wenig (Industriewaren um 15 %, Lebensmittel um 4 %).

Gleichzeitig stiegen die Löhne. Dieser Prozeß wurde 1956 beschleunigt. Der Durchschnittslohn in der gesellschaftlichen Wirtschaft lag 1958 um 45 % höher als 1954. Die Nominallöhne stiegen in dieser Zeit viel schneller als die Lebenshaltungskosten, so daß 1955–1958 der Reallohnzuwachs 25 % betrug (wir führen die Angaben für 1955 an, da das Hauptamt für Statistik sich erst zu diesem Zeitpunkt wieder mit Berechnungen des Reallohnniveaus befaßte). In beinahe gleichem Maße erhöhten sich die Einkünfte der Landbevölkerung.[47] Dabei beschränkte sich die Besserung nicht auf Faktoren, die sich in Geld messen lassen. 1958 lag der Warenabsatz im Einzelhandel in unveränderten Preisen um 55 % höher als 1954. Etwas größer war die Steigerungsrate des Verkaufs von Industriewaren. Neue Arten von langlebigen Konsumgütern wurden angeboten (Kühlschränke, Waschmaschinen, Fernseher u. a.). Zwar waren die Preise dieser Artikel anfangs hoch und deckten die Lieferungen nicht die Nachfrage, doch nahm ihre Produktion systematisch zu. Das war möglich, weil vorher unter dem Sechsjahrplan eine mächtige Industrie aufgebaut worden war.

Die schnelle Verbesserung der materiellen Bedingungen der Gesellschaft in den Jahren 1956–1958 resultierte daraus, daß man dies als die wichtigste aktuelle Aufgabe anerkannte. Ihr wurden andere wirtschaftspolitische Aufgaben untergeordnet, weil man mit Recht der Meinung war, daß das sozialistische sozialökonomische System vor allem den arbeitenden Menschen die immer bessere Befriedigung ihrer Bedürfnisse garantieren muß.

Neben dem wachsenden Niveau der Realeinkommen trugen viele andere Faktoren zur Verbesserung der Lebensbedingungen des Volkes bei. Schnell nahm der Wohnungsbau an Umfang zu. 1954/55 wurden fast doppelt so viele Wohnungen wie in den ersten Jahren des Planzeitraums ihrer Nutzung übergeben. Es erhöhte sich die Zahl der Ärzte pro 10000 Einwohner, so daß die medizinische Betreuung verbessert werden konnte. Ein unschätzbar wichtiges Element, das die Lage des Volkes beeinflußte, war schließlich die Atmosphäre des öffentlichen Lebens, die sich nicht in irgendwelche Kennziffern fassen läßt. Die stärkere Beteiligung der Arbeiter an der Leitung der Betriebe, die einsetzende Dezentralisierung der Verwaltung, die Entwicklung der Selbstverwaltung auf dem Lande und in den landwirtschaftlichen Organisationen, Diskussionen in der Presse und in Versammlungen über die wichtigsten Probleme der Politik und der Wirtschaft förderten das Gefühl der Mitverantwortung für das Vaterland.

Von 1959 bis 1970 war für den Lebensstandard des Volkes maßgeblich, daß die Beschäftigung weiter schnell zunahm, weil Polen erneut in eine Phase forcierter Industrialisierung eingetreten war. Angaben über das Anwachsen der Beschäftigtenzahl enthält Tabelle 44.

47 *Gorzelak, Edward*, Dochody ludności rolniczej w Polsce w okresie 1955–1960 (Die Einkommen der landwirtschaftlichen Bevölkerung Polens im Zeitraum 1955–1960), Warschau 1963.

Tabelle 44

Stand der Beschäftigung in der gesellschaftlichen Wirtschaft in den Jahren 1950, 1955, 1960, 1965, 1970

Jahr	Zahl der Beschäftigten (in 1000)	Zuwachs gegenüber 1950 (1950 = 100)
1950	4753	100
1955	6447	136
1960	7008	147
1965	8260	174
1970	9677	204

Quelle: Rocznik Statystyczny (Statistisches Jahrbuch) 1970, S. 111.

Aus diesen Angaben geht klar hervor, daß nach gewisser Verlangsamung des Wachstums der Beschäftigung in den Jahren 1955–1960 im darauffolgenden Jahrzehnt die Zahl der Werktätigen sehr schnell zunahm. Dabei veränderte sich die Beschäftigungsstruktur nach Bereichen der Volkswirtschaft. Der Anteil der Beschäftigten in der Landwirtschaft und der Verwaltung sank, dafür stieg er in der Industrie, der kommunalen und Wohnungswirtschaft, der Volksbildung und dem Gesundheitswesen.

Der schnelle Anstieg der Beschäftigtenzahl hatte eine Vergrößerung des Gesamtlohnfonds zur Folge. Zwar erhöhten sich auch die Nominallöhne, doch war dies großenteils nur Ausgleich für die steigenden Lebenshaltungskosten. In den Jahren 1960–1970 erhöhte sich der durchschnittliche Reallohn um 25 %, also um rund 2 % pro Jahr. Das war ein fast unmerklicher Zuwachs, wobei in einigen Jahren – sogar nach den später kritisierten offiziellen statistischen Angaben – überhaupt keine Erhöhung der Reallöhne zu verzeichnen war (z. B. 1962 und 1965).

Noch weniger wuchsen die Realeinkommen der Landbevölkerung. Sie lagen 1968 bei 121 % im Vergleich zu 1960, aber 1970 nur noch bei 114 %, was bedeutet, daß in den letzten zwei Jahren (1969/70) die Realeinkommen der Bauern absanken.

Von 1950 bis 1970 veränderte sich langsam die Struktur des Lebensmittelverbrauchs. Einige Produkte mit geringerem Nährwert wurden weniger konsumiert, dafür gab man gehaltvolleren Lebensmitteln den Vorzug. Zum Beispiel fiel der jährliche Pro-Kopf-Verbrauch von Getreide und Erzeugnissen daraus (auf Verarbeitungsprodukte umgerechnet) von 166 kg auf 132 kg, der von Kartoffeln von 270 kg auf 197 kg, während der jährliche Pro-Kopf-Verbrauch von Fleisch von 36,5 kg auf 52,6 kg, von Fetten von 11,2 kg auf 20,6 kg und von Zucker von 21 auf 39 kg heraufging. Auch von allen Industriewaren wurde mehr gekauft, wobei selbstverständlich die Änderungen in den verschiedenen Jahren des Untersuchungszeitraums unterschiedlich waren.

Im Wohnungsbau nahm das Wachstumstempo ebenfalls zu. Wurden 1950 auf dem Lande und in den Städten 157000 Wohnräume zur Nutzung übergeben, so waren es 1970 bereits 630000. Doch trotz der schnellen Ausweitung des Volumens des Wohnungsbaus war man einer Befriedigung des Wohnungsbedarfs noch fern. Das ergab sich vor allem aus der Wohnungsnot des Proletariats vor dem Kriege und aus den großen Zerstörungen, die der Krieg angerichtet hatte, aber auch aus dem sehr hohen natürlichen Bevölkerungszuwachs in Polen.

Es vergrößerten sich die Leistungen des Staates in anderen Formen der gesellschaftlichen Konsumtion. So wurde das Schulwesen aller Typen, die Betreuung der Vorschulkinder und der alten Leute weiterentwickelt. Die ärztliche Betreuung wurde erweitert, wofür die Zunahme der Ärztezahl pro 10000 Einwohner von 3,7 im Jahre 1950 auf 15,1 im Jahre 1970 als Beweis dienen kann. Entsprechend vergrößerte sich die Zahl der Zahnärzte von 0,9 auf 4,2 und die der Krankenschwestern von 7,3 auf 31,5 jeweils pro 10000 Einwohner.

Obwohl sich die Lage der Bevölkerung deutlich verbessert hatte, empfand sie diesen Prozeß als zu langsam. Überdies verspürten die verschiedenen Bevölkerungsgruppen die Verbesserungen in unterschiedlichem Maße.

Wenn auch exakte Zahlenvergleiche nicht möglich sind, kann man doch allgemein feststellen, daß sich gegenüber der Zeit der Zweiten Republik unter der Volksmacht am meisten der Lebensstandard der Bauern und nicht ganz so sehr der der Arbeiter erhöhte. Demgegenüber erlitten die materiellen Lebensbedingungen (Einkommen, Wohnungssituation) einer Reihe von Gruppen der Intelligenz eine Verschlechterung im Vergleich mit dem Vorkriegsstand. Für die Bauern verbesserten sich ihre Einkünfte, der ländliche Bevölkerungsüberschuß konnte in die Städte abwandern und dort Erwerb finden, und da die Tore zur Bildung jetzt weit geöffnet waren, boten sich ihnen auch günstige Bedingungen für den sozialen Aufstieg. Die Lage des Industrieproletariats besserte sich sowohl bezüglich der Einkünfte wie auch grundlegend dadurch, daß die Arbeitslosigkeit beseitigt und die Arbeitsgesetzgebung ausgestaltet wurden. Alles in allem erfolgte also eine gewisse Nivellierung des Lebensstandards der verschiedenen Bevölkerungsgruppen.

Die politische Krise, die im Dezember 1970 ausbrach, war ein Warnsignal. Es bewirkte personelle Veränderungen in den höchsten Partei- und Staatsorganen. Es gab auch Veranlassung, über notwendige Änderungen der Wirtschaftspolitik, über Reformen im System der Planung und Leitung der Wirtschaft und in diesem Zusammenhang über die weitere Entfaltung der sozialistischen Demokratie nachzudenken. Trotz des großen ökonomischen Fortschritts im Verlaufe der vorangegangenen Jahre, der durch die beharrliche Arbeit der Gesellschaft und dank den gleich nach dem Kriege erfolgten Umwälzungen der Gesellschaftsordnung erreicht worden war, blieben weiterhin viele ungelöste Probleme bestehen. Die polnische Gesellschaft war an der Schwelle der siebziger Jahre unter vielen Aspekten eine andere als 1945. Die andere Klassenstruktur, das erheblich höhere Niveau der Allgemeinbildung und der beruflichen Qualifikation, das Bewußtsein über die jedem Bürger des sozialistischen Staates zustehenden Rechte, die hohen materiellen und kulturellen Ansprüche mußten auch in der Wirtschaftspolitik Konsequenzen nach sich ziehen. 1956 waren einige Wandlungen eingeleitet worden, doch später erfolgte wieder ein Rückschritt. Im Dezember 1970 erhoben die Arbeiter nicht nur unmittelbare ökonomische Forderungen, sondern traten auch dagegen auf, das Land weiterhin mit veralteten, dem Stand und den Erfordernissen der gesellschaftlichen Entwicklung nicht mehr angemessenen Methoden zu verwalten.

Anfang 1971 trat Polen erneut in eine Periode beschleunigter ökonomischer Entwicklung ein. Die Realeinkommen der arbeitenden Menschen erhöhten sich schnell, beträchtlich nahmen die Investitionen zu. Zugleich hielt die Regierung an der Politik unantastbarer Preise für einige Waren des Grundbedarfs, insbesondere Lebensmittel, fest, ohne Berücksichtigung der Entwicklung der Arbeitsproduktivität, ungeachtet dessen, wie stark die Kosten der Produktion weiter anstiegen. Sehr viele Investitionsvorhaben wurden mit Hilfe ausländischer Kredite in Angriff genommen, wobei man damit rechnete, sie nach

Ingangsetzung der Produktion zurückzuzahlen. Mit Arbeiten an einer Reform des Planungs- und Leitungssystems wurde begonnen.

In der zweiten Hälfte der siebziger Jahre erwies es sich jedoch, daß die ökonomischen Effekte der Investitionsobjekte hinter den Erwartungen zurückblieben. Die wachsenden Aufwendungen für die Industrie begannen die weitere Erhöhung der Realeinkommen des Volkes zu hemmen. Ein zusätzlicher Faktor, der die Wirtschaft nachteilig beeinflußte, waren mehrere aufeinander folgende schlechte Erntejahre. Auf die internationalen Beziehungen wirkte sich die wirtschaftliche Rezession und Krise in den entwickelten kapitalistischen Staaten ungünstig aus. Der Einfluß solcher von der inneren polnischen Wirtschaftspolitik unabhängiger Faktoren verstärkte noch die aus der Verzögerung von Änderungen im Funktionssystem der Industrie und Landwirtschaft in Polen erwachsenen Folgen. Es wurde immer schwieriger, den unvermeidlichen, aber immer wieder hinausgezögerten Umbau des Preis- und Lohnsystems durchzuführen, um so mehr, als Polen über keine Reserven verfügte und die Politiker, die die Verantwortung für Polens Geschicke in den siebziger Jahren übernommen hatten, allmählich das Vertrauen der Arbeiterklasse und der Bauern verloren.

Nach und nach wuchsen in der zweiten Hälfte der siebziger Jahre Anzeichen einer politischen Krise heran, und ungenügend durchdachte ökonomische Entscheidungen beschworen die Desorganisation der Volkswirtschaft herauf. Der kritische Moment kam im Sommer 1980.

Trotz aller Schwierigkeiten in Polens Wirtschaft, ihrer außergewöhnlich nachteiligen Rückwirkungen auf die internationalen ökonomischen Beziehungen, insbesondere auf Polens Zusammenarbeit mit den Partnern im Rat für Gegenseitige Wirtschaftshilfe (RGW), besitzt Polen an der Schwelle der achtziger Jahre ein hochentwickeltes Produktionspotential, viele qualifizierte Werktätige, bedeutende Ressourcen an Bodenschätzen. Infolge politischer Fehler ist die Struktur der Planung und Leitung der Wirtschaft in die Krise geraten. Die Durchführung von Reformen, die Wiederanknüpfung der zerrissenen und die Schaffung von neuen Kooperationsbeziehungen, die Neuordnung des Lohn- und Preissystems sowie der Verbindungen zwischen den Betrieben, Institutionen und Behörden werden es erlauben, diese Krise zu überwinden. Vor allem ist in diesem Zusammenhang erforderlich, daß die sozialistischen Kräfte, voran die ideologisch und organisatorisch zu festigende marxistisch-leninistische Partei, in der Gesellschaft und besonders in der Arbeiterklasse wieder breites Vertrauen gewinnen, daß politische Stabilität erreicht wird. Dann wird sich vor der Volksrepublik Polen eine Perspektive weiterer sozialistischer Entwicklung eröffnen.

Personenregister

Ortsregister

Polen. Gliederung nach Wojewodschaften 1937

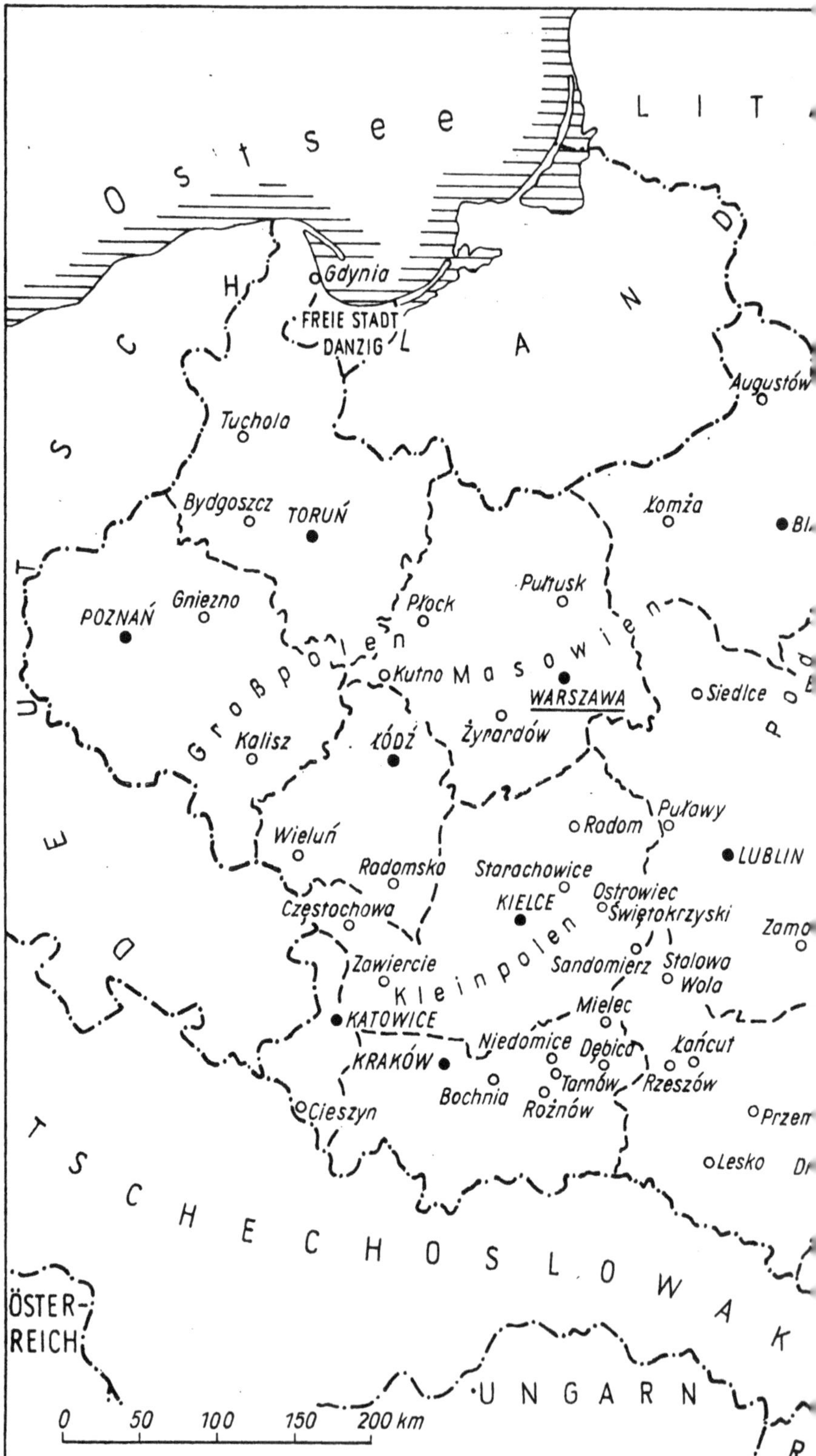

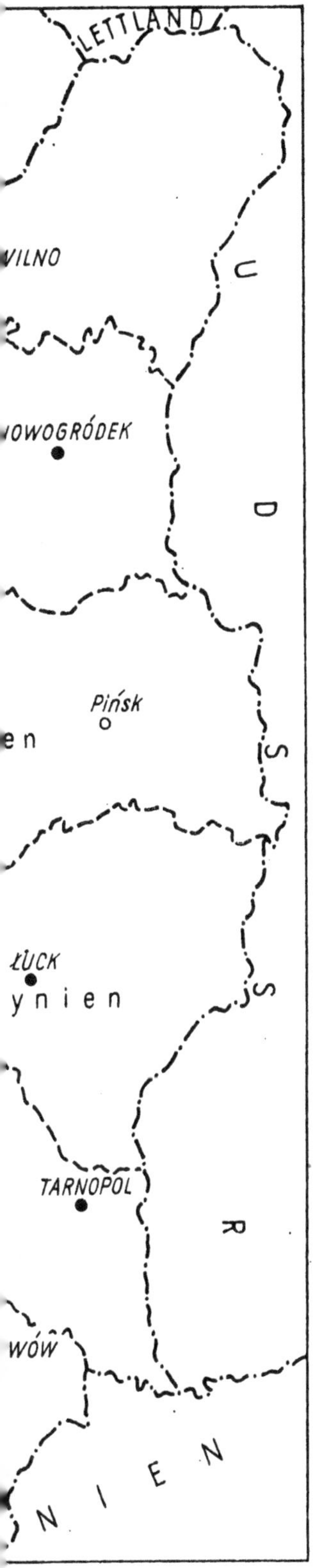

Staatsgrenze

Wojewodschaftsgrenze

WARSZAWA Hauptstadt

● WILNO Wojewodschaftsstadt

o sonstiger Ort

2140/19
Tomaszewski, Wirtschaftsgeschichte Polens

Volksrepublik Polen. Gliederung nach Wojewodschaften (bis Juni 1975)

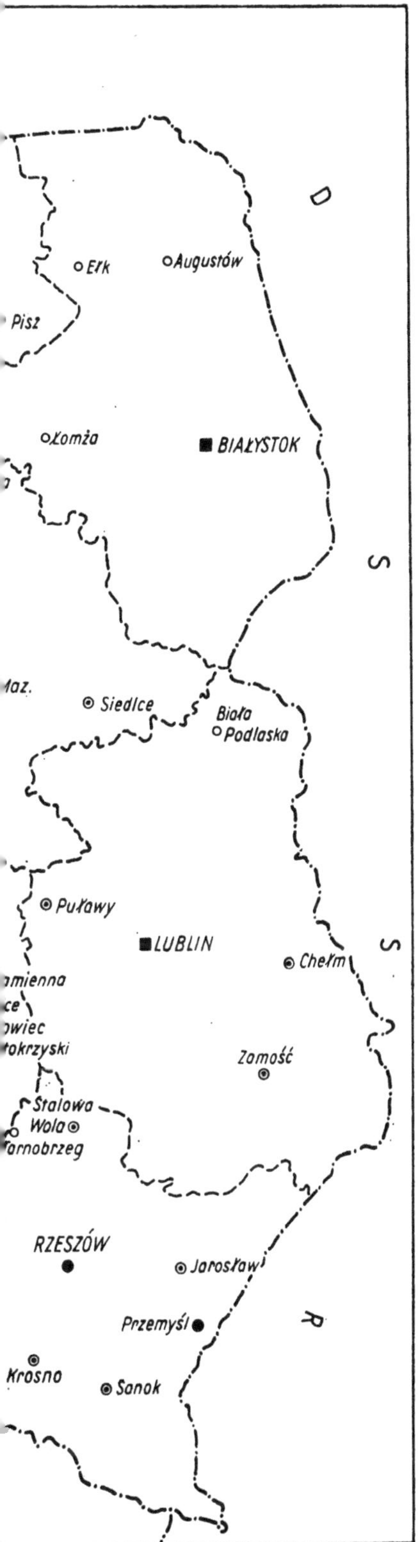

Staatsgrenze

Wojewodschaftsgrenze

WARSZAWA — Hauptstadt

KIELCE — Wojewodschaftsstadt

Radom — sonstiger Ort

Ort (1973)

über 1000000 Einw.

100000 – 1000000 Einw.

50000 – 100000 Einw. } Woj. Katowice (in Auswahl)

30000 – 50000 Einw. } Woj. Katowice (in Auswahl)

unter 30000 Einw. (in Auswahl)

www.ingramcontent.com/pod-product-compliance
Lightning Source LLC
LaVergne TN
LVHW060626300926
849162LV00008B/1720